Ettore Ghibellino

J. W. Goethe und Anna Amalia

Eine verbotene Liebe

A J D
V

Ettore Ghibellino

J. W. Goethe und Anna Amalia
Eine verbotene Liebe

A. J. Denkena Verlag
Weimar

Ghibellino, Ettore:
J. W. Goethe und Anna Amalia – Eine verbotene Liebe
2., stark erweiterte Auflage, Weimar 2004
ISBN 3-936177-04-X

Postfach 2432, 99405 Weimar
www.denkena-verlag.de

Druck: Parzeller GmbH & Co. KG, Fulda
Printed in Germany
ISBN 3-936177-04-X

Umschlagbild: Anna Amalia im Maskenkostüm
Ölgemälde von Johann E. Heinsius, um 1785
Umschlagrückseite: Schriftsiegelabdruck Alles um Liebe, nach 1782

Für Antje Johanna

… nirgends wollte man zugeben, daß Wissenschaft und Poesie vereinbar seien. Man vergaß, daß Wissenschaft sich aus Poesie entwickelt habe, man bedachte nicht, daß, nach einem Umschwung von Zeiten, beide sich wieder freundlich, zu beiderseitigem Vortheil, auf höherer Stelle, gar wohl wieder begegnen könnten.

Goethe, Zur Morphologie

Inhalt

Anhang

Zum Geleit

Die Möglichkeit

Liegt der Irrthum nur erst, wie ein Grundstein, unten im Boden,
Immer baut man darauf, nimmermehr kommt er an Tag.

Xenien (um 1796), 165

... in den Wissenschaften ist die absoluteste Freiheit nötig: denn da wirkt man nicht für heut und morgen, sondern für eine undenklich vorschreitende Zeitenreihe. Gewinnt aber auch in der Wissenschaft das Falsche die Oberhand, so wird doch immer eine Minorität für das Wahre übrig bleiben, und wenn sie sich in einen einzigen Geist zurückzöge, so hätte das nichts zu sagen. Er wird im Stillen, im Verborgenen fortwaltend wirken, und eine Zeit wird kommen, wo man nach ihm und seinen Überzeugungen fragt, oder wo diese sich, bei verbreitetem allgemeinem Licht, auch wieder hervorwagen dürfen.

Wilhelm Meisters Wanderjahre (1829), III, 14

Zahllose Darstellungen setzten sich mit dem Leben des Dichters Johann Wolfgang Goethe auseinander, um seine einzigartigen Dichtungen zu deuten, zu erklären, zu verstehen. Über 170 Jahre nach dem Tod des Dichterfürsten bleiben aber trotz einer unvermindert intensiven Beschäftigung mit seinem Leben und seinem Werk viele auffällige Widersprüche: Warum blieb Goethe 1775 in Weimar und wurde dort trotz heftigster Widerstände mit nur 26 Jahren Minister? Warum heiratete er nicht, um stattdessen eine undefinierbare Liaison mit der verheirateten Frau v. Stein einzugehen? Warum brach er 1786 überstürzt nach Italien auf und wartete dann wochenlang in der Hafenstadt Venedig? Warum nahm Goethe nach seiner Rückkehr aus Italien Christiane Vulpius zur Geliebten, obwohl er sie nicht als ebenbürtig behandelte, und warum heiratete er sie dann fast zwei Jahrzehnte nicht, obwohl sein Sohn deswegen als Bastard aufwuchs? Warum kehrt in seinen Dichtungen das Thema einer verbotenen Liebe zu einer hochgestellten, unerreichbaren Frau immer wieder? Warum zeugt Goethes Liebeslyrik von tiefster Liebesempfindung für „eine Einzige", obwohl er nur oberflächliche Beziehungen zu vielen Frauen gehabt haben soll?

Diese und weitere Widersprüche lassen sich erklären, wenn man davon ausgeht, dass Goethe die Herzogin Anna Amalia liebte und ihr ein Leben lang treu blieb. Da diese Liebe verboten war, musste sie verborgen werden. Die Liebenden teilten jedoch auf vielen Wegen ihre tragische Liebesgeschichte der Welt mit. Sie mussten dies aber verschlüsselt tun, wohl nur deswegen griff Goethe ein Leben lang „zum Enigmatischen, zur Chiffre, zur hermetischen Formel, zur Maske, zur Verkleidung, zur Verhüllung und zur Verschlüsselung".[1]

Nach Veröffentlichung der ersten Auflage dieses Buches wurde immer wieder die Frage gestellt: „Warum hat bisher keiner Goethes Beziehung zu Anna Amalia erkannt?"[2] Dies hängt hauptsächlich damit zusammen, dass die Liebe zwischen Goethe und Anna Amalia im Herzogtum Sachsen-Weimar-Eisenach als Staatsgeheimnis behandelt wurde. Alle Mittel, die zur Verfügung standen, wurden seit 1786 von den Herzögen eingesetzt, um Dokumente, die auf Goethes geheime Liebe zur Fürstin Anna Amalia hinwiesen, zu unterdrücken. Das Fundament der Goetheforschung wurde unter massiver Beeinflussung der Familie v. Sachsen-Weimar-Eisenach gelegt. Die Herzöge konnten mit den Archiven ganz nach ihrem Belieben verfahren. Unter Forschern war bekannt, dass „das weimarische Archiv ... mehr Siegel und Schlösser als irgend ein anderes" hatte (1858).[3] Wo brisante Dokumente verwahrt wurden, wussten die Forscher sehr genau: „Vieles und gewiss mit das Wichtigste liegt gar nicht im Archiv, sondern in der Privatbibliothek des Großherzogs" (1857).[4] Auch, wenn sich brisante Dokumente nicht in Besitz des Großherzogs befanden, gab es Mittel und Wege, eine Veröffentlichung zu verhindern. Dies zeigt etwa die Äußerung der Erbin von Carl Ludwig v. Knebel, einem engen Freund von Goethe. Beim Verkauf von Handschriften aus Knebels Nachlass 1864 mahnte sie den damit beauftragten Agenten, diese gründlichst auf Äußerungen durchzusehen, die die Familie v. Sachsen-Weimar-Eisenach kompromittieren könnten, da ihre „ganze Existenz gefährdet [wäre], wenn das geringste davon in die Öffentlichkeit käme". Knebel adoptierte bei seiner Heirat mit Luise Rudorf 1798 ihren unehelichen Sohn (1796), ein Kind des Herzogs Carl August. In Knebels Nachlass fehlt bis heute „das Tagebuch aus dem ‚ereignisreichen' Jahr 1798".[5]

Anna Amalias Briefe an Goethe und an ihren Sohn Carl August gelten bis auf wenige als verloren. Kanzler v. Müller, dem Carl August 1828 die Briefschaften Anna Amalias zur Durchsicht und Katalogisierung anvertraute, berichtet nach deren Lektüre begeistert, dass diese ein „herrliches Licht ... auf Goethes und der Herzogin Charakter!" werfen würden.[6] Goethe, dem Kanzler v. Müller erste Ergebnisse seiner Arbeit vorlegte, schrieb diesem am 24. Juli 1828: „Es [ist] mir höchst erfreulich, dieses Geschäft in Ihren Händen zu wissen, das ebensowohl mit Einsicht und Treue als mit Vorsicht und Geschmack zu behandeln ist. Auf diesem Wege werden sonderbare Documente gerettet; nicht in politischer, sondern in menschlicher Hinsicht unschätzbar, weil man sich nur aus diesen Papieren die damaligen Zustände wird vergegenwärtigen können". Von diesen Papieren fehlt heute jede Spur. Als das, was von Anna Amalias Briefen übrig geblieben war, ab 1872 mühsam gesichtet wurde, behielt sich der regierende Großherzog ein zweifaches Korrektur- und Kontrollrecht im Falle einer Veröffentlichung vor, die aber später nicht zustande kam.[7]

Bisher konnte nicht geklärt werden, warum Goethes Enkel über ein halbes Jahrhundert Forschern, Schriftstellern und Verlegern, meist glühenden Verehrern Goethes, ohne dass ein Grund ersichtlich gewesen wäre, den Zutritt zum Nachlass verweigert haben. „Man hat sie gemahnt, gescholten und geschmäht, weil sie den Weg zum Tempelschatz nicht freigaben".[8] Goethes Erben waren von Kindesbeinen an dem Haus Sachsen-Weimar-Eisenach verbunden, das ihnen großzügig und wohlwollend entgegentrat. Im Gegenzug erwartete die herzogliche Familie, dass Dokumente aus Goethes Nachlass, die die verbotene Liebe zu Anna Amalia hätten offenbaren können, nicht an die Öffentlichkeit gelangten. Die Verkaufsverhandlungen über Goethes Nachlass zwischen seinem Enkel Walther Wolfgang (1818–1885) und dem Deutschen Reich 1884 zeigen etwa, dass der regierende Großherzog wie selbstverständlich weitgehende Rechte an Goethes Nachlass beanspruchte. Er stellte als Bedingung für den Verkauf, „daß nie etwas veröffentlicht werde aus demselben ohne mein ausdrückliches Wissen und Genehmigen. Würde man dies nicht beobachten würde ich alle mir zu Gebote stehenden Mittel gebrauchen – Kaiser und Kaiserin mit einbegriffen – um die Transaction mit dem Reich zu verhindern."[9] Goethes Enkel Walther Wolfgang vermachte schließlich der regierenden Großherzogin Sophie das literarische und das Familienarchiv seines Großvaters. Als er am 16. April 1885 starb, trug der Großherzog in sein Tagebuch ein: „Ich befahl, alle wichtigen Räume zu versiegeln". Wohl unterrichtete Archivare wussten, was zunächst geschah: „Die Fürstin [Sophie] hatte sofort gehandelt: Sie hatte ohne Zögern in Körben und Kisten die kostbaren, inzwischen schmählich verstaubten Papieren ins Schloß holen lassen ... Zunächst saß sie selber tagelang, vor dem Staub durch lange Handschuhe geschützt, und blätterte das einmalig kostbare Erbe durch, bewunderte, bestaunte, entsetzte sich wohl auch hie und da mit prüdem Sinn und versuchte sogar, Antikirchliches, Erotisches oder gar Sexuelles zu ändern, ja zu vertuschen."[10] Sie bereinigte tatsächlich Goethes Nachlass, wie dies bereits mit Anna Amalias Papieren geschehen war. Im Jahre 1998 tauchte ein Dokument auf, das zu jenen gehört, die gezielt unterdrückt worden sind. Ein anonymer Verkäufer bot 1998 dem Goethe-Nationalmuseum über den Hamburger Kunsthändler le Claire ohne Auktion eine Zeichnung Goethes (Abb. 15) an. Diese stellt verschlüsselt die Initialen Anna Amalias dar (siehe S. 77). Mehr als nahe liegend ist hier die Frage, ob der anonyme Verkäufer weitere aufschlussreiche Dokumente von Goethe und Anna Amalia besitzt.

Während der Zeit der Monarchie hätte die Offenbarung der verbotenen Liebe zwischen Goethe und Anna Amalia unabsehbare Folgen gehabt. Seit der Amerikanischen (ab 1776) und der Französischen Revolution (1789) stand die Monarchie unter hohem Rechtfertigungsdruck. Wäre bekannt geworden, dass Goethe Opfer eines unmenschlichen Verbots wurde, dass er und Anna Amalia eine Flucht nach Amerika geplant hatten und dass später Regierungsmacht missbraucht wurde, um die Biographie des einzigartigen Dichters zu entstellen, so hätte dies vielleicht das monarchische System ins Wanken bringen können. Die Familie v. Sachsen-Weimar-Eisenach trat zwar im 19. Jahrhundert als Schutzpatron und Förderer der Goethe-Forschung auf, indem sie das Goethe-Archiv (1885) gründete, die Bildung einer Goethe-Gesellschaft anregte (1885) und deren Schirmherrschaft übernahm, Goethes Haus als Nationalmuseum der Öffentlichkeit zugänglich machte (1886) und eine umfassende Ausgabe von Goethes Schriften in Auftrag gab (ab 1887). Zugleich entstellte sie aber Goethes und Anna Amalias Biographie, indem sie entscheidende Dokumente unterdrückte, zurückhielt und manipulierte. So erschien eine bereinigte Auswahl von Goethes Briefen an „Frau v. Stein", in Wirklichkeit also an Anna Amalia, in drei Bänden von 1848 bis 1851, also erst, als niemand mehr lebte, der die Zeit der vorgetäuschten Liebesbeziehung zu Frau v. Stein von 1775 bis 1786 hätte kritisch beurteilen können. Diese Liebesbriefe fasst Goethe verabredungsgemäß mit Bezügen zu Frau v. Steins Umfeld ab, damit jeder, der befugt oder unbefugt die Briefe einsah, nicht Anna Amalia als Goethes Geliebte erkennen konnte. Neben der Unterdrückung und Bereinigung von Dokumenten waren es diese als Tarnung verwendeten Anhängsel, die das Blendwerk mit Frau v. Stein kaum mehr durchschaubar machten. 1874 erschien eine völlig unkritische Biographie über Charlotte v. Stein als Goethes Freundin in zwei Bänden. Als der Irrtum auf diese Weise wie ein Grundstein in den Boden der Goethe-Forschung gelegt war, wurde ab den 1885er Jahren Goethes bereinigter Nachlass unter der Aufsicht von monarchietreuen Kulturbeamten mehr und mehr zugänglich gemacht.

Kritische Beobachter ahnten, dass die Grundlagen der Goethe-Forschung auf Sand gebaut waren, dies waren die „Folgen des Verheimlichens und des gesamten Verfahrens mit Goethes Schriften und Briefen, mit seinem Leben und seinem Andenken – es fehlte weder an absichtlicher Verheimlichung oder auch Entstellung der Wahrheit, noch an willkürlicher Änderungen und Auslassungen und was dergleichen mehr ist!"[11] Doch nach dem epochalen Übergang von der Monarchie zur Republik 1918 wurden die Grundannahmen der Goethe-Forschung nicht mehr ernsthaft hinterfragt. Dies hängt wohl wesentlich mit den personellen Kontinuitäten bei allermeist monarchietreuen Kulturverwaltern und Wissenschaftlern zusammen. Goethes Biographie blieb aber voller Rätsel und auffälliger Widersprüche. Dass wichtige Papiere Anna Amalias und Goethes nicht mehr in den Archiven lagerten, etwa die offizielle Korrespondenz zwischen ihnen aus Goethes erstem Weimarer Jahrzehnt, hätte aber Aufmerksamkeit erregen müssen. Bekannt war, dass Kanzler v. Müller ein detailliertes Verzeichnis der Briefschaften Anna Amalias angefertigt hatte, der Frage, warum auch dieses nicht mehr vorhanden ist, wurde nicht nachgegangen.[12]

Dabei fehlt es nicht an zeitgenössischen Quellen, die die Liebe zwischen Goethe und Anna Amalia erwähnen, sie wurden aber bislang nicht ausgewertet. Von großem Wert sind hier Briefe der Ehefrau des Grafen Johann Eustach Görtz, der von 1762 bis 1775 in Weimar Prinzenerzieher und ab 1778 preußischer Diplomat im Range eines Ministers war. Diese Briefe wurden glücklicherweise im fernen Donzdorf bei Göppingen aufbewahrt, sonst wären sie wohl wie Goethes und Anna Amalias Korrespondenz unterdrückt worden. In einem Brief vom 12. Oktober 1782 schreibt etwa die Gräfin Görtz an ihren Mann, dass „Frau v. Stein ... nach wie vor die ihr zugewiesene Rolle so gut sie nur kann spielt, indem sie fast jeden Abend in ihrem Haus Kartoffeln mit Goethe und der Herzogin [Anna Amalia] isst. Der Ehemann Stein sieht über all dies gänzlich hinweg“. Ausschnitte aus diesen in französischer Sprache abgefassten Briefen, die Goethe und Anna Amalia als heimliches Liebespaar bezeichnen und Frau v. Stein als Strohfrau, gingen in die Sammlungen der Berichte von Zeitgenossen über Goethe ein. Erstmals hier werden aber aus diesen Briefen Passagen aus dem Französischen übersetzt.[13] Auch sonstige Quellen, die ausdrücklich auf eine Täuschung hinweisen, wurden bisher nicht ausgewertet. So kann man in den sonst immer wieder zitierten Erinnerungen der Gräfin Henriette v. Egloffstein, die erst nach dem Untergang der Monarchie 1919 zugänglich gemacht wurden, Sätze lesen wie: „Indessen muß man die Geschicklichkeit bewundern, womit diese Frau [Charlotte v. Stein] ihr künstliches Spiel durchzuführen wußte, so daß sie noch in späterer Zeit für Goethes Geliebte galt.“ Da die vorhandenen Biographien Goethes und Anna Amalias nicht hinterfragt wurden, fanden diese und weitere Quellen keine Beachtung.

Die vorurteilsfreie Würdigung der hier vorgelegten Beweise kann nur zu der Überzeugung führen, dass Goethe sein Leben lang die Herzogin Anna Amalia liebte. Überzeugung ist nach der Beweislehre dann gewonnen, wenn „ein nach der Lebenserfahrung ausreichendes Maß an Sicherheit [vorliegt], demgegenüber vernünftige Zweifel nicht mehr aufkommen“.[14] Erstmals können auffällige Widersprüche in Goethes Biographie erklärt sowie die eigentliche Bedeutung vieler Werke erkannt werden. Deswegen schreibt Goethe, der in seiner Dichtung immer sein Leben darstellte, in einem Brief vom 27. September 1827: „Da alles, was von mir mitgeteilt worden, auf Lebenserfahrung beruht, so darf ich wohl andeuten und hoffen, daß man meine Dichtungen auch wieder erleben wolle und werde.“ Mit der Enthüllung des Weimarer Staatsgeheimnisses kann Goethes Poesie von den schweren Fesseln der sie belastenden Täuschung befreit werden.

Für Unterstützung bei der Bekanntmachung der Kunde dieser Befreiung ist Prof. Dr. Detlev Forst (Aalen), Dr. Charlotte Köppe (Magdeburg), Cornelius Lohmann (Hannover) und Inge Poetzsch (Magdeburg) zu danken, wie auch

Dr. Adolf Baumann (Zürich), Christa Clauß (Hannover), Konrad Paul (Weimar) und Alfred Rude (Hannover), denen zudem für kritische Lektüre und Anregungen zu danken ist sowie ganz besonders meiner Frau, der dieses Buch gewidmet ist.

Weimar, Johanni 2004

Ettore Ghibellino.

Prolog: Das Staatsgeheimnis

Heiß mich nicht reden, heiß mich schweigen,
Denn mein Geheimnis ist mir Pflicht;
Ich möchte dir mein ganzes Innre zeigen,
Allein das Schicksal will es nicht.

Zur rechten Zeit vertreibt der Sonne Lauf
Die finstre Nacht, und sie muß sich erhellen;
Der harte Fels schließt seinen Busen auf,
Mißgönnt der Erde nicht die tiefverborgnen Quellen.

Ein jeder sucht im Arm des Freundes Ruh,
Dort kann die Brust in Klagen sich ergießen;
Allein ein Schwur drückt mir die Lippen zu,
Und nur ein Gott vermag sie aufzuschließen.

Mignon, Wilhelm Meisters Lehrjahre (1796) V, 16

Zieret Stärke den Mann und freies mutiges Wesen,
Oh! so ziemet ihm fast tiefes Geheimnis noch mehr.
Städtebezwingerin du, Verschwiegenheit! Fürstin der Völker!
Teure Göttin, die mich sicher durchs Leben geführt,
Welches Schicksal erfahr ich! Es löset scherzend die Muse,
Amor löset, der Schalk, mir den verschlossenen Mund.

Römische Elegien (1790), XX

Der Dichter, Wissenschaftler und Staatsmann Johann Wolfgang v. Goethe (1749–1832) hat zeitlebens ein Staatsgeheimnis um die von ihm unsterblich geliebte Frau wahren müssen. Ohne die Kenntnis dieses Geheimnisses ist ein wesentlicher Teil seines Werkes nicht zu verstehen, seine Größe als wahrhaft liebender Dichter nur erahnbar. Als am Ende der Dichtung Torquato Tasso (1780–1790) offenbar wird, dass der Held verbotener Weise die Prinzessin liebt und nicht ihre vorgeschobene Hofdame gleichen Namens, folgen die Verse (3290 ff.):

Wenn ganz was Unerwartetes begegnet,
Wenn unser Blick was Ungeheures sieht,
Steht unser Geist auf eine Weile still,
Wir haben nichts, womit wir das vergleichen.

Goethe sagte im Alter, auf das Geheimnis hindeutend: „Die wahre Geschichte der ersten zehn Jahre meines Weimarischen Lebens könnte ich nur im Gewande der Fabel oder eines Mährchens darstellen; als wirkliche Thatsache würde die Welt es nimmermehr glauben. ... Ich würde Vielen weh, vielleicht nur Wenigen wohl, mir selbst niemals Genüge thun ... was ich geworden und geleistet, mag die Welt wissen; wie es im Einzelnen zugegangen, bleibe mein eigenstes Geheimnis."[15] Der Minister Goethe war zum Schweigen verpflichtet, er durfte nur auf das Geheimnis hindeuten, um Aufmerksamkeit zu erregen. Dieses hat er seinen Dichtungen anvertraut: „Dir, Hexameter, dir, Pentameter, sei es vertrauet", wie er in seinen Römischen Elegien (1788–1790) in Bezug auf ein „tiefes Geheimnis" dichtete.

Goethes Autobiographie Dichtung und Wahrheit (1811–1831) endet mit dem Aufbruch nach Weimar im 26. Lebensjahr. Einzelne autobiographische Werke geben jeweils nur einen Ausschnitt aus Goethes späterem Leben wieder. Die Aufgabe, seinen Lebensgang doch ganz mitzuteilen, sollte vor allem der aus zwei Teilen bestehende Roman Wilhelm Meister erfüllen, allerdings in verschlüsselter Form. Nur an zwei Werken hat Goethe fast sein ganzes Leben lang geschrieben, an Faust (um 1772–1831) und an Wilhelm Meister (1777–1829). In einem Gespräch mit seinem literarischen Assistenten Johann Peter Eckermann (1792–1854) am 25. Dezember 1825 gab Goethe einen Hinweis für die Interpretation seines Romans: „Den anscheinenden Geringfügigkeiten des ‚Wilhelm Meister' liegt immer etwas Höheres zum Grunde, und es kommt bloß darauf an, daß man Augen, Weltkenntnis und Übersicht genug besitze, um im Kleinen das Größere wahrzunehmen. Andern mag das gezeichnete Leben als Leben genügen." Nur wenn man mit „Augen, Weltkenntnis und Übersicht" sucht, kann im Roman die Darstellung seines Lebens erkannt werden.

Die bisherige Darstellung von Goethes Leben im ersten Weimarer Jahrzehnt überzeugt in einem wesentlichen Punkt nicht: seiner angeblichen Liebe zu Charlotte Albine Ernestine[16] v. Stein, geborene v. Schardt (1742–1827). Die Liebesbeziehung zu ihr soll kurz nach Goethes Ankunft in Weimar im November 1775 begonnen und bis ins Jahr 1789 bestanden haben. Nur Goethes Briefe an „Frau v. Stein" sind erhalten. In den Mittheilungen über Goethe (1841) von Friedrich Wilhelm Riemer (1774–1845) – ein Versuch des über drei Jahrzehnte lang engen Mitarbeiters, ein lebendiges Bild des Dichters und Staatsmannes zu geben – wird Frau v. Stein nur in einer Fußnote erwähnt.[17] Nicht ein einziges Mal verherrlicht Goethe in seiner Dichtung den Namen Charlotte v. Steins. Erst mit der Veröffentlichung von Goethes Briefen an „Frau v. Stein" in drei Bänden von 1848–1851 – Briefe, die in Wirklichkeit an die Herzogin Anna Amalia (1739–1807) gerichtet waren – wurden Details von der angeblichen Liebesbeziehung zur Hofdame publik. Seitdem ist sie Gegenstand vieler Auseinandersetzungen, die sich zwischen „Nichtswürdigkeit“ der Frau v. Stein und der „schönsten Schöpfung“ Goethes, zwischen „Erbärmlichkeit“ und „ideellem Bild“ bewegen. Der Dichter Friedrich Martin v. Bodenstedt (1819–1892) wollte mit den Versen „Gesegnet sei der hohe Bund,/Der so viel herrliches gebar“[18] die immer wieder aufflammende Diskussion, ob die Beziehung auch eine erotische war, als überflüssig abtun.[19]

Noch heute sind Versuche, das angebliche Liebesverhältnis zu charakterisieren, ein Zeugnis dafür, dass es nicht überzeugt.[20] Von „eigenartigem Verhältnis“,[21] „einer der mysteriösesten Liebesgeschichten der Weltliteratur“, „diesem Luftgespinst einer Beziehung“,[22] „dieser halb irrealen Halb-Liebesgeschichte“[23] oder von „einer der widersprüchlichsten Erscheinungen der deutschen Literaturgeschichte“[24] ist die Rede. Die „Wahrheit zu erfahren ist ein Wunsch, ein Traum“ schreibt eine Biographin.[25] Ein neuerlicher Versuch, das Verhältnis der beiden darzustellen, gelangt am Ende zur traurigen Schlussfolgerung: „... man kann sich nicht des Eindrucks erwehren, daß das Schreiben ihn [Goethe] am Ende glücklicher gemacht hat“, als Frau v. Stein wirklich zu sehen.[26] Ein Biograph schreibt zusammenfassend über die Persönlichkeit der Frau v. Stein: „Faßt man alles Sichtbare zusammen, so erhält man eine Art von Doppelwesen“.[27]

Schon zu Lebzeiten des Dichters wussten viele „mit diesem seltsamen Verhältnis Goethes zur Gattin des Oberstallmeisters“ nichts anzufangen.[28] Henriette v. Egloffstein (1773–1864) schreibt etwa ein Jahr nach dem Tod der Frau v. Stein: „Der Charakter dieser Frau [Charlotte v. Stein] gehörte unstreitig zu den edelsten, und ihr Verstand, der mir zwar nie bedeutend erscheinen wollte, führte sie glücklich an den mannigfachen Klippen des Hoflebens vorüber ... Es läßt sich nicht leugnen, daß Frau v. Stein bei dem besten Herzen viel Schlauheit und Weltklugheit besitzen mußte; sonst wäre es ihr unmöglich gewesen, bis ans Ende ihrer sehr langen Laufbahn ohne die mindeste Unterbrechung eine Stellung zu behaupten, die sie der Herzogin Luise und Goethen so nahe brachte, daß nur der Tod dieses innige Verhältnis lösen konnte, auf welchem selbst jetzt noch, wo ich dies schreibe, ein undurchdringlicher Schleier ruht. Goethe allein vermöchte es, ihn zu lüften; aber schwerlich wird er sich dazu verstehen. Folglich [wird] auch die Nachwelt über eine Sache nicht klarer urteilen, die den Zeitgenossen des großen Mannes stets rätselhaft blieb. Dem sei nun, wie ihm wolle! Was auch jener Schleier verhüllen mag, Unwürdiges kann es nicht sein“.[29]

Frau v. Stein weicht krass von dem großartigen poetischen Bild, das Goethe von seiner Geliebten entwirft, ab. Selbst bei Zugrundelegung der positivsten Berichte über sie bleibt für die siebenfache Mutter das von Goethe gezeichnete Idealbild in unerreichbarer Ferne. Sie kann als eine kühle und lebenskluge Frau, als interessant, aber nicht schön und als durchschnittlich gebildet bezeichnet werden. Goethe besingt aber so etwas wie eine Göttin, eine hochgebildete, wunderschöne, reiche, in jeder Hinsicht überragende Frauengestalt. Dichter stellen die Wirklichkeit gerne idealisiert dar, doch Goethe wird nicht müde darauf hinzuweisen, dass seine Geliebte eine reale Frau sei, ihm gar die Worte fehlen würden, sie treffend zu besingen. In einem Brief an „Frau v. Stein" vom 20. März 1782 heißt es etwa: „O du beste! Ich habe mein ganzes Leben einen idealischen Wunsch gehabt wie ich geliebt seyn mögte, und habe die Erfüllung immer im Traume des Wahns vergebens gesucht, nun da mir die Welt täglich klärer wird, find ichs endlich in dir auf eine Weise daß ich's nie verlieren kann." Am 17. Juni 1784 schreibt er an dieselbe: „Durch dich habe ich einen Maasstab für alle Frauens ia für alle Menschen, durch deine Liebe ein Maasstab für alles Schicksal." Diese Vergleiche passen nicht zu der verheirateten Hofdame v. Stein, denn damit erhöht Goethe die Geliebte in die höchsten Sphären. Eine Gleichstellung von Charlotte v. Stein mit berühmten Frauengestalten der Dichterwelt wie Dantes Beatrice und Petrarcas Laura hat bezeichnenderweise nicht stattgefunden, sie bleibt eine geheimnisumwitterte, widersprüchliche Gestalt im Hintergrund. Dass Goethe die Geliebte so gezeichnet hat, wie sie ihm tatsächlich auch erschienen ist, lässt er den Dichter in Tasso bekennen (Vers 1092 ff.):

> Was auch in meinem Liede widerklingt,
> Ich bin nur *einer*, *einer* alles schuldig!
> Es schwebt kein geistig unbestimmtes Bild
> Vor meiner Stirne, das der Seele bald
> Sich überglänzend nahte, bald entzöge.
> Mit meinen Augen hab ich es gesehn,
> Das Urbild jeder Tugend, jeder Schöne;
> Was ich nach ihm gebildet, das wird bleiben …

Und wenige Verse später (Vers 1105 ff.):

> Und was hat mehr das Recht, Jahrhunderte
> Zu bleiben und im stillen fortzuwirken,
> Als das Geheimnis einer edlen Liebe,
> Dem holden Lied bescheiden anvertraut?

Vom „Geheimnis einer edlen Liebe" ist in Tasso, Goethes Liebesdenkmal für seine Geliebte, die Rede. Mit Frau v. Stein gab es aber an sich kein Geheimnis, alles lag scheinbar offen zu Tage. Genau hier muss das, was Goethe mit „Augen, Weltkenntnis und Übersicht genug" bezeichnet, ansetzen, zumal neben Goethe auch Frau v. Stein und die Herzogin Anna Amalia, als Hauptbeteiligte Fährten gelegt haben. Die Fülle an Hinweisen zeigt deutlich, dass Goethe und Anna Amalia wollten, dass das Geheimnis in naher Zukunft gelüftet werde, dass endlich eine Entbindung Mignons, jenes geheimnisvollen Kindes in Wilhelm Meister, von der Pflicht der Geheimhaltung erfolgen solle: Goethe und die Fürstin Anna Amalia waren ein Liebespaar, ihre Liebe war aber verboten, weil sie gegen unverrückbare Schranken verstieß und deshalb verheimlicht werden musste.

Für Goethe ist die Aufdeckung seines Lebensgeheimnisses von fundamentaler Bedeutung. Sein Leben ist kein „gewissermaßen selbst verpfuschtes Leben",[30] wie die ihn zutiefst verehrende Johanna Schopenhauer (1766–1838) urteilte. Im Alter galt Goethe „als steife, kalte Person[, die] mit seinen poetischen Werken in keinem Zusammenhang zu stehen scheine".[31] Die Wahrhaftigkeit von Goethes Gesamtwerk steht auf dem Spiel, da dieses ohne Anna Amalia als die ihm sein ganzes Leben über auf das engste verbundene Geliebte nicht wirklich interpretiert werden kann. „Je feuriger und überzeugender seine Worte klingen, um so mehr sind sie gedichtet", heißt es etwa bei einem Biographen in Bezug auf seine Briefe an „Frau v. Stein".[32] Die nach mancher Ansicht „liebenswürdigsten und liebevollsten aller jemals geschriebenen Liebesbriefe"[33] wären demzufolge lediglich aus Goethes Phantasie entsprungen. Demnach wäre Goethe zu Recht „der großen Liebe und rechten Treue für unfähig zu erklären."[34] Doch nach Goethes eigenen Worten darf das vordergründig „gezeichnete Leben als Leben" dem „echten Leser" nicht genügen, er muss nach einem tieferen Zugang forschen. Mit der Aufdeckung des Weimarer Staatsgeheimnisses kann Goethe als wahrhaft liebender Dichter erkannt werden, dessen Dichtung im Zeichen der Wahrheit steht. Die Dichtkunst ist „das, was die Natur allein verleiht,/Was jeglicher Bemühung, jedem Streben/Stets unerreichbar bleibt, was weder Gold,/Noch Schwert, noch Klugheit, noch Beharrlichkeit/Erzwingen kann" (TASSO, Vers 2324 ff.). Goethe ist kein Unwürdiger für dieses hohe Amt, er verwebte immer nur sein eigenes Leben in seinen Dichtungen, doch musste er es verschlüsselt tun. Ein Leben lang konnte der Dichter nicht von dem Grundsatz abweichen, „dasjenige was mich erfreute oder quälte, oder sonst beschäftigte, in ein Bild, ein Gedicht zu verwandeln und darüber mit mir selbst abzuschließen … Alles was daher von mir bekannt geworden, sind nur Bruchstücke einer großen Konfession"[35]. Das Wort Dichtung verwendet Goethe nie im Sinne von freier Erfindung. „Die Wahrheit sei der Körper", so Riemer, „die Dichtung nur das Kleid, der Rahmen, der ein wirkliches Bild abgrenzend umschloß".[36] Goethes Hinweise sind ernst zu nehmen, sie weisen den Weg zur Aufdeckung seines Lebensgeheimnisses. Auf die Aufforderung seines langjährigen Mitarbeiters Friedrich Kräuter (1790–1856), über die Glanzzeit der Herzogin Anna Amalia in seinem ersten Weimarer Jahrzehnt etwas zu schreiben, antwortete ihm der greise Goethe: „… ich wüßte nicht, wie ich diese Zeit beschreiben sollte, ich müßte es denn in der Form eines Märchens thun, in dem die Amalie als allmächtige Fee Alles belebt und schafft."[37] An diesem „Märchen" hat Goethe von 1775 bis zu seinem Tod geschrieben und es kommt nur darauf an, den Schlüssel dazu zu finden, damit in aller Deutlichkeit das „ganze Innre" eines wahrhaft liebenden Dichters sichtbar werden kann: „Zur rechten Zeit vertreibt der Sonne Lauf/Die finstre Nacht, und sie muß sich erhellen".

Anna Amalia und Charlotte v. Stein

„… folgen thue ich dir, und wär es zu den Unterirdischen".

Charlotte v. Stein, Trauerspiel Dido (1795)

Goethe drechselt immer noch an der vollkommenen Liebe und die arme Frau v. Stein, dümmer gab es noch keine, erträgt geduldig das Geschwätz in der Öffentlichkeit und von Herrn Goethe und die üblen Launen seiner Frau [Anna Amalia]. Sie können daraus ersehen, dass alles beim Alten geblieben ist.

Gräfin Görtz an ihren Mann, 11. Juni 1780

Goethes Ankunft im etwa 6.000 Einwohner zählenden Weimar am 7. November 1775 steht unter dem Zeichen des Regierungswechsels von der Herzogin Anna Amalia an ihren am 3. September 1775 von Kaiser Joseph II. (1741–1790) für volljährig erklärten Sohn Carl August (1757–1828). Anna Amalia trägt nun den Titel Herzogin-Mutter, unter dem man nicht eine schöne, lebenshungrige 36-jährige Frau vermuten würde. „Sie ist klein von Statur", so ein unbekannter Beobachter um diese Zeit, „sieht wohl aus, hat eine spirituelle Physiognomie, eine braunschweigische Nase, schöne Hände und Füße, einen leichten, doch majestätischen Gang, spricht sehr schön, aber geschwind und hat in ihrem ganzen Wesen viel Angenehmes und Einnehmendes".[38] Eine Veranstaltung Ende 1775, an der auch Goethe und Carl August teilnahmen, gibt einen Einblick in das Verhältnis zwischen der Herzogin Anna Amalia und ihrer Hofdame Frau v. Stein. Ein Teilnehmer berichtet: „Mit eins ging die Tür auf, siehe: die alte Herzogin kam herein mit der Oberstallmeisterin, einer trefflichen, guten, schönen Frau v. Stein. Beide trugen zwei alte Schwerter aus dem Zeughause, eine Elle höher wie ich und schlugen uns zu Rittern. Wir bleiben bei Tische sitzen, und die Damen gingen um uns herum und schenkten uns Champagner ein. Nach Tisch ward Blindekuh gespielt; da küßten wir die Oberstallmeisterin, die neben der Herzogin stand. Wo läßt sich Das sonst bei Hofe tun?"[39] Anna Amalia ist zwar am Spiel beteiligt, doch bei allem, was gegen die fürstliche Etikette verstoßen würde, bildet die Hofdame ein Schutzschild für die Herzogin, denn geküsst wird Frau v. Stein.

Das Herzogtum Sachsen-Weimar-Eisenach war aufgrund von Erbteilungen ein unzusammenhängendes Staatsgebiet, in dem damals um die 100.000 Menschen lebten.[40] 1741 hatte Ernst August I. (1688–1748), „der Tyrann", das Herzogtum Eisenach, das eine gesonderte Verwaltung beibehielt, sowie Jena und Allstedt zu Weimar hinzugeerbt. Bei seinem Tod hinterließ er neben mehreren Töchtern aus zwei Ehen den kränklichen elfjährigen Erbprinzen Ernst August Constantin (1737–1758) und ein hoch verschuldetes Land. Zunächst stand der Erbprinz unter der Vormundschaft des Herzogs von Gotha. Dieser machte sich Hoffnungen, dass das Herzogtum an ihn fiele, wenn der Erbprinz kinderlos sterben würde, so dass dieser „wie ein Staatsgefangener in strengster Aufsicht gehalten" wurde, man ließ „dem armen verwaisten Knaben die unwürdigste Behandlung widerfahren ..., um seine ohnehin schwankende Gesundheit gänzlich zu zerstören, oder wenigstens die Verstandeskraft so sehr zu schwächen, daß er für unfähig zum Regieren erklärt werden könne."[41] Auf Betreiben des Herzogs von Coburg ließ man ihn im Dezember 1755 durch den Kaiser in Wien vorzeitig für volljährig erklären. Drei Monate später befand sich Ernst August Constantin auf Brautschau in Braunschweig. Im März 1756 fand die Hochzeit mit der Prinzessin Anna Amalia statt. Als die junge Herzogin mit ihrem Gefolge von Braunschweig nach Weimar übersiedelte, spottete eine ihrer Kammerfrauen: „Hier wird wohl das Tor mit einer Rübe zugesteckt?"[42] Das herzogliche Paar sei „ein junges, lebenslustiges Paar" gewesen, sie „bewohnten mit Vorliebe Schloß Belvedere, wo sie wie fröhliche Kinder auf dem Platz davor ihr Spiel trieben."[43] 1757 brachte Anna Amalia den Erbprinzen Carl August zur Welt. Bereits 1758 starb ihr Ehemann. Bei seinem Tod war Anna Amalia wieder schwanger und im selben Jahr wurde ihr zweites Kind, Friedrich Ferdinand Constantin (1758–1793), geboren. Durch die Geburt ihrer Söhne waren die Hoffnungen der benachbarten Fürstenhäuser in Coburg und Gotha, dass das Herzogtum an sie fallen könnte, begraben worden. Dank eines heimlichen Testaments ihres Gatten sollte Anna Amalia die alleinige Vormünderin Carl Augusts und Regentin des Herzogtums Sachsen-Weimar-Eisenach werden.[44] Erst nach einem zähen Hin und Her mit der Kanzlei von Kaiser Franz I. (1708–1765) in Wien – einem Mann, der selbst im Schatten seiner Frau, Kaiserin Maria Theresia (1717–1780), stand – konnte Anna Amalia alleinige Regentin werden. Zuvor war die gemeinschaftliche Vormundschaft zwischen Anna Amalia und König Friedrich V. von Dänemark im Gespräch gewesen. Dann sollte der Kurfürst von Sachsen, Friedrich August II. (1696–1763), Mitvormund und Mitregent werden, jener Fürst, der die Regierungsgeschäfte seinem korrupten Minister Heinrich Graf v. Brühl (1700–1763) überließ, was dieser zur persönlichen Bereicherung nutzte. Nachdem in Weimar auch gegen diese Lösung alle Hebel in Bewegung gesetzt worden waren, trat Anna Amalia am 30. August

1759 19-jährig die Regentschaft für ihren Sohn an, wobei bis zu ihrer Volljährigkeit mit 21 Jahren ihr Vater Mitregent war. Wenige Monate nach Übernahme der Regentschaft stürzte sie den mächtigen Minister Graf Heinrich v. Bünau (1697–1762), womit sie die Regierungsgeschäfte in den Händen hielt. Als Regentin zeichnete sie sich durch geschicktes Taktieren in schweren Kriegszeiten aus. Während der letzten Phase des Siebenjährigen Krieges (1756–1763), der das Ergebnis hatte, dass der Gebietsstand von 1756 unverändert blieb, wusste Anna Amalia geschickt zwischen ihrem Onkel, dem Preußenkönig Friedrich II. (1712–1786), und der kaiserlichen Partei zu lavieren. Für beide Kriegsparteien musste sie Soldaten zur Verfügung stellen, wobei sie inoffiziell eine Generalamnestie für jeden Fahnenflüchtigen anordnete.[45]

Anna Amalias 16-jährige Regierungszeit im Geiste eines aufgeklärten Absolutismus – eine Staatsform, bei der es noch keine Gewaltenteilung und verbrieften Grundrechte gab, in der sich jedoch der Herrscher, ohne Möglichkeiten der Kontrolle, immerhin als erster Diener seines Gemeinwesens verstand – zeichnet sich durch eine mit Strenge und Disziplin bewirkte Konsolidierung der Finanzen und den Ausbau der Infrastrukturen des Herzogtums aus. Zum Ende ihrer Regierungszeit waren die Voraussetzungen geschaffen, um in Weimar Wissenschaft und Kunst so zu fördern, dass Anna Amalias Musenhof Weltgeschichte schreiben konnte. Schon 1763 hatte sich Anna Amalia den Schriftsteller und Lehrer Johann C. A. Musäus (1735–1787) in ihren Kreis geholt. Musäus' Berufung als Pfarrer bei Eisenach war an dem erbitterten Wiederstand der dortigen Bauern gescheitert, die ihn deswegen für völlig ungeeignet hielten, weil er bei einem Fest getanzt hatte.[46] Mit devoten Gedichten wartete er bei Anna Amalias Geburtstagen auf, etwa am 24. Oktober 1771 mit dem Vorspiel DIE STUFEN DES MENSCHLICHEN ALTERS, deren Schlussverse lauten:

Voll Hoheit Menschenlieb und Milde
Ist unsres Dorfes Edelfrau.
Wem bleibet bei der Fürstin Bilde
Das Herz in seinem Busen lau?
Stets muß der Schutzgeist um Sie schweben,
Der gute Fürsten nie verläßt!
Ein jeder Tag von ihrem Leben
Ist für Ihr ganzes Land ein Fest!

Später trat Musäus oft als Schauspieler im Liebhabertheater auf, über ihn wird berichtet: „Dem kindlich guten, frohen und originellen Musäus gelangen die niedrig-komischen Rollen, wozu sein drolliges Äußere so herrlich sich schickte, ungemein wohl".[47]

1772 berief Anna Amalia den damals schon berühmten Dichter Christoph Martin Wieland (1733–1813) als Prinzenerzieher. Die Nachricht davon verbreitete sich in ganz Deutschland. Carl Ludwig v. Knebel (1744–1834), 1774 als Erzieher von Anna Amalias zweitem Sohn berufen, schrieb noch als preußischer Soldat (seit 1765) in einem Brief über Wieland: „Der erste deutsche Dichter, der als solcher zum Hofmanne die Bahn bricht; so klein auch immer der Hof ist."[48] Vor seiner Berufung war Wieland oft von Erfurt nach Weimar gefahren, wo er, „ich mag es nicht leugnen, der schönen, damals 34jährigen Regentin mit vollem Enthusiasmus huldigte. Als ich einst allein in dieser Stimmung nach Erfurt zurückfuhr, entwarf ich im Wagen den Plan zu einem Geburtstagsvorspiel Aurora, worin ich der Herzogin die süssesten Dinge sagen durfte."[49] Die Berufung Wielands war von großer Bedeutung, denn es war eine Epoche, in der das Theater als eine Stätte, in der die Sitten verdorben werden, angesehen wurde. Wieland schrieb 1773 über Anna Amalia, die, nachdem man sich vom verheerenden siebenjährigen Krieg erholt hatte, um ein Theater in Weimar bemüht war: „Und so genoß Weimar eines Vorzugs, dessen keine andere Stadt in Teutschland sich zu rühmen hatte: ein teutsches Schauspiel zu haben, welches jedermann dreimal in der Woche unentgeltlich besuchen durfte."[50] Im selben Jahr wurde zu Anna Amalias Geburtstag das Drama MEROPE von Friedrich Wilhelm Gotter (1746–1797) aufgeführt. Zuvor war Gotter in Wetzlar mit Goethe Praktikant am Reichskammergericht (1693–1806) gewesen und hatte mit ihm Freundschaft geschlossen.[51] Bereits den siebenjährigen Carl August ließ Anna Amalia im Theater auftreten, wobei er „ohne die geringste Verlegenheit, mit richtigem Gefühlsausdruck und gutem Gedächtnis" gespielt haben soll.[52] Auch später übernahm Carl August am von ihm und seiner Mutter finanzierten Liebhabertheater immer wieder Rollen als Schauspieler.[53]

Anna Amalia legte großen Wert auf eine erstklassige Ausbildung ihrer Kinder: „Ein auslangend bildender Unterricht ihrer fürstlichen Söhne", so Goethe 1813, „war das Hauptaugenmerk einer zärtlichen, selbst höchst gebildeten Mutter".[54] Als Anna Amalia die Schauspieltruppe von Heinrich Gottfried Koch (1703–1775) nach Weimar holte (1768–1771), schrieb Christian Felix Weiße (1726–1804) gefällige Singspiele nach französischem Vorbild, zu denen Johann Adam Hiller (1728–1804) lieblich-volkstümliche Melodien setzte. Weiße widmete 1770 seine wohl bedeutendste Operette, DIE JAGD, mit einem Dankgedicht bei der Uraufführung in Weimar Anna Amalia als Beschützerin der deutschen Musen.[55] Weiße schrieb am 4. Februar 1770 über Anna Amalia: „Eine Prinzessin deren herausragenden Eigenschaften des Geistes und des Herzens dem Volk zum Glück, den Fremden zur Bewunderung und dem Jahrhundert zum Schmuck gereichen."[56] Unter dem Einfluss der beliebten Weiße-Hillerschen Singspiele schrieb Goethe Texte wie CLAUDINE VON VILLABELLA (ab 1774), JERY UND BÄTELY (1779) oder LILA (ab 1776).[57] Goethe kannte die Schauspieltruppe von Koch aus seiner Studentenzeit in Leipzig (1765–1768), diese gab auch 1774 die Uraufführung seines GÖTZ VON BERLICHINGEN in Berlin. Als Anna Amalia die Seylersche Schauspieltruppe für Weimar gewinnen konnte (1771–1774), war dies ein „äußerst glücklicher Griff. Die Seyler'sche Truppe war die beste Schauspielgesellschaft, welche in jener Zeit in Deutschland existierte".[58] Nach der Regierungsübergabe an Carl August beabsichtigte Anna Amalia sich besonders dem Ausbau eines Liebhabertheaters zu widmen. Goethe bot kurz nach seiner Ankunft in Weimar im November 1775 in Anna Amalias Auftrag der berühmten Sängerin und Schauspielerin Corona Schröter (1751–1802) eine Stelle an, die sie 1776 annahm. Für die Bühnendekorationen und Kostüme des Liebhabertheaters (1775–1784) arbeitete neben Georg Melchior Kraus (1737–1806), der seit Oktober 1775 in Weimar angestellt war, der Leipziger Maler, Bildhauer und Kunsttheoretiker Adam Friedrich Oeser (1717–1799).[59] Oeser hatte bereits 1755, kurz vor Anna Amalias Vermählung, ein Reiterportrait von ihrem Bräutigam angefertigt. Von 1767 bis 1774 wurde Oeser als Künstler und Ratgeber für den Bau des Wohnhauses des Ministers Jakob Friedrich v. Fritsch (1731–1814) herangezogen. Dieses Haus bezog 1774 Anna Amalia, als das Stadtschloss abgebrannt war. Fortan hieß es Wittumspalais und sollte von der Fürstin bis zu ihrem Tod bewohnt werden (Abb. 12).[60]

Eine der Hofdamen Anna Amalias war Charlotte v. Stein. Ihr Vater Johann Wilhelm Christian v. Schardt (um 1711–1790) diente bereits unter dem „Tyrannen" Ernst August I. Nach dessen Tod war er Erzieher von Anna Amalias späterem Gatten. Sein Drang zu pompöser Repräsentation und seine Leidenschaft, Kunstobjekte zu sammeln, brachten ihn dem Konkurs nahe, der nur durch Einsatz von fast der gesamten Aussteuer seiner Frau abgewendet werden konnte. Dieses Geld war für die Ausbildung der Kinder vorgesehen gewesen. Als 1755 Ernst August Constantin seine Regierung antrat und es seine Erzieher zu belohnen galt, bekam v. Schardt demonstrativ nur 275, sein Kollege hingegen 20.000 Taler.[61] Anna Amalia hielt ihn für einen Verschwender, der über seine Verhältnisse lebt, sie entließ ihn kurzerhand in den Ruhestand. Er scheint sich seinem Umfeld in unangenehmer Weise als selbst ernannter Humanist und Kunstkenner aufgedrängt zu haben. Ein „Hofmarschall, den man mit Recht außer Tätigkeit gesetzt hat", urteilte im Februar 1776 der musikalisch und schriftstellerisch ambitionierte, seit Ende 1775 am Weimarer Hof beschäftigte Kammerherr Siegmund v. Seckendorff (1744–1785).[62] Ein pedantischer Theologiestudent sowie der angeblich in seinen Qualitäten verkannte Vater waren die Erzieher der Geschwister v. Schardt, die ihre Jugend als unglücklich empfanden. Die Grundausbildung von Charlotte v. Schardt beinhaltete neben den häuslichen Arbeiten Lesen, Schreiben, Rechnen, Bibelstudium und Gesang. Die höhere Bildung umfasste Französisch, Tanzen, Klavierspiel und Konversation.[63] Charlotte war 1758 Anna Amalias Hofdame geworden,[64] die Fürstin „hatte die Güte, sie zu einem ihrer Hoffräulein zu erwählen".[65] Sie blieb bis zu Anna Amalias Tod deren Hofdame, dies war „ihr formell bis zum Tode ihrer Herrin [Anna Amalia] 1807 ausgeübter ‚Hauptberuf'".[66] Nur die Kopie eines verschollenen Selbstbildnisses von 1787 vermittelt einen Eindruck, wie Charlotte v. Stein aussah (Abb. 24),[67] ansonsten sind nur einige Silhouetten und wenige undeutliche Alterszeichnungen überliefert.[68] „Über das Äußere von Charlotte von Stein … ist letzte Klarheit heute nicht mehr zu gewinnen", heißt es bei einem Biographen.[69] Bei den vielen Kunstmalern, die in Weimar arbeiteten, wäre es nur eine Frage des Wunsches gewesen, gemalt zu werden. Die Herzogin Luise (1757–1830) ließ sich sogar vom berühmten Johann F. A. Tischbein (1750–1812) ein Portrait anfertigen, nur um es der Freundin Charlotte v. Stein zu schenken. In einem Brief berichtet Frau v. Stein einem ihrer Söhne: „Der Herzogin ihr Porträt ziert nun mein Kabinett, aber der allzu prächtige Rahmen daran schlägt meine übrigen Möbel tot."[70] Frau v. Stein ließ auch keine Büste von sich anfertigen. Der Hofbildhauer Gottlieb Martin Klauer (1742–1801), den Anna Amalia 1774 von Rudolstadt nach Weimar berief, wäre jederzeit bereit gewesen, hatte er doch auch eine andere Hofdame Anna Amalias, Luise v. Göchhausen (1752–1807), abgebildet.[71] Frau v. Stein wollte also bis auf ein Selbstportrait, angefertigt mit Hilfe von zwei Spiegeln, das sie im Halbprofil zeigt, nicht abgebildet werden. Ein kleines Bildnismedaillon (Abb. 25), das um 1785 datiert wird, zeigt Frau v. Stein in genau der gleichen Stellung wie auf dem Selbstportrait.[72] Nur im Profil sollte man die „Seelenfreundin" Goethes erblicken können. Getreue Abbildungen der Frau v. Stein, die für Friedrich v. Schiller (1759–1805) nie schön gewesen sein konnte,[73] hätten womöglich das Weimarer Staatsgeheimnis erschüttern können.

Nach der strengen Erziehung im Elternhaus hatte Charlotte als Hofdame auf einmal Zugang zum prächtigen Hof Anna Amalias mit seinen vielfältigen Festen und Vergnügungen. Ein Lächeln der Fürstin zu erhalten, machte eine Hofdame glücklich. 1764 vermählte sich die 21-Jährige mit dem 28-jährigen Josias v. Stein (1735–1793), der unter Anna Amalia zum Stallmeister avanciert und zugleich Erb- und Gerichtsherr auf seinem Gut Kochberg war. Unter Carl August wurde v. Stein zum Oberstallmeister befördert, er war verantwortlich für um die 130 Zug- und Reitpferde, den Wagenpark und das Gestüt in Allstedt.[74] Für das mittellose Fräulein v. Schardt war es eine gute Partie, auch war Josias v. Stein ein gut aussehender Mann sowie ein ausgezeichneter Tänzer und Reiter: „Er trinkt nicht, spielt nicht und besitzt praktischen Verstand. Seine Frau behandelt er gut, vertraut ihr, achtet sie."[75] Seit der Heirat scheint Frau v. Stein zur besonderen Vertrauten Anna Amalias aufgestiegen zu sein.[76] Sie gebar sieben Kinder, von denen nur drei Jungen das Säuglingsalter überlebten. Um die Erziehung ihres jüngsten Sohnes Gottlob Friedrich Constantin v. Stein (1772–1844), genannt Fritz, sollte sich Goethe später besonders bemühen. 1762 gewährte die Herzogin Anna Amalia einem Bruder Charlottes ein Stipendium, damit dieser die Rechte studieren könne. Alle drei Brüder Charlottes traten in weimarischen Staatsdienst und wurden von Anna Amalia gefördert. 1773 verlieh Anna Amalia dem Vater das Ehrenprädikat „Exzellenz" und einen Orden; zwar blieb der alte Schardt ohne eine konkrete Aufgabe, aber die Ehrung genügte ihm. Die in Weimar zu Besuch weilende baltische Schriftstellerin Sophie Becker (1754–1789) notierte am 2. März 1785 in ihr Tagebuch: „Der alte Schardt machte nunmehr auch seinen Besuch, und gleich bei seinem Eintritte [im Salon der Gräfin Bernstorff] lief Goethe davon. Der alte Mann ist gleichsam das

Schreckbild jedes klugen Kopfes, eine verjahrte Hofschranze, die ihre Existenz in dem Lächeln der Fürsten sucht."[77] Schiller urteilte: „... in dieser Familie [v. Schardt] sind die Weiber gescheit und die Männer dumm bis zum Sprichwort".[78]

Frau v. Stein leistete in den Jahren des Regierungswechsels wichtige Dienste für ihre Herrin Anna Amalia. Caroline Gräfin Görtz (1749–1809) berichtet in einem Brief an ihren Mann vom 29. Dezember 1774: „... die Stein wird von Tag zu Tag mehr die Favoritin [der Herzogin Anna Amalia], in Kürze wird sie all die anderen in den Schatten gestellt haben".[79] Am 24. April 1775 berichtet dieselbe an ihren Mann: „Die Stein ist nach wie vor auf bestem Fuß mit der Herzogin [Anna Amalia] ... sie wird zur Dichterin, man sagte mir, sie hätte ganz niedliche Verse gemacht."[80] Nach „langem, beharrlichen Werben"[81] wurde sie die Vertraute von Carl Augusts Frau, Herzogin Luise und gute Freundin ihrer beiden Hofdamen.[82] Damit war Anna Amalias treu ergebene Hofdame im engsten Umfeld ihrer Schwiegertochter Luise. Die zweite Aufgabe war schwieriger und betraf die „Geheimsache Goethe".

Erste Zugänge

Maman [Anna Amalia] ist mit dem Genie *par excellence* [Goethe] ein Herz und eine Seele und böse Zungen sprechen davon, dass, trotz ihrer kühlen Haltung ihm gegenüber in der Öffentlichkeit, er fast jedem Abendessen fernbleibt …

Gräfin Görtz an ihren Mann, 14. März 1778

Mein Gott dem ich immer treu geblieben bin hat mich reichlich geseegnet im Geheimen, denn mein Schicksaal ist den Menschen ganz verborgen, sie können nichts davon sehen noch hören.

Goethe an Lavater, 8. Oktober 1779

Im Jahr 1785 verlor Goethe die Nerven, als er von der Halsbandaffäre in Paris erfuhr. Im Eintrag von 1789 in den Tag- und Jahresheften (1817–1830) berichtet er: „… im Jahr 1785 hatte die Halsbandgeschichte einen unaussprechlichen Eindruck auf mich gemacht. In dem unsittlichen Stadt-, Hof- und Staatsabgrunde, der sich hier eröffnete, erschienen mir die greulichsten Folgen gespensterhaft, deren Erscheinung ich geraume Zeit nicht loswerden konnte; wobei ich mich so seltsam benahm, daß Freunde … [mir] gestanden, daß ich ihnen damals wie wahnsinnig vorgekommen sei.“ Durch den darauf folgenden Prozess schien Goethe „die Axt an die Wurzel des Königtums gelegt“.[83] „Wir wissen“, so Riemer, „daß die berüchtigte Halsbandgeschichte unsern Dichter wie das Haupt der Gorgone [weibliches Ungeheurer mit Schlangenhaaren] erschreckte“.[84] Hier stellt sich die Frage, ob Goethe bei der Nachricht überreagierte, weil er um die politische Stabilität Frankreichs fürchtete oder ob er andere Gründe hatte.

Bei der Halsbandaffäre spielte eine Geliebte des Kardinals Rohan (1734–1803), die Gräfin de la Motte (1756–1791), diesem am Hofe in Ungnade gefallenen Kirchenfürsten vor, dass er die Gunst der Königin Marie-Antoinette (1755–1793) zurückgewinnen könne, wenn er ihr beim Erwerb eines sagenhaften, aus

647 Diamanten bestehenden Halsbandes als Bürge behilflich sein würde. Der Kardinal fiel auf den Schwindel herein, der unter anderem mit gefälschten Briefen und einem Treffen mit der „Königin“ im Venushain von Versailles glaubhaft gemacht wurde. In Wirklichkeit traf Rohan sich mit einer Schauspielerin, einer gewissen Nicole Leguay d'Oliva (1761–1789), die der Königin ähnlich sah. Er bestellte das Halsband für die Königin und übergab es am 1. Februar 1785 ihrem angeblichen Kammerdiener, der es der Betrügerin la Motte aushändigte. Als die Ratenzahlungen durch die Königin ausblieben, flog der Schwindel auf. Ab Mitte August 1785 fanden Verhaftungen statt. Wie ein Lauffeuer verbreitete sich die Kunde von der Halsbandaffäre in ganz Europa. Der Prozess fand im Mai 1786 statt. Der Ausgang war, dass Kardinal Rohan in ein Kloster verbannt und verpflichtet wurde, den Schaden der Juweliere aus Kircheneinnahmen abzutragen.[85] Im französischen Volk erregte die Affäre Widerwillen und wurde rückblickend als ein Fanal für die Französische Revolution gesehen. Der Umstand, dass die Juweliere glauben konnten, dass die Königin auf zwielichtige Art und Weise die Käuferin des Halsbandes gewesen sei, reichte, um das Vertrauen in die ohnehin leichtsinnige Marie Antoinette vollends zu verlieren. Goethe urteilte am 15. Februar 1831 in einem Gespräch mit Eckermann: „Das Faktum [Ereignis] geht der Französischen Revolution unmittelbar voran und ist davon gewissermaßen das Fundament. Die Königin, der fatalen Halsbandgeschichte so nahe verflochten, verlor ihre Würde, ja ihre Achtung, und so hatte sie denn in der Meinung des Volkes den Standpunkt verloren, um unantastbar zu sein. Der Haß schadet niemand, aber die Verachtung ist es, was den Menschen stürzt.“

Der Grund, warum Goethe, der im Gedicht PROMETHEUS (1774) selbst gegen die Götter Sturm lief („Ich kenne nichts Ärmeres/Unter der Sonn als euch, Götter!“), wegen der Halsbandaffäre seinen Freunden wie wahnsinnig vorkam, ist zunächst nicht nachvollziehbar, zumal damals die dramatischen Folgen für die Königsfamilie noch nicht absehbar waren. Goethes Reaktion macht dann Sinn, wenn man davon ausgeht, dass sich auch in Weimar eine vergleichbare Affäre abspielte, die, wäre sie bekannt geworden, schlimmste Folgen für ihn und die herzogliche Familie nach sich gezogen hätte. Die Affäre in Weimar war Goethes Liebe zur Herzogin Anna Amalia. Diese Liebesbeziehung durfte nicht bekannt werden, da es einem Bürgerlichen, der 1782 Mitglied des niederen Reichsadels wurde, nicht erlaubt war, eine Verbindung mit einer Fürstin einzugehen. Hätten sich die Liebenden über dieses Verbot öffentlich hinweggesetzt, so hätte Anna Amalia das kleine Fürstentum der Gefahr von schweren Sanktionen ausgesetzt, die vor allem ihr Sohn Carl August als regierender Herzog zu spüren bekommen hätte. An der Spitze der im Heiligen Römischen Reich Deutscher Nation (etwa 962–1806) organisierten Fürstentümer standen nur wenige, dem Hochadel angehörende Familien, die nur innerhalb ihres Standes Heiraten erlaubten. Um die verbotene Liebesbeziehung zu Anna Amalia zu ermöglichen, wurde Frau v. Stein als Goethes Geliebte ausgegeben. Goethes Reaktion bei der

Halsbandaffäre spiegelte seine Angst vor den Konsequenzen einer Entdeckung seines Geheimnisses wider. Dieses Staatsgeheimnis ist letztlich eine potenzierte Halsbandaffäre, so brillant inszeniert, dass es über 200 Jahre unentdeckt bleiben sollte.

Die Liebe zwischen dem standesungleichen Paar Anna Amalia und Goethe ist ab dem Jahr 1776 nachweisbar. „Mit der Herzoginn Mutter hab ich sehr gute Zeiten", schreibt der Dichter am 14. Februar 1776 an Johanna Fahlmer (1744–1821), „[wir] treiben auch wohl allerley Schwänck und Schabernack." Nach außen wird ihre Liebe durch die Inszenierung von Frau v. Stein als platonische Geliebte Goethes geschützt. Um diese sonderbare Verbindung glaubhaft zu machen, wurde ein Treffen in Ilmenau arrangiert. Frau v. Stein befindet sich Anfang August 1776 auf der Rückreise von einem Badeaufenthalt in Pyrmont und macht einen Umweg über Ilmenau, um Goethe zu sehen. Dieser ist dort amtlich unterwegs. Auch der Herzog weilt mit seinem Hofstaat in Ilmenau, also mit zumindest einem Teil seiner knapp 40 persönlichen Diener, einschließlich zweier Mohren,[86] mit seinen Mitarbeitern und sonstigen Begleitern wie etwa dem Maler Kraus. Frau v. Stein trifft am Abend des 5. August 1776 in Ilmenau ein. Goethe verbringt einen Teil des 6. Augusts mit seiner „Geliebten" und besucht mit ihr die in der Nähe gelegene Hermannsteiner Höhle. Wer es noch nicht mitbekommen hatte, wusste nun, dass zwischen Goethe und Frau v. Stein sich irgend etwas abspielte. An Johann Gottfried v. Herder (1744–1803), der in Pyrmont Frau v. Stein kennen gelernt hatte und bald auf Vermittlung Goethes für das höchste kirchliche Amt nach Weimar berufen wurde, schreibt er am 9. August von der Begegnung: „Den Engel die Stein hab ich wieder … einen ganzen Tag ist mein Aug nicht aus dem ihrigen kommen".

In seinem Brief vom 8. August 1776 an „Frau v. Stein", der auf den „gemeinsamen" Tag am 6. August 1776 Bezug nimmt, ergibt sich aber ein anderes Bild. Goethe schreibt: „Lieber Engel! Ich hab an meinem Falken geschrieben, meine Giovanna wird viel von Lili haben, du erlaubst mir aber doch, daß ich einige Tropfen deines Wesen's drein gieße, nur so viel es braucht um zu tingieren [färben]." Es sind also einige Tropfen des Wesens der Dame, der er schreibt, vonnöten, denn „viel" von Lili Schönemann (1758–1817), Goethes früherer Frankfurter Verlobten (1775), reicht nicht aus, um die gewünschte Substanz zu erhalten. Aufschlussreich ist Goethes Angabe in dem Brief vom 8. August, dass er an DER FALKE arbeitet, ein Stück, das er bald wieder beiseite legt. Der Titel und die darin auftretenden Personen weisen auf Boccaccios (1313–1375) Novelle DER FALKE (DEKAMERON V, 9) hin.[87] In Boccaccios Geschichte geht es um den jungen Edelmann Federigo, der sein Vermögen für ritterlichen Aufwand verbraucht, um die Liebe der reichen adeligen Dame Giovanna zu gewinnen. Doch erst später, als er völlig verarmt ist, gelingt es ihm, die Witwe Giovanna mit seiner edlen Gesinnung zu erobern. Vom Bruchstück DER FALKE sind nur wenige Worte auf einer Seite Konzeptpapier festgehalten, darunter: „Noch zittern! Beben! Überrascht zu werden …", „Drängt mich's nicht hin zu ihr, küß ich nicht ihre Hand, ihren Handschuh, den Lippen ihres Kleids vor!" Goethe, der bald nach seiner Ankunft in Weimar schon mit der Notwendigkeit zu täuschen konfrontiert war, beschreibt im Fragment sein Lebensgefühl, das Zittern, das Beben, das ihn ergreift beim Gedanken, mit seiner Geliebten überrascht zu werden. Doch hätte Goethe das ihm auferlegte Geheimnis nicht wahren können, wenn er dieses Stück, in dem eine schöne, reiche Witwe die Hauptrolle spielte, ausgearbeitet hätte. Bereits in Goethes Fragment ist Giovanna als eine Fürstin erkennbar, da nur einer Fürstin der Saum ihrer Kleider geküsst wurde. Die Untertanen mussten sich dazu tief verneigen und verliehen damit ihrer untertänigen Gesinnung Ausdruck. Bei Hofbällen und im Theater wurden die Herrschaften vor der Aufführung zum Rockkuss zur Herzogin Anna Amalia vorgelassen.[88] Bei Anna Amalias Hofdame Frau v. Stein wäre ein Rockkuss protokollarisch eine Anmaßung gewesen. Ihre offizielle Aufgabe bestand darin, die Fürstin, der sie diente, zu unterhalten, ihr treu zu Diensten zu stehen und für ihr Wohlbefinden zu sorgen – vom Fürstenstand trennten auch sie Welten. Anna Amalias Amtstitel lautete: „Verwittwete Herzogin zu Sachsen, Jülich, Cleve und Berg auch Engern und Westphalen, gebohrne Herzogin zu Braunschweig und Lüneburg, Landgräfin in Thüringen, Markgräfin zu Meißen, gefürstete Gräfin zu Henneberg, Gräfin zu der Marck und Ravensberg, Frau zu Ravenstein etc." Münzen mit ihrem Abbild als regierende Herzogin wurden geprägt.[89] In einer bedachten Gondel, die groß genug war, um auch Musikern Platz zu bieten, ließ sich Anna Amalia durch künstlich angelegte Teiche fahren (Abb. 13). Spaziergänge Anna Amalias waren öffentliche Ereignisse, ihr ehemaliger Page erinnert sich: „Die Herzogin pflegte zuweilen an Sonn- und Festtagen nach der Tafel in die Esplanade spazieren zu gehen; die Stunde wurde der Noblesse unter der Hand bekannt gemacht, welche sich dann zahlreich versammelte und sich harrend auf den zur Seite stehenden Bänken niederließ. Die Regentin erschien gewöhnlich im Reifrock und mit dem ganzen Hofe; der Obermarschall ging voraus, ein Page trug ihre Schleppe ... Hinter diesen folgte die niedere Hofdienerschaft; sie bestand aus Laufer, Heiducken und einem Zwerg ... Auch viele Honoratioren und Bürger eilten zur Esplanade, weil sie außerdem ihre Fürstin nur selten so nahe zu Gesicht bekamen".[90] Die Eingangsformulierung, mit der die Fürstin Gesetze verkündete, zeigt eindrücklich die allmächtige Stellung ihres Standes: „Von Gottes Gnaden Wir Anna Amalia ... Entbieten allen und jeden Unsern ... Prälaten, Grafen und Herren, denen von der Ritterschaft und Adel, Beamten, GerichtsHerren, Bürgermeistern und Räthen in Städten, Schultheissen, Richtern, Heimbürgen, wie auch insgemein allen Unterthanen ...".[91] Goethes Gedanken waren an jenem 6. August also nicht mit Frau v. Stein, sondern mit der Fürstin Anna Amalia beschäftigt.

Im Brief vom 8. August 1776 ist außerdem ein Gedicht für „Frau v. Stein" beigelegt:

Ach wie bist du mir,
Wie bin ich dir geblieben!
Nein an der Wahrheit
Verzweifl ich nicht mehr.
Ach wenn du da bist
fühl ich, ich soll dich nicht lieben
Ach wenn du fern bist
Fühl ich, ich lieb dich so sehr.

Goethe verzweifelt an der Wahrheit nicht mehr, denn, um Anna Amalia zu lieben, ist er bereit zu täuschen. Im gleichen Brief heißt es hinsichtlich Frau v. Steins Anwesenheit in der Höhle: „Es ist wie in der Geisterwelt, ist mir auch wie in der Geisterwelt. Ein Gefühl ohne Gefühl". Am Ende des Briefes schreibt Goethe: „... dein Verhältnis zu mir ist so heilig sonderbar ... Menschen können's nicht sehen". Auf Frau v. Stein können sich diese Zeilen nicht beziehen, denn in Ilmenau hatte sie jeder neben ihm gesehen. Nach dem Aufenthalt in der Hermannsteiner Höhle mit Frau v. Stein am 6. August 1776 meißelte Goethe am 8. August ein großes S in die Felswand. Das S soll für die Sonne stehen, angeblich das Symbol für Frau v. Stein. Goethe ordnete in seinen Tagebüchern seinen engsten Freuden am Weimarer Hof Symbole aus dem Planetensystem zu. Demnach war Anna Amalia der Mond (☾), „Frau v. Stein" die Sonne (☉).[92] Am Anfang des 13. Buches seiner Jugendbiographie DICHTUNG UND WAHRHEIT (1811–1831) beschreibt Goethe den Übergang seiner Neigung von Charlotte Kestner (1753–1828) zu Maximiliane Brentano (1756–1793), seine Vorbilder für die Charlotte im Roman WERTHER (1774), mit den folgenden Worten: „Es ist eine sehr angenehme Empfindung, wenn sich eine neue Leidenschaft in uns zu regen anfängt, ehe die alte noch ganz verklungen ist. So sieht man bei untergehender Sonne gern auf der entgegengesetzten Seite den Mond aufgehn und erfreut sich an dem Doppelglanze der beiden Himmelslichter." Demnach musste Goethe, nachdem er die große Liebe seines Lebens gefunden hatte, dieser beide Symbole, Sonne und Mond, zuordnen. Goethe widmete eine Beschreibung von Sonne und Mond der Herzogin Anna Amalia. In einem Brief an „Frau v. Stein" aus der Schweiz berichtet er am 24. Oktober 1779, am 40. Geburtstag Anna Amalias, von einem erhabenen Erlebnis: „d. 24. Octor. a la Vallee de Joux ... Wir [Goethe und Carl August] machten uns mit Pferden, erstlich Mont hinan [den Berg hinauf] und hatten steigend die herrlichste Aussicht auf den Genfer See, die Savoyer und Wallis Gebürge hinter uns konnten Lausanne erkennen und durch einen leichten Nebel auch die Gegend von Genf. Grad über sahen wir den Montblanc der über alle Gebürge des Faucigny hervorsieht. Die Sonne ging klar unter es war ein so groser Anblick daß ein menschlich Auge nicht hinreicht ihn zu sehen. Der fast volle Mond kam herauf, und wir höher; durch Tannen Wälder stiegen wir immer den Jura hinan, und sahen den See im Duft und den Wiederschein des Mondes drinne. Es wurde immer heller". Dass sie auch in der Schweiz Anna Amalias Geburtstag gefeiert hatten, berichtet Carl August in einem Brief vom 28. Oktober: „Ihren Geburtstag, liebste Mutter, haben wir in einen wunderbaren Tale gefeiert; gewiss wir haben ihn gut gefeiert". Anna Amalias Geburtstage sind ein Schlüssel, um das Weimarer Staatsgeheimnis zu durchschauen. Geburtstage spielten allgemein im höfisch-ständischen Leben eine herausragende Rolle, die Geburtstage der Fürsten wurden groß gefeiert. In Weimar erschienen seit 1764 Gedichte auf die Fürsten sowie die Beschreibung der Feierlichkeiten, bei denen der ganze Hofstaat beteiligt war und die Untertanen „ihre devotesten Glückwünsche ablegten".[93] Goethe und Anna Amalia gedenken an ihren Geburtstagen stets einander. Zu Goethes Geburtstag am 28. August 1781 ließ Anna Amalia etwa das Schattenspiel Die Geburt der Minerva aufführen: „... Minerva ... verkündete aus dem Buch des Schicksals den 28. August als den glücklichen Tag, an welchem der Welt einer der weisesten und besten Männer geboren. Alsbald schwebte zwischen Wolken ein geflügelter Genius, Goethe's Namen tragend, auf die Bühne herab, Minerva bekränzte diesen Namen und weihte ihm die goldne Leier Apollo's und die Blüthenkränze der Musen. Dann erschienen Iphigenie und Faust als Feuer-Transparents in den Wolken. Das ganze Stück war nur darauf berechnet, Goethen eine Huldigung darzubringen."[94] Sein Geburtstag wurde selbst dann gefeiert, wenn er abwesend war. So feierte man etwa den Geburtstag des in Italien weilenden Goethe in Weimar mit Gartenfest, Illumination und Feuerwerk und sandte ihm einen Bericht hiervon.[95]

Die Reise in die Schweiz hatte am 12. September 1779 begonnen und dauerte mehrere Monate. Am 4. November 1779 schreibt Anna Amalia an Goethes Freund, den Kriegsrat Johann Heinrich Merck (1741–1791): „Ich kann Ihnen nicht genug danken, lieber Merck, für die Sorge, die Sie tragen, die unleidlichen Winterabende, besonders in diesem Jahre, da ich so allein bin, mir [durch Besorgung von Kupferstichen und dergleichen] erträglich zu machen ... Die Nachrichten, die ich von den Reisenden bekomme, machen mir öfters den Kopf schwindelig. Es tut weh, von nichts als den herrlichen Sachen zu hören und sich ihnen nicht anders als durch ein trübes Fernglas nähern zu können."[96] Es tauchte sogar das Gerücht auf, Anna Amalia würde der kleinen Gesellschaft in die Schweiz nachreisen,[97] denn diese hatte kurzerhand die vorgesehene Reiseroute, die nach Frankfurt und an den Rhein führen sollte, in Richtung Schweiz geändert.[98] In einem Brief vom 1. Januar 1780 an „Charlotte v. Stein" aus Darmstadt, wohin auf der Rückreise ein Abstecher gemacht wurde, wird Goethe unmissverständlich (Abb. 23): „Hier gefällt mir die Pr[inzess] Charlotte, |: der verwünschte Nahme verfolgt mich überall :| doch habe ich auch nichts mit ihr zu schaffen aber ich seh sie gerne an, und dazu sind ia die Prinzessinnen." Diesen Brief kann Goethe kaum Charlotte geschrieben haben, denn der Name seiner Angebeteten kann ihm unmöglich verwünscht sein. „Seine Charlotte" soll ihm ja so etwas wie eine Göttin sein. Auch wenn er sich von der Charlotte in seinem Werther (1774) distanzieren wollte, heißt Frau v. Stein nun mal

Charlotte. Goethe verwendet hier sogar musikalische Wiederholungszeichen (|: ... :|), der darin wiedergegebene Text ist also zwei Mal zu lesen: „|: der verwünschte Nahme verfolgt mich überall :|“. Verständlich wird diese Äußerung, dass der Name Charlotte ihm doppelt verwünscht ist, wenn man davon ausgeht, dass Goethe an Anna Amalia schrieb und Frau v. Stein die Korrespondenz nicht einsah. Diese Äußerung ist eine von vielen in Goethes Briefen an „Frau v. Stein“, die einen Blick hinter das Blendwerk ermöglichen.

Die Schweizer Reise wurde zu einer erzieherischen Meisterleistung. Im Tagebucheintrag vom 17. Januar 1780 heißt es: „Jedermann ist mit ♃ [Carl August] sehr zufrieden preist uns nun und die Reise ist ein Meisterstück! eine Epopee [Heldengedicht]!“ Bei dem jungen, in seinem Herzogtum fast allmächtigen Carl August bedurfte es großer Anstrengungen, um zu verhindern, dass aus ihm ein gewaltsamer, ungerechter Fürst wurde. Eine Begebenheit im Hause von Friedrich Johann Justin Bertuch (1747–1822), unter anderem Verleger und Schriftsteller, der ab 1775 eine Übersetzung von Cervantes' (1547–1616) Roman Don Quixote (1605–1615) vorlegte, zeigt, dass Sorgen bei dem jungen Herzog durchaus angebracht waren. Als Bertuch seine Frau Caroline (1750–1810) Anfang Mai 1776 erstmals in seinem Haus einführte, bekam er Besuch vom Herzog Carl August und Goethe: „Der Herzog debütirte damit, daß er gehört habe, er habe sich verteufelt spießbürgerisch eingerichtet, einen prächtigen Nachtstuhl machen lassen, und triebe großen Luxus. Er müsse doch also sehen, was daran sey. Sogleich fielen ihm ein paar neue schöne Spiegel ins Auge, die er mit seinem Hieber zertrümmern wollte, sich aber doch, als Bertuch vorstellte, daß er sie auf des Herzogs Unkosten noch einmal so kostbar anschaffen würde, zureden ließ, u. mit der Aeuserung abstand, daß man die Spiegel um der Frau willen lassen müsse, damit sich diese bespiegeln könne. Darauf hielt der Herzog Revision [Prüfung] auf Bertuchs Schreibpult, fand einen Roman von Göchhausen, mit dem er sogleich eine Exekution vornahm, Blätter herausriß, u. herausbrannte, Taback hineinstreute, u. so die Bescheerung der Fräulein v. Göchhausen versiegelt unter Bertuchs Namen zuschickte. Endlich hieb u. stach er in die neuen Tapeten, weil dieß verflucht spießbürgerisch sei, daß man die nackten Wände überkleistern wollte. ... Bertuch verbiß seinen Ärger, ward aber einige Tage darauf sterbenskrank. Als der Arzt von Todesgefahr sprach, kam der Herzog noch um Mitternacht um gleichsam Abbitte zu thun, u. Goethe ging mit Thränen aus der Kammer, u. drückte der tiefgekränkten Frau die Hand mit den Worten: sie habe einen harten Anfang.“[99] Es gibt noch ganz andere Berichte über das Gebaren von Fürsten, gerade politisch unbedeutende ragen hier hervor. So wird von Prinz Joseph von Hildburghausen berichtet, dass er im Geheimen Consilium einen scharf geschliffenen Dolch neben sich liegen hatte, mit dem er nach den Räten warf, wenn ihm ein Vorschlag missfiel. Der Markgraf von Bayreuth soll einen Jägerburschen nur deswegen erschossen haben, weil dieser es gewagt hatte, ihm zu widersprechen, und Fürst

Hyazinth von Nassau-Siegen ließ einen Bauern hinrichten, um seinen Untertanen zu demonstrieren, dass ihm die Gewalt über deren Leben und Tod oblag.[100]

Carl Augusts Schwiegervater, der Landgraf Ludwig IX. von Hessen-Darmstadt (1719–1790), wollte von Regierungsgeschäften nichts wissen. Lieber beschäftigte er sich mit dem Militär oder mit seiner Mätresse, die „den Trunk nicht wenig" liebte, in Dorfweihern nackt badete und dann den Bauern zurief: *„N'ai je pas le C.[ul] plus beau que vos visages"* (Habe ich nicht einen H.[intern], der schöner ist als eure Gesichter). Er ließ unentwegt Soldaten in allen erdenklichen Uniformen malen und komponierte Marschmusik. Merck berichtet weiter in einem Brief vom 18. September 1780 an Carl August über dessen Schwiegervater: „Zwey Capellmeister sind mit ihren Untergebenen angehalten, von Morgens 8 biß Nachmittags 4 Uhr, wenn die Bettpfanne gebracht wird, da zu seyn, um die Märsche in Noten zu sezen, die der Landgraf componiert. Mit 2 Fingern spielt er auf dem Clavier die Märsche vor, und alsdenn müssen sie gesezt und auch offt sogleich probirt werden. Er hat es so weit gebracht, daß er in Einem Tag gegen 300 componirt hat, und gegenwärtig stehen von seiner Arbeit aufm Papier 52.365 Stück Märsche. Die Zahl der gemalten Soldaten ist unglaublich".

Aufstieg und Fall des Staatsministers

Ich richte mich ein in dieser Welt, ohne ein Haar breit von dem Wesen nachzugeben was mich innerlich erhält und glücklich macht.

Goethe an Merck, 14. November 1781

Unsere Neuigkeiten werden für Sie gar nicht so neu sein, indes wird Sie die Entlassung von Kalb ganz schön erstaunt haben, wohl nicht minder als die Nachricht der Erhebung Goethes in den Adelsstand. Die Liebschaften von letzterem mit seiner alten Schindmähre [Anna Amalia] sind immer noch ganz aktuell, die Macht, die diese Clique über den Herzog und die Herzogin ausübt, ist größer denn je.

Gräfin Giannini an die Gräfin Görtz, 12. August 1782

Merck sorgte im Sommer 1781 im Frankfurter Freundeskreis für Aufregung. Goethes Mutter Catharina Elisabeth (1731–1808) schreibt dem Sohn am 17. Juni 1781 über dessen Äußerung: „... auf alle fälle solten Sie [Frau Goethe] suchen Ihn wieder her zu kriegen, das dortige Infame Clima ist Ihm gewiß nicht zuträglich – Die Hauptsache hat Er zu stande gebracht – der Herzog ist nun wie Er sein soll, das andere Dreckwesen – kan ein anderer thun, dazu ist Goethe zu gut u. s. w." Goethe antwortet seiner Mutter am 11. August 1781: „Merk und mehrere beurteilen meinen Zustand ganz falsch, sie sehen das nur was ich aufopfre, und nicht was ich gewinne, und sie können nicht begreifen, daß ich täglich reicher werde, indem ich täglich so viel hingebe. Sie erinnern sich, der letzten Zeiten die ich bei Ihnen, eh ich hierherging [nach Weimar], zubrachte, unter solchen fortwährenden Umständen würde ich gewiß zu Grunde gegangen sein. Das Unverhältnis des engen und langsam bewegten bürgerlichen Kreises, zu der Weite und Geschwindigkeit meines Wesens hätte mich rasend gemacht ... Wie viel glücklicher war es, mich in ein Verhältnis gesetzt zu sehen, dem ich von keiner Seite gewachsen war ... wo ich, mir selbst und dem Schicksal überlassen, durch so viele Prüfungen ging die vielen hundert Menschen nicht nötig sein mögen, deren ich aber zu meiner Ausbildung äußerst bedürftig war." Von Anna Amalia beraten, bekleidete Goethe viele Staatsämter, um aus einer bedeutenden Stellung heraus wichtige Erfahrungen zu machen, die ihm als Dichter zugute kommen sollten. Die Rolle Anna Amalias beschreibt Goethe in einem Brief vom 8. März 1781 an „Frau v. Stein": „Da ich der ewige Gleichnißmacher bin, erzählt ich mir auch gestern, Sie seyen mir was eine Kayserliche Kommission den Reichsfürsten ist. Sie lehren mein überall verschuldetes Herz haushältlicher werden, und in einer reinen Einnahme und Ausgabe sein Glück finden." Anna Amalia hat mit ihrer ganzen Kraft dafür gesorgt, dass sich der Dichter unter idealen Bedingungen entwickeln konnte, daher schreibt Goethe an „Frau v. Stein" Sätze wie (12. März 1781): „Ich bitte dich fusfällig vollende dein Werck, mache mich recht gut!"

Goethes Aufstieg zum einflussreichsten Minister war hart erkämpft. Schon bald nach Carl Augusts Regierungsantritt hatten sich verschiedene Parteien um den jungen Herzog gebildet, die um die Macht im Herzogtum kämpften: Neben den Konservativen, die auf Kontinuität unter Carl August hofften, hatte der Prinzenerzieher Graf Johann Eustach v. Schlitz, genannt Görtz (1737–1821), immer mehr Einfluss auf Carl August gewonnen, der ihm mit knapp fünf Jahren überantwortet worden war. Görtz stellte sich eine absolute Herrschaft des Adels vor,[101] wonach Bürgerliche keine Spitzenpositionen besetzen durften. Wer sie bereits innehatte – allein das dreiköpfige Geheime Consilium zählte zwei Bürgerliche – sei abzusetzen. Je näher die Inthronisierung Carl Augusts rückte, desto mehr hielt Anna Amalia Graf Görtz für „ehrgeizig, intrigant und unruhig"[102] und hätte ihn gerne im heftigsten Zorn „mit Schanden fortgejagt".[103] Görtz, als Erzieher zum verknöcherten Moralismus tendierend,[104] scheute nicht davor zurück, gegen Anna Amalia zu intrigieren, um selbst unter Carl Augusts Regierung wichtige Ämter zu erlangen. Etwa ab 1772 plante Görtz hinter Anna Amalias Rücken mit dem Gothaischen Minister Silvius v. Franckenberg (1728–1815) einen Staatsstreich.[105] Carl August sollte demnach vom Kaiser bereits mit Vollendung seines 17. Lebensjahres 1774 als regierender Herzog inthronisiert werden. Da Anna Amalia „nicht durch göttliche Inspiration" entsprechend handeln würde, so Görtz, „müsse man es ihr eben durch menschliche Mittel beibringen!" Anna Amalia wäre „zu Gemüte [zu] führen, daß sie nichts anderes tun könne, als ihren Sohn so schnell als möglich volljährig zu erklären. Dadurch werde sie sich das unbestreitbare Anrecht auf seine Dankbarkeit sichern und friedlich die Früchte ihrer Regentenarbeit genießen."[106] Je näher die Amtseinsetzung Carl Augusts heranrückte, desto mehr verlor Anna Amalia an Einfluss. Görtz nahm dabei eine offene Feindschaft zu Anna Amalia in Kauf, am 12. Oktober 1775 berichtet er etwa seiner Frau, dass ihn die Herzogin Anna Amalia 1771 „bereits genauso hasste wie jetzt."[107] Überraschend schlug die entnervte Anna Amalia am 9. Dezember 1773 dem Ersten Minister v. Fritsch vor, Carl August mit seinem 17. Lebensjahr für volljährig erklären zu lassen:

„Kurz und gut, ich bin des Lebens müde, welches ich jetzt zu führen gezwungen werde; ich bin nicht politisch genug, um meine Entrüstung immer vor denjenigen Leuten unterdrücken zu können, die selbige verdienen; ich sehe recht wohl ein, daß ich dadurch nichts gewinne; ich bin daher entschlossen, mich von der Regentschaft loszumachen". Der Minister v. Fritsch – Görtz hielt ihn für seinen größten Feind[108] – redete Anna Amalia diese Gedanken aus, indem er den Plan einer Kavaliersreise der Prinzen aktualisierte, die diese bis nach Paris führen sollte.[109] Noch vor seiner Amtseinsetzung schrieb ihr Carl August am 16. März 1775, wie sehr es ihn und Graf Görtz freuen würde, dass sie sich nicht auf ihren im Heiratsvertrag festgelegten Witwensitz in Allstedt zurückziehen wolle, sondern in Weimar zu bleiben gedenke. Der Umkehrschluss dieser Äußerung bedeutet, dass Carl August als Herzog von ihr verlangen konnte, sich auf ihren Witwensitz zurückzuziehen. Dann hätte nur eine Wiederverheiratung Anna Amalia von einer Verbannung auf das Land retten können.

Mit Goethes Ankunft in Weimar war aber in kürzester Zeit Graf Görtz für den jungen Herzog uninteressant geworden und Goethe sein bester Freund. In einem Brief an Merck vom 22. Januar 1776 schreibt Goethe: „Ich bin nun ganz in alle Hof- und politische Händel verwickelt und werde fast nicht wieder weg können. Meine Lage ist vortheilhaft genug, und die Herzogthümer Weimar und Eisenach immer ein Schauplatz, um zu versuchen, wie einem die Weltrolle zu Gesichte stünde." Die konservative Fraktion sollte aber noch lange Zeit dem jungen Genie ablehnend gegenüber stehen, so dass Goethe sich ohne Anna Amalia wohl nicht in Weimar hätte halten können. Umgekehrt wäre auch Anna Amalia ohne Goethe wohl nicht in Weimar geblieben, denn sie hätte machtlos mit ansehen müssen, wie ihr Sohn, von Schmeichlern umgeben, einem fortschreitenden Verderbnis ausgesetzt worden wäre. Da Anna Amalia nicht als Goethes Geliebte erkannt wurde, wurde immer wieder gerätselt, warum Carl August an Goethe festhielt: „Für die Hofkreise und die Weimarer Gesellschaft war es jedenfalls genauso überraschend wie für spätere Betrachter, daß sich der Herzog mit Goethe verbündete und dieser mit ihm, und man wußte sich keinen rechten Reim darauf zu machen."[110] Anna Amalia hingegen wurde sogar mit einem Meißner Rokokofigürchen verglichen und ihre lenkende Rolle völlig verkannt: „Mehr als früher zeigte es sich jetzt, wie anpassungsfähig Anna Amalia sein konnte, und wieviel Unbefangenheit in dem Meißener Rokokofigürchen steckte, das im Wittumspalais Hof hielt. Hervorgelockt durch den großen Zauberer Goethe wagte sich ihre Lebensneugier heraus. Es ist, als ob sie in der ausgelassenen Gesellschaft ein Stück entgangener Jugendfröhlichkeit nachholen wolle."[111]

Nur ganz wenige Zeilen von „Frau v. Stein" an Goethe sind aus dem ersten Weimarer Jahrzehnt erhalten, nach ältester Überlieferung[112] gehört ein Brief dazu, den Goethe im Stück DIE GESCHWISTER (1776) wiedergegeben hat: „Die Welt wird mir wieder lieb, ich hatte mich so los von ihr gemacht, wieder lieb durch Sie. Mein Herz macht mir Vorwürfe; ich fühle, daß ich Ihnen und mir

Qualen zubereite. Vor einem halben Jahre war ich so bereit zu sterben, und ich bin's nicht mehr." Diese Zeilen passen genau auf Anna Amalias Situation, nicht aber auf die der Frau v. Stein, deren Lebenswandel im wesentlichen unverändert blieb. Die Herzogin hingegen musste die Regentschaft ihrem unreifen Sohn übergeben und hatte bereits Ende 1773 mit Blick auf den Regierungswechsel dem Minister v. Fritsch geschrieben: „... ich bin des Lebens müde". Im Gedicht An den Mond (um 1777) – Goethe ordnete in seinen Tagebüchern dem Mondsymbol (☾) Anna Amalia zu – soll sich die Geliebte vor der Welt „ohne Haß" verschließen: „Selig, wer sich vor der Welt/Ohne Haß verschließt,/Einen Mann am Busen hält/Und mit dem genießt". In Anna Amalias Schreiben vom 9. Dezember 1773 an Minister v. Fritsch heißt es: „... man sieht jetzt nur nach der aufgehenden Sonne [Carl August]; ich bin darauf nicht eifersüchtig; ich bin zufrieden, die Unterthanen glücklich gemacht zu haben, die vielleicht seit langer Zeit nicht eine ähnliche Glückseligkeit genossen haben wie während meiner Regentschaft; das ist die ganze Belohnung, die mir zu Theil wird, und ich schätze mich sehr glücklich ... ich wiederhole, daß ich nichts sehnlicher wünsche als mich von der Regentschaft und der Vormundschaft zu befreien."[113] In Goethes offiziellem Nachruf auf die Fürstin (1807) heißt es: „Das ruhige Bewußtsein ihre Pflicht gethan, das was ihr oblag, geleistet zu haben, begleitete sie zu einem stillen, mit Neigung gewählten Privatleben". Anna Amalia verschließt sich demnach ohne Hass vor der Welt. Die letzte Strophe des Gedichts An den Mond lautet (letzte Fassung):

Was, von Menschen nicht gewußt
Oder nicht bedacht,
Durch das Labyrinth der Brust
Wandelt in der Nacht.

Was nicht gewusst oder nicht bedacht wird, ist, dass Goethe die Identität seiner wirklichen Geliebten verheimlichen muss. Das, was Goethe ergreift, was seiner Brust den Stoff für seine Liebesdichtung gibt, muss durch ein Labyrinth hindurch. In der Brust des Dichters wird ein Schleier um seine angebetete Anna Amalia gebreitet. Goethes Liebesdichtung fehlt für Außenstehende zunächst die Bezugsperson, um sie ist so lange Nacht, bis Anna Amalia als Goethes Frau erkannt werden wird. Ihre Zusammengehörigkeit stellen sie nur verschlüsselt dar, in Dichtungen, in Gemälden oder auch in Andeutungen. Im Jahr 1779 lassen die heimlich Liebenden etwa zwei Brustbilder im Profil als Pendant von sich malen, Goethe blickt nach rechts, Anna Amalia nach links (Abb. 4 und 5). An seinen Freund Johann Caspar Lavater (1741–1801) schreibt Goethe am 8. Oktober 1779: „Mein Gott dem ich immer treu geblieben bin hat mich reichlich geseegnet im Geheimen, denn mein Schicksaal ist den Menschen ganz verborgen, sie können nichts davon sehen noch hören." Am 1. September 1780 schreibt Knebel an Lavater: „Verkannt muß er [Goethe] werden, und er selbst scheint drin zu existieren. Die Schönheit, die sich unter der Maske zeigt, reizt ihn noch mehr. Er ist selbst ein wunderbares Gemisch – oder eine Doppelnatur, von Held und Komödiant. Doch prävaliert [überwiegt] die erste".[114] Knebel dürfte bei der Verbesserung der nach außen gespielten Tragikomödie mit Frau v. Stein tatkräftig mitgearbeitet haben, am 15. Dezember 1778 trägt Goethe im Tagebuch ein: „Mit Knebeln über die Schiefheiten der Sozietät. Er kam darauf mir zu erzählen wie meine Situation sich von aussen aus nähme. Es war wohl gesagt von aussen." Mit Freund Knebel, der auch Vertrauter von Anna Amalia und Frau v. Stein war und auf dessen Verschwiegenheit man sich absolut verlassen konnte,[115] bespricht Goethe immer wieder seine schwierige Lage, etwa am 30. April 1785: „Wie gut ist es, vertraulich über seinen Zustand mit Freunden hin- und widerreden!"[116]

Hätte das ungleiche Liebespaar ihre Liebe offenbart, so wäre es ihnen nicht möglich gewesen, entscheidenden Einfluss auf den Herzog auszuüben und damit die Geschicke des Landes maßgeblich zu bestimmen. Goethes wichtigste Aufgabe war es, dafür zu sorgen, dass aus dem überforderten 18-jährigen Herzog ein tüchtiger Landesvater wurde. Der Staatsapparat und seine Gesetzmäßigkeiten waren Carl August noch nicht vertraut, seine Ehe mit Luise von Anfang an unglücklich, da sich diese als kühl und verschlossen erwies. Über Luise urteilte Goethe in einem Brief an „Frau v. Stein" vom 12. April 1782: „Die arme Herzogin dauert mich von Grund aus. Aus diesem Übel seh ich keine Hülfe. Könnte sie einen Gegenstand finden, der ihr Herz zu sich lenkte, so wäre, wenn das Glück wollte, vielleicht eine Aussicht vor sie." Zwar sei Luise liebenswürdig und gemacht, einen Mann anzuziehen und zu erhalten, „nur daß es bey ihr wenn ich so sagen darf immer in der Knospe bleibt. ... Man kann nicht angenehmer seyn als die Herzogin ist, wenn es ihr auch nur Augenblicke mit Menschen wohl wird". Über Carl August urteilte Goethe am 11. März 1781 in einem Brief an „Frau v. Stein", in Wirklichkeit also an dessen Mutter: „Mich wundert nun gar nicht mehr daß Fürsten meist so toll, dumm, und albern sind. Nicht leicht hat einer so gute Anlagen als der Herzog [Carl August], nicht leicht hat einer so viel verständige und gute Menschen um sich und zu Freunden wie als er, und doch wills nicht nach Proportion vom Flecke, und das Kind der Fischschwanz gucken eh man sich's versieht wieder hervor. Das größte Übel hab ich auch bemerckt. So passioniert er fürs gute und rechte ist, so wirds ihm doch weniger darinne wohl als im unschicklichen, es ist ganz wunderbaar wie verständig er seyn kan, wie viel er einsieht, wieviel kennt, und doch wenn er sich etwas zu gute thun will so muß er etwas Albernes vornehmen, und wenns das Wachslichter Zerknaupeln wäre." Die Herzogin Luise machte zuweilen Goethe als engsten Freund Carl Augusts für dessen Unzufriedenheit und ständige Untreue verantwortlich, eine Biographin urteilt: „... unter dem Druck der Verhältnisse [gewann] mitunter ein nicht zu bannender Mißmut [gegen Goethe] in der Seele der Fürstin die Oberhand".[117]

Nach seiner strengen Erziehung wollte der übermütige junge Herzog sich erst einmal austoben. Da Goethe selbst ein junger Mann von 26 Jahre war, konnte er noch mitmachen. An Lavater schrieb er am 6. März 1776: „Verlass dich – Ich bin nun ganz eingeschifft auf der Woge der Welt – voll entschlossen: zu entdecken, gewinnen, streiten, scheitern, oder mich mit aller Ladung in die Lufft zu sprengen“. Die Geniejahre zu Beginn von Carl Augusts Regierungszeit bedeuteten ausgelassene Feste, wilde Ausritte, Wanderungen, Klettertouren in den Bergen, durchzechte Nächte, Schlittschuhläufe, Fechten, dabei wurde nach allen Seiten karikiert, gespottet und gescherzt. „Die Neigung der damaligen Zeit zum Leben, Verweilen und Genießen in freier Luft ist bekannt“, bemerkte Goethe im Alter.[118] Der Herzog war besonders auf Bürgerschreck in den Kleidern von Goethes Romanhelden Werther aus: blauer Frack, gelbe Kniehose und ein runder grauer Hut. „Alle Welt mußte damals im Wertherfrack gehn, in welchem sich auch der Herzog kleidete, und wer sich keinen schaffen konnte, dem ließ der Herzog einen machen. Nur Wielanden nahm der H[erzog] selbst aus, weil er zu alt zu diesen Mummereien wäre.“[119] In einem Brief von Frau v. Stein vom 6. März 1776 an ihren Bekannten, den Arzt Johann Georg v. Zimmermann (1728–1795) heißt es über Goethe: „… ich wünschte selbst er mögte etwas von seinen wilden Wesen darum ihn die Leute hier so schieff beurtheilen, ablegen, daß im Grund zwar nichts ist als daß er jagd, scharff reit, mit der grosen Peitsche klatscht, alles in Gesellschaft des Herzogs. Gewiß sind diese seine Neigungen nicht, aber eine Weile muß ers so treiben um den Herzog zu gewinnen und dann gutes zu stifften“.[120] Der griesgrämige und auf den bürgerlichen Emporkömmling Goethe eifersüchtige Kammerherr v. Seckendorff berichtet in einem Brief vom 5. Februar 1776: „Jeder Tag zeichnet sich durch neue außerordentliche Vergnügungen aus, ohne sich den mindesten Gedanken zu machen, was darüber geredet wird, denn nach der leider allzu genau befolgten Anschauung seiner Ratgeber, gibt es keinen Anstand in der Welt und es darf keins geben. Nach ihrer Anschauung stammen die herrschenden Regeln nur aus menschlichen Grillen, und der erste Mann im Staate ist in der Lage, sie abzuschaffen.“[121]

Goethe, der Fremde, wurde von den Untertanen für alles Negative im Verhalten des jungen Herzogs verantwortlich gemacht. In ganz Deutschland war die „Geniewirtschaft“ in Weimar Gesprächsstoff, der Dichterkollege Friedrich Gottlieb Klopstock (1724–1803) prophezeite Goethe schon einen gewaltsamen Tod.[122] Nur dank Anna Amalias Erfahrung als Regentin konnte Goethe alle politischen Klippen umschiffen und seine Stellung am Hof ausbauen und festigen. Ihrem Einfluss ist es zu verdanken, dass Carl August schließlich seine Pflichten als Landesvater ernst nahm. Knebel schrieb am 1. September 1780 an Lavater über Carl August: „… bedenken Sie, daß ihm Goethe zwei Drittel von seiner Existenz gegeben!“ Im Alter sprach Wieland gegenüber dem Kanzler Friedrich v. Müller (1779–1849) davon, dass Goethe „unglaubliche Verdienste … um unsern Herzog in dessen erster Regierungszeit gehabt, mit welcher Selbstverleugnung und höchsten Aufopferung er sich Ihm gewidmet, wie viel Edles und Großes, das in dem fürstlichen Jüngling noch schlummerte, Er erst zur Entwicklung gebracht und hervorgerufen hat".[123] In GESPRÄCHE MIT GOETHE (1836/1848) von Eckermann heißt es am 23. Oktober 1828 über den einige Monate zuvor verstorbenen Carl August: „Er war wie ein edler Wein, aber noch in gewaltiger Gärung. Er wußte mit seinen Kräften nicht wo hinaus, und wir waren oft sehr nahe am Halsbrechen ... Doch aus dieser Sturm- und Drangperiode hatte sich der Herzog bald zu wohltätiger Klarheit durchgearbeitet ... so daß es eine Freude wurde, mit ihm zu leben und zu wirken."

Goethes rasanter Aufstieg wurde ihm geneidet, dem Genie wurde mit Wut und Hass begegnet.[124] Goethe wurde als Fremdling und Eindringling betrachtet, „dessen ‚Bürgerlichkeit' Verdruß" bereite.[125] Mitte Dezember 1778 trägt der Minister Goethe etwa im Tagebuch ein: „Ich bin nicht zu dieser Welt gemacht, wie man aus seinem Haus tritt geht man auf lauter Koth." Noch Mitte 1776 wurde er Geheimer Legationsrat mit dem beachtlichen Gehalt von 1.200 Talern, was seine endgültige finanzielle Unabhängigkeit von seinen Eltern in Frankfurt bedeutete. Er hatte, zunächst als Minister ohne Geschäftsbereich, Sitz und Stimme im höchsten Regierungsgremium, dem Geheimen Consilium, das den Herzog beriet und seine Entscheidungen vorbereitete. Den entscheidenden Beitrag für seine Anstellung leistete Anna Amalia, denn sie machte ihren ganzen Einfluss als ehemalige Regentin für ihn geltend. Anna Amalia brachte den Minister v. Fritsch, nachdem es Carl August nicht gelungen war,[126] dazu, trotz Goethes Ernennung zum Minister nicht seinen Rücktritt zu erklären indem sie ihm in einem Brief vom 13. Mai 1776 schrieb: „Die Gründe, die Sie anführen, haben mich tief bekümmert: sie sind eines geistreichen Mannes wie Sie, der die Welt kennt, nicht würdig. Sie sind eingenommen gegen Goethe, den Sie vielleicht nur aus unwahren Berichten kennen oder den Sie von einem falschen Gesichtspunkt aus beurteilen. Sie wissen, wie sehr mir der Ruhm meines Sohnes am Herzen liegt und wie sehr ich darauf hingearbeitet habe und noch täglich arbeite, daß er von Ehrenmännern umgeben sei. Wäre ich überzeugt, daß Goethe zu den kriechenden Geschöpfen gehörte, denen kein anderes Interesse heilig ist als ihr eigenes und die nur aus Ehrgeiz tätig sind, so würde ich die Erste sein, gegen ihn aufzutreten. Ich will Ihnen nicht von seinen Talenten, von seinem Genie sprechen; ich rede von seiner Moral. Seine Religion ist die eines wahren und guten Christen; sie lehrt ihn, seinen Nächsten zu lieben und es zu versuchen, ihn glücklich zu machen. Und das ist doch der erste, hauptsächlichste Wille unseres Schöpfers! Aber lassen wir jetzt Goethe und reden wir von Ihnen! Gehen Sie in sich, mein Freund! ... Sie sagen, man würde meinen Sohn überall tadeln, wenn er Goethe in das Consilium setze. Aber wird man Sie nicht auch tadeln, Sie, der Sie den Dienst meines Sohnes einer so geringfügigen Ursache wegen verlassen? Machen Sie doch Goethes Bekanntschaft, suchen Sie ihn selber kennen zu lernen! Sie wissen, daß ich meine Leute erst gehörig prüfe, bevor ich über sie urteile, daß die Erfahrung mich in solcher Menschenkenntnis vielfach belehrt hat ... Glauben Sie einer Freundin, die Ihnen sowohl aus Dankbarkeit wie aus Zuneigung wahrhaft zugetan ist! … Noch einmal, gehen Sie in sich!“[127] Während Anna Amalia diese Zeilen schrieb, arbeitete sie an der Vertonung von Goethes Singspiel ERWIN UND ELMIRE für eine Aufführung am 24. Mai 1776 im Liebhabertheater. Heinsius malte 1775/76 das Gemälde ANNA AMALIA ALS KOMPONISTIN (ABB. 2). Die Fürstin wird darin in lebensgroßer Halbfigur am Klavier dargestellt, eine Notenrolle in der Hand haltend. Zur gleichen Zeit gab Anna Amalia bei Kraus das Gemälde DER VERLIEBTE GOETHE (ABB. 3) in Auftrag,[128] wobei die Geliebte nur auf einem Schattenriss zu sehen ist, und bisher als unbekannt gilt.[129] Der Brief machte auf v. Fritsch einen starken Eindruck, der „treubewährte[n] Staatsdiener … traute seinem eigenen Urteil nicht mehr“.[130] Weil Anna Amalia im Brief angibt, ihr Sohn habe sie um Vermittlung gebeten, sieht es so aus, als wäre der 18-jährige Carl August allein die treibende Kraft für die Ernennung gewesen. Bei kritischen Goethe-Biographen heißt es: „Dennoch bleibt es erstaunlich, mit welcher Zielstrebigkeit der junge Herzog die förmliche Bestellung Goethes zum weimarischen Minister betrieb.“[131] Anna Amalia schreibt zu Beginn des Briefes an den Minister v. Fritsch: „Ich beschwöre Sie, einer Freundin Gehör zu schenken, die nur das Beste will!“ Weiter heißt es: „Mein Sohn, der Herzog, hat mir das Vertrauen bewiesen, mir den Briefwechsel zu zeigen, der zwischen ihm und Ihnen … stattgefunden hat“. In Wirklichkeit war Anna Amalia durch Goethe, ohne dass Carl August es ahnte, wieder ins Zentrum der politischen Macht zurückgekehrt. Die Briefe Anna Amalias an ihren Sohn würden indirekt darüber Auskunft geben, sie wurden aber unterdrückt, „auch spätere, mehrfach von verschiedenen Seiten angestellte … Bemühungen, sie doch noch aufzuspüren, [sind] ergebnislos gewesen“.[132] Ein einziger Brief vom 28. Juli 1795 hat sich erhalten. Darin beschwert sich Anna Amalia bei Carl August über einen Besucher in ihrem Landhaus in Tiefurt, der sich anschließend in Weimar negativ über angebliche Äußerungen Herders ausließ: „… Du kannst dir leicht vorstellen, lieber Sohn, wie sehr diese Geschichte mir verdriesslich sein muss, dass man sogar mein Haus nicht respektieret und sucht Leute, die in meiner Gesellschaft aufgenommen werden, zu verläumden und zu verklatschen. Ich habe dir das alles melden wollen, lieber Sohn, damit du auch von der Wahrheit informiert wärest. Ich wünschte, dass alle solche niederträchtige, kleingesinnten und schmutzigen Geklätsche könnten ans Licht gebracht werden als diese … Lebe wohl, herzlich liebe ich dich.“[133] Erst als Goethe 1786 in Karlsbad den Herzog von seinem Geheimnis unterrichtete, begriff dieser, dass seine Mutter von Anfang an Goethes Geliebte war, diese ihr Verhalten also ständig aufeinander abgestimmt hatten.

Die Ernennung zum Minister eröffnete Goethe die Möglichkeit zu zeigen, dass er aufgrund seines Könnens mit an der Spitze des Herzogtums stand. Am 22. Juni 1776 schrieb Wieland an Lavater: „Er [Goethe] ist nun Geheimer Legationsrat, und sitzt im Ministerio unsers Herzogs – ist Favorit-Minister, Factotum [Mädchen für alles] und trägt die Sünden der Welt. Er wird viel gutes schaffen, viel Böses hindern, und das muß – wenn's möglich ist – uns dafür trösten, daß er als Dichter wenigstens auf viele Jahre für die Welt verloren ist. Denn Goethe tut nichts halb. Da er nun einmal in diese Laufbahn getreten ist, so wird er nicht ruhen, bis er am Ziel ist; wird als Minister so groß sein, wie er als Autor war."[134] Im Geheimen Consilium lernte Goethe die ganze Vielfalt an Verwaltungs- und politischen Entscheidungen kennen, die erforderlich waren, um das Herzogtum zu regieren und zu verwalten. Während seines ersten Jahrzehnts in Weimar wurden um die 23.000 Fälle in rund 750 ordentlichen Sitzungen, von denen Goethe über 500 beiwohnte, behandelt.[135] Carl August befand in einem Brief an Lavater vom 22. Februar 1786 über seinen Minister Goethe: „Seine Existenz ist eine der fleißigsten, moralischsten, besten, die sich über dreißig erhalten hat." Dem Dichter und Staatsmann wird 1783, obwohl das Geheime Consilium nicht zuständig war, sogar die Entscheidung abverlangt, ob eine Kindesmörderin hingerichtet werden sollte; eine Tragödie, wie sie mit Gretchen im ersten Teil der FAUST-Dichtung (ab 1772) dargestellt ist. Nach langem Ringen gab Goethe, im Einklang mit dem geltenden Reichsrecht (1532),[136] zu den Akten, dass es „räthlicher seyn mögte die Todesstrafe beyzubehalten"; der 26-jährige Carl August unterschrieb daraufhin das Todesurteil.[137] Nach und nach erhielt Goethe neben seiner Tätigkeit im Geheimen Consilium zusätzlich leitende Funktionen in der Bergwerkskommission (1777), in der Kriegskommission (1779) und in der Wegebaudirektion (1779). Im Juni 1782 wurde der Minister noch an die Spitze der Finanzkammer berufen, 1784 kam die Leitung der Ilmenauer Steuerkommission hinzu.

Silber und Kupfer sollten in Ilmenau aus einem alten, stillgelegten Bergwerk gefördert werden. Carl August trieb, mit großen Hoffnungen auf baldigen Reichtum, das Projekt energisch voran. Die Briefe Anna Amalias an Goethes Mutter zeigen, dass sie von Goethes Aufenthalten und Arbeiten in Ilmenau gut unterrichtet war. Am 13. Juli 1781 schreibt sie etwa der Freundin nach Frankfurt: „Auch könte ich erzählen daß der viel Geliebte Herr Sohn Wolff, Gesund und wohl ist, daß Er in Ilmenau auf eine Comission gewesen und daneben noch allerley kleine Excurtions gemacht und vergnügt und Gesund wiedergekommen ist."[138] Am 22. Februar 1784 schreibt Anna Amalia an dieselbe: „Der Herr Sohn ist nach Ilmenau in Bergwerksangelegenheiten. Sie wollen Silbergruben suchen und Weimar damit reich machen. Gott gebe sein Gedeihen!"[139] Planung und Ingangsetzung des alten Bergwerks unter Federführung Goethes kostete viel Arbeit, Aktenberge dokumentieren das Unternehmen, das fast vier Jahrzehnte ohne jeden Erfolg vorangetrieben wurde.[140] Rückblickend sagte Goethe über die Ursache, die das Unternehmen zu Fall brachte, im Eintrag 1794 seiner TAG- UND JAHRESHEFTE (1817–1830): „An dem Bergbaue zu Ilmenau hatten wir uns schon mehrere Jahre herumgequält; eine so wichtige Unternehmung isoliert zu wagen, war nur einem jugendlichen, thätig-frohen Übermuth zu verzeihen. Innerhalb eines großen eingerichteten Bergwesens hätte sie sich fruchtbarer fortbilden können; allein mit beschränkten Mitteln, fremden, obgleich sehr tüchtigen, von Zeit zu Zeit herbeigerufenen Officianten konnte man zwar in's

Klare kommen, dabei aber war die Ausführung weder umsichtig noch energisch genug, und das Werk, besonders bei einer ganz unerwarteten Naturbildung, mehr als einmal im Begriff zu stocken."[141] Als Wegebaudirektor unterstanden Goethe alle Verkehrswege, die die 285 Ortschaften im Herzogtum miteinander verbanden, sowie der Stadtpflasterbau. Goethes Aufgabe war der Erhalt, die Verbesserung und der Neubau der insgesamt sehr schlechten Straßen und Wege.[142] Durch das Herzogtum Sachsen-Weimar führten zwei der ältesten und wichtigsten Handelswege, das Straßenrecht mit seinem Geleit, Geleitprivilegien, Heergeleit, Zöllen und ähnlichem fußte noch im Mittelalter. Mit seinem Mitarbeiter, dem Ingenieur Jean Antoine Joseph de Castrop (1731–1785)[143] war Goethe ständig unterwegs, um die Straßen zu besichtigen und trieb energisch den Bau der Chaussee Weimar-Erfurt und Weimar-Jena voran. Die Straße nach Jena „befand sich vor ihrem Ausbau zur Chaussee in dem für alle damaligen Landstraßen üblichen Zustand: ohne Steingrund, im Sommer fahrbar, im Herbst und Frühjahr voll sumpfiger Stellen, durchflossen von Bächen, die von den benachbarten Abhängen in die Straße fielen, und im Winter oft so unpassierbar, daß Pferd und Wagen manchen schweren Schaden erlitten".[144] Wie auch im Bereich der Steuereinnahmen und als Leiter der Kriegskommission ging es Goethe zunächst darum, Faulheit, Schlendrian und Korruption im Beamtenapparat einzudämmen sowie Ordnung und Sparsamkeit durchzusetzen. Als Goethe um 1782 merkte, dass die durch harte Arbeit erzielten Einsparungen von Carl August bedenkenlos vergeudet wurden, gab es bei ihm ein Umdenken, sodass er seinen Etat voll ausnutzte.[145] Als Kriegsminister hatte Goethe eine Fülle von Tätigkeiten zu verrichten, musste mit Desertion und drückender Armut der Soldaten umgehen lernen. Etwa alle drei Jahre war die Erhebung von Rekruten im ganzen Herzogtum durchzuführen. Energisch betrieb er die Verringerung der Miniatur-Armee, deren Kern, die Infanterie, von 532 auf 248 Mann reduziert wurde.[146] Die Tragezeit von Uniformen erhöhte er dadurch, dass er die abgetragenen Uniformen umarbeiten ließ.[147]

Neben der Regierungs- und Verwaltungsarbeit – Goethe galoppierte durch das Herzogtum auf einem weißen Schimmel, der auf den Namen Poesie hörte – leistete der Dichter den entscheidenden Beitrag zum Aufblühen des Weimarer Liebhabertheaters (1775–1784), das von ihm und Anna Amalia geleitet wurde. In Weimar wurde nach dem Schlossbrand von 1774 im Redoutenhaus an der Esplanade gespielt, das sonst für Maskenbälle und sonstige Feste vorgesehen war und vom Hofjäger, Bauunternehmer und Postmeister Anton Georg Hauptmann (1735–1803) bewirtschaftet wurde.[148] Je nach Bedarf wurde eine Bühne aufgestellt und wieder abgerissen.[149] Später drängte Goethe, der wohl von der „Bequemlichkeit der Hauptmannschen Bordell Wirthschafft"[150] genug hatte, mit Plänen und Skizzen darauf, dass ein Komödienhaus errichtet wurde und Anna Amalia stellte dafür das Grundstück gegenüber dem Wittumspalais zur Verfügung (Abb. 12).[151] Außerhalb der Stadt befand sich in Anna Amalias Waldschloss Ettersburg eine Bühne, die 1777 vergrößert wurde. Bei gutem Wetter wurde im Freien gespielt. Mit dem Wechsel von Anna Amalias Sommerresidenz von Ettersburg nach Tiefurt 1781 fanden Aufführungen auch im dortigen Park statt. Für das Liebhabertheater schrieb Goethe trotz seiner umfangreichen Verpflichtungen als Minister viele kleine Stücke, IPHIGENIE, TASSO, EGMONT und WILHELM MEISTER wurden vorangebracht und es entstanden viele Gedichte, darunter Perlen der Weltpoesie, etwa die Balladen DER ERLKÖNIG, DER FISCHER oder DER SÄNGER. Als sich nach acht Jahren die Begeisterung für ein Liebhabertheater gelegt hatte, wurde Anfang 1784 die Schauspielertruppe von Joseph Bellomo (1754–1833) engagiert. Als diese Anfang 1791 weiterzog, beschloss man ein ständiges Hoftheater mit Berufsschauspielern einzurichten und Goethe wurde die künstlerische Oberdirektion anvertraut. Er sollte in etwa einem Vierteljahrhundert an die 650 Stücke auf die Bühne bringen.[152] Goethe konnte dabei auf die achtjährige Erfahrung in der Leitung des Liebhabertheaters zurückgreifen, mit über 20 Rollen als Tänzer, Schauspieler und Pantomime auf mehreren Spielbühnen, die bereits mit einer ansehnlichen Technik ausgestattet waren.[153] Auch mit Fragen der Dekoration und der Kostümierung wurde Goethe vertraut. Der mit ihm zusammenarbeitende Maler Kraus erwarb sich den Ruf eines der bedeutendsten Kostümzeichner der Epoche.[154]

„Eine der glücklichsten Perioden war die Zeit wo die Herzogin, die noch etwas vom Glanz ihrer Regentschaft beibehalten und nun ihrer Muße genießen wollte, in Ettersburg lebte. Zigeunerwirtschafft. Comödie bey Fackelschein im Walde“, so Karl August Böttiger (1760–1835).[155] In schönen Sommernächten ließ Anna Amalia die Umgebung des Schlosses erleuchten und lud zu Musik, Tanz und Feuerwerk ein.[156] Von einem Ball, den Anna Amalia im Waldschloss Ettersburg 1777 gab und bei dem gegen 200 Paare zugegen waren, vor allem junge Leute aus den nahe gelegenen Ortschaften, wird berichtet: „Ehe die Frau Herzogin ... und der adlichen Begleitung aus dem Schlosse trat – wurde das Landvolk mit Wein und Bier erfrischet. ... Frau Herzogin Amalia nahm auf Stühlen vor dem Schlosse mit älteren Damen und untanzlustigen Herrens Platz, wohin Frau Geheime Räthin von Fritsch, Hr. Cammerrath von Lyncker, Hr. v. Göthe pp. gehörten. Vor dem Sitze der Frau Herzogin war ein Loch in den Hof gegraben, welches wohl 15 Ellen im Durchmesser hielt und sich in flachen Ufern endigte. Dieses Loch war mit Wasser angefüllt ... Der Tanz begann mit einer Polonaise, wo man erst in mancherley Figuren im Hofe sich herumschwenkte, und dann gieng mit einem male der Tanz mitten durch das Loch. Die Fräuleins sträubten sich freylich sehr, ins Wasser zu gehen, doch wurden sie mit Gewalt von den rüstigen Bauernpurschen hinein gerissen. Nach diesem Auftritt gewann trotz den durchnässeten und besudelten Kleidungsstücken der Tanz mehr Ordnung und dauerte bis zur späten Nacht fort, wo sich alles nach und nach verlor.“[157] Anfang 1778 berichtet die Gräfin Görtz ihrem Mann: „Die *Maman* [Anna Amalia] wird von Tag zu Tag jünger“ und „die *Maman* hat wie eine kleine Närrin getanzt“.[158] Am 26. April 1778 berichtet dieselbe: „Die Neuigkeiten des gestrigen Tages sind ein Vergnügungsausflug nach Jena, um eine

Studentenkomödie zu sehen, die Frau Herzogin-Mutter ging dorthin mit ihren teuren Freund Goethe".[159] Ein ungenannter Reisender berichtet über einen Maskenball: „Die Herzogin [Anna Amalia] war prächtig *en domino* [im Maskenkostüm] und brillierte auch sonst mit ihrem Schmuck und Juwelen. Sie tanzt schön, leicht und mit vielem Anstand ... sie tanzte mit jeder Maske, die sie aufnahm, und blieb bis früh um drei, da fast Alles aus war." Über einen anderen Maskenball berichtet derselbe: „Die Herzogin [Anna Amalia] war *en reine greque* [als griechische Königin maskiert], eine sehr prächtige Maske, die ihr wie Alles sehr gut ließ."[160]

Anna Amalia nahm an allem, was Goethe betraf, großen Anteil. So lud sie Goethes Freund Merck, von dem er vor seiner Weimarer Zeit wichtige Anregungen und Förderung erhielt, ein, an ihrer Reise nach Frankfurt und an den Rhein teilzunehmen (1778). Wieland berichtet Merck am 1. August 1778: „Ich habe die Herzogin [Anna Amalia] von Anfang biß zu Ende gleich mit sich – auch gegen mich gefunden. Das allerschönste ist, wie bei dem Sohn, der gesunde große Verstand, daß man im Urtheil mit ihr coincidirt [übereinstimmt], gerad über Punkte, wo's Einem am liebsten ist, mit gescheuten Leuten zu coincidiren – wie über Dich, und über Goethe ... Daß mir aber kein Mensch außer der Herzogin von G.[oethe] mit Liebe hat reden wollen, das befremdete mich, u. Gott weiß, Er kans nicht um die Menschen verdient haben. Denn Er ist nicht böse – thut aber den Leuten den Willen nicht, und wer kan das thun?"[161] Anna Amalia lud Merck ein, nach Weimar zu kommen (1779), führte mit ihm einen Briefwechsel, schätzte ihn als Kunstkenner und beauftragte ihn, als Agent, Kunstkäufe für sie zu tätigen. Aus einem Brief Wielands an Merck vom 8. Januar 1781 geht indirekt hervor, wie sehr Goethe im Wittumspalais zu Hause war, er bewegte sich dort ganz ungezwungen. Wieland war bei Anna Amalia und zeigte ihr ein Manuskript von Merck, Goethe kam hinzu und fragte nach, was sie lesen würden, nahm dann das Manuskript und las laut daraus hervor. Es wurde „eine ordentliche akademische Vorlesung daraus, und das Resultat davon war, daß Goethe, nach verschiedenen Deliberationen [Beratungen] und pro und contras, eine große Rabenfeder von der Herzogin Schreibtisch holte, und einen armsdicken Strich durch die Präfation [Vorwort] machte".[162] Der geräumige Garten des Wittumspalais (Abb. 10 und 12) bestand aus zwei Teilen, die durch die Stadtmauer getrennt waren. Seit 1776 hatte Anna Amalia den hinter der Stadtmauer (abgerissen 1793) liegenden Streifen Land, den sie von ihrem Hof aus betreten konnte, gepachtet. Einen Turm der Stadtbefestigung ließ sie zu einem Pavillon umbauen und beauftragte Oeser damit, ihn mit chinesischen Landschaften auszumalen.[163] Ein Aquarell von Anna Amalia zeigt den englischen Garten (Abb. 10), darin konnte sie ungestört und ungesehen jeden Besucher empfangen. In beiläufigen Erwähnungen wird immer wieder die Nähe Goethes zu Anna Amalia deutlich. So berichtet Luise v. Göchhausen an Merck am 26. April 1780, Wieland hätte von auswärts ein Manuskript „auf einige Tage geliehen bekommen, mit der ausdrücklichen Bedingung, es nicht aus seinen

Händen kommen zu lassen. Die Herzogin [Anna Amalia] und Goethe habens' ... gelesen".[164] In einem Gespräch mit Eckermann vom 7. Oktober 1827 deutet Goethe sehr deutlich an, die Bewohnerin des Wittumspalais geliebt zu haben. Im Gespräch geht es um magnetische Kräfte zwischen Menschen: „So erinnere ich mich eines Falles aus den ersten Jahren meines Hierseins, wo ich sehr bald wieder in leidenschaftliche Zustände geraten war. Ich hatte eine größere Reise gemacht und war schon einige Tagen zurückgekehrt, aber durch Hofverhältnisse, die mich spät bis in die Nacht hielten, immer behindert gewesen, die Geliebte zu besuchen. Auch hatte unsere Neigung bereits die Aufmerksamkeit der Leute auf sich gezogen, und ich trug daher Scheu, am offenen Tage hinzugehen, um das Gerede nicht zu vergrößern. Am vierten oder fünften Abend aber" ging Goethe zu ihrem Haus, merkte aber, dass sie Besuch von Damen hatte. Später ist alles verdunkelt, trotzdem streift Goethe durch die Stadt und hofft, dass aufgrund seines starken Sehnens nach ihr sie auch herauskäme und ihn treffen würde. An diesem Punkt der Erzählung taucht auf einmal Anna Amalias Wittumspalais auf: „Indessen war ich an der Esplanade hinuntergegangen und bis an das kleine Haus gekommen, das in späteren Jahren Schiller bewohnte, als es mich anwandelte, umzukehren und zurück nach dem [Wittums]Palais und von dort eine kleine Straße rechts zu gehen. Ich hatte kaum hundert Schritte in dieser Richtung getan, als ich eine weibliche Gestalt mir entgegenkommen sah, die der Ersehnten vollkommen gleich war. ... Wir gingen dicht aneinander vorbei, so daß unsere Arme sich berührten; ich stand still und blickte mich um, sie auch. ‚Sind Sie es?' sagte sie, und ich erkannte ihre liebe Stimme. ‚Endlich!' sagte ich und war beglückt bis zu Tränen. ... Ich begleitete sie bis vor die Tür, bis in ihr Haus. Sie ging auf der finsteren Treppe mir voran, wobei sie meine Hand hielt und mich ihr gewissermaßen nachzog. Mein Glück war unbeschreiblich".

Über seine Ernennung zum Wirklichen Geheimen Rat im Jahre 1779 schreibt Goethe in einem Brief an „Frau v. Stein" vom 7. September 1779: „... es kommt mir wunderbaar vor dass ich so wie im Traum, mit dem 30ten Jahre die höchste Ehrenstufe die ein Bürger in Teuschland erreichen kan, betrete". 1782 folgt ein Adelsdiplom, das ihn erst hoffähig machte, die Herzogin Luise nahm erst jetzt, „weil er von Adel ist", Goethes Einladungen an seine Tafel an.[165] „Der jungen Fürstin [Luise] ... mag es widerwärtig gewesen sein", so ein Biograph im 19. Jahrhundert, „daß ein wie auch immer begabter, bürgerlicher Jüngling [Goethe] in der allerengsten Verbindung mit dem Herzog [Carl August] stand".[166] Im Gegensatz zu Anna Amalia war Luise eine scharfe Verfechterin der Trennung der Gesellschaft nach Standesschranken; als Charlotte v. Lengefeld (1766–1826) den bürgerlichen Dichter Friedrich Schiller heiratete, brachte Luise darüber der Braut ihr tiefstes Bedauern zum Ausdruck.[167] Das von Kaiser Joseph II. ausgestellte Adelsdiplom hatte Goethe Anna Amalia zu verdanken; in einem Brief vom 18. November 1781 schreibt Goethe an „Frau v. Stein", indem er der Geliebten über sie wie von einer dritten Person schreibt: „Die Herz[ogin] Mutter hat mir gestern eine weitläufige Demonstration gehalten daß mich der Herzog müsse und wolle adlen lassen, ich habe sehr einfach meine Meinung gesagt". Außerdem erlangte Goethe den Meistergrad in der Freimaurerloge ANNA AMALIA ZU DEN DREI ROSEN (gestiftet 1764), in die er 1780 aufgenommen worden war.[168] Die angesehensten Leute in Weimar wurden Mitglieder in der Loge ANNA AMALIA, darunter Carl August, v. Fritsch, Musäus, Kraus, Wieland und Bertuch. Auch Herder war Freimaurer in Riga gewesen, engagierte sich aber nicht in Weimar. Die geheime Gesellschaft der Freimaurer baut auf mittelalterliche Vorläufer auf und ist in ihrer modernen Ausprägung ab 1688 in Schottland nachweisbar. Logenmitglieder aus allen Gesellschaftsschichten durchlaufen danach ein Lehrsystem mit den Rangunterschieden Lehrling, Geselle und Meister.[169] Doch schon um 1740 sind Versuche nachweisbar, über den Meister weitere Grade zu setzen. Als Goethe Freimaurer wurde, tobte gerade ein Streit, ob die Loge ANNA AMALIA sich nach der „Strikten Observanz" ausrichten sollte. Danach sind über dem Meister-Grad drei weitere Grade vorgesehen: der Schottengrad, das Noviziat und als Endstufe schließlich der Innere Orden. Vor der Endstufe musste gegenüber unbekannten Oberen durch Eid unbedingter Gehorsam geschworen werden.[170] Man entschied sich in Weimar gegen das System der „Strikten Observanz", die Arbeit der Loge ANNA AMALIA ruhte daher ab 1782, um 1808 im traditionellen Rahmen von drei Graden wieder aufgenommen zu werden.[171] Historisch ist das Phänomen der Geheimbünde wohl damit zu begründen, dass sich im 18. Jahrhundert die gesellschaftlichen und wirtschaftlichen Bedingungen weiterentwickelten, während die politische Ordnung auf der primitiveren Stufe der Monarchie stehen blieb.[172]

Im Sommer 1782 bekam Goethe noch den Vorsitz über die Finanzkammer. Das Jahr 1782 ist überhaupt der Höhepunkt von Goethes Karriere als Staatsmann, denn er war längst der wichtigste Mann im Herzogtum nach Carl August. An Knebel schreibt er jedoch am 26. Februar 1782: „So viel von der glänzenden Schale unseres Daseins, das Innere ist im Alten, nur daß mit einem immerwährenden Wechsel, sich das eine Capitel verschlimmert, indem sich das andere verbessert." Goethe machte die Notwendigkeit, über seine verbotene Liebe täuschen zu müssen, immer mehr zu schaffen, was ihn oft in eine depressive Stimmung versetzte. Auch für den Staatsmann gab es nicht nur das Glänzende, denn Goethe bekleidete zu viele Ämter. Zudem engagierte sich Carl August außenpolitisch mit der Idee eines Fürstenbundes als dritte Macht neben Preußen und Österreich, also etwas, was erst ein Napoleon Bonaparte (1769–1821) mit seinem zunächst aus 16 deutschen Fürstentümern gebildeten Rheinbund (1806–1813) zustande brachte.

Mit dem Problem der Täuschung beschäftigte sich Goethe immer wieder. Während seiner Harzreise im Winter 1777 trägt er am 8. Dezember in sein Tagebuch ein: „Nachmittag durchgelogen." Auf der Reise legte er sich eine Identität als Zeichenkünstler zu, hieß Weber, stammte aus Gotha und war in Familienangelegenheiten unterwegs. Am nächsten Tag schreibt er: „In meiner Verkappung seh ich täglich wie leicht es ist ein Schelm zu seyn, und wieviel Vortheile einer der sich im Augenblick verläugnet, über die armlose Selbstigkeit der Menschen gewinnen kann.“ Später wird Goethe das Problem der Lüge und der Täuschung eingehend in Der Großkophta und in Wilhelm Meister verarbeiten. Auf der einen Seite liebt Goethe und diese Liebe wird aufs schönste erwidert, auf der anderen Seite ist er gezwungen, diese Liebe täglich zu verleugnen:

Alles gaben Götter die unendlichen
Ihren Lieblingen ganz
Alle Freuden die unendlichen
Alle Schmerzen die unendlichen ganz.

In dem Brief an Auguste Gräfin zu Stolberg (1753–1835) vom 17. Juli 1777, in dem dieser Vierzeiler enthalten ist, heißt es erläuternd: „So sang ich neulich als ich tief in einer herrlichen Mondnacht aus dem Flusse stieg der vor meinem Garten durch die Wiesen fliest; und das bewahrheitet sich täglich an mir.“ Bereits am 13. Juni 1777 beklagte Wieland in einem Brief an Merck Goethes Verschlossenheit: „... statt der allbelebenden Wärme, die sonst von ihm ausging, ist politischer Frost um ihn her. Er ist immer gut und harmlos, aber – er teilt sich nicht mehr mit“.[173] Am 13. Mai 1780 trägt Goethe im Tagebuch ein: „Was ich trage an mir und andern sieht kein Mensch. Das beste ist die tiefe Stille in der ich gegen die Welt lebe und wachse, und gewinne was sie mir mit Feuer und Schwert nicht nehmen können.“ Doch Goethes innere und äußere Belastungen, das Blendwerk aufrechtzuerhalten, steigerten sich Jahr für Jahr. In einem Brief an „Frau v. Stein“ vom 18. Februar 1782 heißt es etwa: „... ich habe eine Sorge auf dem Herzen eine Grille die mich plagt, und schon lange ängstigt du must mir erlauben daß ich dir sie sage, du must mich aufrichten. Mit Schmerzen erwart’ ich die Stunde da ich dich wiedersehe. Du must mir verzeihen. Es sind Vorstellungen die aus meiner Liebe aufsteigen, Gespenster die mir furchtbaar sind, und die nur du zerstreuen kannst.“ Leute aus seiner Umgebung, die nicht erkennen konnten, dass Goethe sich um seine verbotene Liebe sorgte, bezogen sein sich sichtlich steigerndes Unwohlsein auf die Ausübung der vielen Ämter, etwa Wieland in einem Brief an Merck vom 5. Januar 1784: „[Goethe] leidet aber nur allzusichtlich an Seel’ und Leib unter der drückenden Last, die er sich zu unserem Besten aufgeladen hat. Mir tut’s zuweilen im Herzen weh, zu sehen, wie er bei dem allen Contenance hält, und den Gram gleich einem verborgnen Wurm an seinem Inwendigen nagen läßt.“[174]

Goethe war bewusst, dass er seine Arbeitsbelastung als Staatsminister reduzieren und sein Liebesverhältnis endlich aus dem nervenaufreibenden Zustand einer Nachtliebe herausführen musste. Die Liebe zu Anna Amalia hält ihn indes in Weimar fest. Am 23. November 1783 schreibt er an „Frau v. Stein“: „... wenn du nicht wärst hätt ich alles lange abgeschüttelt“. Am 24. August 1784 schreibt er an „Frau v. Stein“:

Gewiß, ich wäre schon so ferne, ferne,
Soweit die Welt nur offen liegt, gegangen,
Bezwängen mich nicht übermächt'ge Sterne,
Die mein Geschick an Deines angehangen,
Daß ich in Dir nun erst mich kennen lerne!
Mein Dichten, Trachten, Hoffen und Verlangen
Allein nach Dir und Deinem Wesen drängt.

Vermutlich wäre diese Situation lange so geblieben, wenn Goethe nicht durch äußere Umstände zu einer Flucht gezwungen worden wäre. Ein gemeinsamer Aufbruch nach Amerika war zwar von Goethe minutiös geplant worden, der Roman WILHELM MEISTER berichtet hiervon, das Vorhaben scheiterte jedoch. Dreißig Jahre später bekannte Goethe gegenüber dem Kunstsammler Sulpiz Boisserée (1783–1854) in einem Gespräch am 2. August 1815: „Was möchte daraus geworden sein, wenn ich mit wenigen Freunden vor dreißig Jahren nach Amerika gegangen wäre und von Kant u.s.w. nichts gehört hätte?“[175] Die Hoffnung aber, dass die Auswanderung nach Amerika gelingen könnte, verlieh den Liebenden lange Zeit die nötige Kraft, um das Blendwerk aufrechtzuerhalten. Wenn die Liebenden etwa in ihrem auf die Nächte beschränkten gemeinsamen Leben Reiseabenteuer lasen, so malten sie sich eine gemeinsame glückliche Zukunft aus. In einem Brief an „Frau v. Stein“ vom 5. Dezember 1783 heißt es: „Kom ia bald Liebste damit ich das beste meines Lebens geniese. Wir wollen im Pagé lesen“. Von Vicomte de Pagès (1748–1793) waren 1782 seine Reiseabenteuer VOYAGES AUTOUR DU MONDE erschienen. Auch von einer Flucht allein sprach Goethe in seinen Briefen an „Frau v. Stein“, dadurch sollte Anna Amalia eindringlich vor Augen geführt werden, wie wichtig eine Befreiung durch eine gemeinsame Flucht war. Am 8. Juli 1781 heißt es aus Ilmenau: „Ich sehne mich heimlich nach dir ohne es mir zu sagen, mein Geist wird kleinlich und hat an nichts Lust, einmal gewinnen Sorgen die Oberhand, einmal der Unmuth, und ein böser Genius misbraucht meiner Entfernung von euch, schildert mir die lästigste Seite meines Zustandes und räth mir mich mit der Flucht zu retten; bald aber fühl ich daß ein Blick, ein Wort von dir alle diese Nebel verscheuchen kan … Wir sind wohl verheurathet, das heist: durch ein Band verbunden wovon der Zettel aus Liebe und Freude, der Eintrag aus Kreuz Kummer und Elend besteht.“

ITALIENFLUCHT: „O WELCH EIN IRRTUM"

Es gibt indes wenige Menschen, die eine Phantasie für die Wahrheit des Realen besitzen, vielmehr ergehen sie sich gerne in seltsamen Ländern und Zuständen, wovon sie gar keine Begriffe haben und die ihre Phantasie ihnen wunderlich genug ausbilden mag. Und dann gibt es wieder andere, die durchaus am Realen kleben und, weil es ihnen an aller Poesie fehlt, daran gar zu enge Forderungen machen.

GOETHES GESPRÄCHE MIT ECKERMANN, 25. Dezember 1825

Baron v. Goethe ... hat immer noch den gleichen starken Einfluss, sei es über den Mann [Carl August] als auch über die Frau [Luise] sowie über Frau v. Stein, die nach wie vor die ihr zugewiesene Rolle so gut sie nur kann spielt, indem sie fast jeden Abend in ihrem Haus Kartoffeln mit Goethe und der Herzogin [Anna Amalia] isst. Der Ehemann Stein sieht über all dies gänzlich hinweg ...

Gräfin Görtz an ihren Mann, 12. Oktober 1782

Mit Knebel unternahm Goethe 1785 erstmals eine Reise in den westböhmischen Kurort Karlsbad. Im darauffolgenden Jahr wurde die Reise wiederholt, der Dichter kehrte aber nicht wieder nach Weimar zurück, sondern floh am 3. September 1786 überstürzt nach Italien. Goethe kehrte Deutschland nicht deshalb den Rücken, weil er das Hofleben nicht mehr ertragen konnte oder weil die Amtsgeschäfte sein künstlerisches Talent zu ruinieren drohten, seine Abreise aus Karlsbad war eine staatspolitisch bedingte Flucht. Goethe nennt seine Reise nach Italien in einem Brief an Carl August vom 20. Januar 1787 unmissverständlich eine Flucht. Kurz zuvor bezeichnet er sie in einem Brief an „Frau v. Stein" vom 23. Dezember 1786 auch als einen Sturz. In TASSO wird er schreiben (Vers 2701 ff.): „Es brennen mir die Sohlen/Auf diesem Marmorboden;

eher kann/Mein Geist nicht Ruhe finden, bis der Staub/Des freien Wegs mich Eilenden umgibt."

Am 17. August 1786 starb der Preußenkönig Friedrich II. Seine erste Amtshandlung war 1740 ein Angriffskrieg auf das österreichische Schlesien gewesen, von ihm als „Rendezvous des Ruhmes" bezeichnet. Er tat dies unter dem Vorwand, dass er die österreichische weibliche Thronfolge, durch die 1740 die Erzherzogin Maria Theresia von Österreich an die Macht gelangte, nicht akzeptieren wolle. In Goethes Satire DIE VÖGEL (1780) wird Preußen als Adler dargestellt: „Schwarz, die Krone auf dem Haupt, sperrt er seinen Schnabel auseinander, streckt eine rote Zunge heraus und zeigt ein Paar immer bereitwillige Krallen ... Es wird niemanden recht wohl, der ihn ansieht". Während des Bayerischen Erbfolgekrieges (1778/79) riet Goethe als Kriegsminister Carl August, den Preußen freiwillig Truppen zur Verfügung zu stellen, da andernfalls diese „mit offenbarer Gewalt, brauchbare, verheuratete, angesessene Leute mit wegnehmen" würden (Brief vom 9. Februar 1779). Der am 5. Januar 1779 zum Kriegsminister ernannte Goethe versuchte, König Friedrich II. hinzuhalten. Noch im Januar schrieb er in sein Tagebuch: „Wir haben noch einige Steine zu ziehen, dann sind wir matt. Den Courier an den König. in dessen Erwartung Frist." Friedrich II. drohte mit einer Okkupation des winzigen Herzogtums. Das Geheime Consilium erließ eine Anordnung, wonach jede Diskussion über den Krieg in den Wirtshäusern des Herzogtums verboten war, weil man fürchtete, einen Vorwand für eine Intervention zu geben.[176] Von einer Art Verschwörung gegen Preußen spricht Goethe im Alter, damals, „als man die Übermacht Friedrich des Großen fürchtete".[177] Der preußische Thronfolger Friedrich Wilhelm II. (1744–1797) war noch unberechenbarer. Knebel hatte, bevor er als Prinzenerzieher nach Weimar kam (1774), lange in dessen Militäreinheit gedient und beurteilte ihn als wenig geistreich und gleichgültig.[178] Seine Günstlings- und Mätressenwirtschaft sollte Preußen an den Rand des Bankrotts bringen. Dass Carl August nicht mehr an der Schaffung eines selbständigen Fürstenbundes als dritte Macht in Deutschland neben Preußen und Österreich arbeitete und sich dem von Preußen beherrschten anschloss (1785), machte ihn noch nicht zum Freund Preußens. Während des preußischen Thronwechsels war kein Verlass mehr auf die bisherigen politischen Verhältnisse, nur Preußen und Österreich standen als entgegengesetzte Pole fest. In diplomatischen Kreisen kursierte sogar das Gerücht, der neue preußische König wolle zum katholischen Glauben übertreten, um auch für die Kaiserwürde, die seit 1438 fast ohne Ausnahme von den Habsburgern in Wien beansprucht wurde, in Frage zu kommen.[179] Ausgerechnet um diese Zeit geschah in Weimar etwas Unerwartetes: Jemand wusste um Goethes Geheimnis, um seine verbotene Liebe zur Fürstin Anna Amalia, und gab dies anonym zu erkennen.

Goethes Briefe aus Italien an den Herzog Carl August berichten verschlüsselt von der Suche und dem Auffinden des „Verräters". In dieser Zeit politischer Ungewissheiten war die Kenntnis des Staatsgeheimnisses durch einen unbekannten Dritten besonders brisant. Goethe befürchtete eine Intervention der Preußen, die sich seine verbotene Liebe zu einer Fürstin als Vorwand hätten zunutze machen können, vielleicht sogar bis zur Annexion des Herzogtums. Am 3. September 1786 zog Goethe die Konsequenzen aus der „Entdeckung“ und flüchtete von Karlsbad unter dem Namen Johann Philip Möller nach Italien. Am 2. September 1786 schreibt Goethe dem Herzog: „Nur bitt ich lassen Sie niemanden nichts mercken, daß ich außenbleibe. Alle die mir mit und untergeordnet sind, oder sonst mit mir in Verhältnis stehen, erwarten mich von Woche zu Woche, und es ist gut daß das also bleibe und ich auch abwesend, als ein immer erwarteter würcke“. Frau v. Steins Sohn Fritz, der bei Goethe wohnte, berichtet: „Ich blieb noch, weil man stets seine Rückkehr erwartete, fast ein halbes Jahr in seinem Hause“.[180] Da der „Verräter“ nicht bekannt ist, sollen alle möglichst im Unklaren über seinen Verbleib sein.

In Goethes Brief an Carl August vom 18. September 1786 aus Verona kommt die Außenpolitik zur Sprache: „Manchmal wünscht ich denn doch zu wissen wie es in Berlin geht und wie der neue Herr sich beträgt? was Sie für Nachricht haben? Was Sie für Theil daran nehmen?“ Weiter heißt es: „Die Zeitungen lehren mich etwas spät wie es in der Welt bunt zugeht. Görtz im Haag, der Statthalter und die Patrioten in Waffen, der neue König für Oranien erklärt! Was wird das werden?“ Entscheidend ist hier der Name Görtz, Goethes und Anna Amalias erbitterter Feind aus früheren Tagen. Dieser ist der Schlüssel zum Verständnis von Goethes Flucht. Graf Görtz war seit 1778 in preußischen Diensten und nun vom neuen König als außerordentlicher Gesandter nach Den Haag geschickt worden.[181] Zuvor war Görtz in Weimar tätig gewesen, 1762 war er 25-jährig von der Herzogin Anna Amalia zur Erziehung ihrer Söhne berufen worden. Vor der Regierungsübernahme seines Zöglings Carl August intrigierte Graf Görtz hinter Anna Amalias Rücken und plante einen Staatsstreich, um die Herzogin noch vor Carl Augusts 18. Lebensjahr auszubooten.[182] Danach verfolgte Görtz einen anderen Plan. In einem Brief an v. Fritsch kurz nach dem Regierungsübergang am 3. September 1775 befürchtete Anna Amalia „ernstlich ... daß der ganze Plan von Görtz zur Ausführung kommt“.[183] Görtz’ Plan war eine sofortige Umbesetzung der Schlüsselpositionen in Regierung und Verwaltung, etwas, was der kurmainzische Statthalter in Erfurt v. Dalberg (1744–1817) in einem Brief an Anna Amalia vom 12. Juli 1775 erwähnt: „... er [Graf Görtz] tut Unrecht, wenn er seiner Durchlaucht dem Herzog rät, seinen [Regierungs-]Antritt mit Veränderungen zu verbinden“.[184] Kurz zuvor in einem Brief vom 9. Juli 1775 ermahnte v. Dalberg den Grafen Görtz, sich zu mäßigen: „Wozu sofortige Änderungen; schon lärmt es von überall her, dass Carl August mit seiner Mutter nicht auf gutem Fuß stehe und mehr als ein Mal vernahm ich mit eigenen Ohren ...: Er [Carl August] tut darin Unrecht, denn seine Mutter versah eine gute Verwaltung. Was ist denn daran so schlecht, wenn Carl August in den ersten Monaten keine Veränderungen vornimmt? Ich hatte nie den Eindruck, das gestehe ich ein, dass das Geheime Consilium der Herzogin schlechte Arbeit leistete oder sich je derart lächerlich machte, dass eine sofortige Reform desselben sich aufdringen würde, was wirklich eine schwere Beleidigung für die Mutter sein würde ... Ich bitte Sie, beruhigen Sie sich: es wird schon alles gut gehen."[185] Anna Amalia entließ Görtz demonstrativ zwei Monate vor der Volljährigkeit Carl Augusts; in einem Brief an den Minister v. Fritsch vom 2. Juli 1775 schreibt sie: „Die Angelegenheit mit Görtz ist vollständig beendet", wobei sie am 4. Juli 1775 noch vom Minister v. Fritsch verlangte, zwei zu starke Dankbarkeitsfloskeln im Entlassungsdekret abzuschwächen, denn sie war „überzeugt daß er [Görtz] meinen Sohn verzogen hat und zwar gründlich".[186] Görtz hielt weiter an dem Plan fest, mit Carl Augusts Regierungsübernahme alle Schlüsselpositionen im Herzogtum neu zu besetzen, doch der eingeweihte Wieland offenbarte diesen Plan samt Details an Anna Amalia. In einem Brief von Dalberg an Görtz vom 17. August 1775 heißt es: „Wenn Wieland dem Herzog gesagt hat, dass ich ihn beauftragt hätte gegen Franckenberg Stellung zu beziehen, dann lügt er. Wenn er es ist, der Carl Augusts Plan an die Herzogin verraten hat, ein Plan der ihm anvertraut wurde, wenn Sie sich darüber gewiss sind, werde ich ihn für immer verachten."[187] Am 17. September 1775 berichtet die Gräfin Görtz an ihren Mann: „Der Stadthalter [Dalberg] sagte mir ihn [Wieland] mit Kälte empfangen zu haben, mich dünkte Wieland wollte sich entschuldigen, aber er wich dem aus. ... Die Herzogin versicherte dem Stadthalter, dass sie sich ganz unabhängig zu ihrem Vorgehen gegen Sie [Görtz' Entlassung im Juli] entschlossen hätte."[188]

Nach seiner Amtseinsetzung am 3. September 1775 machte der 18-jährige Carl August keine Anstalten, irgend einen Plan in die Tat umzusetzen. Anna Amalias Gegenmaßnahmen schienen wirksam gewesen zu sein. Carl August erhöhte seinem Erzieher großzügig die Abfindung und ernannte ihn am 30. Oktober 1775 zum Oberhofmeister seiner Frau Luise, die ihn erwählt hatte – ein vergeblicher Versuch, dem Witwenhof ihrer Schwiegermutter Anna Amalia etwas entgegenzusetzen. „Nur Görtz hielt es mit der regierenden Herzogin. Sonst zog die verwitwete alles an sich", berichtet Böttiger.[189] Graf Görtz' Stern war am Sinken, am 7. Oktober 1775 schrieb ihm seine Frau: „Ich bin mir sicher, dass der Stadthalter alles unternehmen wird, um Sie der Herzogin [Anna Amalia] wieder näher zu bringen, aber ich fürchte, dies wird nie gelingen. Mein Freund, Sie sind zu vertrauensvoll, man hat Sie verraten. ... ich wünschte, wir würden nicht mehr hier bleiben."[190] Goethes Ankunft in Weimar holte Graf Görtz von seinen hochfahrenden Plänen herunter und der kometenhafte Aufstieg des fremden Genies brachte ihn endgültig um die durch 13 Jahre Erziehungsarbeit allmählich erlangte Gunst des regierenden Herzogs. Vom „Urheber unserer Qualen" spricht Graf Görtz über Goethe in einem Brief an seine Frau vom 2. April 1776.[191] Graf Görtz war es vor allem gewesen, der kurz nach Goethes Ankunft in Weimar aufwiegelnde Gerüchte über das Genietreiben am Weimarer Hof verbreitete, die für helle Aufregung sorgten. Solche Gerüchte bewegten etwa Klopstock zu einem väterlich-warnenden Brief an Goethe (8. Mai 1776), den dieser verärgert abwies (21. Mai 1776): „Verschonen Sie uns ins Künftige mit solchen Briefen, lieber Klopstock!“, was zum Bruch zwischen den Dichtern führte. Wieland, der ab 1772 mit Görtz zusammen die Erziehung der Prinzen übernommen und für kurze Zeit mit dessen ambitiösen Plänen geliebäugelt hatte, schrieb – inzwischen ganz auf Seiten Anna Amalias und Goethes – in einem Brief an Freund Merck vom 5. Juli 1776 über Görtz: „Laßt die schäbichten Kerls schwatzen. Graf Goertz rüstet sich nun auch, in eure Gegenden und nach Mainz und Mannheim zu gehen, und dort alles gegen Goethen und mich aufzuwiegeln. Der Elende! – Nichts weiter von dem Geschmeiß. Kommt nur einmal und seht selbst, wie wir's treiben. Es gereut euch gewiß nicht.“[192] Am 24. Juli 1776 heißt es an denselben: „Goertz [malt] uns überall mit Dreckfarbe“.[193] 1776 reichte Görtz enttäuscht und verbittert sein Abschiedsgesuch von Weimarer Diensten ein und schaute sich nach einer neuen Anstellung um.[194] Zwei Audienzen beim König Friedrich II. im Frühjahr 1776 waren zunächst ergebnislos geblieben.[195]

Für Anna Amalia war die Berufung Goethes ein Befreiungsschlag gewesen. Damit konnte ein Zustand, der an den meisten Fürstenhöfen in Deutschland vorherrschte, verhindert werden, nämlich, dass korrupte und nach persönlichem Reichtum strebende Minister die Macht in Händen hielten. Vor allem aber war ihr Plan, gemeinsam mit Goethe in Weimar einen Musenhof aufzubauen, nicht mehr gefährdet. Goethe erfand das Wort „gegörzt“ für „politisieren“[196], da Graf Görtz am Vorabend des Bayerischen Erbfolgekrieges (1778/79) auf Vermittlung seines Bruders, eines preußischen Generals, von König Friedrich II. eine wichtige diplomatische Aufgabe anvertraut wurde. Friedrich II. begegnete Graf Görtz als Prinzenerzieher im unmittelbaren Umfeld Anna Amalias 1763 und 1771; kurz vor diesem letzten Treffen war sein Bruder aus dänischem Heeresdienst in den preußischen übernommen worden.[197] Im Bayerischen Erbfolgekrieg – auch Kartoffelkrieg genannt, weil abgesehen von kleinen Scharmützeln nur gestohlen wurde – versuchte Friedrich II. mit allen diplomatischen Mittel zu verhindern, dass weite Teile Bayerns an Österreich gingen. Die bayerische Linie der Wittelsbacher war ausgestorben, der Erbe, Kurfürst Karl Theodor von der Pfalz (1724–1799), ein konfliktscheuer Lebemann und Kunstliebhaber, schloss einen Vertrag mit Kaiser Joseph II., der für Geldzahlungen und Adelsprädikate für seine illegitimen Kinder eine Abtretung weiter Teile Bayerns vorsah. Die Aufgabe des Grafen Görtz als Privatmann aus dem neutralen Weimar war, in Zweibrücken den Neffen und Erben des Kurfürsten dazu zu bewegen, lautstark seine Stimme gegen seinen leichtsinnigen Onkel zu erheben, der sein Erbrecht für ein Linsengericht verkauft habe.[198] Carl August und Goethe tendierten mehr zur Partei des Kaisers als zu Preußen. Friedrich II. schrieb an seinen Bruder am 3. März 1778: „Die Herren in Sachsen bereiten mir Arbeit. Diese Reichsfürsten sind alle schwankende Rohrhalme, ohne Energie und Ehrgefühl. Den Fürsten von Zweibrücken habe ich voranstoßen müssen; sich selbst überlassen, würde er sich die Schande haben gefallen lassen wie sein Onkel, der Kurfürst von der Pfalz … Ich weiß, was für ein jämmerlicher Haufen diese Reichsfürsten sind, und ich habe nicht die Absicht, ihr Don Quixote zu werden. Aber wenn man zuläßt, daß Österreich sich widerrechtlich despotische Macht über Deutschland aneignet, gibt man ihm Waffen gegen uns selbst in die Hand … Ich betrachte den Krieg als unausweichlich".[199]

Da Graf Görtz den Herzog Carl August von dem diplomatischen Auftrag erst im Nachhinein unterrichtete, kam es zwischen beiden zum Bruch. In einem Schreiben vom 19. März 1778, dessen Entwurf von Goethes Hand stammt, schreibt Carl August an Görtz tief verstimmt:

> Zu einer Zeit, da sich das Interesse der Mächtigen des deutschen Reichs gegeneinander neigt, kann ich nach Verhältnis und Pflicht nichts anderes tun als die Krise in der Stille abwarten, und da für mich und die Meinen nichts zu gewinnen, wohl aber zu verlieren steht, im Notfall irgendeiner Partei nur ungern folgen. Diese von Ihnen genährte und so oft gebilligte Gesinnungen müssen durch den Schritt, den Sie getan haben, dem Publico zweideutig werden. Nach so einem nahen Verhältnis mit mir, sich mit einen Charakter noch zu mir bekennend, gehen Sie von meinem Hofe aus, ohne mein Wissen, öffentlich für einen Teil entscheidende Unterhandlungen zu führen. Ich muß wünschen, daß Sie bedacht hätte, wie ich denen, die mein Mitwissen um diesen Vorgang glauben oder nicht glauben, beiden in einen seltsamen Lichte vorkommen muß, indem sie sich entweder über das Betragen der Meinigen gegen mich oder über mein Verhalten in der jetzigen kritischen Lage Deutschlands wundern werden … Sein Sie übrigens versichert, daß meine Gesinnungen gegen Sie unwandelbar sind.[200]

Goethe und Anna Amalia diktieren dem unreifen, knapp 20-jährigen Carl August diesen Brief, der formvollendet dem seit über einem Jahr eine Anstellung suchenden Graf Görtz Untreue, ja Parteienverrat an Sachsen-Weimar im engeren und am Kaiser in Wien im weiteren Sinne vorwirft. Görtz, der von einer von Carl August bezahlten üppigen Pension lebte, blieb damit nur noch eine Hoffnung: die in Aussicht gestellte Gunst von König Friedrich II. Graf Görtz antwortet Carl August am 5. April 1778 und verteidigt sich gegen die erhobenen Vorwürfe:

> Das Mißfallen, welches Euer Hochfürstliche Durchlaucht mir über die von mir getanen Schritte bezeugen, ist mir äußerst schmerzhaft … Ich wage es auch nicht, mich rechtfertigen zu wollen … nur dieses Wenige zu meiner einstweiligen Entschuldigung … Der Auftrag des Königs kam ohne einige Veranlassung von mir auf das ohnvermutetste. Er war eigenhändig vom König. Mein eigener Bruder, den ich zärtlich liebe, dessen Glück von dem König abhängt, überbracht ihn mir. Euer Durchlaucht [hatten] mir verschiedentlich schriftlich und mündlich geäußert, Sie hielten mich für ganz frei. Ich kann dabei dieses versichern, daß aus dem ganzen Auftrag nicht zu ergründen war, daß dadurch einer oder der andre

> große Hof demselben sich für nachteilig halten könnte ... Dieses, zur Erhaltung und Ruhe Teutschlandes etwas beitragen zu können, verdoppelte meinen Eifer. ... Ich bin nicht imstande, mit Vorsatz etwas Unrechtes zu tun. ... verzeihen Sie mir, wenn ich so unglücklich bin, Ihnen mißfallen zu haben, und schenken Sie demjenigen Ihre Gnade wieder ...[201]

Im Gräflich Rechbergschen Archiv zu Donzdorf wird ein Brief der Gräfin Görtz an ihren Mann in Zweibrücken vom 14. März 1778 aufbewahrt.[202] Darin wird ausdrücklich die verbotene Liaison zwischen Goethe und Anna Amalia angesprochen. Für die Gräfin Görtz liegt eine Ausnahmesituation vor. Sie muss zusehen, wie man in Weimar daran arbeitet, ihren Mann um seine Pension zu bringen und seinem Ruf schweren Schaden zuzufügen. Deswegen spricht sie die geheime Liaison zwischen Goethe und Anna Amalia an. In letzter Konsequenz soll Görtz gegen Anna Amalia vorgehen, denn sie ist, wie aus den Brief hervorgeht, diejenige, die sich über Goethe und Carl August an Graf Görtz rächen will:

> ... *Maman* [Anna Amalia][203] ist mit dem Genie *par excellence* [Goethe] ein Herz und eine Seele und böse Zungen sprechen davon, dass, trotz ihrer kühlen Haltung ihm gegenüber in der Öffentlichkeit, er fast jedem Abendessen fernbleibt ... Mein Freund, von Tag zu Tag wird unsere Existenz unerträglicher ... ich muss Sie von eine Angelegenheit in Kenntnis setzen. Klinckowström [Reisemarschall] kam heute Morgen zu mir um mich über eine vertrauliche Mitteilung, die Fritsch ihm gegenüber gemacht hat, zu unterrichten. ... Der Herzog hätte ihm [Fritsch] gesagt, dass er im Geheimen Consilium ihm ein Brief zugänglich machen wolle, den er [Carl August] von Ihnen erhalten hat. Man hat wohl Mittel und Wege gefunden, ihn wütend zu machen, weil Sie von hier abreisten ohne ihn ins Vertrauen zu ziehen; ohne Zweifel steckt die Liaison zwischen *Maman* und Goethe dahinter, die sich verbunden haben, um Ihnen übel mitzuspielen. Fritsch behauptet Ihre Partei ergriffen zu haben, aber der Herzog beteuerte, dass er Ihnen schreiben wird, um Sie zu tadeln. Ich erwarte nicht, dass er jemals den Mut haben wird, es zu tun, indes flehe ich Sie an, falls es so kommen sollte, behandeln Sie ihn wie einen Narren oder ein Kind; lassen Sie sich ja nicht zu einer lebhaften Reaktion hinreißen. Ich sehe sehr genau, wohin das alles hinführen wird, man hat es auf Ihre Pension abgesehen, aber der König [Friedrich II.] wird Ihre Rechte verteidigen und ich möchte gerne erleben, dass er ihnen [dem Herzogshaus] ihre Undankbarkeit vorhalten würde. Während dieser Sitzung des Geheimen Consiliums wurde beschlossen, dass man den Botschafterposten in Regensburg unmöglich einem Mann [Graf Görtz] anvertrauen kann, der dem Kaiser derart schlechte Dienste geleistet hat und ich hoffe übrigens, dass Ihre Ablehnung demnächst eintrifft. Die *Maman* [Anna Amalia] hat kein reines Gewissen, ich kann es an der Art, wie sie mir begegnet, ablesen. Ich spotte über all dies und bin glücklich in der Lage zu sein, darüber spotten zu

> können, doch im Grunde würde ich alles in der Welt dafür hergeben, um weit weg von diesen Seelen, von dieser Würdelosigkeit, von diesen Schurkereien zu sein ... Hufeland [ihr Arzt] geht gerade, er kann mir nichts Positives über meinen Zustand sagen, doch ist er sich sicher, dass mir wenig zu hoffen übrig bleibt. Meine Koliken dauern weiter an ... Ich befinde mich in größter Verlegenheit. All Ihre Vorkehrungen deuten auf eine lange Abwesenheit, ich erhalte gerade in diesen Augenblick einen Brief von Ihren Herrn Bruder [preußischer General], der von nichts anderem spricht als von Ihrer bevorstehenden Reise nach Berlin sowie von allen nur möglichen Ehrungen, die man Ihnen dort zuteil zu werden gedenkt. Was tun in dieser Verlegenheit? ... Mein Freund, hoffentlich unternehme ich nichts, was Ihnen missfallen könnte. Verlegenheiten aller Art häufen sich, ich schrieb Ihrem Herrn Bruder im Namen von mehreren hiesigen Offizieren, für das Bataillon von Stein. Er antwortet mir gerade jetzt, dass er sie alle für ein Dragonerregiment, das er erheben muss, anwerben möchte. Mein Gott, was soll ich tun? man wird es als besonders schlimm befinden, wenn ich hinter ihrer Abwerbung stehe, erneut ein Grund für diesen Gendarm [Anna Amalia], um gegen Sie vorzugehen, um Ihnen zu nehmen, was Ihnen zusteht. Soll ich andererseits dem Glück dieser armen Kerle im Wege stehen? Ich versuche, mich so gut wie möglich aus der Affäre zu ziehen, damit nichts auf Sie noch auf mich zurückfällt. Ach, wenn ich diesem Gefängnis entfliehen könnte! ... Weimar ist für mich die Hölle ... Leben Sie wohl, bester Ehemann, empfangen Sie die Versicherung meiner tiefempfundenen Liebe und jene Ihrer Kinder.

Wenige Tage später schreibt die Gräfin Görtz an ihren Mann: „Das einzige was ich befürchte ist ein Schreiben von Herrn Goethe das vom Herzog nur unterschrieben wird.“[204] Die Familie Görtz, die großen Verlierer von Goethes Aufstieg zum Vertrauten Carl Augusts, wurden bald von der „Hölle Weimar“ befreit, denn der mit der Ausführung der diplomatischen Mission zufriedene König Friedrich II. ernannte Graf Görtz am 6. April 1778 zum preußischen Staatsminister. Schon bald hieß es vom Herzog von Zweibrücken, dass er um den Schutz von Friedrich II. ersuchen würde und dass er nie seine Zustimmung zu dem Vertrage mit dem Kurfürsten geben würde. Friedrich II. antwortete ihm: „Ihr Brief ist mir eine große Genugtuung. Ihre Zustimmung würde Bayern ohne Aussicht auf Wiedergutmachung verstümmeln. Sie haben dadurch alles zu verlieren und nichts zu gewinnen.“[205] Durch die Ernennung zum preußischen Minister kam es nicht zum äußersten Bruch von Görtz mit Weimar. Andernfalls wäre der Vorwurf einer geheimen Liaison zwischen der Fürstin Anna Amalia und dem bürgerlichen Goethe für Görtz ein schweres Geschütz gewesen, gerade in der Hand eines Friedrich II. Nun war über Nacht aus dem Verlierer Graf Görtz ein glänzender Gewinner geworden, vom Zwergenherzogtum Weimar siedelte er als Minister zur europäischen Großmacht Preußen über. Erleichtert schreibt er Carl August, der ihm nicht antwortete, am 10. April 1778 aus Zweibrücken mit spöttischem Unterton: „... Seine Majestät haben ... mir die Stelle als Staatsminister und Grand Maître de la Garderobe … erteilt und befohlen, mich nach Berlin zu begeben. Ich würde alsdann nur erst diese Stelle mit Vergnügen annehmen, wenn Sie, gnädigster Herr, mir Dero alte Gnade und Wohlwollen wiederschenken und sich von meiner Höchstdenenselben gewidmeten Treu versichert halten wollten …".[206]

Im Mai 1778 fuhr der Reichsfürst Carl August begleitet von seinem Minister Goethe zu politischen Sondierungsgesprächen nach Berlin. Bei einem hochrangig besetzten Arbeitsessen im Palais Unter den Linden am 17. Mai 1778, war auch Graf Görtz zugegen. Graf Lehndorff notiert darüber in sein Tagebuch: „Er [Carl August] macht den Eindruck eines hübschen jungen Mannes, indes hat sein Gesicht einen unfreundlichen Zug. Mit ihm ist der berühmte Verfasser des ‚Werther' und des ‚Götz von Berlichingen', Herr Goethe, den der Herzog zum Geheimen Rat gemacht hat. Dieser beherrscht ihn jetzt, nachdem er den früheren Hofmeister, den Grafen Goertz, der eben jetzt in unsere Dienste getreten ist, verdrängt hat."[207] Goethe war vom aalglatten diplomatischen Parkett in Berlin zugleich beängstigt und angewidert. Bereits vor den Toren Berlins schrieb Goethe an „Frau v. Stein" am 14. Mai 1778: „Die grosen [spielen] mit den Menschen, und die Götter mit den Grosen". Über seine erste und letzte Reise nach Berlin resümierte er am 19. Mai in einem Brief an „Frau v. Stein": „So viel kann ich sagen ie gröser die Welt desto garstiger wird die Farce".

Die Beziehungen des Grafen Görtz zu Weimar brachen indes nicht ab. Seine Frau, eine geborene v. Üchtritz aus Gotha, kam gelegentlich nach Weimar und wurde am Hofe empfangen. Die Briefe, die sie an ihren Mann schrieb, erwähnen immer wieder ausdrücklich die verbotene Liebe zwischen Goethe und Anna Amalia. Das Ehepaar Görtz durchschaute das Blendwerk und äußerte sich abfällig darüber. So schreibt die Gräfin Görtz an ihren Mann am 11. Juni 1780: „Goethe drechselt immer noch an der vollkommenen Liebe und die arme Frau v. Stein, dümmer gab es noch keine, erträgt geduldig das Geschwätz in der Öffentlichkeit und von Herrn Goethe und die üblen Launen seiner Frau [Anna Amalia]. Sie können daraus ersehen, dass alles beim Alten geblieben ist."[208] Am 24. Dezember 1780 berichtete sie ihrem Mann: „Frau v. Stein stellt sich mehr denn je mit ihrem Freund [Goethe] öffentlich zur Schau, letztlich ist das meiste so geblieben, wie wir es verlassen haben."[209] Die Gräfin Görtz stand in Kontakt mit Hofdamen aus Weimar, die sie über Neuigkeiten unterrichteten, auch über die verbotene Liebe zwischen Goethe und Anna Amalia. Die Oberhofmeisterin der Herzogin Luise, Gräfin Wilhelmine Giannini (um 1719–1784), durchschaute ebenfalls das Blendwerk. An die Gräfin Görtz berichtet sie am 29. August 1781: „… die zuletzt erwähnte [Anna Amalia] beging soeben erneut eine tolle Verrücktheit, Sie feierte gestern in Tiefurt Goethes Geburtstag mit einer Schattenspielkomödie und einem kleinen Feuerwerk, wie gefällt Ihnen das?"[210] In einem Brief vom 12. August 1782 an Gräfin Görtz erwähnt Gräfin Giannini die Entlassung des Präsidenten der Finanzkammer August v. Kalb (1747–1814) und gleich danach die verbotene Liaison: „Unsere Neuigkeiten werden für Sie gar nicht so neu sein, indes wird Sie die Entlassung von Kalb ganz schön erstaunt haben, wohl nicht minder als die Nachricht der Erhebung Goethes in den Adelsstand. Die Liebschaften von letzterem mit seiner alten Schindmähre [Anna Amalia] sind immer noch ganz aktuell, die Macht, die diese Clique über den Herzog und die Herzogin ausübt, ist größer denn je. Meine Erkrankung und die dadurch bedingte Abwesenheit hat es ihnen ermöglicht, ganz schön viel Boden gut zu machen, es ist zum kotzen, dennoch bin ich ganz unbesorgt, denn wenn sie es zu weit treiben sollten, weiß ich, wohin zu gehen, wo ich mit offenen Armen empfangen werde."[211] Nach Berlin wollte die Gräfin Giannini, wenn Goethe und Anna Amalia es zu toll treiben sollten. Goethe wurde als Nachfolger des windigen v. Kalb berufen, der sich nicht nur als unfähig erwiesen, vielmehr auch enorme Schulden verursacht hatte. Doch dies wussten nur wenige; von außen sah es so aus, als könnte der Minister Goethe nicht genug Ämter bekommen. Die Partei von Kalb versuchte vergeblich, aus der Entlassung einen Skandal zu machen.[212]

In einem Brief vom 11./12. Oktober 1782 berichtet die Gräfin Görtz ihrem Mann freimütig aus Weimar: „Meinen Tag verbrachte ich gestern am Hof ... Der Baron Goethe begegnete mir sehr herzlich und erkundigte sich bei mir mit großem Interesse nach Neuigkeiten über Dein Befinden. Er setzte die Konversation bis zu jenem Augenblick fort, als man mich zum Spiel rief. Frau v. Stein hat mich mit ihrer Zärtlichkeit erdrückt. [12. Oktober] Was den Herrn Baron v. Goethe anbelangt, ist er sehr artig und gesprächig geworden und er hat ein wenig den Stil eines Kavaliers angenommen, er hat immer noch den gleichen starken Einfluss, sei es über den Mann [Carl August] als auch über die Frau [Luise] sowie über Frau v. Stein, die nach wie vor die ihr zugewiesene Rolle so gut sie nur kann spielt, indem sie fast jeden Abend in ihrem Haus Kartoffeln mit Goethe und der Herzogin [Anna Amalia] isst. Der Ehemann Stein sieht über all dies gänzlich hinweg, ist wieder dick und fett geworden, wie er auch abgeschmackt und falsch wie immer bleibt."[213] Der Oberstallmeister Josias v. Stein wusste demnach um die Täuschung mit seiner Frau, die als Goethes Geliebte ausgegeben wurde. Da er in Wirklichkeit nicht betrogen wurde, konnte er die von Anna Amalia befohlene Inszenierung leicht hinnehmen, zudem gab er dem Hofklatsch Anlass zu glauben, er unterhalte eine Liaison mit der Hofdame v. Waldner.[214] Die Erwähnung gerade der Kartoffeln als Abendspeise ist wohl eine Anspielung auf den Standesunterschied zwischen Goethe und Anna Amalia. König Friedrich II. zwang ab 1756 seine Bauern zum Anbau der genügsamen Kartoffelpflanze, die 1493 aus Mittelamerika nach Europa gekommen war. Die preußische Aristokratie war sich zum Teil bis ins 19. Jahrhundert hinein zu fein, wie das einfache Volk Kartoffeln zu essen. Wenn die Gräfin Görtz ihrem Mann nach Berlin mitteilt, dass Goethe und Anna Amalia jeden Abend Kartoffeln essen würden, drückt sie damit wohl aus, dass die Fürstin Anna Amalia sich mit etwas Niedrigem abgäbe, nämlich mit dem Emporkömmling Goethe, dessen Großvater Friedrich Georg Goethe (1657–1730) ein Schneider und dessen Großmutter Cornelia, geborene Walther (1668–1754), eine Gastwirtin war.

An Görtz also dachte Goethe, als er eine preußische Verschwörung nach dem Thronwechsel befürchtete. Er hielt es für möglich, dass Görtz nur auf den Thronwechsel gewartet hatte, um das Weimarer Staatsgeheimnis politisch auszunutzen, um sich beim neuen König Friedrich Wilhelm II. zu empfehlen. Bereits früh hatte dieser einen üblen Charakter bewiesen und zwar gegenüber Anna Amalias jüngerer Schwester, die ihm 1765 angetraute Elisabeth Christine Ulrike v. Braunschweig (1746–1840). Der preußische Thronfolger hatte auch nach seiner Eheschließung noch mehrere Geliebte und verkehrte mit diesen ungeniert, seine Ehefrau tat es ihm daraufhin gleich. König Friedrich II. beurteilte die Angelegenheit – es ging um die Tochter seiner geliebten Schwester Philippine Charlotte – wie folgt: „Der Gatte, jung und sittenlos, einem ausschweifenden Leben hingegeben, übte täglich Untreue an seiner Gemahlin; die Prinzessin, die in der Blüte ihrer Schönheit stand, sah sich gröblich beleidigt durch die geringe Rücksicht, die man ihren Reizen zeigte. Ihre Lebhaftigkeit und die gute Meinung, die sie von sich selber hatte, brachten sie dazu, sich für das Unrecht zu rächen, das man ihr antat. Bald ergab sie sich Ausschweifungen, die denen ihres Gatten kaum nachstanden; die Katastrophe brach aus und wurde bald publik“.[215] Hier wird der unglaubliche Zynismus von Friedrich II. erkennbar. Seine zur Schau getragene Ablehnung einer skrupellosen Machtpolitik, wie sie angeblich Machiavelli (1469–1527) vertrat, sollte nur seine politische und menschliche Skrupellosigkeit verdecken. Es ist nicht vorstellbar, dass das so wohl unterrichtete Staatsoberhaupt nicht seiner politisch unerfahrenen Nichte hätte helfen können. Die Schuld an dem Eheskandal wurde einhellig auf Seiten von Elisabeth Christine Ulrike gesehen, die Ehe 1769 geschieden und die erst 22-Jährige nach Stettin unter haftähnlichen Bedingungen verbannt, wo sie noch 72 Jahre leben sollte. König Friedrich II. muss der Ausgang des ehelichen Konflikts aus irgendwelchen Gründen ganz recht gewesen sein. Vielleicht wurde er durch den Namen seiner Nichte an seine Frau Elisabeth Christine (1715–1797) erinnert, ebenfalls eine Prinzessin aus Braunschweig, die er 1733 heiraten musste. Mit der Thronbesteigung (1740) verbannte er sie, ohne sie je berührt zu haben.[216]

Die Nerven lagen bei Goethe und Anna Amalia nach über zehn Jahren Täuschung längst blank. Noch Ende 1785 verursachte Anna Amalias leichtlebiger jüngerer Sohn durch tadelnswertes Verhalten gegenüber dem König Friedrich II. einen diplomatischen Zwischenfall. Deswegen schrieb Anna Amalia als Herzogin-Mutter gleich mehrere Entschuldigungsbriefe an ihren Onkel, etwa am 9. Oktober 1785: „Ich würde überaus glücklich sein, wenn ich mir schmeicheln könnte, daß Ew.[Eure] Majestät fortfahren wollten, mir und meinen Söhnen die Ehre Ihrer Gnade zu erweisen“. Carl August bat sogar um eine persönliche Audienz beim preußischen König, um sich für das Verhalten seines Bruders entschuldigen zu können, was ihm gnädig gewährt wurde.[217] Seit dem Frühjahr

1786 wurde der Tod des erkrankten Königs Friedrich II. erwartet, und gerade in dieser Zeit gab ein „Verräter“ anonym zu erkennen, um das Weimarer Staatgeheimnis „Goethe und Anna Amalia“ zu wissen. Was lag da näher, als den Intriganten Görtz zu verdächtigen, der die Täuschung mit Frau v. Stein durchschaut hatte. Goethe und Anna Amalia dachten, Görtz wolle sich an ihnen rächen, wahrscheinlich mit dem Ziel, das winzige Herzogtum auszulöschen. Vom neuen König war auch alles zu erwarten. Der Bildhauer Johann Gottfried Schadow (1764–1850) berichtete über dessen Regierungszeit: „Die größte Liederlichkeit herrschte am Hof. Alles besoff sich mit Champagner, fraß die größten Leckereien und frönte allen Lüsten. Ganz Potsdam war ein Bordell.“[218]

Als Goethe in Karlsbad den Herzog Carl August in das Geheimnis einweihte, sondierte dieser sofort die Lage in Berlin. An Görtz schreibt Carl August am 18. September 1786: „Unser neuer König scheint den Willen zu haben, sich durch Wohltun und Mäßigung eine allgemeine Achtung und Zutrauen gewinnen zu wollen, wie leicht wird ihm dieses bei den vortrefflichen Eigenschaften seines Herzens glücken!“[219] Der preußische Diplomat Johann Friedrich v. Stein, Carl Augusts Gewährsmann in Berlin, berichtet am 6. Oktober 1786 aus Potsdam: „... vergeblich wartet das Auge des Forschers auf solche Tätigkeit, die auch nur die ersten Spuren der Ausführung wohlausgearbeiteter Pläne verkündigen würde.“[220] An den Minister v. Franckenberg in Gotha schrieb Carl August am 16. Oktober 1786: „... der König bleibt trotz allen Anfechtungen dem politischen Systeme treu.“[221] Spätestens als der neue preußische König Carl August das Vertrauen aussprach und nach Berlin berief, um ihm eine heikle diplomatische Mission in Mainz anzuvertrauen, war klar, dass vom neuen König keinerlei Gefahr drohte. Am 13. November 1786 schreibt Carl August an Görtz: „Nur mit wenigen Worten kann ich Ihnen, mein werter Herr Graf, melden, daß ich auf Befehl des Königs übermorgen von hier ab und über Dessau nach Berlin reise; alles, was ich von dorther höre, erfüllt meine Seele mit Freude.“[222] Görtz hatte demnach nicht versucht, sein Wissen um die verbotene Liebe zwischen Goethe und Anna Amalia auszunutzen. Carl August wird ihn aber fortan entgegenkommend behandeln und in seine außenpolitische Arbeit einbinden, er beschwichtigte sogar die Sorgen von Görtz um die schwankende Gunst des neuen Königs in einem Brief vom 15. Januar 1787: „Ich kann Ihnen gewiß versichern, daß der König nicht mit Ihnen unzufrieden ist, sondern daß er gewiß Ihre Verdienste einsieht und schätzt ... Sie haben, wenn Sie in dem Dienste bleiben, wo Sie sind und wo gewiß tüchtige Männer gebraucht werden können, blühende Aussichten“.[223] 1788 übertrug Carl August Görtz sogar seine Stimmrechte beim Reichstag in Regensburg.[224]

Goethe erkannte bald, dass er und Anna Amalia überreagiert hatten. Ihre scharfen Sicherheitsvorkehrungen hatten es auch fast unmöglich gemacht, die geheime Liaison zu beweisen. In den Römischen Elegien (1788–1790) wird Goethe das Bild einer Vogelscheuche für die unbegründete Furcht vor einer preußischen Intervention wählen. Der Geliebten legt er die Worte in den Mund

(Elegie XVI): „'O welch ein Irrtum ergriff dich!/Eine Scheuche nur war's, was dich vertrieb! Die Gestalt/Flickten wir emsig zusammen aus alten Kleidern und Rohren;/Emsig half ich daran, selbst mir zu schaden bemüht.'" Am 28. September war der Dichter in Venedig eingetroffen, einer Stadt mit einem großen Hafen, von dem aus Schiffe in die ganze Welt abfuhren. Hätte er wirklich nur so schnell wie möglich Rom erreichen wollen, so hätte er nicht einen Umweg von etwa zweihundert Kilometer über Venedig gemacht sowie dort einen wochenlangen Aufenthalt eingelegt. Goethes Brief an Carl August aus Verona vom 18. September klingt so, als würde er nie wieder zurückkehren: „Es wäre möglich daß der Fall käme da ich Sie unter fremden Nahmen etwas zu bitten hätte. Erhalten Sie einen Brief von meiner Hand, auch mit fremder Unterschrift; so gewähren Sie die Bitte die er enthält." Goethe wusste ursprünglich nicht, wohin die Reise gehen sollte, in Tasso heißt es (Vers 2238 ff.): „Wohin, wohin beweg' ich meinen Schritt,/Dem Ekel zu entfliehn, der mich umsaust,/Dem Abgrund zu entgehn, der vor mir liegt?" Bei entsprechenden Entwicklungen, die es ratsam gemacht hätten, nicht mehr nach Deutschland zurückzukommen, hätte sich Goethe in Venedig eingeschifft und in Amerika sein Glück gesucht. Da aber Goethes Befürchtungen sich als falsch erwiesen, konnte er daran gehen, der aus der Not geborenen Reise einen Sinn zu geben. Vor allem musste er sein künftiges Verhältnis zu Anna Amalia klären und den „Verräter" finden. Die Überzeugung, dass eine Bildungsreise Unendliches zur weiteren Ausbildung und Veredelung seiner Anlagen beitragen konnte, hatte er schon lange. Bereits 1775 wollte er nach Italien aufbrechen, als die Kutsche, die ihn nach Weimar bringen sollte, zunächst ausblieb. Aus Rom schreibt er am 3. November 1786 dem Herzog die Bitte: „... so laßen Sie mich das gut vollenden was gut angefangen ist und was jetzt mit Einstimmung des Himmels gethan scheint". Im Brief vom 20. Januar 1787 aus Rom dankt Goethe dem Herzog, dass er bis zur Klärung der Identität des „Verräters" und seines zukünftigen Verhältnisses zu Anna Amalia in Italien bleiben kann: „Wie sehr danck ich Ihnen, daß Sie mir so freundlich entgegen kommen, mir die Hand reichen und mich über meine Flucht, mein Aussenbleiben und meine Rückkehr beruhigen." Der inzwischen als Studien- und Arbeitsreise deklarierte Italienaufenthalt des Dichters war von Carl August genehmigt worden, dessen Dauer aber noch ungewiss. In einem Brief an Merck vom 25. Februar 1787 beschreibt Anna Amalia Goethes Lebenswandel in Rom: „Soviel kann ich Ihnen sagen, daß er sehr wohl ist und sich da wie einheimisch findet. Er gehet fast mit keinem andern Menschen als mit dem jungen Tischbein um. Wenige Menschen gibt's und wird es geben, die Rom auf solche Weise sehen und studieren wie er."[225] Rückblickend stellte Goethe in Bezug auf seinen Italienaufenthalt fest: „Im Laufe von zwei vergangenen Jahren hatte ich ununterbrochen beobachtet, gesammelt, gedacht, jede meiner Anlagen auszubilden gesucht."[226]

In einem Brief Goethes an Carl August vom 23. Oktober 1787 kommt nach über einem Jahr Italienaufenthalt Anna Amalia zur Sprache. Goethe wählt den

23. Oktober als Verschlüsselung, um auf das Thema an sich hinzuweisen. Da der 24. Oktober Anna Amalias Geburtstag ist, weiß ihr Sohn Carl August, ohne dass es weiterer Hinweise bedurfte, dass es um sie geht. Goethe ist bei diesem Thema sichtlich verlegen, denn er, 38-jährig, spricht zum 30-jährigen Carl August über dessen 48-jährige Mutter: „So sehr mein Gemüth auch gewohnt ist sich mit Ihnen zu unterhalten, so gewiß ich nichts Gutes genieße ohne Sie dessen theilhaftig zu wünschen, so verlegen bin ich jetzt doch gewissermassen wenn ich die Feder ansetze Ihnen zu schreiben.“ Es folgt ein Hinweis auf den vulkanischen Ursprung der Albaner Berge, die vor den Toren Roms liegen: „Und wie auf ausgebrannten Vulkanen leben wir auch hier auf den Schlachtfeldern und Lagerplätzen der vorigen Zeit“. Die stürmische Leidenschaft zu Anna Amalia soll bei Goethe also angeblich „ausgebrannt“ sein. „Nur zu sehr spüre ich in diesem fremden Lande daß ich älter bin. Alle Verhältniße knüpfen sich langsamer und loser, meine beste Zeit habe ich mit Ihnen mit den Ihrigen gelebt und dort ist auch mein Herz und Sinn, wenn sich gleich die Trümmern einer Welt in die andre Wagschale legen“. Nach seiner Rückkehr aus Italien wird Goethe in den Römischen Elegien (1788–1790) hinsichtlich seines ersten Weimarer Jahrzehnts, seiner Flucht und seiner Rückkehr dichten (XV, Vers 43 f.): „Sahst eine Welt hier entstehn, sahst dann eine Welt hier in Trümmern,/Aus den Trümmern aufs neu fast eine größere Welt!“

Weiter beschäftigt sich der Brief vom 23. Oktober 1787 mit dem „Verräter“. Goethe knüpft an den Zweiten Schlesischen Krieg (1744/45) an, der ebenfalls von Preußen als Angriffskrieg begonnen wurde, um etwas zu verschlüsseln. Ihm sei am Rande des Nemisees bei Rom ein alter hölzerner Trog aufgefallen. Diesen hätten die Österreicher im Zuge dieses Krieges bei ihrem Versuch, in Süditalien einzufallen, was bei der Schlacht von Velletri 1744 vereitelt wurde, benutzt, um ihre Pferde zu tränken. Dann heißt es: „Gleich erinnerte ich mich, was Sie mir einst von ihrem Anteil, an der Schlacht bey Velletri schrieben“. Da Carl August 1757 geboren wurde, also 13 Jahre nach der Schlacht von Velletri, konnte er an dieser keinen direkten Anteil gehabt haben, es geht hier also um einen Angriffskrieg im übertragenen Sinn. Mit diesem Vergleich bestätigt Goethe, Nachrichten über den „Verräter“ seines Geheimnisses erhalten und verstanden zu haben. Weiter schreibt er: „Fast hätte ich Ihnen einen Span aus dem Troge geschnitten und Ihnen so eine recht landsmännisch militarische Reliquie geschickt“. Damit gibt er Carl August zu verstehen, dass er verstanden hat, dass es in Sachen „Verräter“ noch keine Entwarnung gibt. Im nächsten Brief vom 17. November 1787 wird die „Reliquie“ besonders erwähnt: „Sie haben indeß zwey Briefe von mir erhalten … [einer] enthielt die Nachricht von einer militärischen Reliquie der dortigen Gegend“. Doch erst wenn der „Verräter“ gefunden ist, wird er berichten, dass er die „Reliquie“ hat. Noch im Brief vom 7. Dezember 1787 bezeichnet Goethe Preußen als „halb feindlichen Lande“, obwohl Carl August am 25. September 1787 in die preußische Armee im Range eines Generalmajors eingetreten war. Inzwischen war es am 24. August 1787 zu einer türkischen Kriegserklärung gegen Russland gekommen. Österreich war mit Russland verbündet, Preußen, England und Holland bildeten einen Schutzbund auf Seiten der Türkei. Carl August nahm auf Seiten Preußens an den Verhandlungen des Schutzbundes in Den Haag teil.[227]

In einem Brief an den Herzog Carl August vom 29. Dezember 1787 spottet Goethe zwischen den Zeilen über seine Überwachung in Rom: „... wenn Sie mir manchmal etwas bedeutenderes schreiben wollen; können Sie es ohne Sorge thun. Niemals habe ich an einem Briefe nur eine Spur einer Eröffnung bemerckt". Goethe scheint hier ganz naiv, in Wirklichkeit wiegt der Staatsmann die Spione etwa auf Seiten des Kirchenstaates oder Österreichs in falsche Sicherheit.[228] Der österreichische Gesandte in Rom, Graf Kardinal Herzan, berichtete etwa am 3. März 1787 nach Wien: „Herr Göthe hat sich zwei Monate hier aufgehalten: er trachtete unbekannt zu bleiben und änderte deswegen seinen Namen in jenen Müller, unter welcher Aufschrift auch seine Briefe an ihn gekommen. ... mit eben diesem [Maler Tischbein] ist er nach Neapel gereiset. Ich habe meinen Sekretär, auf dessen Rechtschaffenheit ich mich verlassen kann, aufgetragen, daß er bei seiner Zurückkunft ... sich mit jenen in einen näheren Umgang setzen soll, um hiedurch imstande zu sein, mit Sicherheit ein wachsames Auge auf seine Aufführung und allfällig geheime Absichten tragen zu können".[229] Dass Goethes Mitbewohner, der Maler Johann Heinrich Wilhelm Tischbein (1751–1829), ihn für den Kirchenstaat ausspioniert haben soll, ist sehr wahrscheinlich[230] – ausgerechnet der Maler, der das wohl bekannteste Bild des Dichters, GOETHE IN DER CAMPAGNA DI ROMA (ABB. 16), gemalt hat. Tischbein wurde von Goethe zunächst günstig geschildert, etwa: „... mein herzlicher Freund ... wo hätte mir ein werterer Führer erscheinen können?" (ITALIENISCHE REISE, 7. November 1786). Dann aber am 2. Oktober 1787: „... er ist nicht so rein, so natürlich, so offen wie seine Briefe. Seinen Charakter kann ich nur mündlich schildern".[231] Erst als 1799 Tischbein nach Deutschland zurückkehrte und mit Anna Amalia, die mit ihm während ihres Italienaufenthalts oft verkehrte, in Kontakt stand, überwand Goethe seinen Zorn und näherte sich ihm wieder etwas an. Da Goethe mit Spionen rechnete, schickte er am 10. Januar 1787 seinen Freunden in Weimar einen geschnittenen Stein mit der Bitte, künftig die Briefe damit zu siegeln, „Frau v. Stein" bekam einen extra. Am 17. Februar 1787 teilt er „Frau v. Stein" mit: „Deine Briefe werden alle gleich verbrannt, wie wohl ungern. Doch dein Wille geschehe." Dabei scheinen ihre Briefe ohnehin stets bedeckt formuliert worden zu sein, so heißt es etwa in einem Brief vom 8. Juni 1784 aus Eisenach: „Deine liebe Briefe sind angekommen, und ach ich bin deiner Gegenwart so gewohnt daß sie mir kalt vorkamen, daß ich erst wieder mich gewöhnen musste deiner Handschrift eben den Sinn zu geben den die Worte von deinen Lippen haben." Goethe wusste also, dass seine Briefe jederzeit unbefugt geöffnet werden konnten, sein Briefwechsel war aber so verschlüsselt, dass er sich deswegen keine allzu großen Sorgen zu machen brauchte. Für besonders wichtige Mitteilungen gab es ohnehin sicherere Wege, wie aus dem Eintrag vom 16. Februar 1788 hervorgeht: „Mit dem preußischen Kurier erhielt ich vor einiger Zeit einen Brief von unserm Herzog ... Da er ohne Rückhalt schreiben konnte, so beschrieb er mir die ganze politische Lage, die seinige und so weiter.“ Der Herzog berichtet in einem Brief an seine Mutter Anna Amalia vom 11. Januar 1788: „Göthen schrieb ich gestern durch einen Kurier, der nach Rom ging, einen Brief von 12 Seiten.“ Dieser nicht erhaltene Brief von Carl August war für Goethe von entscheidender Bedeutung. Goethe antwortet am 25. Januar 1788, dass er den Tag des Erhaltes des zwölfseitigen Briefes „als den fröhlichsten ... den ich in Rom erlebt habe“, ansieht: Der „Verräter“ ist nämlich endlich entdeckt. Damit ist seine Rückkehr nach Weimar ohne Ungewissheiten möglich, das Gespenst Görtz endlich überwunden: „Anfang Dezembers durchlief ich noch einmal das vulkanische Gebirg hinter Rom, von Fraskati bis Nemi und schnitt bey dieser Gelegenheit einen Span aus jenem Troge. Mit nächstem Transport wird diese Reliquie sich Ihrem Hausaltar empfehlen.“

Versteckt hinter unscheinbaren Personalfragen war in Weimar von Carl August und Anna Amalia nach dem „Verräter“ gefahndet worden. Goethe verdächtigte zunächst seinen Diener und Sekretär Philipp Friedrich Seidel (1755–1820), der ihn von Frankfurt nach Weimar begleitet hatte. Im Brief vom 7. Dezember 1787 an Carl August heißt es: „Nun ein Wort, daß sich auf Ihre innere Wirthschafft bezieht ... Ich wünschte Sie veranlaßten Schmidten, daß er Seideln ... prüfe ... Lassen Sie ihn prüfen, prüfen Sie ihn bey Ihrer Rückkunft selbst, ich müßte mich sehr betrügen, wenn Sie in dieser Classe Menschen einen gleichen fänden“. Vordergründig ging es nur um eine Beförderung Seidels zum Rentkommissar. Bei diesem alltäglichen Vorgang wäre aber eine derart sorgfältige Mehrfachprüfung nicht nötig gewesen, schon gar nicht durch den Herzog selbst. Mit „Prüfung“ ist hier eine kriminalistische Untersuchung gemeint, die zur Demaskierung des „Verräters“ führen soll. Weiter stellte Goethe eine Liste zusammen, die die Namen aller Personen beinhaltet, die theoretisch vom Geheimnis wissen konnten. In einem Brief an den Herzog vom 15. Dezember 1787 heißt es: „Noch eine andere Übung habe ich vor: daß ich ... heroische Süjette nach meinen Anläßen zeichnen lasse ... Fr. v. Stein kann etwas näheres, wenigstens die Liste der Süjette mittheilen“. Mit dem zwölfseitigen Brief Carl Augusts erhielt Goethe nunmehr Kenntnis von der Identität des „Verräters“, denn in seiner Erwiderung vom 25. Januar 1788 heißt es: „Meine größte Sorge, die ich zu Hause habe ist Fritz. Er tritt in die Zeit wo die Natur sich zu regen anfängt und so leicht sein übriges Leben verdorben werden kann. Sehen Sie doch ein wenig auf ihn.“ Der 14-jährige Fritz v. Stein, der jüngste Sohn der Frau v. Stein, war also der „Verräter“ gewesen, jener Fritz, um dessen Erziehung Goethe sich seit dessen siebtem Lebensjahr gekümmert hatte und der seit 1783, also mit elf Jahren, im von fünf Bediensteten unterhaltenen Haus des Dichters und Ministers wohnte. Der Knabe verlebt bei Goethe seine schönsten Jugendjahre als „der allgemeine Liebling der gebildeten Kreise der Stadt“.[232]

Der kleine Fritz war ständig um Goethe gewesen, er begleitete ihn auf Reisen, bekam Briefe diktiert, auch an „Frau v. Stein". Rechnungen, Kassenbücher und anderes gingen durch seine Hände, er lernte allerlei, darunter in verschiedenen Schrifttypen zu schreiben.[233] In einem Brief vom 19. Januar 1788 an „Frau v. Stein", unmittelbar bevor Goethe den zwölfseitigen Brief von Carl August bekam, hieß es bereits: „Grüse Fritzen. Seine Augen machen mir Sorge". Von einem Augenleiden von Fritz war jedoch nie die Rede, Goethe weist damit darauf hin, dass dieser in seiner Nähe zuviel gesehen haben könnte. Indem Goethe für Carl August eine Liste der „heroischen Süjette" zusammenstellte, also alle Personen mit denen er in Weimar zu tun gehabt hatte daraufhin prüfte, ob sie theoretisch das Geheimnis erkannt haben könnten, musste Goethe besonders gegen Fritz misstrauisch geworden sein. So hatte Fritz im Sommer 1786 einen bereits versiegelten Brief Goethes an „Frau v. Stein" aufgebrochen. Dies geht aus einem Nachtrag zu einem Brief an „Frau v. Stein" vom 6. Juli 1786 hervor: „Da Fritz den Brief wieder aufgebrochen hat, kann ich dir auch noch ein Wort sagen." Was zunächst als verzeihliche Ungezogenheit hingenommen wurde, erschien nun in einem anderen Licht: Fritz hatte Goethe ausspioniert. Nachdem Goethe Gewissheit darüber bekam, dass Fritz ihn „verraten" hatte, berichtet er ihm tief enttäuscht am 16. Februar 1788, sein Grab gezeichnet zu haben: „Vor einigen Abenden, da ich traurige Gedanken hatte, zeichnete ich meines [Grab] bei der Pyramide des Cestius, ich will es gelegentlich fertig tuschen, und dann sollst du es haben."[234] Fritz soll Goethes „Grab" erhalten, der Dichter drückt damit aus, was ihm sein Pflegesohn mit seinem „Verrat" angetan hat. An der Pyramide des Cestius sollte vier Jahrzehnte später – Ironie des Schicksals – Goethes einziger Sohn bestattet werden.

Goethe bestellte, nachdem er von der Italienreise mit dem Vollmond nach Weimar zurückgekommen war, als erstes Fritz um 6 Uhr früh zu sich. Dieser berichtete anschließend dem Bruder Carl: „[Ich hatte mich] so gefreut ihn wieder zu sehen daß ich ihm kein Wort sagen konnte".[235] Diese Sprachlosigkeit war tatsächlich durch sein schlechtes Gewissen bedingt, denn er hatte durch sein anonymes Bekenntnis, dass das Geheimnis ihm bekannt sei, die Liebenden getrennt und die Angst vor militärischen Sanktionen Preußens erregt. Später verarbeitete Goethe den „Verrat" in seinem autobiographischen Roman Wilhelm Meisters Wanderjahre, den er unmittelbar nach dem Tod Anna Amalias 1807 zu diktieren begann. Darin wird der Held durch einen Knaben mit dem Namen Fitz in eine Falle gelockt, es fällt „auf einmal … ein Schuß … zu gleicher Zeit [schlossen] sich zwei verborgene Eisengitter". Der Held wird aber sogleich befreit, es handelt sich also, wie bei dem „Verrat" von Fritz, nur um einen Schreckschuss (I, 4). Der Name Fitz ist auf Fritz zurückzuführen, als Koseform für Friedrich.[236] Auch der Titel „Wo stickt der Verräter?" in der ersten Romanfassung (1821), der in der zweiten (1829) in „Wer ist der Verräter?" geändert wurde, weist in Richtung „Verrat". Später im Roman wird Goethe mitteilen, wie der „Verräter" ihnen zu erkennen gab, dass ihm das Geheimnis bekannt sei.

Fritz konnte nicht ahnen, welche Folgen sein anonymes Bekenntnis auslösen würde, doch sind seine Beweggründe nachvollziehbar. Für den Knaben hatten Goethe und Anna Amalia sich eine Ungeheuerlichkeit mit seiner Mutter geleistet, als sie diese zur Täuschung der Öffentlichkeit als platonische Geliebte ausgaben. Wenn Fritz als Inschrift seines Wappens „Trachte nach Wahrheit" wählte, die auch auf seinen Grabstein kam, so knüpft dies an seine Rechtfertigungsgründe. Obwohl Goethes Verhältnis zu seinem ehemaligen Zögling nach seiner Rückkehr aus Italien kühl blieb,[237] wies er seinen Vertrauten Seidel bereits in einem Brief vom 9. Februar 1788 an, Fritz in die Lehre zu nehmen: „Nun habe wegen Fritzens etwas mit dir zu reden. Überlege doch, ob du Zeit Muße und Lust hast dich seiner anzunehmen und ihm einigen Unterricht zu geben." Es folgt Goethes Vorstellung über die Ausbildung von Fritz im Bereich des Rechnungswesens, damit soll er auf eine Karriere als Weimarer Beamter vorbereitet werden. Verziehen wurde ihm sein „Verrat" in Wirklichkeit nicht, der Jugendstreich sollte sein ganzes Leben überschatten. Fritz wurde zum Hofjunker und 1793 zum Kammerassessor mit 300 Talern Jahresgehalt ernannt. Er studierte in Jena, Hamburg und London. Danach wollte ihn Carl August aber überraschend als Volontär ins rückständige Schlesien schicken. Auch Fritz traute Goethe und dem Herzog Carl August nie ganz und so zog er eine zunächst unbezahlte Anstellung in Breslau dem weimarischen Dienst vor, den er 1797 quittierte. Mehrmals endeten Rückkehrverhandlungen mit Carl August ergebnislos, wobei Frau v. Stein immer um Vermittlung für ihren Lieblingssohn durch Goethe bemüht war. Als Fritz sich 1801 entschloss, wieder in Weimarer Dienste einzutreten, zeigten ihm sowohl Goethe als auch der Hof die kalte Schulter, was für Frau v. Stein ein schwerer Schlag war. Fernab von Weimar sollte Fritz v. Stein sowohl privat als auch beruflich scheitern.[238] Als der ehemalige Zögling sich 1803 verlobte, später heiratete und Vater wurde, gratulierte ihm Goethe nicht.[239]

Italien: „Auf dem Wendepuncte“

Daß du kranck, durch meine Schuld kranck warst, engt mir das Herz so zusammen daß ich dirs nicht ausdrücke. Verzeih mir ich kämpfe selbst mit Todt und Leben und keine Zunge spricht aus was in mir vorging, dieser Sturz hat mich zu mir selbst gebracht. Meine Liebe! Meine Liebe! ... Im Leben und Todt der deine.

Goethe an „Frau v. Stein“, 23. Dezember 1786

Die Hauptabsicht meiner Reise war: mich von den phisisch moralischen Übeln zu heilen die mich in Deutschland quälten und mich zuletzt unbrauchbar machten; sodann den heisen Durst nach wahrer Kunst zu stillen, das erste ist mir ziemlich das letzte ganz geglückt.

Goethe an Carl August, 25. Januar 1788

Goethe wird rückblickend seinen 22-monatigen Italienaufenthalt als den Wendepunkt seines Lebens bezeichnen. Nach über einem Jahrzehnt leidenschaftlicher Liebe zu Anna Amalia wurde Goethe von ihr plötzlich getrennt, nachdem er in Karlsbad den Herzog Carl August in das Geheimnis eingeweiht hatte. In der Italienischen Reise (ab 1816) beschrieb Goethe diesen Aufenthalt ausführlich. Der erste von drei Teilen (Karlsbad – Ankunft in Rom) hat Goethe ein Mal mit Bezügen zur Geliebten „Frau v. Stein“ und ein Mal ohne diese abgefasst. Jener mit Bezügen zur Geliebten, das Tagebuch für „Frau v. Stein“ aus dem Jahr 1786, ist erst 1886 aus dem Nachlass veröffentlicht worden.[240] Ein Brief der Frau v. Stein an Knebel vom 30. Oktober 1816 rief immer wieder Erstaunen hervor:[241] „Goethens ‚italienische Reisen’ höre ich von meinen auswärtigen Freunden loben; er hat mir sie aber nicht mitgeteilt. Er schickt mir manchmal von einem guten Gericht von seinem Tisch, aber von höherer Speise würdigt er mich nicht.“ Es war Goethes Italienische Reise 1816 erschienen und Frau v. Stein, für die diese angeblich geschrieben worden war, bekam nicht einmal ein Geschenkexemplar.

Eine kritische Überprüfung von Goethes Italienischer Reise zeigt, dass Anna Amalia die wirkliche Empfängerin der Reisebeschreibung war. Auffällig ist, dass in mehreren Eintragungen Inschriften nur auf Lateinisch wiedergegeben sind. Am 21. September 1786 heißt es etwa über eine solche: „Das Ganze, besonders der Schluß, ein herrlicher Text zu künftigen Unterredungen." Am 26. September findet sich ohne Übersetzung eine lateinische Inschrift, am 1. Oktober der italienisch-lateinische Text eines Oratoriums, am 7. Oktober ein italienischer Satz. Frau v. Stein konnte diese Texte aber nicht verstehen, da sie diese Sprachen nicht beherrschte und stets auf Übersetzungen angewiesen war.[242] Anna Amalia konnte hingegen sowohl Latein als auch Italienisch. Als Anna Amalia regierende Herzogin war, trugen ihr Schüler des Gymnasiums auf Lateinisch „gelehrte Sachen" zu ihrem Geburtstag vor.[243] Mit Beendigung ihrer Regentschaft vertiefte Anna Amalia systematisch ihre Sprachkenntnisse.[244] Es ist jedoch nicht vorstellbar, dass Goethe seiner Geliebten Texte schickte, die diese nicht verstehen konnte, zumal er in seinem Brief vom 18. September 1786 bat, die Texte keinem Dritten zu zeigen, indem er das Tagebuch mit den Worten ankündigte: „Sag aber niemanden etwas von dem, was Du erhältst. Es ist vorerst ganz allein für Dich." Am 14. Oktober 1786 heißt es aus Venedig: „Mein Tagebuch ist zum erstenmal geschlossen; ... Behalt es aber für Dich, wie es nur für Dich geschrieben ist". Diese Bitte wurde auch ernst genommen, denn im Brief vom 6. Januar 1787 heißt es schließlich: „Mit meinem Tagebuch wenn es ankommt mache was du willst ... Gieb davon zu genießen wem und wie du willst, mein Verbot schreibt sich noch aus den stockenden Zeiten her, mögen die doch nie wieder kehren."

Der offenbare Widerspruch mit den Sprachkenntnissen der vermeintlichen Empfängerin taucht auch in anderen Briefen Goethes an „Frau v. Stein" auf, etwa am 14. November 1781, in dem er schreibt: „Schicke mir meine liebste, den Schädel, die Zeichnung davon, das lateinische Büchel in Oktav, und eine Versicherung deiner Liebe." Die Geliebte trieb hier offensichtlich anatomische Studien und las dafür ein lateinisches Buch, es konnte sich also nicht um Frau v. Stein handeln. In einem Brief an „Frau v. Stein" vom 19. November 1784 heißt es: „Ich bringe den Spinoza lateinisch mit wo alles viel deutlicher und schöner ist". Das klingt nicht so, als wolle er laufend der Geliebten übersetzen.

Dass Goethe nicht an Frau v. Stein, sondern an Anna Amalia schrieb, beweist in aller Deutlichkeit ein Brief vom 12. Dezember 1781. Goethe hatte eine italienische Übersetzung seines Briefromans Die Leiden des jungen Werther (1774) von Michele Salom aus Padua erhalten, mit deren Qualität er nicht zufrieden war, er schreibt daher an „Frau v. Stein" (Abb. 23): „... seine Übersetzung ist fast immer Umschreibung; aber der glühende Ausdruck von Schmerz und Freude, die sich unaufhaltsam in sich selbst verzehren, ist ganz verschwunden und darüber weis man nicht was der Mensch will. ... Du sollst es sehen und selbst urtheilen." Hierfür sind ausgezeichnete Kenntnisse der italienischen Sprache erforderlich, über die nur Anna Amalia verfügte, denn diese ließ sich bereits seit Mitte der 1760er Jahre in Italienisch unterrichten und fertigte Übersetzungen aus dem Italienischen ins Französische und ins Deutsche, später aus dem Deutschen ins Italienische an.[245] Am 23. Oktober 1765 nennt sich Anna Amalia in einem Brief an ihren Minister v. Fritsch eine „Novizin“ der italienischen Sprache.[246] Zu dem Zeitpunkt, als Goethe ihr die WERTHER-Übersetzung zur Prüfung vorlegen will, ist Anna Amalia gerade dabei das Märchen AMOR UND PSYCHE von Apuleius (um 125–nach 161 n. Chr.) aus dem Italienischen ins Deutsche zu übersetzen, das ab November 1781 in ihrem TIEFURTER JOURNAL, einer Zeitung mit einer Auflage von elf handschriftlichen Exemplaren (1781–1784), erschien. Ab 1775 nahm sie Italienischunterricht bei Christian Joseph Jagemann (1735–1804), den sie als Bibliothekar bei sich angestellt hatte. Jagemann war in Deutschland einer der besten Kenner der italienischen Sprache. Als Mönch hatte er lange in Florenz gelebt und war dann nach Erfurt als Direktor des katholischen Gymnasiums berufen worden. Anlässlich seiner Einstellung konvertierte er zum Protestantismus. In Erscheinung trat er etwa mit einer italienischen Grammatik und einem umfassenden italienischen Wörterbuch. Als der treue Jagemann einmal Anna Amalia um seine Pensionierung bat, um sich erneut von der Welt zurückzuziehen, stimmte ihn die Fürstin mit einem in italienischer Sprache abgefassten Brief um: „Wenn Ihre Philosophie Ihnen den Entschluss gebietet, fortan ein einsames Leben zu führen, bin ich damit einverstanden und ihr habt Recht, denn was kann die heutige Welt einem Mann sein, der denken kann und der so voller Verdienste ist wie Sie … Wie dem auch sei, meine Freundschaft wird sie verfolgen und sei es auch in die Hölle!“[247] Jagemann blieb bei seiner Fürstin, von der Böttiger 1791 schrieb: „Diese edle Fürstin widmet all ihre Muse den Wissenschaften und Künsten. Nichts ist ihr fremd, nichts wissenswürdiges liegt auser ihrem Kreise. Doch ist die Italienische Sprache, in die sie unsere Classiker übersetzt und ihren Freundinnen in Rom u. Neapel zuschickt, wenn sie es vorher ihrem Bibliothekar, dem Rath Jagemann zur Prüfung vorgelesen hat, die Musik und die Malerei ihr Lieblingsgeschäft.“[248] Anna Amalia baute die umfangreichste Italienbibliothek einer deutschen Fürstin im 18. Jahrhundert auf.[249] Wenn Goethe im Brief vom 25. Mai 1787 aus Neapel an „Frau v. Stein“ schreibt: „Es freut mich daß du von Italien so viel liesest, du wirst mit den Gegenständen bekannter“, so trifft dies auf Frau v. Stein nicht zu, denn diese interessierte sich nicht besonders für Italien. In einem Brief an Charlotte v. Lengefeld vom 12. Januar 1788 spottet Frau v. Stein über das Italienfieber, das seit Goethes Reise in den Süden ausgebrochen sei: „Alles will nach Italien bei uns; ich sage Alles, und es ist doch nicht so ganz wahr; ich selbst lobe mir mein Zuhaus, und wem Zuhaus nicht wohl ist, dem ist nirgend wohl“.[250] In einem Brief an Freund Knebel vom 21. März 1787 schreibt die angeblich trauernde Frau v. Stein mit spöttischem Unterton: „Neapel hat uns Goethen weggefischt.“[251]

Seit Beginn der Flucht nach Italien hatte Goethe jeden Tag einen Eintrag in seinem TAGEBUCH FÜR „FRAU V. STEIN“ vorgenommen, am 23. und am 24. Oktober 1786, dem Geburtstag Anna Amalias, findet sich erstmals eine Lücke von zwei Tagen. Am 25. Oktober versichert Goethe „Frau v. Stein“: „Ich habe dir so viel gedacht diese zwei Tage, daß ich wenigstens etwas zu Papier bringen möchte.“ In diesem Tagebucheintrag ist eine Auslassung gegenüber der allgemeinen Fassung der ITALIENISCHEN REISE, wo das Gespräch mit einem Graf Cesare als Reisegefährte wiedergegeben wird. Den Grafen interessierte es, dass Goethe Protestant ist, und er stellte die Frage, ob man nach diesem Glauben „mit einem hübschen Mädchen auf einem guten Fuß leben [kann], ohne mit ihr gerade verheiratet zu sein“. Goethe bejahte dies, denn die protestantischen „Priester sind kluge Leute, welche von solchen Kleinigkeiten keine Notiz nehmen“. Goethe spricht als Nachtrag von Anna Amalias Geburtstag den Grund seiner Flucht an, denn er lebte „auf gutem Fuß“ mit seinem hübschen protestantischen Mädchen Anna Amalia, doch durfte er sie nicht heiraten.

Am 26. Oktober erwähnt Goethe, nicht ohne Spott, Frau v. Steins Gut Kochberg: „Da ich die armen Bauern auch hier so mit Mühseligkeit die Steine umwenden sah, dacht ich an dein Kochberg und sagte recht mit innerlichen Herzenstränen: Wann werd ich einmal wieder in Kochberg einen schönen Abend mit ihr feiern? Ich sage dir, meine Liebe, wenn sie nur hier das Klima nicht voraus hätten!“ Der Dichter spielt mit den Worten „dein“, „ihr“ und „dir“ und erweckt den Eindruck, von zwei Personen zu sprechen. Anna Amalia konnte leicht unerkannt ins 35 Kilometer entfernte Kochberg reisen, um sich dort ungestört auf dem Gut ihrer Hofdame v. Stein heimlich mit Goethe zu treffen. Als etwa im Herbst 1776 Frau v. Stein in Kochberg von Goethes Freund Jakob Michael Reinhold Lenz (1751–1792) in Englisch unterrichtet wurde, hielt sich Anna Amalia mehrere Tage dort auf.[252] Dies würde erklären, warum Goethe öfter in Kochberg war, wenn Frau v. Stein abwesend war. Wenn Frau v. Stein selbst anwesend war, kam der Dichter meist in Begleitung von Freunden,[253] damit er bei seiner „Geliebten“ gesehen wurde. Die Gräfin Görtz, die die Täuschung durchschaute, berichtete mit Bezug auf solche Inszenierungen am 24. Dezember 1780 ihrem Mann, dass Frau v. Stein sich mit Goethe „öffentlich zur Schau“ stellen würde.[254] Dennoch fühlte sich Goethe in Kochberg nie wohl, am 22. August 1779 trug der Dichter in sein Tagebuch ein: „Nachmitt[ag] nach Kochberg. Rein und gut da gelebt. Das erste mahl dass mirs da wohl war, doch kann ich mich noch nicht mit dem Ort noch der Gegend Befreunden“. Frau v. Steins großzügige Räumlichkeiten standen dem Liebespaar Goethe und Anna Amalia überhaupt für heimliche Treffen zur Verfügung, auch in Weimar, was aus einem Schreiben der Gräfin Görtz an ihren Mann vom 12. Oktober 1782 hervorgeht, wonach „Frau v. Stein, die nach wie vor die ihr zugewiesene Rolle so gut sie nur kann spielt, … fast jeden Abend in ihrem Haus Kartoffeln mit Goethe und der Herzogin [Anna Amalia] isst.“[255]

Am 27. Oktober 1786 heißt es aus Terni: „Wieder in einer Höhle sitzend … wend ich mein Gebet zu Dir, mein lieber Schutzgeist. Wie verwöhnt ich bin, fühl ich erst jetzt. Zehn Jahre mit Dir zu leben, von Dir geliebt zu sein, und nun in einer fremden Welt. Ich sagte mir's voraus, und nur die höchste Notwendigkeit konnte mich zwingen, den Entschluß zu fassen. Laß uns keinen anderen Gedanken haben, als unser Leben miteinander zu endigen. ... Spoleto hab ich bestiegen und war auf dem Aquädukt, der zugleich Brücke von einem Berg zum andern ist. Die zehen Bogen, die das Tal füllen, stehn, von Backsteinen, ihre Jahrhunderte so ruhig da, und das Wasser quillt noch immer in Spoleto an allen Orten und Enden." Es gibt eine Zeichnung Goethes, die an diese Schilderung des Aquädukts von Spoleto anknüpft, und zwar ein Aquarell von 1806, das ein Aquädukt in gebirgiger Landschaft darstellt, das aus den Buchstaben AMALIE gebildet wird (Abb. 28). Anna Amalia ist für Goethe die Brücke zu einer Lebensweise gewesen, die die Entfaltung seines Genies ermöglichte. Sie verbindet aber nicht nur, sie führt zugleich Wasser, für Thales von Milet (um 625–um 547 v. Chr.), einen der Sieben Weisen der Antike, der Ursprung aller Dinge, die Grundbedingung für alles Leben.

Am 13. Dezember 1786 schreibt Goethe: „Ich erhole mich nun hier nach und nach von meinem Salto mortale". Goethe versucht sich Klarheit über seine Zukunft mit Anna Amalia zu verschaffen, wobei seine Sizilienreise die Entscheidung bringen wird. Den einzigen Brief aus Sizilien, den Goethe nicht verbrannt hat, schenkte er am 16. Februar 1818 seinem Freund Carl Friedrich Zelter (1758–1832) mit den Worten: „... so sende ich Dir ein uralt Blättchen, das ich nicht verbrennen konnte, als ich alle Papiere, auf Neapel und Sicilien bezüglich, dem Feuer widmete. Es ist ein so hübsches Wort auf dem Wendepuncte des ganzen Abenteuers und gibt einen Dämmerschein rückwärts und vorwärts." In diesem Brief vom 18. April 1787 aus Palermo erscheint Goethe erleichtert, da er nun wusste, wie die Zukunft seiner Liebe zu Anna Amalia aussehen muss: „Meine liebe noch ein Wort des Abschieds aus Palermo. ... Leb wohl Geliebteste mein Herz ist bey dir und jetzt da die Weite Ferne, die Abwesenheit alles gleichsam weggeläutert hat was die letzte Zeit über zwischen uns stockte so brennt und leuchtet die schöne Flamme der Liebe der Treue, des Andenkens wieder fröhlich in meinem Herzen." Am 1. März 1818 antwortet Zelter – Frau v. Stein lebte noch: „Dein Zettelchen aus Palermo macht mir unsägliche Freude. Wer ist denn die Glückselige, der diese Frühlingssonne aufgeht?" Goethe erwiderte hierauf nichts.[256] In Goethes Brief vom 18. April 1787 ist von Abschied und Lebewohl in tieferem Sinne die Rede, das Motiv der Entsagung wird erstmals erkennbar. Goethe wird in seiner Italienischen Reise, die er ab 1813 ausarbeitet, unter dem Eintrag Palermo, den 13. April 1787 schreiben: „Italien ohne Sicilien macht gar kein Bild in der Seele: hier ist erst der Schlüssel zu allem." Der Schlüssel zum Verständnis von Goethes zweiter Lebenshälfte ist in Sizilien zu suchen, denn dort fasst er den Entschluss zur Entsagung einer sinnlichen Liebe zu Anna Amalia. Nach über einem Jahrzehnt künstlicher Verstellungen kommt die Eingebung der Entsagung für Goethe der Befreiung von einer ihn erdrückenden Bürde gleich. Die Entsagung bedeutet die Wandlung seiner Liebe zu Anna Amalia. Sie selbst gibt später, in dem ersten ihrer

Fünf Briefe über Italien, die in den 1790er Jahren geschrieben wurden,[257] einen wichtigen Einblick in ihr Verständnis von Liebe: „Daher muß man bey den Römischen Weibern keine zärtliche liebe noch das Sitliche Gefühl suchen welches die Sinnlichen Triebe fesselt u veredelt auch sind sie der art von Freundschaft, welche sonst nach erloschene Leidenschaft überbleibt, nicht fähig." Das sittliche Gefühl fesselt und veredelt die sinnlichen Triebe, doch auch ohne sinnliche Leidenschaft bleibt bei ihr und Goethe eine besondere Art der Freundschaft. Die Sizilienfahrt brachte die erlösende Entscheidung, der Konflikt, der in Goethe vorging, spiegelte sich in den Arbeiten Tasso und Nausikaa wider.

Nur die Dichtung Tasso wollte Goethe zur Bearbeitung nach Sizilien mitnehmen: „Tasso wird mit auf den Weg genommen, allein von allen und ich hoffe er soll zu eurer Freude vollendet werden".[258] Doch auf Sizilien drängt sich ihm der Stoff der Nausikaa aus Homers (8. Jh. v. Chr.) Odyssee (VI, Vers 13 ff.) auf. Danach lernt der schiffbrüchige, göttergleiche Odysseus bei den Phäaken Nausikaa, die Tochter des Königs, kennen. Sie ist schön wie eine Göttin, doch Odysseus kann nicht Nausikaas Gatte werden, denn er ist mit Penelope verheiratet, zu der er zurück will. Goethe nahm während der Schifffahrt von Neapel nach Palermo, angeblich wegen der Seekrankheit, mehrere Tage nur Brot und Wein zu sich (Eintrag vom 30. März 1787), das Gleiche machte er auf der Rückfahrt von Messina nach Neapel (Eintrag vom 13. Mai 1787). In einem Brief von Tischbein an Goethe nach dem 10. Juli 1787, den der Dichter in seiner Italienischen Reise (ab 1813) zitiert, weil er die damalige Stimmung gut wiedergeben würde, berichtet Tischbein, dass Goethes sizilianischer Begleiter ihm erzählte, wie „Sie [Goethe] für Ihr gutes Geld, teils aus Übelbefinden, teils aus Vorsatz gefastet und so gut als gehungert [hätten]." Goethe verstand demnach seine Reise nach Sizilien als eine Art Wallfahrt. Auf diesem „überklassischen Boden" mit Homer in der Hand wollte der „Grieche" Goethe von den Göttern eine Weissagung über sein künftiges Verhältnis zu seiner Prinzessin Anna Amalia erhalten, Sizilien war für ihn eine Orakelstätte. Am 2. April meldet er noch: „Der Plan meines Dramas [Tasso] war diese Tage daher, im Wahlfischbauch, ziemlich gediehen." Am 16. April in Palermo heißt es aber, dass er sich mit dem Plan der Nausikaa herumtrage. Laut Tagebucheintrag denkt er am 8. Mai bei Messina am Strand weiter an den Plan zu Nausikaa. Aus der Erinnerung fügt er dem Eintrag 1814 drei Seiten hinzu, die über den geplanten Aufbau der Nausikaa, die er als Tragödie behandeln wollte, Auskunft geben: Nausikaa wird von vielen Freiern umworben, sie fühlt sich aber nur von Odysseus, dem namenlosen, seltsamen Fremdling, angezogen. Ihre Liebe entflammt für ihn und die treffliche Nausikaa „kompromittiert sich unwiderruflich mit ihren Landsleuten". Doch Odysseus gibt Nausikaa zu erkennen, dass er schon verheiratet ist und sie verlassen muss, weshalb sie im Meer den Tod sucht. „Es war in dieser Komposition nichts, was ich nicht aus eigenen Erfahrungen nach der Natur hätte ausmalen können." Goethe berichtet 1814 weiter, beinahe seinen ganzen Aufenthalt in Sizilien an Nausikaa verträumt zu haben: „Nach meiner löblichen oder unlöblichen Gewohnheit schrieb ich wenig oder nichts davon auf, arbeitete aber den größten Teil bis aufs letzte Detail im Geiste durch, wo es denn, durch nachfolgende Zerstreuungen zurückgedrängt, liegengeblieben, bis ich gegenwärtig nur eine flüchtige Erinnerung davon zurückrufe." Nach der Konzeption besteht für eine Liebe zwischen Nausikaa und Odysseus von Anfang an keinerlei Hoffnung, sie wird sterben und Odysseus weiterziehen – die scheinbar einzige Alternative in seiner Beziehung zu Anna Amalia, nachdem eine gemeinsame Auswanderung gescheitert war. Wenn Goethe nicht nach Weimar zurückgekehrt wäre, hätte Anna Amalia den Tod gesucht. In Sizilien sucht Goethe deshalb nach einer Alternative, ohne Anna Amalia nach Amerika auszuwandern. Über das Schiff, das Goethe für die Überfahrt von Neapel nach Sizilien bestieg, sagt er daher, dass es in Amerika gebaut worden sei: „Es war in Amerika gebaut, schnellsegelnd, inwendig mit artigen Kämmerchen und einzelnen Lagerstätten eingerichtet."[259] Doch nach dem befreienden Entschluss zur Entsagung wird die Ausarbeitung von NAUSIKAA zugunsten der Dichtung TASSO aufgegeben.

Das Nausikaa-Manuskript ist auf demselben Papier niedergeschrieben worden wie eine Zeichnung, die Goethe 1787 in Sizilien anfertigte und die Felsen im Meer zeigt (ABB. 15). Goethe wurde sie aufgrund der charakteristischen Strichführung und des verwendeten Papiers zugeschrieben.[260] Ein Zweifel an Goethes Autorschaft kann dann nicht mehr aufkommen, wenn man darin den Bezug zu Anna Amalia sieht. Die Felsen bilden zwei Bögen, durch die ein Blick auf den Horizont frei wird; der Strich für den Meeresspiegel macht aus den Bögen zwei A. „AA" ist das Siegel Anna Amalias, in ihrem Wappen stehen zwei goldene A auf blauem Grund. Als Anna Amalia regierende Herzogin war, wurden Münzen mit den Initialen AADS geprägt für: Anna Amalia Duchesse Saxoniae.[261] Kurz bevor Anna Amalia im Mai 1779 mit einem Festumzug vom Wittumspalais nach ihrem Waldschloss Ettersburg aufbrach, berichtet Goethe, der den Schmuck für die Spitze des Umzugs ausgewählt hatte an „Frau v. Stein": „Hier schick ich indess ein doppelt A. Ich möchte Ihnen iede Stunde was zu geben haben".[262] In seinen Briefen sprach Wieland von „der Durchlauchtigsten AA", so etwa am 1. August 1779 an Merck.[263] Im ersten A der Zeichnung, das etwas größer ist als das zweite, ist kurz oberhalb des Meeresspiegels die Sonne zu sehen – in Goethes Tagebuch ist die Sonne (☉) Symbol für „Frau v. Stein". Mit dieser Zeichnung drückt Goethe aus, mit der Entsagung endlich, nachdem eine Auswanderung gescheitert war, die Lösung gefunden zu haben, bei der er in Anna Amalias unmittelbarer Nähe bleiben kann.

Da der „Verräter" noch nicht erkannt worden war, schreibt Goethe noch am 5. Januar 1788: „Es spitzt sich gegen Ostern eine Epoche zu, das fühl ich; was werden wird, weiß ich nicht." Als er einige Tage später aber einen zwölfseitigen Brief vom Herzog Carl August erhielt, erwiderte er am 25. Januar 1788 hinsichtlich des „Verräters" endlich die Nachricht der Entwarnung erhalten zu haben, da von Fritz v. Stein keine Gefahr ausging. Nun musste Anna Amalia von der Richtigkeit des sizilianischen Orakelspruchs, künftig einander zu entsagen, überzeugt werden. Als Anna Amalia sich von der Angst um eine preußische Intervention erholt und den Schmerz um Goethes Flucht verarbeitet hatte, glaubte sie immer noch an eine gemeinsame Zukunft als heimliches Liebespaar. Sie bietet Goethe an, noch 1787 zu ihm nach Italien zu reisen. Plötzlich kommt ihr Bibliothekar Jagemann auf die nie zuvor da gewesene Idee, eine Wochenzeitung in italienischer Sprache in Weimar herauszugeben, die nicht nur über Italien, sondern auch über andere Länder einschließlich Deutschland berichtete. Von Anfang 1787 bis Mitte 1789 gab also Jagemann in Anna Amalias Wittumspalais LA GAZZETTA DI WEIMAR heraus. Anna Amalia konnte auf diese Weise dem Geliebten wenigstens gedanklich nahe sein. Goethe war inzwischen von der Notwendigkeit der Entsagung überzeugt. In einem Brief vom 17. November 1787 an den Herzog heißt es: „Und nun ein Wort von Ihrer Frau Mutter Reise, die mir schwer auf dem Herzen liegt. Sie wollte noch dieses Jahr hierher". Goethe rät von einer Reise im Herbst dringend ab: „[Ich] bin nun über ein Jahr im Lande und weiß was vornehme Reisende hier erwartet und wie schwer es für fremde ist Genuß, Menage [Verpflegung] und Anstand nur einigermassen zu verbinden." Gegen Ende des Berichts vom Oktober 1787 in der ITALIENISCHEN REISE spricht Goethe an, dass einige „Zurückgelassene" sich anschickten, auch eine Italienfahrt anzutreten, um „das gleiche Glück zu genießen", darunter Anna Amalia: „Freilich, in dem geistreichen und kunstliebenden Kreise unserer Herzogin Amalie war es herkömmlich, daß Italien jederzeit als das neue Jerusalem wahrer Gebildeter betrachtet wurde und ein lebhaftes Streben dahin, wie es nur Mignon ausdrücken konnte, sich immer in Herz und Sinn erhielt." Diese Erwähnung von Mignon im Zusammenhang mit Anna Amalia deutet bereits an, wofür die geheimnisvolle Frauengestalt aus dem autobiographischen Roman WILHELM MEISTER steht, in deren Mund Goethe eine Reihe seiner schönsten Lieder legt, so etwa ein Lied über die Schmerzen der Geliebten bei der Trennung (LEHRJAHRE IV, 11):

Nur wer die Sehnsucht kennt
Weiß, was ich leide!
Allein und abgetrennt
Von aller Freude,
Seh' ich an's Firmament
Nach jener Seite.
Ach! der mich liebt und kennt
Ist in der Weite.
Es schwindelt mir, es brennt
Mein Eingeweide.
Nur wer die Sehnsucht kennt
Weiß, was ich leide!

Anna Amalia will nunmehr 1788 nach Italien kommen und hofft, dass Goethe mit ihr in Italien bleibt. Am 25. Januar 1788 schreibt Goethe dem Herzog: „Sie wünschen daß ich Ihre Frau Mutter in Italien erwarten möge, ich will mich darüber aufrichtig erklären ... Die Hauptabsicht meiner Reise war: mich von den phisisch moralischen Übeln zu heilen die mich in Deutschland quälten und mich zuletzt unbrauchbar machten; sodann den heisen Durst nach wahrer Kunst zu stillen, das erste ist mir ziemlich das letzte ganz geglückt. Da ich ganz frei war, ganz nach meinem Wunsch und Willen lebte; so konnte ich nichts auf andere, nichts auf Umstände, Zwang, oder Verhältnisse schieben". Hiermit lehnt Goethe auch die zweite Möglichkeit eines gemeinsamen Aufenthalts in Italien ab und nennt als Motiv, dass er die Täuschungen über seine Liebe nicht mehr ertragen könne. „Bestimmt mich nun aber Ihr Wille hier zu bleiben, Ihrer Frau Mutter zu dienen", so will Goethe es gerne tun, aber es passt ihm nicht, „weil ich täglich mehr Abneigung empfinde etwas halb zu thun". Für den Fall, dass er doch in Rom bleiben soll, gibt er Carl August zu erkennen, dass er weiter der Geliebte seiner Mutter sein würde: „Was den Genuß der Natur und der Kunst betrifft; so bin ich gewiß daß ihr ihn niemand so verschaffen kann, wie ich es im Stande bin". Daraufhin ruft Carl August Goethe nach Weimar. Am 17. März 1788 antwortet Goethe „mit einem fröhlichen: ich komme! ... mein erster und nächster Dank soll eine unbedingte Aufrichtigkeit seyn."

Indem Goethe die Möglichkeit, in Italien zu bleiben und Anna Amalia bei ihrem Aufenthalt als Hofmarschall zu dienen, ablehnte, macht er deutlich, dass eine Wiederaufnahme ihrer früheren Nachtliebe ihm unmöglich ist. Dabei hoffte Anna Amalia lange, Goethe werde diesem Plan doch noch zustimmen und gemeinsam mit ihr vor der italienischen Kulisse eine unvergessliche Zeit verbringen. In einem Brief an Merck vom 6. Januar 1788, worin Anna Amalia über ihr „kühnes Unternehmen", nach Italien zu reisen, berichtet, heißt es: „Goethe wird wohl Ostern zurückkommen, doch ist es noch nicht ganz gewiß."[264] Mit der Entscheidung für die Ausarbeitung von TASSO ist Goethe an dem Wendepunkt seines Lebens angelangt, denn aus dem heimlichen Liebespaar werden „Die Entsagenden", der Untertitel zu WILHELM MEISTERS WANDERJAHRE. Nur als Entsagender einer sinnlichen Liebe zu Anna Amalia kann Goethe zurück nach Weimar. Deswegen sagt der Dichter im Alter gegenüber dem Kanzler v. Müller am 30. Mai 1814: „Seit ich den Ponte Molle [nördliche Tiberbrücke in Rom] heimwärts fuhr, habe ich keinen rein glücklichen Tag mehr gehabt". Dennoch fällt es den Liebenden nicht leicht, den Entschluss, einander zu entsagen, auch einzuhalten. Am 31. Oktober 1788 schreibt Goethe etwa aus Weimar der seit kurzem in Rom weilenden Anna Amalia: „Warum bin ich doch zurückverschlagen!", und fast zeitgleich heißt es bei Anna Amalia (Brief vom 5. November 1788): „Appropos man erwartet Ihnen hier ach komen Sie auch!" Nach über zehn Jahren wollte Goethe jedoch nicht mehr eine nur durch ständige Täuschung mögliche Liebesbeziehung aufrechterhalten, daher blieb nur die Entsagung, die Hauptmelodie von Goethes künftiger Liebeslyrik, so etwa im Gedicht Nähe des Geliebten:

Ich denke dein, wenn mir der Sonne Schimmer
Vom Meere strahlt;
Ich denke dein, wenn sich des Mondes Flimmer
In Quellen mahlt.

Ich sehe dich, wenn auf dem fernen Wege
Der Staub sich hebt;
In tiefer Nacht, wenn auf dem schmalen Stege
Der Wandrer bebt.

Ich höre dich, wenn dort mit dumpfen Rauschen
Die Welle steigt.
Im stillen Haine geh' ich oft zu lauschen,
Wenn alles schweigt.

Ich bin bei dir, du seist auch noch so ferne,
Du bist mir nah!
Die Sonne sinkt, bald leuchten mir die Sterne.
O wärst du da!

Anna Amalia akzeptiert die Entsagung als Lösung, was sie im Gemälde Anna Amalia in Pompeji am Grabmal der Priesterin Mammia von 1789 (Abb. 17) darstellen lässt, das sie später Goethe schenkte.[265] Dieses Gemälde ist ein Pendant zu dem ebenfalls von Tischbein stammenden Gemälde Goethe in der Campagna di Roma von 1786/87 (Abb. 16), was die Haltung Anna Amalias im Gemälde zu erkennen gibt, denn sie und Goethe schauen sich an, wenn die Bilder entsprechend nebeneinander aufgestellt werden. Während Goethe auf einem umgestürzten und zerbrochenen Obelisken ruht, sitzt Anna Amalia auf einer Exedra, einer halbrunden Steinbank, die zugleich das Grabmal einer antiken Priesterin ist. Damit kann sie genial an die Priesterin Iphigenie anknüpfen, die hinter Goethe auf einem Relief zu sehen ist.[266] In seiner Dichtung Iphigenie auf Tauris (1779/1787) identifizierte sich der junge Goethe mit dem Helden Orest, der von Rachegöttinen verfolgt wird und halb dem Wahnsinn verfallen umherirrt. Seine Schwester, die Priesterin Iphigenie, rettet ihn aber vor dem drohenden Untergang und richtet ihn wieder auf. Mit der Auswahl dieses Stoffes konnte Goethe am besten Anna Amalias Rolle zum Ausdruck bringen, die die Wandlung vom planlosen Stürmer und Dränger, der sich wie sein Romanheld Werther am Rande des Abgrunds bewegte, zum einzigartigen klassischen Dichter. Im Gemälde Anna Amalia in Pompeji weist die Fürstin nicht nur auf sich als Goethes Iphigenie hin. Nun, da ihre Liebe von der Notwendigkeit der

Täuschung gereinigt werden muss, will sie ihr Leben, wie bei einer Priesterin, Höherem weihen: Goethes poetischem Genie. Die im Gemälde dargestellte halbrunde Steinbank ließ Anna Amalia nachbilden und am Eingang zum Park in Weimar gegenüber dem Haus der Frau v. Stein aufstellen.

Anna Amalia hatte in die Entsagung einer sinnlichen Liebe zu Goethe eingewilligt. Schon zwischen 1775 und 1786 haben die Liebenden Verzicht üben müssen, denn ihr Glück durften sie nicht offen zeigen. Nunmehr ist auch dem verborgenen Glück einer erfüllten Liebe zu entsagen. Goethe ist nicht mehr zur Täuschung bereit, weil Anna Amalia auf diese Weise nie seine Ehefrau werden kann, am 21. Februar 1787 drückt er dies aus: „An dir häng ich mit allen Fasern meines Wesens. Es ist entsetzlich was mich oft Erinnerungen zerreisen. Ach liebe Lotte du weist nicht welche Gewalt ich mir angethan habe und anthue und daß der Gedanke dich nicht zu besitzen mich doch im Grunde, ich mags nehmen und stellen und legen wie ich will aufreibt und aufzehrt. Ich mag meiner Liebe zu dir Formen geben welche ich will, immer immer – Verzeih mir daß ich dir wieder einmal sage was so lange stockt und verstummt.“ In TASSO lässt Goethe den Dichter den Standpunkt formulieren: „Erlaubt ist, was gefällt“ (Vers 994), worauf ihm die Prinzessin erwidert: „Noch treffen sich verwandte Herzen an/Und teilen den Genuß der schönen Welt:/Nur ... Erlaubt ist, was sich ziemt“ (Vers 1006). Dies ist ein Dauerkonflikt zwischen den Liebenden. Anna Amalia fügte sich dem monarchischen System, das ihr als Fürstin verbat, sich mit jemandem unter ihren Stand offiziell zu verbinden, auch wenn es der größte Dichter war. Goethe hingegen wollte am liebsten mit allem brechen und Anna Amalia in Amerika zur Frau nehmen. Während seines Aufenthalts in Sizilien, auf „überklassischem Boden“, fand Goethe die gesuchte Lösung aus dem Dilemma, dass er einerseits die Liebe seines Lebens gefunden hat, andererseits nicht weiter täuschen will: Die Entsagung seiner sinnlichen Liebe zu Anna Amalia, die zum Wendepunkt seines Lebens wird.

Vor diesem Hintergrund ist keine nur zufällige Annäherung von Christiane Vulpius (1765–1816) an den entsagenden Goethe denkbar. Goethe kam nach 22 Monaten Italienaufenthalt zurück nach Weimar. Seine große Liebe Anna Amalia bereitet sich gerade für eine ebenfalls 22 Monate währende Italienreise vor, die am 15. August 1788 beginnen wird. Nach der Überlieferung soll Goethe am 12. Juli Christiane kennen und gleich lieben gelernt haben. Die genauen Umstände dieser Begegnung bleiben im Dunkeln.[267] Angeblich soll Christiane monatelang unbemerkt mit Goethe in seinem Gartenhaus gelebt haben – wie ihnen das gelingen konnte, „wird wohl ewig das Geheimnis der beiden Verliebten bleiben“.[268] Dass Goethe noch vor Anna Amalias Abreise mit einer anderen Frau eine Liebesaffäre begonnen haben will, legt nahe, dass dies vom Herzog Carl August als unerlässlich für sein Bleiben in Weimar verlangt wurde. Der Herzog nahm auch Goethe gleich nach seiner Ankunft lange Zeit in Beschlag,[269] um dessen künftige Stellung im Herzogtum mit seinen eigenen Interessen in Einklang zu bringen. Carl August forderte Lebensverhältnisse, die die Wahrung des nunmehr zum Staatsgeheimnis gewordenen Liebesverhältnisses auch künftig ermöglichen würden. Für den Hofklatsch war Goethe zunächst als Anna Amalias Reisebegleiter in Italien im Gespräch. Die Schwägerin von Anna Amalias Kammerherrn Friedrich Hildebrand v. Einsiedel (1750–1828), Emilie, befand etwa hämisch: „... ich will mich prellen lassen, wenn die alte Neigung zu Göthen nicht allein Schuld [an Anna Amalias Reisewunsch ist] ... Hatten ihre Reitze vor 10 Jahren nicht die Gewalt ihn zu fesseln, wo doch sehr mäßige Schönheiten mit ihr Rivalisierten u. itzt in Rom zu Reeüßiren Glaubt, wo Ideale von Schönheiten ihn umgeben, und Göthe sicher auch in Rom zu singen weis. Aber nicht so die poverina Duchessa [ärmste Herzogin]!!!“[270] Sophie v. Schardt (1755–1819), Frau v. Steins Schwägerin, berichtete in einem Brief vom 19. Juni 1788: „Freund Goethe ist gestern spät Abend zurückgekommen; man sagt, dass die Herzogin-Mutter [Anna Amalia] Himmel und Erde in Bewegung setzen wird um ihn zu verpflichten, mit ihr nach Italien zurückzukehren“.[271] Die Hofdame v. Wedel (1750–1815) berichtete an die Gräfin Görtz am 23. Juni 1788: „... die alte *Maman* [Anna Amalia] schien seit dieser Zeit [Goethes Ankunft am 18. Juni] schlechter Stimmung zu sein, ich glaube sie hoffte, dass Goethe mit ihr zurückkehren würde, anscheinend hat er hierzu aber gar keine Lust.“[272] Die bewusste Fehlinformation war im Herzogtum ein erprobtes Instrument. Der sich für den preußischen König auf einer diplomatischen Mission befindende Carl August bat etwa Anfang Februar 1787 Knebel aus Berlin, eine Lüge über seinen Aufenthaltsort zu verbreiten: „Es ist mir unmöglich, den 10. in Jena einzutreffen. Gehe also gerade fort nach Weimar und erzähle dort überall, daß Du statt meiner einen Brief von mir in Augsburg gefunden hättest, wo ich Dir schriebe, daß ich nach Frankreich gegangen sei und noch nicht wisse, wann ich wiederkomme. Sollte mein Schwager [Christian v. Hessen-Darmstadt] mit Dir sein, so sage ihm, daß er diese Lüge mit bestärke und erzähle. Meine Frau ist von allem unterrichtet; Du mußt Dich aber öffentlich anstellen, als ob Du einen Brief von mir an sie mitbrächtest.“[273] Erst am Tag nach der Abreise seiner Mutter Anna Amalia nach Italien zog der preußische Generalmajor Carl August in seine Garnison Aschersleben,[274] also nachdem er die zunächst für seine Macht, später für die Monarchie als Staatsform gefährliche Liaison zwischen Goethe und der Fürstin Anna Amalia in seinem Sinne gelöst hatte. Goethe blieb als Reisebegleiter Anna Amalias im Gespräch, erst im Winter 1788/89, dann im Sommer 1789,[275] etwas, was ihm für jeden sichtbar nicht recht war.

Eine Schilderung in den Lebenserinnerungen der Gräfin Henriette v. Egloffstein, die trotz ihrer Integrität bisher nicht ernst genommen wurde,[276] gibt näheren Aufschluss über die Pläne, die für Goethes Rückkehr nach Weimar geschmiedet wurden. Henriettes Bruder hatte eine Anstellung in weimarischen Diensten erhalten, sie besuchte ihn im Herbst 1787 und sollte den Winter über in Weimar bleiben. Eine ihrer Erzieherinnen schrieb etwa ein Jahr zuvor über Henriette, sie berechtige „zu den schönsten Hoffnungen, da bei ihr Körper und

Geist den Jahren voraneilt … so daß dies 13-jährige Mädchen für eine vollendete Jungfrau gehalten und bewundert wird. Wer sie sieht ist von ihr bezaubert."[277] In ihren Erinnerungen schreibt Frau v. Egloffstein, dass plötzlich „der geheime Plan der Frau von Stein" aufgetaucht sei, sie „mit dem von Weimar fernen Goethe zu verbinden". Weiter schreibt die standesbewusste Gräfin angesichts der Liaison zwischen Goethe und Christiane: „Ich zürnte im Herzen auf Frau von Stein, daß sie jemals auf den Einfall kommen konnte, eine Verbindung zwischen mir und Goethen stiften zu wollen."[278] Als Henriettes Mutter von dem Plan einer Verheiratung mit Goethe erfuhr, beschloss sie, sie hatte eigene Heiratspläne für ihre Tochter, Henriette „unverzüglich von Weimar zu entführen, obgleich die Wege durch Eis und Schnee völlig ungangbar gemacht waren und noch immer die strengste Kälte herrschte … trotz der Vorstellungen und Bitten aller Freunde, die eine Reise nach Franken in der rauhen Jahreszeit ernstlich widerrieten … mußte ich Ende Februar 1788 meinem Jugendparadies sowie seinen teuern Bewohner Lebewohl sagen."[279] Obwohl viele in Weimar sich um die Hand der schönen Gräfin bewarben,[280] wurde Henriette überstürzt von Weimar weggebracht, als der Plan, sie mit Goethe zu verheiraten, geschmiedet wurde. Ihre Mutter wusste also, dass die treibenden Kräfte dahinter so mächtig waren, dass eine unverzügliche Entfernung aus dem Herzogtum angebracht erschien. Man suchte demnach in Weimar nach einer Frau für Goethe. Wer Goethe die schöne Henriette ausgesucht hatte, wird klar, wenn eine andere Begebenheit berücksichtigt wird. Anna Amalia lud, nachdem sie Henriette im Gesang ausbilden ließ, diese ein, einen Abend bei ihr zu singen. Henriette berichtet in ihren Erinnerungen: „Ich sehe das liebe, grüne Zimmer im traulichen Halbdunkel verschwimmen … mit rührendem Ausdruck, der dem Herzen zu entströmen scheint, wiederholt sich die Strophe: ‚aber dieses Herz verwahren, ach, das kann, das kann ich nicht' – und kaum ist der letzte Ton verhallt, so fühle ich mich von den Armen der Herzogin umschlungen. – … sie versicherte, sie habe nie etwas harmonischeres gehört und gesehen, als die Worte des Liedes und meine jugendliche Gestalt, die in demütiger Stellung klagende Töne, wie eine Nachtigall, ausgehaucht."[281] Da Carl August an Goethes Rückkehr die Bedingung geknüpft hatte, dass dieser sich mit einer Frau verbindet, suchte Anna Amalia die aus ihrer Sicht geeigneteste aus. Interessanterweise wählte Goethe im Winter 1801/02 Henriette als seine Partnerin, als er zum ersten und letzten Mal einen *Cour d'amour* nach Art der Minnesänger in seinem Haus einrichtete.

Dass vor Goethes Heimkehr aus Italien eine Frau für ihn gesucht wurde, bestritt Riemer, dessen Frau eine enge Freundin von Christiane gewesen war, 1841 energisch: „Goethes Bekanntwerden und nachheriges Zusammenleben mit diesem Frauenzimmer [Christiane] schildert einer der neuesten Berichterstatter, wahrscheinlich aus weiblicher Nachrede, gehässig und falsch. Nicht sogleich als Goethe aus Italien gekommen war, lernte er das Mädchen kennen, noch weniger war es der Fall, daß seine Freunde sie ihm zugeführt hätten, sondern auf einem Spaziergang im Park, bei Überreichung einer Bittschrift für ihren Vater."[282] Christiane konnte aber keine Bittschrift für ihren Vater überreichen, denn dieser war bereits zwei Jahre zuvor gestorben.[283] Aufgrund dieses Widerspruchs wurde nicht etwa der unbeholfene Versuch Riemers, eine Legende zu weben, durchschaut, sondern „Vater" mit „Bruder" gleichgesetzt. Seitdem heißt es, dass Christiane Goethe kennen lernte, als sie ihm auf einem Spaziergang im Park eine Bittschrift für ihren Bruder überreichte. Böttiger berichtet in seinem Buch LITERARISCHE ZUSTÄNDE UND ZEITGENOSSEN, dessen Wahrheitsgehalt von der Forschung heute bestätigt wird,[284] von einer weiteren Frau, die für Goethe ausgesucht worden war: „Göthe wollte eine gewiße Fräulein v. Voß heirathen, jetzige Fr[au] v. Staff in Eisenach. Diese aber zog Staffen vor. *Par depit* [aus Verbitterung] gegen die Fr[au] von Stein (die ihn eigentlich moralisch ausgesogen, u. alles das Mistrauen eingeflößt hat, was ihm jetzt die Menschheit verleidet) griff er zur Dame Vulpia."[285]

Nachdem Fräulein v. Egloffstein fluchtartig das Herzogtum verlassen musste, um einer Heirat mit Goethe zu entgehen, fiel demnach die Wahl auf Fräulein Amalie Friederike v. Voß. Amalie Friederike kannte Goethe. Am 21. Januar 1782 hatte Goethe als Zauberer verkleidet mit ihr getanzt und am 23. November 1782 an „Frau v. Stein" geschrieben: „Du gehst wohl heute zu Vossens ich will auch hinkommen." Am 23. Juli 1784 war das junge Fräulein mit ihrer Mutter in Goethes Garten zu Gast gewesen.[286] Besonders war aber Carl August mit Amalie Friederike bekannt. Dies geht aus einem Bericht von Anna Amalias Page Carl v. Lyncker (1767–1843) hervor: „Alle acht oder vierzehn Tage wurden Redouten [Maskenbälle] gegeben, welche die Herrschaften und der Adel jederzeit besuchten ... Die Feste waren jederzeit voll und belebt. ... Der Herzog, gewöhnlich in einem Tabarro [Wintermantel], tanzte mehrerenteils nur Walzer, fast ohne Ausnahme mit dem ältesten, schlanken und großen Fräulein v. Voß, der man wegen ihrer zierlichen Bewegungen den Zunamen Grâce Voß gegeben hatte".[287] Amalie Friederike heiratete aber den Oberforstmeister Christian Friedrich August v. Staff, der es 1815 bis zum Oberjägermeister brachte.[288] Im Fourierbuch wurde am 6. Juli 1788 kurz nach der Hochzeit eingetragen: „... [das] neue Ehe-Paar, der Hr. Camerj. von Staff nebst Gemahlin war heute Durchl.[auchtige] Herrschaft vorgestellt und speißeten mittags mit an Tafel."[289] Goethe und Anna Amalia waren ebenfalls anwesend. Amalie Friederike behielt ihre Zeit in der Nähe von Goethe und Carl Augusts in bester Erinnerung, am 1. November 1800 schrieb sie an Goethe: „[Erinnern] Sie sich einer entfertenden Freündin ..., welche die Augenblicke so sehr zu den Glück ihrer Jugend rechnet, wo sie am runden Tisch, unter den grünen hohen Lichtern Ihr Gast war. So weit auch schon diese frohen Tage entflohen, so nahe sind sie oft meinem Andenken."[290] Anders als Böttiger berichtet, liegt es nahe, dass nicht Fräulein v. Voß, sondern Goethe gegen eine Verbindung mit ihr war, denn eine Frau aus den höher gestellten Kreisen der Gesellschaft passte nicht in den von ihm gefassten Plan der Entsagung.

Goethe schwebte als Gefährtin eine Frau wie Clärchen aus seinem Trauerspiel EGMONT (1788) vor, das er gerade zum Abschluss brachte. Seine Leser konfrontierte Goethe darin mit einer merkwürdigen Heldin. Der Fürst und Freiheitskämpfer Egmont erwählt für sich Clärchen, ein Mädchen aus dem Volk, eine einfache und aufrichtige Seele. Für Egmont ist sie keine ebenbürtige Partnerin und er liebt sie nicht, er kann ihr nur seine Freundschaft anbieten. Sie nimmt diese als Liebende an und wird am Ende des Dramas zur Heldin und schließlich zur Siegesgöttin.[291] Indirekt gab Goethe, der in Weimar mit Egmont gleichgesetzt wurde,[292] mit der Frauenfigur Clärchen zu erkennen, welche Frau er nach der Entsagung der sinnlichen Liebe zu Anna Amalia an seiner Seite wünschte. Offen wie sonst selten spricht Goethe in einem Brief an „Frau v. Stein" aus Italien vom 3. November 1787 über diese Romanfigur: „Was du von Klärchen sagst, verstehe ich nicht ganz, und erwarte deinen nächsten Brief. Ich sehe wohl, daß dir eine Nüance zwischen der Dirne und der Göttin zu fehlen scheint. Da ich aber ihr Verhältniß zu Egmont so ausschließlich gehalten habe; da ich ihre Liebe mehr in den Begriff der Vollkommenheit des Geliebten, ihr Entzücken mehr in den Genuß des Unbegreiflichen, daß dieser Mann ihr gehört, als in die Sinnlichkeit setze; da sie im innigsten Gefühl der Ewigkeit der Liebe ihrem Geliebten nachgeht, und endlich vor seiner Seele durch einen verklärenden Traum verherrlicht wird: so weiß ich nicht, wo ich die Zwischennüance hinsetzen soll, ob ich gleich gestehe, daß aus Nothdurft des dramatischen Pappen- und Lattenwerks die Schattierungen, die ich oben hererzähle, vielleicht zu abgesetzt und unverbunden, oder vielmehr durch zu leise Andeutungen verbunden sind; vielleicht hilft ein zweites Lesen, vielleicht sagt mir dein folgender Brief etwas Näheres."[293]

Goethe, dem für seine Rückkehr nach Weimar bereits die Fräulein v. Egloffstein und v. Voß als Ehefrauen angeboten worden waren, setzt nun „Frau v. Stein" auseinander, dass ihr zwischen Dirne und Göttin eine Nuance, ein feiner Unterschied,[294] fehle. Die Abstufung zwischen Dirne und Göttin, die Goethe vorschwebt, bedeutet eine Frau, die den Geliebten als vollkommen ansieht und daher entzückt ist „in den Genuß des Unbegreiflichen, daß dieser Mann ihr gehört". Diese Beschreibung passt genau auf Christiane Vulpius, die als einfache Frau aus dem Volk zu Goethe als einer göttergleichen Gestalt hinaufblickte. Sie war die Tochter eines niederen Weimarer Beamten und wuchs in ärmlichen Verhältnissen auf. Christiane hatte ausreichende Kenntnisse im Schreiben und trug erheblich zum Unterhalt der Familie durch ihre Arbeit in der Werkstatt für künstliche Stoffblumen von Caroline Bertuch (ab 1778) bei. Ein Brief Goethes an Fritz Jacobi (1743–1819) vom 9. September 1788 legt nahe, dass Christiane Vulpius eine abgelegte Mätresse Carl Augusts war. Jacobi hatte bei Goethe angefragt, ob er einen tüchtigen jungen Sekretär kenne, worauf Goethe Christianes Bruder Christian August Vulpius (1762–1827) empfahl, um dabei zu bekennen: „Ich habe mich seiner vor einigen Jahren angenommen, in meiner Abwesenheit verlohr er jede Unterstützung und ging wie schon gesagt nach

Nürnberg. Freylich kann ich nicht sagen daß ich ihn genau kenne. Ich habe mich für ihn interessirt ohne ihn zu beobachten, ich habe ihm einige Unterstützung verschafft, ohne ihn zu prüfen." „Interesse ohne Beobachtung" und „Unterstützung ohne Prüfung" sind Formeln für die Günstlingswirtschaft bei Hofe, sie umschreiben, dass es sich um eine Anordnung des Herzogs Carl August, der seinen Mätressen nach Möglichkeit seine Unterstützung zukommen ließ, handelte. Carl August sei ein „sexuell sehr agile[r] Fürst" gewesen, so eine wohlwollende Charakterisierung,[295] von „erotischen Ausschweifungen" ist woanders deutlicher die Rede.[296] Carl August hatte Affären mit unzähligen Frauen und Mädchen, besuchte Bordelle und holte sich dort Geschlechtskrankheiten. Mädchen aus allen Ständen mussten im Herzogtum vor Nachstellungen des Herzogs geschützt werden.[297] Mit Dorfmädchen hatte Carl August Dutzende von unehelichen Kindern gezeugt, „man kannte sie im Weimarischen daran, daß der Herzog zu seinen Söhnen ‚Du' sagte, während die andern mit ‚Er' tituliert wurden".[298] Auf seiner Kavalierreise nach Paris wurde der 17-jährige Carl August – nachdem er zuvor in Karlsruhe mit der Prinzessin Luise v. Hessen-Darmstadt verlobt worden war – in Epernay bei Paris durch eine gewisse Jeanette Brossard in die körperliche Liebe eingeführt, wofür diese jahrzehntelang eine jährliche Pension von 500 Franken erhielt.[299] Wenige Tage vor seiner Hochzeit in Karlsruhe vergnügte sich Carl August gleich mit drei Frauen. Gräfin Görtz berichtet darüber ihrem Mann am 11. September 1775: „Gestern hielt er [Carl August] sich bis ein Uhr bei der Werther auf, er trank Punsch, sang und küsste sich mit der Bechtolsheim und der Kauffberg; es sollte ermittelt werden, wer besser Küssen kann."[300] Für ein Freudenmädchen in Den Haag, das Carl August mit Tripper infiziert hatte, ist folgende Anweisung an einen Mitarbeiter überliefert: „Suchen Sie … ein Fräulein, das Enkchen genannt wird, dem ich die warme Pisse zu verdanken habe, sagen Sie ihr, dass ich genesen bin und dass ich hoffe, dass dies auch auf sie zutrifft, und versichern Sie ihr meine Zuneigung".[301] Selbst im Ausland spottete man über Carl Augusts sexuelle Ausschweifungen, so etwa in der Zeitschrift Moniteur, die deswegen viele französische Emigranten im kleinen Herzogtum vermutete, weil der Landesherr es auf die schönen Französinnen abgesehen hätte.[302]

Goethe wollte nach seiner Rückkehr aus Italien nur vordergründig seine Göttin Anna Amalia, die er als die Frau seines Lebens betrachtete, mit einer anderen Frau ersetzen. Die Entsagung sollte nur die sinnliche Liebe zur Fürstin ausschließen, ansonsten diese Liebe dadurch veredeln, dass er sie in die höchsten geistigen Regionen erhöht. Treu bis in den Tod wollte der wahrhaft liebende Dichter sein, deswegen wollte er keine Henriette v. Egloffstein, keine Amalie Friederike v. Voß, vielmehr die unterprivilegierte Christiane Vulpius. Diese muss er im kleinen Städtchen Weimar vor seiner Italienreise bereits gesehen haben, spätestens im Sommer 1786 als er die Werkstatt für künstliche Stoffblumen besichtigte, wo Christiane seit 1782 arbeitete.[303] Christianes Vater Johann Friedrich Vulpius war einer der vielen schlecht bezahlten niederen Beamten in

Weimar, viele Jahre arbeitete er sogar ohne eine Besoldung zu erhalten; 1782 musste er wegen Unregelmäßigkeiten im Amt nach Anhörung im Geheimen Consilium den Abschied nehmen. Um den seit 32 Jahren im Verwaltungsdienste beschäftigten Johann Friedrich Vulpius doch nicht ganz fallen zu lassen, besorgte ihm Goethe eine Stelle im Wegebau. Dies alles wurde durch hartnäckige Bittschriften Christianes begleitet.[304] Nun wählte Goethe für seine Rückkehr nach Weimar Christiane Vulpius als Gefährtin. In WILHELM MEISTERS LEHRJAHRE (1796) wird der Held gezwungen, seine Geliebte zu verlassen, darauf sinniert er (VIII, 7): „Ängstlich ist es, immer zu suchen, aber viel ängstlicher, gefunden zu haben und verlassen zu müssen. Wornach soll ich in der Welt nun weiter fragen? wornach soll ich mich weiter umsehen? welche Gegend, welche Stadt verwahrt einen Schatz, der diesem gleich ist? und ich soll reisen, um nur immer das Geringere zu finden?"

Immer wieder ist eine Verbindung zwischen Clärchen und Christiane gesehen worden. Caroline Herder (1750–1809) schrieb etwa an ihren Mann am 8. März 1789 nach Italien: „... er hat die junge Vulpius zu seinem Clärchen und läßt sie oft zu sich kommen usw."[305] Indem Goethe es darauf anlegte mit Christiane Kinder zu zeugen – am 25. Dezember 1789 kam August Vulpius (1789–1830) zur Welt – besiegelte er die Entsagung als unumkehrbar. Anna Amalia und Christiane Vulpius waren für Goethe beide nicht standesgemäß, die eine zu hoch, die andere zu niedrig. Dies ist genau die Situation in seinem Trauerspiel EGMONT, wo der Dichter „die zarte Andeutung eines Einverständnisses zwischen ihr [Margarete v. Parma] und Egmont ... [einarbeitet, was man das] Thema der verbotenen Liebe eines Untertanen zu seiner Monarchin nennen könnte".[306] Clärchen, die von Egmont Freundschaft, nicht aber Liebe erwarten durfte, lenkt im Stück das Gespräch auf die Regentin der Niederlande, Margarete v. Parma, indem sie über sie sagt (III, CLÄRCHENS WOHNUNG): „Sie hat aber auch einen männlichen Geist, sie ist ein ander Weib als wir Nätherinnen und Köchinnen. Sie ist groß, herzhaft, entschlossen. ... EGMONT. Sie hat auch ein Bärtchen auf der Oberlippe, und manchmal einen Anfall von Podagra [Fußgicht]. Eine rechte Amazone! CLÄRCHEN. Eine majestätische Frau! Ich scheute mich vor sie zu treten." Hier wird die Nuance zwischen Dirne und Göttin von Clärchen ausgesprochen, nämlich „Nätherinnen und Köchinnen". Später im Stück bekennt der zum Tode verurteilte Egmont (V, GEFÄNGNIS): „Ist die Gerechtigkeit des Königs, der du lebenslang vertrautest, ist der Regentin Freundschaft, die fast, (du darfst es dir gestehn) fast Liebe war, sind sie auf einmal, wie ein glänzend Feuerbild der Nacht, verschwunden? und lassen dich allein auf dunklem Pfad zurück?" In DICHTUNG UND WAHRHEIT (1811–1831) wird Goethe über seinen EGMONT befinden, dass darin der Held „die stille Neigung einer Fürstin, [und] die ausgesprochene eines Naturmädchens" gewinnen würde (20. Buch).

Als Goethe 1789 das repräsentative Haus am Frauenplan räumte, um eines jenseits der Stadtmauer zu beziehen, geschah das nicht aus Platzgründen,[307] denn die westliche Hälfte eines der größten Häuser Weimars war immer noch geräumig genug. In Wirklichkeit musste Goethe umziehen, um einen öffentlichen Skandal zu vermeiden, gerade als Christiane Vulpius, die er nicht zu heiraten beabsichtigte, Anfang 1789 schwanger wurde. Selbst nach dem Umzug ließ die empörte Herzogin Luise Goethe ausrichten, „sie fände es sonderbar, daß er ihr sein Kind [August Vulpius] alle Tage vor der Nase herumtragen" lasse.[308] An Anna Amalia schrieb Goethe am 14. Dezember 1789: „Ew. [Eure] Durchlaucht finden mich wenn Sie wiederkommen in einem neuen Quartier."

Nach einer Überlieferung hatte Goethe während seines Aufenthalts in Schlesien 1790 der 21-jährigen Henriette v. Lüttwitz einen Heiratsantrag gemacht.[309] Dies dürfte insofern den Tatsachen entsprechen, als ein Antrag gemacht wurde, nur dass dieser vom Herzog Carl August stammte. Carl August, der Goethes Entschluss zur Entsagung nicht verstand, hatte wohl versucht, Goethe damit zu einer standesgemäßen Verbindung zu drängen. Goethe, der seinem Fürsten offiziell nicht widersprechen durfte, verlor über seinen angeblichen Heiratsantrag kein Wort. Dreißig Jahre später sollte Carl August nachweislich in Marienbad erneut ohne Goethe zu fragen in dessen Namen einen Heiratsantrag vorbringen und zwar gegenüber Ulrike v. Levetzow (1804–1899).

Erst 1792 hielt es Carl August für unbedenklich, dass Goethe das Haus am Frauenplan wieder bezog. Karoline Jagemann (1777–1848), die Nebenfrau von Carl August, schrieb darüber in ihren Lebenserinnerungen: „Er [Goethe] war der erste und einzige, der es wagte, die öffentliche Meinung ohne Scheu zu verachten, und man fand das um so verletzender, als man darin einen Mißbrauch des Vorrechts erkannte, das ihm die fürstliche Freundschaft in mancherlei Hinsicht gewährte."[310] Kurz nach Anna Amalias Tod im April 1807 charakterisierte Goethe gegenüber Bekannten seine vor kurzem angetraute Frau Christiane: „Zuerst muß ich Ihnen sagen, daß von allen meinen Werken meine Frau keine Zeile gelesen hat. Das Reich des Geistes hat kein Dasein für sie, für die Haushaltung ist sie geschaffen. Hier überhebt sie mich aller Sorgen, hier lebt und webt sie; es ist ihr Königreich. Dabei liebt sie Putz, Geselligkeit und geht gern ins Theater. Es fehlt ihr aber nicht an einer Art von Kultur, die sie in meiner Gesellschaft und besonders im Theater erlangt hat."[311] Der vierzigjährige Goethe wusste zunächst gar nicht, wie er die Beziehung zu Christiane gestalten sollte, er wusste nur, dass er sein Leben lang Anna Amalia treu bleiben wollte. Dabei versuchte er nicht, Christiane für seine geistige Arbeit zu interessieren, was ihm bei dieser klugen Frau vielleicht auch gelungen wäre. Verständlich insofern der Vorwurf der bedeutenden Schauspielerin und Opernsängerin Karoline Jagemann, die als Kind mit Christiane aufwuchs: „Goethe dachte nicht daran, ein Wesen, das er sich so nahe gestellt hatte, als es noch bildungsfähig war, zum Hohen zu erheben, sondern überließ es seinen niederen Neigungen."[312] Goethes Mutter befand, nachdem sie Christiane in Frankfurt kennen lernte: „Du kannst Gott danken! So ein liebes, herrliches, unverdorbenes Gottesgeschöpf findet man sehr selten".[313] Christiane war in Goethes Haus nie die Gastgeberin, sie durfte bei Gesellschaften nicht einmal zugegen sein, bis zur Heirat 1806 war sie für Goethes Umfeld in der Regel unsichtbar. Auch danach pflegten sie in verschiedenen Kreisen Umgang. Goethe nannte Christiane zeitlebens „liebes Kind“, sie ihn „lieber Geheimrat“.[314] Schiller etwa, ab 1794 häufiger Gast bei Goethe, übergeht Christiane vollkommen[315] – der Hausherr wollte es so. Vom „alten Junggesellen“ sprach etwa der Literaturkritiker Garlieb Helwig Merkel (1769–1850) in einem Brief von 1801 an Böttiger.[316] Um an seinen Dichtungen arbeiten zu können, bei denen seine Liebe zu Anna Amalia zentral war, flüchtet Goethe vor Christianes Nähe. An Schiller berichtet er am 9. Dezember 1797, „daß ich nur in einer absoluten Einsamkeit arbeiten kann, und daß nicht etwa nur das Gespräch, sondern sogar schon die häusliche Gegenwart geliebter und geschätzter Personen meine poetische Quellen gänzlich ableitet.“ Der entsagende Goethe kann angesichts der räumlichen Nähe von Christiane und August nicht seine Anna Amalia in seinen Dichtungen unsterblich besingen, daher muss er sich von ihnen entfernen. Sarkastisch bemerkt Frau v. Stein in einem Brief an Charlotte Schiller vom 13. Juni 1798 über Goethes Aufenthalte in Jena: „... sein hiesiges häusliches Verhältnis muß ihn ganz abpoetisieren“.[317]

Goethe bot Christiane alles, was sie nur begehren konnte. Sie lernte tanzen, machte im Sommer luxuriöse Badereisen, unterhielt einen großen Freundeskreis und war Dauergast im Theater. Christiane, amtlich wurde sie als „die von Goethische Haushälterin“ tituliert, führte Goethes Haushalt und versuchte ihm alles Unangenehme fern zu halten. Dank Christiane war der in jeder Weise für Frauen attraktive Geheimrat v. Goethe vor allzu ernsten Bewerberinnen geschützt. In derartige Verhältnisse eingebettet, konnte er als Entsagender leben. „Die Ehe war eine zufriedene. Keiner störte den Andern; Goethe setzte etwas darein, seine Frau auch öffentlich zu ehren und seine Zuneigung zu ihr einzugestehen. Oft sah ich sie, von seinem Arme geführt; es lag dann eine stolze Zufriedenheit in ihren Mienen, und stets hegte sie einen an Furcht grenzenden Respekt vor ihrem Manne.“[318] Nur auf eines durfte die mit Aufmerksamkeiten und Privilegien überschüttete Christiane keinen Anspruch erheben, auch wenn sie Goethe tief verehrte, vielleicht abgöttisch liebte: auf sein Herz. Denn Goethe liebte nach wie vor Anna Amalia, neben seiner Prinzessin gab es für ihn niemanden mehr. Auch wenn Christiane ganz im Sinne Goethes an ihrer Veredelung arbeitete und eine der interessantesten Frauen in Weimar wurde, gerade im Bewusstsein, die Ehefrau des einzigartigen Dichters zu sein, konnte auch sie gegen die Unbekannte, der Goethes Herz angehörte, nichts ausrichten: „Dein Garten steht gegenwärtig in seiner größten Pracht“, schrieb Christiane an Goethe am 18. Mai 1816, kurz vor ihrem Tod, die „Apfelbäume blühen in höchster Fülle, es steht Blüte an Blüte, die Rabatten vor Deinen Fenstern schmücken die schönsten gefüllten Tulipanen, deren schöne Farben die stolzen Kaiserkronen verdunkeln, und trotz der geringen Wärme und den kühlen Nächten reift doch alles der Vollkommenheit entgegen. Möge Dich die schöne Blüte in Jena für diese Entbehrung reichlichst entschädigen.“

Goethe wird mehrmals Briefe und sonstige Zeugnisse Christianes verbrennen.[319] Was erhalten geblieben ist, weist auf einen ausgesprochen warmen, herzlichen Ton hin. Goethe wird den Tod seiner „lieben kleinen Frau“ Christiane in seinen Schriften übergehen, sehr zur Verblüffung der Biographen.[320] Im Eintrag 1816 der TAG- UND JAHRESHEFTE (1817–1830), Christianes Todesjahr, gedenkt Goethe nur der verstorbenen Kaiserin von Österreich. Diese Nachricht hätte ihn in einen Zustand, „dessen Nachgefühl mich niemals verlassen hat“, versetzt. Auf diese Weise macht Goethe der Nachwelt klar, dass seine aus der Not geborene pragmatische Lebensgemeinschaft mit Christiane nur sein Privatleben betrifft, nicht sein Werk und die darin besungene Frau seines Herzens. Vor diesem Hintergrund wird das Gedicht DEN 6. JUNI 1816, Christianes Todestag, verständlich. Sowohl mit Sonne als auch mit Verlust meint Goethe in unerbittlicher Konsequenz Anna Amalia, an die er sich angesichts des Hinscheidens von Christiane wendet:

> Du versuchst, o Sonne, vergebens,
> Durch die düstren Wolken zu scheinen!
> Der ganze Gewinn meines Lebens
> Ist, ihren Verlust zu beweinen.

In einem Gespräch mit dem Weimarer Prinzenerzieher Frédéric Soret (1795–1865) vom 5. März 1830 bewertet Goethe die Frauen, die er in seinem Leben geliebt hat: „Sie [seine Frankfurter Verlobte Lili, 1775] war in der Tat die erste, die ich tief und wahrhaft liebte. Auch kann ich sagen, daß sie die letzte gewesen; denn alle kleinen Neigungen, die mich in der Folge meines Lebens berührten, waren, mit jener ersten verglichen, nur leicht und oberflächlich.“ Die Formulierung „Auch kann ich sagen“ impliziert, dass Goethe etwas nicht sagen kann, nämlich, dass er in Anna Amalia seine unsterbliche Liebe gefunden hatte. Anna Amalia „sei ein allerliebstes, vortreffliches aber indefinibles Wesen gewesen“, sagte Goethe in einem Gespräch mit Kanzler v. Müller vom 8. Juni 1821.[321] Anna Amalia darf er nicht offen „definieren“, also erklären, bestimmen, nur hinter dem Schleier seiner Dichtung darf er sie verherrlichen, entsprechend ging das Gespräch mit v. Müller sogleich „auf die Wahlverwandtschaften, auf die Wanderjahre.“ Außerdem ist Lili die tiefste und wahrhaftigste der „kleinen Neigungen“ gewesen. Zu Anna Amalia sprach das „Genie der Genies“[322] zu einer gleichberechtigten Geliebten.

Die Entsagung traf Goethe schwer, viele Äußerungen belegen, dass er nach der Rückkehr aus Italien als unglücklicher Mann empfunden wurde. Goethe nahm nach außen eine verschlossene, wortkarge und steife Haltung an, gerade bei der Weimarer Hofgesellschaft. Das nahm man ihm übel,[323] doch war eben diese mitschuldig an seiner Entsagung. Am 5. Juli 1791 notiert Friedrich Münter (1761–1830) in sein Tagebuch: „Bei Goethe war ich auch und fand ihn sehr viel freundschaftlicher als sonst, obgleich immer noch kalt, wie er es gegen jeden ist. Er ist ein sehr unglücklicher Mensch. Muß beständig mit sich selbst in Unfrieden leben."[324] Diese Haltung zeigt eindrucksvoll ein Portrait Goethes aus dem Jahre 1795 (ABB. 26), gemalt von seinem engen Freund und Mitarbeiter Johann Heinrich Meyer (1760–1832).[325] Vom „ausgelöschten Stern" spricht Frau v. Stein in einem Brief an ihren Sohn Fritz vom 10. Juli 1793. Die Gräfin v. Egloffstein empfand den Dichter in den Jahren 1795-1797 als „schroff, wortkarg, spießbürgerlich steif und so kalten Gemütes ..., wie ein Eisschollen, ... mehr abschreckend als anziehend".[326] Der junge Schriftsteller Jean Paul (1763–1825) schreibt am 18. Juni 1796: „Die Ostheim [Charlotte v. Kalb] und jeder malte ihn ganz kalt für alle Menschen und Sachen auf der Erde ... jedes Wort sei Eis".[327] Auch für Anna Amalia sollte die Entsagung lebenslang schmerzlich sein. Ein Beobachter schreibt 1797 über Anna Amalia: „Sie war klein und ein gebogener Rücken störte die majestätische Haltung, die das Gesicht aufwies, tat aber der Anmut, die über ihr ganzes Wesen ausgegossen war, keinen Eintrag".[328] Eine Abbildung von 1795 zeigt Anna Amalia in der wehmütigen Haltung dieser Jahre (ABB. 27). Die fast erblindete und verarmte Charlotte v. Kalb (1761–1843) schrieb in ihren GEDENKBLÄTTERN über Anna Amalia, die sie wie Goethe und Wieland Olympia nannte: „Bei dem Anblick der Schönheit bei Vorlesungen, bei der Musik bewiesen oft Thränen ihre Anerkennung ... So war sie oft umringt von Edlen, die das Schönste und Beste ihrer Begeisterung der Fürstin darbrachten. Diese Feier und Erscheinung war der Menschheit würdig, Humanität in dem Lichte ihrer herzlichsten Wohlthat. In solchem Reich kann auch die Einfalt verstehen und Antwort geben; und, das seltenste im geselligen Verkehr, in diesem Kreise war mehr Lieb' als Bewunderung. Da war kein Schimmern, Funkeln, keine Phrasensucht, kein Bestreiten, es strömte ungehemmt der reiche Quell des Lebens".[329] Ähnlich urteilte Caroline v. Herder in ihren Erinnerungen: „Die schönsten und geselligen Abendstunden waren bei ihr [Anna Amalia] zu finden, wo sie geistvolle Männer um sich versammelte. Konzerte, Vorlesungen alter und neuer Dichter, der Griechen besonders und der Italiener, oder von Shakespeare, Lessing, Goethe, Wieland, Einsiedel, Knebel, Herder u.a., oder Gespräche über Kunst, Literatur und Politik gaben den Stoff der Unterhaltung. Bei dem ungewissen Ausgang der politischen Weltbegebenheiten durften verständige Männer ihre Meinungen, Bemerkungen, Hoffnungen oder Furchten über die großen Ereignisse der Zeit auf eine anständige Weise hier äußern, so sehr auch ihre Ansichten voneinander abwichen. Die gütige Herzogin repräsentierte dabei die Urbanität und Humanität selbst. Ebenso angenehm waren bei ihr die Gesellschaften auf ihren Sommerlandsitzen, in frühern Jahren zu Ettersburg, in spätern zu Tiefurt."[330]

In der Zeit, in der Anna Amalia und Goethe nicht gemeinsam in Weimar an ihrer Idee eines Musenhofes arbeiteten, war es dort wieder still geworden. Erst nach Anna Amalias Rückkehr wurde etwa in ihrem Wittumspalais von Goethe die Freitagsgesellschaft als Forum für Wissenschaftler und Künstler gegründet und im September 1791 hielt der Dichter als Präsident die Eröffnungsrede.

Monatlich und unter Anwesenheit des regierenden Herzogspaares versammelte man sich zu Vorträgen und Besprechungen. Von der ersten Sitzung berichtet Böttiger,[331] dass Goethe zunächst über das Farbenprisma referiert hätte: „Die Hauptsätze demonstrierte er an einer schwarzen Tafel, wo er die Figur schon vorher angezeichnet hatte, so lichtvoll vor, daß es ein Kind hätte begreifen können. Göthe ist eben so groß als scharfsinniger Demonstrator an der Tafel, als ers als Dichter, Schauspieler und Operndirector, Naturforscher und Schriftsteller ist. Er erklärte sich hier im kleinen Zirkel gerade zu gegen Neutonsfarbentheorie [Newton, 1643–1727], die durch seine Versuche ganz umgeworfen wird". Sodann referierte Herder über die „wahre Unsterblichkeit für die Nachwelt", gefolgt vom Geheimrat und Archivarius Voigt, der ein Archivdokument von 1167 zum Anlass nahm, über den schillernden Kaiser Friedrich Barbarossa (1122–1190) zu berichten. Der Botanikprofessor Bartsch hielt eine Vorlesung, die, ausgehend vom Nautilus und einer nur mit dem Mikroskop deutlich erkennbaren Schnecke aus den Meeressand, die Evolution der Erde „ehe sie vom Ocean verlassen wurde" behandelte. Der Naturforscher Johann Georg Lenz (1748–1832) führte dann in die Welt der Intestinalwürmer ein, „die er selbst aus den Eingeweiden vieler Thiere hervorgesucht und präparirt hatte. ... Es war indessen schon spät geworden, und da es stark auf 9 Uhr gieng, mußten einige Vorlesungen z.B. die des Legationsraths Bertuch, der uns über die Farbentinten der Japaner und Chinesen unterhalten wollte, auf die künftige Sitzung verschoben bleiben."

Die Universität Jena (gestiftet 1548) wurde vor allem dank Goethes Politik im Bereich der Kultur und der Wissenschaft zu einer der führenden in Deutschland.[332] Keine andere Universität „wurde freisinniger verwaltet, und so fanden sich hier gerade solche Lehrer und Schüler ein, die in Kunst und Wissenschaft das Protestieren liebten."[333] Caroline Herder berichtet, dass, nachdem Goethe 1782 zum Vorsitzenden der Finanzkammer ernannt wurde, er „durch Ersparnisse und Einschränkungen einen Fond zu außerordentlichen Ausgaben zu etablieren [suchte], besonders für die Universität Jena".[334] Im kleinen Jena befanden sich zeitweise die bedeutendsten Gelehrten und die vielversprechendsten Talente der Epoche, etwa Fichte, Schelling, Hegel, Humboldt, Thibaut, Brentano, Tieck, Voß, Schiller, Novalis und der überragende Hölderlin. Jena verdankte seine außergewöhnliche Anziehungskraft vor allem Goethe und Anna Amalia mit ihrem Programm der Bildung des Menschen durch Kunst und Wissenschaft. Eine beliebte Redewendung Goethes war: „Es käme wohl nur darauf an es mehr zu heben".[335] Die Anfangsverse im Gedicht Das Göttliche, das Goethe Anna Amalia widmete, indem er es Ende 1783 in ihrem Tiefurter Journal abdrucken ließ, lauten: „Edel sei der Mensch,/Hülfreich und gut!" Anna Amalia vermerkte in ihren schlichten Betrachtungen über Kultur: „Es ist nicht leicht die echte Kultur zu erlangen ... Wenn Geist und Herz mit innerer Kraft sich schwesterlich vereinigen, und so die Vernunft mit dem Verstande in Harmonie sich beisammen finden, so entsteht die wahre Kultur, die den Menschen erhöht und dem Bilde Gottes sich nähert."[336]

Dass für die Entsagenden die Zeit ihrer sinnlichen Liebe endgültig zu Ende gegangen war, bringen sie in verschlüsselter Form zum Ausdruck. Goethe, der bis zu seinem Tod der Geliebten literarische Denkmäler setzen wird, markiert den Übergang zur endgültigen Entsagung mit der Beschreibung der IGELER SÄULE bei Trier, eines um 250 n. Chr. entstandenen 23 Meter hohes Pfeilergrabmals aus Sandstein mit Reliefs (ABB. 21). An diesem Grabmal kam Goethe auf dem Weg zum Feldzug der ersten Koalitionsarmee gegen das revolutionäre Frankreich am 23. August 1792 sowie auf dem Rückweg Ende Oktober 1792 vorbei. Goethe schloss sich Carl Augusts Regiment an, der bis in die Champagne vorgedrungen war. Bei der Kanonade von Valmy feuerte die französische Revolutionsarmee am 20. September 1792 an die 20.000 Kugeln ab und veranlasste den Rückzug des Koalitionsheeres. Der Rückzug endete in einer unglaublichen Katastrophe, Goethe geriet mehrmals in Lebensgefahr, allein 22.000 preußische Soldaten kamen um.[337]

Am 22. Oktober 1792 stand der nur knapp dem Tod entronnene Goethe vor der IGELER SÄULE bei Trier, jedoch erst am 24. Oktober 1792, an Anna Amalias Geburtstag, will er Zeit gefunden haben, seine Aufzeichnungen zu bearbeiten. Einer Legende folgend wurde das Monument mit der Heiligen Helena (um 250–329) in Verbindung gebracht, der Mutter von Kaiser Constantin I. (um 272–337), der das Christentum der Katakomben mit den antiken Religionen rechtlich gleichstellte (313), und nur deswegen wurde es nicht als heidnisch zerstört. Goethe untersuchte eingehend den Aufbau der Säule, die einzelnen Reliefbilder, die Grabinschrift und interpretierte sie als Erster „im wesentlichen richtig".[338] Das Denkmal zeigt das Leben der Tuchhändlerfamilie der Secundiner und verwebt ihre Existenz mit Motiven aus der römischen Mythologie „nach dem Aspekt eines Überganges in ein besseres Leben, in die Unsterblichkeit".[339] In Goethes KAMPAGNE IN FRANKREICH (1822), die er aus der Perspektive von 1792 verfasste, heißt es nach einer eingehenden Studie des Grabmals: „So war es mir recht erwünscht, mit solchen Betrachtungen beschäftigt, den Geburtstag unserer verehrten Herzogin Amalie im stillen zu feiern, ihr Leben, ihr edles Wirken und Wohltun umständlich zurückzurufen; woraus sich denn ganz natürlich die Aufregung ergab, ihr in Gedanken einen gleichen Obelisk zu widmen und die sämtlichen Räume mit ihren individuellen Schicksalen und Tugenden charakteristisch zu verzieren". Das Wort „zurückzurufen" und der Umstand, dass er ihr ein Grabmal errichten will, wäre aus der Sicht von 1792, als die Fürstin noch lebte, ein Anachronismus gewesen.[340] Das Denkmal bezieht sich aber nicht auf die Person Anna Amalias, sondern auf ihre verbotene Liebe, die sich nur noch auf der höheren Ebene der Entsagung abspielt, auf der sinnlichen aber „gestorben" ist. Goethe, der sich für die bessere Erforschung und Erhaltung des antiken Denkmals einsetzte, widmet Anna Amalia seine Interpretation der IGELER SÄULE, indem er an ihrem Geburtstag ihrer damit gedenkt.

Auch Anna Amalia fand Wege, sich verschlüsselt zu ihrer Liebe zu Goethe zu äußern. In einem Aquarell, das Kraus zugeschrieben wird, sind zumindest wichtige Details von Anna Amalia gemalt worden. Auch sonst fertigte sie mit ihrem Zeichenlehrer Kraus gemeinsam Bilder an,[341] teilweise unter Einbeziehung Goethes.[342] Das „Paradebild“[343] des Weimarer Musenhofes, das um 1795 entstandene Aquarell ABENDUNTERHALTUNG BEI ANNA AMALIA (ABB. 20) verschlüsselt ihre verbotene Liebe. Auf dem Aquarell wird Goethe von Anna Amalias Kammerherrn v. Einsiedel weitgehend verdeckt, gerade mal sein Rücken und sein Hinterkopf sind noch zu sehen. Da dieses Bild das einzige zeitgenössische ist, das die berühmte Geselligkeit bei Anna Amalia darstellt, stellt sich die Frage, warum ausgerechnet der berühmte Goethe nicht gut sichtbar dargestellt wurde. Am rechten Bildrand ist Herder und hält ein Blatt in der Hand, das das Profil eines Jünglings zeigt. Er schaut dabei in die Höhe mit einem Blick und Gesichtsausdruck, als würde er sich als Geistlicher gerade Gott zuwenden. Vor Goethe liegt ein Buch ausgebreitet, auf das er in einer unnatürlichen Art und Weise einen Finger aufgelegt hat. Verfolgt man diesen Fingerzeig, so deutet er über Anna Amalias Pinsel auf das Blatt mit dem Profil eines Jünglings, das Herder in Händen hält. Dieser Jüngling soll also Goethe selbst darstellen, dessen Gesicht damit auf dem Aquarell doch zu sehen ist. Die Haltung Herders, der aufgestützte linke Arm und die frei herabhängende Hand sowie der ausgestreckte rechte Arm mit einem Blatt, auf dem das Profil einer Person zu erkennen ist, bis hin zu den zwei Manschetten am linken Arm gleichen dem Gemälde DER VERLIEBTE GOETHE, das Kraus 1775/76 im Auftrag von Anna Amalia gemalt hat (ABB. 3). Dieses Gemälde zeigt Goethe in derselben Haltung, die jetzt Herder einnimmt, nur dass er auf das Profil einer Dame schaut und nicht verklärt in den Himmel. Anna Amalia hatte schon mit dem zeitgleich entstandenen Gemälde ANNA AMALIA ALS KOMPONISTIN (1775/1776) auf sich als die unbekannte Dame auf dem Schattenriss, den Goethe in Händen hält, hingewiesen (ABB. 2). Durch Verwendung derselben Pose bei Herder im Aquarell ABENDUNTERHALTUNG BEI ANNA AMALIA stellt sie erneut einen Bezug zu sich her.

Nachdem Anna Amalia Goethes Mutter 1778 in Frankfurt kennen gelernt hatte, gab sie eine Kopie des Ölgemäldes DER VERLIEBTE GOETHE in Auftrag, um es der Freundin 1779 zu schenken. Auch einen großen Schattenriss von sich schenkte Anna Amalia Goethes Mutter, in einem Brief vom 21. April 1779 beantwortete sie eine diesbezügliche Frage: „Sie wollen gerne wissen, liebe Mutter, wer meinen Schattenriß gemacht hat? Es ist der Herr Sohn, der es im großen gezeichnet“.[344] Im Jahre 1795, als die glühende Leidenschaft in eine besondere Art der Freundschaft übergegangen war, soll der Kirchenmann Herder auf dem Aquarell ABENDUNTERHALTUNG BEI ANNA AMALIA um Vergebung für die verbotene Liebe und eine der unglaublichsten Täuschungen der Geschichte bitten. Warum getäuscht wurde, ist auf dem Aquarell ebenfalls verschlüsselt dargestellt. Emilie Gore (1760–1826) sitzt Anna Amalia gegenüber, ihr Gesicht ist aber nicht zu sehen. Carl August schwärmte für „die schöne Emilie“ bereits beim ersten Kennenlernen in Pyrmont 1785. „Viel Glück zur neuen Bekanntschafft der schönen Engländerinn“, schrieb Goethe an Carl August am 15. August 1785, „wenn anders Glück genannt werden kann, wieder auf ein gefährliches Meer gesetzt zu werden.“ Nachdem sich die Familie Gore 1791 in Weimar niedergelassen hatte, wurde Emilie eine langjährige Geliebte des Herzogs Carl August;[345] als das Aquarell ABENDUNTERHALTUNG BEI ANNA AMALIA um 1795 entstand, war sie also seine Favoritin. Emilie steht im Aquarell stellvertretend für Carl August, zu ihrer Kopfbedeckung gehört eine Art Schleier, der das Blatt mit dem Profil Goethes, das Herder in Händen hält, von oben begrenzt und zum Teil auch abdeckt. Das monarchische System also machte den Schleier um das wirkliche Verhältnis zwischen Goethe und Anna Amalia notwendig.

Es ist anzunehmen, dass Anna Amalia in mehreren Aquarellen die verbotene Liebe verschlüsselte, womöglich auch deutlicher, denn viele wurden unterdrückt. In einem Brief vom 17. Februar 1821 berichtet Goethe nämlich, dass es mehrere solcher Darstellungen gab, „welche in den Abendunterhaltungen bey Herzogin Amalie entsprangen, woselbst ein höchst gebildeter Kreis sich versammelte und jeder auf seine Weise sich selbst und andere unterhielt. Indeß einige Karte spielten, die anderen Musik machten, beschäftigten sich, neben Ihro Durchlaucht, der Engländer Herr Gore, seine älteste Tochter und ich mit mancherley Entwürfen und Skizzen, Rath Kraus beobachtete mit mahlerischem Blick unterweilen die Gesellschaft und faßte gelegentlich manch artiges Bild auf, von welchen Darstellungen noch einige übrig geblieben sind.“

Tasso: Eine „gefährliche Unternehmung“

Denn edlen Seelen vorzufühlen
Ist wünschenswertester Beruf.

Vermächtnis (1829)

Und was hat mehr das Recht, Jahrhunderte
Zu bleiben und im stillen fortzuwirken,
Als das Geheimnis einer edlen Liebe,
Dem holden Lied bescheiden anvertraut?

Tasso (1790), Vers 1105 ff.

In der Dichtung Torquato Tasso (1780–1790) liebt der Dichter eine Prinzessin, diese Liebe ist aber verboten. Als Schutz wird daher eine Hofdame als Geliebte des Dichters vorgeschoben. Damit der Inhalt nicht leicht als autobiographisch erkannt werden konnte, verbirgt ihn Goethe mit allen ihm zu Gebote stehenden Kunstgriffen hinter einem handlungsarmen Seelendrama. In einem Gespräch mit Kanzler v. Müller vom 23. März 1823 über den Erfolg des Tasso fällt der ironische Satz: „Alles geschieht darin nur innerlich; ich fürchtete daher immer, es werde äußerlich nicht klar genug werden.“ Im Herbst 1780 begann Goethe die Arbeit an Tasso, nachdem ihm die Idee dazu auf dem Weg nach Tiefurt gekommen war. Bis 1781 liegt eine erste, nicht überlieferte Fassung vor, Goethe überarbeitet diese ab 1788. Gegen Ende seines Italienaufenthalts heißt es am 1. Februar 1788: „‚Tasso’ muß umgearbeitet werden, was da steht, ist zu nichts zu brauchen, ich kann weder so endigen noch alles wegwerfen.“ Am 28. März 1788 teilte er dem Herzog mit: „... so schließt sich auch jetzt die Arbeit die ich unternehme um es zu endigen ganz sonderbar ans Ende meiner Italienischen Laufbahn, und ich kann nicht wünschen daß es anders seyn möge“. Zu diesem Zeitpunkt wusste der Dichter, wie er das Vergangene darstellen soll, weil er eine Vorstellung hat, wie er sein künftiges Verhältnis zu Anna Amalia gestalten wird.

In Tasso blickt Goethe auf sein erstes Weimarer Jahrzehnt zurück, „mit unerlaubte[r] Sorgfalt" arbeitet er daran, so die Formulierung in einem Brief an Herder vom 10. August 1789. Carl August fürchtete um die Wahrung des Staatsgeheimnisses bei einer Ausarbeitung des Stoffes. Am 1. Oktober 1788 versucht Goethe ihn zu beschwichtigen: „... hoffe nun bald über den ‚Tasso' das Übergewicht zu kriegen. Es ist einer der sonderbarsten Fälle, in denen ich gewesen bin, besonders da ich nicht allein die Schwierigkeit des Sujets, sondern auch Ihr Vorurteil zu überwinden arbeiten muß. Je weiter ich komme, desto mehr Hoffnung habe ich zu reüssieren". Goethe verspricht also ein Meisterwerk der Verkleidung, denn nur diejenigen, die sein Geheimnis kennen, sollen in der Lage sein, Tasso zu verstehen, und der Herzog ist bald zufrieden. Am 6. April 1789 schreibt ihm Goethe: „Ihre Frau Gemahlin sagt mir daß sie Freude an den ersten Szenen des Tasso gehabt, dadurch ist ein Wunsch, den ich bei dieser gefährlichen Unternehmung vorzüglich gehegt, erfüllt". In einem Brief vom 3. August 1789 an seine in Italien weilende Mutter Anna Amalia schreibt Carl August: „‚Tasso' ist fertig, ein grosses Kunststück; ich bin neugierig, wie es ihnen gefallen wird." Es ging also nicht darum, das Stück so zu formen, dass es dem Herzog und dem Hof schmeichelte.[346] Vielmehr war die Schwierigkeit, wie man den Inhalt des Geheimnisses so ausdrücken konnte, dass die biographische Grundlage nicht ohne weiteres erkannt wird; deshalb bezeichnet Goethe Tasso als „gefährliche Unternehmung". Weil ihm dies gelungen ist, nennt es der bei allem, was mit dem Geheimnis zu tun hat, immer zu äußerster Vorsicht ratende Carl August ein großes Kunststück.

Da Goethes wirkliche Biographie aufgrund der Täuschung nicht bekannt war, findet sich bei der Tasso-Interpretation ein „Chaos von Meinungen und Gegenmeinungen".[347] Gründliche Beobachter geben aber zu, bei der Interpretation an Grenzen zu stoßen: „Man sollte sich eingestehen, daß hier Fragen bleiben."[348] Zwar wurden biographische Hintergründe stets vermutet, in der Prinzessin aber vor allem Frau v. Stein oder vereinzelt die regierende Herzogin Luise gesehen.[349] Die Jugenderinnerungen der Henriette v. Egloffstein weisen auf Luise: „Diejenigen, welche mit den früheren Begebenheiten am Hofe genau bekannt waren, behaupteten, Goethe sei gleich bei seinem Auftritt in Weimar von der heftigsten Leidenschaft für die junge Fürstin ergriffen worden und habe sich zwischen dieser und Frau v. Stein in demselben Verhältnis wie sein Tasso befunden".[350] In kritischen Hofkreisen wurde die Liaison Goethes mit Frau v. Stein demnach als Schleier bewertet, hinter dem sich eine Fürstin verbarg. Der Herausgeber von Henriettes Jugenderinnerungen, auch ein v. Egloffstein, also aus einer Familie, die über ein Jahrhundert höchste Ämter im Herzogtum Sachsen-Weimar-Eisenach innehatte, veröffentlichte diese 1919 unmittelbar nach dem Untergang der Monarchie; Henriettes Vergleich zwischen Goethe und Tasso fügt der Herausgeber hinzu: „Diese Auffassung des Verhältnisses der Frau v. Stein zu Goethe muß ich dem Leser anheimstellen, an der Hand der Goethe-Forschung auf ihre Richtigkeit hin zu prüfen".[351] Diese spöttische Aufforderung zeigt, dass im Familienverband der v. Egloffsteins die undefinierbare Liaison Goethes mit Frau v. Stein als eine Täuschung überliefert worden war. Das Gerücht, dass Goethe im ersten Weimarer Jahrzehnt eine Liaison mit der Herzogin Luise gehabt habe, war neben der Unterdrückung von Dokumenten entscheidend, um das Staatsgeheimnis zu wahren und zu vertiefen. Kritische Hofkreise, die Charlotte v. Stein kannten und es ihr nicht abnahmen, dass sie Goethes Geliebte sei, wurden durch die Gerüchte um Luise von der Kenntnis um den wirklichen Sachverhalts abgelenkt. Das Thema war dabei delikat, denn die Liaison hätte zu einem Zeitpunkt stattgefunden, als die Herzogin Luise den Thronfolger gebar (1783), so dass eine solche Vermutung die Legitimität der Herrschaft im Herzogtum in Frage stellte. Auch Charlotte v. Kalb vertrat die Ansicht, dass in TASSO die Herzogin Luise als Prinzessin und Frau v. Stein als ihre Hofdame dargestellt seien. In einem Brief von Caroline Herder an ihren Mann heißt es: „Die gute Kalbin ... nimmt Goethens ‚Tasso' gar zu speziell auf Goethe, die Herzogin, den Herzog und die Steinin".[352] Die Biographie der kühlen und verschlossenen, pedantisch auf ihre fürstlichen Vorrechte als Ausdruck eines angeblich höheren Menschseins pochenden Luise bot aber keinerlei Anhaltspunkt, um Goethes Werke oder seine zahlreichen Hinweise auf sein Lebensgeheimnis konkret auf sie zu beziehen. „Selbst solche, deren Pflichttreue sie kannte, wurden oft ängstlich ihr [Luise] gegenüber", hieß es in Bedienstetenkreisen, „es fehlte ihr an Leichtigkeit im Verkehr mit den Menschen".[353] Als Kanzler v. Müller Goethe seinen Nachruf auf die Herzogin Luise vorlegte, bemerkte dieser (18. Februar 1830): „Nicht allzu liberal dürfte man die Fürstin schildern, sie habe vielmehr standhaft an ihren Rechten gehalten. Ihre gesellige Herablassung sei mehr das Auslaufen ihrer Standes-Richtung gewesen."[354] Übergangslos berichtet Goethe gegenüber v. Müller vom „Verbrennen aller seiner gesammelten Briefe bis 1786, als er nach Italien zog." Dadurch gibt Goethe zu verstehen, dass er aufgrund eines krankhaften Standesdünkels überstürzt nach Italien fliehen musste, da die Fürstin Anna Amalia für ihn zu „hoch" war.

Ausgerechnet das Gerücht einer Liaison zwischen Goethe und Luise, die ihre Schwiegermutter Anna Amalia verachtete, nicht zuletzt wegen ihres Umgangs mit Bürgerlichen, half zu verhindern, dass eine Fürstin als Goethes unsterbliche Geliebte und Muse seiner einzigartigen Liebeslyrik erkannt wurde. In einem Brief an ihren Bruder kurz nach Anna Amalias Tod am 10. April 1807 kommt Luises Gehässigkeit zum Vorschein: „Es ist ein gutes Stück [Goethes Nachruf ZUM FEYERLICHEN ANDENKEN DER DURCHLAUCHTIGSTEN FÜRSTIN UND FRAU ANNA AMALIA] und nicht ohne Erstaunen nimmt man daher zur Kenntnis, dass sie [Anna Amalia] auch noch nach ihrem Tod sich eines Vorrechts erfreut, den sie bereits während ihres Lebens genoss, das heißt jenes eines guten Rufs."[355] Für Luise hätte Anna Amalia demnach keinen guten Ruf verdient gehabt. Entsprechend urteilt eine Biographin: „[Der] Tod der Schwiegermutter [Anna Amalia], die in den zweiunddreißig Jahren ihres Zusammenlebens ihr [Luise] nicht näher getreten war, [bedeutete] eine Veränderung, keine Lücke."[356]

Goethe gab viele Hinweise für die richtige Interpretation der Tasso-Dichtung. Am 19. April 1781 in einem Brief an „Frau v. Stein“ heißt es: „Da Sie sich alles zu eignen wollen was Tasso sagt, so hab ich heut schon soviel an Sie geschrieben daß ich nicht weiter und nicht drüber kann.“ Am 20. April 1781 schreibt Goethe: „Ich habe gleich am Tasso schreibend dich angebetet. Meine ganze Seele ist bei dir.“ Ein halbes Jahrhundert später, in einem Brief vom 10. Januar 1829, urteilt der Dichter: „Ich hatte ... in meinem ‚Tasso‘ des Herzensblutes vielleicht mehr, als billig ist, transfundiert [übertragen]“. Da Anna Amalias Rolle in Goethes Leben nicht gesehen wurde, vernachlässigte man die Liebesgeschichte in Tasso zugunsten des Hofmotivs. Im 20. Jahrhundert stand insbesondere die Existenz des Dichters sowie sein Verhältnis zur Gesellschaft im Vordergrund. Dies sind wichtige Aspekte, nur dürfen sie nicht das Wesentliche von Goethes Dichtung verdrängen, denn Tasso ist ein autobiographisches Stück, in dem seine Liebe zu seiner Prinzessin Anna Amalia besungen wird. Diese Dichtung ist dabei ein Meilenstein in der Entwicklung der deutschen lyrischen Sprache: „‚Tasso‘ gibt die Goethe'sche Sprache in der Vollendung. Diese Jamben haben Schiller Jamben machen gelehrt und Schlegel die Sprache geliefert in der er Shakespeare wie zu einem Deutschen Dichter umwandelte.“[357] Tasso behandelt die Liebe des Dichters zu einer Einzigen (Vers 1092 ff.):

> Was auch in meinem Liede widerklingt,
> Ich bin nur *einer*, *einer* alles schuldig!
> ...
> Und was hat mehr das Recht, Jahrhunderte
> Zu bleiben und im stillen fortzuwirken,
> Als das Geheimnis einer edlen Liebe,
> Dem holden Lied bescheiden anvertraut?

Die Tasso-Dichtung handelt von keinen „Märchen“, die Prinzessin betont es (Vers 276 ff.): „Er will nicht Märchen über Märchen häufen,/Die reizend unterhalten und zuletzt/Wie lose Worte nur verklingend täuschen.“ Die Gräfin Leonore Sanvitale, die Freundin der Prinzessin, deren Rolle jener einer Hofdame entspricht, weist auch darauf hin, dass Tasso nur eine Frau besingt (Vers 183 f.): „Mit mannigfalt'gem Geist verherrlicht er/Ein einzig Bild in allen seinen Reimen.“ Goethes Tasso handelt von einer Liebe des Dichters, die er im Verborgenem hegt: „ ... mein Herz im stillen dir geweiht“ (Vers 911).

Von Richard Wagner (1813–1883) stammt eine treffende Einschätzung des Tasso als ein Stück, in dem allein die Beziehung zwischen Tasso und der Prinzessin entscheidend ist. In einem Brief an die Schriftstellerin Mathilde Wesendonck (1828–1902) vom 15. April 1859 schreibt Wagner: „Ich griff heute zum ‚Tasso‘ und las ihn schnell hinter einander. ... Wie das Göthe schreiben konnte! – Wer hat hier Recht? wer Unrecht? ... Endlich gewinnt doch nur unser Herz, wer am meisten leidet, und eine Stimme sagt uns auch, daß er am tiefsten blickt. ... Aber die Meisterin des Leidens ist offenbar die Prinzessin. Für den sehr tief Blickenden giebt es hier eigentlich nur einen Gegensatz, den zwischen Tasso und der Prinzessin: Tasso und Antonio sind weniger Gegensätze, auch interessirt ihr Conflict den Tieferen weniger ... Blicken wir aber über das Stück hinaus, so bleibt uns nur die Prinzessin und Tasso übrig".[358]

Anna Amalia hat auf sich als unmittelbares Vorbild für die Prinzessin in Tasso deutlich hingewiesen. Ausgangspunkt ist das Aquarell Besuch der Villa D'Este von 1789 (Abb. 14). Goethe sandte einen Teil des Tasso nach Italien, damit Anna Amalia ihn dort lesen könne. In seinem Brief vom 17. April 1789 an sie heißt es: „Herder wird Ew.[Euer] Durchl.[aucht] einige Scenen von Tasso vorgelegt haben, es kommt hauptsächlich darauf an wie sie sich in Rom lesen lassen". Die Wortwahl lässt hier an Klarheit nichts mehr zu wünschen übrig, denn es geht nicht darum, wie die Szenen vorgelesen werden, sondern wie sie, Anna Amalia, „sich lesen lässt", sie ist also die weibliche Hauptperson. Goethe deutet sodann Sorrent, den Geburtsort Tassos, als geeigneten Ort zum Vorlesen an. Anna Amalia hat aber einen besseren Plan, der nach Tivoli zur Villa D'Este führt. Tivoli hieß in der Antike Tibur, mit Tibur verglich Anna Amalia schon 1776 Tiefurt, das damals noch ihr zweitgeborener Sohn bewohnte.[359] Am 20. Dezember 1788 schreibt Anna Amalias Hofdame v. Göchhausen an Wieland, dass Herder schon in Tivoli gewesen sei, „wo wir noch nicht waren, um es in noch besserer Zeit zu sehn". Diese Fahrt scheint also gut vorbereitet worden zu sein. In einem Brief der in Rom lebenden Schweizer Malerin Angelica Kauffmann (1741–1807) an Goethe vom 23. Mai 1789 schreibt diese: „Heute vor 14 Tagen war ich noch mit der respectablen Gesellschaft in Tivoli, in der Villa D'Este, unter den großen Cipressen hat Herr Herder uns den überschickten theil von ihrem Tasso vorgelesen".[360] In einem Brief an Angelica Kauffmann vom 7. September 1789 spricht Anna Amalia von diesem Aufenthalt, den sie in Besuch der Villa D'Este festhalten ließ: „Goethe wird Ihnen seinen ‚Tasso' schicken; vielleicht haben Sie ihn schon. Denken Sie, wenn Sie ihn lesen, an das Plätzchen in der Villa D'Este. Da muss man ihn genießen!"[361] Der Erbauer der berühmten Villa mit ihrem in Terrassen abgestuften Park und mannigfaltigen Wasserspielen, Hippolyt v. Este, ist in Tasso erwähnt (Vers 69). Ein Sprössling des italienischen Geschlechts der Este war Welf IV. (gestorben 1101), der Stammvater der Welfen. Welfen wiederum gründeten das Herzogtum Braunschweig-Lüneburg (1235), aus dem Anna Amalia stammte.[362] Daher floss in den Adern Anna Amalias selbst, der Prinzessin aus dem welfischen Braunschweig, Blut der Este. Im zweiten der Fünf Briefe über Italien schreibt Anna Amalia: „Mein erster Gang war zu der Villa d'Este gerichtet, welche die prächtigste lage hat, und ein auffallender beweiß von der großen und edlen Denckart dieses Geschlechts ist."

Vor diesem Hintergrund kann das Aquarell Besuch der Villa D'Este interpretiert werden, auf dem die Reisegesellschaft, die sich von Herder den Tasso vorlesen lässt, abgebildet ist. Bedeutend ist hier eine schwierige Identifikation von Anna Amalia, da sie entweder als die dritte oder als die fünfte Person von links bezeichnet wird,[363] womit Anna Amalia und Angelica Kauffmann nicht sicher unterschieden werden können. Eine eindeutige Zuordnung ergibt sich, wenn der Fingerzeig des vorlesenden Herder verfolgt wird. Dieser deutet zunächst auf den Kopf der dritten Person, die ein Blumengebinde in Händen hält, und weiter auf den Kopf einer Statue, die ebenfalls ein Blumengebinde hält. Diese Statue ist nicht nur „eine Huldigung an die ebenfalls mit Blumen geschmückte Herzogin“,[364] sie stellt Anna Amalia selbst dar, denn das Aquarell Besuch der Villa D'Este ist eine Bühne für das Stück Tasso. Dies folgt aus den Regeln für die Gestaltung des Bühnenbildes nach dem klassischen französischen Drama, an das auch Tasso formal anknüpft. Nach diesen Regeln sind die Protagonisten eines Stückes auf der Bühne zu überhöhen.[365] Das Blumengebinde, das Anna Amalia im Schoß hält, ist bewusst undeutlich gezeichnet, um nicht zu offen eine Verbindung zwischen Anna Amalia und der Prinzessin im Tasso herzustellen. Es handelt sich dabei um den Lorbeerkranz, mit dem in Tasso die Prinzessin den Dichter krönt. Am unteren rechten Rand des Bildes ist ein „sarkophagähnliche[r] Stein mit einem Greifenrelief an der Schmalseite und einem geflügelten Genius an der fast ganz verdeckten Vorderseite“.[366] Der geflügelte Genius stellt nach der Mythologie das Genie, die schöpferische Begabung des Menschen als Verkörperung des Göttlichen dar. Anna Amalia als die Prinzessin in Tasso wird durch die Statue überhöht dargestellt, für Goethe als Tasso steht der geflügelte Genius. Im Mittelpunkt der Bühne ist ein Schaf, Symbol der Unschuld und der Hilflosigkeit. Unschuldig und schutzlos ist auch die Liebe zwischen Tasso und der Prinzessin, diese Liebe wird im Stück dem Adelssystem geopfert, das eine Verbindung zwischen ihnen verbietet. Das Opfer wird von den Liebenden aber um der Dichtung willen erbracht, was einem weiteren Detail im Aquarell zu entnehmen ist. Das Schaf wird von der Hofdame v. Göchhausen mit einem Teil des Lorbeers gefüttert, den die neben ihr sitzende Fürstin im Schoß hält. Anna Amalia verzichtete auf ein gemeinsames Liebesglück, damit Goethe weiter unter idealen Bedingungen dichten konnte. Daher stehen in Tasso die Verse (2038 f.): „Der Lorbeerkranz ist, wo er dir erscheint,/ Ein Zeichen mehr des Leidens als des Glücks.“ Goethes Dichtung ist der kostbare Schatz, der durch viel Leid errungen wird, daher ist im Aquarell neben dem geflügelten Genius ein Greif abgebildet. Dieses Fabeltier ist eine Mischung aus Löwe und Adler und war im klassischen Altertum vor allem der Hüter von Goldschätzen. In dieser Funktion behandelten ihn Goethe und Wieland in ihrer Dichtung.[367] Im Gemälde Anna Amalia in Pompeji am Grabmal der Priesterin Mammia von 1789 (Abb. 17) schließt die halbrunde Steinbank, auf der die Fürstin sitzt, mit einem Greifenfuß; Anna Amalia als Priesterin weihte ihr künftiges Leben dem Dienst an etwas Höherem – dem Schutz von Goethes poetischem Genie.

Das Aquarell Besuch der Villa D'Este ist angeblich von Johann Georg Schütz (1755–1815) im Atelier gemalt worden. Es haben sich Vorzeichnungen von Schütz zu allen Personen außer Anna Amalia, Herder und Angelica Kauffmann erhalten; sie datieren von 1788, also vor dem Aufenthalt in Tivoli. Das Namenszeichen auf dem Aquarell ist jedoch nicht von Schütz, denn dieses entspricht nicht seiner üblichen Signatur. Auch sind die ihm eindeutig zugeschriebenen Vorstudien besser als die Ausführung: „Kaum etwas von dieser scharfen Beobachtungsgabe [der Vorzeichnungen] hat sich auf das Aquarell hinübergerettet. Hier wirkt alles etwas schlaff und fast zum Schema erstarrt"; das Aquarell steht zudem im „zeichnerischen Werk des Johann Georg Schütz ... in seiner strengen, statuarischen Haltung allein".[368] Daraus kann geschlossen werden, dass Anna Amalia auf der Grundlage der Vorzeichnungen von Schütz das Aquarell selbst gemalt hat. Die Unterschrift von Schütz wurde wohl ganz bewusst nicht richtig nachgeahmt, um damit den Hinweis zu geben, dass es in Wirklichkeit gar nicht von Schütz stamme.

Anna Amalia stellt sich auf dem Gemälde also als die Prinzessin in Goethes TASSO dar, aus ihren Händen erhält der Dichter den Lorbeerkranz (Vers 478 ff.):

> PRINZESSIN *(indem sie den Kranz in die Höhe hält).*
> Du gönnest mir die seltene Freude, Tasso,
> Dir ohne Wort zu sagen, wie ich denke.
> TASSO. Die schöne Last aus deinen teuern Händen
> Empfang ich knieend auf mein schwaches Haupt.
> *(Er kniet nieder, die Prinzessin setzt ihm den Kranz auf.)*

Goethe verarbeitete die Biographie des historischen Torquato Tasso nicht nach dessen Leben, keine Person stimmt mit der historischen Vorlage überein, die Freundschaft zwischen den beiden Leonoren ist frei erfunden.[369] Schon bevor Goethe die zweite Fassung der Dichtung schrieb, stellte sich heraus, dass die Prinzessin Leonore v. Este, die nach der ersten Biographie von Giambattista Manso (1619/34) die Geliebte Tassos war, tatsächlich kein Liebesverhältnis mit ihm hatte, denn in der zweiten Biographie von Pierantonio Serassi (1785), die Goethe in Italien erwarb, wurde nachgewiesen, dass keine Beziehung zwischen den beiden bestand.[370] Das zentrale Thema in TASSO, die Liebe zur Prinzessin, war also nicht eine historische Tatsache aus Tassos Leben. Mit Serassis neusten Forschungsergebnissen war eine äußerst bedeutsame Passage historisch nicht mehr haltbar,[371] nämlich die, dass Tasso ungescholten die von ihm angebetete Prinzessin besingen konnte, weil durch die Namensgleichheit mit ihrer Hofdame offen blieb, wen er meinte. Genau diese Passage aber brauchte Goethe, um die Rolle der Frau v. Stein zu veranschaulichen, denn es ist eine geniale Vorlage, um dahinter das Weimarer Staatsgeheimnis zu verbergen, gerade vor den Zeitgenossen, die mit Tasso und seinem Werk vertraut waren, da dies zu den Grundlagen der damaligen Bildung gehörte.[372] Im Stück meint Tasso die Prinzessin Leonore, er verwendet aber nur den Namen Leonore, so dass für die

Öffentlichkeit die Hofdame Leonore Sanvitale gemeint sein kann. Die Identitätstäuschung mit Frau v. Stein, die ihren Namen für die Öffentlichkeit hergab, um Anna Amalia zu schützen, wird damit in Anlehnung an die ältere biographische Vorlage von Manso zum Ausdruck gebracht (Vers 197 ff.):

> PRINZESSIN. Und wenn er seinen Gegenstand benennt,
> So gibt er ihm den Namen Leonore.
> LEONORE. Es ist dein Name, wie es meiner ist.
> Ich nähm' es übel, wenn's ein anderer wäre.
> Mich freut es, daß er sein Gefühl für dich
> In diesem Doppelsinn verbergen kann.
> Ich bin zufrieden, daß er meiner auch
> Bei dieses Namens holdem Klang gedenkt.

Dass die Leonore Sanvitale zufrieden ist, dass der Dichter wenigstens auch an sie denkt, erinnert an eine Äußerung Frau v. Steins in Bezug auf Goethe: „Ich halte mich glücklich, daß mir beschieden ist, seine goldenen Sprüche zu hören".[373] Tassos Leben war nur eine Vorlage, nach der Goethe lange gesucht hatte, um der Geliebten ein Liebesdenkmal setzen zu können. In einem Gespräch mit Eckermann vom 6. Mai 1827 sagt Goethe: „Ich hatte das Leben Tassos, ich hatte mein eigenes Leben, und indem ich zwei so wunderliche Figuren mit ihren Eigenheiten zusammenwarf, entstand in mir das Bild des Tasso ... Die weiteren Hof-, Lebens- und Liebesverhältnisse waren übrigens in Weimar wie in Ferrara, und ich kann mit Recht von meiner Darstellung sagen: sie ist Bein von meinem Bein und Fleisch von meinem Fleisch." Da das in TASSO dargestellte Ferrara aber unhistorisch ist, bleibt als historische Vorlage für die verbotene Liebe zu einer Fürstin nur noch Weimar. Goethe sagt damit deutlich, dass in Weimar ein Dichter heimlich eine Prinzessin liebte und dass, um diese zu schützen, für die Öffentlichkeit eine Hofdame vorgeschoben wurde.

TASSO spielt nicht am Hof von Ferrara, vielmehr am nahegelegenen Musenhof Belriguardo, was eine Parallele zum Musenhof Anna Amalias ist, der ebenfalls getrennt vom Hof des regierenden Herzogs Carl August bestand.[374] Carl Augusts kluge und machtbewusste Nebenfrau Karoline Jagemann zog 1797 den Vergleich zwischen Anna Amalias Tiefurt und Ferrara: „Was vom Ausland an Künstlern und Gelehrten, interessanten Frauen und merkwürdigen Persönlichkeiten nach Weimar kam, fühlte sich von diesem Treiben angezogen wie Tasso am Hofe von Este".[375] In Tiefurt wurde am 23. August 1781 die später vernichtete erste Fassung von TASSO erstmals vorgelesen. Die Handlung spielt an einem Tag, die erste und letzte Szene erwecken das Gefühl, sie begännen mit dem Frühling und endeten mit dem Herbst. Die Liebenden führen zwei Dialoge, die etwa ein Sechstel der Verse der Dichtung ausmachen, einen am Anfang und einen am Ende des Stücks. Diese sind zentral, der Rest ergänzt und vervollständigt ihre Angaben zu einem Gesamtbild. Gleich zu Beginn des ersten Dialoges zwischen der Prinzessin und Tasso sieht man ihn unsterblich in seine Prinzessin verliebt (Vers 750 ff.):

> TASSO. Unsicher folgen meine Schritte dir,
> O Fürstin, und Gedanken ohne Maß
> Und Ordnung regen sich in meiner Seele.
> ...
> Doch werf ich einen Blick auf dich, vernimmt
> Mein horchend Ohr ein Wort von deiner Lippe,
> So wird ein neuer Tag um mich herum,
> Und alle Bande fallen von mir los.

Tasso ist der unerfahrene Knabe (Vers 813), der junge Freund der Prinzessin (Vers 844). Unbeschreibliches geht in dem jungen Dichter vor, wenn er die Angebetete sieht (Vers 2798 ff.):

> Vernahm ich ihre Stimme, wie durchdrang
> Ein unaussprechliches Gefühl die Brust!
> Erblickt' ich sie, da ward das helle Licht
> Des Tags mir trüb; unwiderstehlich zog
> Ihr Auge mich, ihr Mund mich an, mein Knie
> Erhielt sich kaum, und aller Kraft
> Des Geists bedurft' ich, aufrecht mich zu halten,
> Vor ihre Füße nicht zu fallen ...

Tasso lernt die Prinzessin Leonore v. Este, die Schwester des Herzogs v. Ferrara, Alfons II., kennen, nachdem diese eine schwere Krankheit überstanden hat. Nach Antritt der Regierung für ihren minderjährigen Sohn schreibt Anna Amalia in MEINE GEDANKEN (um 1772): „... [in den] Jahren, wo sonst alles blühet, war bei mir nur Nebel und Finsternis." Zwei Monaten nachdem Anna Amalia die Bürde der Regentschaft des Herzogtums los wurde, traf Goethe im November 1775 in Weimar ein. Die Prinzessin ist entzückt (Vers 860 ff.):

> Zum erstenmal trat ich, noch unterstützt
> Von meinen Frauen, aus dem Krankenzimmer,
> Da kam Lucretia voll frohen Lebens
> Herbei und führte dich an ihrer Hand.
> Du warst der erste, der im neuen Leben
> Mir neu und unbekannt entgegentrat.
> Da hofft' ich viel für dich und mich; auch hat
> Uns bis hierher die Hoffnung nicht betrogen.

Mit dem Bild der jüngeren Schwester Lucretia, von der in TASSO nur vereinzelt die Rede ist, die jedoch keine Bedeutung für den Handlungsablauf hat, wagt Goethe einen deutlichen Hinweis auf die biographischen Hintergründe seiner Dichtung. Die historische Prinzessin Eleonore d'Este (1537–1581) hatte zwei Schwestern, eine davon hieß Lucretia. Für Goethe war dieser Name eine passende Vorlage, denn er erinnert an die als lasterhaft geltende Papsttochter Lucretia Borgia (1480–1519), die in dritter Ehe als Fürstin auch an den Hof von Ferrara kam. Anna Amalias jüngere Schwester ist Elisabeth Christine Ulrike, jene Unglückliche, die 1769 wegen Ausschweifungen vom preußischen Erbprinzen geschieden und 22-jährig verbannt wurde. In TASSO ist es Lucretia, die mit dem jungen Dichter an der Hand zu Leonore kommt; sie ist eine Personifizierung der Warnung, was mit einer Frau geschieht, die sich wie Elisabeth Christine Ulrike in den Augen der Öffentlichkeit nicht den überkommenen Moral- und Sittenvorstellungen entsprechend verhält. Anna Amalia und Goethe hatten es bis dahin verstanden, ihre für das monarchische Gesellschaftssystems inakzeptable Liebe im Verborgenen zu leben, daher kann die Prinzessin Leonore sagen: „Da hofft' ich viel für dich und mich; auch hat/Uns bis hierher die Hoffnung nicht betrogen." Wenn das schöne, ungetrübte Glück mit dem Verweilen Lucretias am Hof verbunden ist – denn „seit jenem Tage,/Da sie von hinnen schied, vermochte dir/Die reine Freude niemand zu ersetzen" (Vers 895 ff.) – so spielt Goethe auf die Aufrechterhaltung des Blendwerks an. In TASSO wird die Katastrophe, die Trennung der Liebenden, durch Lucretias Weggang angebahnt. Für Goethe und Anna Amalia bestand das gemeinsame Glück nur so lange, wie sie die Warnung, die Lucretia verkörperte, ernst nahmen und niemand ihr Geheimnis entdeckte. Tasso selbst wird im Stück jedoch – geblendet von der Hoffnung, seine Liebe zur Prinzessin endlich offen bekennen zu können – so weit gehen, das Geheimnis preiszugeben. Damit besiegelt er aber nur ihre endgültige Trennung.

Mit dem schönen Jüngling hat die Prinzessin zunächst einen besonderen Plan: Der Dichter soll sich mit dem Staatsmann verbinden. Um seine zwei entgegengesetzten Stellungen in Weimar, die des Dichters und die des Staatsministers, zum Ausdruck zu bringen, dient Goethe neben der Figur des Tasso die des Antonio. Die Prinzessin lässt er zu Tasso sagen (Vers 956 ff.): „Ihr müßt verbunden sein! Ich schmeichle mir,/Dies schöne Werk in kurzem zu vollbringen. Nur widerstehe nicht, wie du es pflegst!" Tasso ist offen für den Plan seiner Prinzessin (Vers 1159): „Ihr bin ich, bildend soll sie mich besitzen". Die Prinzessin ist sich des Gelingens ihres Planes sicher (Vers 1686 f.): „Ich trieb den Jüngling an; er gab sich ganz;/Wie schön, wie warm ergab er ganz sich mir!" Leonore Sanvitale stimmt dem Plan zu (Vers 1707 ff.):

> Und wären sie zu ihrem Vorteil klug,
> So würden sie als Freunde sich verbinden;

Dann stünden sie für *einen* Mann und gingen
Mit Macht und Glück und Lust durchs Leben hin.

Nun sollen beide Personen zueinander finden, Tasso wird zum Staatsmann Antonio sagen (Vers 1266 ff.): „O nimm mich, edler Mann, an deine Brust/Und weihe mich, den raschen, Unerfahrnen,/Zum mäßigen Gebrauch des Lebens ein." Warum diese Vereinigung stattfinden soll, erklärt Tasso (Vers 1277 ff.):

Die Fürstin hofft's, sie will's – Eleonore,
Sie will mich zu dir führen, dich zu mir.
O laß uns ihrem Wunsch entgegengehn!
Laß uns verbunden vor die Göttin treten,
Ihr unsern Dienst, die ganze Seele bieten,
Vereint für sie das Würdigste zu tun.

Vor diesem Hintergrund können Äußerungen Goethes als ironische Bemerkungen gegenüber „Frau v. Stein" verstanden werden, etwa in einem Brief vom 17. September 1782: „Ich binn recht zu einem Privatmenschen erschaffen und begreiffe nicht wie mich das Schicksal in eine Staatsverwaltung und eine fürstliche Familie hat einflicken mögen."

Die Schilderung der Prinzessin wird zu einem Loblied auf Anna Amalia. Leonore Sanvitale sagt über die Prinzessin (Vers 59 f.): „Ein edler Mensch zieht edle Menschen an/Und weiß sie festzuhalten, wie ihr tut." Hier ist vor allem der Weimarer Musenhof gemeint. In Vers 107 gibt die Prinzessin an, alte Sprachen zu beherrschen. Anna Amalia beherrschte Latein und Altgriechisch, nur von der Herzogin Luise ist sonst bekannt, dass sie durch Herders Unterricht Grundkenntnisse in Latein erwarb.[376] Die Prinzessin sagt zudem von sich (Vers 116 ff.):

Ich freue mich, wenn kluge Männer sprechen,
Daß ich verstehen kann, wie sie es meinen.
Es sei ein Urteil über einen Mann
Der alten Zeit und seiner Taten Wert;
Es sei von einer Wissenschaft die Rede,
Die, durch Erfahrung weiter ausgebreitet,
Dem Menschen nutzt, indem sie ihn erhebt:
Wohin sich das Gespräch der Edlen lenkt,
Ich folge gern, denn mir wird leicht, zu folgen.

Anna Amalia scharte gerne Gelehrte um sich. In Goethes offiziellem Nachruf Zum feyerlichen Andenken der Durchlauchtigsten Fürstin und Frau Anna Amalia (1807) heißt es über ihr „stille[s], mit Neigung gewählte[s] Privatleben" ab 1775, dass „sie sich, von Kunst und Wissenschaft, so wie von der schönen Natur ihres ländlichen Aufenthalts umgeben, glücklich fühlte. Sie gefiel sich im Umgang geistreicher Personen, und freute sich Verhältnisse dieser Art anzuknüpfen, zu erhalten und nützlich zu machen: ja es ist kein bedeutender Name von Weimar ausgegangen, der nicht in ihrem Kreise früher oder später gewirkt hätte." In Jena hatte man Anna Amalia nicht nur wegen der Verbesserung der Professorengehälter in der Zeit ihrer Regentschaft in guter Erinnerung.[377] Aus der akademischen Gedächtnisrede 1807 geht hervor, dass sie um Berufungen von erstklassigen Professoren bemüht war,[378] sie zeigte „bewundernswerte Charakterstärke und Zuverlässigkeit bei deren wohlwollender Förderung, gewährte ihnen auch, wenn nötig, Schutz und Verteidigung." Als der Theologe Ernst Jakob Danovius (1741–1782) der Ketzerei „bezichtigt wurde, verteidigte sie diesen intelligenten Theologen unerschrocken vor den Anschuldigungen seiner mißgünstigen Kollegen und erklärte bei dieser Gelegenheit ganz richtig, daß es ohne Freiheit der Lehre und Meinungen an den Universitäten keine Wissenschaft und Gelehrsamkeit geben und selbst von vorzüglichen Begabungen nichts Großes zuwege gebracht werden könne … Wir wissen …, wie gern Amalia sich in der Gesellschaft der Professoren aufzuhalten pflegte, um die Gelehrten entweder des Lernens halber über die Wissenschaft reden zu hören oder um sie zu Rate zu ziehen".[379] Als Carl August in Anna Amalias Nachlass ein Perlenarmband vermisste, wurde bekannt, dass die Fürstin es verkauft hatte, um dem kranken Herder, einem der führenden Theologen seiner Zeit, eine Badekur zu ermöglichen.[380]

Die Prinzessin hat den Dichter als Muse zu seinen Gesängen inspiriert, ohne sie kann er gar nicht dichten. Gegenüber Leonore Sanvitale bringt Tasso die Konsequenz einer Trennung von seiner Geliebten zum Ausdruck (Vers 2251 ff.):

> TASSO. Und wenn das alles nun verloren wäre?
> Wenn einen Freund, den du einst reich geglaubt,
> Auf einmal du als einen Bettler fändest?
> Wohl hast du recht, ich bin nicht mehr ich selbst,
> Und bin's doch noch so gut, als wie ich's war.
> Es scheint ein Rätsel, und doch ist es keins.
> Der Stille Mond, der dich bei Nacht erfreut,
> Dein Auge, dein Gemüt mit seinem Schein
> Unwiderstehlich lockt, er schwebt am Tage
> Ein unbedeutend blasses Wölkchen hin.
> Ich bin vom Glanz des Tages überschienen,
> Ihr kennet mich, ich kenne mich nicht mehr.

Der Dichter, der seine Muse verliert, ist ein Bettler, äußerlich bleibt er zwar der Gleiche, innerlich ist er aber seines Schatzes beraubt. Der Zeitpunkt, in dem dies geschehen kann, ist der, in dem Tasso „vom Glanz des Tages überschienen", seine Nachtliebe also entdeckt ist. Als der Dichter nach Rom aufbrechen will, macht ihm die Prinzessin Vorwürfe (Vers 3179 f.): „... du wirfst/Unwillig alles weg, was du besitzest", denn sie will nicht erkennen, dass er nur bleiben kann, wenn sie sich öffentlich zu ihrer Liebe bekennen (Vers 3212 ff.):

> PRINZESSIN. Ich finde keinen Rat in meinem Busen
> Und finde keinen Trost für dich und – uns.
> Mein Auge blickt umher, ob nicht ein Gott
> Uns Hilfe reichen möchte? möchte mir
> Ein heilsam Kraut entdecken, einen Trank,
> Der deinem Sinne Frieden brächte, Frieden uns!
> Das treuste Wort, das von den Lippen fließt,
> Das schönste Heilungsmittel, wirkt nicht mehr.
> Ich muß dich lassen, und verlassen kann
> Mein Herz dich nicht.

Der Grund dafür, dass Tasso nicht mehr wie bisher weiterleben kann, ist, dass er sich auf etwas eingelassen hat, was ihn als Dichter zerstört, denn er darf nur unter dem Schutzmantel einer Täuschung seine Geliebte besingen. Da er aber nicht von ihr loskommt, ist er bereit, sich zerstören zu lassen (Vers 2222 ff.): „So kann mich's nicht gereun, und wäre selbst/Auf ewig das Geschick des Lebens hin –/Ich widmete mich ihr und folgte froh/Dem Winke, der mich ins Verderben rief". Tassos Zustand wird immer schlimmer (Vers 3254 ff.):

> Ist es Verirrung, was mich nach dir zieht?
> Ist's Raserei? Ist's ein erhöhter Sinn,
> Der erst die höchste, reinste Wahrheit faßt?
> Ja, es ist das Gefühl, das mich allein
> Auf dieser Erde glücklich machen kann,
> Das mich allein so elend werden ließ,
> Wenn ich ihm wiederstand und aus dem Herzen
> Es bannen wollte. Diese Leidenschaft
> Gedacht' ich zu bekämpfen, stritt und stritt
> Mit meinem tiefsten Sein, zerstörte frech
> Mein eigen Selbst, dem du so ganz gehörst ...

Der Dichter hat nicht nur das Problem, dass er seine Liebe wegen der Gesetze einer ständisch-monarchischen Gesellschaft verschleiern muss, wozu die Prinzessin resignierend sagt (Vers 1670 f.): „Ach daß wir doch, dem reinen stillen Wink/Des Herzens nachzugehn, so sehr verlernen!". Auch eine Verbindung mit Antonio ist unmöglich, wie auch Goethe in Gefahr ist, nur noch Staatsminister zu sein und seine Dichtung zu vernachlässigen, denn beiden Aufgaben kann er nicht gerecht werden. Auf dem Höhepunkt seiner Karriere als Minister bekennt

Goethe in einem Brief an „Frau v. Stein“ vom 4. Juni 1782: „Wieviel wohler wäre mir’s wenn ich von dem Streit der politischen Elemente abgesondert, in deiner Nähe meine Liebste, den Wissenschaften und Künsten wozu ich gebohren bin, meinen Geist zuwenden könnte. Adieu. Liebe mich denn ich bin dein.“ Am 10. August 1782, kurz bevor ihm das von Anna Amalia vermittelte Adelsdiplom ausgehändigt werden soll, schreibt der Dichter: „Eigentlich bin ich zum Schriftsteller gebohren.“ Die Prinzessin muss letztlich erkennen, dass ihr Plan, Tasso und Antonio zu verbinden, gescheitert ist: „Sieh das Äußre nur/Von beiden an, das Angesicht, den Ton,/Den Blick, den Tritt! Es widerstrebt sich alles“. Leonore Sanvitale pflichtet ihr bei (Vers 1704 ff.): „Zwei Männer sind’s, ich hab es lang gefühlt,/Die darum Feinde sind, weil die Natur/Nicht *einen* Mann aus ihnen beiden formte.“ Nun will sich der Dichter vom Staatsmann trennen, um dichten zu können und damit seinen göttlichen Auftrag auszuführen (Vers 2339 ff.): „Tasso. Und irre ich mich an ihm [Antonio], so irr ich gern!/Ich denk ihn mir als meinen ärgsten Feind,/Und wär’ untröstlich, wenn ich mir ihn nun/Gelinder denken müßte.... /Nein, ich muß/Von nun an diesen Mann als Gegenstand/Von meinem tiefsten Haß behalten; nichts/Kann mir die Lust entreißen, schlimm und schlimmer/Von ihm zu denken.“ Auf dem Spiel steht die Dichtung (Vers 2324 ff.): „... das, was die Natur allein verleiht,/Was jeglicher Bemühung, jedem Streben/Stets unerreichbar bleibt, was weder Gold,/Noch Schwert, noch Klugheit, noch Beharrlichkeit/Erzwingen kann“. Tasso hat zwar dem Herzog Alfons sein Lied geschenkt, er will es aber zurückhaben, um es in Rom zu veredeln. Goethe konnte entweder ganz ein Staatsmann oder ganz ein Dichter sein, wobei er nach dem ersten Weimarer Jahrzehnt nicht mehr glaubte, als Staatsmann viel bewirken zu können, wenn er die Herrschaft nicht in eigenen Händen halten kann. Kurz vor seiner Flucht nach Italien schreibt er an „Frau v. Stein“ am 10. Juli 1786: „Denn ich sage immer wer sich mit der Administration abgiebt, ohne regierender Herr zu seyn, der muß entweder ein Philister oder ein Schelm oder ein Narr sein.“ Am 17. März 1788 schreibt er nun: „Ich darf wohl sagen: ich habe mich in dieser anderthalbjährigen Einsamkeit selbst wiedergefunden; aber als was? – Als Künstler!“ Nur am Musenhof in Weimar fand er die Bedingungen, um als Dichter zu leben. Das hauptberufliche Dichten war nach wie vor ungewöhnlich, die dichterische Arbeit Goethes galt als Nebenbeschäftigung. Der historische Tasso in Ferrara machte hier eine Ausnahme. Klopstock konnte aufgrund der Förderung durch den dänischen König sich auch hauptsächlich der Dichtung widmen. In der Regel war der Dichter jedoch vor allem mit anderen Tätigkeiten beschäftigt, etwa als Prinzenerzieher, als Hauslehrer oder als Bibliothekar. Nun, nach eingehenden Konsultationen zwischen Carl August und Anna Amalia,[381] durfte Goethe sich zwar nicht ausschließlich der Dichtung widmen, die Gewichtung seiner Tätigkeiten kehrte er aber um. Er ist nun hauptsächlich Dichter und Forscher und als Nebenbeschäftigung im Staatsdienst, vorwiegend in der Kulturverwaltung, tätig. Vom unbändigen Drang zu forschen und zu dichten spricht Tasso zum Herzog (Vers 3079 ff.):

Ich halte diesen Drang vergebens auf,
Der Tag und Nacht in meinem Busen wechselt.
Wenn ich nicht sinnen oder dichten soll,
So ist das Leben mir kein Leben mehr.
Verbiete du dem Seidenwurm zu spinnen,
Wenn er sich schon dem Tode näher spinnt.
Das köstliche Geweb entwickelt er
Aus seinem Innersten, und läßt nicht ab,
Bis er in seinen Sarg sich eingeschlossen.

Das zweite Problem ist Tassos Verhältnis zur Prinzessin. Es gibt eine Lösung, Goethe kennt also das „heilsam Kraut", den Trank, der Tassos „Sinne Frieden brächte, Frieden uns!", wonach die Prinzessin vergeblich sucht (Vers 3216 f.). Goethes Regieanweisung lautet (unter Vers 3283): „Er fällt ihr in die Arme und drückt sie fest an sich." Dies macht Tasso vor den Augen aller anderen Personen im Stück, die laut Regieanweisung „sich schon eine Weile im Grunde sehen lassen". Indem Tasso die einzige Möglichkeit ergreift, die er sieht, um weiter am Hof leben zu können, nämlich die Liebe zur Prinzessin offen zu bekennen, verliert er sie, denn dazu ist sie nicht bereit. Sie stößt ihn weg und eilt davon. Das Geheimnis ihrer Liebe ist dennoch dem Herzog bekannt geworden, der dafür sorgt, dass sie getrennt werden. Antonio wird daraufhin sagen (Vers 3290 ff.): „Wenn ganz was Unerwartetes begegnet,/Wenn unser Blick was Ungeheures sieht,/Steht unser Geist auf eine Weile still,/Wir haben nichts, womit wir das vergleichen." Bevor Tasso Antonio erwidert, steht die Regieanweisung „nach einer langen Pause", was die Bedeutung der Aussage hervorhebt. Es gibt kein historisches Vorbild, mit dem Goethes Schicksal verglichen werden kann. Ein einzigartiger Dichter wird gezwungen, die wahre Identität seiner Geliebten zu verschleiern und verhindert damit die Interpretation seiner Werke, die seine Geliebte verherrlichen. Tasso sucht selbst vergeblich nach historischen Vorbildern (Vers 3422 ff.): „Hilft denn kein Beispiel der Geschichte mehr?/Stellt sich kein edler Mann mir vor die Augen,/Der mehr gelitten, als ich jemals litt;/Damit ich mich mit ihm vergleichend fasse?" Seine Verzweiflung drückt er in den Versen 3409 ff. aus: „Ist denn alles verloren? .../Ist kein Talent mehr übrig .../Ist alle Kraft erloschen .../Bin ich nichts,/Ganz nichts geworden?/Nein, es ist alles da! und ich bin nichts!/Ich bin mir selbst entwandt, sie ist es mir!"

Für die letzte Szene heißt die Regieanweisung: „Antonio tritt zu ihm und nimmt ihn bei der Hand". Tasso sagt zu Antonio (Vers 3434 f.): „Du stehest fest und still,/Ich scheine nur die sturmbewegte Welle." Antonio ist ein Fels, Tasso eine Welle (Vers 3442 ff.): „In dieser Woge spiegelte so schön/Die Sonne sich, es ruhten die Gestirne/An dieser Brust, die zärtlich sich bewegte." In seiner Not bleibt dem Dichter eine Stütze (Vers 3446 ff.):

Ich kenne mich in der Gefahr nicht mehr,
Und schäme mich nicht mehr, es zu bekennen.
Zerbrochen ist das Steuer, und es kracht
Das Schiff an allen Seiten. Berstend reißt
Der Boden unter meinen Füßen auf!
Ich fasse dich mit beiden Armen an!
So klammert sich der Schiffer endlich noch
Am Felsen fest, an dem er scheitern sollte.

An Antonio, der ihn bei der Hand genommen hat, klammert sich der Dichter fest. Anna Amalia hatte also richtig gesehen, um wirklich mit „Macht und Glück und Lust durchs Leben" zu kommen, musste Goethe ihrem Rat folgen und sich auch als Staatsmann einen Stand erobern, auch wenn es lange so aussah, als würde er dadurch als Dichter zugrunde gehen. Goethe ist nun hauptberuflich Dichter, der nebenamtlich im Rang eines Ministers an der Spitze eines Herzogtums steht. Von dieser festen Grundlage aus kann er sein Liebesleid als Entsagender klagen (Vers 3432 f.): „Und wenn der Mensch in seiner Qual verstummt,/ Gab mir ein Gott, zu sagen, wie ich leide." Diese Verse geben Goethes Arbeitsprogramm für die Zukunft wieder und zeigen, wie ernst ihm die Entsagung ist. Er wird eine beispiellose Anzahl von Dichtungen Anna Amalia zu Füßen legen. Der Dichter muss dies zwar verschlüsseln, er hinterlässt aber genügend Hinweise, damit diese Schätze der Weltliteratur eines Tages konkret auf seine Geliebte Anna Amalia bezogen werden können. Von ihrem toten Dichterfürsten verabschiedete man sich in Weimar am 27. März 1832 mit einer Inszenierung des Tasso. Das ganze Publikum trug Trauerkleidung.

Anna Amalia: Eine überragende Frauengestalt

Was auch in meinem Liede widerklingt,
Ich bin nur *einer*, *einer* alles schuldig!
Es schwebt kein geistig unbestimmtes Bild
Vor meiner Stirne, das der Seele bald
Sich überglänzend nahte, bald entzöge.
Mit meinen Augen hab ich es gesehn,
Das Urbild jeder Tugend, jeder Schöne;
Was ich nach ihm gebildet, das wird bleiben ...

Tasso (1790), Vers 1092 ff.

Der liebt nicht, der die Fehler
des Geliebten nicht für Tugenden hält.

Maximen und Reflexionen, Aus dem Nachlass

Wenn von der Fürstin Anna Amalia die Rede ist, wird mit Superlativen nicht gespart, obwohl sie stets bemüht war, im Hintergrund zu bleiben. Schon ihr Erzieher, der Abt Johann F. Jerusalem (1709–1789), charakterisierte die damals 15-jährige Prinzessin entsprechend (1754): „Sie wird daher vielleicht nie von allen gekannt werden, denn sie wird auch ihre Wolthaten verbergen, aber denen, die das Glück haben, ihr nahe zu seyn, wird sie allemal unendlich schätzbar seyn.“[382]

In einem Brief an Merck vom August 1778 schreibt Wieland, Anna Amalia sei „eines der liebenswürdigsten und herrlichsten Gemische von Menschheit, Weiblichkeit und Fürstlichkeit ..., das je auf diesem Erdenrund gesehen worden ist“.[383] Ihr Page schreibt in seinen Erinnerungen: „Eine eigentümliche Lieblichkeit umgab ihren wohlgeformten, zartgeschlossenen Mund, und Jedermann fand sich beglückt, gegen den sie ihn freundlich eröffnete.“[384] Über ihre äußere Erscheinung heißt es: „Ihr Anzug war immer elegant modern, wenn auch niemals übertrieben. Sie hatte eine zarte Gestalt, nicht groß, aber jedermann sah ihr die Fürstin an und erwies ihr Ehrfurcht.“[385] Goethes Mutter Catharina Elisabeth konnte ihrer Begeisterung kaum Ausdruck verleihen, nachdem sie im Sommer 1778 Anna Amalia in Frankfurt empfangen hatte. Sie schreibt am 4. Januar 1779: „... ja Große und Beste Fürstin! ich habe in meinem Leben manches gute genoßen, manches Jahr vergnügt zurückgelegt, aber vor dem 1778 müßen die vorigen alle die Seegel streichen – wahr ists, ich habe große und edle Seelen gekandt ... Aber Eine Amalia kennen zu lehrnen!!! Gott! Gott! das ist kein gepappel, oder geschwätz, oder erdachte Empfindsamkeit, sondern so wahres gefühl, daß mir die Thränen anfangen zu laufen". Henriette v. Egloffstein berichtet: „Sie [Anna Amalia] sprach wenig lobte und tadelte nur durch Blicke, und dennoch elektrisierte sie jeden, dem das Glück zuteil wurde, sich ihr nähern zu dürfen ... die Herzogin lebte in philosophischer Stille, ohne sich um das Treiben der Außenwelt zu bekümmern, und doch wirkte sie so belebend auf die Gemüter, als müsse jedes nur nach ihrem Beifall geizen. Dabei blieb kein Talent von ihr unbeachtet, allen gewährte sie Unterstützung oder Ermunterung."[386] Johanna Schopenhauer urteilte am 13. April 1807 in einem Brief an ihren Sohn: „... sie hatte ... die schönen großen blitzenden Augen die bis ins Herz hinein sahen ... Sie hatte etwas unbeschreiblich Gütiges und Freundliches in ihrem ganzen Wesen ... Ach, sie war das Band, das die Bessern hier [in Weimar] zusammenhielt, sie hat während sie für ihren unmündigen Sohn regierte Weimar aus einem elenden Dorf zu dem geschaffen was es jetzt ist."[387] Anna Amalias Page erinnerte sich: „Jeder von den Pagen wartete gern bei der Mittwochstafel der Herzogin-Mutter auf, wozu nur Einer oder Zwei vom Adel, jederzeit aber mehrere sogenannte schöne Geister eingeladen wurden. Goethe, Wieland und Herder gerieten regelmäßig in lebhaften Streit; v. Knebel und Einsiedel nahmen dann Partei; so entstand ein zwar an sich interessantes, aber oft solch lautes Gespräch, daß die Herzogin, Mäßigung gebietend, zuweilen die Tafel früher aufheben mußte, als es außerdem geschehen wäre."[388] Auch lange nach ihrem Tod wurde Anna Amalia etwa „eine der anziehendsten Gestalten aller Zeiten und Völker ... eine Erscheinung, in der sich echte, edelste Weiblichkeit mit männlicher Thatkraft und Entschlossenheit in seltenem Maße paarte" genannt.[389] Anna Amalia sei „eine der reinsten Frauengestalten unserer Geschichte. Wo immer ... edle Menschen sich die Pflege der Künste und der Wissenschaften zur Aufgabe gemacht haben, da wird diese Fürstin als verpflichtendes Vorbild vor ihnen stehen dürfen".[390]

Von einer durch Johanna Schopenhauer 1817 in Angriff genommenen Biographie Anna Amalias, für sie „der Schutzgeist alles Guten und Schönen",[391] erfährt man nach einer brieflichen Erwähnung gegenüber ihrem Verleger[392] nichts mehr. Schwerlich hätte auch das Fürstenhaus dieser klugen Frau Zugang zu Anna Amalias Privatpapieren gewähren können, ohne zugleich das Staatsgeheimnis um Goethe und Anna Amalia zu gefährden. Als Carl August Kanzler v. Müller die Briefschaften Anna Amalias anvertraute, schrieb dieser an Henriette v. Egloffstein am 19. Mai 1828: „Der Großherzog hat mir seit gestern die Briefschaften seiner Mutter [Anna Amalia] und seine eigene frühere Korrespondenz mit Goethe, Herder, Wieland usw. anvertraut, um sie durchzugehen und zu ordnen. Dies ist ein unaussprechlicher Genuß! Welche Schätze und ein wie herrliches Licht werfen sie auf Goethes und der Herzogin Charakter! Mein Genuß wäre noch größer, wenn ich ihn mit jemand teilen dürfte, namentlich mit Ihnen und Line [Henriettes Tochter]".[393] Dass Carl August gegen Ende seiner langen Regierungszeit die Briefschaften seiner Mutter ordnen ließ, legt nahe, dass er die Geheimhaltung um Goethes und Anna Amalias verbotene Liebe behutsam aufheben wollte. Goethe bezeichnete den Umfang der Briefschaften gegenüber Kanzler v. Müller als enorm: „Wie fleißig die Herzogin-Mutter gewesen, wie viel sie geschrieben, das sei unglaublich."[394] Doch was Carl Augusts Regierungsnachfolger vom Briefwechsel der Öffentlichkeit zugänglich machten, wirft kein „herrliches Licht auf Goethe und der Herzogin [Anna Amalias] Charakter" mehr. Goethe, dem Kanzler v. Müller seine ersten Ergebnisse der Durchsicht und Katalogisierung der Briefschaften Anna Amalias vorlegte, schrieb ihm am 24. Juli 1828: „Es [ist] mir höchst erfreulich, dieses Geschäft in Ihren Händen zu wissen, das ebensowohl mit Einsicht und Treue als mit Vorsicht und Geschmack zu behandeln ist. Auf diesem Wege werden sonderbare Documente gerettet; nicht in politischer, sondern in menschlicher Hinsicht unschätzbar, weil man sich nur aus diesen Papieren die damaligen Zustände wird vergegenwärtigen können".

In das Landhaus Tiefurt, das erheblich näher an Weimar liegt als das Waldschloss Ettersburg, verlegte Anna Amalia ab 1781 für die Sommermonate ihren Musenhof. Tiefurt wurde ein Zentrum für Kunst und Wissenschaften inmitten eines schönen Parks. „Schon am frühen Morgen sah man dort [in Tiefurt] die Herzogin im Schlichten Gewande, das aufgerollte schöne Haar unter dem einfachen Strohhut verborgen, ihre lieben englischen Hühner und Tauben füttern".[395] Sie reduzierte für ihre Sommeraufenthalte drastisch ihren Hofstaat und nahm nur ihre Hofdame v. Göchhausen sowie zwei Bedienstete mit. Gäste wurden in ein „kleines, angenehm eingerichtetes Logis in einem reinlichen Bauernhause" im angrenzenden Dorf untergebracht, etwa Wieland, ein häufiger Gast in Tiefurt.[396] Dies waren für die Fürstin ideale Bedingungen, um einen heimlichen Besucher zu empfangen, ohne dass er leicht entdeckt werden konnte. Ein Brief Anna Amalias an Merck vom 4. August 1781 zeigt, wie selbstverständlich Goethe in Tiefurt verkehrte: „Das Basrelief, welches ich gestern mit dem Postwagen bekommen habe, hat mich unendlich gefreut. Der Abguß ist vortrefflich, das ganze Stück ist schön, *il nudo* [das Nackte], wie die Italiener sagen, *è tanto dolce e soave per inginocchiarsi* [ist so zart und sanft, dass man niederknien möchte]. Goethe war eben bei mir, als ich es bekam; er machte große Augen, es mißfiel ihm gewiß nicht!"[397] Eine Schilderung von Luise v. Göchhausen an Knebel zeigt, dass Goethe Tiefurt bewohnte: „... o Knebel, Sie setzen sich aufs erste beste Pferd und erfreuten uns irgend einen guten Abend mit Ihrer Erscheinung! – Dies ist der Herzogin, Goethens und meiner liebster Traum, wenn wir in diesen lieben, lieben Tempe[l] die Sonne untergehn oder den Mond in seiner stillen Pracht aufgehn sehn. ... Die Herzogin [Anna Amalia] wird ihnen hier eine kleine fête geben, aus einem Wald- und Wasser-Drama von Goethen, Die Fischerin".[398] Garten und Landhaus in Tiefurt gestalteten Goethe und Anna Amalia gemeinsam aus. Anna Amalias Geheimsekretär Johann August Ludecus (1742–1801) berichtet Knebel am 5. Juni 1782: „Die Herzogin hat einige Anlagen zu Tiefurt gemacht ... eine Grotte jenseits der Ilm, gerade der Einsiedelei gegenüber, nimmt sich gar gut aus. Goethe hat eine inscription [Inschrift] dazu gemacht."[399] Den Eingang zum Garten plante Goethe, an Knebel schreibt Anna Amalia am 8. November 1782: „Ich will Ihnen einen Plan schicken, den mir Goethe für die Entree im Garten hat machen lassen".[400] Am 25. November 1782 schreibt Ludecus an Knebel: „Die Herzogin Frau Mutter läßt den Tiefurtischen Garten nach dem Altan [Balkon] zu verlängern, und jetzo wird die Mauer vom Hause nach dem Garten abgebrochen, und von der Seite des Gartens breiter gemacht. Goethe hat die Idee angegeben."[401] In Anna Amalias Rechnungsbüchern findet sich Goethes Unterschrift nicht nur im Zusammenhang mit dem Liebhabertheater, sondern auch mit dem Park in Tiefurt. Am 3. Juni 1782 quittiert Goethe: „Zwey carolin für ein in Tiefurt errichtetes Monument mit Inschrift und Gartenbank ... Goethe".[402] Knebels Eintrag im Tagebuch vom 22. Juli 1784 besagt indirekt, dass Goethe nachts bei Anna Amalia in Tiefurt blieb: „Mittags fuhr ich [Knebel] mit Einsiedel [Anna Amalias Kammerherr] nach Tiefurt ...Wir brachten den Nachmittag so zu, ich las etwas vor, und gegen Abend kam Goethe. Wir soupierten, und ich ging zu Fuß mit Einsiedel zurück."[403] Von Liebe ist in einer von Goethe entworfenen Inschrift für den Sockel einer Vase im Tiefurter Park die Rede, was in einem Kommentar zum Anlass genommen wurde, klarzustellen, dass dies „mehr der herzlichen Freundschaft ... als tieferen oder gar leidenschaftlichen Herzensbeziehungen" zu Anna Amalia gelte:[404]

> Steile Höhen besucht die ernste forschende Weisheit,
> Sanft gebahnteren Pfad findet die Liebe im Thal.

In Tiefurt führte Anna Amalia ein Erntefest ein: „Schnitter, Winzer und Fischer mit ihren Mädchen, alle zierlich geschmückt, zogen am Abend zum Tanz nach dem herzoglichen Park, der in feenhafter Beleuchtung strahlte und mit plastischen Decorationen und Transparenten verziert war."[405] Wieland befand über Anna Amalia in Tiefurt: „... hier schlägt ein hochfürstliches Herz, welches eben dadurch wahrhaft hochfürstlich ist, daß es der ganzen Menschheit angehört und in möglicher Beglückung Andrer sein vornehmstes und eigenes Glück findet!"[406]

Anna Amalia beobachtete Goethes Freunde genau, die in seinem Sog 1776 in Weimar auftauchten und bis auf Herder nicht blieben. Da war etwa der willensstarke Johann Christoph Kaufmann (1753–1795), ein Apotheker aus Winterthur, der Goethe im Herbst 1776 und im folgenden Winter 1776/1777 besuchte. Er ritt in Weimar auf einem Schimmel mit freier wilder Mähne ein, die Brust bis zum Nabel frei, sprach in Orakeln und predigte die Rückkehr zur Natur, was in dem Lehrsatz kulminierte: „Man kann, was man will!“[407] Durch Blicke und Handauflegen gelangen Kaufmann Erfolge bei der Heilung von Kranken, nicht zuletzt deshalb schien sich beim ihm die Überzeugung eines Sendungsbewusstseins gefestigt zu haben.[408] Nach Böttigers LITERARISCHE ZUSTÄNDE UND ZEITGENOSSEN (1838) „erschien Kaufmann, das Genie, das alles kann, was es will, aber hier bald fand, daß er Göthen nicht aus der Gunst des Herzogs zu bringen, u. selbst Hahn im Korbe werden könne.“[409] Als er nach wenigen Wochen weiterziehen wollte, gab er an, dass er in Dessau die von dem Pädagogen Johann B. Basedow (1724–1790) gegründete Erziehungsanstalt „Philanthrophin“ (Menschenliebe), die Grundsätze wie spielendes Lernen, Überkonfessionalität, körperliche Ertüchtigung sowie Erziehung zur Glückseligkeit und Gemeinnützigkeit vertrat, „verbessern oder zerschmettern wollte“.[410] An Merck schrieb Anna Amalia am 28. Dezember 1778: „Lieber Merck! In Gedanken hab’ ich immer an Sie geschrieben; da aber die weise Mutter Natur mich nicht mit einem solchen Nasenknochen beschenkte, als sie dem glücklichen Kaufmann gab, vermöge welches er alles kann, was er will, so hab’ ich mir’s gefallen lassen müssen, jetzt erst zu wollen, da ich kann.“[411]

Im April 1776 kam der talentierte Dichter Lenz nach Weimar, der mit seinen derben Schriften Aufsehen erregte. In einem Brief an Herder vom 28. August 1775, an Goethes Geburtstag, bezeichnet sich Lenz als den „stinkenden Atem des Volks, der sich nie in eine Sphäre der Herrlichkeit zu erheben wagen darf“.[412] Wieland urteilte: „... er hat nur die Hälfte von einem Dichter und hat wenig Anlage, irgend etwas ganz zu sein.“[413] Frau v. Stein befand in einem Brief an Zimmermann vom 10. Mai 1776: „Lenz, Goethens Freund ist hier, aber es ist kein Goethe.“[414] In Weimar stellte man sich für Lenz die Stelle eines Vorlesers und literarischen Gesellschafters vor. Dahingehend versuchte auch Lavater die Herzogin Luise zu beeinflussen.[415] Doch Lenz wollte nur Dichter sein. Allenfalls mit an der Spitze des Herzogtums, wie etwa Freund Goethe als Minister, hätte er, der jedoch nur ein abgebrochenes Theologiestudium vorweisen konnte, sich eine Zukunft vorstellen können. In einem Brief an Goethe vom Juli 1776 beschreibt Lenz seine absurde Vorstellung von Weimar als Messestadt für französische Kaufleute und gewerbliche Großbetriebe: „Ihr seid hier im Herzen von Deutschland ... Frankreich willig zu machen, wäre dann wieder eine Sache für sich. Es ist freilich keine Nation in der Welt schwerer und leichter zu behandeln ... Ob der Herzog deswegen Verträge mit den übrigen Sächsischen Höfen besonders mit Kursachsen tun dürfe, geht mich nichts an.“[416] Dabei lag Weimar nicht einmal an einem Handelsweg und besaß sehr schlechte Straßen, etwas, was Goethe bald als Wegebaudirektor anhaltend beschäftigen sollte. Lenz empfahl sich Carl August unter anderem mit der Forderung nach einer tiefgreifenden Militärreform im winzigen Herzogtum, bei der ein tapferer Amazonencorps von Edelhuren gebildet werden sollte.[417] Daneben beschäftigte er sich mit Plänen, das französische Heer nach dem Leitgedanken umzustrukturieren, Soldaten gleichzeitig als Bauern einzusetzen, und suchte in Weimar nach Gönnern, die seine Pläne der französischen Regierung oder gar dem französischen König vorlegen sollten.[418]

Neben der Rolle als Hofnarr verliebte sich Lenz in Weimar sofort unsterblich – in Anna Amalia. Mit ihm lag erneut ein junger Dichter der hochgebildeten Fürstin zu Füßen. An den Dichterkollegen Gotter in Gotha schreibt Lenz bereits Ende April 1776: „Sollten Sie ein Exemplar des barbier de Seville besitzen so bitt ich Sie doch sehr es mir gütigst auf 8 Tage zu leihen. Die Herzogin Mutter ist sehr verliebt drin und ich hab ihrs zu übersetzen versprochen damit wirs hier aufführen können."[419] Von den wenigen Gedichten, die Lenz in Weimar schrieb, gelten zwei längere Anna Amalia. Das erste nimmt auf Anna Amalias Vertonung von Goethes Singspiel ERWIN UND ELMIRE Bezug, das am 24. Mai 1776 aufgeführt wurde und die literarische Verarbeitung von Goethes Liebesgeschichte mit Lili darstellt. Mit dem Titel AUF DIE MUSIK ZU ERWIN UND ELMIRE – *von Ihrer Durchlaucht, der verwittibten Herzogin zu Weimar und Eisenach gesetzt* lässt Lenz einen „heutige[n] Erwin zum zweitenmal" auftreten, der der „würkliche Elmire" in die Arme fliegt. Das Gedicht schließt mit den Versen: „Ja, ja, Durchlauchtigste, Du zauberst uns Elmiren/In jede wilde Wüstenei;.../So führst Du uns von da noch seliger und lieber/Bis nach Elysium hinüber."[420] Im zweiten Gedicht mit der Anfangszeile „Als jüngst Amalie zu ihrem Prinzen reiste", lässt Lenz den höchsten Gott Zeus dem Sonnengott befehlen, ein prächtiges Feuerwerk für Anna Amalia, die auf den Weg nach Tiefurt ist, zu gestalten. Als dies nicht wie gewünscht erfolgt, zürnt Zeus und will es künftig in eigener Person verrichten: „Inskünftige wenn die Herzogin her/Von Tibur führe wolle Er/Allzeit das Feuerwerk selber machen".[421] Als unlängst in Krakau das Manuskript von Lenz' fragmentarischer Erzählung DIE FEE URGANDA untersucht wurde, fand man am Rande die Aufschlüsselung von zwei Figuren. Pandolfo steht demnach für Knebel, die Königin Miranda für die Herzogin Anna Amalia.[422] In dieser Erzählung muss die Fee Urganda „das erstemal ihres Lebens ... [erleben], daß auch Halbgöttinnen der Demüthigungen nicht überhoben sind", dass eine Sterbliche schöner ist, hier die Königin Miranda (Anna Amalia). Im Fragment fährt Lenz fort Anna Amalia als die „wunderschöne[n] und geistreiche[n] Prinzessin Miranda", als die„wundervolle[n] und Alles vermögende[n] Miranda", als die „vollkommene[n] Miranda" zu verherrlichen.[423] Da in der Erzählung der Name von Anna Amalia verschlüsselt ist, kann es sich nicht um Schmeichelei handeln, sondern um Lenz' wahrhafte Empfindungen. An einen Freund schreibt Lenz am 7. Juni 1776: „Die Herzogin Mutter hat mir neulich eine Stelle aus seiner [Lavaters] Physiognomik mit sehr vieler Empfindung vorgelesen und dabei den Wunsch geäußert ihn einmal persönlich kennen zu lernen."[424] In einem Brief vom Herbst 1776 gibt Lenz zu erkennen, unsterblich in eine Frau in Weimar verliebt zu sein und es ist nahe liegend, dass er hiermit Anna Amalia meinte. Als Empfänger dieses Briefes wird Goethe vermutet, also ihr heimlicher Geliebter: „Lieber Bruder! ich bin in grausamer

Beklemmung. Es ist die Frage, ob ich ... lieben darf. Sie ist diesen Morgen so mächtig in meinem Herzen worden ... Ich fragte mich ist es nicht Eitelkeit, Eigennutz oder noch was Schlimmeres, was in deinem Herzen dies unheilige Feuer angezündet hat ... Gott der Gedanke in dem ich allen Trost meines Lebens fand – dieser einzige Gedanke Sünde. Etwas für sie zu tun – Du weißt daß dies noch das einzige war das mich an dies Leben band. ... Ich bin aber fest entschlossen meine heilige Grille sie mit keinem Geschöpf auszutauschen in den Sarg mitzunehmen – sag mir drüber was Du willst. Denn ihren Wert kann u. wird sie hoffe ich nicht verlieren u. wohl mir wenn sie mich nie liebt ... Was ihr Wert in Beziehung auf mich ist? – Alles. Ich behalte keinen Wert übrig wenn ich den ihrigen zu lieben aufhöre. Meine Existenz ist vergeblich. Ich handelte für sie – sie allein ist u. kann zuverlässige Richterin meiner Handlungen sein und wer mein Verhältnis zu ihr versteht."[425] Der nächste von Lenz erhaltene Brief ist ein Geburtstagsglückwunsch für Anna Amalia zum 24. Oktober 1776 mit einem Geschenk: „Da meine Muse ein für allemal an Geburts- und Namenstägen hartnäckig stumm ist, so habe Ew.[Euer] Durchlaucht Geburtsfest wenigstens durch Darstellung des Felsen, vor dem Sie bei Ihrem Aufenthalt in Kochberg selbst bewunderungsvoll gestanden, zu feiern versucht. Sollte diese Sysiphusarbeit aber nur so weit gelungen sein, daß sie Ew.[Euer] Durchlaucht die Vorstellung des Felsen in der Natur, erleichterte, so wäre sie mir unendlich teuer, wenn ich auch nicht rechne, daß sie mich einige glückliche Tage im Anschauen der unerreichbaren Originalitäten der Natur hat zubringen lassen. Wenn ich diesen Namen von einem wahren Tempel brauchen darf, in dessen Schatten man ohne heiligen Schauer nicht stehen kann."[426] Aus den wenigen Zeugnissen, die von Lenz' Aufenthalt in Weimar erhalten sind, geht demnach hervor, dass er in Anna Amalia verliebt war.

Mit Sorge betrachtete Wieland das Treiben von Goethes Freunden, die seinen ohnehin schweren Stand als Günstling sowohl bei der biederen Staatsverwaltung als auch in den adelsstolzen Hofkreisen zu verschlechtern drohten. Ende Juni 1776 war auch Friedrich Maximilian Klinger (1752–1831) nach Weimar zu den Geniebrüdern geeilt. Klinger hatte sein Jurastudium in Gießen im fünften Semester abgebrochen, wo er auf Vermittlung von Goethe bei einem befreundeten Rechtsgelehrten untergebracht gewesen war.[427] Klinger sagte um diese Zeit von sich „ohne Ziel und Zweck" zu sein; „Ich treib mich in unendlichem Wirrwarr herum und flüchte da und dorthin vor mir, dem Schrecklichsten".[428] In seinen Schriften trifft man auf Helden, die ständig mit einer Pistole vor der Stirn hantieren. Lenz und Klinger waren als Hauptvertreter des Sturm und Dranges in einem Wirrwarr von Absichten, Wünschen und Hoffnungen verstrickt, die ihnen den Blick für das Erreichbare trübten. An Merck berichtet Wieland: „Lenz ist seit acht Tagen in Eremum [in Berka] gegangen, wo er vermutlich Heuschrecken und Wildfang frißt, und entweder ein neues Drama, oder ein Projekt die Welt zu bessern macht, das seit geraumer Zeit seine Marotte ist. Klinger ist auch gekommen, leider! Er ist ein guter Kerl, ennuyiert uns aber herzlich und drückt Goethen. Was ist mit solchen Leuten anzufangen?“[429] In Weimar schrieb Klinger das Drama STURM UND DRANG, das ursprünglich den Titel WIRRWARR trug, Kaufmann überredete ihn aber, diesen zu ändern.[430]

Ende November 1776 wurde Lenz des Landes verwiesen. In Goethes Tagebucheintrag vom 26. November steht: „Lenzens Eseley“. Bis heute konnte nicht geklärt werden, was vorgefallen war. Herder, Wieland und Carl August schienen die „Eseley“ aber nicht so hart zu beurteilen wie Goethe.[431] Bei Böttiger heißt es: „Goethes Fortun [Erfolg] zog zuerst Lenzen hieher, der geradezu als Hofnarr behandelt, als er aber einmal zwischen der alten Herzogin, die Göthen mehr als bloß gewogen war u. der begünstigten Liebhaberin der Frau v. Stein eine Klätschrei gemacht hatte, plötzlich fortgeschafft wurde“.[432] Der Grund für die Abreise aus Weimar hing demnach mit Anna Amalia zusammen. Lenz hat wohl Anna Amalia seine Liebe offenbart. In einem Brief von Ende November 1776 hatte Lenz an Herder geschrieben: „Wie lange werdt Ihr noch an Form und Namen hängen ... Hätt ich nur Goethens Winke eher verstanden. Sag ihm das.“[433] Verständlich wird diese Äußerung, wenn der Minister Goethe und heimliche Geliebte Anna Amalias Lenz zu verstehen gab, dass eine Liaison mit der Herzogin Anna Amalia unmöglich sei. Lenz muss sich darüber hinweggesetzt haben und musste daher gehen, andernfalls wäre er für die heimlich Liebenden Goethe und Anna Amalia eine Gefahr geworden. Hätte Lenz, dem jede Konvention ein Dorn im Auge war, großes Aufheben um seine Liebe zur Fürstin Anna Amalia gemacht, so wäre nicht nur der literarischen Welt klar geworden, dass die Witwe Anna Amalia für einen jungen Dichter eine schöne, begehrenswerte Frau war, demnach auch für Goethe. Graf Görtz, der das Blendwerk mit Frau v. Stein durchschaute, hätte mit Lenz eine Möglichkeit gefunden, Goethe zu Beginn seines Aufenthalts in Weimar vielleicht doch noch zu Fall zu bringen. Lenz durfte daher nicht in Weimar bleiben. Er fand zunächst bei Goethes Schwester eine Bleibe, sodann bei Schweizer Freunden, ohne die ihm dort gebotenen vielfältigen Chancen zu einer bürgerlichen Existenz zu ergreifen. Als Lenz mittellos Bern besichtigte, steigt er dennoch in einen teueren Gasthof ab, um Lavater, bei dem er mehrere Monate als Gast logieren sollte, im August 1777 zu schreiben: „Lavater! ich bin hier ... und erwarte von dir – daß du mir gleich nach Ansicht dieses einen Louisd'or und einen Dukaten zuschickest. Schiebst dus einen Posttag auf, so gerath ich in Schulden und andern Händeln die noch immer schlimmer sind.“[434]

Im Sommer 1779 verfiel Lenz „‚in Apathie und Erstarrung', unfähig zu sprechen, in ‚tiefer Melancholie immer geradehaus starrend'“.[435] Goethe und Anna Amalia organisierten und finanzierten die Rückreise des inzwischen an Wahnsinnsanfällen leidenden Lenz in seine Heimat Livland. Sein Bruder, Karl Heinrich Gottlob Lenz, beendete sein Studium in Jena früher als vorgesehen und brach im Sommer 1779 zu Goethes Schwager Johann G. Schlosser (1739 – 1799) auf, der über ein Jahr Lenz gepflegt hatte. Mit seinem Bruder reiste er von dort zu Fuß bis zur Ostsee, um ein Schiff nach Riga zu besteigen.[436] „Zu diesem behulf erhielt ich in Weymar", so Lenz' Bruder, „aus der Großmuth der … verwittweten Frau Hertzogin [Anna Amalia], durch Göthe eine baare Geld-Unterstützung … Goethe nahm mich übrigens auf seinem Gartenhause sehr gütig auf, und unterhielt sich mit mir bei unserer Promenade … meistens in sehr liebreichem Andenken an Jakob Lenz, und selbst seine Schwächen berührte er mit vieler Delicatesse."[437] Später schreibt die falsch informierte Anna Amalia in einem Brief an Merck vom 4. November 1779: „… daß Lenz Professor geworden, kommt mir wunderbar vor; die Universität, die ihn dazu gemacht hat, muß toll und Lenz gescheut geworden sein. Indessen ist es mir herzlich lieb, daß der arme Lenz wieder so hergestellt ist."[438] Lavater glaubte dem Gerücht erst gar nicht und dichtete: „Glaub wer ein Narr ist, bleibt ein Narr/Zu Wagen, Pferd' und Füße./Drum, Bruder glaub' an keinen Narren/Und keines Narren Buße."[439] Lenz schlug sich als Erzieher und Übersetzer in Riga, St. Petersburg und Moskau durch. In Moskau starb er 1792 als im Zuge der Reaktion auf die Französische Revolution (1789) brutale Polizeiaktionen gegen die Intelligenz und Freimaurer durchgeführt wurden.

Auch Klinger sollte nicht lange in Weimar bleiben. Anna Amalias war bemüht ihm eine Anstellung außerhalb von Weimar zu verschaffen. Klingers Neigung für das Militär gemäß suchte die Fürstin Anna Amalia für den mittellosen Bürgerlichen eine Anstellung als Offizier und schrieb sogar König Friedrich II. und anderen hochgestellten Kriegsherren.[440] An Ernst Schleiermacher (1755–1844) schrieb Klinger am 7. Juli 1776: „Du glaubst nicht wie schwer es ist gleich als Lieutenant unter Truppen zu kommen, ohne Adel, ohne Summen von Gold. Das sey also Glück und Hazard heimgestellt, und der Edlen Seele [Anna Amalia] die sich treu dafür interessiert."[441] Als Anna Amalia eine reguläre Anstellung Klingers nicht gelang, fasste sie mit Goethe den Plan, Klinger als Söldner nach Amerika zu vermitteln. Anna Amalias Vater, der Herzog von Braunschweig, trieb einen regen Handel mit Soldaten und finanzierte mit diesen Einkünften nicht zuletzt seine kostspielige Mätressenwirtschaft.[442] An Schleiermacher schrieb Klinger am 19. August 1776: „Ein herrliches Project ist auf dem Weg und da gebe der Zufall gedeyen! Ich will die Campagne nach Amerika als Officier machen. Stell dir vor Junge, welch eine Welt! welch eine neue große Welt! Auf Amerikanischen Boden zu stehen mit dem Muth, dem Blik, der Zuverlässigkeit! Hilf ewiger Himmel! es schlägt in mir wie tausend Flammen und ich meine ich brennte und stürzte zusammen! O mir diesen Tag!" Am 12. September schreibt Klinger an Schleiermacher: „Gestern war ich bey Herzogin Amalie, die mir große Hofnung machte das bald etwas kommen wird, für mich."[443] Der Umstand, dass Klinger doch nicht nach Amerika ging, ist wohl darauf zurückzuführen, dass Goethe und Anna Amalia ihn nicht gerade als Söldner los werden wollten. Ende September kam es zu einem Bruch mit Goethe, sodass Klinger Weimar verließ. Böttiger berichtet über Bertuchs diesbezügliche Bemerkung: „Er [Klinger] hätte allerlei Klätschereien zwischen der alten Herzogin und der jungen gemacht, u. wurde als ein tracassier [Schikaneur] verabschiedet.“[444] An Schleiermacher schrieb Klinger am 29. August 1789, warum er 1776 Weimar verlassen hatte: „Ein elender Mensch [Christoph Kaufmann], dessen Herz so schlecht ist, als sein Verstand verwirrt, hat uns [Goethe und Klinger] durch Tratschereyen in Weimar, aus einander gesprengt. Er glaubte ihm erbärmliches Zeug, ich war zu stolz mich über Plakereyen zu rechtfertigen, und die hohe Meinung, die ich von Goethe habe, ließ es auch nicht zu, und so reißt ich ab“.[445] Während der Schweizerreise 1779 streiften Goethe und Carl August den Landsitz des „Gottesspürhund“ Kaufmann, dem gerade der Versuch misslungen war, sich als freier Bauer niederzulassen. Ohne ihn zu sehen, hat Goethe die Verse hinterlassen:[446]

Als Gottes Spürhund hat er frei
Manch Schelmenstück getrieben,
Die Gottesspur ist nun vorbei,
Der Hund ist ihm geblieben.

Von Weimar ging Klinger nach Leipzig, seinen Freund Schleiermacher wies er an, seine Habe bis auf seine Unterwäsche und einige Bücher zu verkaufen, um Schulden zu begleichen, er wolle sich von seinen Dramen einige Zeit über Wasser halten. Kurze Zeit später heißt es aber in einem Brief vom Oktober 1776 an denselben: „Verkauf nichts von meinen Sachen … Ich bin seit 3 Tagen hier und hab mich auf Rücksicht meiner Mutter bey Seilern als Theatr. Dichter engagirt. Ich krieg 500 Thl. schwer Geld, frey Tisch und Logis, und kann meiner Mutter iährlich 200 geben, die sie in einem Monath empfängt.“[447] Diese märchenhaften Anstellungsbedingungen für einen Dichter, der nicht einmal einen großen Namen hatte, waren völlig unüblich. Wieland schrieb an Merck im Hinblick auf die 500 Taler: „Und bewundern Sie nicht mit mir die täglich überraschender werdenden *mirabilia Dei* [göttliche Wundertaten] in unsern Tagen?“[448] Abel Seyler (1730–1801) und seine Theatertruppe war von Anna Amalia 1771 nach Weimar berufen und besoldet worden, sie schied nur aufgrund des Schlossbrandes 1774 von Weimar in gutem Einvernehmen. Eine Fürsprache Anna Amalias bei der Anstellung Klingers, die womöglich die hohe Besoldung aus ihrer eigenen Schatulle zur Verfügung stellte, ist nahe liegend. Durch diese „göttliche Wundertat“ hätten Anna Amalia und Goethe endlich eine Möglichkeit gefunden gehabt, Klinger außerhalb von Weimar zu versorgen. Später gelang Klinger neben einem umfangreichen Werk eine beachtliche Karriere als russischer Offizier und in der Universitätsverwaltung in Dorpat (Estland). Ab 1801 wechselten Goethe und Klinger wieder Briefe. Am 26. Mai 1814 schrieb Klinger dem Jugendfreund Goethe: „Das letzemal, da ich Sie sah, war in Weimar während des ersten Sommers Ihres dortigen Aufenthalts [1776]; zu jener Zeit, als ich hoffte, durch Vermittlung der unvergesslichen Herzogin Amalie, in Amerika meine militärische Laufbahn anzutreten“.[449] Als Goethe die Nachricht von Klingers Tod überbracht wurde, bemerkte er gegenüber Kanzler v. Müller am 31. März 1831: „Das war ein treuer, fester, derber Kerl wie keiner".

Anna Amalia ließ sich von Goethe in den Gebieten der „Geologie, Mineralogie, Botanik, Zoologie, Anatomie, Chemie, Physik usw." unterrichten.[450] Insgesamt ist ihre Liebe ein ständiges Geben und Nehmen, über das sie zu einer Einheit verwachsen. Interessant ist eine Beobachtung Schillers, wonach Goethe und Anna Amalia die sie umgebende Welt vor allem durch die Sinne erfahren. Als Schiller Anna Amalia kennen lernte, schrieb er am 28. Juli 1787 an seinen Freund Christian Gottfried Körner (1756–1831): „... nichts interessiert sie, als was mit Sinnlichkeit zusammenhängt; diese gibt ihr den Geschmack, den sie für Musik und Malerei u. dgl. hat oder haben soll". Über Goethe berichtet Schiller an denselben am 1. November 1790: „Seine Philosophie mag ich auch nicht ganz: sie holt zu viel aus der Sinnenwelt, wo ich aus der Seele hole. Überhaupt ist seine Vorstellungsart zu sinnlich und betastet mir zu viel." Anna Amalia war eine sehr gelehrige Schülerin des Malers Kraus,[451] später auch des häufig als ihr Gast in Tiefurt weilenden Malers Oeser. Sie brachte es im Zeichnen durch Fleiß zu einer gewissen Kunstfertigkeit. „Meine Liebe für die Zeichenkunst", schreibt sie am 6. Juli 1780 an Merck, „ist noch immer gleich stark. Ich habe eine Camera obscura, worin ich zeichne, und sie scheint mir von großem Nutzen, um mit den Verhältnissen in der Natur recht bekannt zu werden. Für mich ist es eine große Hilfe, weil ich etwas zu spät angefangen habe, dem Zeichnen mich zu widmen. Die Experimentalphysik macht auch dieses Jahr eine große Beschäftigung für mich. Ich habe mir einen Elektrophor gekauft, welcher sehr gut und stark ist. ... Das Dramatische Wesen hat auch seinen glücklichen Fortgang, und Freund Wolf [Goethe] tut treulich das Seinige dazu. Ehestens werden Sie durch die Frau Aja [Goethes Mutter] ein neues dramatisches Stück erhalten, welches wieder aus der fruchtbaren Feder des Herrn Geheimen Rats [Goethe] entsprungen ist."[452] In einem Brief an Merck vom 25. April 1784 berichtet sie, dass sie sich auf die Portraitmalerei verlegt habe, und beauftragt ihn, ihr Zeichnungen des menschlichen Kopfes von Petrus Camper (1722–1789) zu besorgen, der als der bedeutendste Anatom seiner Zeit galt: „Um nun etwas vollkommener in dieser Kunst zu werden, wünschte ich sehr einige solche Zeichnungen zu sehen, wie Camper den Kopf des Menschen einteilt".[453] In einem Brief vom 3. Juni 1784 berichtet Merck ihr begeistert über sein Zusammentreffen mit Camper: „Ich bin einer der glüklichsten Menschen; wenn anders noch Glükseligkeit in dieser Welt ist". Am 25. Juni 1784 schreibt Goethe an „Frau v. Stein": „Merckens Glückseligkeit freut mich herzlich." An „Frau v. Stein" schrieb Goethe schon am 19. Juni 1784, dass er einen Brief von Merck an Anna Amalia teilweise von Fritz habe kopieren lassen. Mit der Kopie von Mercks Brief machte er wohl Fritz plausibel, dass er in seinen Briefen an dessen Mutter auf Camper und Merck zu sprechen kommt. Doch Frau v. Stein hatte im Gegensatz zu Anna Amalia kein Interesse an anatomischen Studien. Zudem war Merck nicht ihr Freund, da er sie eines Goethe für nicht würdig hielt. Dies gab er auch unverblümt zu verstehen, etwa in einem Brief vom 21. Juli 1779 an die von ihm verehrte Anna Amalia, in dem er über seinen Besuch in Weimar schreibt: „Von [Waldschloss] Ettersburg ist mir an Menschen nichts in der Reminiscenz [Erinnerung] übrig geblieben, als gerade die merkwürdigsten, und von den übrigen oder unangenehmen beynahe kein Schatten. Die Steinische Familie hab' ich nicht einmal in Gedanken genennt." Auch später informierte Goethe seine Geliebte über Camper, so am 11. September 1785: „Camper hat gar einen guten Brief über den ersten Theil der Ideen [Abhandlung Herders, ab 1784] an Herder geschrieben. Ich mögte alles Gute mit dir theilen." Frau v. Stein hingegen war zwar eine einflussreiche und kluge Gesellschaftsdame, letztlich aber am Programm einer ständigen Veredelung mit Hilfe von Wissenschaft und Kunst nicht interessiert. Die Charakterisierung der Gräfin Leonore Sanvitale durch Tasso dürfte Goethes Eindruck von Frau v. Stein wiedergeben: „Nein, sie war/Und bleibt ein listig Herz; sie wendet sich/Mit leisen klugen Tritten nach der Gunst" (Vers 2495 ff.). Tasso berichtet der Prinzessin über die Gräfin (Vers 963 ff.):

> Ich habe dir gehorcht, sonst hätt' ich mich
> Von ihr entfernt, anstatt mich ihr zu nahen.
> So liebenswürdig sie erscheinen kann,
> Ich weiß nicht, wie es ist, konnt' ich nur selten
> Mit ihr ganz offen sein, und wenn sie auch
> Die Absicht hat, den Freunden wohlzutun,
> So fühlt man Absicht, und man ist verstimmt.
> PRINZESSIN: Auf diesem Wege werden wir wohl nie
> Gesellschaft finden, Tasso! Dieser Pfad
> Verleitet uns, durch einsames Gebüsch,
> Durch stille Täler fortzuwandern; mehr
> Und mehr verwöhnt sich das Gemüt und strebt,
> Die goldne Zeit, die ihm von außen mangelt,
> In seinem Innern wieder herzustellen …

Goethes und Anna Amalias goldene Zeit ist eine innere, sie führt durch „einsames Gebüsch", und „stille Täler". Anfang 1782 schrieb Goethe den Maskenzug AUFZUG DER VIER WELTALTER und darin trat Anna Amalia am 12. Februar als das goldene Alter auf, begleitet von der Freude und der Unschuld. Die Regieanweisung für das Kostüm lautete: „Weiß und Gold, simpel im griechischen Geschmack. Sonne auf dem Haupte".[454] Anna Amalia sprach die Worte aus:

> Sanft wie ein Morgentraum schreit' ich hervor,
> Mich kennt der Mensch nicht eh' er mich verlor.
> Der Jugend Schöne und der Blüthen Zeit,
> Des Herzens Erstlinge sind mir geweiht.

Anna Amalia war eine Kunstkennerin von Rang. Auf dem Weg nach Italien 1788 ließ sie sich in der Münchner Galerie vom Maler Ferdinand Kobell (1740–1799) führen, von dem sie in ihrer eigenen Sammlung Werke besaß. Dieser urteilte in einem Brief an Knebel: „Sie besitzt neben vieler Kenntnis der Malerei eine Kunstliebe und forschenden Blick bei jedem Gemälde, der selbst bei Künstlern oft vermißt wird."[455] Noch mehr war der Verehrerin von Mozart (1756–1791), Haydn (1732–1809) und Gluck (1714–1787)[456] die Musik. Sie spielte Klavier, Querflöte, Laute, Harfe und Gitarre, trat im Liebhabertheater als Sängerin auf und komponierte einiges. Auch versuchte sie sich an musiktheoretischen, musikästhetischen und musikhistorischen Schriften[457] und dies in einem Jahrhundert, „in dem man der Frau jegliches Talent für die Musik absprach".[458] Sie trachtete immer nach Weiterentwicklung und Veredelung ihrer Anlagen, besonders die Reise nach Italien sollte ihr neue Horizonte eröffnen. Ihre Sprachkenntnisse übertrafen das übliche Maß weit, bald nach der Übergabe der Regierungsgeschäfte an ihren Sohn arbeitete sie an deren weiteren Vervollkommnung. Sie beherrschte neben Französisch, Englisch und Italienisch auch Latein. Unter der Anleitung von vortrefflichen Lehrern, etwa Wieland und Anse de Villoison (1750–1805), machte sie in Altgriechisch stete Fortschritte. An Knebel schreibt sie am 23. Juni 1782, eine Formulierung von Villoison aufgreifend: „Ich kann sieben anakreontische Oden lesen und verstehen. Ich bin aber auch *‚une princesse pleine de génie'* [eine äußerst begabte Prinzessin]! Knebel, was sagen Sie dazu?"[459] An Knebel schreibt sie begeistert: „Wie habe ich doch so verlassen seyn können und nicht eher diese Sprache der Seele gelernt, Mir ist, als wäre ich in einer ganz anderen Welt; meine Seele flattert leicht mit dem liebenswürdige Täubchen, welches aus Anakreons Hand sein Brod pickt."[460]

Gerade in den literarischen Zeugnissen der Italienreise Anna Amalias von 1788 bis 1790 sind Goethe und Anna Amalia als gleichgesinntes Paar zu erkennen. Dass Anna Amalia jedoch die Ablehnung des Geliebten, mit ihr in Italien zu verweilen, und damit die endgültige Absage an eine Fortsetzung ihrer Nachtliebe bitter schmerzte, ist an den Briefen ihrer Hofdame v. Göchhausen zu erkennen, die darin auch Botschaften ihrer Herrin weitergibt. Anna Amalia las ihre Korrespondenz , was etwa aus einem Brief an Wieland vom 20. Dezember 1788 hervorgeht, in dem die kleinwüchsige Hofdame berichtet, eine prächtige Statue gesehen zu haben, denn die hinzukommende Fürstin fügt noch die Zeile hinzu: „Tusneldens [v. Göchhausens] Nase stieß gerade an den großen Zähe". In einem Brief der Hofdame v. Göchhausen an Goethe vom 22. November 1788 heißt es: „... wenn ich Ihre Gegenwarth mit Körperlichen Schmerzen (oder auch mit Seelen Leiden!) erkaufen könte, ich willig und bereit dazu wäre ... was gäb ich nicht, daß Sie hier wären! Könte ich Ihnen durch ein Gelenk meiner magern Finger erkaufen, ich glaube, ich gäb den ganzen Finger hin". Dass die Hofdame für Goethes Anwesenheit das übertriebene Bild der Bereitschaft zu einer Selbstverstümmelung wählt, zeigt, dass sie Goethe über die Leiden ihrer Herrin informiert, denn Anna Amalia leidet unter der Trennung und hadert noch damit, die Entsagung zu akzeptieren. Der Italienaufenthalt sollte aber Anna Amalia helfen, den Entschluss zur Entsagung zu akzeptieren. An Merck schreibt Anna Amalia am 6. Januar 1788: „Ich glaube, Italien ist für uns, was der Fluß Lethe den Alten war, man verjüngt sich, indem man alles Unangenehme, was man in der Welt erfahren hat, vergißt und dadurch ein neugeborener Mensch wird.“[461] Ähnlich äußerte sich Goethe über das erste Weimarer Jahrzehnt, TASSO hätte er nur geschrieben, um sich „von demjenigen freizumachen, was mir noch aus meinen weimarischen Eindrücken und Erinnerungen Schmerzliches und Lästiges anklebte.“[462] Unsterblich schön lässt Goethe Anna Amalia als Prinzessin in TASSO trauern, als der Dichter nach Rom geht und sie verlassen muss (Vers 1859 ff.):

Die Hoffnung, ihn zu sehen, füllt nicht mehr
Den kaum erwachten Geist mit froher Sehnsucht;
Mein erster Blick hinab in unsre Gärten
Sucht ihn vergebens in dem Tau der Schatten.
Wie schön befriedigt fühlte sich der Wunsch,
Mit ihm zu sein, an jedem heitern Abend!
Wie mehrte sich im Umgang das Verlangen,
Sich mehr zu kennen, mehr sich zu verstehn!
Und täglich stimmte das Gemüt sich schöner
Zu immer reinern Harmonien auf.
Welch eine Dämmrung fällt nun vor mir ein!
Der Sonne Pracht, das fröhliche Gefühl
Des hohen Tags, der tausendfachen Welt
Glanzreiche Gegenwart ist öd und tief
Im Nebel eingehüllt, der mich umgibt.
Sonst war mir jeder Tag ein ganzes Leben

Einer besonderen Totenmaske galt Anna Amalias und Goethes Interesse in Italien. Vergeblich bemühte sich die Fürstin, die Totenmaske von Torquato Tasso zu sehen, die in einem Kloster aufbewahrt wurde. Im ersten der FÜNF BRIEFE ÜBER ITALIEN schreibt sie: „Es that mir leid daß die Klösterlichen Gesetze mir den eintrit versagten, diese schätzbahren Denckmäler des Großen Torquato Tasso zu sehen.“ Goethe, der diese am 3. Februar 1787 gesehen hatte – an Anna Amalia („Frau v. Stein“) schrieb er: „Wie hab ich nicht heute an dich gedacht!“ –, gelang es, einen Abguss für die Geliebte zu bekommen. Während des Italienaufenthalts wird Anna Amalia die Entsagung als richtig bejahen. Besonders in Neapel findet sie die erhoffte „Verjüngung“, um als „ein neugeborener Mensch“ nach Weimar zurückzukehren, als Priesterin, die über Goethes poetischem Genie wacht.

Am 13. September 1789 schreibt Anna Amalia an Knebel aus Neapel: „Könnten Sie nur einen hiesigen Mondenschein sehen, wenn er schöner als die Thüringische Sonne auch in den wärmsten Abenden bei uns untergeht, hier majestätisch hinter dem Vesuv hervortritt, auf der Spitze desselben ruht und die ganze Gegend begrüßt, deren glühender Purpur nur dem neuen Lichte weicht. Der dunkelblaue Himmel, dessen brillantierte Sterne den Mond zu umkränzen und lieblich mit ihm zu tanzen scheinen; die funkelnde Milchstraße mit ihren Millionen Sternen, die wie der Gürtel der Venus den ganzen Erdenkreis mit Liebe zu umgeben scheint; dieses alles doppelt in dem silbernen Meere widerscheinend, das ruhig und still alles das Schöne aufnimmt, womit es rund umgeben ist.“[463] In der Beschreibung ihres Italienaufenthaltes in Fünf Briefe über Italien stellt Anna Amalia Betrachtungen über Vegetation, Geologie, Geschichte, Verwaltung, Soziales und vor allem die Kunst, insbesondere über Musik, Theater und Literatur, an. Ihre Ausführungen bewegen sich auf hohem Niveau und sind mit Ironie und Witz, aber auch mit verhaltener Kritik an den italienischen Verhältnissen durchsetzt. Gleich zu Beginn des ersten ihrer Fünf Briefe über Italien, die an eine nicht näher gekennzeichnete „liebe Schwester“ gerichtet sind, beschreibt Anna Amalia den Besuch des Petersdoms: „Bei meinem eintritt glaubte ich in einen Labyrinth versetzt zu werden. Meine Augen irreten hin und her, bald auf Colossalische Säulen, bald auf ungeheure Figuren Von Heiligen und Päbsten, auf die Kostbahrsten Arbeiten von bronze, auf prächtige Grabmähler von feinsten Marmor, auf Mosaische Gemählde. Alles setzte mich in erstaunen; meine Seele blieb aber so kalt, als sie beym Anblick des Pantheons von warmen und erhabenen Gefühl belebt wurde. … Wer nicht wüßte, daß dieses Gebäude [der Petersdom] zu einer Kirche bestimt ist, der könte sich eben so wohl ein Großen Pallast oder ein Theater darin vorstellen.“ Als sie am 23. November 1788 bei Papst Pius VI. (1717–1799) zu einer Audienz empfangen wurde, befand die protestantische Fürstin: „Es war ein comischer und Theatralischer aufzug.“ Ähnlich urteilte Goethe, am 8. Juni 1787 schreibt er über die römische Kirche: „Gestern war Fronleichnam [ab 1246, Feier des leiblich gegenwärtigen Christus]. Ich bin nun ein für allemal, für diese Kirchlichen Cerimonien verdorben, alle diese Bemühungen eine Lüge gelten zu machen kommen mir schaal vor und die Mummereyen [Einhüllungen] die für Kinder und sinnliche Menschen etwas imposantes haben, erscheinen mir auch sogar wenn ich die Sache als Künstler und Dichter ansehe, abgeschmackt und klein. Es ist nichts groß als das Wahre und das kleinste Wahre ist groß.“

Anna Amalia ist beim Gang durch das Pantheon begeistert, jenen Rundtempel, den Kaiser Hadrian (76–138) zur Verehrung aller Götter bauen ließ und der nur deswegen erhalten blieb, weil er seit 609 zu einer katholischen Kirche umfunktioniert wurde: „Dieser Tempel erweckt beym ersten eintritt durch seinem Gewölbten Himmel, wo die Licht-Strahlen, wie von Gottes Auge durch blicken, die große Idee eine allgemeine Wohnung der Götter, und des Baumeisters der Welt, dessen Wercke sich durch unnachahmliche größe, einheit und Simplicität auszeichnen. Ein Heiliger Schauder durch drang meine Seele beym ersten Anblick; sie erhob sich zu dem Unsichtbharen Wesen was mich umschwebte. Man findet hier einen auffallenden beweiß, wie sehr die Alten durch die Einfachsten mittel ihr Ziel zu erreichen wusten, und wie ihre ideen der größe der Sachen angemeßen war. Dieses Meisterstück der Kunst wird zwar durch Kleinliche Altäre, welche die stelle der Antiken Marmornen Bildsäulen jetzt einnehmen, verunstaltet; doch hat der Aberglaube die Majestät desselben nicht vertilgen können.“ Anna Amalia war wie Goethe eine Griechin, sie lebte gefühlsmäßig in der Welt der antiken Götter. „Man weiß, wie weit es die Griechen in der Vervollkommnung der Sinne gebracht hatten“, so Anna Amalia in ihren Gedanken über die Musik (um 1799), „wodurch sie in den Stand gesetzt wurden, unnachahmliche Kunstwerke hervorzubringen.“[464]

Alles, was großartig ist, zog die Geliebten an, so der Vesuv. Goethe, der mehrmals den Vulkan bestiegen hatte, berichtet am 8. Juni 1787: „Der Vesuv der seit meiner Rückkehr von Sicilien starck gebrannt hatte floß endlich den 1. Juni von einer starcken Lava über. So hab ich denn auch dieses Naturschauspiel, obgleich nur von weitem gesehen. Es ist ein großer Anblick ... ich [sah] mit einem Blick, den Mond, den Schein des Monds auf den Wolckensäumen, den Schein des Monds im Meere, und auf dem Saum der nächsten Wellen, die Lampen des Leuchtturms das Feuer des Vesuvs, den Wiederschein davon im Wasser und die Lichter auf den Schiffen. Diese Mannigfaltigkeit von Licht machte ein Einziges Schauspiel.“ In einem Brief vom 29. Mai 1789 beschreibt Anna Amalia Knebel den Vulkan: „Vor einigen Tagen war er [der Vesuv] mit Wolken ganz umkränzt, die Mündung ausgenommen, die eine dunkelrothe hohe Flamme ausstieß; die glühende Steine, die er auswarf, tanzten leicht in der Luft, alsdann kam die Lava, die sich mit den Nebelwolken mischte und sie zertheilte. Der Wiederschein der Lava machte über den Berg eine dunkelrothe glühende Glorie, die Tief in die Nacht dauerte. Es war das schönste Schauspiel, was ich in meinem Leben gesehen habe; ich ermangelte auch nicht, alle Abende meine Andacht dem Vesuv gegenüber zu halten, und kann mir recht gut vorstellen, wie es Nationen gibt, die das Feuer anbeten.“[465] Goethes Brief vom 6. Februar 1789 an Anna Amalia zeigt, wie ähnlich ihre Interessensfelder waren: „Haben Ew [Euer] Durchl[aucht] doch ja die Gnade die schönen Wercke die über Pestum, Neapel, Puzzol pp geschrieben sind anzuschaffen ... Ferner lassen Sie Sich doch ja die Kupfer geben soweit solche gestochen sind vom Museum von Portici ... lassen Sie Sich ja eine Auswahl aus der Schwefel Sammlung des Abbate Dolce machen ... Es wird uns dieses für die Folge ein großer Schatz.“ Anna Amalia antwortete am 18. März 1789: „Es freut mich sehr, daß Ihre Finger endlich aufdauen, und das Sie nach langer Zeit wieder einen Laut von sich geben; Um Ihnen zu zeigen daß ich nicht gleiches mit gleichen vergelte so schicke ich Ihnen ... 1). Die Abdrücke von Abate Dolci, 2). die von Pichler ... In der nähmlichen Kiste werden sie auch alle vierundzwanzig Kayser in Schwefel abdruck finden die ich für den kleinen Prinzen schicke ... Sie werden auch noch einen kleinen Abdruck in rothen Schwefel finden den betrachten sie recht, es ist der berühmte Stein der in den Cabinet des Königs von Frankreich gewesen … Leben Sie mir imer hübsch Gesund und dencken zuweilen an die Abwesenden. Meine Geselschaft Grüßet Sie tausendmal."[466] Auch an die botanischen Studien sollte Anna Amalia denken, Goethe schreibt ihr am 14. Dezember 1789: „Bringen uns Ew. [Eure] Durchl. doch auch allerley Sämereyen aus jener Gegend mit, es sey was es wolle. Was dort gemein gehalten wird ist zu unsern wissenschaftlichen Speculationen auf eine oder die andere Weise nütze."

Anna Amalia verzögert ihre Rückkehr bis ihre Reise wie die von Goethe 22 Monate dauern wird, sie ist also spiegelbildlich zu jener des Geliebten gedacht. „Nachts um 11 Uhr kamen wir glücklich in Weimar an", notierte unter dem Eintrag 18. Juni 1790 die Hofdame v. Göchhausen im TAGEBUCH der italienischen Reise der Herzogin Anna Amalia. Damit kehrt Anna Amalia exakt zwei Jahre nach Goethes Rückkehr am 18. Juni 1788 um 23 Uhr nach Weimar zurück. Goethe sei „abends um zehn Uhr mit dem Vollmonde" in Weimar angekommen, schrieb Herder an Knebel.[467] Vor den Hintergrund dieses für die Liebenden wichtigen Datums ist es möglich, das Lehrgedicht DIE METAMORPHOSE DER PFLANZE ganz eindeutig auf Anna Amalia zu beziehen und nicht wie bisher auf Christiane Vulpius.[468] Das Lehrgedicht ist an eine nicht näher bezeichnete Geliebte gerichtet und versucht, ihr die Metamorphose der Pflanze zu erklären, nach Goethe der Versuch, „die mannichfaltigen besondern Erscheinungen des herrlichen Weltgartens auf ein allgemeines einfaches Princip zurückzuführen".[469] Goethe arbeitete so lange daran, bis er es am 18. Juni 1798 in Jena beenden konnte. Zehn Jahre nach seiner Rückkehr und acht Jahre nach Anna Amalias Rückkehr aus Italien, gedenkt Goethe dieses Tages, indem er Anna Amalia das Lehrgedicht schenkt, das mit den Versen endet:

> Freue dich auch des heutigen Tags! Die heilige Liebe
> Strebt zu der höchsten Frucht gleicher Gesinnungen auf,
> Gleicher Ansicht der Dinge, damit in harmonischem Anschaun
> Sich verbinde das Paar, finde die höhere Welt.

Vor diesem Hintergrund erschließt sich die Bedeutung eines merkwürdigen „eigentlich", das Goethe in einer Einleitung zum Lehrgedicht einflicht: „Höchst willkommen war dieses Gedicht, der eigentlich Geliebten, welche das Recht hatte die lieblichen Bilder auf sich zu beziehen; und auch ich fühlte mich sehr glücklich als das lebendige Gleichniß unsere schöne vollkommene Neigung steigerte und vollendete".[470] Da das Lehrgedicht gemeinhin auf Christiane bezogen wurde, spricht Goethe hier von der „eigentlich Geliebten". Am 20. Juni 1798 schrcibt cr an Christiane, dass, wenn ein Brief von Fräulein v. Göchhausen, Anna Amalias Hofdame, einlaufen würde, dieser unbedingt per Bote ihm nach Jena nachgesendet werden soll. Er war also gespannt, was die „eigentlich Geliebte" ihm auf das schöne Geschenk antworten würde.

Die gründlichen naturwissenschaftlichen Studien Goethes verstanden viele in Weimar nicht. Anna Amalia beklagte sich bei Goethes Mutter in Frankfurt, dass ihr Sohn seine kostbare Zeit unnütz vergeuden würde. Noch in einem Brief Anna Amalias an Goethe vom Jahre 1800, in dem die Fürstin den Dichter auf eine Gemme mit einem eingeschnittenen Portrait aufmerksam machen will, klingt dieser Streit nach, indem sie einleitet: „Wenn es Ihnen lieber Herr Geheimde Rath in Ihren philosophischen Betrachtungen nicht stört, so wünschte ich wohl daß Sie einen kleinen Rückblick auf die schönen Musen täten die Ihnen so hold sind …“.[471] Mit dem Gedicht DIE METAMORPHOSE DER PFLANZE will Goethe dem aus Unkenntnis entspringende Unverständnis gegenüber seiner wissenschaftlichen Arbeit Abhilfe schaffen, in seiner Einleitung heißt es weiter: „… nirgends wollte man zugeben, daß Wissenschaft und Poesie vereinbar seien. Man vergaß, daß Wissenschaft sich aus Poesie entwickelt habe, man bedachte nicht, daß, nach einem Umschwung von Zeiten, beide sich wieder freundlich, zu beiderseitigem Vortheil, auf höherer Stelle, gar wohl wieder begegnen könnten.“ Erst ein Jahrhundert später wurde der Naturwissenschaftler Goethe von Rudolf Steiner (1861–1925) beerbt. Als Herausgeber von Goethes naturwissenschaftlichen Schriften (1890–1897) war Rudolf Steiner tief mit dessen Denken vertraut geworden. Seine Anthroposophie als Weltanschauungs- und Erkenntnislehre führte er ausdrücklich auf Goethe zurück.[472] Das Lehrgedicht DIE METAMORPHOSE DER PFLANZE zeigt, wie Goethe versucht, seine Anna Amalia von der fundamentalen Bedeutung seiner naturwissenschaftlichen Studien zu überzeugen. In seiner Einleitung zum Lehrgedicht führt er weiter aus: „Freundinnen, welche mich schon früher den einsamen Gebirgen, der Betrachtungen starrer Felsen gern entzogen hätten, waren auch mit meiner abstrakten Gärtnerei keineswegs zufrieden. Pflanzen und Blumen sollten sich durch Gestalt, Farbe, Geruch auszeichnen, nun verschwanden sie aber zu einem gespensterhaften Schemen. Da versuchte ich diese Wohlwollenden Gemüther zur Theilnahme durch eine Elegie zu locken, der ein Platz hier gegönnt sein möge, wo sie, im Zusammenhang wissenschaftlicher Darstellung, verständlicher werden dürfte, als eingeschaltet in eine Folge zärtlicher und leidenschaftlicher Poesien.“

Dich verwirret, Geliebte, die tausendfältige Mischung
 Dieses Blumengewühls über dem Garten umher;
Viele Namen hörest du an und immer verdränget,
 Mit barbarischem Klang, einer den andern im Ohr.
Alle Gestalten sind ähnlich, und keine gleichet der andern;
 Und so deutet das Chor auf ein geheimes Gesetz,
Auf ein heiliges Räthsel. O, könnt' ich dir, liebliche Freundin,
 Überliefern sogleich glücklich das lösende Wort! …

Dass Goethe trotz der Entsagung Anna Amalia bis zum Ende mit derartigen Aufmerksamkeiten bedachte, deutet etwa einer der wenigen erhaltenen Briefe der Fürstin an den Dichter vom April 1805 an: „Ich habe mit Teilnahme und aufrichtiger Dankbarkeit Ihre Sendung erhalten. Sie haben Ihrer Zuschrift – die ich Schmeichelhaft nennen möchte – einen eigenen Zauberwink zugesellt … Ihre Aufrichtige Freundin Amalie“.[473] Anna Amalia wird verschlüsselt der Mittelpunkt von Goethes Liebesdichtung bleiben. Der Dichter widmet ihr auch öffentlich Arbeiten, etwa 1800 das Maskenspiel PALÄOPHRON UND NEOTERPE (Der Altgesinnte und die Neuvergnügte) zur Nachfeier ihres Geburtstages. Darin geht es um den Gegensatz zwischen Alt und Neu, um das richtige Verhältnis zwischen Vergangenheit und Zukunft. Nach einer Darbietung anlässlich des Geburtstages Anna Amalias am 24. Oktober 1800 stand der Theaterdirektor Goethe auf und kündigte der Fürstin in Versen das Maskenspiel PALÄOPHRON UND NEOTERPE als verspätetes Geburtstagsgeschenk an:

Die Du der Musen reinste Kost gesogen,
Verzeihe diesen bunten Augenschmerz.
Daß maskenhaft wir heut uns angezogen
Ist auf den Brettern ein erlaubter Scherz.
Und billig bist du dieser Schaar gewogen;
Denn unter jeder Maske schlägt ein Herz.
O! könntest du enthüllt das Innre sehen,
Es würden Ideale vor dir stehen.

Verehrung naht sich mit durchdrungnen Mienen,
Und Dankbarkeit mit frei erhobner Brust.
Die Treue folgt. Mit Eifer dir zu dienen,
Ist unablässig ihre schönste Lust.
Bescheidenheit, in zitterndem Erkühnen,
Ist sich der stummen Sprache wohl bewußt,
Und Wünsche knieen an den goldnen Stufen,
Dir tausendfält'ges Glück herabzurufen.

So scheint ein Tempel hier sich zu erheben,
Wo erst der Thorheit laute Schelle klang.
Der Bretter Knarren und der Spieler Beben
Erscheinet nun in einem höhern Rang.
Dir segnet diese Schaar ein schönes Leben!
Und lächelst du der Muse leichtem Sang,
So hörest du, von hier in wenig Tagen,
Mit etwas Neuem die das Alte sagen.[474]

Mit diesen Versen huldigt Goethe seiner heimlichen Geliebten. Unter Goethes Maske schlägt ein Herz, und könnte Anna Amalia dessen Inneres enthüllt sehen, so würden Ideale vor ihr stehen, nämlich seine vollkommene Liebe. Verehrung, Dankbarkeit und Treue empfindet Goethe für seine Prinzessin, mit Eifer ihr zu dienen ist unablässig seine „schönste Lust". Doch Goethe darf ihr nicht öffentlich seine Liebe gestehen, daher macht er es mit „stummer Sprache", indem er seine Liebesbeteuerungen verschlüsselt. Sein zitterndes Erkühnen „Ist sich der stummen Sprache wohl bewußt". Mit diesem Vers stellt Goethe einen Bezug zu einem entscheidenden Vers im PROLOG IM HIMMEL der FAUST-Tragödie her, der um diese Zeit entstand.[475] Dort sagt Gott zu Mephistopheles (Vers 328 f.): „Ein guter Mensch in seinem dunklen Drange/Ist sich des rechten Weges wohl bewußt." Auch sein Sammelwerk WINCKELMANN UND SEIN JAHRHUNDERT (1805) widmet Goethe Anna Amalia: „Freundlich empfange das Wort laut ausgesprochener Verehrung,/Das die Parze mir fast schnitt von den Lippen hinweg." Von den drei Parzen, die den Lebensfaden spinnen, bewahren und durchschneiden, meint Goethe die letzte, da er kurz zuvor sterbenskrank gewesen war.

Anna Amalia hatte es in ihrer Jugend nicht leicht, überhaupt konnte das Leben einer Prinzessin leicht zum Alptraum werden. Über die Jugendjahre der Fürstin gibt ihre autobiographische Aufzeichnung MEINE GEDANKEN Auskunft, vier beidseitig beschriebene Blätter, die auf das Jahr 1772 datiert werden und von denen vermutet wird, sie seien an Wieland adressiert gewesen, obwohl sie in Goethes Nachlass gefunden wurden.[476] MEINE GEDANKEN sind eine Art menschliche Bilanz gegen Ende von Anna Amalias Amtszeit als Regentin, ein schonungsloser Bericht, in dem etwa zu lesen ist: „Von Kindheit an – die schönste Frühlingszeit meiner Jahre – was ist das alles gewesen? Nichts als Aufopferung für andere. ... Ach und zu warmes Blut, welches durch jede meiner Adern wühlet! Jeder Pulsschlag ist ein Gefühle von Zärtlichkeit, von Schmerz, von Zerknirschung der Seele. – Gott! Jeder Gefangene sucht sich von seinen Ketten loß zu reißen: und ich – ich soll mit Geduld, mit so sehr bestürmter Sanftmuth meine Bande tragen? ... Nicht geliebt von meinen Eltern, immer zurückgesetzt, meinen Geschwistern in allen Stücken nachgesetzt, nannte man mich nur den Ausschuß der Natur. Ein feines Gefühl, welches ich von der Natur bekommen hatte, machte, daß ich sehr empfindlich die harten Begegnung fühlte. Es brachte mich öfters zur Verzweiflung sogar, daß ich einmahl mir das Leben ne[hm]en wolte." Mit Antritt der Regierung für ihren minderjährigen Sohn, in „denen Jahren, wo sonst alles blühet, war bei mir nur Nebel und Finsternis. ... Ach wie glücklich wär ich gewesen, wen ich damahls einen Freund gehabt hätte, der die große Kentnis des menschlichen Herzen beseßen, mir das aufzuschliessen, was mir selber ein Rätsel und in mir so tief verschlossen war. ... Tag und Nacht studierte ich, mich selbst zu bilden und mich zu den Geschäften tüchtig zu machen. Da fühlte ich nun, wie sehr ein Freund mir nöthig war, zu dem ich mein ganzes Zutrauen setzen könte. Es waren viele, die sich um meine Gunst und Freundschaft bewarben. Einige suchten sie durch Schmeicheleyen, andere durch den Falschenschein der Wahrheit und frommen Aufrichtigkeit, unter welchem sie ihre eigene Interessen suchten, und andere aus Eitelkeit, um sich damit zu brüsten.“ Einen aufrichtigen Freund fand sie zunächst in dem alten, auf ihr Betreiben hin geadelten Geheimrat Johann Poppo v. Greiner (1708–1772): „Von ihm habe ich die Wahrheit kennen lernen und sie lieb bekomen ... Wenn der Fürst und sein Freund edel gesint sind, so kan wohl nichts anders als wie größte und edelste Freundschaft entstehen ... Wenige Großen und wenige Menschen giebts aber, die ein edels Gefühl besitzen ... Bey Fürsten muß ich leider selber bekennen, daß es schwer ist, wahre Freunde zu finden, und wenn es wahre Freunde sind, sie zu erhalten. Sie sind von Jugend auf mit Ungezipher umringt. Hierdurch werden sie entweder mißtrauisch gegen alle, oder werfen sich unwürdigen Menschen in die Arme. Treffen sie jemand an, den sie ihrer Freundschaft würdig achten, so ist es etwas sehr Seltenes, daß dieser in seinem Gemüth nicht über sich selbst erhebet und die freundschaftliche Neigung des Fürsten Freundschaft alsdan nicht lange bestehet“.

In Tasso charakterisiert Leonore Sanvitale die Prinzessin mit den Worten (Vers 89 ff.): „Dich blendet nicht der Schein des Augenblicks,/Der Witz besticht dich nicht, die Schmeichelei/Schmiegt sich vergebens künstlich an dein Ohr:/Fest bleibt dein Sinn und richtig dein Geschmack,/Dein Urteil grad, stets ist dein Anteil groß/Am großen, das du wie dich selbst erkennst.“ Die Aufzeichnung Meine Gedanken ist an jemanden gerichtet, was schon aus Formulierungen wie „Könnte ich Ihnen beschreiben das Gefühl, welches ich bekam, als ich Mutter wurde!“ hervorgeht, und sie wurde in Goethes Nachlass gefunden. Dass Goethe sie nicht verbrannte, ist ein wichtiger Umstand, denn immer wieder veranstaltete er „Autodafés“, so nannte er die Vernichtung von Dokumenten.[477] 1797 hat er etwa in großem Umfang Briefe, die an ihn seit 1772 gerichtet worden waren, verbrannt. Verloren sind ganz oder zum Teil die Briefe des Herzogs Carl August,[478] seines Darmstädter Freundes Merck,[479] seiner Schwester Cornelia (1750–1777), seiner Mutter Catharina Elisabeth, vielleicht auch von Corona Schröter,[480] einer berühmten Schönheit, mit der Goethe im ersten Weimarer Jahrzehnt häufig verkehrte, auch um die Gesellschaft von seiner heimlichen Liebe zu Anna Amalia abzulenken. Wenn Goethe Meine Gedanken nicht verbrannt hat, so verfolgte er die Absicht, dass über sein Verhältnis zu Anna Amalia nachgedacht wird.

Dies führt zu der Frage, seit wann sich Anna Amalia und Goethe kannten. Die Spuren führen hier in das Jahr 1772: „Im Herbst 1772 bereits – so soll eine Tradition in der Goethe'schen Familie lauten –, fiel das schönheitskundige und schönheitsdurstige Auge der jungen Herzogin-Witwe Anna Amalie von Weimar im Bade Ems auf eine strahlende Jünglingsgestalt – strahlend von classischer Schönheit, Geist und Lebenslust. Die lebhafte, geistvolle, vorurtheilsfreie Fürstin liess sich den fremden vorstellen ..., Wolfgang Goethe aus Frankfurt a. M., auf der Heimkehr vom Reichskammergericht zu Wetzlar in's Vaterhaus. Die Herzogin fand ein so grosses Interesse an der geist- und witzsprudelnden Unterhaltung, an der ganzen zauberhaften Persönlichkeit des jungen Frankfurter Patriciersohnes, dass sie ihn freundlich nach ihrer Residenz Weimar einlud“.[481]

Goethe ist um den 13. September 1772 in Ems gewesen, in DICHTUNG UND WAHRHEIT, 13. Buch schreibt er: „... ich [genoss] einige Male des sanften Bades“.[482] Bei der Abfahrt von Wetzlar gab er noch seinem Freund Karl Wilhelm Jerusalem (1747–1772), dem Sohn von Anna Amalias ehemaligem Erzieher in Braunschweig und Stiefbruder des seit 1765 in Weimar tätigen Prinzenerziehers Johann C. Albrecht (vor 1736–1803),[483] ein ausgeliehenes Buch zurück. Der Selbstmord von Karl Wilhelm Jerusalem Ende Oktober in Wetzlar gab Goethe den Anstoß, den Briefroman DIE LEIDEN DES JUNGEN WERTHER (1774) zu schreiben, ein Roman, der ihn weltberühmt machte. Aus dem Fourierbuch für das Jahr 1772, in dem die Personen, die an offiziellen Veranstaltungen des Weimarer Hofes teilgenommen haben, aufgeführt sind, ergibt sich aber, dass Anna Amalia den ganzen September über der fürstlichen Tafel in Weimar vorsaß.[484] Wenn diese hofinterne Aufzeichnung nicht manipuliert wurde, so kam es zwischen Anna Amalia und Goethe jedenfalls nicht im September 1772 zu einer Begegnung. Das Entscheidende an der „Tradition in der Goethe'schen Familie“ ist jedoch, dass eine Begegnung Goethes mit Anna Amalia vor seiner Ankunft in Weimar 1775 stattgefunden haben soll.

Anna Amalias Sorge galt in ihren letzten Regierungsjahren der Vorbereitung einer standesgemäßen Heirat des Erbprinzen Carl August. Entsprechend könnte sie den Wunsch gehabt haben, inoffiziell die für ihren Sohn in Frage kommenden Prinzessinnen kennen zu lernen, und zu ihnen gereist sein. Im Rahmen einer Reise Anna Amalias vor 1775 kann es also zu einer Begegnung mit Goethe gekommen sein. In seiner Biographie der Jugendjahre DICHTUNG UND WAHRHEIT (1811–1831) konnte Goethe eine solche Begegnung nicht erwähnen, ohne damit zugleich das Staatsgeheimnis zu gefährden. Vielleicht war es nicht nur eine Ironie des Schicksals, dass das Anstellungsdekret für Wieland, das ihn zum Prinzenerzieher berief, von Anna Amalia am 28. August 1772 unterschrieben wurde, an Goethes 23. Geburtstag. Die berühmte Seylersche Schauspieltruppe, die von 1771 bis zum Schlossbrand 1774 in Weimar spielte, musste bereits die Aufmerksamkeit des jungen Goethe auf Weimar gelenkt haben: „Von den dortigen Verhältnisse [in Weimar] hatte auch Goethe, schon ehe Knebel zum ersten Besuch in Frankfurt bei ihm eintrat, manches günstige vernommen.“[485] Überhaupt ist es verwunderlich, wie selbstverständlich Knebel, obwohl nur ein paar Wochen zuvor an den Weimarer Hof berufen, Goethe Ende 1774 aufsuchte, zu den Weimarer Prinzen führte und die Versöhnung mit Wieland, den Goethe mit der Satire GÖTTER, HELDEN UND WIELAND (März 1774) verspottet hatte, vorantrieb. Wieland war danach so verstimmt, dass er Goethe gegenüber Freunden als seinen Todfeind bezeichnete.[486] Als Carl August erstmals Goethe einlud, wusste der in Deutschland gefeierte Dichter des GÖTZ (1771/73) und des WERTHER (1774) treffsicher, was dem 17-Jährigen, der noch unter dem erzieherischen Einfluss von Wieland und Graf Görtz stand, zu hören gefällt, nämlich nichts von seiner Dichtung, vielmehr etwas über Autoren, „deren Talent aus dem tätigen Leben ausging und in dasselbe unmittelbar nützlich sogleich wieder zurückkehrte".[487] Daher spricht er mit dem Erbprinzen Carl August über Justus Möser (1720–1794), einen Staatsmann und Schriftsteller im Geiste der Aufklärung, dessen erster Band der PATRIOTISCHEN PHANTASIEEN (1774), die Goethe bereits kannte, auf dem Tisch des Zimmers lag, in dem er empfangen wurde. Nachdem die Aufgabe, Anna Amalias zweiten Sohn zu erziehen, beendet war, wurde Knebel weiter ohne feste Aufgabe besoldet – genauer ohne offizielle feste Aufgabe, denn tatsächlich hatte er immer wieder delikate Aufträge diplomatischer und geheimdienstlicher Art zu verrichten, etwa für Goethe, Anna Amalia und Carl August. Knebel übte insofern eine ähnliche Funktion wie Frau v. Stein aus und immer, wenn es in Weimar heikel wird, ist er zur Stelle. Frau v. Stein und Knebel verband eine innige Freundschaft, was ein lebenslanger Briefwechsel dokumentiert, etwa ein Brief vom 22. Juni 1816 an den Freund in Jena: „Hier [in Weimar] erzählt man, in Jena hätte man wegen dem Untergang der Welt durch zwei Planeten, die zusammenstoßen, eingepackt und Betstunde gehalten. Man habe sich aber verrechnet, und ist nun diese Begebenheit bis zum 25sten hinausgeschoben. Ich hoffe, der Umsturz soll die guten Freunde zusammenbringen, und mein Haus wird auf einmal neben das Ihrige gesprungen sein."[488] Marie Therese Heyne (1764–1829) beschreibt Knebel, den Goethe im Alter seinen Urfreund nannte, um 1785: „Herr von Knebel ist ein sonderbarer Mann, nun wohl 40 Jahr; was er bekleidet für ein Amt, ist nicht herauszubringen … bald füllt sich sein Auge mit Tränen und sieht sanft, bald sieht er streng und wild, dann steht er auf und geht einmal hastig die Stube hinab, seufzt tief und gebrochen, setzt sich wieder und ist heiter. … Gut muß er sein: er geht so sanft mit seinen Bedienten um, sie scheinen ihn zu lieben. Er ist ein unzusammenhängender, sonderbarer Mann".[489]

Dafür, dass Goethe Anna Amalia vor 1775 kennen gelernt hat, spricht auch seine Satire GÖTTER, HELDEN UND WIELAND (1774). Darin wird Wielands Singspiel ALCESTE (1773), die erste in deutscher Sprache verfasste ernste Oper, verspottet. Anna Amalia regte diese Arbeit Wielands an, der musikbegeisterten Herzogin kommt damit das Verdienst zu, die Bedingungen geschaffen zu haben, dass die erste bedeutende deutsche Oper an ihrem kleinen Hof entstand. Sie soll darauf so gespannt gewesen sein, dass sie heimlich bei den Proben anwesend war.[490] Der junge Goethe kritisierte in seiner Satire den Dichterkollegen Wieland, denn seiner Meinung nach wäre für den athenischen Dichter Euripides (um 480–406 v. Chr.) die Bearbeitung seiner Vorlage bestenfalls mittelmäßig gewesen. Goethe stellt darin die Frage, für wen Wieland eigentlich schreibe, und lässt ihn darauf antworten: „Meine Fürstin" (Anna Amalia). Darauf wird erwidert: „Ihr solltet wissen, daß Fürsten hier nichts gelten". Das Gespräch findet in der Unterwelt statt, dort gelten Geburt und Herkunft nichts. Gegenüber Anna Amalia, die in MEINE GEDANKEN sich „von Jugend auf mit Ungezipher umringt" sah, nach deren Freundschaft „durch Schmeicheleyen, … durch den Falschenschein der Wahrheit und frommen Aufrichtigkeit" getrachtet wurde, stellte sich Goethe als ein Dichter dar, der Schmeicheleien gegenüber dem Fürsten nicht nötig hat. 1779 wurde Wielands ALCESTE im Weimarer Liebhabertheater parodiert, wobei Anna Amalia als Alceste auftrat, während Goethe den Herkules spielte, der Alceste von der Unterwelt in die Oberwelt zurückführt. Wieland, dem man die Aufführung eines anderen Stückes angekündigt hatte, war über die bissige komische Umdichtung seiner ALCESTE entsetzt und lief gekränkt aus dem Saal, konnte aber beim anschließenden Souper versöhnlich gestimmt werden.[491]

Auch über den Frankfurter Maler Kraus, der auf Vermittlung Bertuchs[492] einige Monate in Weimar gearbeitet hatte und 1775 kurz vor Goethe nach Weimar berufen wurde, erhielt Goethe Neuigkeiten über Weimar: „Beim Durchblättern und Durchschauen der reichlichen Portefeuilles, welche der gute Kraus von seinen Reisen mitgebracht hatte, war die liebste Unterhaltung, wenn er landschaftliche oder persönliche Darstellungen vorlegte, der weimarische Kreis und dessen Umgebung. Auch ich verweilte sehr gerne dabei, weil es dem Jüngling schmeicheln mußte so viele Bilder nur als Text zu betrachten von einer umständlichen wiederholten Ausführung daß man mich dort zu sehen wünsche" (DICHTUNG UND WAHRHEIT, 20. Buch). Hierbei wird Goethe zumindest den Entwurf für das Ölbild ANNA AMALIA von 1774 gesehen haben, auf dem sie in lässiger Haltung wie ein verliebtes junges Mädchen aussieht (ABB. 1), was krass im Gegensatz zu den sonstigen Darstellungen von ihr steht, auf denen stets eine standesbewusste Fürstin zu sehen ist. Auf einem Tisch, auf den sie ihren Arm stützt, liegt eine Querflöte – zu jener Zeit „ein sexuell konnotiertes Attribut"[493] –, Musiknoten, wobei ein Teil einer Textzeile mit den Worten „machen Herz und Hand" erkennbar ist, sowie zwei offen aufgeschlagene Bücher und ein drittes geschlossenes dazwischen, das die Aufschrift „Agathon. I. Teil" trägt. Aufschlussreich ist hier neben den Anspielungen auf Liebe und Erotik die Abbildung von Wielands Bildungs- und Erziehungsroman AGATHON von 1766/67, dem ersten von Bedeutung in der deutschen Literatur. Anna Amalia gibt damit Weimar als einen Ort der Selbstveredelung zu erkennen. Goethes Liebesbeziehung zu ihr wird später die Grundlage bilden, auf der er seinen Bildungs- und Erziehungsroman WILHELM MEISTER schreibt. Entsprechend beschreibt Goethe darin seinen Aufbruch von Frankfurt in die große Welt, er wolle „sich aus dem stockenden, schleppenden bürgerlichen Leben heraus … reißen, aus dem er schon so lange sich zu retten gewünscht hatte. Seines Vaters Haus, die Seinigen zu verlassen, schien ihm etwas leichtes. Er war jung und neu in der Welt, und sein Mut, in ihren Weiten nach Glück und Befriedigung zu rennen, durch die Liebe erhöht" (LEHRJAHRE I, 10).

Es fällt auch auf, dass jeder mögliche Kontakt Anna Amalias zu Goethe vor 1775 später verschleiert wurde, etwa ihre Begegnung mit Merck 1773, also zu einer Zeit, als dieser schon ein enger Freund Goethes war. Anna Amalia muss dem Kriegsrat Merck bei einer Reise, die ihn durch Erfurt führte, begegnet sein. Er begleitete im Mai 1773 die Landgräfin Karoline v. Hessen-Darmstadt (1721–1774) mit ihren drei Töchtern nach Russland, denn nach den Wünschen des Preußenkönigs Friedrich II. sollte eine der drei den russischen Thronfolger heiraten (Wilhelmine) und eine seinen eigenen Thronfolger (Friederike) – jenen Erbprinzen, der sich von Anna Amalias Schwester hatte scheiden lassen. Die übrig gebliebene konnte Carl August zur Frau bekommen (Luise). Die Reisegesellschaft machte in Erfurt Halt und dort sah Carl August in Begleitung seiner Mutter die Prinzessinnen und durfte dabei raten, welche er dereinst heiraten würde. In einem Brief vom August 1781 erinnert sich Anna Amalia an ihr erstes Treffen mit Merck, versetzt es aber in das Jahr 1778.[494] Man kann sich des Eindrucks nicht erwehren, dass nach einer ersten Begegnung Anna Amalias mit Goethe vor 1775 von Weimar aus verschiedene Verbindungen in Richtung des jungen Dichters geknüpft wurden, noch bevor Carl August Ende 1774 auf seiner Reise Goethe durch Knebel kennen lernte. Auch Frau v. Stein bahnte während ihrer Kuraufenthalte über den angesehenen Arzt Zimmermann, den sie seit 1773 kannte, einen Kontakt zu Goethe an. Zimmermann war es auch, der der Prinzessin Luise als künftige regierende Herzogin von Weimar Frau v. Stein als Vertrauensperson empfahl. In einem Brief an Frau v. Stein vor Luises Ankunft in Weimar im Oktober 1775 heißt es: „Ich habe dieser Prinzessin viel von Ihnen erzählt; ich habe sie angefleht, Sie sogleich bei ihrer Ankunft in Weimar kennen zu lernen. Ich habe ihr versprochen, daß sie in Ihnen die Freundin finden wird, die ihr not tut."

Auch der angeblich eher beiläufige Besuch Knebels Ende 1774 in Frankfurt, der zur Einladung Goethes nach Weimar führte, wäre demnach Teil der Ausführung eines Planes gewesen. Ziel dieses Planes war es, Goethe, „eine strahlende Jünglingsgestalt – strahlend von classischer Schönheit, Geist und Lebenslust" an Weimar zu binden, auf den, so die Tradition in der Familie Goethe, „das schönheitskundige und schönheitsdurstige Auge der jungen Herzogin-Witwe Anna Amalie von Weimar [fiel, eine] ... lebhafte, geistvolle, vorurtheilsfreie Fürstin".[495] Knebel hatte bereits Ende 1773 zwei Wochen in Weimar verbracht und bei Anna Amalia einen guten Eindruck hinterlassen.[496] Graf Görtz war gegen die Berufung des mit vielen Schriftstellern in Kontakt stehenden Schöngeistes Knebel gewesen. In einem Brief vom 13. Oktober 1774 von Anna Amalia an den Minister v. Fritsch berichtet diese vom glücklichen Ende der Berufungsverhandlungen für Knebel, die im Frühjahr 1774 begonnen hatten, und bei denen v. Fritsch als die treibende Kraft in Erscheinung trat: „Der Bürgerkrieg ist glücklich beendet; gestern Abend noch ist Görtz zu mir [Anna Amalia] gekommen".[497] Neben der Prinzenerziehung wäre es demnach Knebels geheime Aufgabe gewesen, dafür zu sorgen, dass der junge Erbprinz Carl August während seiner Auslandsreise, die bis nach Paris führte, von Goethe begeistert wird, um ihn dann, souffliert von Knebel, von sich aus nach Weimar einzuladen. Goethe scheint seinerseits auch auf eine Einladung nach Weimar gehofft zu haben. Als im März 1775 die anonyme Schrift PROMETHEUS, DEUKALION UND SEINE REZENSENTEN erschien, worin Kritiker von Goethes WERTHER mit beißendem Spott bedacht werden, darunter Wieland, war Goethe, dem sie zugeschrieben wurde, sofort um Schadensbegrenzung bemüht. Die Gräfin Görtz berichtet an ihren Mann nach Paris: „Es ist viel Geist in dieser Posse, aber sie verrät einen unwürdigen Charakter. Wieland wird ihm [Goethe] kurz und scharf antworten; er ist außer sich.“[498] Graf Görtz antwortete umgehend, ohne die Spottschrift gelesen zu haben: „Dieser Goethe ist ein gemeiner Kerl!“ Nachdem Görtz die Satire gelesen hatte, schreibt er einige Tage später: „Es ist eine Unfläterei! Weit entfernt, darüber zu lachen, fühle ich nur Abscheu. Sag' meinem Freunde Wieland, daß es unter seiner Würde ist sich mit bösen Bubens abzugeben. Er weiß, wie sehr mir das Rezept von Streichen auf die Fußsohlen sonst widerstrebt, aber Diesen da weiß kein anderes Heilmittel. Das ist sicher: Goethe und ich werden uns nie im selben Zimmer befinden!“ Als Zweifel über die Autorschaft Goethes laut wurden, war Görtz in Paris sich dennoch ganz sicher, dass sie von Goethe stammte, im April schreibt er seiner Frau: „Wieland ist sehr gutmütig, wenn er einen Zweifel hegt, ob Goethe der infame Verfasser des ‚Prometheus' ist. Ich bin dessen sicher.“[499] Da Knebel Goethes Partei ergriff, intrigierte Görtz gegen ihn. Carl August berichtete, dass Graf Görtz in Paris eines Tages vor dem Schlafengehen mehrmals zu ihm gekommen sei, um ihn eindringlich vor den Umgang mit Knebel zu warnen.[500] Goethe hatte inzwischen den Sturm-und-Drang-Dichterfreund Heinrich Leopold Wagner (1747–1779) als Autor der Spottschrift ausfindig gemacht. Goethe ließ sofort eine öffentliche Erklärung abdrucken, die er als erstes dem um Vermittlung mit Wieland bemühten Knebel nach Paris schickte.[501] Darin benannte Goethe Wagner als Autor der Spottschrift und fügte hinzu: „Ich glaube diese Erklärung Denen schuldig zu sein, die mich lieben und mir auf's Wort trauen. Übrigens war mir's ganz recht, bei dieser Gelegenheit verschiedene Personen aus ihrem Betragen gegen mich in der Stille näher kennen zu lernen.“[502]

Nachdem auch der Skandal um Wagners Spottschrift PROMETHEUS überstanden war, sahen sich Carl August und Goethe wieder im Mai 1775 in Karlsruhe, wo der Fürst seine Vermählung mit der Prinzessin Luise vorantrieb. Als der frisch inthronisierte Herzog Carl August im September 1775 zur Hochzeit nach Karlsruhe fuhr, lud er Goethe „aus spontaner Laune“[503] nach Weimar ein, was auf der Rückreise vom Fürstenpaar wiederholt wurde. Am 7. November 1775 betrat der junge Dichter die Stadt Weimar und sogleich ist bei Anna Amalia ein gelöster Goethe zu sehen. Wieland berichtete, dass Goethe sich in Anna Amalias Gegenwart „oft auf dem Boden im Zimmer herumgewälzt und durch Verdrehung der Hände und Füße ihr Lachen erregt hat.“[504] Mit Goethes Ankunft war Wieland von Goethes Zauber „dahin gebracht, daß ich ganz in ihm verliebt war und ihn wirklich anbetete.“[505] Weiter vertraute Wieland seinem Freund Böttiger an: „Als der Doctor und Exadvocat Göthe als Favorit des Herzogs hier eintrat, fand ihn auch die verwitwete Herzogin äuserst liebenswürdig und witzig. Seine Geniestreiche u. Feuerwerke spielte er nirgends ungescheuter, als bei ihr.“[506] Als die „lebenslustig-exzentrischen, sich genialisch gebärdenden und von Tyrannenhaß übersprudelnden Brüder“,[507] die Grafen zu Stolberg, Ende November 1775 für eine Woche in Weimar Station machten, urteilten sie über Anna Amalia: „Die verwitwete Herzogin, eine noch schöne Frau von sechsunddreißig Jahren, hat viel Verstand, viel Würde, eine in die Augen fallende Güte, so ganz ungleich den fürstlichen Personen, die im Steifsein Würde suchen. Sie ist charmant im Umgang, spricht sehr gut, scherzt fein und weiß auf die schönste Art einem etwas Angenehmes zu sagen.“[508]

Grave: Eine menschliche Katastrophe

Was ich besitze, mag ich gern bewahren:
Der Wechsel unterhält, doch nutzt er kaum.
Mit jugendlicher Sehnsucht griff ich nie
Begierig in den Lostopf fremder Welt,
Für mein bedürfend unerfahren Herz
Zufällig einen Gegenstand zu haschen.

Prinzessin in Tasso (1790), Vers 1882 ff.

... jeder flüchtigen Neigung will ich widerstehen, und selbst die ernstlichsten in meinem Busen bewahren; kein weibliches Geschöpf soll ein Bekenntnis der Liebe von meinen Lippen vernehmen, dem ich nicht mein ganzes Leben widmen kann!

Wilhelm Meisters Lehrjahre (1796), IV, 20

Der Übergang von einer feurigen Leidenschaft zwischen Anna Amalia und Goethe hin zu einer besonderen Art der Freundschaft erstreckte sich über ihre zwei Italienaufenthalte von jeweils 22 Monaten. In dieser Zeit trat David Heinrich Grave (1752–1789) in den engsten Kreis um Anna Amalia. Grave war ein „kenntnisreicher, musikalisch geschulter junger Mensch von schöner Gestalt und klangreicher Tenorstimme, dazu guter schauspielerischer Anlage und besonders ausdrucksvoller Mimik“.[509] Grave war bereits vor seinem Weimarer Engagement auf mehreren Bühnen gestanden, zuletzt in Berlin. Anfang 1785 stieß er zur Schauspielertruppe von Joseph Bellomo. Schon vor Goethes Flucht nach Italien war Grave von Anna Amalia als begabter Sänger entdeckt und gefördert worden. Im Frühjahr 1786 verließ er Bellomo und wurde Kammersänger bei Anna Amalia, lernte Italienisch bei Jagemann und bereitete sich auf eine Studienreise nach Italien vor. Henriette v. Egloffstein berichtet in ihrem Lebensrückblick dankbar über den Unterricht bei Grave im Jahre 1787: „Sie [Anna Amalia] hatte kaum zufällig vernommen, daß ‚eine Stimme des Wohllauts in mir wohne‘ –, so sandte sie mir ihren trefflichen Kammersänger Grave, der sonst niemand Unterricht erteilte, damit meine natürliche Anlage gründlicher ausgebildet werden möchte."[510] Auch Karoline Jagemann, in deren Haus Grave logierte, erinnert sich an Gesangsunterricht bei ihm und weiter: „Er war ein sehr schöner Mann… ein sehr guter Schauspieler und großer Favorit des Publikums, besonders der Damen."

Von Friedrich Schiller, der, von Existenzsorgen geplagt, in Weimar eine Anstellung erhoffte, stammt eine negative Bemerkung über Grave. Er spricht von einem Verhältnis zwischen Anna Amalia und Grave: „Die Herzogin [Anna Amalia] macht sich hier durch ein Attachement [Zuneigung] lächerlich, das sie für einen jämmerlichen Hund, einen Sänger, hat … Er soll nach Italien reisen, und man sagt ihr nach, daß sie ihn begleiten werde."[511] Dieses „Attachement" könnte staatspolitische Gründe gehabt haben. Nach Goethes Ansicht stand eine preußische Intervention unter der Führung von Graf Görtz unmittelbar bevor, so dass Anna Amalia womöglich den Eindruck erwecken wollte, über viele Liebhaber zu verfügen. Dies hätte den Verrat am Fürstenstand mit dem Dichter Goethe relativiert, vor allem gegenüber dem Reichstag in Regensburg, da die Ausschweifungen des nunmehrigen preußischen Königs Friedrich Wilhelm II. bekannt waren. Denkbar wäre auch, dass sie nach Goethes Flucht die menschliche Nähe eines fähigen, geistreichen Künstlers gesucht hat, ohne zu bedenken, welche Wirkung sie als Frau auf den 13 Jahre jüngeren Grave machte. Grave war unglücklich liiert, nach Karoline Jagemann soll er übereilt eine Verehrerin geheiratet haben, „die sich in den Bühnenhelden vergafft hatte und nach dem ersten Rausch mit dem Affektmenschen in Zerwürfnisse geraten war."[512] Die Nähe zur Fürstin sollte fatale Folgen für den Sänger haben.

Anfang 1788 ging Grave nach Italien, um sich im Gesang bei den italienischen Meistern zu vervollkommnen. „Empfehlungen und Ratschläge seines Sprachlehrers [Jagemann] brachten ihm den Vorteil, daß er beinahe umsonst wohnte und speiste, reiste und Theater wie Konzerte genoß, während jener seine anziehenden Schilderungen und Kritiken in seinen [Zeit-] Schriften verwertete."[513] Seine Berichte in der Gazzetta di Weimar zeigen einen außerordentlichen Musikkenner.[514] Im August 1788 trat Anna Amalia ihre Reise nach Italien an. Grave traf sie in Mailand, doch schloss er sich ihrer Reisegesellschaft erst in Rom an. Wie attraktiv der Sänger Grave für Frauen war, kann aus einem Brief von Caroline Herder an ihren Mann geschlossen werden. Herder hatte nicht die finanziellen Mittel, um auf eigene Kosten nach Italien zu reisen. Als der reiche Domherr Johann v. Dalberg (1752–1812) ihm anbot, ihn nach Italien zu begleiten, sagte er zu. Eine weitere Reisebegleitung Dalbergs war die junge Witwe Sophia v. Seckendorff (1755–1820), seine Mätresse. Herder ertrug nicht lange die Situation, eine in seinen Augen unmoralische Beziehung durch seine Anwesenheit als einer der führenden Theologen Deutschlands scheinbar zu billigen. Am 20. Oktober 1788 schreibt Caroline Herder an ihren Mann: „Eine ehrliche Frau treibts nicht so [wie Frau v. Seckendorff] … Das fatalste ist freilich daß du Dich nicht von Dalb.[erg] losmachen kannst. Sei doch auch gegen die

Herz.[ogin Anna Amalia] artig u. gut. Sie soll auf der Reise bisher unsäglich gut gewesen sein. Ich wollte daß die S.[eckendorff] mit dem Grave einen Roman anfinge u. dem D.[alberg] doch einmal die Augen aufgingen u. er sie in ein benachbartes Bad schickte. Ihre Aufführung ist unverschämt, unverschämt. An Hof u. in der Stadt spricht man: daß sie mit Ehren nicht mehr zurück nach Deutschl. kommen könnte."[515] Als Schwester der Musen bezeichnete Herder Anna Amalia in einem Geburtstagsgedicht vom 24. Oktober 1788: „Sei gegrüßet, schöne Sonne,/sei willkommen, Tag der Wonne/in den Musen Heiligtum./Ihre Schwester kommt zu ihnen;/holde Musen, ihr zu dienen/schafft uns ein Elysium."[516]

Am 11. April 1789 schrieb Herder an seine Frau: „Grave ist hier; er ist zu der Musik der H[eiligen] Woche, die, wie bekannt, in Rom einzig ist, hier angekommen u. wird wahrscheinlich mit nach Neapel reisen. Er logiert nicht bei uns, u. ich bin gewiß, daß die Herz.[ogin Anna Amalia] sich mit ihm so [Textvernichtung]".[517] Von ihrem „göttlichen Sänger" sprach Herder über Grave in einem Brief an Anna Amalia vom 29. Mai 1789.[518] Grave brach Anfang Juni 1789 im Gefolge Anna Amalias mit nach Neapel auf. In einem Bericht an Jagemann schreibt Grave aus Neapel: „Die Herzogin befindet sich wohl, lebt ohne Zeremoniell mit der Königin von Neapel wie mit einer Schwester und wird vom Adel angebetet. Sie hat mir anbefohlen, bei dem großen Sänger Aprile noch Lektionen zu nehmen, so daß ich bis Ende des Jahres hier bleiben werde. ... die Schönheiten des Abends und Morgens sind unbeschreiblich; wenn man nur zum Fenster heraussieht, ist man vor Entzücken außer sich. Könnte ich in diesem Paradiese sterben, dann hätte ich gelebt."[519] In dieser Zeit soll er Anna Amalia gebeten haben, im Falle seines Todes für seine Tochter zu sorgen.[520] Am 30. November 1789 ist Grave plötzlich tot. Nach einem Goethe-Biographen habe er sich „aus Verzweiflung bei Neapel ins Meer" geworfen, weil Anna Amalia seine Liebe nicht erwiderte.[521] Das Motiv des Suizids ist richtig benannt, doch hatte sich Grave einen Dolch ins Herz gestoßen. Charlotte v. Kalb überliefert in ihren Erinnerungen, was die Heimgekehrten berichteten: „In Neapel besonders bemerkte man an ihm eine düstere Stimmung. Die Herzogin mit ihrem Hofstaat war nach Ischia gereist, der Arzt, der Secretair, mit ihm zurückgeblieben, harrten vereint auf ihre Rückkehr. – Der Sänger in den Mantel gehüllt, den Hut tief in die Augen gedrückt, saß in einem Winkel. Ueber Verschiedens, die Reise betreffend, sprachen die Anderen und riefen ihn nun auf, noch bestimmter zu sagen, wie es gewesen sei. So hatten sie den Blick auf ihn gerichtet und wurden gewahr, daß er erbleicht war, traten ihn näher, sahen ihn erstorben, und rissen ihm den Mantel auf. Er hatte in der schweigsamsten Stille sich den Dolch in's Herz gestoßen."[522] Über diesen Fall gibt es nur „wenige, sehr gehaltene Berichte. Es ist, als ob man davor zurückschrecken würde, etwas zu sagen, was irgendwelche Folgen haben, was veranlassen könnte, tiefere Schlüsse zu ziehen, Zusammenhänge zu ergründen."[523] Graves Ehefrau Louise sprach in einem Brief an Einsiedel, worin sie von Anna Amalia eine beträchtliche Geldsumme forderte, von „Umstände die einen unglücklichen Einfluß auf sein Gemüth hatten“, bekäme sie das geforderte Geld nicht, so würde sie ihre Geschichte „ganz unverhohlen der Welt darlegen ... Nichts wird mich davon zurück halten.“[524]

In Zusammenhang mit Graves Selbstmord spielt immer wieder Anna Amalias Hofdame v. Göchhausen eine undurchschaubare Rolle, ihre sarkastischen Bemerkungen sollen Graves Entschluss ausgelöst haben: „... denn auch gegen die besten Freunde der Herzogin richtete die Göchhausen ihre Pfeile, war doch der junge Bury in Neapel der Meinung, daß die Sarkasmen des verwachsenen Hoffräuleins an Graves Selbstmord schuld seien“.[525] Nach Karoline Jagemann soll die Hofdame Intrigen gesponnen haben, durch die Grave angeblich die Unterstützung von Bellomo in Weimar verloren hatte, weil Grave inzwischen so gut war, dass er „nach einem großen Beifall das Weimarer Engagement im Stich“ gelassen hätte.[526] Karolines Begründung ist nicht plausibel, denn ein ausgezeichneter Künstler wie Grave hätte sich vor solchen Intrigen nicht zu fürchten brauchen. Zudem ist nicht vorstellbar, dass die Anna Amalia sonst treu ergebene Hofdame hinter ihrem Rücken derartige Intrigen gesponnen hat. Wichtig an diesem Bericht ist jedoch, dass die Hofdame eine Rolle bei Graves Selbstmord gespielt haben soll. Am 17. Oktober 1790, also knapp elf Monate nach Graves Tod, schreibt Goethe an Knebel: „Die Herzogin-Mutter ist schon seit einem Jahre mit der Göchhausen radikaliter broulliert [überworfen], es ist nicht möglich, daß sich das Verhältnis wieder herstelle; die Herzogin wünscht sie je eher, je lieber los zu werden.“ Auch von anderen wurde der Hofdame die Schuld an Graves Tod gegeben, so etwa von Frau v. Steins Schwägerin Sophie v. Schardt in einem Brief an ihren Neffen Carl v. Stein (1765–1837) vom 5. Dezember 1790: „Die Göchhausen, sagt man, sei ganz und gar in Ungnade gefallen, weil die Herzogin gemerkt, daß sie so viel an ihrer Tür horche und Grave totgeärgert hätte, ein schöner Hofdamenzug.“[527] Anna Amalia war demnach mit ihrer Hofdame unversöhnlich, weil diese am Selbstmord Schuld hatte. Der Umstand, dass sie dann doch nicht entlassen, sondern nur ihr Aufgabenbereich begrenzt wurde, deutet darauf hin, dass Anna Amalia bei sich selbst auch eine Schuld gesehen haben muss. Ein Brief von Knebel an seine Schwester bestätigt, dass das Motiv für den Selbstmord von Grave unerwiderte Liebe war: „Es hat sich ein sonderbarer Zufall ereignet, daß sich nämlich der Musikus Grave, der mit der Herzogin in Neapel war, und den sie sehr begünstigte, daselbst das Leben genommen hat. Man sagt, er sei in einen verwirrten Gemütszustand geraten; und in der Tat hatte seine Seele eben nicht große Kräfte, um einigen Aufruhr in derselben durch Übermacht der Vernunft zu schlichten und zu bestreiten.“[528] Leidenschaftliche Liebe ist einer der Gründe, wodurch ein Mensch einen solchen Aufruhr der Seele erleben kann. Grave hatte sich hoffnungslos in die Fürstin verliebt, Schiller wies schon vor ihrem Aufbruch nach Italien unmissverständlich in diese Richtung. Von Anna Amalia, die bereits mit 18 Jahren Witwe wurde, war – außer Schillers Bemerkung bezüglich Grave – nie etwas von einem

Liebesverhältnis bekannt geworden. Es muss für Grave unverständlich gewesen sein, warum diese Frau, die im Herbst ihres Lebens stand, ihm, dem umworbenen Sänger, nicht ihre Liebe schenkte, obwohl sie ihn doch sonst so sehr begünstigte und seine Begleitung offenbar wünschte. Da der unmittelbare Auslöser für seine Selbsttötung die Hofdame v. Göchhausen gewesen sein soll, die für ihre scharfe Zunge und ihre spitzen Bemerkungen, mit denen sie sich einen Ausgleich für ihre kleinwüchsige, bucklige Gestalt verschaffte, bekannt war, ist eine Indiskretion über Anna Amalias Liebesbeziehungen zu Goethe gegenüber dem heillos Verliebten denkbar. Ein Satz wie: „Schreib erst mal einen WERTHER, wenn du ihr Herz erobern willst!“ könnte Grave die Augen geöffnet haben. Werther erschießt sich zwar am Ende des Briefromans, davor dachte er aber an eine andere Art der Selbsttötung: „Ach, ich habe hundertmal ein Messer ergriffen, um diesem gedrängten Herzen Luft zu machen“ (WERTHER, Brief vom 16. März 1772). Grave nutzte die Abwesenheit Anna Amalias, um auch seinem „gedrängten Herzen Luft zu machen“.

Aus einem Brief von Friedrich Bury (1763–1823) vom 22. Dezember 1789 an Goethe geht hervor, dass versucht worden war, Anna Amalia die näheren Umstände von Graves Tod zu verschleiern: „Wie niedergeschlagen die liebe Herzogin ist, nach dem Tod des Grawe können sie nicht glauben; wenn sie zuerst seines Selbstmords noch bewußt, wäre sie ganz untröstbar; es ist wahr, daß sie für ihre große Musikliebhaberey, worin Sie ganz existieret, sehr vieles verlohren; besonders wenn sie sich wieder nach Deutschland denkt und die Repetitionen [Wiederholungen] gehabt von allem dem Schönen, was sie in Italien gehört, wäre sie herzlich vergnügt gewesen, und nun siehet die gute Dame alles durch den Verlust vereytelt.“[529] Es ist aber unwahrscheinlich, dass Anna Amalia, die für ihre Reisegesellschaft nach außen verantwortlich war, nicht sehr genau über alle wichtigen Umstände unterrichtet war. Auch Carl August äußerte sich über den tragischen Fall in einem Brief an seine Mutter vom 5. Januar 1790: „Gravens Tod bedauere ich sehr … Es ist schade, daß er nun keine Früchte tragen solle, für alles das, was Sie an ihn gewendet haben. Da bei dieser Gelegenheit eine ziemlich beträchtliche Pension in Ihren Beutel zurückfällt und Sie selbige doch wieder wahrscheinlich auf Musik verwenden wollen, so habe ich einen Vorschlag, wie Sie dieses tun könnten, indem Sie uns und dem Weimarer Publico einen guten Spectacle zu erhalten beitrügen, ohne sich die Last aufzubürden, einen Menschen auf immer und ewig zu behalten, den man endlich doch einmal gerne wieder los sein möchte“. Das klingt ziemlich gefühllos, doch ist darin auch eine Warnung an die Mutter zu sehen. Sie hätte Graves Verfassung vorher bemerken und entsprechend reagieren müssen.

In TASSO, Goethes großartigem Liebesdenkmal für Anna Amalia, beteuert die Prinzessin angesichts des Aufbruchs Tassos nach Rom, dass sie niemals einen anderen lieben könne als den Dichter (Vers 1882 ff.):

PRINZESSIN. Was ich besitze, mag ich gern bewahren:
Der Wechsel unterhält, doch nutzt er kaum.
Mit jugendlicher Sehnsucht griff ich nie
Begierig in den Lostopf fremder Welt,
Für mein bedürfend unerfahren Herz
Zufällig einen Gegenstand zu haschen.

Ihre Liebe gilt nur dem Dichter, der im Begriff ist, sie zu verlassen (Vers 1888 ff.): „Ihn mußt' ich ehren, darum liebt' ich ihn;/Ich mußt' ihn lieben, weil mit ihm mein Leben/Zum Leben ward, wie ich es nie gekannt." Entsprechend wird der Dichter beschrieben (Vers 230 ff.): „Er tobt nicht frevelhaft/Von einer Brust zur andern hin und her;/Er heftet sich an Schönheit und Gestalt/Nicht gleich mit süßem Irrtum fest und büßet/Nicht schnellen Rausch mit Ekel und Verdruß." In WILHELM MEISTERS LEHRJAHRE (1796) wird der Romanheld Wilhelm – mit der Wahl dieses Namens erweist Goethe „William" Shakespeare eine Reverenz – ein Gelübde ablegen (IV, 20): „... jeder flüchtigen Neigung will ich widerstehen, und selbst die ernstlichsten in meinem Busen bewahren; kein weibliches Geschöpf soll ein Bekenntnis der Liebe von meinen Lippen vernehmen, dem ich nicht mein ganzes Leben widmen kann!" Goethe und Anna Amalia hatten sich ewige Liebe geschworen. Der von Goethe in Sizilien gefasste Plan, künftig einander zu entsagen, bedeutete nur eine Erhöhung ihrer Liebe. Für Grave hatte die Fürstin nur Sympathie, nicht aber ihr Herz zu vergeben.

Angesichts der menschlichen Katastrophe mit Grave lässt die tief betroffene Anna Amalia noch in Neapel Goethe über Einsiedel bitten, sie in Italien abzuholen.[530] Der Dichter folgt dem Ruf und trifft am 31. März in Venedig ein. Er wartet in Venedig über vier Wochen auf Anna Amalia, obwohl er sie in wenigen Tagen hätte erreichen können. An dem Ort, an den ihn 1786 seine Flucht geführt hatte und von wo aus er sich in die neue Welt hätte einschiffen können, harrt nun der fest zur Entsagung entschlossene Goethe Anna Amalias Ankunft. Er darf nicht weiter, denn Graves Tod sollte keine weitere Katastrophe folgen. Er hatte für Christiane, die ihm inzwischen einen Sohn geboren hatte, Verantwortung zu tragen; auch durfte er Carl August nicht enttäuschen, dem er vor seiner Rückkehr aus Italien unbedingte Aufrichtigkeit versprochen hatte. Indem er in Venedig blieb, zeigte er Anna Amalia, dass zwischen ihnen nur noch die Entsagung sein durfte. Der literarische Ertrag dieser Zeit sind die VENETIANISCHEN EPIGRAMME, die unter anderem eine in beißendem Spott gekleidete Kritik gegen Klerus, Italien, Deutschland, die Liebe und anderes enthalten und als ein „Akt der Selbstreinigung" Goethes gesehen werden.[531] Eine Auswahl der Epigramme schenkte er Anna Amalia zu ihrem Geburtstag am 24. Oktober 1790: „Sagt, wem geb ich dies Büchlein? Der Fürstin [Anna Amalia], die mirs gegeben,/Die uns Italien noch jetzt in Germanien schafft" (EPIGRAMM 16). Seine Entsagung wird in EPIGRAMM 7 angesprochen: „Eine Liebe hatt ich, sie war mir lieber als alles!/Aber ich hab sie nicht mehr! Schweig, und ertrag den Verlust!“ Auch Selbstkritisches ist in den EPIGRAMMEN enthalten: „... denn Gaukler und Dichter/Sind gar nahe verwandt, suchen und finden sich gern“ (EPIGRAMM 47) und: „Frech wohl bin ich geworden; es ist kein Wunder. Ihr Götter/Wißt, und wißt nicht allein, daß ich auch fromm bin und treu“ (EPIGRAMM 74).

Anfang Mai 1790 erreichte Anna Amalia über Loreto, Bologna und Padua Venedig, sie schreibt darüber: „Ich kann nicht sagen wie mir es zumuthe war ich wurde traurig und beklomen. Die große Idee, die man so hat fand ich nicht; als ich in die Stadt der Kanäle kam nahm meine Traurigkeit zu, es kam mir alles melancolisch vor, als wir vor dem Gasthof ausstiegen fand ich Goethe und wurde wieder munter.“[532] Die Entsagenden verweilten noch einige Wochen in Venedig, bevor sie nach Thüringen aufbrachen. Am 14. Mai erlebten sie „die feierliche Vermählung des Dogen mit dem Meer ... die See [war] ruhig, und eine strahlende Sonne beschien das glanzvollste Ereignis des venezianischen Jahres. Die Barke des Dogen, der *Bucintoro*, wurde von Schiffen der venezianischen Kriegsmarine und von Hunderten, ja Tausenden von Gondeln eskortiert, der Markusplatz war ‚gedrängt voll', die Geschütze feuerten und alle Kirchenglocken läuteten.“[533]Auf dem Nachhauseweg legten sie so viele Zwischenstationen ein, dass Anna Amalia mit Goethe am selben Tag und zur selben Stunde wie dieser 1788 bei seiner ersten Italienreise in Weimar eintreffen konnte – am 18. Juni 1790 nachts um die elfte Stunde. Damit stand am Ende der leidenschaftlichen Liebe zwischen Goethe und Anna Amalia, am Ende der sie trennenden Aufenthalte in Italien ein dramatischer Todesfall. Mit diesem schweren Erbe wurden die Liebenden von ihren Göttern aus Arkadien entlassen, so schwer belastet sollten sie vereint nach Weimar zurückkehren, um fortan einander zu entsagen.

Ein Blendwerk: Briefe an „Frau v. Stein“

Hier gefällt mir die Pr[inzess] Charlotte, |: der verwünschte Nahme verfolgt mich überall : | doch habe ich auch nichts mit ihr zu schaffen aber ich seh sie gerne an, und dazu sind ia die Prinzessinnen.

Goethe an „Charlotte v. Stein“, 1. Januar 1780

Frau v. Stein stellt sich mehr denn je mit ihrem Freund [Goethe] öffentlich zur Schau, letztlich ist das meiste so geblieben, wie wir es verlassen haben.

Gräfin Görtz an ihren Mann, 24. Dezember 1780

Indessen muß man die Geschicklichkeit bewundern, womit diese Frau [Charlotte v. Stein] ihr künstliches Spiel durchzuführen wußte, so daß sie noch in späterer Zeit für Goethes Geliebte galt.

Henriette v. Egloffstein, Erinnerungen

Von 1776 bis 1789 schrieb Goethe mehr als 1.600 Liebesbriefe, die zwar an Frau v. Stein adressiert, jedoch an Anna Amalia gerichtet waren.[534] Es wird hier daher im Folgenden von Goethes Briefen an Anna Amalia („Frau v. Stein“) gesprochen und durch den Zusatz („Frau v. Stein“) deutlich gemacht, dass sie nicht an diese gerichtet waren. Anna Amalias („Frau v. Steins“) Briefe an Goethe sind bezeichnenderweise nicht erhalten.[535] Von 1796 bis 1826 schrieb Goethe wirklich 130 Briefe an Frau v. Stein, meist knapp und distanziert, hier sind die dazugehörigen Antworten erhalten. Bei einer kritischen Betrachtung von Goethes Briefen fallen Widersprüche auf und Zusammenhänge werden klar, ja es erschließen sich die einzelnen Phasen einer für die heimlich Liebenden unvermeidlichen Identitätstäuschung.

Zur Übermittlung von Goethes Briefen an Anna Amalia („Frau v. Stein") und umgekehrt gab es mehrere Möglichkeiten. Wichtig war es, einen Teil der Briefe über Frau v. Stein zu senden, um durch das Hin und Her der Boten die Weimarer Öffentlichkeit in dem Glauben zu wiegen, Goethe würde ein Verhältnis zur Hofdame unterhalten. Diese Briefe sind wohl von Frau v. Stein ungelesen weitergeleitet worden. Als Überbringer der nicht direkt an Anna Amalia übermittelten Briefe könnten Anna Amalias Vertrauten eingesetzt worden sein, vor allem die Hofdame v. Göchhausen und der Kammerherr v. Einsiedel, mit denen Frau v. Stein sich gut verstand. Dies zeigen die ganz wenigen erhaltenen Briefe. Am 13. Januar 1789 schreibt Luise v. Göchhausen aus Neapel an Frau v. Stein: „Mögten wir uns doch bald wiedersehen, du Liebe!"[536] Einen undatierten Brief an Einsiedel eröffnet Frau v. Stein mit „Lieber, allerbester Einsiedel!"[537] Wenn Goethe mit dem Herzog Carl August unterwegs war, ging die Post durch dessen Hände. Dieser kam am 2. Dezember 1776 hinzu, als Goethe einen Brief an Anna Amalia („Frau v. Stein") schrieb und unterzeichnete ihn ebenfalls. In einem Gedicht macht der nichts von der Identitätstäuschung ahnende Carl August sich über die vermeintlich von Frau v. Stein stammenden Briefe lustig, die in Wirklichkeit aber von seiner Mutter waren:[538]

> Es ist doch Nichts so zart und klein,
> So wird's doch Jemand plagen;
> Zum Beispiel macht Dein Briefelein
> Husaren sehr viel klagen.
>
> Heut sagte Der, der's Goethen bracht',
> Und schwur bei seinem Barte:
> „Viel lieber ging ich in die Schlacht,
> Als trüg' so Brieflein zarte!

In einem Brief von Goethe an Anna Amalia („Frau v. Stein") vom 13. März 1781 heißt es: „Der Herzog hat mir Ihren Brief den der Husar brachte, bis ietz vorenthalten, und schickt mir ihn in 10 übereinander gesiegelte Couverts eingeschlossen herauf." Das Blendwerk war auf allen Ebenen so glaubhaft inszeniert, dass niemand Verdacht schöpfte. Viele der kleinen Zettel dürften mit Brieftauben übermittelt worden sein, was auch ihr ungewöhnliches Format erklären würde, sowie den Umstand, dass oft täglich mehrere gewechselt wurden. Dies würde auch erklären, warum die Briefe von unbekannter Hand in Foliobände eingeklebt wurden,[539] denn durch das Einkleben wurde verhindert, dass erkannt werden konnte, dass die Briefe wohl gerollt oder gefalzt in einer Kapsel befördert worden waren. Ein Brief Goethes an Anna Amalia („Frau v. Stein") vom 21. August 1779 legt eine Beförderung durch Brieftauben nahe. Darin heißt es: „Ihre Tauben wissen gar nicht wie ihnen geschieht dass das Fenster sich nicht öffnen will." Die Fürstin Anna Amalia besaß Tauben, jeden Morgen fütterte sie diese in Tiefurt persönlich.[540] Brieftauben können an einem beliebigen Ort ausgelassen werden, sie kehren über hunderte von Kilometer immer wieder an ihren angestammten Schlag zurück. Mit Brieftauben wurde im antiken Griechenland der Sieg bei den Olympischen Spielen in die Heimat gemeldet.[541] Dank des Einsatzes von Brieftauben konnte Cäsar (100–44 v. Chr.) die römische Herrschaft in Gallien konsolidieren und ausbauen, denn in kürzester Zeit war er über Unruheherde informiert und hielt so die Rebellen mit wenigen Legionen in Schach. Viele Reiche des Orients richteten eine staatliche Brieftaubenpost ein. Kreuzfahrer brachten das Wissen um die Brieftaube wieder ins Abendland zurück[542] und „Klöster [wandten] sich mit besonderer Sorgfalt und Aufmerksamkeit der Taubenliebhaberei zu“.[543] Goethe brauchte also nur nach seinen nächtlichen Besuchen einige Tauben in entsprechenden Käfigen mitzunehmen, um in kürzester Zeit von einem beliebigen Ort aus Anna Amalia einen Liebesbrief zu senden.

Nur ein Teil der Briefe Goethes an Anna Amalia („Frau v. Stein“) sind erhalten. Aus den Postausgangslisten geht hervor, dass Goethe mehr Briefe geschrieben hat.[544] Es kann daher davon ausgegangen werden, dass Goethes Briefe an Anna Amalia („Frau v. Stein“) aussortiert wurden. Zum Teil sind nur einzelne Briefpassagen herausgeschnitten,[545] oft finden sich erklärende Randbemerkungen von Fritz v. Stein, der die Briefschaften von seiner Mutter erbte. Goethe und Anna Amalia verwandten ein Briefsiegel mit dem Schriftzug ALLES UM LIEBE (Umschlagrückseite). Dies ist das Motto aus Goethes Drama STELLA (5. Akt) von 1775 und daher als eine Art Entschuldigung zu verstehen, denn in dem Stück geht es um das Problem der Liebe eines Mannes zu zwei Frauen, in der ursprünglichen Fassung durch ein Zusammenleben der drei gelöst. Das Siegel ALLES UM LIEBE steht dafür, dass die Liebe als die höhere Handlungsmaxime vieles rechtfertigt, auch die Durchbrechung der gesellschaftlichen Konvention und Moral durch Täuschung. Im ersten Brief an Anna Amalia („Frau v. Stein“), wohl von Anfang Januar 1776, sträubte sich Goethe, der noch keine zwei Monate in Weimar weilte, das Siegel zu benutzen: „Und wie ich Ihnen meine Liebe nie sagen kann, kann ich Ihnen auch meine Freude nicht sagen ... Ebendesswegen – werd ich nie mit siegeln“. Er wird aber doch damit seine Briefe siegeln. Am 29. Januar 1776 heißt es zwar noch in einem Brief an Anna Amalia („Frau v. Stein“): „Es geht mir verflucht durch Kopf und Herz ob ich bleibe oder gehe.“ Doch bereits am 23. Februar 1776 schreibt er an dieselbe: „Ich liege zu deinen Füssen ich küsse deine Hände.“ Die letzte Strophe von RASTLOSE LIEBE von Mai 1776 zeigt, was Goethe zu bleiben bewog:

Wie soll ich fliehen?
Wälderwärts ziehen?
Alles vergebens!
Krone des Lebens,
Glück ohne Ruh,
Liebe, bist du!

Je genauer man Goethes Briefe untersucht, desto mehr fallen Ungereimtheiten auf. So ist nicht verständlich, warum überhaupt so viele Briefe geschrieben wurden, da Goethe in nächster Nähe zu Frau v. Stein wohnte, ab 1781 grenzten ihre Gärten sogar unmittelbar aneinander. Zu Anna Amalia hatte Goethe keinen unbeschränkten Zugang, ohne damit in der Öffentlichkeit Misstrauen zu erregen. In einem Gespräch mit Eckermann vom 7. Oktober 1827 berichtet Goethe, nach seiner Ankunft in Weimar 1775 „sehr bald wieder in leidenschaftliche Zustände geraten" zu sein. Nach einer größeren Reise zögerte er aber „die Geliebte zu besuchen. Auch hatte unsere Neigung bereits die Aufmerksamkeit der Leute auf sich gezogen, und ich trug daher Scheu, am offenen Tage hinzugehen, um das Gerede nicht zu vergrößern." Zwar versuchte Goethe plausible Gründe zu finden, um so oft wie nur möglich in Anna Amalias Nähe zu sein, etwa wenn er seine Arbeiten der Hofdame v. Göchhausen diktierte. Doch blieben die Möglichkeiten des Zusammenseins beschränkt, der briefliche Kontakt entschädigte sie also dafür. Es gab Veranstaltungen, bei denen sie offiziell Umgang miteinander pflegten, allen voran das Liebhabertheater. Dabei durften sie sich aber nicht zu oft oder gar zu intensiv anschauen, ohne das Geheimnis ihrer Liebe zu gefährden. Nur ganz am Anfang konnte Goethe der Geliebten schreiben (24. Februar 1776): „Ich habe nun wieder auf der ganzen Redoute [Maskenball] nur deine Augen gesehn – Und da ist mir die Mücke um's Licht eingefallen." Das erstmals 1789 veröffentlichte Gedicht NÄHE bringt die durch Vorsichtsmaßnahmen bedingte Dauersituation eher zum Ausdruck:

Wie du mir oft, geliebtes Kind,
Ich weiß nicht wie, so fremde bist!
Wenn wir im Schwarm der vielen Menschen sind,
Das schlägt mir alle Freude nieder.
Doch ja, wenn alles still und finster um uns ist,
Erkenn ich dich an deinen Küssen wieder.

Die Zeiten, in denen es „still und finster" ist und die Liebenden einander sehen, sind verhältnismäßig kurz. Fern von Anna Amalia schreibt Goethe am 25. August 1782: „Wie eine süse Melodie uns in die Höhe hebt, unsern Sorgen und Schmerzen eine weiche Wolcke unterbaut, so ist mir dein Wesen und deine Liebe. Ich gehe überall herum bey allen Freunden und Bekannten als wenn ich dich suchte, ich finde dich nicht und kehre in die Einsamkeit zurücke."

Frau v. Stein machte zu Beginn das bunte Treiben im Umfeld Goethes und Carl Augusts mit.[546] Mehr und mehr aber blieb sie weg. Jedes Jahr hielt sie sich im Hochsommer und im Herbst auf ihrem südlich von Weimar gelegenen Landgut Kochberg auf. Daneben unternahm sie lange Badeaufenthalte, oft war sie angeblich krank oder sonst unpässlich. Dies passt zu ihrer Stellung als intime Freundin der jungen Herzogin Luise, die sich auch gerne von allem fern hielt und der sie damit ihre angebliche Seelenverwandtschaft demonstrieren konnte.

Die Herzoginnen Luise und Anna Amalia waren extrem entgegengesetzte Charaktere und hatten nur den offiziellen Umgang miteinander. Luise pflegte einen intensiven Umgang mit dem Pastor Herder, der sie in seine Arbeiten einführte und in Latein unterrichtete.[547] Bei Herders Frau heißt es: „Sie [Luise] verehrte ihn besonders wegen seiner strengen Moralität."[548] Goethe fungierte als Seelendoktor der fürstlichen Ehe von Carl August und Luise.[549] Den Hang Luises, sich von allem geselligen Treiben zurückzuziehen, sowie ihre Beziehung zu ihrer Schwiegermutter Anna Amalia illustriert ein Brief, den sie im Juli 1777 Frau v. Stein schrieb: „Vorgestern war ich zu Ettersburg [bei Anna Amalia] und habe mich zu Tode gelangweilt. Ich versichere Ihnen, daß ich mich immer fürchte, dorthin zu gehen, obgleich die Stimmung meiner sehr teuren Schwiegermutter ein wenig besser ist als zu Ihrer Zeit. ... Was mich in [Schloss] Belvedere betrifft, so kümmere ich mich wenig um das Menschengeschlecht und wünschte, es kümmerte sich wenig um mich. ... Leben Sie wohl, meine teuere Stein! Ich liebe Sie von ganzem Herzen, seien Sie Dessen versichert! ... Kommen Sie bald zurück und vergraben sich nicht in Kochberg."[550] Ein Jahr später heißt es: „Ich muß wegen Ihrer langen Abwesenheit mit Ihnen zanken! Welchen unüberwindlichen Reiz hat denn Ihr Kochberg, daß Sie es trotz des kalten und trüben Wetters solange zurückhält? Oder sind Sie gegen Ihre Freunde gleichgültig geworden, daß es Ihnen nichts verschlägt, ob Sie Diese sehen oder nicht?"[551] In einem anderen Brief fragt die Herzogin Luise Frau v. Stein: „Sind Sie allein mit Ihren Ochsen und Kühen oder haben Sie noch andere Gesellschaft?"[552] Doch allein die Erfüllung ihrer von Anna Amalia übertragenen Aufgabe hielt die treue Hofdame v. Stein fern von Weimar. Wäre sie ständig um Goethe gewesen, so hätte dies die Gefahr erhöht, sich in Widersprüche zu verwickeln. Goethe musste ohnehin, wenn sie in Weimar war, oft bei ihr erscheinen, um die Identitätstäuschung glaubhaft zu machen.

Frau v. Stein war vor allem Anna Amalia treu ergeben. Diese hatte ihre Fähigkeiten erkannt und gefördert, ihr mit Josias v. Stein eine gute Partie ermöglicht und ihre Geschwister und Eltern unterstützt. Als ihre Fürstin nach der Regierungsübergabe an den unreifen 18-jährigen Carl August dabei war, mit Goethe sicherzustellen, dass das Land nicht in die Hände von korrupten Schmeichlern geriet, stand Frau v. Stein ihr uneingeschränkt zur Verfügung. In das „Staatsgeheimnis Goethe" war sie von Anfang an eingeweiht. Sie sorgte mit allen ihr zur Verfügung stehenden Mitteln dafür, dass es auch ein Geheimnis blieb, daher zog sie sich so weit wie nötig vom öffentlichen Leben zurück. Die Herzogin Luise interpretierte es als Zeichen einer gemeinsamen Gesinnung, für Anna Amalia war es Ausdruck unbedingter Treue. So beteiligte sich Frau v. Stein aktiv nur wenige Male am Liebhabertheater, etwa im Frühjahr 1776. Auch als Zuschauerin blieb sie meist, wie die Herzogin Luise, den Veranstaltungen fern.

Auffällig ist der Umstand, dass Goethes Mutter nur zwei Briefe an Frau v. Stein richtete (1785/1787), hingegen 49 Briefe an Anna Amalia schrieb (1778–

1787). Am 10. Februar 1829 notiert Eckermann eine Äußerung Goethes im Hinblick auf Anna Amalia: „Vollkommene Fürstin mit vollkommen menschlichem Sinne und Neigung zum Lebensgenuss. Sie hat große Liebe zu seiner [Goethes] Mutter und wünscht, dass sie für immer nach Weimar komme. Er ist dagegen." Zwar war das Gerücht, dass Goethes Mutter Catharina Elisabeth nach Weimar umziehen wolle, in Frankfurt eine hartnäckige Sage,[553] ein Umzug stand aber nie wirklich zur Debatte. Nicht einmal ein Besuch in Weimar kam zustande, obwohl Anna Amalia sie eifrig darum ersuchte und entsprechende Pläne begrüßte. Am 4. November 1778 schrieb sie etwa Catharina Elisabeth in Bezug auf einen geplanten Besuch in Weimar: „Freund Wolf [Goethe] wünscht es auch; wir haben letzthin recht viel davon gesprochen. Wir wollen dem alten Vater unter der Zeit schon allerhand Vergnügen verschaffen ... Ich denke, liebe Mutter, daß Ihr Herz wohl selbst genug für den Hätschelhans [Goethe] sprechen wird, um zu wünschen, ihn einmal wiederzusehen. Sie können nicht glauben, wie sehr ich mich darauf freue!"[554] Anna Amalia hatte 1778 eine Reise nach Frankfurt und an den Rhein unternommen und dabei Goethes Eltern kennen gelernt, auch später besuchte sie diese, etwa 1780 auf ihrer Reise nach Mannheim.[555] Am 3. August 1778 schreibt Goethe an Anna Amalia („Frau v. Stein") nachdem die Fürstin von ihrer mehrwöchigen Rheinreise einen Tag zuvor, am 2. August, zurückgekehrt war: „Liebste ich habe gestern Abend bemerckt dass ich nichts lieber sehe in der Welt als Ihre Augen, und dass ich nicht lieber seyn mag als bey Ihnen." Frau v. Stein hingegen besuchte erst 1789, als die angebliche Beziehung zu Goethe bereits beendet war, Goethes Mutter in Frankfurt. Anna Amalias Briefe an Frau Rat Goethe beginnen mit „Liebe Mutter!", steigern sich dann zu „Liebe, beste Mutter!". Wenn Goethe an Anna Amalia („Frau v. Stein") am 26. August 1781 schreibt: „Mit einem guten Morgen schick ich meiner besten einen Brief von meiner Mutter, um sich an dem Leben drinne zu ergötzen", konnte dieser Brief Frau v. Stein kaum interessiert haben, denn sie kannte Goethes Mutter nicht.

In einem Brief vom 31. November 1781 teilt Anna Amalia Goethes Mutter mit, dass ihr Sohn ein Haus am Frauenplan beziehe: „Auch habe ich ihm versprochen, einige Möbeln anzuschaffen, weil er so hübsch fein und gut ist. Sie werden also die Güte haben, liebe Mutter, und mir einige Proben von Zitzen zu schicken für Stühle und Kanapee und zugleich die Preise dabei."[556] Anna Amalia suchte also für Goethe die Ausstattung für die neue Wohnung aus und bezahlte sie. In einem Brief vom 9. Mai 1782 schreibt Goethe an Anna Amalia („Frau v. Stein"): „Wie freu ich mich auf meine neue Einrichtung! Auf alles was mir deine Liebe wird ordnen und erhalten helfen. Mögest du so viel Freude haben als du mich glücklich machst." Am 17. Oktober 1782 schreibt Anna Amalia an Goethes Mutter: „Ich könnte viel Schönes von hier sagen. Unter anderem, daß das Palais des Herrn Geheimden Rats v. Goethe von außen und von innen prächtig geschmückt wird und daß es eins der schönsten in der Stadt Weimar werden wird."[557] Das Haus am Frauenplan (1709) war zu dem Zeitpunkt, als Goethe es bezog, das einzige in Weimar, das „an Größe und architektonischer Instrumentierung mit dem Wittumspalais zu vergleichen“ gewesen wäre.[558]

Bereits frühe Briefe Goethes an Anna Amalia („Frau v. Stein“) beinhalten viele Äußerungen, die auf das Motiv einer Nachtliebe sowie auf ein Verbot ihrer Liebe hinweisen. Am 14. April 1776 schickt Goethe Anna Amalia („Frau v. Stein“) das Gedicht „Warum gabst Du uns die tiefen Blicke“ mit den Versen: „Und wir scheinen uns nur halb beseelet/Dämmernd ist um uns der hellste Tag/ Glücklich, daß das Schicksal, das uns quälet,/Uns doch nicht verändern mag“. Der hellste Tag vermag eben nicht ihre Liebe zu zeigen, denn diese spielt sich im Verborgenen, in der Dämmerung und in der Nacht ab. Ein Billet, wohl von April 1776, lautet: „Wir können einander nichts seyn und sind einander zu viel“. Am 24. Mai 1776 schreibt Goethe: „Die Welt die mir nichts sein kann will auch nicht dass du mir was seyn sollst“. In einem Vierzeiler vom 29. Juni 1776 heißt es: „Hier bildend nach der reinen stillen/Natur ist ach! mein Herz der alten Schmerzen voll./Leb' ich doch stets um derentwillen/Um derentwillen ich nicht leben soll.“ Dieses Verbot ihrer Liebe ist ein Dauerthema und bald nicht mehr damit erklärbar, dass Frau v. Stein verheiratet ist, denn es ist etwas Unüberwindbares. Um den 22. Juli 1776 dichtet Goethe:

Ach so drückt mein Schicksal mich,
Daß ich nach dem Unmöglichen strebe.
Lieber Engel für den ich nicht lebe,
Zwischen den Gebürgen leb ich für dich.

Damit auch sonst in Weimar kein Zweifel an Goethes angeblicher Liebesgeschichte mit Frau v. Stein aufkam, gab Goethe etwa die Anfertigung einer aufwendigen Schreibkommode für sie in Auftrag.[559] Durch die sorgfältigen Anweisungen für die Herstellung musste sich bei den beteiligten Handwerkern die Ansicht festigen, dass dieser seltsamen Beziehung sittlich Höheres zugrunde liege. Ein schwieriges Unterfangen, das aber vollbracht wurde. Zunächst klatschte man eifrig über Frau v. Steins undefinierbare Beziehung zu Goethe, die Gräfin Görtz berichtet hierüber an ihren Mann am 11. Juni 1780, dass Frau v. Stein „geduldig das Geschwätz in der Öffentlichkeit“ ertragen würde.[560] Später tadelte niemand mehr die Beziehung, denn man glaubte an ihrer beiden „Reinheit“,[561] vor allem, weil keine Leidenschaft erkennbar war, gingen sich die „Liebenden“ doch lieber aus dem Weg. Obwohl seit Frühjahr 1779 an der Schreibkommode gearbeitet wurde, ließ Goethe sie einfach nur in Frau v. Steins Haus bringen, während er sich in der Schweiz aufhielt. Aus einem Brief vom 4. Juli 1779 wird geschlossen, dass Goethe beabsichtigte, ihr den Schreibtisch früher zu schenken.[562] Der Brief lautet: „Ich weis nicht ob der 5 Jul auch in ihrem Calender mit Charlotte bezeichnet ist, in meinem stehts so und ich hatte gehofft ihnen zum Morgengrus ein Zeichen einer anhaltenden Beschäftigung für sie zu schicken. Er wollte mir nicht gelingen, drum schick ich Ihnen das schönste von meinem Hausrath. Ich kan diesen mir so ominosen [unheilvollen, anrüchigen] Nahmenstag nicht vorbeygehn lassen ohne Ihnen anders als alle Tage zu sagen dass ich sie liebe.“ Vom ominösen Namenstag kann er unmöglich einer Frau schreiben, die Charlotte heißt und seine Liebe erwidert. Während „Omen“ (Vorzeichen) des Zusatzes gut oder böse bedarf, ist die Bedeutung von „ominös“ auf schlechtes Omen festgelegt.[563] Goethe verwendet in seinem Werk dieses Wort nicht oft, doch wo es vorkommt, ist seine Bedeutung negativ, etwa im GÖTZ (1771/73): „... lieber das Geheul der Totenglocke und ominöser Vögel“ (II. Akt). Es handelt sich also um eine scharfe Bemerkung über den Namenstag von Charlotte v. Stein gegenüber Anna Amalia und damit um eine Kritik an der Notwendigkeit des Blendwerks. Kurze Zeit später trägt Goethe am 12. August 1779 im Tagebuch ein: „... hatte eine starke Erklärung mit ☾ [Anna Amalia] die auf das alte hinauslief. bey Verhältnisse die nicht zu ändern sind müssen gewisse Schärfigkeiten sich sammeln, und zuletzt irgendwo ausbrechen. Von Zeit zu Zeit wiederholt sich das. Übrigens gings gut.“

Anfang September 1780 dichtet Goethe noch das Gedicht WANDRERS NACHTLIED:

> Über allen Gipfeln
> Ist Ruh,
> In allen Wipfeln
> Spürest du
> Kaum einen Hauch;
> Die Vögelein schweigen im Walde.
> Warte nur, balde
> Ruhest du auch.

Gegen Ende des Monats sind es jedoch ganz andere Stimmungen, die ihn bewegen, denn Goethe ist rasend eifersüchtig. Goethe ist in Ostheim bei Meiningen; am 20. September 1780 heißt es in einem Brief an Anna Amalia („Frau v. Stein“): „Meine Natur schliesst sich wie eine Blume wenn die Sonne sich wegwendet“ und „weis Gott wohin wir alsdenn auseinander geschlagen werden. Addio“. Dass sich ihm die Sonne wegwendet, so dass er sich krank fühlt, kann sich nicht auf Frau v. Stein beziehen, die in Kochberg weilt und dort von Goethe auch besucht wird. Die Sonne, die sich von ihm abwendet, ist Anna Amalia, die zusammen mit Adam Friedrich Oeser eine Reise nach Mannheim unternimmt und die er daher für einen Monat nicht wiedersehen wird, denn bis zum 20. Oktober 1780 sollten Anna Amalia und Oeser unterwegs sein. Oeser war ein bedeutender Maler, Bildhauer und Kunsttheoretiker und war Goethes Zeichenlehrer während dessen Leipziger Studienzeit gewesen, der ihn als attraktiven Mann schilderte.[564] Er hatte Einfluss auf Johann J. Winckelmann (1717–1768) ausgeübt, der die das Barock ablösende Stilepoche des Klassizismus (um 1750–1830) auf die von Goethe und Anna Amalia geschätzte Formel „edle Einfalt und stille Größe“ gebracht hatte.

In Mannheim befand sich ein berühmter Antikensaal, in dem Abgüsse von bedeutenden Plastiken aufgestellt waren, etwa der Apoll von Belvedere, der sterbende Fechter, die Gruppe von Kastor und Pollux oder die späthellenistische Laokoongruppe. Die Laokoongruppe stellt einen trojanischen Priester und seine zwei Söhne auf dem Höhepunkt ihres vergeblichen Kampfes gegen zwei Schlangen dar, die sie erwürgen. Laokoon hatte davor gewarnt, das hölzerne Pferd der Griechen in die Stadt Troja zu bringen und wurde deswegen mit seinen Söhnen auf Veranlassung des erzürnten Gottes Apoll von den Schlangen getötet. Mit der Laokoongruppe gelang den rhodischen Bildhauern Hagesandros, Polydoros und Athanadorus eine der bedeutendsten Werke der Bildhauerei. Die Skulptur spielte eine zentrale Rolle in der Kunsttheorie von Winckelmann und Lessing (1729–1781).[565] Goethe, der um 1771 den Abguss sah, schrieb darüber: „Um die Intention des Laokoon zu fassen, stelle man sich in gehöriger Entfernung, mit geschlossenen Augen, davor; man öffne sie und schließe sie sogleich wieder, so wird man den ganzen Marmor in Bewegung sehen, man wird fürchten, indem man die Augen wieder öffnet, die ganze Gruppe verändert zu finden. Ich möchte sagen, wie sie jetzt dasteht, ist sie ein fixierter Blitz, eine Welle, versteinert im Augenblicke da sie gegen das Ufer anströmt. Dieselbe Wirkung entsteht, wenn man die Gruppe Nachts bei der Fackel sieht."[566] Um diese Schätze der Bildhauerei mit eigenen Augen zu sehen und zu studieren, fuhr Anna Amalia nach Mannheim. Lessing empfahl Künstlern den Besuch des Antikensaals, denn er gewähre mehr Vorteile „als eine Wallfahrt zu ihren Originalen nach Rom, welche großenteils zu finster, oder zu hoch, oder auch unter den schlechtern zu versteckt stünden, als daß sie der Kenner, der sie umgehen, befühlen und aus mehreren Augenpunkten beobachten will, gehörig benutzen könnte".[567] Anna Amalia war als Kunstkennerin Goethe ebenbürtig. In einem Brief an ihren Kunsthändler und Freund Merck vom 6. November 1781 heißt es etwa: „Vor einigen Tagen habe ich den ersten Ausguß der großen Vestalin erhalten, die zuerst mit in Herkulanum gefunden und jetzt in Dresden steht. Der Ausguß ist vortrefflich geraten; die Kenner vergleichen sie mit der großen Flora in Mannheim."[568] Anna Amalia und Goethe besaßen viele Abgüsse und ihre Sammlung erweiterten sie ständig. Sie förderten den Hofbildhauer Klauer und ermöglichten ihm 1779 einen längeren Studienaufenthalt in Mannheim.[569] Klauer fertigte Porträtbüsten von vielen Weimarer Persönlichkeiten an, darunter immer wieder von Anna Amalia und von Goethe (Abb. 6-9).[570] Auch eine Büste von Anna Amalias Hofdame v. Göchhausen wurde angefertigt, nicht aber von ihrer Hofdame v. Stein.

Nachdem die Geliebte also mit Oeser nach Mannheim abgereist war, schreibt Goethe in einem Brief vom 21. September 1780 an Anna Amalia („Frau v. Stein"): „... die Herzogin [Anna Amalia] geht mit Oesern nach Mannheim. Also sehe ich sie bald wieder. Ich sehne mich nach Hause wie ein kranker nach dem Bette. Wenn die Wolken über der Erde liegen sehnt man sich nicht hinaus." Goethe berichtet weiter, dass er und Carl August hohe Berge besteigen, er denkt an „die Gefahr sich mit einemmal herabzustürzen", dann wurden sie „von einer solchen Verklärung umgeben dass die vergangene und zukünftige Noth des Lebens, und seine Mühe wie Schlacken uns zu Füssen lag, und wir, im noch irdischen Gewand, schon die Leichtigkeit künftiger seeliger Befiederung, durch die noch stumpfen Kiele [Federn] unsrer Fittige spührten. Hiermit nehme ich von Ihnen Abschied". Das Wort Abschied bezieht sich deutlich auf die soeben abgereiste Anna Amalia. Unterzeichnet wird mit *„G. il penseroso fedele"* (der treue Grübler). Diese Bezeichnung nimmt auf die für Anna Amalias Geburtstag geplante Aufführung der Operette ROBERT UND KALLISTE ODER DER TRIUMPH DER TREUE, eine Bearbeitung der SPOSA FEDELE (Die treue Braut, 1778) von Johann J. Eschenburg (1743–1820) Bezug. Anna Amalia erscheint Goethe jedoch gar nicht als treue Braut, da sie mit Oeser nach Mannheim fährt. Da muss er als treuer Bräutigam zumindest zum treuen Grübler werden, der sich vorstellt, den Berghang hinunterzustürzen. Nach einem kurzen Brief vom 24. September 1780 tritt eine Pause ein, ab dem 4. Oktober hält sich Goethe dann auf Gut Kochberg bei Frau v. Stein auf. Dahin kommen am 9. Oktober der Herzog, Frau v. Steins Ehemann Josias und Knebel. Goethe reist am 10. Oktober nach Weimar ab, nachdem seine Geliebte ihm etwas Verletzendes gesagt haben soll – eine Formulierung, die er wählen musste, auch wenn die Mitteilung schriftlich aus Mannheim kam. Goethe ist ganz aufgewühlt und schreibt noch am selben Tag: „Was Sie mir heut früh zuletzt sagten hat mich sehr geschmerzt, und wäre der Herzog nicht den Berg mit hinauf gegangen, ich hätte mich recht satt geweint. Auf ein Übel häuft sich alles zusammen! ... Ich werde mich nicht zufrieden geben biss sie mir eine wörtliche Rechnung des Vergangenen vorgelegt haben ... Haben Sie Mitleiden mit mir. Das alles kam zu dem Zustand meiner Seele darinn es aussah wie in einem Pandämonium [Höllenspektakel] von unsichtbaaren Geistern angefüllt, das dem Zuschauer, so bang es ihm drinn würde, doch nur ein unendlich leeres Gewölbe darstellte." Am nächsten Tag folgt ihm Knebel nach Weimar und bleibt bei ihm. Goethe beruhigt sich dadurch etwas, seine Eifersucht nagt jedoch immer noch an ihm. Am 13. Oktober 1780 gibt Goethe zu, eifersüchtig zu sein: „Es ist wunderbaar und doch ists so, dass ich eifersüchtig und dummsinnig bin wie ein kleiner Junge wenn Sie andern freundlich begegnen."

Die Eifersucht kann sich nicht auf Frau v. Stein bezogen haben, denn diese weilte mit ihm auf ihrem Landgut Kochberg, Goethe bezieht sich also auf Anna Amalia und Oeser. Am 29. Oktober 1780, nachdem Anna Amalia wieder in Weimar ist und Goethe eingesehen hat, dass seine Eifersucht auf Oeser überzogen war, rechtfertigt sich der Dichter für sein Verhalten: „Ich weis nicht warum, aber mir scheint Sie haben mir noch nicht verziehen. ... So gehts aber dem der still vor sich leidet, und durch Klagen weder die seinigen ängstigen noch sich erweichen mag, wenn er endlich aus gedrängter Seele *Eli, Eli lama asabthani* [Mein Gott, mein Gott, warum hast du mich verlassen?, MATTHÄUS, 27, 46 f.] ruft, spricht das Volk, du hast andern geholfen hilf dir selber, und die besten übersezzens falsch und glauben er rufe dem Elia." Auch Goethes Klagerufe würden wie bei Christus falsch verstanden werden, denn dieser wandte sich an Gott, nicht aber an den Propheten Elia. Bei Goethes Eifersuchtsanfall würde man an Frau v. Stein denken, nicht aber an Anna Amalia und daher gar nicht verstehen, warum er leidet. In einem Brief vom 25. Januar 1781 an Carl August schließlich meldet Goethe nicht ohne ein wenig Genugtuung eine Skandalgeschichte vom Hof Anna Amalias weiter: „Apropos von Künstlern, die Christiane das leidige Stubenmädel an der Herzoginn Mutter Hof, ist von Ettersburg her schwanger, und giebt den alten Oeser zum Vater an. Die Herzoginn ist wild und droht ihr mit dem Zuchthaus, sie hat schon einmal in ihrer Aussage variirt."

Während Goethe noch auf Oeser eifersüchtig war, sinnierte er über seine Nachtliebe zu Anna Amalia. Nach einem Spaziergang bei „unendlich schönem" Mond fügte er dem Brief an die Geliebte vom 13. Oktober 1780 ein Gedicht bei. Das Lied legt er den Elfen in den Mund, gemeint ist zugleich ihre Nachtliebe, denn nur im Schutze der Nacht dürfen sie einander Geliebte sein:

Um Mitternacht
Wenn die Menschen erst schlafen
Dann scheinet uns der Mond
Dann leuchtet uns der Stern,
Wir wandeln und singen
Und tanzen erst gern.

Um Mitternacht
Wenn die Menschen erst schlafen
Auf Wiesen an den Erlen
Wir suchen unsern Raum
Und wandeln und singen
Und tanzen einen Traum.

Dass nachts erst ihr eigentliches gemeinsames Leben beginnt, steht in einem Brief an Anna Amalia („Frau v. Stein") vom 19. November 1784: „Morgen Abend komme ich wieder und wir setzen unser Leben fort." Am 25. Oktober 1780 berichtet Goethe von einem kurzen Zusammentreffen mit Merck in thüringischen Mühlhausen: „Mit Mercken hab ich einen sehr guten Tag und ein Paar Nächte verlebt. Doch macht mir der Drache immer bös Blut, es geht mir wie Psychen da sie ihre Schwestern wiedersah." Das Märchen AMOR UND PSYCHE von Apuleius (um 125–nach 161 n. Chr.) ist von ganz zentraler Bedeutung, da es in vielen Werken Goethes wiederkehrt. Knebel hatte das Märchen über das „standesungleiche" Paar am 10. Februar 1780 in Tiefurt vorgelesen. Der Gott Amor ist der Gatte der sterblichen Prinzessin Psyche. Sie hat seine wahre Gestalt noch nie gesehen, denn sie dürfen sich nur nachts und bei völliger Dunkelheit treffen. Da Psyches Schwestern neidisch sind, reden sie ihr ein, ihr Gatte sei ein Drache. Daraufhin setzt sich Psyche über das Verbot hinweg und beleuchtet Amors Antlitz. Ein herabfallender Tropfen heißen Öls weckt Amor, der zur Strafe Psyche verlässt. Erst nach harten Prüfungen, darunter ein gefährlicher Gang in die Unterwelt, werden die Liebenden wiedervereinigt, indem Psyche in den Stand der Götter erhoben wird.

Merck, der von der Identitätstäuschung nichts wusste, gab die Ansicht vieler Freunde wieder, wenn er Goethes „Beziehung" zu Frau v. Stein missbilligte. Die Hauptforderung des Sturm und Drang an den Dichter war, alles, was ihm im Leben begegnet, rein nach der Natur abzubilden. Die angebliche Liebesbeziehung des strahlenden jungen „Genie der Genies" (Knebel) mit der verheirateten Hofdame v. Stein schien keinen brauchbaren literarischen Ertrag zu bringen, und tatsächlich stockte Goethes Schaffen. Merck wollte daher Goethe energisch die Augen öffnen, Frau v. Stein sei – in der Sprache des Märchens – in Wahrheit ein Drache und er dabei, sich seiner außerordentlichen Fähigkeiten als unwürdig zu erweisen. Tatsächlich verbirgt sich hinter dem Drachen Frau v. Stein die Prinzessin Anna Amalia. Würde Licht über Goethes verborgene Liebe zur Fürstin Anna Amalia leuchten, ihre Beziehung also bekannt werden, so würden sie wie die Liebenden im Märchen getrennt werden. Die Liebenden sehen in dem Märchen eine Entsprechung für ihr Schicksal als heimliche Geliebte. Im Brief vom 1. Oktober 1781 schreibt Goethe von einer Gemme, einem Schmuckstein mit eingeschnittenem Bild, den er in Leipzig erworben hatte: „Es stellt Psyche vor mit dem Schmetterling auf der Brust in gelbem Achat. Es ist als wenn ich dich immer meine Liebe Seele [Psyche] nennte." Den Stein ließ Goethe für die Geliebte in einen Ring fassen (Brief vom 2. Oktober 1781) und sie siegelte damit ihre Briefe (Brief vom 27. November 1781). Da das Märchen AMOR UND PSYCHE große Bedeutung für das Liebespaar hatte, übersetzte Anna Amalia es für ihr TIEFURTER JOURNAL (ab November 1781). Am 29. Januar 1782 schreibt Goethe an Anna Amalia („Frau v. Stein"): „Nach überstandener Tageslast eilt ich zu dir … Ich fand dich nicht, und murrte einen Augenblick! dann ging ich in dem schönen Mondschein heraus und fand dein liebliches Wort wofür ich dir dancke. Psyche war nicht stumm. du Liebe!" Anna Amalia schmückte ihr Landhaus in Tiefurt unter anderem mit kolorierte Stichen, die die Geschichte von Amor und Psyche darstellen und vom bedeutenden Kupferstecher Nicolas Dorigny (1658–1746) 1693 nach Raffaels Fresken in der Villa Farnesina angefertigt wurden.[571] Goethe besaß diese Stiche auch, Anna Amalia scheint sie ihm im August 1778 geschenkt zu haben.[572] An Anna Amalia („Frau v. Stein") schreibt Goethe am 18. November 1786, Dorignys Vorlagen gesehen zu haben: „Heute haben wir in der Farnesina die Geschichte der Psyche gesehn, die du aus meinen Zimmern kennst." Am 16. Juli 1787 berichtet Goethe an dieselbe: „Gestern war ich mit Angelica in der Farnesina, wo die Fabel der Psyche gemahlt ist. Wie oft und unter wie manchen Situationen hab' ich die bunten Copien dieser Bilder in meinen Zimmer mit euch angesehn! Es fiel mir recht auf, da ich sie eben durch jene Copien fast auswendig weiß." Auch die Vorzeichnungen und -studien Raphaels (1483–1520) zu seinen Farnesina-Fresken spürte Goethe auf. Am 6. Mai 1788 schreibt er Carl August aus Florenz: „Am vorletzten Tage [in Rom] habe ich noch für ein geringes etwas für Sie gekauft das Ihnen auch gewiß Freunde macht. Die Geschichte der Psyche nach Zeichnungen von Raphael 32 Blat. Aus diesen hat er ernach die Süjets zur Farnesina genommen und sind daher doppelt interessant.“ In TASSO wird der Dichter und seine Prinzessin ebenfalls in Bezug zu dem Märchen gesetzt (Vers 228 ff.): „Es ist der Jüngling [Amor], der mit Psychen sich/Vermählte, der im Rat der Götter Sitz/ Und Stimme hat.“ Die erste Ausgabe von TASSO (1790) schmückte eine in Rom entstandene Darstellung der gefesselten Psyche von Julius Heinrich Lips (1758–1817).

Da das Liebespaar sich nur heimlich und im Schutz der Nacht sehen durfte, beklagt Goethe oft, nicht genug in der Nähe der Geliebten sein zu können. Wieder kann nicht Frau v. Stein gemeint sein, da Goethe zu ihr einen relativ freien Zugang hatte. In einem Gedicht, das er am 16. Dezember 1780 der Geliebten schickte, heißt es:

> Sag ich's euch geliebte Bäume
> …
> Ach ihr wisst es wie ich liebe
> Die so schön mich wiederliebt
> Die den reinsten meiner Triebe
> Mir noch reiner wiedergibt.
> …
> Bringet Schatten traget Früchte
> Neue Freude ieden Tag
> Nur dass ich sie dichte dichte
> Dicht bey ihr geniessen mag.

Goethe begann im April 1776 die Umgestaltung seines Gartenhauses und pflanzte Linden davor. Am 1. November 1776 war es Anna Amalia, die zu Goethes Garten spazierte und ihm die kleinen Lindenbäumchen aufrecht hielt, die er im Begriff war einzupflanzen. In Goethes Tagebuch heißt es: „Herz.[ogin] M.[utter] mit Jöchhaus [v. Göchhausen] über die Wiese. Linden gepflanzt.“[573] Auf diese Bäume scheint Goethe in seinem Gedicht anzuspielen.[574] Doch war es eine Ausnahme, dass Anna Amalia so zwanglos bei ihm sein konnte. Die Liebenden hatten nicht die Möglichkeit, sich jederzeit aufzusuchen, da die Fürstin Anna Amalia an einem reglementierten Hofleben teilnehmen musste. Da war ihr eigener Witwenhof mit Hofdamen, Koch, Konditor, Stubenmädchen bis hin zum Bibliothekar und Geheimen Sekretär, insgesamt an die dreißig Beschäftigten.[575] Auch der Hof des regierenden Herzogpaares legte ihr entsprechende Verpflichtungen auf. Jeden Sonntag ließ sich Anna Amalia in einer gläsernen Kutsche zum Mittagsmahl an den Hof ihres Sohnes Carl August fahren,[576] kurze Wegstrecken legte sie auch in einer Sänfte zurück (Abb. 11). Jeder ihrer Schritte außerhalb ihres privaten Bereichs wurde von Bediensteten begleitet: „Jede Tür, durch welche die Herrschaft bei gehaltenem Hofe aus- und eingingen, durfte nur von einem Pagen geöffnet und zugemacht werden. Fuhren die Herzoginnen mit ihrem Hofstaate irgend wohin, so mußte einer bei der Herzogin-Mutter im Wagenschlag hängen, ein anderer die Schleppe tragen".[577]

Dass Frau v. Stein nicht Goethes Geliebte gewesen sein kann, zeigt auch der Umstand, dass Goethe nicht ein paar Tage abwartet, um das Gedicht vom 16. Dezember 1780 an Frau v. Steins Geburtstag, den 25. Dezember, ihr zu überreichen. Statt dessen schreibt Goethe an ihrem Geburtstag nur, dass der Christtag ihm auch ein Geburtstagsfest sei. Von 1775 bis 1785 ist sonst nur noch ein Mal, nämlich am 25. Dezember 1781, von Frau v. Steins Geburtstag in einem Briefnachsatz die Rede: „Viel Glück zum Geburtstag." Dies, obwohl der Dichter Frau v. Stein anscheinend mit Briefen überschüttete. Bei einer weiteren Erwähnung am 26. Dezember 1785 muss diese nicht ihr gelten, Goethe könnte auch ein Weihnachtsgeschenk für Anna Amalia meinen: „Ich wusste wohl am heil. Abend daß ich dir noch etwas zu bescheeren hatte, konnte mich's aber nicht besinnen. Hier schick ich's nach." Das Jahr 1782 zeigt eindrücklich, dass für Goethe Frau v. Steins Geburtstag keine Bedeutung hatte. Ein Brief Goethes an „Frau v. Stein" vom 25. Dezember 1782 erwähnt ihren Geburtstag nicht. Sein Geburtstag im selben Jahr, den 28. August 1782, hatte Anna Amalia („Frau v. Stein") nicht vergessen: „Mein Bote war weg als der deinige kam, ich dancke dir für dein Andencken". Zu ihrem Geburtstag am 24. Oktober 1782 schenkte Goethe Anna Amalia etwas ganz Besonderes, in einem Brief von Anna Amalia an Knebel vom 8. November 1782 heißt es: „Goethe hat mich durch ein Geschenk von allen seinen ungedruckten Schriften sehr erfreut; sollte das einem nicht schmeicheln, lieber Knebel? Ich bin aber auch ganz stolz darüber."[578] Für Goethe war sein Werk untrennbar mit Anna Amalia verbunden, ihr will er seine künftigen Schöpfungen, die sie mannigfach verherrlichen sollen, zu Füßen legen. Von keinem der Geburtstage Frau v. Steins aus dem ersten Weimarer Jahrzehnt wird berichtet, dass er von Goethe gefeiert wurde. Bei Anna Amalia sind es von 1776 bis 1785 acht Geburtstage, an denen nachweislich gefeiert wurde oder die Goethe erwähnt. Goethe-Biographen ist diese Anhäufung zwar aufgefallen, sie konnten sie aber nicht erklären.[579] Auch danach finden Anna Amalias Geburtstage immer wieder Erwähnung, auch nach ihrem Tod. Frau v. Stein hingegen, die ihre Herrin Anna Amalia um 20 Jahre überlebte, erwähnt oder besucht Goethe gerade mal an drei Geburtstagen, zuletzt 1815.[580]

Am 12. März 1781 wünscht sich Goethe eine Art Heirat mit der Geliebten: „Meine Seele ist fest an die deine angewachsen, ich mag keine Worte machen, du weist daß ich von dir unzertrennlich bin und daß weder hohes noch tiefes mich scheiden vermag. Ich wollte daß es irgend ein Gelübde oder Sakrament gäbe, das mich dir auch sichtlich und gesetzlich zu eigen machte, wie werth sollte es mir seyn. Und mein Noviziat war doch lang genug um sich zu bedenken." Bei Frau v. Stein hätte es die Möglichkeit gegeben, dass sie sich scheiden ließ, was damals in dieser Gesellschaftsschicht nicht selten vorkam. Der Umkehrschluss von Goethes Aussage „ich wollte es gäbe" ist aber, dass es eben kein Gelübde oder Sakrament gab, das die Zugehörigkeit seiner Geliebten zu ihm nach außen manifestieren konnte. Goethe konnte Anna Amalia, obwohl sie Witwe war, nicht ehelichen, denn die Standesschranken waren unüberwindbar. In seinem autobiographischen Roman WILHELM MEISTERS LEHRJAHRE (VIII, 9) verschlüsselt Goethe diese Situation. In Bezug auf den Harfenspieler Augustinus heißt es: „Er solle sich überlegen, daß er nicht in der freien Welt seiner Gedanken und Vorstellungen, sondern in einer Verfassung lebe, deren Gesetze und Verhältnisse die Unbezwinglichkeit eines Naturgesetzes angenommen haben." Am 8. Juli 1781 schreibt Goethe: „Wir sind wohl verheurathet, das heist: durch ein Band verbunden wovon der Zettel aus Liebe und Freude, der Eintrag aus Kreuz Kummer und Elend besteht. Adieu grüse Steinen. Hilf mir glauben und hoffen." Die abrupte Erwähnung von Josias v. Stein, nachdem sich Goethe nach bisheriger Überzeugung als mit seiner Ehefrau „wohl verheurathet" bezeichnet, konnten Biographen[581] bisher nicht überzeugend erklären. Verständlich wird sie aber, wenn der Brief an Anna Amalia gerichtet war. Sie soll dem untröstlichen, von Zweifeln geplagten Dichter helfen, an eine gemeinsame Zukunft zu glauben und zu hoffen. Kreuz, Kummer und Elend zeigen für Goethe die Ausweglosigkeit dieser unstandesgemäßen Liebe, die nur nach innen gelebt werden kann und nach außen durch Täuschung geschützt werden muss, weil es keine Möglichkeit einer äußeren Legitimation gibt.

Goethe umrahmt verabredungsgemäß seine Liebesbriefe an Anna Amalia mit Sätzen, die auf Frau v. Steins familiäres Umfeld Bezug nehmen. Frau v. Stein kann diese Briefe daher im Bekanntenkreis zeigen. Außerdem wären Briefe, die in falschen Hände geraten, etwa wenn sie per Brieftaube gesendet wurden, ungefährlich. Der Briefwechsel ist daher so gehalten, dass jeder, der befugt oder unbefugt die Briefe einsah, nicht gleich Anna Amalia als Goethes Geliebte erkennen konnte. Die Bezüge auf Frau v. Steins Familie und Aufenthaltsort sind jedoch nur ein Blendwerk, also verabredete Anhängsel, die die Identität der Geliebten verbergen sollen. Wenn in diesen Anhängseln Frau v. Stein gebeten wird, in ihrem Bekanntenkreis etwas für Goethe zu tun, so versteht es Anna Amalia als einen Auftrag, ihrer Hofdame v. Stein umgehend entsprechende Aufträge zu erteilen. Ein Brief Goethes an Anna Amalia („Frau v. Stein") vom 12. Juli 1786 zeigt, dass Goethe bei der Verwendung des Namens Stein nicht genau sein musste. Goethe nimmt darin Bezug auf den Geburtshelfer der Herzogin Luise, Georg Wilhelm Stein aus Kassel: „So weit sind wir und noch alles stille; es ist eine gute Geduldsprobe für uns alle. Stein hat die besten Hoffnungen und für Mutter und Kind sind wir ruhig." Goethe verwendet den Namen Stein ohne Vornamen. Die Empfängerin verwirrt er damit nicht, sie bezieht ihn selbstverständlich auf den berühmten Geburtshelfer ihrer Schwiegertochter. Ein Kommentar führt hierzu aus: „Goethe [nennt ihn] merkwürdiger Weise ebenso kurzweg ‚Stein' … wie den Mann der Adressatin."[582] Die Vorsichtsmaßnahmen in Goethes Briefen werden am 1. Mai 1781 dadurch erhöht, dass der Name Lotte eingeführt wird: „Adieu Liebe Lotte. d. 1sten Wonnemond 81." Im nächsten Brief vom 3. Mai heißt es: „Ich bin geschäfftig und traurig. Diese Tage machen wieder in mir Epoche. Es häufft sich alles um gewisse Begriffe bey mir festzusezzen, und mich zu gewissen Entschlüssen zu treiben. Zu Mittage komm ich. empfange mich mit deiner Liebe und hilf mir auch über den dürren Boden der Klarheit, da du mich durch das Land der Nebel begleitet hast." Es ist nahe liegend, dass Goethe mit der Festsetzung von gewissen Begriffen den Namen Lotte meint, den er fortan des Öfteren verwenden wird. Es kostete ihn also doch einige Überwindung, seine Geliebte mit dem „ominösen" (1779), mit dem „verwünschten" (1780) Namen anzusprechen. Diese und weitere Vorsichtmaßnahmen hielten die Liebenden für erforderlich, weil das Interesse an Goethes undefinierbarem Verhältnis zu Frau v. Stein immer größer wurde. So besuchte etwa Lavaters Schwager, der Theologe und Übersetzer Georg C. Tobler (1757–1812), 1781 Weimar, blieb mehrere Monate und interessierte sich lebhaft für Frau v. Stein. Lavater hatte früh Goethes Größe erkannt, für ihn war Goethe „ein Genie ohne seinesgleichen".[583] Doch er nahm immer mehr eine unversöhnliche Haltung gegenüber Andersgläubigen ein, um sich endlich als Wanderprophet auf ausgedehnte Reisen zu begeben.[584] Die Kompilation PONTIUS PILATUS (ab 1782) versah Lavater mit dem Motto: „Wer nicht für uns ist, der ist wider uns"[585] In seinem JESUS MESSIAS (ab 1783) nahm Lavater Goethes Abbild für das des Teufels als des Versuchers Christi, was Goethe von ihm vollends entfremden sollte. In einem Brief an Anna Amalia („Frau v. Stein") vom 14. Juli 1786 fragt Goethe: „Was hab ich mit dem Verfasser des Pontius Pilatus zu thun, seiner übrigen Qualitäten unbeschadet." Als Lavater Goethe seine Bekehrungsschrift NATHANAEL (1786) mit der Widmung „Edler, Trugloser, Lieber Lieber!" sendete, notiert der zornige Goethe auf ein Konzeptpapier: „… du kommst mit deiner Saalbaderey an den unrechten. ich bin kein Nathanael … also pack dich Sophist. Oder es gibt Stöße!"[586]

Lavaters Schwager Tobler war eine Bekanntschaft von der Schweizer Reise Goethes mit Carl August. Damals schrieb Goethe über ihn an Lavater (2. November 1779): „… mein Geist ist ihm nah aber mein Herz ist fremd … Wohl ist uns zusammen nicht worden." Lavater war nun an Goethe sowie der Frau seines Herzen sehr interessiert, Tobler sollte herausfinden, warum er ausgerechnet mit einer verheirateten Mutter ein Liebesverhältnis unterhielt. Goethe schrieb Lavater etwa am 20. September 1780: „Auch thut der Talisman iener schönen Liebe womit die St[ein] mein Leben würzt sehr viel. Sie hat meine Mutter, Schwester und Geliebten nach und nach geerbt, und es hat sich ein Band geflochten wie die Bande der Natur sind." Im gleichen Brief beantwortet Goethe eine Anfrage Lavaters hinsichtlich dessen Freundin, der Witwe Maria Antonia v. Branconi (1746–1793), mit der Lavater ihn gerne liiert hätte: „Und Gott bewahre uns für einem ernstlichen Band, am dem sie mir die Seele aus den Gliedern winden würde." Frau v. Steins Freund Zimmermann nannte Frau v. Branconi „das größte Wunder von Schönheit, das in der Natur existiert".[587] Als Goethe Lausanne besuchte, traf er auf Frau v. Branconi, mit beißendem Spott schreibt er an Anna Amalia („Frau v. Stein") am 23. Oktober 1779, also einen Tag vor ihrem Geburtstag: „Sie kommt mir so schön und angenehm vor dass ich mich etlichemal in ihrer Gegenwart stille fragte, obs auch wahr seyn möchte dass sie so schön sey." Frau v. Branconi war ab 1767 die Mätresse von Anna Amalias Bruder, dem Erbprinzen Carl Wilhelm Ferdinand (1735–1806), gewesen und hatte ihm 1776 einen Sohn geboren. Als Goethe einer Einladung von Frau v. Branconi auf ihr Schlösschen in Langenstein folgte und mit dem kleinen Fritz v. Stein bei ihr erschien, schreibt er in einem Brief an Anna Amalia („Frau v. Stein") vom 20. September 1783: „... sie [Frau v. Branconi] wußte nicht woran sie mit mir war, und gern hätte ich ihr gesagt: ich liebe, ich werde geliebt, und habe auch nicht einmal Freundschaft zu vergeben übrig". Frau v. Branconi war an Goethe interessiert, doch konnte sie sich auf ihn keinen Reim machen, denn er verschmähte sie als berühmte Schönheit, um stattdessen scheinbar einer gewissen Frau v. Stein jahrelang treu zu bleiben, von der nichts Außergewöhnliches berichtet werden konnte. Bei vielen wurde also eine ungeheure Neugierde geweckt, und entsprechend galt das besondere Augenmerk von Tobler Frau v. Stein und ihrem Verhältnis zu Goethe. In einem Brief von Mai 1781 schreibt Tobler an Lavater: „Die angenehmste, umgänglichste ist die Fr[au] v. Stein. – Aber ich kann so wenig zu einem hohen reinen Grade von Achtung für sie kommen, als zu einem hohen Grade von Zärtlichkeit gegen Goethe ... Goethe hat mich gestern Abends noch in die Schule genommen, daß ich nicht zuviel aus ihrem Weimarerwesen etc. plaudern soll."[588] Untergebracht war Tobler bei Knebel, der auch hier seine diplomatische Arbeit bestens besorgte. Der Gast befand über ihn: „... ich kan offen gegen ihn seyn" (Brief an Lavater vom 7. Mai 1781).

Goethe gebrauchte zwar fortan den Namen Lotte, es taucht aber in seinen Briefen nur einen Monat später, am 1. Juni 1781, in einem Gedicht ein weiterer Name auf, mit dem er die Geliebte bezeichnet: Lydia, später Lida. Seinen Brief schließt er mit den Worten: „In dieser Welt meine beste, hat niemand eine reichere Erndte als der dramatische Schriftsteller, und die Weisen sagen: beurtheile niemand bis du an seiner Stelle gestanden hast." Das Gedicht in dem erstmals der Name Lydia verwendet wird, später mit dem Titel VERSUCHUNG versehen, lautet:

> Reichte die schädliche Frucht einst Mutter Eva dem Gatten,
> Ach! vom törichten Biß kränkelt das ganze Geschlecht.
> Nun vom heiligen Leibe, der Seelen speiset und heilet,
> Kostest du, Lydia, fromm, liebliches büßendes Kind!
> Darum schick ich dir eilig die Frucht voll irdischer Süße,
> Daß der Himmel dich nicht deinem Geliebten entzieh.

Durch den Namen Lydia wird es Goethe möglich, nie den Namen Lotte in seiner Dichtung verwenden zu müssen. Auch bei der häufigen Abkürzung L. ist nicht nachvollziehbar, welchen Namen er tatsächlich meinte. Dichtung ist etwa für den von Goethe geschätzten Philosophen Johann Georg Hamann (1730–1788) die Muttersprache des menschlichen Geschlechts, worin sich am reinsten der Nachhall göttlichen Sprechens offenbare, diese kann daher nur im Dienste der Wahrheit stehen. Im Brief vom 1. September 1781 kündigt Goethe das Gedicht DER BECHER an, worin er die Geliebte mit Lida anspricht und mit Psyche vergleicht: „Nein, ein solch Gefäß hat, außer Amorn,/Nie ein Gott gebildet noch besessen!" Ein Gedicht vom 9. Oktober ist das einzige, das in einer ersten Fassung den Namen Lotte trug, der aber durchgestrichen und mit dem Namen Lida korrigiert wurde. Der durchgestrichene Name Lotte ist von hoher symbolischer Bedeutung, die ersten Zeilen lauten: „Den Einzigen, ~~Lotte~~ Lida, welchen du lieben kannst,/Forderst du ganz für dich, und mit Recht./Auch ist er einzig dein." Aus einem Vierzeiler, den Goethe dem Brief vom 12. April 1782 an Anna Amalia („Frau v. Stein") beilegt, geht unmissverständlich hervor, dass die Empfängerin eine Fürstin ist. „Hier beste ein Epigramm, davon die Dichtung dein ist":

> Königen sagt man hat die Natur vor andern Gebohrnen,
> Zu des Reiches Heil längere Arme verliehn.
> Doch auch mir geringen gab sie das fürstliche Vorrecht,
> Denn ich fasse von fern und halte dich Psyche mir fest.

Später ersetzte Goethe den Namen Psyche mit Lida, die er synonym verwendet. Damit macht er deutlich, dass die Frau, die er anspricht, auch eine Fürstin ist.

Im Brief vom 1. September 1781, in dem Goethe der Geliebten eine Gemme aus gelbem Achat, auf der Psyche dargestellt ist, als Geschenk ankündigt, berichtet Goethe: „In Leipzig hab ich das Offenbare Geheimnis gesehen und mein Gewissen hat mich gewarnt." Das Thema des Theaterstücks DAS ÖFFENTLICHE GEHEIMNIS „ist die poetische Geheimsprache zweier Liebenden in Versen, deren Anfangsworte einen eigenen Sinn ergeben".[589] Die Warnung bezieht sich auf Goethes Sorge, dass sein Geheimnis erkannt werden könnte. Es folgt im Brief der Satz: „Meine Liebste ich habe mich immer mit dir unterhalten und dir in deinem Knaben gutes und liebes erzeigt. Ich hab ihn gewärmt und weich gelegt, mich an ihm ergötzt und seiner Bildung nachgedacht." Sollte die Warnung vor einer Entdeckung des Geheimnisses ernst genommen werden, so mussten weitere Vorsichtsmaßnahmen getroffen werden. Was lag da näher, als Fritz, Frau v. Steins Sohn, in seine Obhut zu nehmen, zumal es ihm sehr gedankt wurde. Fritz machte Goethes vorgetäuschte Liebe zu dessen Mutter ungleich glaubwürdiger, er sollte den Knaben so ins Herz schließen, dass es hieß, er würde sein Erbe werden. Goethe nahm nach seinem Umzug vom Gartenhaus in das Haus am Frauenplan im Juni 1782 Fritz, der deswegen in Weimar beneidet wurde, ganz zu sich, erzog ihn und nahm ihn öfters auf Reisen mit. Dadurch wurde die Plausibilität seiner seltsamen Verbindung buchstäblich in alle Gegenden getragen. Goethe machte dies zugleich Freude, denn er liebte Kinder. Aus seiner Zeit in Wetzlar im Sommer 1772 wird über ihn berichtet: „Die Augen von ganz Wetzlar waren auf einen Mann gerichtet, den sie nicht begreifen konnten, der bald am Markttag alle Kirschen am ganzen Markt aufkaufte, alle Kinder in der Stadt zusammentrommelte, und dann mit der Karavane nach [Charlotte] Buffs Hause zog, wo er die Kinder all im Kreise um die Körbe herstellte, und Lotte ihnen Butterbrodt dazu schnitt".[590] Auch in Weimar umgab er sich gerne mit Kindern und richtete für sie Feste ein. Für einen kleinen Jungen, der sich in der Tugend der Geduld üben sollte, wurde sogleich eine ungewöhnliche Lösung in Angriff genommen: Goethe grub ihn bis zum Hals in einen Sandhaufen ein.[591] Besonders begeistert aber waren die Kinder in Weimar, wenn Goethe sie im Liebhabertheater auftreten ließ, etwa für die, die Tanzunterricht hatten, im Ballett DER GEIST DER JUGEND (1782).[592]

Ab dem 23. August 1782 wurden die Vorsichtsmaßnahmen in Goethes Briefen erneut erhöht. Im sechsten Jahr fängt Goethe auf einmal an, die Fahrten von Frau v. Stein auf ihr Landgut Kochberg zu thematisieren: Sie solle zurück, er sei so allein, er vermisse sie. Frau v. Stein kam für einige Tage nach Weimar, Goethe reiste mehrmals im September kurz nach Kochberg oder dorthin, wo sich Frau v. Stein gerade aufhielt. In dieser Zeit, von Mai 1782 bis zum Frühjahr 1783, hielt sich der Franzose Anse de Villoison in Weimar auf,[593] ein Kenner der altgriechischen Sprache und Verfasser eines Homer-Wörterbuchs.[594] Carl August und Knebel hatten ihn auf ihrer Reise nach Paris (1774/75) kennen gelernt. In Paris „belagerte [Villoison] förmlich den Herzog und rüstete sich zu einem Hochzeitscarmen [-gedicht] für ihn, weil er glaubte, von ihm Orden und wohlklingende Titel zu ergattern".[595] Nun setzte er sich am Hof in Weimar fest und schien nicht mehr abreisen zu wollen, obwohl man ihm dies öfters nahe legte, zumal sein merkwürdiges Äußeres Gegenstand von Spott war.[596] Villoison, der über Gebühr lange in Weimar blieb, obgleich er es nicht nötig hatte, die Gastfreundschaft mehr als angemessen in Anspruch zu nehmen, musste Goethes Misstrauen erregen. Er hielt sich oft bei Anna Amalia in Tiefurt auf, wo er ihr Unterricht in Altgriechisch gab. Es wäre nicht undenkbar gewesen, dass jemand etwas von ihrem Geheimnis ahnte und diesen undurchsichtigen Gelehrten, der „alle philologischen Bücher, deren er habhaft werden konnte, zusammenkaufte, u. Kistenweise nach Paris schickte",[597] auf sie angesetzt hatte. Im Oktober 1782 kam zudem die Gräfin Görtz nach Weimar zu Besuch; ihrem Mann schrieb sie freimütig über die verbotene Liebe.[598] Goethe musste sich in Acht nehmen, der hohe preußische Diplomat Görtz hätte eine Intrige gesponnen haben können, um sich an Anna Amalia und an ihm zu rächen, an den „Urheber unserer Qualen", wie Görtz Goethe 1776 in einem Brief an seine Frau genannt hatte.[599] Der Beweis einer verbotenen Liebe zwischen dem Dichter und der Fürstin wäre für Erpressungen, aber auch für politische Zwecke wertvoll gewesen. Die Liebenden mussten also auf Einbrüche, Bestechung von Bediensteten und sonstige

Nachforschungen gefasst sein. In Tasso lässt Goethe den Herzog in Bezug auf den Dichter sagen (Vers 315 ff.): „… gegen viele/Hegt er ein Mißtraun, die, ich weiß es sicher,/Nicht seine Feinde sind. Begegnet ja,/Daß sich ein Brief verirrt, daß ein Bedienter/Aus seinem Dienst in einen andern geht,/Daß ein Papier aus seinen Händen kommt,/Gleich sieht er Absicht, sieht Verräterei/Und Tücke, die sein Schicksal untergräbt." Goethe und Anna Amalia werden noch vorsichtiger. Die Täuschung wird immer perfekter, denn ihre stete Sorge ist, einen verhängnisvollen Fehler zu begehen. Im Brief vom 4. Mai 1783 – der merkwürdige Villoison war längst abgereist – heißt es: „Die Art womit du mir gestern Abend sagtest du habest mir eine Geschichte zu erzählen ängstigte mich einen Augenblick. Ich fürchtete es sey etwas bezüglich auf unsere Liebe, und ich weis nicht warum, seit einiger Zeit bin ich in Sorgen. Wie wundersam wenn des Menschen ganzes schweeres Glück an so einem einzigen Faden hängt." Diese Äußerungen, dass Goethes Lebensglück an einem Faden hänge und er sich um seine Liebe Sorgen mache, ergeben in Bezug auf Frau v. Stein keinen Sinn. Die Entdeckung von Anna Amalias und Goethes Geheimnis hätte hingegen zu ihrer Trennung geführt. Die großen Lücken in Goethes Tagebuch – von Juli 1782 bis August 1786 ist gar kein Eintrag mehr vorhanden – sind mit Goethes und Anna Amalias immer größer werdenden Vorsicht zu erklären. Die Verwendung der Symbole aus dem Planetensystem in seinen Tagebüchern für seinen engsten Freuden hatte gerade den Zweck, das Tagebuch weiter führen zu können, ohne die Identitätstäuschung um seine Geliebte preiszugeben. Neben den Pflichtbesuchen bei Frau v. Stein, die auch mit dem Symbol der Sonne (☉) bedacht wurden, kann Goethe dieses Symbol gerade dann benutzen, wenn das Symbol des Mondes (☾) kompromittierend gewesen wäre, etwa am 13. Februar 1778: „Nachts zu ☉ wieder in Mondsch.[ein] mit ihr spazieren". Um die Gefahr eines fatalen Widerspruches zu vermeiden, verzichtete Goethe darauf, sein Tagebuch weiterzuführen.

Am 23. Juni 1784 folgt wieder ein bedeutungsvoller Vierzeiler, der ihre Nachtliebe betrifft, eingeleitet mit den Worten: „Wenn ich nur ein Andenken für dich irgendwo aussinnen könnte. Ich hatte vor in irgend einen Felsen einhauen zu lassen":

> Was ich leugnend gestehe und offenbarend verberge,
> Ist mir das einzige Wohl, bleibt mir ein reichlicher Schatz.
> Ich vertrau es dem Felsen, damit der Einsame rate,
> Was in der Einsamkeit mich, was in der Welt mich beglückt.

Goethe gibt hier zu, seine Liebe leugnend zu gestehen und offenbarend zu verbergen. Seine „Liebe" zu Frau v. Stein müsste er nicht dem Felsen anvertrauen, denn bei dieser gäbe es nichts zu raten. Das Gedicht ergibt also nur Sinn, wenn es um eine andere Person geht. Am 20. September 1784 spottet Goethe in einem Brief über die Täuschung, der Anfang lautet: „Wir erfüllen unsere Pflicht derart gewissenhaft, meine liebe Lotte, dass man am Ende beinahe über unsere Liebe in Zweifel geraten könnte."[600] Aus diesem Brief geht weiter hervor, dass der Besuch von Fritz Jacobi in Weimar langsam zum Problem wird, Goethe fährt ironisch gegenüber Anna Amalia („Frau v. Stein") fort: „Die Gegenwart Jacobis wäre mir doppelt so wert, wenn Du bei uns wärst. Es ist mir unmöglich, mit wem auch immer von Dir zu sprechen, ich weiß, daß ich immer zuwenig sagen würde, und zugleich fürchte ich, zuviel zu sagen. Ich wünschte mir, daß alle Welt Dich kennt, um mein Glück zu empfinden, das ich nicht auszusprechen wage. Es ist wahrhaft ein Verbrechen an der Freundschaft, daß ich mit einem Menschen wie Jacobi zusammen bin, mit einem so wahren und zärtlichen Freund, ohne ihn in den Grund meiner Seele blicken zu lassen, ohne daß er den Schatz kennenlernt, von dem ich mich nähre."[601] Goethe hatte Jacobi seit fast zehn Jahren nicht gesehen, sein Besuch sollte Zeichen einer Versöhnung nach einer „Buchkreuzigung" sein, denn Goethe hatte 1779 in Ettersburg Jacobis Roman WOLDEMAR, ein Stück, das in geschwollener Weise seinen WERTHER (1774) nachahmt, verspottet und anschließend an eine Eiche genagelt. Jacobi schrieb seinen Roman vor dem Hintergrund einer von ihm empfundenen Untreue Goethes als Freund.[602] Dieser wiederum scheint Jacobis übertriebene Sentimentalität auf Dauer nicht ertragen zu haben. Nachdem Jacobi die „Buchkreuzigung" bekannt geworden war, brach er den Kontakt zu Goethe ab. Erst 1782 kam es zu einer schriftlichen Aussöhnung, die Knebel in Absprache mit Anna Amalia und wohl auch Goethe vorbereitete.[603] Anna Amalia hatte Jacobi 1778 auf ihrer Rheinreise in Düsseldorf kennen gelernt, wobei ihr Eindruck nicht der beste gewesen sein konnte, denn sie ließ während Goethes Schweizer Reise (1779) dessen Spottrede auf Jacobis Roman drucken. Das Spotten über Eitelkeit und Selbstgefälligkeit im deutschen Literaturbetrieb gefiel Anna Amalia, denn ein Jahr zuvor lieferte sie die Liedvertonung von Goethes zweiter Fassung des JAHRMARKTSFESTS ZU PLUNDERSWEILERN (1778).[604] Jacobi war nach der Versöhnung besonders an einer Bekanntschaft mit Goethes geheimnisvoller „Geliebten" Frau v. Stein interessiert. Vor diesem Hintergrund ist der Satz „Wir erfüllen unsere Pflicht derart gewissenhaft, meine liebe Lotte, dass man am Ende beinahe über unsere Liebe in Zweifel geraten könnte" zu lesen. Goethe wendet sich an Anna Amalia und bittet um mehr Anstrengung hinsichtlich der Täuschung, da sonst Jacobi das vorgetäuschte Liebesverhältnis zu Frau v. Stein durchschauen könnte.

Ein Brief Goethes vom 24. Oktober 1784 beweist in aller Deutlichkeit, dass dieser an Anna Amalia und nicht an Frau v. Stein gerichtet war. Dieser Brief zeigt auch, dass die Briefzustellung auch ohne Umwege direkt an Anna Amalia erfolgen konnte. Goethe schreibt an Anna Amalias Geburtstag (ABB. 23): „Es wird nur auf meine Lotte ankommen wie und wo ich meinen heutigen Tag zubringen soll. Bleibt sie zu Hause so komme ich zu ihr und bringe meine Arbeit mit und auch Nahrung für Mittag und Abend. Will sie sich der Welt widmen, so bleibe ich zu hause, bin fleisig und geniese des Glücks ihrer Nähe erst wenn der

Hof sie entlässt. Adieu geliebteste. d. 24. Oktober 1784.“ An diesem Tag weilte Frau v. Stein auf ihrem etwa 35 Kilometer südlich von Weimar gelegenen Landgut Kochberg und konnte keine Veranstaltung am Hof wahrnehmen. Die Redakteure der Weimarer Ausgabe von Goethes Werken (1887-1919) – überzeugt, dass Frau v. Stein Goethes Geliebte war – datierten den Brief mit folgender Bemerkung auf 1785: „Am 24. Oct. 1784 war Frau v. Stein in Kochberg. Annahme, das Billet gehöre in 1783, ist darum abzuweisen, weil irrthümliches Schreiben der kommenden Jahreszahl erfahrungsgemäss sehr selten begegnet.“[605] Das Schreiben der vergangenen Jahreszahl im Oktober kommt indes auch sehr selten vor. Vor und nach diesem Brief wird Frau v. Steins Verweilen in Kochberg thematisiert. An Anna Amalias Geburtstag, dem 24. Oktober 1784, benutzt Goethe zwar den verabredeten Namen Lotte, daher ist der Brief nicht unterdrückt worden, er fasst ihn aber in bewusstem Widerspruch zum Aufenthaltsort von Frau v. Stein ab. Dieser Brief spiegelt Goethes entnervten Gemütszustand am Ende des ersten Weimarer Jahrzehnts. Er teilt also der Geliebten an ihrem Geburtstag mit, dass die Täuschung ihrer Liebesbeziehung abträglich ist. Selbst wenn Frau v. Stein in Weimar gewesen wäre, wäre das Billet vom 24. Oktober merkwürdig, denn von 1776 bis 1783 hat Goethe sechs Geburtstage Anna Amalias erwähnt oder mitgefeiert. Er hätte 1784 also nicht frei über diesen Tag disponieren können, da Anna Amalia alle Schöngeister zur Feier ihres Geburtstags nach Tiefurt eingeladen hatte, an erster Stelle Goethe, der am 28. Oktober 1784 dem verreisten Herzog berichtet: „Ihre Frau Mutter war am 24. Oktbr. vergnügt und munter. Alle dichterische Federkiele hatten sich geregt und allerley kleine harmlose Gaben waren dargebracht worden.“[606] Die Redakteure der Weimarer Ausgabe haben Goethes Briefe, vor allem die große Menge der undatierten, in Einklang mit Frau v. Steins Leben gebracht, was ihr Geheimnis noch mehr vertiefen musste.

Ab 1784 beinhaltet fast jeder Brief den Namen Lotte bzw. L., die hoffentlich baldige Rückkehr aus Kochberg ist Dauerthema. In einem Brief von Frau v. Stein an Knebel vom 20. April 1785 spricht diese beinahe unverstellt die verfahrene Situation an: „Es ist sonderbar, daß eben, da ich Ihren Brief erhalte, ich stilltraurig über denselben Gegenstand nachdachte, davon Sie mir schreiben. Aber leider ist's da …, wo unser Freund [Goethe] die Hoffnung aufgegeben, Nichts zu ändern, weil Nichts zu hoffen ist und moralisch-unrichtiger Takt und Töne in unserm System herrschen. Aber als ein weiser Mann wird er sich's wohl mit der Zeit zurechtlegen.“[607] Bei Goethes verbotener Liebe gibt es also für Frau v. Stein, die hier kaum über sich selbst spricht, nichts zu ändern oder zu hoffen, weil „moralisch-unrichtiger Takt und Töne in unserm System herrschen“.

Erst im Vorfeld und vor allem während seiner Flucht nach Italien enthalten Goethes Briefe wieder Hinweise auf das Geheimnis. Am 25. Juni 1786 heißt es: „Ich korrigiere am Werther und finde immer daß der Verfasser übel gethan hat sich nicht nach geendigter Schrifft zu erschiesen.“ Es muss etwas Gravierendes passiert sein, sonst ist ein solcher Satz an die Geliebte nicht erklärbar. Anna Amalia galt gerade in dieser Zeit als schwer krank, im Mai und Juni soll Anlass bestanden haben, um ihr Leben zu fürchten.[608] Womöglich hatte Fritz, der „Verräter“, schon anonym zu erkennen gegeben, dass er um Goethes Geheimnis wusste. Am 9. Juli 1786 schreibt Goethe über die Weimarer Afrikaner-Affäre – eine Möglichkeit, die ihm selbst als Lösung für seine verbotene Liebe oft durch den Kopf gegangen sein muss. Der Bergrat v. Einsiedel (1754–1837), ein Bruder des Kammerherrn Anna Amalias, brach nach einer ersten gescheiterten Afrika-Expedition im Mai 1785 erneut auf, um Goldminen aufzuspüren. Gleichzeitig traf die Nachricht in Weimar ein, die verheiratete Emilie v. Werthern-Beichlingen (1757–1844) sei gestorben. In Wahrheit ließ diese eine Puppe in den Sarg legen, um mit Einsiedel nach Afrika zu fliehen. In Tunis zwang die Pest das Liebespaar zur Rückkehr in die Heimat.[609] Bereits in einem Brief an Anna Amalia („Frau v. Stein“) vom 11. Juni 1785 schrieb Goethe über Hinweise, dass die Baronin noch lebte: „Der kleinen W[erthern] wollt ich auch lieber eine Wohnung bey ihrem Geliebten in Afrika als im Grabe gönnen. Ich glaub es nicht. Zu unserer Zeit ist ein solcher Entschluß seltner, wir würden es auch balde in den Zeitungen lesen.“ Die 1795 nach Weimar zurückgekehrte „Afrikanerin“ Emilie wurde von Anna Amalia liebevoll und mit besonderer Aufmerksamkeit behandelt, Frau v. Stein schrieb darüber: „Auch hat die Herzogin-Mutter sich besonders benommen; sie ist zu Herders gegangen und hat die Einsiedel zu sich geholt, und war wie bei'm Vater im Himmel eine Freude im Haus über einen Sünder, der Buße tut, mehr als über tausend Gerechte“.[610] Goethe greift am 9. Juli 1786 die Geschichte wieder auf und führt gegenüber der Geliebten aus: „Nun aber unsere Flüchtlinge! Wie abscheulich! – Zu sterben! nach Afrika zu gehen, den sonderbarsten Roman zu beginnen, um sich am Ende auf die gemeinste Weise scheiden und kopulieren [trauen] zu lassen! Ich hab es höchst lustig gefunden. Es lässt sich in dieser Werkeltags Welt nichts auserordentliches zu Stande bringen. Dies und andere Geschichten verlangt mich sehr dir zu erzählen, da ich nie recht schreibseelig bin.“

Goethes und Anna Amalias Interesse an der gescheiterten Afrikaflucht rühren daher, dass sie ebenfalls an eine gemeinsame Flucht dachten, unmittelbar vor Goethes Italienflucht mehren sich entsprechende Äußerungen. Am 16. August 1786 heißt es: „Du solltest immer mit mir seyn wir wollten gut leben.“ Am 23. August 1786 wird die geplante Flucht des Liebespaares nach Amerika angesprochen: „Und dann [in einer Woche] werde ich in der freyen Welt mit dir leben, und in glücklicher Einsamkeit, ohne Nahmen und Stand, der Erde näher kommen aus der wir genommen sind.“ Dass Goethe um diese Zeit eine Auswanderung nach Amerika geplant hatte, vertraute er am 2. August 1815 Boisserée an: „Was möchte daraus geworden sein, wenn ich mit wenigen Freunden vor dreißig Jahren nach Amerika gegangen wäre und von Kant u.s.w. nichts gehört hätte?“[611] Diese Pläne vereitelte aber Carl August. Eine Flucht Goethes mit Anna Amalia hätte für ihn und das winzige Herzogtum Konsequenzen gehabt. Zudem hätte Carl August die zwei Menschen, deren Rat und Beistand er brauchte, verloren und womöglich öffentlich aus Gründen der Staatsräson verurteilen müssen. Wäre indessen eine Flucht zustande gekommen, so wäre vielleicht die Geschichte Deutschlands und Europas anders verlaufen, denn der Beitrag des Aristokraten Goethe zum Erhalt der Monarchie, die erst 1918 mit der Weimarer Republik und der Republik Deutschösterreich abgelöst wurde, kann kaum unterschätzt werden. Genauso fundamental wäre die Wirkung des hochkarätigen Liebespaares in den sich gerade gewaltsam konstituierenden Vereinigten Staaten von Amerika gewesen. Im autobiographischen Roman WILHELM MEISTER (1777–1829) wird Goethe Einblicke in ihre gemeinsamen Pläne geben.

Als Goethe während seines Aufenthalts in Karlsbad im August 1786 seinen Fürsten Carl August in sein Liebesverhältnis zu Anna Amalia einweihte und die Befürchtungen hinsichtlich Preußens und Graf Görtz' besprach, stand für diesen fest, dass seine Mutter in Weimar bleiben musste. An Goethes Geburtstag, am 28. August, verließ Carl August Karlsbad. Wenige Tage später, am 3. September 1786, dem Geburtstag von Carl August, floh Goethe nach Italien. In einem Brief aus Italien vom 14. Oktober 1786 an Carl August nimmt Goethe auf dieses Gespräch Bezug: „Wie sonderbar unser Zusammenseyn in Carlsbad mir vorschwebt, kann ich nicht sagen. Daß ich in Ihrer Gegenwart gleichsam Rechenschafft von einem großen Theil meines vergangenen Lebens ablegen mußte, und was sich alles anknüpfte". Daher versprach er Carl August für die künftige Zusammenarbeit nach seinem zweijährigen Italienaufenthalt am 17. März 1788: „... ich komme! ... mein erster und nächster Dank soll eine unbedingte Aufrichtigkeit seyn." Demnach war Goethe gegenüber Carl August bis dahin nur bedingt aufrichtig gewesen.

Anna Amalia scheint erst im Dezember Goethes Aufenthaltsort erfahren zu haben. In einem Brief von Carl August an seine Mutter vom 14. Dezember heißt es: „Göthens Aufenthalt wissen Sie nun endlich. Die guten Götter mögen ihn begleiten; ich habe ihm gestern geschrieben und ihn gebeten, so lange wegzubleiben, als er es selbst möchte." Goethe schreibt am 23. Dezember 1786 aus Rom an Anna Amalia („Frau v. Stein"): „Daß du kranck, durch meine Schuld kranck warst, engt mir das Herz so zusammen daß ich dirs nicht ausdrücke. Verzeih mir ich kämpfe selbst mit Todt und Leben und keine Zunge spricht aus was in mir vorging, dieser Sturz hat mich zu mir selbst gebracht. Meine Liebe! Meine Liebe! ... Im Leben und Todt der deine." Am 17. Januar 1787 schreibt Goethe an Anna Amalia („Frau v. Stein"): „Seit dem Tode meiner Schwester [1777] hat mich nichts so betrübt, als die Schmerzen die ich dir durch mein Scheiden und Schweigen verursacht." In TASSO bezeichnet er den geplanten Aufbruch nach Rom als „Die schwarze Pforte langer Trauerzeit" (Vers 2229). Der Umstand, dass Tassos geheime Liebe zur Prinzessin aufgedeckt ist und er fort muss, lässt ihn sagen (Vers 3370 ff.): „Ich fühle mir das innerste Gebein/Zerschmettert, und ich leb, um es zu fühlen./Verzweiflung faßt mit aller Wut mich an,/Und in der Höllenqual, die mich vernichtet ...". Carl August war es, der, wie in TASSO der Herzog Alfons, sich bis auf weiteres jede weitere Kontaktaufnahme verbat. Nachdem sie erkannten, dass keine unmittelbare Gefahr drohte, hoffte Anna Amalia immer noch auf eine gemeinsame Zukunft mit dem Geliebten. Schon 1787 wünschte sie ihm nachzureisen. Als dies scheiterte, wollte sie, dass er weiter in Italien bleibe, wenn sie 1788 hinzukomme. Doch auch dies lehnte Goethe ab.

Nachdem über zehn Jahre die Identitätstäuschung aufrechterhalten wurde, ist sie nunmehr nicht mehr nötig. Die Entsagenden werden, wie aus Goethes Tagebüchern hervorgeht, bis zu Anna Amalias Tod oft zusammen sein, ihre leidenschaftliche Liebe verwandelte sich aber in eine besondere Art der Freundschaft. Mit vier Briefen im Jahre 1789 beendet Goethe für die Öffentlichkeit sein „Verhältnis" zu der Hofdame v. Stein. Der Höhepunkt dieser Briefe ist eine Kaffeeszene im vorletzten vom 1. Juni 1789. Goethe muss den Bruch glaubwürdig erscheinen lassen. Nach der Rückkehr aus Italien lebte Goethe mit Christiane Vulpius zusammen, was Frau v. Stein angeblich erst etliche Monate später erfuhr und zwar durch ihren Sohn Fritz, den „Verräter". Dieser soll Christiane in Goethes Gartenhaus entdeckt und es sofort seiner Mutter zugetragen haben, da der Heranwachsende nach Aussage des Bruders Carl sich damals als eine Art Sittenrichter aufspielte.[612] Während Frau v. Stein in der Weimarer Hofgesellschaft sich entsetzt über die Verbindung zwischen Christiane und Goethe äußert, macht ihr Goethe in vier Briefen, die nun wirklich an Frau v. Stein gerichtet sind, damit diese sie im Bekanntenkreis vorzeigen kann, Vorwürfe: „Ich zauderte ... zu antworten, weil es in einem solchen Falle schwer ist aufrichtig zu seyn und nicht zu verletzen. ... Ich sah Herdern, die Herzoginn [Anna Amalia] verreisen, einen mir dringend angebotnen Platz im Wagen leer, ich blieb um der Freunde willen, wie ich um ihrentwillen gekommen war und mußte mir in demselben Augenblick hartnäckig wiederholen lassen, ich hätte nur wegbleiben können... Und es mußte ein Wunder geschehen, wenn ich allein zu dir, das beste, innigste Verhältniß verlohren haben sollte. ... Aber das gestehe ich gern, die Art wie du mich bißher behandelt hast, kann ich nicht erdulden. Wenn ich gesprächig war hast du mir die Lippen verschloßen, wenn ich mittheilend war hast du mich der Gleichgültigkeit ... beschuldigt. Jede meiner Minen hast du kontrolliert, meine Bewegungen, meine Art zu sein getadelt ... Ich möchte gern noch manches hinzufügen, wenn ich nicht befürchtete, daß es dich bey deiner Gemüthsverfaßung eher beleidigen als versöhnen könnte." Was nun folgt, ist die Kaffeeszene: „Unglücklicher Weise hast du schon lange meinen Rath in Absicht des Caffees verachtet und eine Diät eingeführt, die deiner Gesundheit höchst schädlich ist. Es ist nicht genug daß es schon schwer hält manche Eindrücke moralisch zu überwinden, du verstärckst die hypochondrische quälende Kraft der traurigen Vorstellungen durch ein physisches Mittel, dessen Schädlichkeit du eine Zeitlang wohl eingesehn und das du, aus Liebe zu mir, auf eine Weile vermieden und dich wohl befunden hattest. ... Ich gebe die Hoffnung nicht ganz auf daß du mich wieder erkennen werdest. Lebe wohl."

Die Komik dieses Schlusses dürfte ihresgleichen suchen. Der Kaffee stand schon am Anfang ihrer „Beziehung". Im Mai 1776 lud Goethe Frau v. Stein in sein Gartenhaus zum Kaffeetrinken ein.[613] Von einem „lächerliche[n], absurde[n] Detail" ist in einem Kommentar die Rede,[614] in einem anderen wird der „höchst merkwürdige und seltsame Brief" hinsichtlich des Kaffees als „bewußt beleidigend" eingestuft.[615] Angesichts eines solchen Trennungsgrundes wird die Beziehung zwischen Goethe und Frau v. Stein als eine nur „symbolische" bezeichnet,[616] eine wohl eigens für dieses angebliche Paar begründete Kategorie. Goethe, der aus Italien Kaffee nach Weimar schickte, führte in Wirklichkeit aber nur die komische Inszenierung einer Trennung für die Öffentlichkeit auf. Am 5. Oktober 1786 hatte er aus Italien an Anna Amalia („Frau v. Stein") geschrieben: „Da ich dir Caffee von Alexandrien versprach, dachtest du wohl nicht daß ich ihn selbst in Venedig hohlen würde. Ich habe schon an verschiednen Orten gefragt und durch Kundige fragen lassen". Am 13. Oktober hieß es dann an dieselbe: „Die erste Epoche meiner Reise ist vorbey, der Himmel segne die übrigen und vor allen die letzte die mich wieder zu dir führen wird. Die Beylagen und Zeichnungen hab ich in den Kasten gethan der den Kaffee bringen wird. Es ist der ausgesuchteste von Alexandrien den man hier haben kann." Dass Frau v. Stein selbst bei der Kaffeeszene unbändig lachen musste, hat sie der Nachwelt überliefert. In ihrem Trauerspiel Dido (1794/95) lässt sie den untreuen Ogon (Goethe) der treuen Elissa (Frau v. Stein) folgenden Vorwurf machen, über den Elissa lacht (S. 508): „Diese falschen Vorstellungen kommen von einem dir ungesunden Trank her, den ich dir immer verwies; gönne dir nur von dem rechten geistigen Erdensaft, und du wirst dich bald mit dem schönen Bild, das du dir von mir machst, vertragen lernen. Elissa (lachend) ...".

Um die Trennung zwischen den „Liebenden" besonders glaubwürdig zu machen, sprach Frau v. Stein gelegentlich schlecht über Christiane Vulpius. Damit machte sie einer klatschsüchtigen Hofgesellschaft ihre angebliche Trauer um das Ende der Beziehung zu Goethe anschaulich. Gegenüber in das Geheimnis Eingeweihten klingt Frau v. Stein hingegen gelassen-süffisant, so etwa in einem Brief an Knebel vom 3. Juli 1790: „Der Herzog läßt den Geheimrat v. Goethe nach Schlesien kommen. Dem wäre es unstreitig bei seinem Christelchen hier wohler."[617]

Die Notwendigkeit, das Blendwerk mit immer neuen Lügen unterhalten zu müssen, war 1789 endlich beendet. Von der Hofdame v. Stein wurden jedoch auch weiterhin beachtliche schauspielerische Anstrengungen verlangt, denn bis zu ihrem Tod sollte sie als die ehemalige „Geliebte" Goethes die Aufmerksamkeit auf sich ziehen und gezwungen sein, eine entsprechende Rolle zu spielen. Einen Eindruck, wie Frau v. Stein bei ihren Besuchern vorging, gibt der Bericht von Eduard J. d'Alton (1772–1840) an Knebel vom 13. März 1810 über seinen Besuch bei Goethes ehemaliger „Geliebten": „Mein Aufenthalt in hiesiger Gegend ist der lehrreichste meines Lebens. Nirgends bin ich mit soviel Vertraulichkeit mißhandelt worden als hier. So hat z.B. die alte Stein mir alle ihre

Geheimnisse vertraut, weil sie sich in ihren Fehlern geehrt glaubte. Sie klagte mir Goethens Untreue, der ihr versprochen, ihren Sohn zu Breslau zum Erben zu machen und nie zu heuraten und Gott weiß was alles".[618] Zu Frau v. Steins künstlichem Spiel gehörte es, Besuchern, die am undefinierbaren Liebesverhältnis interessiert waren, Briefe Goethes zu zeigen. Charlotte v. Kalb etwa war sehr daran interessiert, die berühmte Frau v. Stein kennen zu lernen. Selbst unglücklich verheiratet und seit 1784 die Geliebte von Schiller, siedelte sie wenige Wochen nach Goethes Italienflucht 1786 nach Weimar über. Frau v. Kalb berichtet über eine Zusammenkunft mit Frau v. Stein: „Bald nach diesem ersten Sehen teilte sie mir schon Manches von Goethe mit, was später gedruckt worden, oder auch nicht erschienen ist … So las ich gierig Manuskripte, und auch Briefe wurden mir anvertraut."[619] Frau v. Stein zeigte ihrer Besucherin Manuskripte, die unter den Freunden lange vor jeder Publikation zirkulierten, auch Briefe wurden ihr anvertraut. Das übermäßige Vertrauen stillte zunächst Zweifel. Besonders überzeugend empfand Frau v. Kalb Zeilen Goethes vom Frühjahr 1776, die an Wieland gerichtet waren, also aus einer Zeit, in der Goethe und Anna Amalia bemüht waren, Wieland das angebliche Verhältnis zu Frau v. Stein mit der Seelenwanderung zu erklären: „Ich kann mir die Bedeutsamkeit – die Macht, die diese Frau [v. Stein] über mich hat, anders nicht erklären als durch die Seelenwanderung. – Ja, wir waren einst Mann und Weib! – Nun wissen wir von uns – verhüllt, in Geisterduft. – Ich habe keine Namen für uns – die Vergangenheit – die Zukunft – das All."[620] Bis an die Grenzen der Satire strapaziert hier Goethe den Gedanken der Reinkarnation, eine Vorliebe von Wieland, um diesen zu überzeugen. Dies zeigt, wie gezielt und einfallsreich Goethe und Anna Amalia Schlüsselfiguren der Weimarer Gesellschaft blendeten. Wieland hatte den jungen Dichterkollegen Goethe vor den Gefahren einer Verbindung mit der verheirateten Frau von Stein gewarnt. Umgarnt mit dem Gedanken der Reinkarnation brachte Wieland bald Verständnis für das seltsame Paar mit ihrer undefinierbare Verbindung auf. Frau v. Kalb hingegen war bald nicht mehr von einer Beziehung zwischen Goethe und Frau v. Stein überzeugt, sie vertrat vielmehr die Ansicht, dass in Tasso die Herzogin Luise und Frau v. Stein in ihrem wahren Verhältnisse zu Goethe abgebildet seien. Sie ging also davon aus, dass Goethe verbotener Weise die Prinzessin Luise liebte, die Hofdame Charlotte v. Stein hingegen zum Schutz der Prinzessin als Geliebte vorgeschoben wurde.[621]

Ähnlich wie bei Frau v. Kalb ging Frau v. Stein bei Henriette v. Egloffstein vor. In ihren Erinnerungen schreibt diese über einen Besuch um 1787: „Ich hielt es für unmöglich, daß der hochgefeierte Dichter sich keine jüngere und schönere Geliebte [als Frau v. Stein] ausgesucht haben sollte, doch schwand allmählich dieser Zweifel, als ich sie in ihrem Hause besuchte und dort mit lauter Andenken des damals in Rom weilenden Freundes umgeben sah. Sie führte mich zu seinem Bilde, las mir seine Verse vor und bemühte sich, meine Phantasie durch die Schilderung seiner Liebenswürdigkeit zu bestechen." Später durchschaute Henriette v. Egloffstein Frau v. Steins Täuschung: „Indessen muß man die Geschicklichkeit bewundern, womit diese Frau ihr künstliches Spiel durchzuführen wußte, so daß sie noch in späterer Zeit für Goethes Geliebte galt."[622] Frau v. Steins „künstliches Spiel" überzeugte viele unkritische Besucher. In einem Brief vom 2. November 1789 schreibt die Schriftstellerin Karoline v. Lengefeld (1763–1847) an ihren künftigen Schwager Friedrich Schiller: „Ich stimmte die letzten Tage unseres Zusammenseins besser mit der Stein. Sie war in eine stille Trauer über ihr Verhältnis mit Goethe gesunken, und da schien sie mir wahrer und harmonischer als in der widernatürlichen [Stimmung] von Gleichgültigkeit oder Verachtung. Ein zwölfjähriges zärtliches Verhältnis kann sich nicht in so widrige Empfindungen auflösen".[623] Auch nachdem die vorgetäuschte Liebesbeziehung längst der Vergangenheit angehörte, wollten Freunde Goethes Briefe aus dieser Epoche sehen, so etwa Schillers Ehefrau Charlotte (1766–1826), eine der engsten Freundinnen der Frau v. Stein. Nach langem Bitten zeigte sie ihr einige Briefe. Charlotte v. Schiller schreibt darüber an Carl Augusts Tochter Prinzessin Caroline Luise (1786–1816) am 5. Februar 1812: „Ich durchblickte dieses wunderbare menschliche Wesen [Frau v. Stein] und klagte über das Schicksal unserer Freundin ... Wie interessant war der Meister ehemals, wie weich, wie hat er geliebt, und wie konnte sich Das ändern! Es ist mir ein Rätsel, diese Natur. Wie hat die arme Charlotte leiden müssen!"[624]

Ab September 1796 nahm Goethe mit Frau v. Stein brieflich Kontakt auf, wobei diese Briefe den Ton, der immer zwischen ihnen herrschte, wiedergeben. Der Briefwechsel ist mit unbedeutenden kurzen Mitteilungen gefüllt. Dies ändert sich erst mit einem Brief vom 18. April 1807 – das Datum fügte Frau v. Stein selbst ein. Mit diesem ist eine Wende im Briefwechsel zu beobachten. Gerade mal 42 Briefe waren zwischen 1796 und 1807 geschrieben worden, meist beinhalten sie nur wenige Zeilen, ab dem 18. April 1807 jedoch – am 10. April 1807 war Anna Amalia gestorben – folgen 14 Briefe bis Dezember, teilweise mehrere Seiten lang. Goethe macht darin den Eindruck, als suche er Halt. Am 18. April schreibt er : „Das Fallen des Barometers hat sich auch an meinem Unglauben gerächt indem es mir ein großes Übel angedeutet hat. Von Vorgestern auf gestern hatte ich einen Anfall so heftig als je." Johanna Schopenhauer (1766–1838) schreibt am 28. April ihrem Sohn: „Ein großes Unglück hat über uns geschwebt ... Goethe ist dem Tode nahe gewesen."[625] Goethe wäre seiner Geliebten Anna Amalia fast nachgestorben. Am 24. Mai 1807 berichtet Goethe Frau v. Stein über den Besuch ihres Sohnes Fritz bei ihm in Jena. In dieser Zeit begann Goethe seinen autobiographischen Roman WILHELM MEISTERS WANDERJAHRE ODER DIE ENTSAGENDEN zu diktieren – der „Verrat" von Fritz war der Auslöser für die Entsagung gewesen. In dem Brief heißt es über Fritz: „Er hat mich durch sein gutes, natürliches, festes, verständiges und heiteres Wesen gar sehr erquickt und mir aufs neue gezeigt, daß die Welt nur ist, wie man sie nimmt". Goethe reiste ungewöhnlich früh, am 25. Mai 1807 nach Karlsbad, der Herzog Carl August folgte dem Freund am 6. Juni und kündigte sich an: „... da es nicht wahrscheinlich ist, daß binnen hier und den ersten

Anna Amalia

Ölgemälde von Georg M. Kraus, 1774

Abb. 1

ANNA AMALIA ALS KOMPONISTIN

Ölgemälde von Johann E. Heinsius, 1780
Wiederholung eines 1775/76 entstandenen Porträts

ABB. 2

Der verliebte Goethe

Ölgemälde von Georg M. Kraus, 1775/76
Ausgeführt im Auftrag Anna Amalias

Abb. 3

GOETHE

Ölgemälde von unbekannter Hand,
Kopie nach Georg O. May, 1779

ABB. 4

Anna Amalia

Ölgemälde von Johann E. Heinsius, um 1779

Abb. 5

GOETHE

Martin G. Klauer, 1780
Aus Anna Amalias Waldschloss Ettersburg

ABB. 6

ANNA AMALIA

Martin G. Klauer, um 1780
Aus Goethes Gartenhaus an der Ilm

ABB. 7

Anna Amalia im antiken Gewand

Martin G. Klauer, 1780

Abb. 8

GOETHE IM ANTIKEN GEWAND

Martin G. Klauer, 1778/79

ABB. 9

Garten des Wittumspalais mit chinesischem Pavillon
Aquarell von Anna Amalia, um 1790

Abb. 10

Sänfte im Wittumspalais, um 1770

Abb. 11

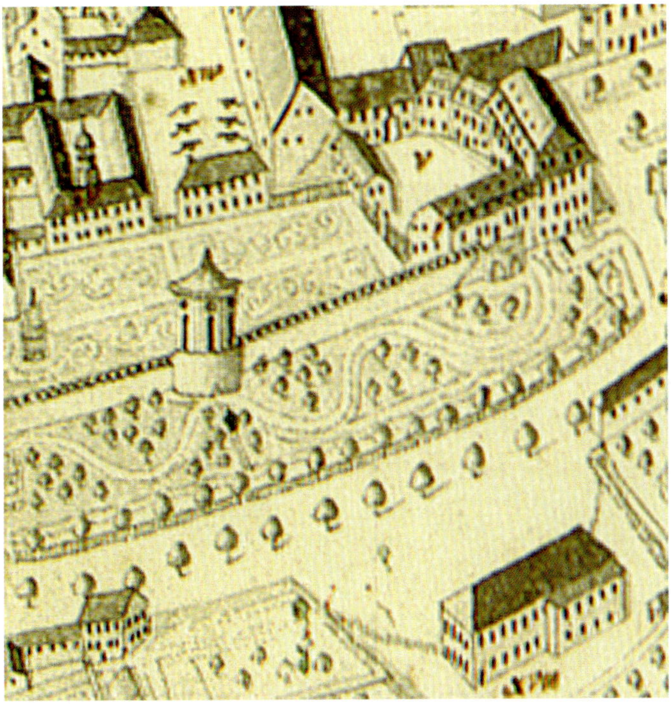

Plan von Weimar
Angefertigt von Johann F. Lossius, 1785
Ausschnitt: Rechts oben Wittumspalais mit Gärten und chinesischem Pavillon, rechts unten, am heutigen Theaterplatz, das Komödienhaus
Abb. 12

Anna Amalias Gondel
Abb. 13

ABB.14: BESUCH DER VILLA D'ESTE – Aquarell von Georg Schütz und Anna Amalia, 1789.
V. l. n. r.: Schütz, Herder, Anna Amalia, Göchhausen, Kaufmann, Reiffenstein, Einsiedel, Zucchi, Verschaffelt.

ABB. 15: FELSENFORMATION, DIE DIE BUCHSTABEN AA BILDET
Zeichnung von Goethe, um 1787

Goethe in der Campagna di Roma

Ölgemälde von Johann H. W. Tischbein, 1786/87

Abb. 16

ANNA AMALIA IN POMPEJI AM GRABMAL DER PRIESTERIN MAMMIA

Ölgemälde von Johann H. W. Tischbein, 1789

ABB. 17

ANNA AMALIA IN ROM

Ölgemälde von Josef Rolletschek, 1928
Kopie des verschollenen Ölgemäldes
von Angelica Kauffmann, 1788/89

ABB. 18

Goethe in Rom

Ölgemälde von Angelica Kauffmann, 1787/88

Abb. 19

ABB. 20: ABENDUNTERHALTUNG BEI ANNA AMALIA – Aquarell von Georg M. Kraus und Anna Amalia, um 1795.
V. l. n. r.: Meyer, Wolfskeel, Goethe, Einsiedel, Anna Amalia, Elise Gore, Charles Gore, Emilie Gore, Göchhausen, Herder.

IGELER SÄULE

Federzeichnung
von Goethe, 1792

ABB. 21

FARBEN-PYRAMIDE

mit Aufschrift der
dazugehörigen Eigenschaften,
angefertigt von Goethe

ABB. 22

Abb. 23: Briefauszüge

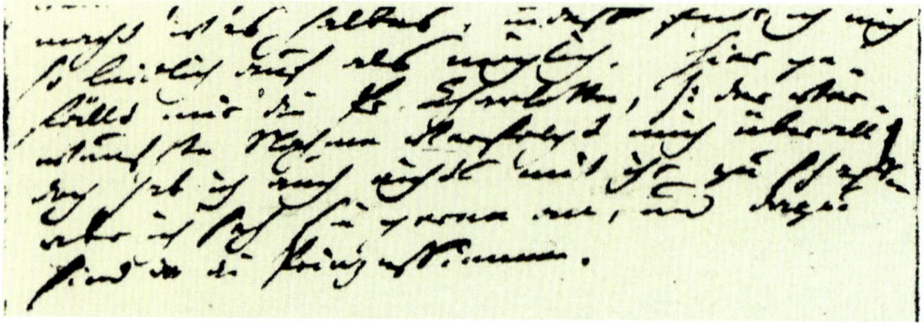

Hier gefällt mir die Pr[inzess] Charlotte, |: der verwünschte Nahme verfolgt mich überall :| doch habe ich auch nichts mit ihr zu schaffen aber ich seh sie gerne an, und dazu sind ia die Prinzessinnen.

Goethe an „Charlotte v. Stein", 1. Januar 1780

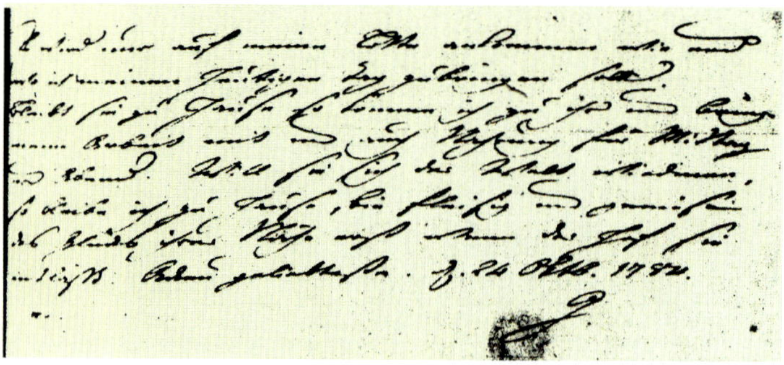

Es wird nur auf meine Lotte ankommen wie und wo ich meinen heutigen Tag zubringen soll. Bleibt sie zu Hause so komme ich zu ihr und bringe meine Arbeit mit und auch Nahrung für Mittag und Abend. Will sie sich der Welt wiedmen, so bleibe ich zu hause, bin fleisig und geniese des Glücks ihrer Nähe erst wenn der Hof sie entlässt. Adieu geliebteste. d. 24. Oktober 1784.

Frau v. Stein befand sich an diesem Tag, Anna Amalias Geburtstag, nicht in Weimar.

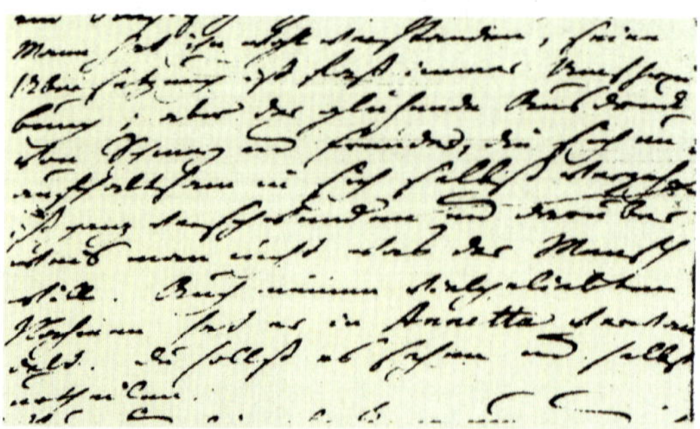

… seine Übersetzung [des Werther ins Italienische] ist fast immer Umschreibung; aber der glühende Ausdruck von Schmerz und Freude, die sich unaufhaltsam in sich selbst verzehren, ist ganz verschwunden und darüber weis man nicht was der Mensch will. Auch meinen vielgeliebten Nahmen [Charlotte] hat er in Annetta verwandelt. Du sollst es sehen und selbst urtheilen.

Goethe an „Frau v. Stein", 12. Dezember 1781
Frau v. Stein beherrschte kein Italienisch.

Charlotte v. Stein

Zeichnung von unbekannter Hand
nach einem Selbstbildnis von 1787

Abb. 24

Charlotte v. Stein

Bildnismedaillon von
unbekannter Hand, um 1785

Abb. 25

Goethe als Entsagender

Aquarell von Johann H. Meyer, 1795

Abb. 26

Anna Amalia als Entsagende

Ölgemälde von Johann F. A. Tischbein, 1795

Abb. 27

Aquädukt, gebildet aus den Buchstaben AMALIE
Aquarell von Goethe, 1806
Abb. 28

See in gebirgiger Landschaft, vor dem ein A steht
Aquarell von Goethe, 1806
Abb. 29

VIGNETTE, DIE EIN A DARSTELLT
Entwurfszeichnung von Goethe, um 1807/10
ABB. 30

VIGNETTE MIT GROTTE
Zeichnung von Goethe, um 1807/10
ABB. 31

Anna Amalia als Braut

Ölgemälde von Ferdinand Jagemann, 1806

Abb. 32

GOETHE

Ölgemälde von Ferdinand Jagemann, 1806

ABB. 33

Totenmaske von Anna Amalia

Abgenommen 1807 von Carl G. Weißer

Abb. 34

Einzige Maske von Goethe

Abgenommen 1807 von Carl G. Weißer in zwei Sitzungen,
an Goethes erstem Hochzeitstag und an Anna Amalias
erstem Geburtstag nach ihrem Tod

Abb. 35

Abb. 36: Goethe
Christian F. Tieck, 1807/1808

Abb. 37: Anna Amalia
Christian F. Tieck, um 1807/1808

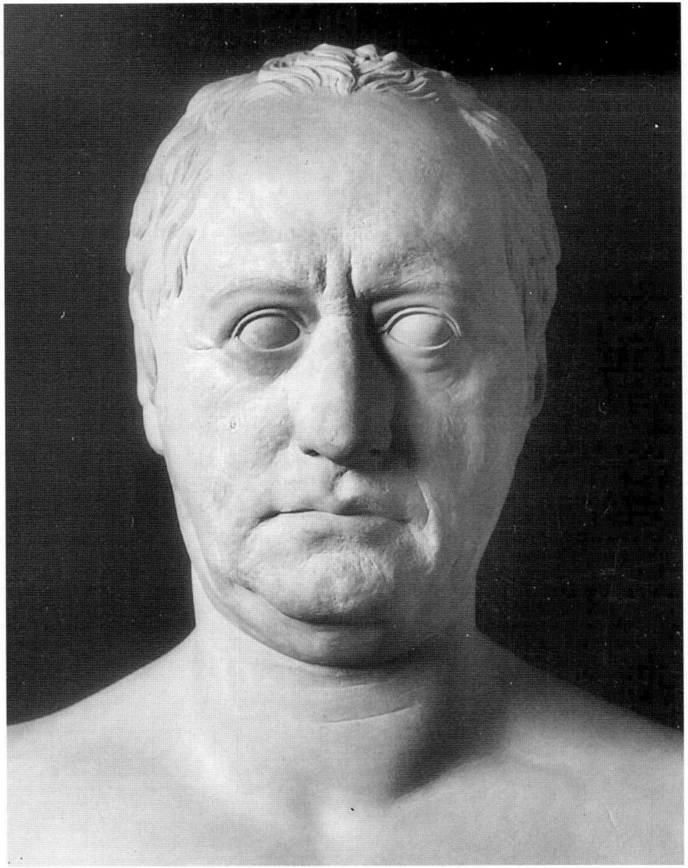

Abb. 38: Goethe
Carl G. Weißer, 1808

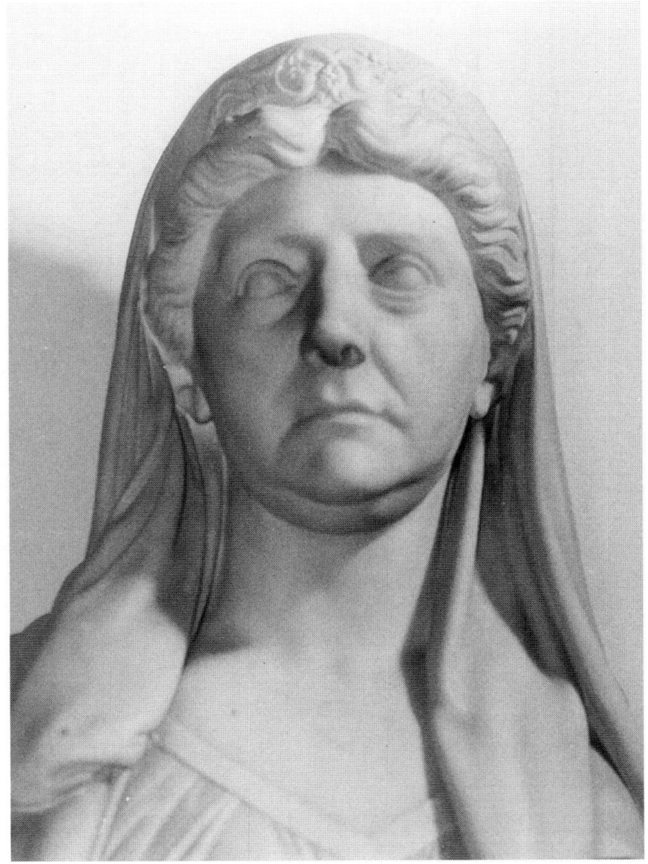

Abb. 39: Anna Amalia
Carl G. Weißer, 1808

Goethe

Ölgemälde von Ferdinand Jagemann, 1818

Abb. 40

6 Wochen etwas vorfallen könnte, wo meine Gegenwarth platterdings hier nothwendig wäre ... habe [ich] mich daher mit Gott entschlossen ... abzureisen und hoffe den Sonnabend Abend im Carlsbade einzutreffen“ (Brief vom 1. Juni 1807). In Karlsbad fanden dann laut Goethes Tagebuch viele Gespräche mit Carl August statt.

Die Briefe der Frau v. Stein an Goethe ab 1796 zeigen, dass sie gar nicht in der Lage war, einen vertraulichen Ton gegenüber dem Olympier zu finden. Sie redet ihn gewöhnlich mit „lieber Geheimderath“ an oder mit „allerbester liebenswürdiger Geheimderath“, mal „lieber bester verehrter Meister“, nur ganz ausnahmsweise mit „lieber Goethe“, die Anrede, die man bei ehemaligen Geliebten mindestens erwarten würde. Nachdem Frau v. Stein am 20. März 1811 eine TASSO-Aufführung besucht hatte, schrieb sie noch am Abend ein Billet an Goethe, um ihm mitzuteilen, dass sie die Dichtung „immer himmlischer“ finde und unterschreibt nicht etwa mit „Deine Lotte“, sondern mit „Ihre treue Verehrerin v. Stein“. Diese Frau kann Goethe nicht mit seiner Prinzessin Leonore in TASSO verewigt haben, ihr entspricht ganz die Rolle der Hofdame Leonore Sanvitale. Anders Anna Amalia. Die wenigen erhaltenen Briefe an Goethe zeugen bereits von einer vollkommenen Ebenbürtigkeit. Ein Brief vom Jahr 1793 schließt etwa ganz vertraulich mit „Adio Amalie“,[626] einer vom Jahr 1806 mit „Ich wünsche Ihnen ein recht schön guten Morgen Amalia“.[627] In einem Brief von Oktober 1798 schreibt sie: „Mit vielen Vergnügen werde ich mich den Sonntag bey der Eröffnung des Theaters einfinden; Leben Sie indessen recht wohl bey dem schönen Wetter. Amalie.“[628] 1801 wendet sich die Fürstin an den Theaterdirektor Goethe für einen ihrer Schützlinge: „Verzeihen Sie lieber Goethe wenn ich wiederhole meine Bitte für den Kappelmeister Kranz. Ich habe mit ihm gesprochen ... Ich verlasse mich ganz auf Ihre Freundschaft die mir hoffen läßt daß Sie lieber Goethe innige Rücksicht auf meine Bitte und Wünsche nehmen mögen womit Sie mich unendlich verbindlich machen. Ihre aufrichtige Freundin Amalie“.[629]

Am 25. Dezember 1815 sendet Goethe Frau v. Stein ein Gedicht, das mit den Zeilen endet: „Der ich, wie sonst, in Sonnenferne/Im Stillen liebe, leide, lerne“. Dem Gedicht DEN FREUNDEN vom 28. August 1826 fügt Goethe für Frau v. Stein einige persönliche Zeilen bei: „Beiliegendes Gedicht, meine Theuerste, sollte eigentlich schließen: ‚Neigung aber und Liebe unmittelbar nachbarlich-angeschlossen lebender, durch so viele Zeiten sich erhalten zu sehen ist das allerhöchste was dem Menschen gewährt seyn kann.’ Und so für und für!“ Also „unmittelbar nachbarlich-angeschlossen lebender“, das war ihr Verhältnis gewesen, und zwar stets in Sonnenferne zu Frau v. Stein. In ihrem letzten Brief vom 28. August 1826, ihr Tod ist absehbar, unterschreibt sie mit „Charlotte v. Stein geb. v. Schardt.“ Wie nach Erlösung um die Bürde ihres Geheimnisses ringend, ordnete sie ausdrücklich an, dass, abweichend von dem vorgeschriebenen Weg, der Trauerzug mit ihrem Sarg nicht an Goethes Haus vorbeigehen, sondern einen anderen Weg nehmen solle – ihre Anordnung wurde nicht befolgt.[630] Nach ihrem Tod erwähnt sie Goethe kaum. In einem Brief vom 13. März 1827 an ihren Nachlassverwalter wünschte Goethe eine Zeichenmappe mit eigenen Arbeiten zurück zu erhalten. Darin ist von „der seligen Frau Oberstallmeisterin von Stein“ die Rede, später im Brief nennt er sie „die edle Freundin“.[631] Carl August resümierte 1828: „Die Frau von Stein ist eine recht gute Frau gewesen, aber eben kein großes Licht.“[632]

Frau v. Steins literarische Arbeiten

Ich habe dir gehorcht, sonst hätt' ich mich
Von ihr entfernt, anstatt mich ihr zu nahen.
So liebenswürdig sie erscheinen kann,
Ich weiß nicht, wie es ist, konnt' ich nur selten
Mit ihr ganz offen sein, und wenn sie auch
Die Absicht hat, den Freunden wohlzutun,
So fühlt man Absicht, und man ist verstimmt.

Tasso zur Prinzessin in Tasso (1790), Vers 963 ff.

Die Verschwiegenheit hat mehr Dinge gut gemacht als die laute Wahrheit ...

Charlotte v. Stein, Die zwey Emilien (1803)

Das schriftstellerische Werk der Frau v. Stein eröffnet eine besondere Perspektive auf die verbotene Liebe. Die vier Arbeiten, die von ihr erhalten sind – eine Geschichte und eine Komödie gelten als verloren – dienen im Wesentlichen der Verarbeitung der tragischen Liebe zwischen Goethe und Anna Amalia, in deren Mitte Frau v. Stein geriet, um unschätzbare Hilfe zu leisten.

Im gerade einmal 66 Verse zählenden Stück Rino (1776), in dem vier Frauen und Goethe (Rino) auftreten, sagt Anna Amalia (Adelhaite) zu den anderen Frauen, darunter Frau v. Stein (Gerthrude):

Heut kommt der Freund [Goethe] zu mir,
Und ich laß ihn weder dir, dir, noch dir.
Will mich ganz allein an ihn laben
Und ihr sollt nur das Zusehen haben.

Die hier angedeutete Annäherung Anna Amalias an Goethe nach seiner Ankunft in Weimar blieb am Hof nicht unbemerkt. Frau v. Stein wurde jedoch sofort als die Geliebte des Dichters ausgegeben. Luises Hofdame v. Wöllwarth will etwa erkannt haben, dass Goethe sich von Anna Amalia weggewendet hatte, so ein Brief vom 9. Juli 1781 an die Gräfin Görtz: „Der Großmutter [Anna Amalia] blutet das Herz, weil ihr Idol, der Poet, in Begriff ist, sie zu verlassen, um sich enger denn je an seine göttliche Lotte anzuschließen. Es ist unglaublich, dass diese Liebe so lange Zeit währt, denn sie altert zusehends."[633]

Im Winter 1794/95 schrieb Frau v. Stein das Trauerspiel Dido mit einem Umfang von 45 Seiten. Die Königin Dido ist die mythische Gründerin der Stadt Karthago, verewigt in Vergils (70–19 v. Chr.) Aeneis (ab 29 v. Chr.) als „die schönheitsstrahlende Dido". Bei Frau v. Stein wird die Königin Dido den Freitod wählen, denn sie lehnt eine Zweckheirat mit dem afrikanischen König Jarbes, der Karthago sonst durch Waffengewalt einzunehmen droht, ab.[634] Trotz Ermunterung durch Friedrich Schiller, das Stück in den Druck zu geben, wurde Dido erst 1867 veröffentlicht,[635] sonst nur im Freundeskreis herumgereicht. Eine gewisse Bekanntheit erlangte das Trauerspiel wegen der Figur Elissa und dem Poeten Ogon, die für Charlotte v. Stein und Goethe stehen. Wegen einer kleinlichen Zeichnung des Poeten Ogon las man darin die Verbitterung der Frau v. Stein nach der angeblichen Trennung von Goethe (1789). Frau v. Stein bestätigt die offizielle Version ihrer Liebesgeschichte mit Goethe, so sagt Ogon : „... du weißt, daß ich dich einmal liebte. Es ist schwer, die Wahrheit zu sagen, ohne zu beleidigen, aber die menschliche Natur ist schlangenartig: eine alte Haut muß sich nach Jahren einmal wieder abwerfen! – Die wäre nun bei mir herunter".[636] Diese Bestätigung der Liebesgeschichte schrieb Frau v. Stein für die klatschsüchtige Hofgesellschaft. Entscheidend in Dido ist das Verhältnis zwischen Elissa (Frau v. Stein) und der Königin Dido. Dido steht für die Fürstin Anna Amalia, die die Aeneis im Original las. Die in Italien weilende Fürstin erwähnt Vergils Aeneis im dritten ihrer Fünf Briefe über Italien. In einem Brief an Knebel vom 29. Mai 1789 schreibt sie: „... lieber Knebel, lesen Sie den sechsten Gesang der Äneide Virgils, Sie werden darin Alles finden, was ich jetzt fast beständig vor Augen habe".[637] Frau v. Stein charakterisiert sich mit Elissa als treue Gefährtin der Königin Dido (Anna Amalia): „... folgen thue ich dir, und wär es zu den Unterirdischen"; „Geliebte Freundin, wie ich nur für dich lebe"; „Königin. Bist du zur Abreise fertig? Elissa. Fertig zu allen wo ich dir folgen soll".[638] Damit rechtfertigt die Hofdame v. Stein, warum sie ihren Namen hergab, um die Liebesbeziehung ihrer Fürstin der Öffentlichkeit zu verschleiern: Ihr Motiv war unbedingte Treue zu ihrer Fürstin.

Das 40 Seiten umfassende Lustspiel Neues Freiheitssystem oder Die Verschwörung gegen die Liebe (1798) handelt verschlüsselt vom Staatsgeheimnis. Das erstmals 1867 veröffentlichte Stück fand in der Öffentlichkeit weniger Beachtung, weil es sich ohne Kenntnis der verbotenen Liebe schlecht als autobiographisch interpretieren ließ. Das Stück, das in vier Bildern zwischen einem deutschen Badeort und Schloss Buchdorf spielt, hat eine Verwechslung von zwei Schauspielerinnen, Luitgarde und Florine, mit zwei hohen Damen, Theodora und Menonda, zum Inhalt. Im Stück versucht Daval, der Bruder von

Menonda, fanatisch die Liebe aus der Welt zu schaffen. Daval ist der Besitzer des Rittergutes Buchdorf, eine satirische Anspielung auf das kleine Herzogtum Weimar, in dem nur Druckerzeugnissen ökonomischer Erfolg beschieden war. Versuche, neue Einnahmequellen durch spezielle Ackerbau- und Viehzuchtmethoden, durch den Betrieb eines Bergwerks oder die Ansiedlung von Industrie zu erschließen, scheiterten über kurz oder lang. Anders war es bei Büchern und Zeitschriften, denn neben Goethe, Schiller, Wieland, Musäus und Herder gab es in Weimar noch weitere Schriftsteller. Besonders erfolgreich war August v. Kotzebue (1761–1819), ein Sohn von Anna Amalias Sekretär, der rund 200 Theaterstücke schrieb. Christian August Vulpius schrieb neben zahlreichen Bühnenbearbeitungen um die 60 Unterhaltungsromane, darunter den erfolgreichen Räuberroman RINALDO RINALDINI (1797). Auch mehrere Schriftstellerinnen konnte Weimar aufweisen, darunter Karoline v. Wolzogen (1763–1847), Schillers Schwägerin, mit ihrem Erfolgsroman AGNES VON LILIEN (1798). Auch die überregionalen Zeitschriften zeigen, wie erfolgreich in „Buchdorf" publiziert wurde, etwa Wielands DER TEUTSCHE MERKUR (1773–1810), verschiedene Zeitungen Goethes und Schillers oder etwa Jagemanns MAGAZIN DER ITALIENISCHEN LITERATUR (1780–1785). Bertuchs Presseimperium brachte es mit Zeitschriften und Magazinen auf „etwa vierzig mutige Verlagsversuche",[639] darunter das SPANISCHE MAGAZIN (1780–1782), das JOURNAL DES LUXUS UND DER MODEN (1786–1827), die ALLGEMEINE LITERATURZEITUNG (ab 1785) oder DER BESORGTE FORSTMANN (1798). Als der Herausgeber der ALLGEMEINEN LITERATURZEITUNG nach Halle zog, nahm er sie 1803 zu Goethes Entsetzen gleich mit, worauf die JENAISCHE ALLGEMEINE LITERATUR-ZEITUNG (bis 1848) unter der Leitung von Heinrich Carl Abraham Eichstädt (1772–1848) gegründet wurde.[640] Am 17. November 1803 empfahl Goethe für die Rezension von Kochbüchern Anna Amalias Koch: „Der Mundkoch Durchlaucht der Herzogin Mutter, Goullon, ist ein sehr gebildeter Mann und schreibt recht gut französisch. Wenn Sie mir irgend einmal ein paar Kochbücher schicken wollten, so machte ich einen Versuch mit ihm".

Daval, der Besitzer von Buchdorf, steht für den Herzog Carl August. Dessen Ehe mit Luise war unglücklich, seine zahlreichen außerehelichen Verhältnisse wurden, nicht zuletzt wegen der vielen unehelichen Kinder, zum Staatsproblem.[641] In die Zeit, in der Frau v. Steins Lustspiel entstand, fällt Carl Augusts Liebesverhältnis zu zwei Sängerinnen. Zunächst hatte er ein Verhältnis zu der Kammersängerin Luise Rudorf (1777–1852), die in Weimar aufgrund eines Empfehlungsschreibens von Anna Amalias unglücklicher Schwester Elisabeth Christine Ulrike eingestellt wurde.[642] Knebel heiratete Luise 1798, nachdem sie Carl August einen unehelichen Sohn geboren hatte. Lenz hatte in seiner Erzählung DIE FEE URGANDA Knebel als frauenfeindlich dargestellt, den „einen fast allgemeinen Ekel fürs weibliche Geschlecht" überkommen würde, dem „das ganze lebende und sich putzende schöne Geschlecht so verhaßt war".[643] Auf zärtliche Weise hatte Luise Rudorf Knebel auf sich aufmerksam gemacht.

Nach der Oper Die Hochzeit des Figaro, die Goethe am 24. Oktober 1793 für Anna Amalias Geburtstag inszenierte, lud das Geburtstagkind zu einem kleinen Abendessen ein. Auf Vorschlag Goethes wiederholte Luise Arien, nahm dabei „den errötenden [Knebel] bei der Hand und sang ein bezauberndes ‚Ich werde aller Orten an deiner Seite sein'".[644] Knebels Heirat mit Luise war als schwerer Vorwurf gegen Carl August gedacht, denn er wurde dem unehelichen Sohn des Herzogs, Carl Wilhelm (1796–1861), ein Vater. Carl August missbrauchte in Knebels Augen seine Stellung als Landesherr für sexuelle Ausschweifungen, ohne sich um die verheerenden Folgen bei den jungen Frauen und ihren unehelichen Kindern zu kümmern. Zwischen Carl August und Knebel kam es daraufhin zum Bruch.[645] Als Carl Wilhelm v. Knebel Jahrzehnte später durch eine Indiskretion seine wahre Abstammung erfuhr, soll er darüber innerlich zerbrochen sein.[646]

Nach Luise Rudorf wurde Karoline Jagemann, die Tochter von Anna Amalias Bibliothekar, Carl Augusts Favoritin. Als eine Opernstelle frei wurde, die Anna Amalia mit Luise Rudorf besetzt haben wollte, setzte sich der Landesherr Carl August durch und verschaffte diese seiner neuen Flamme Karoline. Sie hatte Anfang 1797 ihren ersten erfolgreichen Auftritt in Weimar und sollte eine bedeutende Schauspielerin und Opernsängerin werden. Schon 1798, als Frau v. Stein ihr Stück schrieb, war klar, dass Carl August nur durch eine eheähnliche Verbindung mit Karoline von ständig wechselnden Liebschaften und sexuellen Ausschweifungen etwas abgehalten werden könne. Carl Augusts Frau Luise billigte aus Gründen der Staatsräson die Verbindung, sie soll dazu ihre schriftliche Einwilligung gegeben haben.[647] Carl August hatte mit Karoline Jagemann, ab 1809 v. Heygendorf, mehrere Kinder.[648] Immer wieder bekam sie aber die Illegitimität ihres Verhältnisses zu spüren, so berichtet etwa Frau v. Stein am 29. Mai 1812 an ihren Sohn Fritz in einem Brief, dass an Karolines Hausmauer „Sachsen Weimarsches Bordell" geschrieben worden war.[649] Auf diese Liebesbeziehung spielt eine von zwei Heiraten am Ende von Frau v. Steins Lustspiel, die zwischen der Schauspielerin Luitgarde und Daval, an. Die zweite Heirat betrifft Anna Amalia und Goethe. Daval (Carl August) hatte dem kaiserlich-königlichen Rittmeister Avelos (Goethe) böse mitgespielt, denn Avelos war unsterblich in Menonda (Anna Amalia) verliebt, erhielt aber einen Brief von ihr, der von Daval gefälscht worden war und vom Irrtum der Liebe sprach: „Ja, dieser Brief … der mich aus meinem Vaterland vertrieb und lange Jahre tief unglücklich machte". Auf die Frage, wo Menonda sich befinden würde, antwortet Daval: „Ich habe lange nichts von ihr gehört, sie verließ ihr Vaterland auch".[650] Damit ist ein Bezug zu Goethe und Anna Amalia hergestellt, denn diese reisten nach Italien, beide für 22 Monate. Daval fälschte den Brief wegen „Grundsätze[n] höherer Ordnung".[651] Für Frau v. Stein war der Grund, warum die Liebenden sich trennten, nicht etwa ihr Sohn Fritz, sondern die Staatsräson.

Eine weitere Verschlüsselung im Lustspiel enthält die scheinbar wahllose Nennung von fünf Büchern und einem Manuskript aus Davals Bibliothek,[652] von denen einige tatsächlich existieren, andere fiktive Titel tragen. Über das als viertes Werk genannte Manuskript heißt es: „MENONDA (nimmt ein Manuskript aus einem Buche, erstaunt für sich): Gedichte von A. G. T. – Sonderbar, wie kommt ihr hierher, ihr mir sonst teueren Schriftzüge! ... Ihr wart mein Eigentum, ich nehme euch zurück. (Sie steckt die Gedichte ein.)“ Die Buchstaben A. G. T. stehen für Amalia – Goethe – TASSO, Frau v. Stein weist damit auf die Dichtung TASSO als Darstellung für die verbotene Liebe hin. Am Ende des Lustspiels finden Avelos und Menonda wieder zueinander und können nun ihr gemeinsames Glück genießen, Frau v. Stein lässt aber eine der Figuren sagen: „Lebt glücklich – Hektor und Andromache!“.[653] Nach der griechischen Mythologie stieß Achill Hektor eine Lanze durch die Kehle (ILIAS, XXII, Vers 319 ff.) und schleifte ihn sodann mehrmals um das Grab seines Freundes Patroklos, den Hektor zuvor getötet hatte (ILIAS, XXIV, Vers 755 f.). Seine Frau Andromache wurde mit ihrem Kind in die Sklaverei fortgeschleppt (ILIAS, XXIV, Vers 731 ff.). Dieser „Glückwunsch“ ergibt im Lustspiel unter keinem Gesichtspunkt einen Sinn, verheißt er dem Liebespaar doch schlimmes Unglück. Ähnliches wäre jedoch passiert, wenn der Bürgerliche Goethe eine Fürstin geheiratet hätte. 1782 wurde der Dichter zwar geadelt, allerdings auf unterster Stufe, was in keinem Fall dazu berechtigt hätte, sich mit einer Fürstin zu verbinden. Eine öffentliche Verbindung wäre als Angriff auf die Monarchie angesehen worden, deren Hauptsäule die Vererbung der Herrschaft unter wenigen, dem Hochadel zugehörigen Familien war. Nach Frau v. Stein hätte Goethe ob seiner Vermessenheit ein grausames Schicksal erwartet als Warnung, die Schranken in einer Monarchie, die Trennung zwischen den „zwei Welten“, bitter ernst zu nehmen. Anna Amalia hätte ein ähnlich trauriges Schicksal wie Andromache geblüht, wohl, wie bei ihrer Schwester Elisabeth Christine Ulrike, die Verbannung.

Versuche, die rigiden Schranken des Hochadels zu lockern, endeten oft tragisch. 1435 wurde Agnes Bernauer, die zuvor heimlich Prinz Albrecht III. (1401–1460) geheiratet hatte, von ihrem Schwiegervater den dynastischen Interessen Bayerns geopfert, indem sie in der Donau ertränkt wurde, um eine standesgemäße Wiederverheiratung des Prinzen zu ermöglichen.[654] Seitdem fasziniert das tragische Liebesschicksal der Baderstochter Agnes Bernauer Künstler und Geschichtsschreiber, die sie als Hexe, Hure oder Heilige darstellen. Die Schwester der Schwägerin Anna Amalias, Karoline Mathilde, Königin von Dänemark, wurde wegen eines Verstoßes gegen die monarchischen Schranken verbannt. Ihr geisteskranker Ehemann hatte 1769 den deutschen Arzt Johann Friedrich Struensee kommen lassen, der ihm etwas Erleichterung bei seinem Leiden verschaffte. Der Arzt verliebte sich in Mathilde, führte als Minister, ab 1771 als Graf v. Struensee, die Regierungsgeschäfte und leitete umfassende Reformen ein, etwa die Abschaffung der Folter und der Pressezensur. Er wurde 1772 gestürzt und, da er mit der Königin ein Kind hatte, hingerichtet.[655] Als der Herzog Ulrich v. Sachsen-Meiningen die Kammerjungfer Philippine Cäsarea Schurmann ehelichte, die Tochter eines Hessischen Hauptmanns, die ihm zwei Söhne gebar (1716/1717), versagte Kaiser Carl VI. diesen die Anerkennung als legitime Rechtsnachfolger des Herzogs. Nach zähem Hin und Her zwischen den Kanzleien erteilte der Kaiser dennoch „1727 die nachgesuchte Standeserhöhung, mit hinzugefügter Warnung gleichwohl, sich inskünftige dergleichen Mißheirathen zu enthalten; aber Kaiser Carl VII. erklärte 1744 … die Ehe für eine wirkliche Mißheirath und die daraus herrührenden Kindern für unfähig, in die vornehmen Reichslehen, Land und Leute zu succedieren. Hierbei blieb es auch".[656] Ein anderes Beispiel bietet der Reichsfürst Carl Anselm v. Thurn und Taxis, als Prinzipalkommissar der Stellvertreter des Kaisers auf dem Reichstag in Regensburg.[657] Seine erste, standesgemäße Frau, die württembergische Prinzessin Augusta Elisabeth, unternahm drei Mal den Versuch, ihn zu ermorden. Beim letzten Versuch wollte sie auch ihren Bruder, den schwäbischen Herzog Karl Eugen, vergiften, jenen Fürsten, der den Dichter Friedrich Schiller zur Emigration zwang. Carl Anselms Ehefrau wurde unter haftähnlichen Bedingungen verbannt und nachdem sie gestorben war heiratete er die Bürgerliche Elisabeth Hillebrand. Für sie wurde ein Adelsdiplom besorgt, die Gesandten des Reichstages in Regensburg protestierten dennoch vehement gegen diese Verbindung. Die Begründung der bis auf wenige Ausnahmen, etwa Graf Görtz, samt ihren Frauen an sexuellen Ausschweifungen beteiligten Gesandten war, dass die Bürgerliche Elisabeth Hillebrand eine Prostituierte gewesen sei.[658] Napoleon nannte den Reichstag als er ihn 1806 auflöste „ein Affenhaus voll der Lächerlichkeit und Bosheit der Tiere".[659] Elisabeth Hillebrand wurde jedenfalls nicht als ihresgleichen akzeptiert, die Ehe scheiterte und sie wurde verbannt.

Frau v. Stein stellt die Paare Anna Amalia und Goethe sowie Karoline und Carl August bewusst parallel dar. Karoline war etwa drei Jahrzehnte lang Carl Augusts „Nebenfrau", sie führten einen gemeinsamen Haushalt, doch durften sie nicht offiziell als Paar auftreten.[660] Die Situation bei Goethe und Anna Amalia war noch dramatischer, denn selbst ihre Freunde und nächsten Angehörigen durften von ihrem Verhältnis nichts ahnen.

Von Frau v. Steins Lustspiel in fünf Akten Die Probe (1809) ist trotz des Druckes seltsamerweise nirgendwo ein Exemplar mehr aufzutreiben, das letzte in einer Bibliothek ausgewiesene Exemplar wird vermisst.[661] Auch wenn das Stück nicht mehr auffindbar ist, so ist der Buchtitel Die Probe schon sprechend, denn Frau v. Stein könnte es vor allem darauf angekommen sein, zu probieren, ob ihre Leistungen für das Herzogtum auch nach Anna Amalias Tod noch gewürdigt werden. Dies führt zu der Frage, weshalb Frau v. Stein literarische Arbeiten verfasste, die um ihre Beziehung zu den in Geheimen Liebenden kreisen. Zum einen hielt sie in Dido fest, aus unverbrüchlicher Treue zu ihrer Fürstin Anna Amalia gehandelt zu haben. Schiller etwa war erstaunt, dass Frau v. Stein das Geheimnis der Verlobung zwischen ihm und Charlotte v. Lengefeld jahrelang für sich behalten konnte, ja, „sie log sogar und versicherte, das Gerede darüber sei nicht wahr".[662] Daneben brachte Frau v. Stein sich am Weimarer

Hofe als wichtige Geheimnisträgerin in Erinnerung, vor allem wenn es galt, finanzielle Unterstützung für ihre Familie zu erhalten. So sorgte Goethe, als Frau v. Steins Schwager in finanzielle Schwierigkeiten kam, obwohl er ihn nicht leiden mochte, dafür, dass der Herzog ihm heimlich eine Rente von 300 Talern aussetzte, Unterkunft und Brennholz gewährte sowie den Titel eines Majors verlieh.[663] Als Frau v. Steins Mutter bedürftig wurde, setzte ihr Carl August eine Pension aus, die Herzogin Luise steuerte zusätzlich 200 Taler hinzu, obwohl sie „keine überschüssigen Einnahmen" habe, so Frau v. Stein in einem Brief an Knebel vom 7. Dezember 1790.[664] Die Steins waren immer in Geldnot und hoch verschuldet, die Ausbildung der Kinder war ein finanzielles Problem, denn ihr Landgut Kochberg wurde schlecht bewirtschaftet. Nachdem 1793 Frau v. Steins Ehemann gestorben war, lebte sie von einem kleinen Jahresgehalt, die Herzogin Luise gab hierzu einen Zuschuss.[665]

Fritz v. Stein, der lange Zeit als Goethes Erbe galt,[666] hatte sich angeblich aus freien Stücken gegen eine bezahlte Anstellung am Weimarer Hof entschieden und war zunächst ohne Gehalt nach Breslau gezogen, wo seine Karriereaussichten immer schlechter wurden. Dies lag zum Teil an seinen mangelhaften Fähigkeiten. So war Goethes Freund Wilhelm v. Humboldt (1767–1835), der Fritz zu sich holte, um ihn an der Reform des preußischen Bildungswesens mitarbeiten zu lassen, bald von ihm enttäuscht: „Stein ist ein sehr guter Mensch, allein zur Arbeit doch nur sehr bedingter Weise tauglich … fast keine Sache, die er macht, hat Hand und Fuß; man muß immer ändern und weiß nie anzufangen, weil man eigentlich das Ganze ausstreichen müßte."[667] Sein Bruder Carl v. Stein verscherzte sich die Gunst seiner Gönner in Braunschweig und lebte als Student über seine Verhältnisse. 500 Taler im Jahr reichten dem Zwanzigjährigen nicht aus. Zu dieser Zeit hatten viele Landschulmeister mit einem jährlichen Einkommen zwischen 25 und 50 Taler auszukommen.[668] Der berühmte Dichter Gotthold Ephraim Lessing war ab 1770 in Wolfenbüttel als Bibliothekar von Anna Amalias Vater angestellt und erhielt hierfür 300 Taler Jahresgehalt.[669] Carl v. Stein lebte aber als Student wie selbstverständlich auf großem Fuß, er wurde auch Vater eines unehelichen Sohnes.[670] Goethe war es dann, der gebeten wurde, dem Studenten „einen langen väterlichen Straf- und Ermahnungsbrief" zu schreiben.[671] Auch wenn die Karrieren der Brüder von Frau v. Stein ins Stocken gerieten, diese etwa bei Beförderungen übergangen wurden, wandte sich diese an Goethe mit der Bitte um Fürsprache beim Herzog. Carl v. Stein war nicht in der Lage, das Landgut Kochberg wirtschaftlich zu betreiben, obwohl hauptamtlich als Erb-, Lehn- und Gerichtsherr damit beschäftigt. Er verpflichtete sich, dem Bruder Fritz für seinen Anteil an Kochberg über die Zeit 40.500 Taler auszuzahlen. Seine Schulden betrugen damit 101.100 Taler,[672] also mehr, als das ganze Landgut für wert gehalten wurde. Während der Arbeit an Neues Freiheitssystem (1798) schrieb Frau v. Stein an ihren Sohn Fritz: „Die Wolzogen treibt mich ordentlich dazu und beschreibt mir ihre selige Empfindung und neue Begeisterung, wenn sie recht viele Louisdor für ihre Werke aufgezählt auf dem

Tisch liegen sieht. … Ich hätte also doch ein Mittel von Erwerb, wenn uns die Franzosen verjagten oder die Gebrüder Stein Bankerott machten."[673] Nun hatte sich Frau v. Stein strikt geweigert, diese Arbeit oder vorher Dido drucken zu lassen, in einer Notsituation wollte sie damit aber dennoch an anscheinend nicht unbedeutende Finanzmittel herankommen. Bei den Plünderungen Weimars durch französische Soldaten im Oktober 1806 büßte Frau v. Stein tatsächlich „so ziemlich alles von Wert"[674] ein. Dennoch konnte sie 1808, als der Bankrott ihres Sohnes Fritz erwartet wurde, finanziell einspringen und diesen irgendwie abwenden.[675] Sie verfügte im September 1808 in ihrem Testament über ihren Schmuck, Bücher und „Betten weißzeug Silberwerck und meubles nebst porcelain … Kleidungsstücke Anzieh Wäsche Spitzen etc.".[676] Die Verluste durch die französischen Plünderungen zwei Jahre zuvor waren also zügig ausgeglichen worden, was durch Sonderzuwendungen der herzoglichen Familie erklärlich wäre.

Frau v. Stein muss wohl mit ihren Schriften das Fürstenhaus mit Nachdruck auf ihre Verdienste aufmerksam gemacht haben, wenn das Wohlergehen ihrer Familie auf dem Spiel stand. Wie es treuen Hofdamen erging, die nicht mehr gebraucht wurden, zeigt die über 30 Jahre in Anna Amalias Diensten tätig gewesene Luise v. Göchhausen. Nach dem Tod Anna Amalias (1807) blieb sie auf eine kleine Pension angewiesen. Als sie aus ihrer Mansarde im Wittumspalais ausziehen sollte, um eine Wohnung am „Schweins Marckt" zu beziehen, war sie darüber tief betroffen und fürchtete um ihre Zahlungsfähigkeit. Am 13. Juli 1807 berichtet sie darüber in einem ihrer letzten Briefe: „Ueberhaupt fürchte ich sehr, daß meine neue eigene Wirthschaft Aehnlichkeit mit der Schlacht bey Jena haben wird, die, wie Kenner sagen, schon 3 Tage vorher verlohren war, ehe sie geschlagen wurde; so fürchte ich banquerot zu seyn, ehe die eigene Wirthschaft noch angeht". Kurz vor dem geplanten Umzug zum „Schweins Marckt" starb sie.

Neben dem Motiv der Treue und der Wahrung von berechtigten Interessen kommt noch ein weiteres hinzu: Frau v. Stein ist sich nicht sicher, ob das Hintergehen so vieler Menschen, diese Welttäuschung mit ihrem Namen richtig war. Sie sucht nach Rechtfertigungsgründen für das eigene Handeln. Hierfür stehen in ihrem Roman Die zwey Emilien (1803), die Überarbeitung einer englischen Vorlage (1798), Sätze wie: „Die Verschwiegenheit hat mehr Dinge gut gemacht als die laute Wahrheit"[677] oder die Schlussworte des Romans: „So können wir das Glück nur finden,/Wenn wir die innre Unschuld uns begründen."[678] Der Roman Die zwey Emilien hat einen Umfang von 142 Seiten. Frau v. Stein hat den Handlungsablauf gegenüber dem englischen Original vereinfacht, nur in zwei Szenen sind wörtliche Übernahmen vorhanden, ansonsten stammt der Dialog des in Neapel spielenden Romans ganz aus ihrer Feder.[679] Auffallend ist auch hier das Motiv der Verwechslung und der Verkleidung als zentrales Thema der Handlung. Zu unterscheiden ist die Wahrheit auf dem Papier, denn der Held hat im Irrtum die falsche Emilia geheiratet, und die innere Wahrheit, die

Liebe zur richtigen, zur zweiten Emilia, der „schönen Seele“. Ein sagenhafter Schmuck taucht in der ersten Hälfte der Romanhandlung auf. Auf einem Maskenball trägt die falsche Emilia den Schmuck, der eigentlich der richtigen Emilia gehört, die ihn aber durch Erpressung abzugeben gezwungen war.[680] Dazu heißt es: „Keine Prinzessin hier hat einen so prächtigen Schmuck, nicht einmal die Königin. Andre junge Ladies würden anders damit prahlen. Wie ich ihn neulich von dem Juwelier wieder holte, da war die halbe Stadt in seinem Hause um ihn zu sehen“.[681] Von Juwelen und kostbaren Schmucksteinen ist die Rede, was an das sagenhafte Diamantenkollier der Pariser Halsbandaffäre erinnert. Damit weist Frau Stein auf einen wichtigen Zugang zum Weimarer Staatsgeheimnis hin, auf die Pariser Halsbandaffäre.

Bei der Halsbandaffäre wurde Kardinal Rohan von einer Betrügerin durch gefälschte Briefe und ein Treffen mit der französischen „Königin“, in Wahrheit einer Schauspielerin, dazu gebracht, beim Kauf eines sagenhaften Diamantenhalsbandes als Bürge zu fungieren. Als die Ratenzahlungen der Königin ausblieben, flog der Schwindel auf. Als Goethe 1785 von der Halsbandaffäre Kenntnis erlangte, kam er seinen Freunden wie wahnsinnig vor, weil er eine Parallele zu seinem eigenen Blendwerk und den möglichen Konsequenzen im Falle einer Aufdeckung sah.[682] Im Lustspiel Der Großkophta verarbeitete Goethe 1791 den Stoff der Halsbandaffäre (1785), legte ihm seine eigene verbotene Liebe unter und stellte sich als besseren Schwindler als der berühmt-berüchtigte Graf Cagliostro (1743–1795) dar. Graf Cagliostro, eigentlich Giuseppe Balsamo, war ein Betrüger aus Palermo, der zum Abenteurer, Wunderheiler und Freimaureroberhaupt avancierte. Bei der Halsbandaffäre spielte er eine undurchsichtige Rolle und wurde ebenfalls verhaftet. Goethe besuchte während seines Sizilienaufenthaltes dessen Familie in Palermo (13./14. April 1787). Dabei ist er selbst ein Betrüger, denn er lügt in einem fort: Um Zutritt zu der zurückgezogen lebenden Familie zu erhalten, gibt er sich als Engländer aus, behauptet Nachrichten und einen Gruß von Cagliostro aus London zu überbringen; er erklärt sich bereit, einen Brief an Cagliostro zu übermitteln; er antwortet auf die Frage, ob Cagliostro wirklich seine Familie in Palermo verleugne, dass er bei „Freunde und Bekannten kein Geheimnis daraus mache“. Mit der Titulierung Cagliostros als „eins der sonderbarsten Ungeheuer“ lässt Goethe Platz für weitere Ungeheuer, vor allem für sich selbst, denn sein Genie musste er in den Dienst eines fein ausgeklügelten Blendwerks stellen. Dass Goethe die Bezeichnung Großkophta auf sich selbst bezieht, zeigt der Umstand, dass, als er das Lustspiel schrieb, Graf Cagliostro längst eine tragische Gestalt geworden war. Im Halsbandprozess wurde Cagliostro zwar freigesprochen und von London aus war er über Umwege nach Rom gelangt. Doch als die Französische Revolution ausbrach, statuierte der Kirchenstaat an ihm ein Exempel gegen Geheimbünde und der „Erzketzer“ wurde von der Inquisition zum Tode verurteilt. Anna Amalias Bibliothekar Jagemann übersetzte die römischen Prozessakten ins

Deutsche (1791). Papst Pius VI. wandelte Cagliostros Todesstrafe in lebenslänglichen Kerker um, dort starb er unter nie geklärten Umständen 1795.

Goethes Lustspiel DER GROßKOPHTA spielt im unmittelbaren Vorfeld der Französischen Revolution. Den sich abzeichnenden epochalen Wandel, der damit verbunden war, bringt Goethe mit dem Scheitern der christlichen Heilslehre in Verbindung,[683] denn erst durch die Vermessenheit des Kardinals Rohan als höchster kirchlicher Würdenträger unterhalb des Papstes konnte es überhaupt zur Halsbandaffäre kommen. Diese ist für Goethe der Nährboden für die Französische Revolution gewesen. Als Kritiker bemängelten, das Stück sei zu offen angelegt und ohne Spannung, da der Zuschauer vom Anfang bis zum Ende alles durchschauen könne, spottete Goethe in seiner KAMPAGNE IN FRANKREICH (1822) unter dem Eintrag November 1792 mit Blick auf sein jahrzehntelanges Täuschen: „... ja ich ergötzte mich an einer heimlichen Schadenfreude, wenn gewisse Menschen, die ich dem Betrug oft genug ausgesetzt gesehen, kühnlich versicherten, so grob könne man nicht betrogen werden". In Goethes GROßKOPHTA kommt es, wie auch in Weimar, nicht zum öffentlichen Skandal. Im Stück spielt das vergebliche Ringen um den Erhalt der Tugend eine wichtige Rolle, wie bei Goethe zu Beginn seiner verbotenen Liebe zu Anna Amalia. So sträubt sich die Nichte zwar, im Venushain die Prinzessin zu spielen, jedoch wurde sie bereits vom Ehemann der Gräfin, die den Kardinal betrog, verführt. Auch der edle Ritter verrät letztlich seine Freunde und Logenbrüder und eröffnet sich damit beste Karrierechancen. Das Stück endet mit einer ähnlichen Szene, wie sie am Ende von TASSO vorkommt, als der Dichter die Prinzessin umarmt. Der gefangen genommene Domherr, der für Kardinal Rohan steht – aber auch für Goethe, insofern er eine Frau, die er nicht besitzen darf, begehrt –, wird am Ende des Stückes sagen: „... noch weniger wird man mir die Leidenschaft aus dem Herzen reißen, die ich für meine Fürstin empfinde ... Sagen Sie ihr, daß alle Demütigungen nichts gegen den Schmerz sind, mich noch weiter von ihr entfernen zu müssen ... aber ihr Bild und die Hoffnung werden nie aus meinem Herzen kommen, solange ich lebe." Dass DER GROßKOPHTA und TASSO beide mit einer Prinzessin-Szene enden, stellt sie in einen sich ergänzenden Zusammenhang und ist nicht als Parodie gemeint.[684] Goethes Aufforderung, sich mit seinem Stück eingehender zu beschäftigen, bleibt aktuell. Im Gedicht KÜNSTLERS FUG UND RECHT (1792) schrieb er im Hinblick auf die Kritiker seines Lustspiels: „Zugleich er auch noch wünscht' und wollt,/Daß man dabei was denken sollt."

Die Liebeslyrik: „Einer Einzigen angehören“

Diesen Abend erfreut sie mich mehr; denn eh’ noch zur Kohle
Sich das Bündel verzehrt, unter die Asche sich neigt,
Kommt mein liebliches Mädchen. Dann flammen Reisig und Scheite,
Und die erwärmete Nacht wird uns ein glänzendes Fest.
Morgen frühe geschäftig verläßt sie das Lager der Liebe,
Weckt aus der Asche behend Flammen auf’s neue hervor.

Römische Elegien (1790), IX

Zu Vielen bildet Eine sich hinüber,
So tausendfach, und immer, immer lieber.

Elegie (1823)

Um Mitternacht, der Sterne Glanz geleitet
Im holden Traum zur Schwelle, wo sie ruht.
O sei auch mir dort auszuruhn bereitet!
Wie es auch sei, das Leben, es ist gut.

Der Bräutigam (1828)

Goethes Liebeslyrik spricht ab 1775 von seiner verbotenen Liebe zu Anna Amalia. Höhepunkte sind neben einzelnen Gedichten Tasso (1780–1790), die Römischen Elegien (1788–1790), Pandora (1807), der Sonettenkranz (1807/08), der West-östliche Divan (1814–1819), die Trilogie der Leidenschaft (1823/24) und die Dornburger Trilogie (1828). Goethe versteht sich vor allem als ein Dichter der Liebe. In der Römischen Elegie XIII sagt ihm der Liebesgott Amor (Vers 3 f.): „... du hast dein Leben und Dichten,/Dankbar erkenn ich es wohl, meiner Verehrung geweiht.“ Später fügt der Liebesgott hinzu: „Stoff zum Liede, wo nimmst du ihn her? Ich muß dir ihn geben,/Und den höheren Stil lehret die Liebe dich nur.“ Wenn Goethe zum Liebesgesang anhebt, so gilt dieser einer einzigen Frau und er bringt dies immer wieder zum Ausdruck.

In den Römischen Elegien, die zwischen Herbst 1788 und Frühjahr 1790 entstanden sind, also ziemlich genau in der Zeit, als Anna Amalia in Italien weilte, ist diese darin die erste von zwei besungenen Frauen. Da Anna Amalias wirkliche Bedeutung für Goethes Leben nicht bekannt war, wurde bisher überwiegend vermutet, der Dichter habe entweder Christiane oder Römerinnen besungen. Von einem „merkwürdige[n] Verwirrspiel, das der Dichter mit dem Leser treibt", ist die Rede.[685] Bei näherer Betrachtung erweisen sich die Elegien, was die Identität der darin vorkommenden Frauen anbelangt, als genau gekennzeichnet. In ihnen geht es um einen Rückblick auf das Jahrzehnt der Liebe zu Anna Amalia sowie in der Elegie XVIII um Christiane Vulpius, die Goethe Faustine nennt. Traditionell ist mit Elegie „ein Gedicht der Klage, der Trauer und Wehmut über Verlorenes, Vergangenes oder zum Untergang Bestimmtes"[686] gemeint. Goethe und Anna Amalia stehen sich nach ihren Italienreisen als Entsagende gegenüber, ihre sinnliche Liebe mussten sie dem Gesellschaftssystem opfern.

Goethes Vorbild für die Elegien ist der Elegiker Properz (um 50–16 v. Chr.). Am 24. Oktober 1788, an Anna Amalias Geburtstag, schenkte Knebel Goethe die Liebesgedichte der römischen Lyriker Catull, Tibull und Properz. Diese erschienen meist in einem Band, weshalb sie das Kleeblatt genannt wurden. Catull hatte sich die griechische Dichtung der hellenistischen Zeit zum Vorbild genommen, Tibull und Properz formten auf dieser Grundlage die klassische Form der römischen Elegie. Am 25. Oktober 1788 bedankt sich Goethe bei Knebel: „Danke für das Kleeblatt der Dichter, ich besaß es nicht." In einem Brief der Hofdame v. Göchhausen an Knebel, ebenfalls vom 25. Oktober, heißt es aus Rom: „Sie [Anna Amalia] läßt Ihnen herzlich grüßen und will Ihnen bald selbst schreiben." Am 24. Oktober, an Anna Amalias Geburtstag, geschah nichts zufällig in dem Kreis derer, die in das Staatsgeheimnis eingeweiht waren. Daher könnte Knebel auf Anna Amalias Wunsch hin Goethe den Gedichtband geschenkt haben, um ihn dazu anzuregen, in Form von Elegien ihrer sinnlichen Liebe zu gedenken: „Wie wir einst so glücklich waren!/müssen's jetzt durch euch erfahren", schreibt Goethe als Geleit für die Elegien. Anna Amalia übersetzte gelegentlich antike Dichter ins Deutsche, so etwa Bion (2. Jh. v. Chr.) und Theokrit (3. Jh. v. Chr.). Mit besonderer Vorliebe arbeitete sie aber immer wieder an der Übersetzung der Elegien des Properz,[687] denn in der von ihm geprägten Form war sie selbst von Goethe besungen worden.

Weil Carl August fürchtete, die verbotene Liebe könne durch die Elegien erkannt werden, wünschte er, dass diese nicht gedruckt, zumindest aber überarbeitet werden sollten.[688] Zwar empörten sich einige Zeitgenossen über die angebliche „bordellmäßige Nacktheit"[689] in den Elegien, dies kann aber Carl August nicht wirklich gestört haben. Frau von Stein bemerkt hierzu sarkastisch: „Wie unsern gnädigsten Herrn just einen Moment diese pedantische Sittlichkeit überfallen hat, begreife ich nicht."[690] Für Goethe ist Rom nur eine Kulisse, mit der er verschleiert, dass es um Begebenheiten in Weimar geht. Im Gedicht Auf Miedings Tod (1782) zog er bereits einen Vergleich mit dem Geburtsort

Jesu: „O Weimar, dir fiel ein besonderes Los:/Wie Bethlehem in Juda, klein und groß!“ In einem Brief an Lavater vom 20. September 1780 spricht Goethe einen Lebensplan an, dessen grandiosen Grundriss er nur dank Anna Amalia legen konnte: „Das Tagewerck das mir aufgetragen ist, das mir täglich leichter und schweerer wird, erfordert wachend und träumend meine Gegenwart diese Pflicht wird mir täglich theurer, und darinn wünscht ich's den grössten Menschen gleich zu thun, und in nichts grösserm. Diese Begierde, die Pyramide meines Daseyns, deren Basis mir angegeben und gegründet ist, so hoch als möglich in die Lufft zu spizzen, überwiegt alles andere und lässt kaum Augenblickliches Vergessen zu. Ich darf mich nicht säumen, ich bin schon weit in Jahren vor, und vielleicht bricht mich das Schicksaal in der Mitte, und der Babilonische Thurn bleibt stumpf unvollendet. Wenigstens soll man sagen es war kühn entworfen und wenn ich lebe, sollen wills Gott die Kräffte bis hinauf reichen.“ Goethe und Anna Amalia geht es um die Beerbung von Rom, Bethlehem und Troja in Weimar. Die einfühlsame Malerin Angelica Kauffmann, die seit 1782 in der ewigen Stadt Rom wohnte und Goethe und Anna Amalia portraitierte (Abb. 18 und 19), spürte, dass, wo Goethe wirkte, etwas Großartiges entstehen müsse. In einem Brief an Goethe vom 1. November 1788 bringt sie dies zum Ausdruck: „Das glückseelige Weimar das, seit dem das Glück mir gegönt Sie zu kennen, ich so offt beneidet habe, wo ich mich mit Gedancken so offt und so gerne auffhalte.“ Goethe verschlüsselt aber, dass die Elegien sein erstes Weimarer Jahrzehnt und seine geheime Liebe zu Anna Amalia behandeln. Es gehört also zu Goethes Geheimhaltung, den Eindruck zu erwecken, die Elegien beträfen Ereignisse, die er in Rom erlebt habe; in der Entstehungsphase nennt er sie daher Erotica romana.

Von Elegie I bis XVII besingt Goethe Anna Amalia. Von ihr sagt er in Elegie III: „Laß dich, Geliebte, nicht reun, daß du mir so schnell dich ergeben!/Glaub es, ich denke nicht frech, denke nicht niedrig von dir.“ Kurz nachdem die knapp 36-jährige Anna Amalia nach fast zwei Jahrzehnten von der Pflicht ihrer Ämter befreit war, kam Goethe, der Anführer der Stürmer und Dränger, der einem fortgesetzten Vulkanausbruch der Leidenschaft glich, in Weimar an. Anna Amalia muss wie die Prinzessin in Tasso sofort dem Charme des jungen Dichters erlegen sein (Vers 1891 ff.): „Erst sagt' ich mir entferne dich von ihm!/Ich wich und wich und kam nur immer näher,/So lieblich angelockt“. Als der Dichter Johann W. L. Gleim (1719–1803), ein Anakreontiker, der nach dem Vorbild des griechischen Dichters Anakreon (6. Jh. v. Chr.) vor allem die Liebe, den Wein und die Natur besang, im Sommer 1777 Weimar besuchte, wurde er zu einer Abendgesellschaft bei Anna Amalia eingeladen. Dort las Gleim aus seinem Göttinger Musenalmanach vor, als ein junger Mann ihm anbot, ihn abzulösen. Dieser las nach einer Weile auf einmal „Gedichte, die gar nicht im Almanach standen, er wich in alle nur möglichen Tonarten und Weisen aus. Hexameter, Jamben, Knittelverse und wie es nur immer gehen wollte, alles unter- und durcheinander, wie wenn er es nur so herausschüttele. Was hat er nicht alles mit seinem feinem Humor an diesem Abend zusammenphantasiert!" Der begeisterte Gleim rief Wieland zu: „Das ist entweder Goethe oder der Teufel!", worauf ihm Wieland „Beides" antwortete.[691]

Die Phantasie des Dichters war unerschöpflich, wenn es galt, Anna Amalia zu beeindrucken. Am 22. August 1778 lud er etwa zu einem Abend an der Ilm ein, nachdem am Musenhof Anna Amalias über die Lichtwirkung in den Gemälden Rembrandts diskutiert worden war.[692] Wieland berichtet am 27. August 1778 Merck: „Verstrichenen Sonnabend fuhren wir zu Göthen, der die Herzogin [Anna Amalia] auf den Abend in seinen Garten eingeladen hatte, um sie mit allen den Poëmen, die er in ihrer Abwesenheit an den Ufern der Ilm zu stande gebracht, zu regalieren. Wir speisten in einer gar holden Einsiedeley ... wir tranken ein Flasche Johannisberger 60er aus, und wie wir nun aufgestanden waren und die Thüre öfneten, siehe, da stellte sich uns, durch geheime Anstalt des Archi-Magus [des Urmagiers Goethe], ein Anblick dar, der mehr einer realisierten dichterischen Vision als einer Naturszene ähnlich sah. Das ganze Ufer der Ilm ganz in Rembrands Geschmack beleuchtet, ein wunderbares Zaubergemisch von Hell und Dunkel, das im Ganzen einen Effect machte der über allen Ausdruck geht. Die Herzogin [Anna Amalia] war davon entzückt wie wir alle ... Ich hätte Göthen vor Liebe fressen mögen."[693] Anna Amalia berichtete Goethes Mutter am 29. August 1778: „Die letztverflossene Woche hat der Herr Dr. Wolf [Goethe] mir ein Souper im Stern gegeben, wo die neuen Anlagen gemacht sind, welche gar lieblich und herrlich sind. Nach dem Abendessen war eine kleine Illumination ganz in dem Rembrandtschen Geschmack veranstaltet, wo nichts als Licht und Schatten wirkte."[694]

In der Elegie IV, Vers 29 ff. heißt es von der Geliebten: „Und ich verkannte sie nicht, ergriff die Eilende, lieblich/Gab sie Umarmung und Kuß bald mir gelehrig zurück./O wie war ich beglückt! – Doch stille, die Zeit ist vorüber". In Elegie V, Vers 11 ff. heißt es: „Raubt die liebste denn gleich mir einige Stunden des Tages,/Gibt sie Stunden der Nacht mir zur Entschädigung hin./Wird doch nicht immer geküßt, es wird vernünftig gesprochen;/Überfällt sie der Schlaf, lieg ich und denke mir viel./Oftmals hab ich auch schon in ihren Armen gedichtet/Und des Hexameters Maß leise mit fingernder Hand/Ihr auf den Rücken gezählt". Vernünftige Gespräche über seine Dichtung konnte er mit Anna Amalia führen, die als umfassend gebildete Kennerin der Klassiker ihn vielfach anregte. In Elegie VI wird Goethe deutlicher, denn seine Geliebte ist eine Witwe. Frau v. Stein bemerkte dazu ironisch in einem Brief an Charlotte Schiller vom 27. Juli 1795: „In einer einzigen [Elegie], der sechsten, war etwas von einem innigen Gefühl."[695] In dieser heißt es (Vers 3 ff.): „Wenn das Volk mich verklagt, ich muß es dulden! und bin ich/Etwa nicht schuldig? Doch ach! schuldig nur bin ich mit dir!/Diese Kleider, sie sind der neidischen Nachbarin Zeugen,/Daß die Witwe nicht mehr einsam den Gatten beweint." In der Elegie führt die Witwe weiter zwei berühmte Namen aus römischen Adelsfamilien an, die nach ihrer Gunst getrachtet hätten. Da diese Personen wirklich existierten, sah man in der Elegie ehrenrührige Ausführungen Goethes,[696] doch meint der Dichter mit diesen nur das römische Äquivalent zum deutschen Hochadel. In der Elegie VIII kommt ein weiterer Anhaltspunkt hinzu:

> Wenn du mir sagst, du habest als Kind, Geliebte, den Menschen
> Nicht gefallen, und dich habe die Mutter verschmäht,
> Bis du größer geworden und still dich entwickelt, ich glaub es:
> Gern denk ich mir dich als ein besonderes Kind.
> Fehlet Bildung und Farbe doch auch der Blüte des Weinstocks,
> Wenn die Beere, gereift, Menschen und Götter entzückt.

Diese Beschreibung bezieht sich auf Ausführungen Anna Amalias in ihrer autobiographischen Schrift Meine Gedanken, die in Goethes Nachlass gefunden wurde: „Nicht geliebt von meinen Eltern, immer zurückgesetzt, meinen Geschwistern in allen Stücken nachgesetzt, nannte man mich nur den Ausschuß der Natur." Anna Amalia ist also das „liebliche Mädchen", das abends zum Dichter kommt (Elegie IX, Vers 5 ff.): „Dann flammen Reisig und Scheite,/ Und die erwärmete Nacht wird uns ein glänzendes Fest./Morgen frühe geschäftig verläßt sie das Lager der Liebe,/Weckt aus der Asche behend Flammen aufs neue hervor." Nach neu entfachter Liebesglut müssen die Liebenden sich wieder trennen, damit sie nicht entdeckt werden. Die Elegie X, Vers 1 ff. zeigt das Format seines „Mädchen": „Alexander und Cäsar und Heinrich und Friedrich, die Großen,/Gäben die Hälfte mir gern ihres erworbenen Ruhms,/Könnt ich auf *eine* Nacht dies Lager jedem vergönnen". Mit Friedrich meint Goethe nicht den an Frauen uninteressierten preußischen König Friedrich II., den Onkel Anna Amalias,[697] sondern den Stauferkaiser Friedrich II. von Sizilien (1194–1250), eine der herausragendsten Gestalten der abendländischen Geschichte. Für ihn und die anderen größten Herrschergestalten soll das „Mädchen" so begehrenswert sein, dass sie gerne die „Hälfte ... ihres erworbenen Ruhms" für eine gemeinsame Nacht hergeben würden. Eine Frau, um die er von den Großen der Geschichte beneidet wird, muss nicht nur schön und treu sein, sie muss selbst eine Große sein. Es kann sich hier also nicht um Christiane Vulpius oder eine namenlose Römerin handeln. Am 25. Januar 1787 schrieb er Anna Amalia („Frau v. Stein") aus Rom: „Über die Vorsicht Franckenbergs [befreundeter Minister in Gotha] daß ich hier mich nicht verlieben soll mußte ich lachen: du hast nur Eine Nebenbuhlerinn bisher und die bring ich dir mit das ist ein kolossal Kopf der Juno." Juno, die höchste römische Göttin, ist die Einzige in Rom, die seiner Anna Amalia ebenbürtig ist, denn nur ein höheres Wesen kann ihr Konkurrentin sein. Eine Geliebte der erwähnten Herrschergestalten ist heute noch ein Begriff: die Pharaonin Kleopatra (69–30 v. Chr.), die mit Cäsar liiert war und später auch seinen Nachfolger Antonius (um 82–30 v. Chr.) für sich gewinnen konnte. Mit solchen Frauen vergleicht Goethe seine Anna Amalia. Schon Goethes Motto Alles um Liebe, womit sie ihre Liebesbriefe siegelten (Umschlagrückseite), erinnert an John Drydens (1631–1700) ALL FOR LOVE (1678), eine der wenigen Darstellungen von Kleopatra als einer hingebungsvollen Geliebten.

In der ELEGIE XV taucht ein bedeutungsvolles Zeichen auf, das über die Identität der Geliebten weiteren Aufschluss gibt. In einem römischen Gasthaus trifft er sie in Begleitung ihres Onkels (Vers 14 ff.):

> Lauter sprach sie, als hier die Römerin pfleget, kredenzte,
> Blickte gewendet nach mir, goß und verfehlte das Glas.
> Wein floß über den Tisch, und sie, mit zierlichem Finger,
> Zog auf dem hölzernen Blatt Kreise der Feuchtigkeit hin.
> Meinen Namen verschlang sie dem ihrigen; immer begierig
> Schaut ich dem Fingerchen nach, und sie bemerkte mich wohl.
> Endlich zog sie behende das Zeichen der römischen Fünfe
> Und ein Strichlein davor. Schnell, und sobald ich's gesehn,
> Schlang sie Kreise durch Kreise, die Lettern und Ziffern zu löschen;
> Aber die köstliche *Vier* blieb mir ins Auge geprägt.

Mit dem Bild des ausgeschütteten Weines, mit dem die Geliebte „Lettern und Ziffern" zeichnet, spricht Goethe genial verschlüsselt etwas Bedeutendes aus – auch hier ein Grund für Carl August, vom Druck der ELEGIEN abzuraten. Wichtig ist die römische Fünf mit einem Strichlein davor. Es ist das einzige Zeichen, das konkret beschrieben wird, vordergründig nur die Uhrzeit der vierten Stunde, zu der der Dichter nachts die Geliebte aufsuchen soll. Goethe spricht aber von „Lettern und Ziffern". Die römische Fünf mit einem Strichlein davor ergibt auch, anders angeordnet, den Buchstaben „A". Das Wort „Strichlein" passt nur beim „A", denn nur hier ist der Querstrich ein Strichlein, während bei der Ziffer IV alle drei Striche etwa gleich lang sind. Dass es Goethe vor allem um den Buchstaben „A" ging, zeigt die Uhrzeit, zu der die heimliche Verabredung mit der Geliebten angeblich stattfinden soll, denn kurz vor einsetzender Morgenröte ist kaum die Zeit für ein Rendezvous. Der Buchstabe „A" steht bei Goethe für Anna Amalia, immer wieder beschreibt oder zeichnet er diesen Buchstaben, teils in offener, teils in verschlüsselter Weise. Im Eintrag 1804 in den TAG- UND JAHRESHEFTEN beschreibt Goethe, dass er Ende Juni bei den vielen Johannisfeuern rings um die Jenenser Berge ein ganz besonderes beobachtet habe: „Auf der Spitze des Hausberges, welcher, von seiner Vorderseite angesehen, kegelartig in die Höhe steigt, flammte gleichmäßig ein bedeutendes Feuer empor, doch hatte es einen beweglichern und unruhigern Charakter; auch verlief nur kurze Zeit, als es sich in zwei Bächen an den Seiten des Kegels herunterfließend sehen ließ; diese, in der Mitte durch eine feurige Querlinie verbunden, zeigten ein kolossales leuchtendes A, auf dessen Gipfel eine starke Flamme gleichsam als Krone sich hervortat und auf den Namen unserer verehrten Herzoginmutter hindeutete." Auch eine Zeichnung Goethes, die eine sitzende Person vor einer

Grotte darstellt, die von einem Baum beschattet wird (Abb. 31), deutet auf Anna Amalia hin. Die Entwurfsvorlage (Abb. 30), die wie die Zeichnung um 1807 bis 1810 datiert wird, bildet aus einem Baum, einem Querbalken und einem pfeilerartigen Stein deutlich ein A. Die Zeichnung ist so gehalten, dass erst durch die Entwurfsvorlage darin ein A erkennbar wird. Auf ähnliche Weise verschlüsselt Goethe auch seine dichterischen Arbeiten, in denen Anna Amalia die weibliche Hauptperson ist.

Die Elegie XVI ist wieder eine Meisterleistung des Doppelsinns. In ihr geht es vordergründig darum, dass der Liebhaber sich durch einen Irrtum vom Stelldichein in einem Weingarten abhalten ließ, da er eine Vogelscheuche für den Onkel der Geliebten hielt. Ein Onkel Anna Amalias war der Preußenkönig Friedrich II. Dieser starb am 17. August 1786, also um die Zeit, in der Carl August in Karlsbad in das Staatsgeheimnis eingeweiht und der Plan einer Flucht Goethes nach Italien gefasst wurde. Zuvor hatte der „Verräter" sein Wissen um das Staatsgeheimnis zu erkennen gegeben, wodurch im Zusammenhang mit dem Thronwechsel in Preußen die Angst vor einer preußischen Intervention erregt wurde. Die letztlich unbegründete Furcht vor einer preußischen Intervention hatte Anna Amalia – das Bild der unglücklichen Schwester Elisabeth Christine Ulrike und die Skrupellosigkeit, die ihr Onkel Friedrich II. und sein Nachfolger gezeigt hatten, vor Augen – in Goethe wohl erst erregt. In der Elegie XVI fragt die Geliebte:

> „Warum bist du, Geliebter, nicht heute zur Vigne gekommen?
> Einsam, wie ich versprach, wartet ich oben auf dich."
> Beste, schon war ich hinein; da sah ich zum Glücke den Oheim
> Neben den Stöcken, bemüht, hin sich und her sich zu drehn.
> Schleichend eilt ich hinaus! – „O welch ein Irrtum ergriff dich!
> Eine Scheuche nur war's, was dich vertrieb! Die Gestalt
> Flickten wir emsig zusammen aus alten Kleidern und Rohren;
> Emsig half ich daran, selbst mir zu schaden bemüht."
> Nun, des Alten Wunsch ist erfüllt; den losesten Vogel
> Scheucht' er heute, der ihm Gärtchen und Nichte bestiehlt.

In einem Brief an Merck vom 14. November 1781 charakterisiert Goethe König Friedrich II.: „... wie er in seinem verschabten blauen Rock und mit seiner buklichten Gestalt große Thaten gethan hat, so hat er auch mit einer eigensinnigen, voreingenommenen, unrektificirlichen [unverbesserlichen] Vorstellungsart, die Welthändel nach seinem Sinne gezwungen." Kurz danach deutet Goethe auf seine heimliche Liebe hin: „Ich richte mich ein in dieser Welt, ohne ein Haar breit von dem Wesen nachzugeben was mich innerlich erhält und glücklich macht."

In der Elegie XVII behandelt Goethe den „Verrat", der den Irrtum erst möglich machte. Dabei vergleicht der Dichter den „Verräter" Fritz v. Stein, den

Sohn seines Nachbarn, mit einem Hund, der ihn an die Zeit mit seinem Mädchen, der Witwe „A“, erinnert:

> Manche Töne sind mir Verdruß, doch bleibet am meisten
> Hundegebell mir verhaßt; kläffend zerreißt es mein Ohr.
> Einen Hund nur hör ich sehr oft mit frohem Behagen
> Bellend kläffen, den Hund, den sich der Nachbar erzog.
> Denn er bellte mir einst mein Mädchen an, da sie sich heimlich
> Zu mir stahl, und verriet unser Geheimnis beinah.
> Jetzo, hör ich ihn bellen, so denk ich mir immer; sie kommt wohl!
> Oder ich denke der Zeit, da die Erwartete kam.

Die Folge des „Verrats“ war die Flucht nach Italien und damit das Ende der nur im Schutze der Täuschung möglichen Nachtliebe. Nach seiner Rückkehr aus Italien tritt Christiane Vulpius in das Leben des Anna Amalia entsagenden Dichters. Die Elegie XVIII hat daher Christiane zum Gegenstand. Um einen Identitätswechsel zur vorher besungenen Witwe „A“ deutlich zu machen, führt Goethe Christiane in der Elegie XVIII mit dem Namen Faustine ein. Ihre Bedeutung gibt er darin wie folgt wieder: „Eines ist mir verdrießlich vor allen Dingen, ein andres/Bleibt mir abscheulich, empört jegliche Faser in mir,/Nur der bloße Gedanke. Ich will es euch, Freunde, gestehen:/Gar verdrießlich ist mir einsam das Lager zu Nacht./Aber ganz abscheulich ist's, auf dem Wege der Liebe/Schlangen zu fürchten, und Gift unter den Rosen der Lust,/Wenn im schönsten Moment der hin sich gebenden Freude/Deinem sinkenden Haupt lispelnde Sorge sich naht./Darum macht Faustine mein Glück; sie teilet das Lager/Gerne mit mir, und bewahrt Treue dem Treuen genau.“ Faustine verhindert also vor allem, dass der Dichter mit Geschlechtskrankheiten, in der Elegie als Schlangen bezeichnet, die lispelnde Sorge verursachen, in Berührung kommt. Der Dichter besingt in der Elegie weiter das sinnliche Glück, das ihm Christiane schenkt (Vers 13 ff.): „Welche Seligkeit ist's! Wir wechseln sichere Küsse,/ Atem und Leben getrost saugen und flößen wir ein./So erfreuen wir uns der langen Nächte, wir lauschen,/Busen an Busen gedrängt, Stürmen und Regen und Guß.“ Christiane, die Goethes Mutter lange seinen Bettschatz nannte, wird fortan dem Dichter wenn auch keine ebenbürtige Partnerin, so doch eine aufrichtige und treue Gefährtin sein.

In der Elegie XX spricht Goethe das Staatsgeheimnis an und wie er damit umzugehen gedenkt (Vers 1 ff.):

> Zieret Stärke den Mann und freies mutiges Wesen,
> Oh! so ziemet ihm fast tiefes Geheimnis noch mehr.
> Städtebezwingerin du, Verschwiegenheit! Fürstin der Völker!
> Teure Göttin, die mich sicher durchs Leben geführt,
> Welches Schicksal erfahr ich! Es löset scherzend die Muse,

Amor löset, der Schalk, mir den verschlossenen Mund.
Ach, schon wird es so schwer, der Könige Schande verbergen!
Weder die Krone bedeckt, weder ein phrygischer Bund
Midas' verlängertes Ohr; der nächste Diener entdeckt es,
Und ihm ängstet und drückt gleich das Geheimnis die Brust.
In die Erde vergrüb er es gern, um sich zu erleichtern;
Doch die Erde verwahrt solche Geheimnisse nicht;
Rohre sprießen hervor und rauschen und lispeln im Winde:
Midas! Midas, der Fürst, trägt ein verlängertes Ohr!
Schwerer wird es nun mir, ein schönes Geheimnis zu wahren;
Ach, den Lippen entquillt Fülle des Herzens so leicht!

König Midas aus Phrygien, dem westlichen Inneranatolien (Türkei), wagte es, die Musik des Hirtengottes Pan höher zu schätzen als die des Hauptgottes Apoll. Zur Strafe ließ Apoll ihm Eselsohren wachsen. Aus Scham verbarg Midas die verlängerten Ohren unter einer Kopfbedeckung. Seinen Friseur, dem er seine Ohren nicht verbergen konnte, drohte er töten zu lassen, wenn dieser das Geheimnis verraten würde. Da der Friseur die Last des Geheimnisses nicht ertrug, grub er ein Loch und schrie es hinein. An dieser Stelle wuchsen Binsenrohre, die beim Rauschen im Wind das Geheimnis wiederholten: „Midas! Midas, der Fürst, trägt ein verlängertes Ohr!" Auch Goethes Dichtungen, denen er sein Geheimnis anvertraute, rauschen und lispeln ähnlich den Binsenrohren, sodass zuletzt sein schönes Geheimnis bekannt werden wird:

Keiner Freundin darf ich's vertraun: sie möchte mich schelten;
Keinem Freunde: vielleicht brächte der Freund mir Gefahr.
Dir, Hexameter, dir, Pentameter, sei es vertrauet,
Wie sie des Tags mich erfreut, wie sie des Nachts mich beglückt.
Sie, von vielen Männern gesucht, vermeidet die Schlingen,
Die ihr der Kühnere frech, heimlich der Listige legt;
Klug und zierlich schlüpft sie vorbei und kennet die Wege,
Wo sie der Liebste gewiß lauschend begierig empfängt.
Zaudre, Luna, sie kommt! damit sie der Nachbar nicht sehe;
Rausche, Lüftchen, im Laub! niemand vernehme den Tritt.
Und ihr, wachset und blüht, geliebte Lieder, und wieget
Euch im leisesten Hauch lauer und liebender Luft,
Und entdeckt den Quiriten [Bürgern], wie jene Rohre geschwätzig,
Eines glücklichen Paars schönes Geheimnis zuletzt.

Goethe teilt also in seiner Dichtung „der Könige Schande", das Geheimnis, mit. In der Elegie XII hieß es bereits: „Und was war das Geheimnis? als daß Demeter, die große,/Sich gefällig einmal auch einem Helden bequemt" (XII, 23 f.): Eine Göttin verliebte sich also in einen vortrefflichen Sterblichen, ein Vergleich für die Schranken der Monarchie, die einer Fürstin verbaten, einen Mann aus einem niederen Stand zu heiraten, auch wenn es ein einzigartiger Dichter wie Goethe war. Anna Amalia als Göttin der Fruchtbarkeit wählte allen Hindernissen zum Trotz Goethe als ihren Helden, da sie sich aber über ein Verbot hinwegsetzte, musste sie es heimlich tun. Beide hatten sich die Pflicht auferlegt, das Staatsgeheimnis zu wahren, Goethes „geliebte Lieder" sollten aber „zuletzt" seinen Lesern die Aufdeckung ermöglichen: „Und ihr ... geliebte Lieder/... entdeckt .../Eines glücklichen Paars schönes Geheimnis zuletzt."

Mit Anna Amalias und Goethes Trennung beginnt die Liebeslyrik der Entsagung, des Schmerzes, die bisher als solche gar nicht erkannt werden konnte. Goethe entfaltet sie in vielen Gedichten und im Entsagungsroman WILHELM MEISTER. Beide arbeiten nach ihrer Rückkehr aus Italien wieder gemeinsam an der Idee eines Theaters, das die Menschen erheben soll. Von 1775 bis 1784 hatten sie gemeinsam die Leitung des Liebhabertheaters ausgeübt. Dann wurde die Schauspielertruppe von Bellomo engagiert und als diese 1791 weiterzog, wurde Goethe die künstlerische Leitung des ständigen Hoftheaters mit Berufsschauspielern übertragen. Auf ihrer Italienreise (1788–1790) hatte Anna Amalia besonders die komische Oper studiert, um sie in Weimar einzuführen sowie alles, was auch sonst zur Hebung des Weimarer Theaters beitragen konnte: „... [in] den verschiedenen Theatern achtete Anna Amalia auch auf die Akustik, die Hygiene und die Beleuchtung". Das Werk von Domenico Cimarosa (1749–1801) war der Musikexpertin geläufig. Giovanni Paisiello (1740–1816), ein weiterer Hauptvertreter der *Opera Buffa*, lernte Anna Amalia in Neapel kennen.[698] Goethe inszenierte zu Anna Amalias 52. Geburtstag am 24. Oktober 1791 die heitere komische Oper von Cimarosa DIE THEATRALISCHEN ABENTHEUER in eigener Textfassung. Am 24. Oktober 1792 widmete Goethe, vom Feldzug des Koalitionsheeres in die Champagne zurückkehrend, bei dem er mehrmals in Lebensgefahr geraten war, Anna Amalia die erste zutreffende Interpretation der IGELER SÄULE bei Trier (um 250 n. Chr.). Am 24. Oktober 1793 konnte Goethe der Verehrerin von Mozart die Oper DIE HOCHZEIT DES FIGARO darbieten. Kurz zuvor war Anna Amalias zweiter Sohn während des Feldzugs des Koalitionsheeres in der Pfalz gefallen. Carl August bat Goethe, die Nachricht Anna Amalia zu überbringen, und dieser nahm sich viel Zeit, um sie zu trösten. An Knebel schreibt Goethe am 27. September 1793: „Die Herzoginn Mutter bezeigte gestern Lust nach Jena zu gehen." An Jacobi schrieb Goethe am 11. Oktober 1793: „Ich habe als alter Nothhelfer, diese Zeit her der Herzoginn Mutter mancherley Zerstreuungen bereiten helfen". Ein Jahr später, am 24. Oktober 1794, bot Goethe Anna Amalia die Aufführung der komischen Oper DIE VEREITELTEN RÄNKE von Cimarosa in eigener Textfassung.[699]

Anna Amalias Geburtstage sind für Goethe immer von überragender Bedeutung. Kurz nach Anna Amalias Tod taucht bei Goethe am 16. Mai 1807 ein Satz auf, der wie eine Auflehnung gegen das ihm widerfahrene tragische Schicksal klingt: „Nichts gegen Gott außer Gott selbst".[700] Jener „sonderbare aber ungeheure Spruch“ stellt Goethe in DICHTUNG UND WAHRHEIT (1811–1831) in einen direkten Zusammenhang mit der Dichtung EGMONT (1788), worin der Held „die stille Neigung einer Fürstin, [und] die ausgesprochene eines Naturmädchens“ gewinnt (20. Buch). Der Spruch erkläre sich, so Goethe weiter, aus dem Umgang des Helden mit dämonischen Menschen. Egmont (Goethe) „kennt keine Gefahr, und verblendet sich über die größte die sich ihm nähert. Durch Feinde die uns umzingeln schlagen wir uns allenfalls durch; die Netze der Staatsklugheit sind schwerer zu durchbrechen.“ Die Staatsklugheit hat Goethe zu Fall gebracht, die Notwendigkeit, sich den unerbittlichen Gesetzen der Monarchie zu beugen. Es folgt ein Exkurs über das Dämonische, „um mancher geliebter Leser willen ... [will ich] etwas aussprechen, wovon ich mich erst viel später überzeugte ... Am furchtbarsten aber erscheint dieses Dämonische, wenn es in irgend einem Menschen überwiegend hervortritt. Während meines Lebensganges habe ich mehrere teils in der Nähe, teils in der Ferne beobachten können.“ Unter diesen „mehreren“ nennt Goethe im Gespräch mit Eckermann Carl August und König Friedrich II.,[701] jene Vertreter der Monarchie, die seine Nachtliebe und seine Entsagung von der Fürstin Anna Amalia bedingt hatten: „... eine ungeheure Kraft geht von ihnen aus ... Alle vereinten sittlichen Kräfte vermögen nichts gegen sie ... sie sind durch nichts zu überwinden als durch das Universum selbst, mit dem sie den Kampf begonnen; und aus solchen Bemerkungen mag wohl jener sonderbare aber ungeheure Spruch entstanden sein, *nemo contra deum nisi deus ipse* [Nichts gegen Gott außer Gott selbst]“ (IV, 20).

Von Anna Amalia, die am 10. April verschieden war, wurde vom Hofbildhauer Carl Gottlob Weißer (1779–1815) eine Totenmaske abgenommen (ABB. 34).[702] Ein einziges Mal in seinem Leben überwand Goethe seine Abneigung gegen Gesichtsmasken und ließ sich im Oktober 1807 vom Bildhauer Weißer eine abnehmen, die mit ungeöffneten Augen überliefert ist und dadurch wie eine Totenmaske wirkt (ABB. 35).[703] Diese Gesichtsmaske entstand in zwei Sitzungen, eine erste fand am 19. Oktober, an seinem ersten Hochzeitstag statt. In Goethes Tagebuch heißt es: „Um 4 Uhr zu Weißer“. Die abschließende Sitzung fand am 24. Oktober, an Anna Amalias erstem Geburtstag nach ihrem Tod statt. Im Tagebuch findet sich der Eintrag: „Nachher bey Weißern.“[704] An diesen beiden Tagen ließ sich Goethe selbst als Toter darstellen. Goethes langjähriger Mitarbeiter Kräuter befand: „... der Ernst der Züge hat etwas, das Finster zu nennen ist“.[705] „Die Formen sind hier ganz genau“, befand Goethe noch Jahre später in einem Brief an Boisserée vom 27. Februar 1820. Unter Verwendung der abgenommenen Masken von Goethe und Anna Amalia modellierte Weißer von beiden Büsten (ABB. 38 und 39). Diesem Pendant wollte Goethe unbedingt ein weiteres von Christian Friedrich Tieck (1776–1851) hinzufügen. Tieck war ein innovativer Bildhauer voller Inspirationskraft, er zählte zu den bedeutendsten seiner Zeit. 1807/08 war er in Rom dabei, eine Büste von Goethe im Auftrag des bayrischen Kronprinzen Ludwig (1786–1868) anzufertigen (ABB. 36), der seit Anfang 1807 Bildnisbüsten berühmter Deutscher in Auftrag gab, um sie in einem Tempel des Ruhms zu vereinen, die spätere Walhalla (1830–1842) bei Regensburg. Tieck sollte deshalb auch eine Büste Anna Amalias anfertigen. Wohl über Weißer bekam Tieck einen Abguss von Anna Amalias Totenmaske nach Rom geschickt,[706] seine 1807/1808 angefertigte Büste hält sich noch genauer als die von Weißer an die Totenmaske (ABB. 37).[707] Die von Weißer abgenommene Maske Goethes wurde die Vorlage für die meisten Goethe-Büsten, die danach modelliert wurden.[708]

Goethe schrieb nach Anna Amalias Tod den offiziellen Nachruf ZUM FEYERLICHEN ANDENKEN DER DURCHLAUCHTIGSTEN FÜRSTIN UND FRAU ANNA AMALIA, ein Meisterwerk der Gedenkrede,[709] das von allen Kanzeln des Herzogtums vorgelesen und veröffentlicht wurde. Danach wurde er schwer krank, ging nach Jena und von dort nach Karlsbad. Dort begann er WILHELM MEISTERS WANDERJAHRE zu diktieren, ein Werk, das tiefe Einblicke in seine Biographie im ersten Weimarer Jahrzehnt gibt. Goethe findet die Kraft, die Liebeslyrik der Entsagung in eine Liebeslyrik der Verklärung zu wandeln. Am Ende des Vorspiels zur Eröffnung des Weimarer Theaters am 19. September 1807 gibt Goethe zu erkennen, dass er sich als Witwer fühlt:

> Doch aber bleibet immerfort auch eingedenk
> Der Abgeschiednen, deren rühmliche Lebenszeit,
> *(Im Hintergrunde zeigt sich in Chiffern das Andenken der verewigten Herzogin Mutter, umgeben von Glorie und den Kranz ihrer Zurückgelassenen.)*
> Umwölkt zuletzt, zur Glorie sich läuterte,
> Unsterblich glänzend, keinem Zufall ausgestellt;
> Um welche sich versammelt ihr geliebt Geschlecht
> Und alle, deren Schicksal sie umwaltete.
> Sie wirkte noch wie vormals immer mütterlich.
> In Leid und Freuden bleibet ihrer eingedenk,
> Genuß, Entbehrung, Hoffnung, Schmerz und Scheidetag
> Menschlich zu übernehmen, aber männlich auch!

Die letzten zwei Zeilen sind für sich nicht verständlich. Goethe fasst damit seine tragische Liebe zu Anna Amalia zusammen, der als ihr Mann mit ihr genoss, sie als Geliebte entbehren musste, bis er durch den Tod von ihr geschieden wurde. Als Witwer bezeichnet sich Goethe in der Gedichtsammlung WEST-ÖSTLICHER DIVAN (1815), ebenso in PANDORA.

Goethe begann im Herbst 1807 die Abfassung des Festspiels PANDORA. Darin vergleicht er Anna Amalia mit der schönen Pandora, die nach der griechischen Mythologie von den Göttern als schönstes Weib erschaffen wurde. Doch der höchste Gott Zeus gab ihr eine Büchse mit, in der alle Übel der Erde eingeschlossen sind, damit die Menschen nicht den Göttern ebenbürtig werden. In Goethes Bearbeitung enthält die Büchse die Verheißung von Liebe, Würde,

Schönheit, später von Wissenschaft und Kunst. Goethe ist Pandoras verlassener Gatte Epimetheus: „Die holde Braut empfing ich mit berauschtem Sinn./ Sodann geheimnisreicher Mitgift naht' ich mich/.../Du trügst mich nicht, Pandora, mir die einzige!/Kein andres Glück verlang' ich, weder wirkliches/ Noch vorgespiegeltes im Luftwahn. Bleibe mein!" Doch Pandora entschwindet: „Weg war sie! Niemals hab' ich wieder sie gesehen." Der in PANDORA ausgedrückte Abschiedsschmerz ist von erschütternder Tiefe, der Dichter trauert um einen ungeheueren Verlust:

Wer von der Schönen zu scheiden verdammt ist,
Fliehe mit abgewendetem Blick!
Wie er, sie schauend, im Tiefsten entflammt ist,
Zieht sie, ach! reißt sie ihn ewig zurück.

Frage dich nicht in der Nähe der Süßen:
Scheidet sie? scheid' ich? Ein grimmiger Schmerz
Fasset im Krampf dich, du liegst ihr zu Füßen
Und die Verzweiflung zerreißt dir das Herz.

Kannst du dann weinen und siehst sie durch Thränen,
Fernende Thränen, als wäre sie fern:
Bleib'! Noch ist's möglich! Der Liebe, dem Sehnen
Neigt sich der Nacht unbeweglichster Stern.

...

Trostlos zu sein ist Liebenden der schönste Trost;
Verlornem nachzustreben selbst schon mehr Gewinn,
Als Neues aufzuhaschen. Weh doch! Eitles Mühn,
Sich zu vergegenwärt'gen Ferngeschiedenes,
Unwiderherstellbares! hohle leid'ge Qual!

Mühend versenkt ängstlich der Sinn
Sich in die Nacht, suchet umsonst
Nach der Gestalt. Ach! wie so klar
Stand sie am Tag sonst vor dem Blick.

Schwankend erscheint kaum noch das Bild;
Etwa nur so schritt sie heran!
Naht sie mir denn? Faßt sie mich wohl? –
Nebelgestalt schwebt sie vorbei;

...

Wieder versucht sei's, dich heran,
Gattin, zu ziehn! Hasch' ich sie? Bleibt's
Wieder, mein Glück? – Bild nur und Schein!
Flüchtig entschwebt's, fließt und zerrinnt.

Einen angeblich geplanten zweiten Teil des Festspiels, bei der Pandora erscheinen sollte, arbeitete Goethe nicht aus. Mit PANDORA wollte er nur seinen unmittelbaren Abschiedsschmerz von Anna Amalia ausdrücken. Wie er Anna Amalia wieder sehen kann, wird seine künftigen Liebesdichtungen beschäftigen, um etwa im WEST-ÖSTLICHEN DIVAN (1815) einen Höhepunkt zu erreichen. Goethe wendet sich nach dem PANDORA-Fragment seinem Entsagungsroman DIE WAHLVERWANDTSCHAFTEN (1808/09) zu, der ursprünglich als Einlage für den Roman WILHELM MEISTERS WANDERJAHRE (1821/1829) geplant war und Parallelen zu der dort erzählten Novelle DER MANN VON FÜNFZIG JAHREN, einer genialen Verschlüsselung seiner verbotenen Liebe, aufweist.

Neben PANDORA arbeitet Goethe um 1807/1808 den SONETTENKRANZ aus. Dass diese Sonette für Wilhelmine Herzlieb (1789–1865) geschrieben sein sollen, hält einer kritischen Überprüfung nicht stand. Wilhelmine Herzlieb kam achtjährig als Waisenkind von Züllichau zu dem Ehepaar Frommann nach Jena, die ihr liebevolle Pflegeeltern wurden. Goethe, der regelmäßig in diesem Haus verkehrte, war sofort auf das melancholische Kind mit dem traurigen Schicksal aufmerksam geworden. Ein Liebesverhältnis zwischen Goethe und Wilhelmine hat es aber nie gegeben. Aufgebauscht wurde der harmlose Umgang, weil es schwer fiel zu glauben, dass den Sonetten keine Liebesbeziehung zugrunde liegen sollte. Ohne Anna Amalia als die von Goethe stets besungene Geliebte zu erkennen, suchten Biographen nach einer Person, die er wenigstens platonisch besungen hatte: „Daß Goethe gerade solche zwielichtigen und eigentlich ‚unberührbaren' Naturen so häufig bevorzugte ist begreiflich. Sie bieten ihm Sicherheit davor, daß die Beziehung allzu leidenschaftlich wird".[710] Es wurde sogar versucht, das vielschichtige und ereignisreiche Leben Wilhelmines nur auf die flüchtige Begegnung mit Goethe zu reduzieren.[711] In Wirklichkeit nannte Wilhelmine Goethe stets „den lieben Alten Herr" und trat ihm mit tiefer Ehrfurcht und Verehrung gegenüber; Goethe hingegen nannte sie liebevoll „Minnchen". An eine Freundin schrieb die achtzehnjährige Wilhelmine am 10. Februar 1808: „Göthe war aus Weimar herüber gekommen, um hier recht ungestört seine schönen Gedanken für die Menschheit bearbeiten zu können und so denen, die sich so sehr bemühen immer besser zu werden, auf den rechten Weg zu helfen und ihnen Nahrung für Kopf und Herz zu verschaffen … manchen Abend, wenn ich in meine Stube kam … und ich überdachte, was für goldene Worte ich den Abend wieder aus seinem Munde gehört hatte, und dachte was der Mensch doch aus sich machen kann, ich ganz in Tränen zerfloß und mich nur damit beruhigen konnte, daß die Menschen nicht alle zu einer Stufe geboren sind … und damit Punktum."[712] Als Wilhelmine ihre Verlobung löste, schrieb Goethe an die Malerin Louise Seidler (1786–1866) am 24. Februar 1813: „… grüßen Sie Minchen. Ich habe immer geglaubt, dieses Geistchen gehöre einem treueren Element an." Wilhelmine schien sich früh in einen für sie aus Standesgründen unerreichbaren Grafen verliebt zu haben.[713] Später dementierten sie und ihre Familie energisch Mutmaßungen über eine Liaison mit Goethe. Es gehe, so ihr Bruder, um eine „in ihrer Bedeutung überschätzte[n] Episode aus Goethe's Leben".[714]

Die Frau, die im SONETTENKRANZ besungen wird, liebt der Dichter unbedingt. Am Ende des zweiten Sonetts FREUNDLICHES BEGEGNEN heißt es: „Da war's geschehen!/In meiner Hülle konnt' ich mich nicht halten,/Die warf ich weg, Sie lag in meinen Armen." Die in den Sonetten zum Ausdruck gebrachte wahrhafte Liebesempfindung bezieht sich auf Goethes erstes Weimarer Jahrzehnt und seine Liebesbeziehung zu Anna Amalia. Indem Goethe von Wilhelmine Herzliebs Namen ausgehend Betrachtungen über das Herz und die Liebe anstellt, lenkt er bewusst von der Identität der wirklichen Geliebten ab, wie es ihm als Pflicht auferlegt worden war. Der um Anna Amalias Verlust tief trauernde Dichter wandelt in den Sonetten den Schmerz in Liebesdichtung, im XV. Sonett heißt es: „Der Dichter pflegt, um nicht zu langeweilen,/Sein Innerstes von Grund aus umzuwühlen;/Doch seine Wunden weiß er auszukühlen,/Mit Zauberwort die tiefsten auszuheilen." Das erste Sonett, MÄCHTIGES ÜBERRASCHEN, mit dem Motiv eines gehemmten Stromes, aus dem ein See entsteht, weist auf Anna Amalias Wirkung auf seine Dichtung hin (Vers 9 ff.):

Die Welle sprüht, und staunt zurück und weichet,
Und schwillt bergan, sich immer selbst zu trinken;
Gehemmt ist nun zum Vater hin das Streben.

Sie schwankt und ruht, zum See zurückgedeichet;
Gestirne, spiegelnd sich, beschaun das Blinken
Des Wellenschlags am Fels, ein neues Leben.

Eine Zeichnung Goethes von 1806, die ein riesiges A vor einem Bergsee zeigt (ABB. 29), ist eine bildliche Umsetzung des Sonetts, wobei durch das riesige A ausdrücklich Anna Amalia benannt ist. Zu Beginn des Gedichts rauscht der Strom von Goethes Sturm und Drang-Dichtung noch einer Verbindung mit dem Ozean entgegen, in dem sie sich verliert: „Was auch sich spiegeln mag von Grund zu Gründen,/Er wandelt unaufhaltsam fort zu Thale." Durch die Liebe und den Einfluss Anna Amalias wird der Strom der Dichtung zu einem See zurückgedeicht und die Gestirne können sich darin spiegeln. Goethe erreicht mit seiner Dichtung der Liebe nun die Sterne, diese ist also unvergänglich geworden.

Beim Sonett ABSCHIED geht es um Goethes Aufbruch nach Italien, da nach der Trennung „das Meer den Blick“ des Dichters umgrenzt: „War unersättlich nach viel tausend Küssen,/Und mußt’ mit Einem Kuß am Ende scheiden./Nach herber Trennung tiefempfundnen Leiden“. Von seiner Prinzessin musste Goethe 1786 „mit einem Kuß am Ende scheiden“. Im Sonett EPOCHE – die Epoche seiner Liebe zu einer lebenden Frau ist mit dem Tod Anna Amalias 1807 zu Ende – kommt es zum bedeutsamen Vergleich zwischen Petrarcas Laura und seiner Anna Amalia:

> Mit Flammenschrift war innigst eingeschrieben
> Petrarca’s Brust, vor allen andern Tagen,
> Charfreitag. Eben so, ich darf’s wohl sagen,
> Ist mir Advent von Achtzehnhundert sieben.
>
> Ich fing nicht an, ich fuhr nur fort zu lieben
> Sie, die ich früh im Herzen schon getragen,
> Dann wieder weislich aus dem Sinn geschlagen,
> Der ich nun wieder bin an’s Herz getrieben.
>
> Petrarca’s Liebe, die unendlich hohe,
> War leider unbelohnt und gar zu traurig,
> Ein Herzensweh, ein ewiger Charfreitag;
>
> Doch stets erscheine, fort und fort, die frohe,
> Süß, unter Palmenjubel, wonneschaurig,
> Der Herrin Ankunft mir, ein ew’ger Maitag.

Francesco Petrarca (1304–1374) verbindet den Karfreitag, den Tag der Kreuzigung Christi, mit seiner Geliebten, denn er hat Laura erstmals an diesem Tag, den 13. April 1327, gesehen. Goethe verbindet Advent, die Zeit der Ankunft Christi, mit seiner Geliebten. Anna Amalia soll auf die Höhe von Petrarcas Laura emporgehoben werden, der treue Dichter will seine Frau zu den Sternen erheben. In TASSO, dem Liebesdenkmal für Anna Amalia, lässt er den Dichter sagen (Vers 1937 f.): „Ist Laura denn allein der Name, der/Von allen zarten Lippen klingeln soll?“ Auch seine Prinzessin will Goethe in dieser edlen Reihe eingereiht wissen und widmet ihr deshalb seine ganze Liebeslyrik. Schon im zweiten Sonett, FREUNDLICHES BEGEGNEN, vergleicht Goethe seine Geliebte mit den zwei berühmten Frauen der Literatur, Beatrice und Laura, die von ihren Dichtern auch in Sonettform besungen wurden: „Ein Mädchen kam, ein Himmel anzuschauen,/So musterhaft wie jene lieben Frauen/Der Dichterwelt.“ Wenn eines Tages die wahre Identität seiner Geliebten bekannt sein wird, so soll die Nachwelt Anna Amalia neben Namen wie Beatrice und Laura nennen. Bei Petrarca war die Liebeserfahrung mit Laura „unbelohnt und gar zu traurig“, bei

Goethe ist es trotz der Nachtliebe und der Entsagung eine erfüllte Liebe gewesen. Nunmehr lebt er in Vorfreude auf der „Herrin Ankunft", auf eine Wiedervereinigung mit ihr, zunächst in seinen Dichtungen, sodann im Jenseits.

In seiner Gedichtsammlung West-östlicher Divan (1819), dessen Lieder hauptsächlich 1814 und 1815 entstanden sind, setzt Goethe erneut zu einer großartigen Liebesdichtung an. Er wird mit dieser einzigartigen Gedichtsammlung einen Höhepunkt der Verklärung Anna Amalias erreichen. Der Divan ist in zwölf Bücher unterteilt und vom Dichter mit einem Kommentar versehen worden. Wenn diese Dichtung mit einer Symphonie verglichen wird,[715] so ist Suleika, arabisch „Verführerin", die Geliebte des Dichters, das Hauptthema, die immer wiederkehrende Leitmelodie und ihr gilt auch das längste Buch Suleika.

Heute wird aber Goethes Suleika einhellig mit Marianne v. Willemer (1784–1860) in Verbindung gebracht. Da niemand das im Divan zum Ausdruck gebrachte Liebesempfinden Goethes auf seine verstorbene Geliebte Anna Amalia bezog, konnte Marianne den Ehrgeiz entwickeln, nach dem Tod des Dichters als dessen Geliebte zu gelten. Im September 1814 lernte Goethe die ehemalige Schauspielerin und Sängerin Marianne Pirngruber kennen. Im selben Monat heiratete diese „aus Neigung wie um des Wohlanstandes willen"[716] ihren Pflegevater, den zweimaligen Witwer Johann Jakob Willemer (1760–1838, 1816 geadelt), mit dem sie trotz gesellschaftlicher Anfeindungen bereits über ein Jahrzehnt zusammenlebte. Die „Rettung [durch die Heirat] der kleinen, liebenswürdigen Frau [Marianne]", urteilte Goethe im Gespräch mit Boisserée, sei „ein großes sittliches Gut".[717] 1815 reiste Goethe wieder nach Frankfurt, um von Mai bis Oktober den Divan nahezu abzuschließen. Er weilte dabei oft bei dem Ehepaar v. Willemer, die seine Arbeit nach Kräften zu fördern suchten, etwa indem sie die Gerbermühle, ihr Sommerhaus vor den Toren Frankfurts, orientalisch schmückten.

Durch Herman Grimm (1828–1901), der 1869 seinen in plauderhaft-familiärem Ton abgefassten Aufsatz Goethe und Suleika veröffentlichte,[718] wurde Frau v. Willemer schlagartig als Goethes Suleika berühmt.[719] In Wirklichkeit wusste Frau v. Willemer, dass Goethe in seinen Liedern eine andere Frau besang, sie bat ihn sogar um Hinweise, wer diese Person sei. Nach der Lektüre der Novelle Der Mann von fünfzig Jahren aus Wilhelm Meisters Wanderjahre fragte sie Goethe in einem Brief vom 7. August 1829: „… vielleicht, daß mir Wilhelm [Goethe] einiges über jene interessante Witwe vertraut; wie viel hätte ich nicht zu fragen, was man schreibend weder verlangen noch gewähren kann. Sie würden vielleicht über mich lachen, wenn Sie wüßten, mit welcher Genauigkeit ich auf alle Beziehungen und Andeutungen merke, die dazu helfen können, den Dichter in seinen Werken kennen und verstehen zu lernen, und da sich nicht leugnen läßt, daß er die Feder in sein Herzblut taucht, so ist bei allem Mitleid, das man für den innig geliebten Freund und seine Herzenswunden hat, doch die Ungewißheit kaum zu ertragen, mit der man sich abmüht zu erraten, wann, wie und durch wen sie ihm geschlagen wurden."[720] Am 19. April 1830 gab Goethe Frau v. Willemer hierauf folgende Antwort: „Einige Auskunft über die Rätsel, welche in meinen kleinen Gedichten und den größern Werken vorkommen, ließe sich anmutig von Mund zu Mund, aber nicht wohl schriftlich mitteilen. Soviel jedoch würde sich durchaus ergeben, daß irgendwo ein *Vorzüglichstes*, sowohl der Innigkeit als der Dauer nach, auffallend entgegenträte."

Die gemeinsamen Tage im Sommer 1814 und 1815 verbrachten Goethe und Frau v. Willemer in einer größeren Gesellschaft. Die wenigen Momente, in denen ungestörte Zweisamkeit möglich gewesen wäre, zog Goethe es vor, Freund Boisserée nachts seine Theorie der Farben zu erklären. In seinem Tagebuch trägt Boisserée etwa am 18. September 1815 ein: „[Herr] Willmer schlief ein, wird darum gefoppt wir bleiben deshalb desto länger zusammen, bis 1 Uhr. Mondschein-Nacht. Der Alte [Goethe] will mich in seinem Zimmer noch bei sich behalten – Wir schwatzen ihm fällt ein mir den Versuch mit farbigen Schatten zu zeigen, wir treten mit einem Wachslicht auf den Balkon – werden am Fenster von der kleinen Frau [v. Willemer] belauscht."[721] Allein der Austausch von wenigen harmlosen Chiffrenbriefen 1815 mit „der kleinen Frau", also Kärtchen, die nur Zahlen enthalten, die auf Seite und Zeile des verabredeten Buchs DER DIWAN VON HAFIS, eine Übersetzung (1812-13) des wohl bedeutendsten persischen Dichters (1326–1390), verweisen,[722] müssen herhalten, um eine große Liebe zwischen Goethe und der verheirateten Frau v. Willemer zu behaupten. Nach 1815 wich Goethe einem von ihr gewünschtem Wiedersehen stets freundlich aus. Seine Briefe adressierte er nie an sie persönlich, vielmehr erst an ihre Stieftochter, später an ihren Ehemann.[723] Frau v. Willemer erkannte daraufhin, dass sie auch „in jenen Zauberkreis der Frauen getreten [war], nicht, um darin zu bleiben, sondern nach getaner Beschwörung sogleich wieder den stillen Pfad … zu betreten".[724]

Nach Goethes Tod hatte bereits Bettina v. Arnim (1785–1859) mit ihrer Veröffentlichung GOETHES BRIEFWECHSEL MIT EINEM KINDE (1835), für Goethes Freund und Mitarbeiter Riemer „mit einem Wort ein Roman",[725] versucht, sich als Geliebte und Muse des Dichters, als die Frau, der Goethes Sonette und Lieder galten, und als seine Suleika hinzustellen. Unter den ablehnenden Stimmen war auch jene ihrer Freundin Marianne v. Willemer, die von „Lug- und Trug-Compendium" sprach.[726] Für Riemer war Bettinas „Anmaßung unbegreiflich, und eine bisher unerhörte Art, sich einem, der auf dem Wege zur Unsterblichkeit ist, als Begleiter an den Arm zu hängen."[727] Viele Frauen suchten die Nähe des berühmten Dichters, so ermahnte etwa Henriette v. Egloffstein eine ihrer Töchter, sich so oft wie möglich „in den letzten Strahlen dieser sinkenden Sonne" zu spiegeln: „Versäume nicht, Dich Goethe soviel als möglich zu nähern … Zu spät wirst Du vielleicht erst begreifen, was es heißt: *je ne suis pas la rose, mais j'ai fleuri aupres d'elle!* [ich bin zwar nicht die Rose, doch ich habe in ihrer Nähe geblüht] – Jedes Wort von Goethe wird nach seinem Tode gleich Edelsteinen glänzen und denen Wert geben, an die es gerichtet war."[728]

Marianne v. Willemer ging viel raffinierter als Bettina v. Arnim vor, als sie die große Chance sah, in die Literaturgeschichte als Goethes Suleika einzugehen. Der sich dem Tode nahe fühlende Goethe sandte Freunden ihre an ihn gerichteten Briefe zurück, so auch am 3. März 1832 an Marianne v. Willemer. In diesen Briefen an Goethe sollen sich vier Gedichte befunden haben, die Frau v. Willemer selbst gedichtet haben will und die Goethe im DIVAN als seine eigenen eingeflochten haben soll. Es handelt sich hier um Gedichte, die mit als die schönsten der Sammlung gelten und in denen Suleika zum Dichter Hatem spricht.[729] Originale der Briefe Marianne v. Willemers an Goethe sind nicht erhalten, denn sie vernichtete diese Anfang der 1850er Jahre. Zuvor hatte sie von unbekannter Hand eine „Abschrift" anfertigen lassen. Trotz „sorgfältigste[r] Nachfrage" durch Verwandte und Freunde konnte nicht ermittelt werden, von wem Frau v. Willemer diese anfertigen ließ.[730] Durch eine „Abschrift" ihrer Briefe konnte sie aber den Inhalt derselben beliebig verändern, also auch beliebig Gedichte Goethes aufnehmen, die sie vom DIVAN (gedruckt 1819) abschrieb, um sie nach 30-jähriger Überlegungszeit geringfügig zu ändern. An Grimm sandte sie etwa am 21. Januar 1857 eine Abschrift „ihres" DIVAN-Gedichts mit dem Anfangsvers „Was bedeutet die Bewegung?" mit der Bemerkung, „es ist doch nur eine einzige [Strophe] die G.[oethe im DIVAN] verändert hat, und ich weiß wirklich nicht warum, ich finde meine wirklich schöner".[731] Entscheidend ist hier der Umstand, dass die Person, die Frau v. Willemer mit der Abschrift beauftragt hatte, nicht namentlich genannt und auch sonst nicht auffindbar war. Einen Grund, warum sie ihre Originalbriefe an Goethe vernichtete, gab sie nicht an, obwohl „er" sie doch in den Händen gehalten hatte und sie seine Briefe wie ein Heiligtum aufbewahrte. Wenn Frau v. Willemer aus dem Haus ging, nahm sie Goethes Briefe in ihrer Kleidung eingenäht stets mit sich. Die Vernichtung ihrer Originalbriefe hatte also nur den Zweck, diese so abzufassen, dass sie darin als Autorin der Suleika-Gedichte dastand.

Frau v. Willemers raffinierter Schwindel hätte durchschaut werden können, denn es unterliefen ihr Fehler. Als sie am 21. Januar 1857 an Grimm die „Abschrift" ihres Briefes mit dem DIVAN-Gedicht „Was bedeutet die Bewegung?" sandte, war dieser mit „d. 6. 8ber 15.", also den 6. Oktober 1815 datiert. Goethes eigenhändiges Original stammte aber vom „23. S. 1815", also den 23. September 1815. Demnach müsste der unvergleichliche Dichter Goethe das Datum vordatiert haben, um als Autor eines Gedichtes der Frau v. Willemer zu gelten, eine Frau, die vor und nach den vier Gedichten, die sie an Goethe geschickt haben will, nie etwas Bedeutendes gedichtet hat. Von „anmutiges Liedchen" spricht etwa Goethe 1832, als Herr v. Willemer ihm eine Gelegenheitsdichtung seiner Ehefrau schickte.[732] Obwohl Frau v. Willemer die nicht gerade harmlose Behauptung aufstellte, Goethe habe ihre Gedichte durch Aufnahme in den DIVAN als die seinen ausgegeben, setzte man sich über diesen und andere Widersprüche hinweg. Grimm meinte, Frau v. Willemer, „die an dem Divan so großen Anteil hatte, [habe] das Werk als gedrucktes Buch" wenig gekannt. „Daß aber auch ihr Gedächtnis sie zuweilen im Stiche ließ", so Grimm weiter im Aufsatz Goethe und Suleika, „ist klar. ... Wir dürfen nicht vergessen, daß Marianne über die Siebzig heraus war, als sie mir ihre Mitteilungen machte."[733] Ihren Freund Grimm hatte Frau v. Willemer zuvor jahrelang mit den schönsten Worten umgarnt. Neben Goethe, Clemens Brentano (1778–1842) und Boisserée hätte sie noch einen Freund, berichtet sie Grimm in einem Brief vom 3. Juni 1855, „und noch Einen, und noch Einen, und Dich? Nicht wahr?"

Erst vor kurzem wurde bekannt, dass Marianne v. Willemer schon einmal mit Fälschungen zu tun hatte, denn sie war eine geborene Pirngruber, behauptete aber, Jung zu heißen. Den damals schwerwiegenden Makel der unehelichen Geburt – sie war die Tochter des holländischen Tanzmeisters van Gangelt in Linz und der Wiener Schauspielerin M. A. E. Pirngruber – vertuschte sie damit. Die Heiratspapiere, die sie den Frankfurter Behörden vorlegen sollte, reichte sie nie nach. Eine letzte Einreichungsfrist vom Stadtrat von 1816 nahm die nunmehr schwerreiche Frau v. Willemer nicht wahr, so dass sie in Frankfurt immer eine Ausländerin blieb.[734]

Marianne v. Willemer war eine Frau, die von vielen Männern angebetet wurde, nach einer Ansicht soll ihr Stiefbruder aus Liebe zu ihr in einem Duell den Tod gesucht haben.[735] Frau v. Willemer wollte für Goethe mehr sein als eine flüchtige Inspiration und angenehme Gastgeberin. Als Goethe nach 1815 nicht mehr nach Frankfurt reiste, war sie jahrelang krank, sie fühlte sich durch Goethes Desinteresse gedemütigt und verletzt.[736] Ihren jungen Freund Grimm bat Frau v. Willemer in falscher Bescheidenheit, erst nach ihrem Tod ihre Liebesgeschichte mit Goethe zu veröffentlichen: „Mir scheint", so Grimm, „dies als einer der höchsten Züge in Mariannes Charakter: dies gänzliche Verzichten darauf, ihren Namen öffentlich mit dem Goethes genannt zu hören."[737] Ihr „Briefwechsel", also Goethes Briefe an sie sowie die „Abschrift" von unbekannter Hand ihrer um 1850 vernichteten Briefe an Goethe, sollten nach ihrem letzten Willen erst zwei Jahrzehnte nach ihrem Tod veröffentlicht werden.[738] Mit der späten Veröffentlichung der Briefe, die Marianne als Suleika hinstellten, erreichte sie, dass kein enger Mitarbeiter oder Freund Goethes der Anmaßung entgegentreten konnte, wie Riemer es bei Bettina v. Arnim getan hatte, als er von „eine[r] bisher unerhörte[n] Art, sich einem, der auf dem Wege zur Unsterblichkeit ist, als Begleiter an den Arm zu hängen" sprach.[739] Heute heißt es über Marianne v. Willemer: „Die Literatur- und Geistesgeschichte kennt kaum je den Fall, daß sich da ein Dialog auf höchster poetischer Höhe abspielt. Ein Zwiegespräch wird es von Mund zu Mund, in gleichen Klängen, gleichen Worten, gleichen Rhythmus. Es wird ein sehr persönliches Geheimnis, zwischen den beiden gewahrt, die seltsamste Maskerade Goethes ... Bis lange über seinen Tod hinaus dauert das Spiel, und wenn es Marianne nicht selber als alte Frau dem jungen Freund Herman Grimm bekannt gegeben hätte, so wäre es ganz verborgen geblieben."[740] Frau v. Willemers Schwindel konnte aber nur so lange unentdeckt bleiben, wie die geheimnisvolle Frau unbekannt blieb, die Goethes Herz so nachhaltig erobert hatte. Für kritische Beobachter war der DIVAN daher „ein Musterbeispiel kühler ‚kommandierter Poesie', in welcher Marianne nur wie aufs Stichwort den seit langem für eine Geliebte reservierten Platz eingenommen habe".[741] Mit der Entdeckung Anna Amalias als die geheimnisvolle Frau, der Goethes Herz ganz und gar angehörte, ist es möglich geworden, den DIVAN im biographischen Zusammenhang zu lesen.

Goethe besingt im DIVAN die Liebe seines Lebens, er legt darin ein Zeugnis unverbrüchlicher Treue zu Anna Amalia ab, der seit 1775 seine Liebesdichtung gilt. Zwar verwendet der Dichter immer wieder neue Namen, unter diesen verbirgt sich aber immer nur eine Frau: Anna Amalia. Im 32. Gedicht vom BUCH SULEIKA findet Goethe hierfür ein Bild:

> Möge Wasser, springend, wallend,
> Die Zypressen dir gestehen:
> Von Suleika zu Suleika
> Ist mein Kommen und mein Gehn.

Goethe wandert von Anna Amalia zu Anna Amalia, die Zypressen sollen es der Geliebten gestehen, denn schon bei den Römern galt die Zypresse als Baum des Todes. Mit dem DIVAN verfolgt Goethe das Ziel, wenigstens für eine kurze Zeit im Land der Poesie die verlorene Geliebte wieder zu sehen. Von dieser Aussicht beflügelt, schreibt Goethe an seinen DIVAN-Liedern. Rückblickend sagt er gegenüber Eckermann (11. März 1828): „Als mich ... die Gedichte des ‚Divan' in ihrer Gewalt hatten ...". Im 21. Gedicht des BUCHES SULEIKA verwendet Goethe für sich das Bild eines Vulkans: „Unter Schnee und Nebelschauer/Rast ein Ätna dir hervor." Im Juni 1814 beginnt Goethe die Arbeit am DIVAN, kurze Zeit später unternimmt er eine Fahrt nach Frankfurt und an den Rhein. Der 65-jährige Goethe weilt an den Schauplätzen seiner Jugend, wo er auch die Zeit seiner Jugendliebe zu Lili Schönemann durchlebte,[742] bevor er nach Weimar kam und Anna Amalia als die Liebe seines Leben fand. Durch die Nähe zu dem Ort seiner Jugendträume und seiner Jugendliebe und durch freundliche Menschen, die ihn mit Ehrungen und Aufmerksamkeiten überschütteten, entstand eine für die Arbeit am DIVAN förderliche Atmosphäre. Im 30. Gedicht des BUCHES SULEIKA rechtfertigt Goethe die Länge desselben damit, dass er sich in einem Zustand des Liebeswahnsinns befunden habe. Sein Gesang gilt seiner Einzigen, dem „Stern der Sterne", wie er Suleika im 40. Gedicht WIEDERFINDEN nennt, doch weilt sie nicht mehr auf der Erde. Goethe charakterisiert den WEST-ÖSTLICHEN DIVAN daher mit subtiler Ironie als „der Schleier irdischer Liebe ... [der] höhere Verhältnisse zu verhüllen" scheint,[743] denn die höheren Verhältnisse spielen nicht mehr auf Erden. Der Dichter Hatem wohnt nach dem Tod der Geliebten im „stillen Witwerhaus", so das Gedicht ABGLANZ, denn er sieht seine Suleika nur als Geist, wenn er vor dem Spiegel steht. Goethes Ehefrau Christiane lebte noch als er das Gedicht ABGLANZ schrieb, um es drei Tage nach Anna Amalias Geburtstag, am 27. Oktober 1815 an Frau v. Willemer zu schicken.[744] Dass Hatem für Goethe steht, bringt der Dichter im 21. Gedicht des BUCHES SULEIKA zum Ausdruck, denn nur, wenn man im dritten Vers statt „Hatem“ „Goethe“ liest, reimt es sich:

Du beschämst wie Morgenröte
Jener Gipfel ernste Wand,
Und noch einmal fühlet Hatem
Frühlingshauch und Sommerbrand.

Bereits der Vorspruch zum BUCH SULEIKA, den Goethe aus der Sammlung des orientalischen Sultans und Dichters Selim I. (um 1467–1520) auswählte, enthält ein bekanntes Motiv:

Ich gedachte in der Nacht,
Daß ich den Mond sähe im Schlaf;
Als ich aber erwachte,
Ging unvermutet die Sonne auf.

Das Symbol der Sonne (☉) verwendet Goethe in seinem Tagebuch, um das Blendwerk mit Frau v. Stein durchzuführen, das des Mondes (☾), um Anna Amalia direkt zu bezeichnen. Bei seinem Aufenthalt in den Schweizer Alpen hatte Goethe an Anna Amalias 40. Geburtstag am 24. Oktober 1779 ihrer mit einer erhabenen Schilderung eines Sonnenunterganges bei gleichzeitigem Mondaufgang gedacht. Die immer wieder betonte Einzigartigkeit der Geliebten Suleika schließt aus, dass eine andere Frau als seine 1807 verstorbene Anna Amalia besungen sein kann.[745] Im 19. Gedicht heißt es: „Alles Erdenglück vereinet/ Find' ich in Suleika nur.“ Im dritten Gedicht aus dem BUCH DES PARADIESES, AUSERWÄHLTE FRAUEN steigert der Dichter die Bedeutung seiner Geliebten ins Unermessliche, denn nur vier Frauen seien schon im Paradies eingetroffen: Maria, die Mutter Jesu, Chadidja, die Frau des Propheten Mohammed, deren Tochter Fatima und Suleika. Weil der Dichter in seinem Lied diese Damen gepriesen hat, sei ihm gestattet, im Paradies mit ihnen zu lustwandeln.

Am 24. Oktober 1815 schreibt Goethe das Gedicht VOLLMONDNACHT als 41. Gedicht des BUCHES SULEIKA, das mit dem Vers beginnt: „Herrin, sag' was heißt das Flüstern?“ Damit nennt er an Anna Amalias Geburtstag Suleika seine Herrin. Dieses Gedicht ist kein gewöhnliches innerhalb der Hunderte im DIVAN, es ist das „Schlüsselgedicht des ganzen Zyklus“,[746] weil darin die Geliebte Suleika, wie Helena im FAUST-Drama (um 1772–1831), beschworen wird. Hatem (Goethe) wendet sich in VOLLMONDNACHT an Suleika. Da sie gestorben ist, ist der Refrain in den ersten zwei Strophen in der Vergangenheit gehalten: „Ich will küssen! Küssen! Sagt' ich.“ Dies ist der Höhepunkt einer durch viele Gedichte vorbereiteten Beschwörung, denn nun soll sich Suleika materialisieren. Die dritte und letzte Strophe ist tatsächlich im Präsens gehalten, Suleika ist erschienen: „Ich will küssen! Küssen! Sag' ich." Der Dichter, der noch kurz zuvor im Gedicht NACHKLANG einen verzweifelten Schmerzensschrei ausgestoßen hatte („Vermagert bleich sind meine Wangen/Und meine Herzensthränen grau./Laß mich nicht so der Nacht, dem Schmerze,/Du Allerliebstes, du mein Mondgesicht"), kann jetzt den Lohn für seinen Liebesgesang empfangen und dem Sänger steht im Land der Poesie eine glühende Liebesnacht mit der Geliebten bevor. Dass mit Suleika Anna Amalia gemeint ist, zeigt der Umstand, dass das Gedicht VOLLMONDNACHT am 24. Oktober 1815, an Anna Amalias Geburtstag, geschrieben wurde. Vollmond war aber am 18. Oktober 1815 gewesen. In einem Brief an das Ehepaar v. Willemer vom 26. Oktober 1815 nimmt Goethe auf den Vollmond am 18. Oktober Bezug, „vor dessen Angesicht Liebende sich jedesmal in unverbrüchlicher Neigung gestärkt fühlen sollen." Mit „Liebende" meint Goethe einerseits das Ehepaar v. Willemer, denen er schreibt, andererseits sich und seine verstorbene Frau Anna Amalia.

Anna Amalias Geburtstag ist von größter Bedeutung für Goethes Verschlüsselungsstrategie, daher heißt das Gedicht, das auf VOLLMONDNACHT folgt, GEHEIMSCHRIFT. Mit diesem Titel weist Goethe auf den 24. Oktober als Verschlüsselung für die wahre Identität seiner Herrin hin. „Mir von der Herrin süße/Die Chiffer ist zur Hand", sagt Hatem in GEHEIMSCHRIFT. Am 24. Oktober 1826 – dem 50. Geburtstag Anna Amalias seit 1776, dem ersten, den sie gemeinsam feierten – übersendet Goethe Frau v. Willemer ein buntbesticktes Kissen mit einem Vierzeiler. Das berühmte Gedicht GINGO BILOBA aus dem BUCH SULEIKA reflektiert insofern nur Goethes trauriges Schicksal, sich nicht öffentlich zu seiner Frau bekennen zu dürfen: „Sind es zwei, die sich erlesen,/Daß man sie als eines kennt?" Man kennt nur Goethe und sieht nicht seine zweite Hälfte, Anna Amalia. Seine Dichtung ohne Anna Amalia zu lesen, bedeutet aber, sie nur zur Hälfte zu verstehen: „Fühlst du nicht an meinen Liedern,/Daß ich eins und doppelt bin?" In einem Brief an Anna Amalia („Frau v. Stein") vom 11. März 1781 drückte Goethe das Gefühl des Einsseins mit Anna Amalia schon aus: „Und alle meine Beobachtungen über Welt und mich, richten sich nicht, wie Mark Antonins, an mein eignes, sondern an mein zweites selbst. Durch diesen Dialog, da ich mir bey iedem dencke was Sie dazu sagen mögten, wird mir alles heller und werther." Ähnliches ausdrückend hatte Goethe an Anna Amalia („Frau v. Stein") schon am 28. Juni 1784 aus Eisenach geschrieben: „... ietzt wird es mir erst deutlich wie du meine eigne Hälfte bist und bleibst. Ich bin kein einzelnes kein selbstständiges Wesen. Alle meine Schwächen habe ich an dich angelehnt, meine weichen Seiten durch dich beschützt, meine Lücken durch dich ausgefüllt. Wenn ich nun entfernt von dir bin so wird mein Zustand höchst seltsam. Auf einer Seite bin ich gewaffnet und gestählt, auf der andern wie ein rohes Ey, weil ich da versäumt habe mich zu Harnischen wo du mir Schild und Schirm bist. Wie freue ich mich dir ganz anzugehören."

Im 34. Gedicht bringt der Dichter Hatem Suleikas Bedeutung zum Ausdruck. Er möchte, dass sein Lied sie als seine Muse erreicht, ohne dass die Ferne, in der es weder Ton noch Schall gibt, also das Jenseits, dies verhindert:

Hast mir dies Buch geweckt, du hast's gegeben;
Denn was ich froh, aus vollem Herzen sprach,
Das klang zurück aus deinem holden Leben,
Wie Blick dem Blick, so Reim dem Reime nach.

Nun tön' es fort zu dir, auch aus der Ferne
Das Wort erreicht, und schwände Ton und Schall.
Ist's nicht der Mantel noch gesäter Sterne?
Ist's nicht der Liebe hochverklärtes All?

Immer wieder weist Goethe auf eine einzige Liebe in seinem Leben hin. So teilt der einundsiebzigjährige Dichter im Oktober 1820 im Gedicht ZWISCHEN BEIDEN WELTEN seinen Lesern mit, nur einer einzigen Frau anzugehören:

Einer Einzigen angehören,
Einen Einzigen verehren,
Wie vereint es Herz und Sinn!
Lida! Glück der nächsten Nähe,
William! Stern der schönsten Höhe,
Euch verdank ich, was ich bin.
Tag' und Jahre sind verschwunden,
Und doch ruht auf jenen Stunden
Meines Wertes Vollgewinn.

Neben William Shakespeare (1564–1616), der ihm als Dichter den Weg zu den Sternen gewiesen hat, gibt es nur Lida – einer der vielen Namen in Goethes Werk, der für Anna Amalia steht. Da ihre Rolle in Goethes Leben aber unbekannt war, verstand man Goethes Aussage nicht und behalf sich mit der Vermutung, dass die letzten drei Zeilen 1820 als „Siegel" hinzugefügt wurden, mit Lida Frau v. Stein gemeint sei und sie daher im ersten Weimarer Jahrzehnt geschrieben wurden.[747] Goethe soll demnach 1820 bekräftigt haben, nur Frau v. Stein anzugehören, jener Frau v. Stein, die sich etwa am 21. Februar 1816 in einem Brief an Knebel beschwerte, von Goethe wie ein zehnjähriges Mädchen behandelt worden zu sein: „Gestern las uns Goethe bei der Herzogin [Luise] persische Gedichte vor. Es war lange, daß ich nichts von ihm gesehen hatte. Ich wünschte ihm in seinem Wesen etwas von Ihrer Herzlichkeit: mit Ihnen ist so hübsch Gedanken und Gefühle auswechseln! Auf das geringste, was man nicht ganz in seiner [Goethes] Vorstellung sagt, hat man einen Hieb weg. Ich frug ihn, ob diese Gedichte von einem oder verschiedenen orientalischen Dichter wären. … [darauf] erwiderte er: ‚Liebes Kind, das wird mir niemand erforschen.' Als wenn ich ein Mädchen von zehn Jahren wäre!"[748]

Im Oktober 1820 schrieb Goethe auch das Gedicht GEGENTOAST DER SCHWESTERN. ZUM 24. OKTOBER 1820, DEM STIFTUNGS- UND AMALIENFESTE. Darin geht es um die Freimaurerbrüder in Weimar, die am Stiftungstag ihrer Loge ANNA AMALIA feierlich zusammentrafen und dort von ihren nicht aufnahmeberechtigten Frauen überrascht wurden. Unter den Vorwand, ein Amalienfest zu feiern, bahnten sie sich einen Weg zu ihren verdutzten Männern. Für Goethe, der unzählige Geburtstage Anna Amalias nur verschlüsselt feiern durfte, war dies eine willkommene Gelegenheit, seines 44. Amalienfestes seit 1776 auch ohne Verschlüsselung öffentlich zu gedenken. Die Begebenheit wurde ihm dabei nur erzählt, denn seinem Tagebuch zufolge war er nicht in der Loge gewesen, er weilte in Jena. Im Gedicht wirft Goethe die Frage auf, was denn ein Mann ohne seine Frau sei. Die folgenden Verse (9 ff.) sind den Freimaurerschwestern in den Mund gelegt:

Doch Amalien, der hehren,
Die auch euch verklärt erscheinet,
Sprechend, singend ihr zu Ehren
Sind wir doch mit euch vereinet.

Und indem wir eure Lieder
Denken keineswegs zu stören,
Fragen alle sich die Brüder
Was sie ohne Schwestern wären?

Im Gedicht ZWISCHEN BEIDEN WELTEN, das Goethe um die gleiche Zeit schrieb, beantwortet er die Frage, was denn ein Mann ohne seine Frau sei, für sich: Weil er Anna Amalia seines „Wertes Vollgewinn" verdankt, tut er „Einer Einzigen angehören". Am 20. Juli 1781 schrieb Goethe an Anna Amalia („Frau v. Stein"): „Ich kan's nicht erwarten vor dir zu knien, dir tausend tausendmal zu sagen daß ich ewig dein bin."

In der Marienbader ELEGIE (1823), später der Mittelteil der TRILOGIE DER LEIDENSCHAFT, findet Goethe wieder erhabene Verse, um seiner Anna Amalia zu gedenken. Die Annahme, dass die ELEGIE Ulrike v. Levetzow gilt, hält einer kritischen Auswertung der Quellen nicht stand. Goethe war 1823 in Marienbad in der Nähe von Karlsbad zur Kur. Nach Goethes Tagebuch waren er und der Herzog Carl August am 2. Juli fast zur gleichen Stunde in Marienbad eingetroffen. Am 11. Juli ist vermerkt: „Frau von Levetzow und Töchter". Mit der Familie v. Levetzow hatte Goethe schon zwei Sommer zuvor Bekanntschaft gemacht und erfreute sich eines anregenden Umgangs. Carl August entging nicht, dass Goethe gerne Ulrike v. Levetzow, die er mit „liebes Töchterchen" titulierte, sah und kam auf einen besonderen Einfall. Des „Großherzogs Anwesenheit brachte

Leben und Lust in die ganze Colonie", schrieb Goethe an Meyer am 13. August. Carl August war nämlich auf die Idee gekommen, ohne Goethe zu fragen, einen Heiratsantrag in seinem Namen vorzutragen.[749] Er stellte Ulrike beträchtliche Privilegien sowie im Falle von Goethes Ableben eine üppige Witwenpension in Aussicht. Die Familie Levetzow fasste den Antrag als Scherz auf, sie „meinten, daß Goethe sicher nicht daran denke, was er [Carl August] widersprach, und oft wiederholte".[750] Am 7. August findet sich in Goethes Tagebuch der Eintrag: „Auf der Terrasse. Viel hin und her gegangen. Vorher bey den Großherzog [Carl August]. Die Verlobung aus dem Stegreife besprochen." Am 7. und 8. August 1823 wurde der von Carl Augusts Heiratsantrag übertölpelte Goethe, der die Verlobung mit Ulrike „aus dem Stegreife" besprochen hatte, zunächst krank. Im Tagebuch heißt es jeweils „schlimme Nacht". Goethe durfte seinem Fürsten als Minister nicht öffentlich widersprechen, indem er sich jedoch über die Heirat ausschwieg, machte er der Familie v. Levetzow deutlich, dass er nicht beabsichtige, nochmals zu heiraten und der Antrag tatsächlich nur ein böser Scherz des Herzogs sei. Ähnliches dürfte sich 1790 in Schlesien abgespielt haben, als Goethe der Überlieferung zufolge angeblich der 21-jährigen Henriette v. Lüttwitz einen Heiratsantrag gemacht hatte – Goethe verlor darüber kein Wort.[751]

Der dreiundsiebzigjährige Dichter nahm schließlich gelassen hin, plötzlich monatelang im Scheinwerferlicht einer spöttelnden Öffentlichkeit zu stehen. Bereits am 12. August berichtete Caroline v. Humboldt an ihren Mann: „Man spricht hier viel von zwei Fräulein von Levetzow … Man sagte vorige Woche sogar, er [Goethe] hätte die älteste geheiratet."[752] Dies bestätigt, dass Carl August um den 7. August den Heiratsantrag gestellt hatte und sogleich publik machte.[753] Caroline v. Wolzogen schreibt in einem Brief vom 24. September 1823: „Alle Welt trägt sich mit Goethens Liebesgeschichte, und seine Familie fürchtete sogar eine Heirat".[754] Weil Goethe über manche Reaktion, vor allem seines Sohnes und seiner Schwiegertochter, verärgert war, waren ihm die langen Spekulationen um eine Ehe mit Ulrike ganz recht. Dahingehend urteilte sein Freund, der Diplomat Carl Friedrich v. Reinhard (1761–1837) in einem Brief vom 2. November 1823: „Er war im Bade mit einer jungen und hübschen Person [Ulrike] bekannt geworden, und es hieß, daß er sie eingeladen hätte, nach Weimar zu kommen, und daß er sie heiraten wolle. Es ist nichts daran; aber da die Aufregung ihm mißfallen hat, hat er sich den Spaß gemacht, sie zu verlängern."

Da Ulrike v. Levetzow derart in den Vordergrund geriet, konnte Goethe Anna Amalia in der ELEGIE, die auf der Heimreise nach Weimar entstand, ungewöhnlich offen verherrlichen. Während die Spekulationen um eine Wiederverheiratung Goethes in Deutschland die Runde machten, gab sich der Dichter ganz dem bezaubernden Klavierspiel der schönen Gräfin Marie Szymanowska (1789–1831) hin, die ihn damit besonders an Anna Amalia erinnerte. Von allen Instrumenten, die Anna Amalia spielte, brachte sie es auf dem Klavier zur höchsten

Reife, so dass sie als Fürstin sogar „ziemlich öffentlich" auftrat.[755] Marie Szymanowska war Hofpianistin der Zarin; Cherubini (1760–1840) und Rossini (1792–1868) rühmten sie als erste Klavierspielerin der Epoche.[756] Am 14. August 1823 trägt Goethe in sein Tagebuch ein: „Zu Madame Szymanowska, welche ... auf dem Flügel spielte ... ganz herrlich. Mit ihr spazieren gegen die Mühle." Am 16. August heißt es: „Gedicht für Madame Szymanowska. Mittag zu Hause. Um 4 bey Madame Szymanowska, welche köstlich spielte." Das Gedicht sollte der dritte Teil der TRILOGIE DER LEIDENSCHAFT werden. Um diese Zeit arbeitet Goethe an der WILHELM MEISTER-Novelle DER MANN VON FÜNFZIG JAHREN, einer genialen Verschlüsselung seiner verbotenen Liebe zu Anna Amalia. Von Musik umgeben schwelgte Goethe in der Erinnerung an Anna Amalia. Am 24. August 1823 schreibt Goethe an Zelter: „Die ungeheure Gewalt der Musik auf mich in diesen Tagen! Die Stimme der Mildner, das klangreiche der Szymanowska, ja sogar die öffentlichen Exhibitionen des hiesigen Jägercorps falten mich aus einander, wie man eine geballte Faust freundlich flach läßt".

Jenen Personen, denen Goethe die ELEGIE vorab zu lesen gab, etwa Eckermann am 27. Oktober oder Wilhelm v. Humboldt am 19. November 1823, bezogen sie erwartungsgemäß auf Ulrike.[757] Die ELEGIE bildet das Mittelstück der TRILOGIE DER LEIDENSCHAFT, am Anfang steht AN WERTHER (1824), am Ende das Gedicht AUSSÖHNUNG (1823). Gegenüber Eckermann erklärt der Dichter die Entstehung seiner TRILOGIE:[758] „Meine sogenannte ‚Trilogie der Leidenschaft' ... ist ... erst nach und nach und gewissermaßen zufällig zur Trilogie geworden. Zuerst hatte ich wie Sie wissen, bloß die ‚Elegie' als selbständiges Gedicht für sich. Dann besuchte mich Szymanowska ... Die Strophen, die ich dieser Freundin widmete, sind daher auch ganz im Versmaß und Ton jener ‚Elegie' gedichtet ... Dann wollte Weygand eine neue Ausgabe meines ‚Werther' veranstalten und bat mich um eine Vorrede, welches mir denn ein höchst willkommener Anlaß war, mein Gedicht ‚An Werther' zu schreiben. Da ich aber immer noch einen Rest jener Leidenschaft im Herzen hatte, so gestaltete sich das Gedicht, wie von selbst als Introduktion zu jener ‚Elegie'. So kam es denn, daß alle drei jetzt beisammen stehenden Gedichte von demselbigen liebesschmerzlichen Gefühle durchdrungen worden und jene ‚Trilogie der Leidenschaft' sich bildete, ich wußte nicht wie." Was für Goethe eine Trilogie ist, sagt er im selben Gespräch: „Es kommt darauf an, daß man einen Stoff finde, der sich naturgemäß in drei Partien behandeln lasse, so daß in der ersten eine Art Exposition, in der zweiten eine Art Katastrophe, und in der dritten eine versöhnende Ausgleichung stattfinde."

In AN WERTHER als Exposition wird des „vielbeweinten Schattens" gedacht, denn Werther ist der Jüngling, der in dem Briefroman DIE LEIDEN DES JUNGEN WERTHER (1774) wegen unerwiderter Liebe den Freitod wählt. Damit stimmt Goethe die dramatische Handlung der ELEGIE an: „Zum Bleiben ich, zum Scheiden du erkoren,/Gingst du voran – und hast nicht viel verloren." Die Schlussverse von AN WERTHER lehnen sich an den Schluss von TASSO an (Vers 3432 f.):

„Verstrickt in solche Qualen, halbverschuldet,/Geb ihm ein Gott, zu sagen, was er duldet.“ Die ELEGIE beginnt dann fast wortgleich wie die TASSO-Verse: „Und wenn der Mensch in seiner Qual verstummt,/Gab mir ein Gott, zu sagen, was ich leide“. Die Leiden Werthers bilden damit die Exposition zu den Leiden Goethes. Mit dem Bezug auf TASSO weist Goethe darauf hin, dass die in der Mitte der TRILOGIE stattfindende Katastrophe seine dramatische Liebesgeschichte mit Anna Amalia ist. Mit den TASSO-Schlussversen hatte sich Goethe 1790 ein Arbeitsprogramm für die Zukunft gegeben: Anna Amalia unvergleichliche Dichtungen der Liebe zu verehren. Nun, nachdem fast drei Jahrzehnte nach den TASSO-Versen vergangen waren, konnte der Dichter auf einzigartige Dichtungen zurückblicken, die er Anna Amalia gewidmet hatte.

In der ELEGIE erscheint ihm seine verstorbene Prinzessin Anna Amalia als eine Lichtgestalt (Vers 5 f.): „Kein Zweifel mehr! Sie tritt ans Himmelstor,/Zu ihren Armen hebt sie dich empor.“ Andere Frauen sind für Goethe nur „ein Luftgebild“, das ihn nur Momente festhalten kann, denn sein Leben gilt nur einer, Anna Amalia, und er hebt an, sie zu verherrlichen (Vers 43 ff.):

> Doch nur Momente darfst dich unterwinden,
> Ein Luftgebild statt ihrer festzuhalten;
> Ins Herz zurück! dort wirst du's besser finden,
> Dort regt sie sich in wechselnden Gestalten:
> Zu Vielen bildet Eine sich hinüber,
> So tausendfach, und immer, immer lieber.
> …
> So klar beweglich bleibt das Bild der Lieben,
> Mit Flammenschrift, ins treue Herz geschrieben.
>
> Ins Herz, das fest, wie zinnenhohe Mauer,
> Sich ihr bewahrt und sie in sich bewahret,
> Für sie sich freut an seiner eignen Dauer,
> Nur weiß von sich, wenn sie sich offenbaret,
> Sich freier fühlt in so geliebten Schranken
> Und nur noch schlägt, für alles ihr zu danken.
> …
> Wenn Liebe je den Liebenden begeistet;
> Ward es an mir aufs lieblichste geleistet;
>
> Und zwar durch sie!…

Goethe steigert die Huldigung an seine Prinzessin in den folgenden Versen noch höher und höher. In den Schlussversen der ELEGIE wird seine Lebenskatastrophe wieder zusammengefasst, der Verlust seiner Pandora, Anna Amalia (Vers 133 ff.):

Mir ist das All, ich bin mir selbst verloren,
Der ich noch erst den Götter Liebling war;
Sie prüften mich, verliehen mir Pandoren,
So reich an Gütern, reicher an Gefahr;
Sie drängten mich zum gabeseligen Munde,
Sie trennten mich, und richten mich zugrunde.

Am Ende der Marienbader ELEGIE stellte Goethe also einen Bezug zum Festspiel PANDORA vom Herbst 1807 her, das er als Ausdruck seines schmerzlichen Abschieds von der kurz zuvor verstorbenen Geliebten gestaltet hatte. Im dritten Teil der TRILOGIE findet „eine versöhnende Ausgleichung“ statt, sie führt in das Reich der Musik. Das Gedicht AUSSÖHNUNG ist der Pianistin Marie Szymanowska gewidmet. Die Ausgleichung nach der Katastrophe bringt ihm also die Musik, darin hatte Goethe nach Anna Amalias Tod Zuflucht gefunden. In einem Brief an Zelter vom 27. Juli 1807 aus Karlsbad äußerte er gegenüber dem Berliner Komponisten einen Wunsch, der zeigt, in welcher Weise er sich damals der verstorbenen Geliebten zu nähern suchte: „Ich möchte daher das Saeculum sich selbst überlassen und mich ins Heilige zurückziehn. Da möchte ich nun alle Woche einmal bei mir mehrstimmige geistliche Gesänge aufführen lassen“. Sobald er nach Weimar zurückgekehrt war, gründete er tatsächlich eine eigene Hauskapelle, die sich Donnerstagabends zusammenfand, um „mehrstimmige geistliche Gesänge“ einzustudieren und aufzuführen.[759] Das Programm war höchst anspruchsvoll und veranstaltete immer wieder Sonntagmorgens im kleinen Kreis Hauskonzerte. Aufgeführt wurden etwa Kanons von Mozart und Ferrari oder Lieder von Haydn und Jommelli, alles unter der Leitung von Zelters Schüler Carl Eberwein (1786–1868).[760] Gelegentlich wirkte Goethe im Ensemble als Bassist mit. Goethe lud Marie Szymanowska nach Weimar ein und sie kam an Anna Amalias Geburtstag, am 24. Oktober 1823, an: „Stiftungstag der Loge [ANNA AMALIA] … Gemeldet Madame Szymanowska von Dresden und Leipzig kommend“, heißt es im Tagebuch, „Madame Szymanowska und Schwester zu Tische. So gefällig als trefflich auf dem Flügel gespielt.“ Kanzler v. Müller notierte: „Bezaubernde Klavierspielerin … braunes Kleid, weisses Spitzentuch, weisse Mütze mit Rose“.[761] Am nächsten Tag schrieb v. Müller einer Freundin: „Madame Szymanowska, die schöne Polin, die unvergleichliche Klavierspielerin, von der Goethe sich im Bade so angezogen fühlte, an die er das herrliche Gedicht machte, ist mit ihrer Schwester seit gestern früh hier … Ihre kindliche Verehrung für Goethe spricht sich aufs einfachste, ohne alle Ziererei, aus und so findet man sein [Goethes] Bild von ihr, ‚daß sie wie die heiterste Ätherluft sei, die einen rings umfließe, ohne daß man sie greifen könne‘, wohl passend“.[762] Anna Amalia hatte einmal geäußert: „Die Musik ist ein Kordial für schweres Blut, denn es steht in der Bibel, daß König Saul seine schwarze Melancholie damit vertrieben habe".[763] Wie Anna Amalia suchte auch die Prinzessin in TASSO Trost und Zuflucht in der Musik (Vers 1806 ff.):

> … Eines war,
> Was in der Einsamkeit mich schön ergetzte,
> Die Freude des Gesangs; ich unterhielt
> Mich mit mir selbst, ich wiegte Schmerz und Sehnsucht
> Und jeden Wunsch mit leisen Tönen ein.
> Da wurde Leiden oft Genuß, und selbst
> Das traurige Gefühl zur Harmonie.

Zwei Wochen später reiste die Pianistin Szymanowska ab und Goethe wurde schwer krank. Anfang und Schluss des ihr gewidmeten Gedichts AUSSÖHNUNG lauten:

> Die Leidenschaft bringt Leiden! – Wer beschwichtigt,
> Beklommnes Herz, dich, das zu viel verloren?
> …
> Und so das Herz erleichtert merkt behende,
> Daß es noch lebt und schlägt und möchte schlagen,
> Zum reinsten Dank der überreichen Spende
> Sich selbst erwidernd willig darzutragen.
> Da fühlte sich – o daß es ewig bliebe! –
> Das Doppel-Glück der Töne wie der Liebe.

Goethes Herz hat mit dem Verlust Anna Amalias zu viel verloren und er lebt nur noch, um seine Prinzessin in seinen Werken zu verherrlichen. Das „göttliche Geschenk" der Musik, wie Anna Amalia mal in ihren GEDANKEN ÜBER DIE MUSIK (um 1799) schrieb,[764] tröstet den Dichter über die herbe Trennung. Zu einem jungen Besucher sagte Goethe einmal: „Das Paradies gehört den zarten Seelen, verdammt sind nur jene, die nichts zu lieben vermögen."[765]

Zu den großartigen Liebesdichtungen Goethes gehören drei Gedichte von 1828, die sich als Anna Amalia geltende Trilogie offenbaren. Als Carl August am 14. Juni 1828 starb, zog sich Goethe zu einem längeren Aufenthalt auf die Dornburger Schlösser bei Jena zurück. Hoch über der Saale entstanden Goethes Liebesgedichte, die als DORNBURGER TRILOGIE bezeichnet werden können. Nach Goethe muss eine Trilogie im ersten Teil den Stoff einleiten, im zweiten die Katastrophe darstellen und im dritten eine versöhnende Ausgleichung bringen.[766] Das erste unbetitelte Gedicht der DORNBURGER TRILOGIE knüpft an den WEST-ÖSTLICHEN DIVAN an und zeigt glücklich-unglücklich Liebende: „Suleika, du aber ruhst/Auf dem zarten Polster,/Das ich dir bereitet und geschmückt." Am Ende des Gedichts wird zur Katastrophe übergeleitet mit den Versen: „Da schwebt sie ja, die goldene Leier,/Komm, alte Freundin, komm ans Herz." Das Mittelstück trägt den Titel Der Bräutigam. Goethe empfand sich im ersten Weimarer Jahrzehnt als Bräutigam Anna Amalias. Das Verbot, Anna Amalia ehelichen zu können, gilt aber nur für die Erde und hat im Jenseits keine Geltung. Im Jenseits können Goethe und Anna Amalia endlich ein Paar werden. In der ersten und zweiten Strophe blickt der Dichter auf die Nachtliebe zurück, die tagsüber zur Täuschung wurde. Die dritte Strophe handelt vom Abschied von der Geliebten durch ihren Tod. In der letzten Strophe überwindet der greise Dichter den Schmerz über sein tragisches Schicksal durch die Anna Amalia gewidmete verklärende Liebesdichtung. Er hofft nun als Lohn für seine Treue die Todesschwelle als Bräutigam überschreiten zu können, um endlich mit seiner Anna Amalia vereinigt zu sein:

Der Bräutigam

Um Mitternacht, ich schlief, im Busen wachte
Das liebevolle Herz, als wär es Tag;
Der Tag erschien, mir war, als ob es nachte –
Was ist es mir, so viel er bringen mag?

Sie fehlte ja! mein emsig Tun und Streben
Für sie allein ertrug ichs durch die Glut
Der heißen Stunde; welch erquicktes Leben
Am kühlen Abend! lohnend wars und gut.

Sie Sonne sank, und Hand in Hand verpflichtet
Begrüßten wir den letzten Segensblick,
Und Auge sprach, ins Auge klar gerichtet:
Von Osten, hoffe nur, sie kommt zurück.

Um Mitternacht, der Sterne Glanz geleitet
Im holden Traum zur Schwelle, wo sie ruht.
O sei auch mir dort auszuruhn bereitet!
Wie es auch sei, das Leben, es ist gut.

Im dritten Gedicht mit dem Titel Dem Aufgehenden Vollmonde findet die versöhnende Ausgleichung statt. Goethe, der in seinen Tagebüchern im ersten Weimarer Jahrzehnt Anna Amalia offiziell das Mondsymbol (☾) zuwies, fühlt sich bei Vollmond ihr ganz nahe, im Divan-Gedicht Vollmondnacht vom 24. Oktober 1815 als Höhepunkt eines magischen Beschwörungszyklus kam es zur Materialisierung der verstorbenen Geliebten und zu einer glühenden Liebesnacht in der Dichterwelt. Das Gedicht Dem Aufgehenden Vollmonde ist ein poetisches Wiedersehen mit Anna Amalia. In wenigen erhabenen Momenten kann der Dichter die Nähe der Geliebten fühlen. Um diese Zeit schildert Jenny

v. Pappenheim (1811–1890), die uneheliche Tochter von Napoleons Bruder Jérôme, den greisen Goethe in Tiefurt: „Goethe stieg aus, umfaßte jede von uns mit einem Arm und führte uns zurück nach der Ilm, lebhaft von Tiefurts Glanzzeit und der Herzogin Amalia erzählend. An einem länglich viereckigen Platz, von alten Bäumen umgeben, blieb er stehen; es war der Theeplatz der edlen Fürstin. Etwas weiter zeigte er uns die Stellen, für die er ‚Die Fischerin' geschrieben hatte und wo sie aufgeführt worden war. So weich und mild sah ich ihn nie; der ganze Tag war so harmonisch."[767] Goethes versöhnende Ausgleichung im dritten Teil seiner Trilogie ist die Gewissheit, dass seine Anna Amalia ihm verbunden ist und sich bald im Jenseits mit ihm vereinigen wird:

DEM AUFGEHENDEN VOLLMONDE

Willst du mich sogleich verlassen?
Warst im Augenblick so nah!
Dich umfinstern Wolkenmassen,
Und nun bist du gar nicht da.

Doch du fühlst, wie ich betrübt bin,
Blickt dein Rand herauf als Stern!
Zeugest mir, daß ich geliebt bin,
Sei das Liebchen noch so fern.

So hinan denn! hell und heller,
Reiner Bahn, in voller Pracht!
Schlägt mein Herz auch schmerzlich schneller,
Überselig ist die Nacht.

Schon am 22. März 1781 hatte Goethe an Anna Amalia („Frau v. Stein") geschrieben: „Deine Liebe ist mir wie der Morgen und Abendstern, er geht nach der Sonne unter und vor der Sonne wieder auf. Ja wie ein Gestirn des Pols das nie untergehend über unserem Haupt einen ewig lebendigen Kranz flicht. Ich bete daß es mir auf der Bahn des Lebens die Götter nie verdunckeln mögen." Im offiziellen Nachruf von Goethe, ZUM FEYERLICHEN ANDENKEN DER DURCHLAUCHTIGSTEN FÜRSTIN UND FRAU ANNA AMALIA (1807), heißt es am Schluss: „... das ist der Vorzug edler Naturen, daß ihr Hinscheiden in höhere Regionen segnend wirkt, wie ihr Verweilen auf der Erde; daß sie uns von dorther, gleich Sternen, entgegen leuchten, als Richtpuncte, wohin wir unsern Lauf bei einer nur zu oft durch Stürme unterbrochenen Fahrt zu richten haben".

Wilhelm Meister: „Da ist Leben drin!“

Es gibt Bücher, durch welche man alles erfährt und
doch zuletzt von der Sache nichts begreift.

Maximen und Reflexionen, Aus dem Nachlass

Ewig wird er euch sein der Eine, der sich in Viele
Theilt, und Einer jedoch, ewig der Einzige bleibt.
Findet in Einem die Vielen, empfindet die Viele, wie Einen;
Und ihr habt den Beginn, habet das Ende der Kunst.

Weissagungen des Bakis (um 1800), 32

In einem Gespräch mit Eckermann vom 25. Dezember 1825 deutet Goethe vielsagend darauf hin, dass sein autobiographischer Roman Wilhelm Meister auf zwei Ebenen gelesen werden kann: „Den anscheinenden Geringfügigkeiten des ‚Wilhelm Meister' liegt immer etwas Höheres zum Grunde, und es kommt bloß darauf an, daß man Augen, Weltkenntnis und Übersicht genug besitze, um im Kleinen das Größere wahrzunehmen. Andern mag das gezeichnete Leben als Leben genügen.“ Eine erste Arbeitsphase an dem Bildungs- und Erziehungsroman Wilhelm Meisters Theatralische Sendung dauerte von 1777 bis 1785. Da Goethe mit dieser noch unbeendeten Version nicht zufrieden war, arbeitete er sie von 1793 bis 1796 in Wilhelm Meisters Lehrjahre um. An Herder schrieb er im Mai 1794: „... [ich] komme in Versuchung dir das erste Buch meines Romans zu schicken, das nun umgeschrieben noch manches Federstriches bedarf nicht um gut zu werden sondern nur einmal als eine Pseudo confession mir vom Herzen und Halse zu kommen.“ Die Lehrjahre sind eine Pseudokonfession, also eine unechte Beichte,[768] weil Goethe deren biographischen Gehalt verschlüsseln muss. Goethe wich nie von seinem Grundsatz ab, dasjenige, was ihn „erfreute oder quälte, oder sonst beschäftigte, in ein Bild, ein Gedicht zu verwandeln und darüber mit mir selbst abzuschließen ... Alles was daher von mir bekannt geworden, sind nur Bruchstücke einer großen Konfession“ (Dichtung und Wahrheit, 7. Buch). Nach einer 10-jährigen Planungsphase[769] beginnt Goethe kurz nach dem Tod Anna Amalias am 10. April 1807 den zweiten Teil des Romans unter dem Titel Wilhelm Meisters Wanderjahre oder Die Entsagenden auszuarbeiten. 1821 erschien eine erste Fassung der Wanderjahre, wobei Goethe einzelne Teile davon vorweg veröffentlichte, 1829 erschien eine erweiterte Fassung. Über die Wanderjahre äußerte sich Goethe in einem Brief an Zelter (19. Oktober 1821): „... ich kann mich rühmen, daß keine Zeile drinnen steht, die nicht gefühlt oder gedacht wäre. Der echte Leser wird das alles schon wieder herausfühlen und -denken."

Goethe wollte, dass die in Wilhelm Meister abgelegte Konfession auch einmal als seine Biographie entschlüsselt werde. In einem Brief an den Dichterkollegen Johann Friedrich Rochlitz (1769–1842) vom 29. März 1801 schreibt er etwa: „... man kann Gott danken, wenn man im Stand war so viel Gehalt hinein [in die Lehrjahre] zu legen, daß fühlende und denkende Menschen sich beschäftigen mögen, ihn wieder daraus zu entwickeln." Doch die autobiographische Dimension des Romans konnte bisher nicht erschlossen werden. Zwar kann man in einer Abhandlung lesen, dass „150 Jahre ins Land gehen mußten, bis Leser das Vermächtnis zu schätzen wußten, das Goethe ihnen öffentlich verborgen hinterlassen hatte."[770] Doch gilt es als eines „der rätselhaftesten Werke der Weltliteratur".[771] Der erste Teil, die Lehrjahre, galt zwar als epochales Werk, weil Goethe darin auf der Grundlage des pädagogischen Denkens seit der Antike ein allgemeines Erziehungs- und Bildungsmodell entwirft. Die verschlüsselte Biographie des Dichters stellt aber das tragende Gerüst des Romans dar, über dessen frühesten Teil Anna Amalia in einem Brief an Goethes Mutter vom 22. Februar 1784 schreibt: „Wie hat Ihnen der ‚Wilhelm Meister' gefallen? Es wird wohl wieder ein Meisterstück von unserem Herrn Wolf [Goethe] werden. Da ist Leben drin! Er ist ein Prometheus, der sich seine eigene kleine Welt schafft. Adieu, liebe Mutter! Ich küsse Sie tausendmal."[772] Ohne die Kenntnis der biographischen Bezüge bleibt Wilhelm Meister letztlich unzugänglich. Dies zeigt sich besonders an den Wanderjahren, in denen aufgrund der Vorwegpublikation einzelner Teile ein zusammengeflicktes Werk gesehen wird. Schon Franz Grillparzer (1791–1872), ein Dichter, den Goethe nach einem Besuch 1826 gerne in Weimar behalten hätte, meinte hinsichtlich der Wanderjahre, dass Goethe sich verleiten ließ, „Teile und Bruchstücke, die ursprünglich nicht für einander bestimmt waren, gewaltsam in einen Verband zusammenzudrängen, und die Sorge für die Herstellung der Einheit zum Ganzen, der Bewunderung der Zeiten und der Gewalt seines Namens" überließ.[773] Es gehörte zu Goethes Verschlüsselungsstrategie, den Eindruck zu erwecken, in den Wanderjahren nur verschiedene kleinere Arbeiten wiederverwendet zu haben: „Kaum ein Werk Goethes stieß bei den Zeitgenossen auf so viel Unverständnis, Ratlosigkeit, ja aggressive Abwehr wie dieser Altersroman."[774] Im Morgenblatt für gebildete Stände bedankte sich Goethe für Interpretationsversuche der Wanderjahre (21. März 1822): „Diesen werten Freunden kann ich für den

Augenblick nur soviel erwidern: daß es mich tiefrührend ergreifen muß das Problem meines Lebens, an dem ich selbst wohl noch irre werden könnte, vor der Nation so klar und rein aufgelöst zu sehen".[775] Diese Äußerung Goethes ist ein Beispiel für seine berüchtigte Ironie, von der sein enger Mitarbeiter Riemer sagte, dass sie „nicht allen verständlich [ist], manche ahnden sie gar nicht".[776] Goethes Problem seines Lebens, an dem er noch irre werden könnte, ist, dass er den Spagat vollbringen muss, einerseits das ihm auferlegte Geheimnis um Anna Amalia zu wahren, andererseits seine Biographie als Grundlage für seine Werkinterpretation mitzuteilen. Die LEHRJAHRE und die WANDERJAHRE handeln in Wirklichkeit von Goethes erstem Weimarer Jahrzehnt, durchsetzt, wie bereits in der Biographie seiner Jugendjahre DICHTUNG UND WAHRHEIT, mit Betrachtungen über die Zeit vor 1775 und nach 1786. Der ersten Fassung der WANDERJAHRE von 1821 stellte Goethe das Gedicht WANDERSEGEN voran:

Die Wanderjahre sind nun angetreten
Und jeder Schritt des Wandrers ist bedenklich.
Zwar pflegt er nicht zu singen und zu beten;
Doch wendet er, sobald der Pfad verfänglich,
Den ernsten Blick, wo Nebel ihn umtrüben,
In's eigne Herz und in das Herz der Lieben.

Unmittelbar nach Anna Amalias Tod am 10. April 1807 verfasste Goethe ihren offiziellen Nachruf, suchte plötzlich am 18. April Kontakt zu Frau v. Stein, wurde schwer krank, ging nach Jena, um schließlich von dort nach Karlsbad zu einer Kur aufzubrechen. Außerdem begann Goethe damit, die WANDERJAHRE zu diktieren. An Zelter schreibt er am 27. Juli 1807: „... kleine Geschichten und Märchen, die ich lang im Kopf herumgetragen, diktiert". Im Eintrag für das Jahr 1807 in seinen TAG- UND JAHRESHEFTEN – ALS ERGÄNZUNG MEINER SONSTIGEN BEKENNTNISSE, die er von 1817 bis 1830 verfasste, berichtet Goethe: „Gar bald nach Aufführung des ‚Tasso', einer so reinen Darstellung zarter, geist- und liebevoller Hof- und Weltszenen, verließ Herzogin Amalie den für sie im tiefsten Grund erschütterten, ja zerstörten Vaterlandsboden, allen zur Trauer, mir zum besonderen Kummer. Ein eiliger Aufsatz [ZUM FEYERLICHEN ANDENKEN DER DURCHLAUCHTIGSTEN FÜRSTIN UND FRAU ANNA AMALIA], mehr in Geschäftsform als in höherem inneren Sinne abgefaßt, sollte nur Bekenntnis bleiben, wieviel mehr ihrem Andenken ich zu widmen verpflichtet sei." Später im Bericht erwähnt Goethe, was er neben dem offiziellen Nachruf im „höherem inneren Sinne" abgefasst hat: „An kleineren Geschichten, ersonnen, angefangen, fortgesetzt, ausgeführt, war diese Jahreszeit reich; sie sollten alle, durch einen romantischen Faden unter dem Titel ‚Wilhelm Meisters Wanderjahre' zusammengeschlungen, ein wunderlich anziehendes Ganze bilden. Zu diesem Zweck finden sich bemerkt: Schluß der ‚Neuen Melusine', ‚Der Mann von fünfzig Jahren', ‚Die pilgernde Törin'."

In Goethes UNTERHALTUNGEN DEUTSCHER AUSGEWANDERTEN (1795) heißt es über Goethes Verständnis von „zusammengeschlungenen“ Geschichten erläuternd: „Ich liebe mir sehr Parallelgeschichten. Eine deutet auf die andere hin und erklärt ihren Sinn besser als viele trockene Worte.“[777] Die Novelle DIE PILGERNDE TÖRIN ist die Übersetzung und Veredelung einer französischen Vorlage eines unbekannten Autors, die Goethe 1789 erstmals las. Darin geht es um eine geheimnisvolle Frau, die sich allein auf einer Art Pilgerschaft befindet und bei der es viele Parallelen zu Anna Amalias Leben gibt.

Von zentraler Bedeutung ist die Novelle DER MANN VON FÜNFZIG JAHREN, die in großer Dichte Goethes verbotene Liebe zu Anna Amalia behandelt. Im Tagebucheintrag vom 5. Oktober 1803 erwähnte der 54 Jahre alte Dichter erstmals die Novelle: „Früh Mann von 50 Jahren durchgedacht.“ Über zwei Jahrzehnte arbeitete Goethe insgesamt daran, ab Juni 1807 diktierte er die Novelle. Im Tagebucheintrag vom 4. August 1807 heißt es: „Der Mann von 50 Jahren bis zu einer gewissen Epoche.“ Die Novelle wird, ergänzt um alle weiteren „Epochen“, im Jahre 1827 abgeschlossen. Um die 50. Wiederkehr des ersten Geburtstages Anna Amalias seit Goethes Ankunft in Weimar arbeitete er intensiv daran, was viele Tagebucheinträge belegen, an ihrem Geburtstag, dem 24. Oktober 1826, schreibt er: „Das Schema zum Mann von fünfzig Jahren.“ Im eingangs zitierten Gespräch Goethes mit Eckermann vom 25. Dezember 1825, also am Geburtstag der Frau v. Stein, sagt Goethe anlässlich der Frage, ob er in seinem dichterischen Werk wirklich Erlebtes darstellt: „Es gibt indes wenige Menschen, die eine Phantasie für die Wahrheit des Realen besitzen, vielmehr ergehen sie sich gerne in seltsamen Ländern und Zuständen, wovon sie gar keine Begriffe haben und die ihre Phantasie ihnen wunderlich genug ausbilden mag. Und dann gibt es wieder andere, die durchaus am Realen kleben und, weil es ihnen an aller Poesie fehlt, daran gar zu enge Forderungen machen.“

In der Novelle geht es um einen Major und seinen Sohn Flavio, beide talentierte Dichter, die sich wechselweise in das Mädchen Hilarie und eine schöne junge Witwe verlieben. Der Major ist der Onkel von Hilarie und wünscht eine Heirat seines Sohnes Flavio mit ihr, Flavio aber liebt die schöne Witwe. Nachdem der Major erfährt, dass Hilarie in ihn verliebt sei, kann er sich vorstellen, seine Nichte zu heiraten und ist daher froh, dass sein Sohn um die schöne Witwe anhalten will. Hilarie und die schöne Witwe ziehen beide den Major dem jungen Flavio vor. Als die schöne Witwe eine Heirat mit Flavio ablehnt, nähert sich Hilarie Flavio an, da dies aber unter dem Zeichen der Sünde geschieht, wendet sie sich am Ende der Novelle doch wieder dem Major zu. Vielfach stellt Goethe in seiner Dichtung eine reale Person als mehrere dar, etwa in TASSO Antonio und Tasso, die beide für ihn stehen. Damit gelingt es Goethe, autobiographische Hintergründe so darzustellen, dass sie nicht ohne weiteres erkennbar sind, zugleich kann er eine spannungsreiche Handlung aufbauen. Zu verschiedenen Zeitpunkten in seinem Leben gibt er Hinweise in diese Richtung. In einem Brief an Knebel vom 21. November 1782, in dem Goethe dem Freund eine Abschrift „der ersten drey Bücher der Theatralischen Sendung" ankündigt, spricht er eine Trennung seiner Person in mehrere an: „... ich habe mein politisches und gesellschaftliches Leben ganz von meinem moralischen und poetischen getrennt (äußerlich versteht sich) ... getrennt laß ich iezt den Geheimderath und mein anderes selbst, ohne das ein Geh. R. sehr gut bestehen kann. Nur im innersten meiner Pläne und Vorsätze und Unternehmungen bleib ich mir geheimnißvoll selbst getreu und knüpfe so wieder mein gesellschaftliches, politisches, moralisches und poetisches Leben in einen verborgenen Knoten zusammen." Fünf Dekaden später drückt Goethe diese Technik in einem Brief vom 27. September 1827 an den Schriftstellerkollegen Iken (1789–1841) erneut aus, wenn er schreibt: „Auch wegen anderer dunkler Stellen in frühern und spätern Gedichten möchte ich folgendes zu bedenken geben: Da sich manches unserer Erfahrungen nicht rund aussprechen und direkt mitteilen läßt, so habe ich seit langem das Mittel gewählt, durch einander gegenübergestellte und sich gleichsam ineinander abspiegelnde Gebilde den geheimeren Sinn dem Aufmerkenden zu offenbaren. Da alles, was von mir mitgeteilt worden, auf Lebenserfahrung beruht, so darf ich wohl andeuten und hoffen, daß man meine Dichtungen auch wieder erleben wolle und werde."

Die vier Protagonisten der Novelle stehen für Goethe und Anna Amalia: Die schöne Witwe stellt Anna Amalia in ihrer öffentlichen Funktion als Fürstin, Hilarie hingegen die Frau hinter der Fürstenmaske dar; Flavio ist der stürmische junge Goethe, der Major der geachtete Staatsmann und weltberühmte Dichter. Die Namenswahl der Romanfiguren bestätigt dies, denn wirkliche Namen erhalten nur Flavio und Hilarie, der Major und die schöne Witwe bekommen nur die Berufs- bzw. Standesbezeichnung. Flavio, der von der schönen Witwe bezaubert ist, beschreibt sie entsprechend (Wanderjahre II, 3): „Sie ist eine junge Witwe, Erbin eines alten, reichen, vor kurzem verstorbenen Mannes, unabhängig und höchst wert es zu sein, von vielen umgeben, von eben so vielen geliebt, von eben so vielen umworben, doch wenn ich mich nicht sehr betriege, mir von Herzen angehörig." Als der Major durch Flavio die schöne Witwe kennen lernt, um seinen Segen zu ihrer Verbindung zu erteilen, wird er von dieser als Mittelpunkt der bei ihr anwesenden Gesellschaft behandelt. Die schöne Witwe arbeitet an einer „so prächtigen als geschmackvollen Brieftasche, die sich noch überdies durch ein größeres Format" auszeichnet und bedeutungsvoll für ihr Verhältnis zum Major ist. Als Flavio die schöne Witwe fragt, was sie von seinem Vater, dem Major, halten würde, antwortet diese lächelnd (Wanderjahre II, 3): „... mich deucht, daß Sie ihn wohl zum Muster nehmen könnten. Sehen Sie nur wie nett er angezogen ist! Ob er sich nicht besser trägt und hält als sein lieber Sohn!" Flavio will sie heiraten: „... ich weiß nicht, wie ich es wagen konnte, mitten im gleichgültigsten Gespräch, auf einmal ihre Hand zu fassen, diese zarte Hand zu küssen, sie an mein Herz zu drücken. Man zog sie nicht weg. ... Sie entfernte sich nicht, sie widerstrebte nicht, sie antwortete nicht. Ich wagte es sie in meine Arme zu fassen, sie zu fragen, ob sie die Meinige sein wolle. Ich küßte sie mit Ungestüm; sie drängte mich weg. – Ja doch, ja! oder so etwas sagte sie halblaut und wie verworren. Ich entfernte mich und rief: ich sende meinen Vater, der soll für mich reden! – Kein Wort mit ihm darüber! versetzte sie, indem sie mir einige Schritte nachfolgte. Entfernen Sie sich, vergessen Sie was geschehen ist.“ Als der Major bei der schönen Witwe erscheint, gibt diese ihm die „prächtige und geschmackvolle“ Brieftasche (WANDERJAHRE II, 4): „Nehmen Sie diese Brieftasche, sie hat etwas Ähnliches von Ihrem Jagdgedicht, viel Erinnerungen sind daran geknüpft, manche Zeit verging unter der Arbeit, endlich ist sie fertig, bedienen Sie sich derselben als eines Boten uns Ihre liebliche Arbeit zu überbringen.“

Der Major kehrt in sein Quartier zurück, um das Jagdgedicht zu suchen, doch es steht zunächst die Verwaltung des Familienbesitzes an. Dieser soll durch die Heirat von Flavio und Hilarie ungeteilt bleiben. Erforderlich ist hierfür das Abfinden eines weiteren Bruders, des Obermarschalls. Dieser willigt in die Pläne seiner Geschwister ein, will aber etwas zurückbehalten (WANDERJAHRE II, 4): „... auch die Früchte der Spaliere [sollten] ihm versichert werden. ... besonders aber eine gewisse Sorte grauer kleiner Äpfel, die er seit vielen Jahren der Fürstin Witwe zu verehren gewohnt war, sollten ihm treulich geliefert sein. ... auch schied er [der Obermarschall] auf gleiche Weise ... ließ die kleinen vorrätigen grauen Goldäpfel sorgfältig einpacken und fuhr mit diesem Schatz, den er als eine willkommene Verehrung der Fürstin zu überreichen gedachte, nach ihrem Witwensitz, wo er denn auch gnädig und freundlich empfangen ward.“ Scheinbar als unwesentliches Detail erscheint hier eine verwitwete Fürstin, eine Beschreibung, die auf Anna Amalia zutrifft. Bedeutsam sind die seltsamen Äpfel, zunächst als grau bezeichnet, dann genauer als graue Goldäpfel. Im Gespräch mit Eckermann vom 25. Dezember 1825, in dem Goethe auf die „anscheinenden Geringfügigkeiten des ‚Wilhelm Meister'“ hinweist, denen „immer etwas Höheres zum Grunde“ liege, heißt es kurz danach: „‚Shakespeare' fuhr Goethe fort, ‚gibt uns in silbernen Schalen goldene Äpfel.'“ Mit dem Obermarschall, der einer Fürstin-Witwe auf ihrem Witwensitz goldene Äpfel bringt, meint Goethe sich also selbst, wie er Anna Amalia seine Dichtungen darbringt. Am 22. Oktober 1828, kurz vor Anna Amalias Geburtstag, ergänzte Goethe im Gespräch mit Eckermann das Bild mit den Äpfeln: „‚Die Frauen', sagte er, ‚sind silberne Schalen, in die wir goldene Äpfel legen.'“ Er fügt gleich ironisch hinzu: „Meine Idee von den Frauen ist nicht von den Erscheinungen der Wirklichkeit abstrahiert, sondern sie ist mir angeboren, oder in mir entstanden, Gott weiß wie.“ Was die goldenen Äpfel im Gesamtwerk eines Dichters sind, erklärt Goethe in den LEHRJAHREN (V, 4), als es um die Bühnenbearbeitung von Stücken geht. Es müsse eine „Absonderung der Spreu von dem Weizen“ stattfinden, denn man bringe „nicht den ganzen Stamm auf den Tisch, der Künstler müsse goldene Äpfel in silbernen Schalen seinen Gästen reichen.“ Goethe – als Theaterdirektor ein Meister der Streichungen – deutet damit an, dass die „goldenen Äpfel“ seines Gesamtwerkes jene sind, die er in der „silbernen Schale

Anna Amalia“ dargebracht hat. In Tasso sagt die Prinzessin (Vers 177 ff.): „Die schönen Lieder, .../Die, goldnen Äpfeln gleich, .../... erkennst du sie nicht alle/ Für holde Früchte einer wahren Liebe?“

Der Major sucht nun für die schöne Witwe das versprochene Jagdgedicht, dessen Wortlaut nicht wiedergegeben wird. Es ist geschrieben in einer „sorgfältige[n] Reinschrift, wie er sie vor Jahren mit lateinischen Lettern, groß Oktav, zierlichst verfaßt hatte. Die köstliche Brieftasche von bedeutender Größe nahm das Werk ganz bequem auf, und nicht leicht hat ein Autor sich so prächtig eingebunden gesehen.“ Er gedenkt als Geleit einige Zeilen aus Ovids (43 v. Chr.–um 17 n. Chr.) Metamorphosen hinzuzufügen:

Ich sah's in meisterlichen Händen,
Wie denk' ich gern der schönen Zeit!
Sich erst entwickeln, dann vollenden
Zu nie geseh'ner Herrlichkeit.
Zwar ich besitz' es gegenwärtig,
Doch soll ich mir nur selbst gestehn:
Ich wollt' es wäre noch nicht fertig,
Das Machen war doch gar zu schön!

Dem Major fällt aber ein, dass es bedenklich wäre, der schönen Witwe gerade diese Verse zu schicken, denn jene „Ovidischen Verse werden von Arachnen gesagt, einer eben so geschickten als hübschen und zierlichen Weberin. Wurde nun aber diese durch die neidische Minerva in eine Spinne verwandelt, so war es gefährlich eine schöne Frau mit einer Spinne, wenn auch nur von Ferne verglichen, im Mittelpunkte eines ausgebreiteten Netzes schweben zu sehen.“ Dies ist ein treffendes Bild für die Herzogin Anna Amalia, die als ehemalige Regentin im kleinen Herzogtum ihr Netz ausgebreitet hatte, um das Geheimnis ihrer Liebe zu Goethe zu schützen. Über das erste Weimarer Jahrzehnt äußerte der greise Goethe: „... ich wüßte nicht, wie ich diese Zeit beschreiben sollte, ich müßte es denn in der Form eines Märchens thun, in dem die Amalie als allmächtige Fee Alles belebt und schafft.“[778] Arachne ist eine Lyderin, also eine Frau aus Lydien, dem heutigen Westanatolien in der Türkei. Am 1. Juni 1781 führte Goethe für seine Gedichte an Anna Amalia („Frau v. Stein“) den Namen Lydia ein, „die aus Lydien Stammende“,[779] den er in der Folge in Lida umänderte. Die Notwendigkeit, den Namen Lotte ab den 1. Mai 1781 in seinen Briefe zu verwenden, machte sich Goethe dadurch annehmbar, dass er Anna Amalia in seiner Dichtung einen Namen gab, der sie ironisch in Beziehung zu einer Spinne setzt.

Goethe fertigte eigenhändig eine Reinschrift, wie sie beim Jagdgedicht beschrieben wird, von seiner Marienbader Elegie an.[780] Drei Tage nach Anna Amalias Geburtstag, am 27. Oktober 1823, legte er Eckermann die Elegie vor: „Er hatte die Verse eigenhändig mit lateinischen Lettern auf starkes Velinpapier geschrieben und mit einer seidenen Schnur in einer Decke von rotem Maroquin befestigt, und es trug also schon im Äußern, daß er dieses Manuskript vor allen seinen übrigen besonders werthalte." In diesem Gespräch heißt es auch, dass Goethe die ELEGIE „wie eine Art Heiligtum ansehe". Goethe, der sein „Heiligtum" eigenhändig abgeschrieben hatte, wird von Eckermann zwei Tage zuvor, am 25. Oktober 1823, wie folgt beschrieben: „In der Dämmerung war ich ein halbes Stündchen bei Goethe. Er saß auf einem hölzernen Lehnstuhl vor seinem Arbeitstische; ich fand ihn in einer wunderbar sanften Stimmung, wie einer, der von himmlischem Frieden ganz erfüllt ist, oder wie einer, der an ein süßes Glück denkt, das er genossen hat und das ihm wieder in aller Fülle vor der Seele schwebt." An Anna Amalias Geburtstag, am 24. Oktober 1823, gedachte Goethe ihrer mit einem Klavierkonzert der Pianistin Marie Szymanowska, die dafür am selben Tag angereist war. Der Prinzenerzieher Soret notierte an diesem Tag: „... Madame Szymanowska ... phantasierte auf den Flügel. Goethe, im Anhören verloren, schien mitunter sehr ergriffen und bewegt."

In der ELEGIE, vom 74-jährigen Dichter geschrieben, erscheint ihm seine Prinzessin als eine Lichtgestalt: „Kein Zweifel mehr! Sie tritt ans Himmelstor,/Zu ihren Armen hebt sie dich empor." Bei dem Jagdgedicht für die schöne Witwe beschreibt der Major die einzelnen Jagdszenen als „wohl gesehen, klar aufgenommen, leidenschaftlich verfolgt, leicht und scherzhaft, oft ironisch dargestellt". Dann heißt es: „Jenes elegische Thema klang jedoch durch das Ganze durch; es war mehr als ein Abschied von diesen Lebensfreuden verfaßt". Goethe meint also mit seinem „elegischen Thema" – elegisch bedeutet ein Gedicht mit wehmütigem und klagendem Inhalt – die Jagd nach Anna Amalias Herzen im Land der Poesie. Das Jagdgedicht, das Goethe der schönen Witwe überreichen wird, ist also die Marienbader ELEGIE, ein weiterer „goldener Apfel", den Goethe, nunmehr ein Greis, in die „silberne Schale Anna Amalia" legt.

Die Brieftasche der schönen Witwe ist ein Sinnbild für ihr Verhältnis zum Major. Anna Amalias ganzes Streben galt der Verwandlung des jungen, sie liebenden planlosen Stürmer und Dränger Goethe (Flavio) in einen geachteten Staatsmann und weltberühmten Dichter (Major); weil ihr dies gelungen ist kann Goethe schreiben: „... nicht leicht hat ein Autor sich so prächtig eingebunden gesehen" (ABB. 40). Johanna Schopenhauer beschreibt Goethe in einem Brief vom 28. November 1806 an ihren Sohn: „Er ist das vollkommenste Wesen, das ich kenne, auch im Äußeren; eine hohe, schöne Gestalt, die sich sehr gerade hält, sehr sorgfältig gekleidet, immer schwarz oder ganz dunkelblau, die Haare recht geschmackvoll frisiert und gepudert, wie es seinem Alter ziemt, und ein gar prächtiges Gesicht mit zwei klaren braunen Augen, die mild und durchdringend zugleich sind" (ABB. 33).[781] Für Goethe ist der Zustand, in dem er nach Weimar kam, ein heilloser gewesen, der Stürmer und Dränger ist wie sein Romanheld Werther immer in Gefahr, sich in den Abgrund zu stürzen. Flavio verkörpert diesen Zustand und wird daher mit dem antiken Helden Orest verglichen (Wanderjahre II, 5): Hilarie und ihre Mutter „standen erstarrt, sie hatten Orest gesehen von Furien verfolgt, nicht durch Kunst veredelt, in greulicher widerwärtiger Wirklichkeit". Der junge Goethe war wie Orest ein durch Furien verfolgter, rastloser, halb dem Wahn verfallener, zum Untergang verurteilter Held. Orest wird in Goethes Iphigenie auf Tauris (1779/1787) durch Iphigenie vor dem drohenden Wahnsinn gerettet. Anna Amalia arbeitete an der Wandlung von Flavio zum Major, sie beeinflusste den jungen Dichter bis hin zu seinen Verhaltensweisen. In einem Brief vom 21. April 1779 an Goethes Mutter schreibt die Fürstin über dessen Reaktion auf eine unangenehme Mitteilung aus dem Freundeskreis: „Ich habe Ihren Brief an Dr. Wolf [Goethe] gewiesen: da das Hofleben ihn aber sehr gesittet gemacht, so knirschte er nicht mit den Zähnen, fluchte noch weniger, sondern zuckte die Achseln über das jämmerliche Abenteuer."[782] Am 13. März 1781 schrieb Goethe an Anna Amalia („Frau v. Stein"): „Ich möchte Ihnen mein Leben, mich ganz hingeben um mich aus Ihren Händen mir selbst wieder zu empfangen." Gemeint ist bei diesen und ähnlichen Äußerungen Goethes nicht die Erziehung zum Hofmann, der er wohl nie wurde. Wieland berichtete schon am 5. Juli 1776 an Merck: „Er [Goethe] hat, bei all seiner anscheinenden und würklichen Naturwildheiten, im kleinen Finger mehr Conduite [Benehmen] und Savoir-faire [feine Lebensart] als alle Hofschranzen, Bonifaz-Schleichers, und politischen Kreuzspinnen zusammengenommen, in Leib und Seele."[783] Die erfahrene Regentin Anna Amalia lehrte den jungen Minister und Geliebten Goethe, wie ein selbstbewusster Staatsmann auftritt und was er zu beachten hat, um erfolgreich zu sein. In einem Brief an Anna Amalia („Frau v. Stein") vom 31. März 1782 schreibt Goethe: „Ich bin vergnügt weil ich mitten durch die vielerley fremde Menschen, mich an dem Faden der Liebe zu dir, sachte und sicher winde. Wie die Muscheln schwimmen wenn sie ihren Körper aus der Schaale entfalten, so lern ich leben indem ich das in mir verschlossne sacht auseinander lege. Ich versuche alles was wir zuletzt über Betragen, Lebensart, Anstand und Vornehmigkeit abgehandelt haben, lasse mich gehen, und bin mir immer bewusst."

In der Novelle wird die Brieftasche zugleich als „Penelopeisch zauderhaftes Werk" bezeichnet. Penelope ist in Homers Odyssee die Gattin des für tot geglaubten Odysseus. Erst wenn sie das Leichentuch für ihren Schwiegervater gewebt hat, will sie sich bereit erklären, erneut zu heiraten. Um dies aber lange hinauszuzögern, wendet sie eine List an (Odyssee XIX, Verse 149 f.): „Und des Tages webte ich da an dem großen Gewebe,/Nachts jedoch löste ich's stets wieder auf im Scheine der Fackeln."[784] Während Anna Amalia tagsüber an der Verwandlung Goethes von Flavio in einen Major arbeitet, ist sie nachts die Geliebte des Flavio. Durch diese Nachtliebe ist aber Goethes Stellung am Weimarer Hof gefährdet, denn eine Aufdeckung des Blendwerks würde für die Liebenden die Trennung bedeuten. Wenn die Brieftasche, an der die schöne Witwe arbeitet, also die Verwandlung Goethes in einen geachteten Staatsmann und weltberühmten Dichter, vollbracht ist, bedeutet dies zugleich, dass ihre Nachtliebe beendet werden muss, denn die Brieftasche ist zugleich ein Leichentuch für ihre sinnliche Liebe.

Die Annäherung von Flavio und Hilarie, dem jungen leidenschaftlichen Goethe und der Frau Anna Amalia hinter ihrer fürstlichen Maske, steht für ihre Nachtliebe, die als sündig dargestellt wird. Hilarie ist bei ihrer Mutter als Flavio dazukommt (WANDERJAHRE II, 5): „Flavio stürzte herein in schauderhafter Gestalt, verworrenen Hauptes, auf dem die Haare teils borstig starrten, teils vom Regen durchnäßt niederhingen; zerfetzten Kleides wie einer der durch Dorn und Dickicht durchgestürmt, greulich beschmutzt, als durch Schlamm und Sumpf herangewadet." Die schöne Witwe hatte Flavio als er sie bedrängte, ihn zu heiraten, zurückgewiesen. Er irrte „durch Nacht, Sturm und Regen nach dem Landgut seiner Tante", weil er dort seinen Vater vermutet, dem er sein Leid klagen will. Nun nähert er sich Hilarie, zugleich findet ein langsames Hinübergleiten Flavios in die Identität des Majors statt. Man bringt Flavio in das entfernte Gastzimmer, „das der Vater zu bewohnen pflegte." Später heißt es: „Der Sohn kam völlig in des Vaters Kleidern; denn da von seinem Anzug nichts zu brauchen war, so hatte man sich der Feld- und Hausgarderobe des Majors bedient, die er, zu bequemem Jagd- und Familienleben, bei der Schwester in Verwahrung ließ." Seine Kusine besucht Flavio auf seinem Zimmer: „Hilarien sehnsuchtsvoll ergriff das Licht und beleuchtete den Schlafenden. ... Hilarie, leise atmend, glaubte selbst einen leisen Atem zu vernehmen, sie näherte die Kerze, wie Psyche in Gefahr, die heilsamste Ruhe zu stören." Das Märchen AMOR UND PSYCHE von Apuleius war die Melodie von Goethes Liebe zur Fürstin Anna Amalia, denn wie der Gott Amor und die Prinzessin Psyche sich nur nachts und bei völliger Dunkelheit sehen dürfen, war Goethes Liebe zu seiner Prinzessin eine verborgene. Mit einem Ringstein, auf dem Psyche dargestellt ist, siegelte Anna Amalia („Frau v. Stein") ihre Briefe.[785] Sie hatte das Märchen AMOR UND PSYCHE für ihr TIEFURTER JOURNAL ab November 1781 übersetzt und in TASSO wurde damit die Identität des Liebespaares verschlüsselt (Vers 228 ff.). Nun taucht das Motiv auch in der Novelle auf. Am nächsten Morgen, als Flavio Hilarie sieht, sagt er: „‚Gegrüßt, liebe Schwester' – das fuhr ihr durch's Herz, er ließ nicht los, sie sahen einander an, das herrlichste Paar kontrastierend im schönsten Sinne." Hiermit fällt ein weiteres Schlüsselwort für Goethes Liebesverhältnis zu Anna Amalia. Ende Oktober 1776 diktierte er in kürzester Zeit das knapp einstündige Drama DIE GESCHWISTER, bei dem die „Geschwister" am Ende heiraten können, weil die vermeintliche Schwester in Wirklichkeit die Tochter der verstorbenen Geliebten ist, eine Witwe mit Namen Charlotte. In DIE GESCHWISTER wie in dieser Äußerung Flavios geht es um einen möglichen Inzest. Goethe kann das aus dem Gesellschaftssystem erwachsende Verbot, die verwitwete Fürstin Anna Amalia zu heiraten, mit nichts anderem vergleichen als mit dem Inzestverbot. In DIE GESCHWISTER hofft er noch, dass er bald Anna Amalia ehelichen kann, indem die mit Hilfe der Hofdame v. Stein inszenierte Täuschung entbehrlich wird. Geschwister sind auch die Hauptgestalten seiner

Dichtung Iphigenie auf Tauris (1779/1787), sie thematisiert die grundlegende Bedeutung, die Anna Amalia, die offiziell Goethe nichts sein kann, für seine Ausrichtung im Leben hatte. Unbewusste Geschwisterliebe ist in den Lehrjahren wieder zentral, denn aus solch einer Verbindung geht eine der geheimnisvollsten Gestalten des Romans hervor: Mignon. Indem Flavio Hilarie seine Schwester nennt, ist deutlich gemacht, dass sie sich nicht lieben dürfen.

Zunächst darf Flavio „sich der Gegenwart Hilarien's erfreuen“, nachdem seine Aussichten auf die schöne Witwe „durch eine peremtorische [endgültige] Forderung ihrer Hand für immer verfinstert worden“ waren. Goethe sieht ein, dass er Anna Amalia nicht heiraten kann. Seine Zuflucht findet Flavio in der Dichtung und in der Musik (Wanderjahre II, 5): „Hier nun konnte die edle Dichtkunst abermals ihre heilenden Kräfte erweisen. Innig verschmolzen mit Musik heilt sie alle Seelenleiden aus dem Grunde“. Inoffiziell, verkörpert durch Hilarie als die private Anna Amalia, kann Goethe das gesellschaftliche Verbot umgehen, sofern keine Entdeckung droht, doch steht das Zusammensein von Hilarie und Flavio unter dem Zeichen der Sünde. Goethe stellt einen Bezug zur Hölle in Dantes Göttlicher Komödie her: „Auch ging die Unterhaltung immer mehr und mehr in's Bedeutende. Wechselgedichte, wie sie der Liebende gern verfaßt, weil er sich von seiner Schönen, wenn auch nur bescheiden, halb und halb kann erwidern lassen was er wünscht und was er aus ihrem schönen Munde zu hören kaum erwarten dürfte. Dergleichen wurden mit Hilarien auch wechselweise gelesen, und zwar, da es nur aus der einen Handschrift geschah, in welche man beiderseits, um zu rechter Zeit einzufallen, hineinschauen und zu diesem Zweck jedes das Bändchen anfassen mußte, so fand sich, daß man, nahe sitzend, nach und nach Person an Person, Hand an Hand immer näher rückte, und die Gelenke sich ganz natürlich zuletzt im Verborgnen berührten.“ Diese Schilderung knüpft an den V. Gesang von Dantes Hölle an, in dem die Sünder der Fleischeslust rastlos von einem Wirbelwind durch die Lüfte getrieben werden, etwa die antiken Frauengestalten Dido, Kleopatra und Helena. Goethes Anspielung gilt dem Liebespaar Francesca da Rimini und Paolo Malatesta, deren Schatten sich auf Dantes Zuruf nähern, um ihm ihre erschütternde Geschichte zu erzählen. Francesca hatte sich in Paolo, den Bruder ihres Ehegatten, verliebt; als sie sich küssten, wurden sie von ihrem Mann überrascht und getötet (Hölle V, Vers 100 ff.):[786]

> Liebe, die edlem Herzen schnell sich lehrt,
> Ließ ihn sich in den schönen Leib verlieben,
> Den ich verlor, daß noch die Art mich sehrt.
> Liebe, die den Geliebten zwingt zu lieben,
> Ließ mich an seiner Schönheit so entzünden,
> Daß sie, wie du ersiehst, mir noch geblieben.

Dante fragt nach, wie das sündhafte Verlangen entfacht wurde, und Francesca berichtet ihm von der gemeinsamen Lektüre über die verbotene Liebe von Lanzelot, einem Ritter der Tafelrunde, zur Königin Ginevra, der Frau von König Artus (HÖLLE V, Vers 127 ff.):

> Wir lasen eines Tages, uns zur Lust,
> Von Lanzelot, wie Liebe ihn durchdrungen;
> Wir waren einsam, keines Args bewußt.
> Obwohl das Lesen öfters uns verschlungen
> Die Augen und entfärbt uns das Gesicht,
> War eine Stelle nur, die uns bezwungen:
> Wo vom ersehnten Lächeln der Bericht,
> Das der Geliebte es geküßt, gibt Kunde,
> Hat er, auf den ich leiste nie Verzicht,
> Den Mund geküßt mir bebend mit dem Munde;
> Galeotto war das Buch, und der's geschrieben:
> Wir lasen weiter nicht in jener Stunde.

Durch den Vergleich mit Paolo und Francesca sowie mit Lanzelot und Ginevra drückt Goethe aus, dass die Annäherung Flavios und Hilaries verboten ist und unter dem Zeichen der Sünde steht – eine Situation, in der sich auch Goethe während des ersten Weimarer Jahrzehnts befand. Wichtig ist hier Goethes Bezug zum Höllenbezirk für die sinnlichen Begierden. Schon in den RÖMISCHEN ELEGIEN (1788–1790) berichtete Goethe von Liebesnächten mit Anna Amalia. Der Bezug zu den Sündern der Fleischeslust in der GÖTTLICHEN KOMÖDIE zeigt, dass Goethe selbstverständlich eine sinnliche Liebe meint. Die Maske, die die Monarchie ihn aufzusetzen zwang, wonach er eine asexuelle Liaison zu Frau v. Stein unterhielt, führte bei vielen zu der Ansicht, dass Goethe mit 37 Jahren in Rom erstmals sexuelle Erfahrungen machte. Da nicht gesehen wurde, dass Goethe – abgesehen von seiner pragmatischen Beziehung zu Christiane – ein Leben lang Anna Amalia treu sein wollte, wurden bei ihm zu Unrecht immer wieder sexuelle Störungen und Komplexe angenommen.

Im weiteren Verlauf der Erzählung kommt es zu einer Überschwemmung. Das Motiv der Überschwemmung kehrt mehrmals in Goethes Werk wieder, etwa in WERTHER (1774), und steht „als Bild einer chaotischen, von Gefühl und Leidenschaft überfluteten Seelenlandschaft".[787] Eine gewaltige Kälte bewirkt, dass die Eismassen gefrieren, und Flavio und Hilarie haben nach der Arbeit, die Folgen der Überschwemmung zu lindern, große Freude mit dem Schlittschuhlaufen. Goethe hatte in Weimar das Schlittschuhlaufen eingeführt und den ganzen Hof dafür begeistert. In reizender Landschaft wurden Eislauffeste gegeben. Carl v. Stein erinnerte sich: „Auf Goethens Veranlassung wurde ... ein Teich ... erwählt. Es wurde ein Transportabel Bretterhäuschen mit einem Windofen ans Ufer gebauet, mehrere Schlittenstühle angeschafft, [um] Damen auf dem Eise spazieren zu fahren. Die Herzoginnen kamen mit ihren Damen hinaus".[788] Am 16. Februar 1778 berichtet der Violinist Johann Friedrich Kranz (1754–1810) Goethes Mutter, daß ihr Sohn „dann und wann mit den Herrschaften abends Schlitt-Schule läuft und zwar en masque. Die Herzoginnen, gnädige Frauen und Fräuleins lassen sich im Schlitten schieben. Der Teich, welcher nicht klein ist, wird rundum mit Fackeln, Lampen und Pechpfannen erleuchtet. Das Schauspiel wird auf der einen Seite mit Hoboisten- und Janitscharen-Musik, auf der andern mit Feuerrädern, Raketen, Kanonen und Mörsern vervielfältigt."[789] Drei Tage zuvor hatte Goethe im Tagebuch eingetragen: „Nachts zu ☉ [Anna Amalia] wieder in Mondsch.[ein] mit ihr spazieren".

Während Flavio und Hilarie nachts Schlittschuh laufen, taucht plötzlich der Major auf: „Hilarie, den Schritt anhaltend, verlor in Überraschung das Gleichgewicht und stürzte zu Boden, Flavio lag zu gleicher Zeit auf einem Knie, und faßte ihr Haupt in seinen Schoß auf, sie verbarg ihr Angesicht, sie wußte nicht wie ihr geworden war. … ‚Laß uns fliehen,' rief sie, ‚das ertrag ich nicht.'" Damit ist der Moment erreicht, an dem die Frau hinter der fürstlichen Maske an eine Flucht mit dem Geliebten denkt, um endlich ohne Täuschung miteinander Leben zu können. Goethe entwirft diese Szene parallel zur Fahrt des Odysseus in die Unterwelt. Erkennbar wird dies insbesondere durch die Erwähnung von Bäumen wie Weiden, Pappeln und Erlen, die sich teils auf der Insel der Göttin und Zauberin Kirke befinden, die Odysseus für seinen Gang in die Unterwelt berät, teils soll Odysseus durch sie erst den Ort erkennen können, von dem aus er in die Unterwelt gelangen kann.[790] Neben der christlichen Hölle taucht damit die antike Unterwelt auf, eine Annäherung von Flavio und Hilarie steht unter den schlimmsten Vorzeichen. Nach dieser Szene gehen sie alle ins Schloss, in dem Musik und Tanz im Gange sind, „das junge Paar einzeln, sich nicht zu berühren, sich nicht zu nähern wagend". Der Major ist verwundert, „obgleich nicht unerwartet, sein Zimmer wie bewohnt anzutreffen; die eigenen Kleider, Wäsche und Gerätschaften, nur nicht so ordentlich wie er's gewohnt war, umher liegend." Ihm bleibt zunächst verborgen, dass „Hilarien's Neigung im Umwenden begriffen sei". Der Major ist aber „durch ein halbes Bewußtsein, ohne sein Wollen und Trachten, schon auf einen solchen Fall im Tiefsten vorbereitet", denn ihm „war vor kurzem ein Vorderzahn ausgefallen und er fürchtete den zweiten zu verlieren." Goethe war dies 1809 passiert,[791] in dem Jahr, in dem er sechzig wurde. Der Major merkt, dass er zu alt für die junge Hilarie ist, diese hält aber unerwarteter Weise dennoch an ihn als ihrem künftigen Gatten fest. Gegenüber ihrer Mutter rechtfertigt sich Hilarie, indem sie in Bezug auf Flavio „mit Energie und Wahrheit das Unschickliche, ja das Verbrecherische einer solchen Verbindung" hervorhebt. Da Flavio der Sohn des Majors ist, kann sich das „Unschickliche, ja das Verbrecherische" nicht auf ihre Verwandtschaft beziehen, es wird also damit auf Goethes verbotene Liebe zu einer Fürstin hingewiesen.

Am Ende der Novelle bittet die schöne Witwe den Major um eine Unterredung in einem Gasthof: „,Ich weiß alles,' fuhr sie fort, ,wir brauchen uns nicht zu erklären; Sie und Hilarien, Hilarien und Flavio'". Die schöne Witwe bekennt bitterlich weinend, für das Unheil verantwortlich zu sein: „Verzeihen Sie mir, bedauern Sie mich, Sie sehen wie ich bestraft bin." Goethe in der Person des Majors akzeptiert die Beweggründe seiner Geliebten, die sich nicht für die Liebe des jungen Flavio entscheiden konnte. Er drückt dies damit aus, dass er bei der Schilderung der reuigen schönen Witwe diese in die höchsten Sphären hebt: „... sie war schöner als jemals", „... entgegnete sie himmlisch lächelnd", „... aus dieser sonst in ihrer Eigenheit abgeschlossenen merkwürdigen Person sich ein sittlich-schönes, teilnehmendes und teilgebendes Wesen hervortat", „Sie ... war ... mehr als liebenswürdig ... deren himmel-schönes Innere nun hervortritt, und das Äußere zu verherrlichen beginnt". Goethe stellte einmal die Maxime auf: „Der liebt nicht, der die Fehler/des Geliebten nicht für Tugenden hält."[792] Die schöne Witwe schildert dem Major ihre Gefühle, als Flavio sie bestürmte: „Ich war nicht unglücklich, aber unruhig, ... ich gehörte mir selbst nicht recht mehr an, und das heißt denn doch am Ende nicht glücklich sein. Ich gefiel mir selbst nicht mehr, ich mochte mich vor dem Spiegel zurechtrücken wie ich wollte, es schien mir immer als wenn ich mich zu einem Maskenball herausputzte" (UMSCHLAGBILD). Mit Goethes Flucht nach Italien ist die Maskerade mit Frau v. Stein endlich beendet. Anna Amalias Plan, Flavio in einen Major zu verwandeln, einen geachteten Staatsmann und weltberühmten Dichter, erweist sich als klug und vorausschauend. Am Ende der WANDERJAHRE (III, 14) teilt Goethe mit, dass Flavio mit Hilarie und der Major mit der schönen Witwe doch noch verbunden wurden, und weist damit darauf hin, dass Anna Amalia die Frau seines Lebens gewesen ist, als Hilarie die Nachtliebe Flavios und als schöne Witwe die entsagende Freundin des Major.

Bei dieser durch die Vernunft bestimmten Entsagung wurde Goethes und Anna Amalias sinnliche Liebe geopfert, um aber auf eine höhere Ebene entrückt zu werden. Bis in die Einzelheiten berichten die LEHRJAHRE darüber. Die der Novelle DER MANN VON FÜNFZIG JAHREN folgende Szene am Lago Maggiore (WANDERJAHRE II, 7) stellt eine Hauptverbindung zwischen beiden Teilen des autobiographischen Romans WILHELM MEISTER her. Bei dieser Szene tauchen Hilarie und die schöne Witwe auf, die mit Wilhelm und einem Maler und Sänger, der nur in dieser Szene eine Rolle im Roman spielt, reisen. Sie unternehmen eine Wallfahrt in die Heimat Mignons, einer geheimnisvollen Gestalt, die am Ende der LEHRJAHRE stirbt. Über die Figur Mignon und Wilhelm (Goethe) werden die schöne Witwe, also die Fürstin Anna Amalia, und Hilarie, die Frau hinter der Fürstenmaske, in den Kontext des Gesamtromans gestellt. Mignon steht für das, was Anna Amalia und Goethe durch ihre Trennung verloren haben, denn zu ihr gehen die am Schluss der Novelle DER MANN VON FÜNFZIG JAHREN durch die Vernunft auseinander gebrachten Geliebten auf eine Wallfahrt. Wilhelm wird von einem Sänger begleitet, der als neuer Orpheus bezeichnet wird und mit Gesang und einer Laute auftritt, obwohl er als Maler vorgestellt wurde. Die mythologische Gestalt Orpheus erreichte durch seinen bezaubernden Gesang, dass die Götter ihm erlaubten, seine jung verstorbene Gemahlin Eurydike aus der Unterwelt zurückzuholen. Noch bevor er das Tageslicht wieder erreichte, setzte er sich jedoch über das Verbot hinweg, sich nach ihr umzuschauen, so dass Eurydike im Totenreich bleiben musste.

Die gesamte Szene am Lago Maggiore ist parallel zur Eislaufszene in der Novelle DER MANN VON FÜNFZIG JAHREN aufgebaut und spielt wie jene wegen der von Goethe eingearbeiteten Bezüge zur Fahrt von Odysseus in die Unterwelt vor deren Toren.[793] Erst am letzten Abend ihrer Wallfahrt wird der Bezug zu Mignon deutlich: „Das Vorgefühl des Scheidens verbreitete sich über die Gesamtheit; ein allmähliches Verstummen wollte fast ängstlich werden. Da ermannte, da entschloß sich der Sänger, auf seinem Instrumente kräftig präludierend, uneingedenk jener früheren wohlbedachten Schonung. Ihm schwebte Mignons Bild mit dem ersten Zartgesang des holden Kindes vor. Leidenschaftlich über die Grenze gerissen, mit sehnsüchtigem Griff die wohlklingenden Saiten aufregend, begann er anzustimmen: Kennst du das Land, wo die Zitronen blüh'n,/Im dunklen Laub … Hilarie stand erschüttert auf und entfernte sich, die Stirne verschleiernd; unsere schöne Witwe bewegte, ablehnend, eine Hand gegen den Sänger, indem sie mit der andern Wilhelm's Arm ergriff. Hilarien folgte der wirklich verworrene Jüngling. Wilhelmen zog die mehr besonnene Freundin hinter beiden drein. Und als sie nun alle viere im hohen Mondschein sich gegenüber standen, war die allgemeine Rührung nicht mehr zu verhehlen. Die Frauen warfen sich einander in die Arme, die Männer umhals'ten sich und Luna ward Zeuge der edelsten, keuschesten Tränen. Einige Besinnung kehrte langsam erst zurück, man zog sich auseinander, schweigend, unter seltsamen Gefühlen und Wünschen, denen doch die Hoffnung schon abgeschnitten war. Nun fühlte sich unser Künstler, welchen der Freund mit sich riß, unter dem hehren Himmel, in der ernstlieblichen Nachtstunde, eingeweiht in alle Schmerzen des ersten Grades der Entsagenden, welchen jene Freunde schon überstanden hatten, nun aber sich in Gefahr sahen abermals schmerzlich geprüft zu werden." Den ersten Grad der Entsagung hatten Anna Amalia und Goethe mit ihrer Trennung überstanden. Der Sänger aber muss noch die Erfahrung der Entsagung überstehen. Wenn aber von Gefahr der „schmerzlichen Prüfung" die Rede ist, besteht auch die Möglichkeit des Scheiterns. Die beiden Frauen, die für Anna Amalia stehen, befinden sich in Italien. Dort ereignete sich der Selbstmord aus unerwiderter Liebe des Sängers David Heinrich Grave (1752–1789). Indem dieser leidenschaftlich „über die Grenze gerissen, mit sehnsüchtigem Griff die wohlklingenden Saiten aufregend" Mignons Lied anstimmt, versucht er sich Hilaries Herz zu nähern, also der Frau hinter der Maske der verwitweten Fürstin Anna Amalia seine Liebe zu gestehen. Durch das Lied wird Hilarie aber an Mignon erinnert, die die Personifizierung von Goethes und Anna Amalias sinnlicher Liebe ist, und sie versinkt in Trauer, denn in ihrem Herzen ist auch nach der erzwungenen Trennung nur für Goethe Platz. Die schöne Witwe, die Fürstin Anna Amalia, bewahrt die Fassung, sie „bewegte, ablehnend, eine Hand gegen den Sänger, indem sie mit der andern Wilhelm's Arm ergriff". Der „verworrene Jüngling" Grave verlor in Neapel das seelische Gleichgewicht und erlag als neuer Orpheus den Gefahren der Entsagung von der Liebe.

Die dritte Novelle, die Goethe im Eintrag 1807 der Tag- und Jahreshefte erwähnt, Die neue Melusine (Wanderjahre III, 6), ist die selbständige Umdichtung von älteren Vorlagen. Ein erster Teil scheint ab 1782 konzipiert worden zu sein, der zweite Teil 1807.[794] Die Novelle führt den Helden der Geschichte in das Reich der Gnome. Interessanterweise kann aus dem Namen Mi-gno-n das Wort Gno-mi-n gebildet werden. Der Held der Novelle lernt eines Tages eine schöne Frau mit einem geheimnisvollen Kästchen kennen. Als Lohn dafür, dass er für sie das Kästchen mit sich führt, nähert sie sich ihm zeitweise. Eines Tages bemerkt er in der Dunkelheit, dass Licht aus dem Kästchen hervorbricht. Er schaut durch eine Ritze hinein: „Aber wie groß war mein Erstaunen, als ich in ein von Lichtern wohl erhelltes, mit viel Geschmack, ja Kostbarkeit möbliertes Zimmer hineinsah, gerade so als hätte ich durch die Öffnung eines Gewölbes in einen königlichen Saal hinab gesehen. ... von der andern Seite des Saals [kam] ein Frauenzimmer mit einem Buch in den Händen, die ich sogleich für meine Frau erkannte, obschon ihr Bild nach dem allerkleinsten Maßstabe zusammengezogen war." Die Schöne kommt später wieder in völliger Menschengröße zu ihm. Da er von ihrer Verwandlung weiß, fragt sie ihn: „Prüfe dich genau ... ob diese Entdeckung deiner Liebe nicht geschadet habe, ob du vergessen kannst, daß ich in zweierlei Gestalten mich neben dir befinde, ob die Verringerung meines Wesens nicht auch deine Neigung vermindern werde." Hier vergleicht Goethe ironisch die offizielle Anna Amalia mit der inoffiziellen. Die Fürstin ist für ihn nichts anderes als eine „Verringerung" der Frau Anna Amalia: „Ich sah sie an; schöner war sie als jemals und ich dachte bei mir selbst: ist es denn ein so großes Unglück eine Frau zu besitzen, die von Zeit zu Zeit eine Zwergin wird, so daß man sie im Kästchen herumtragen kann?" Das Zwergenreich steht damit für die adlige Hofgesellschaft, die Goethe in dem Schöpfungsmythos der Zwerge, den er seine Prinzessin erzählen lässt, karikiert. Die Zwerge, das älteste und edelste Schöpfungswerk Gottes, sind mit dem Problem konfrontiert, dass sie immer kleiner werden, „vor allen andern aber die königliche Familie".

Um das Zwergengeschlecht etwas im Blute aufzufrischen, war die Schöne „in's Land gesendet ..., um sich mit einem ehrsamen Ritter zu vermählen ... Man hätte vielleicht noch lange gezaudert, eine Prinzessin wieder einmal in das Land zu senden, wenn nicht mein nachgeborner Bruder so klein ausgefallen wäre, daß ihn die Wärterinnen sogar aus den Windeln verloren haben und man nicht weiß wo er hingekommen ist." Der Held folgt der Prinzessin mit Hilfe eines goldenen Ringes, der ihn verkleinert, in das Reich der Gnome. Der nunmehrige Gemahl der Königstochter ist aber unglücklich bei den Gnomen, also in der höfischen Gesellschaft: „Dabei hatte ich jedoch leider meinen vorigen Zustand nicht vergessen. Ich empfand in mir einen Maßstab voriger Größe, welches mich unruhig machte. Nun begriff ich zum erstenmal, was die Philosophen unter ihren Idealen verstehen mochten, wodurch die Menschen so gequält sein sollen. Ich hatte ein Ideal von mir selbst und erschien mir manchmal im Traum wie ein Riese." Indem er den Ring durchfeilt, wird er wieder in seine ursprüngliche Größe verwandelt: „Da stand ich nun wieder, freilich um so viel größer, allein, wie mir vorkam, auch um vieles dümmer und unbehülflicher. … und so kam ich denn endlich, obgleich durch einen ziemlichen Umweg, wieder an den Herd zur Köchin".

Für die Interpretation der LEHRJAHRE ist ein Vergleich wichtig, den Goethe zwischen dieser Novelle und seinem Märchen DER NEUE PARIS zieht. Das Märchen will Goethe zwar als Knabe seinen Spielkameraden erzählt haben, in Wirklichkeit ist es erst 1811 entstanden.[795] Ganz am Anfang seiner Autobiographie DICHTUNG UND WAHRHEIT heißt es (10. Buch): „‚Die neue Melusine'… verhält sich zum ‚Neuen Paris' wie ohngefähr der Jüngling zum Knaben". Im Märchen DER NEUE PARIS erscheint in der Nacht vor Pfingstsonntag dem Knaben Goethe der Götterbote Merkur, der ihm drei Äpfel, einen roten, einen gelben und einen grünen reicht: „Ich hielt sie darauf in die Höhe, gegen das Licht, und fand sie ganz durchsichtig; aber gar bald zogen sie sich aufwärts in die Länge und wurden zu drei schönen, schönen Frauenzimmerchen in mäßiger Puppengröße, deren Kleider von der Farbe der vorigen Äpfel waren." Nachdem diese entschwinden, erscheint ihm noch eines: „Aber mit einmal erblickte ich auf meinen Fingerspitzen ein allerliebstes Mädchen herumtanzen, kleiner als jene, aber gar niedlich und munter". Dieses bleibt auf seinen Fingerspitzen, als er aber nach dem Mädchen greifen will, fühlt er „einen Schlag an den Kopf, so daß ich ganz betäubt niederfiel". Goethe war ein unermüdlicher Farbenforscher mit bedeutenden Beiträgen auf diesem Wissensgebiet, die in dem Satz kulminierten: „Die Farben sind Thaten des Lichts, Thaten und Leiden".[796]

In seinem Arbeitszimmer stellte Goethe auf dem Stehpult an der Ostwand eine kleine Pyramide auf. Die vier Dreiecksflächen bemalte er in verschiedenen Farben und beschriftete diese mit den dazugehörigen Eigenschaften: Gelb mit der Aufschrift Vernunft, Rot mit Phantasie, Grün mit Sinnlichkeit und Blau mit Verstand (ABB. 22).[797] Goethe ordnete drei dieser Farben mit den dazugehörigen Eigenschaften den drei Frauengestalten zu, die somit Personifizierungen der Vernunft, Phantasie und der Sinnlichkeit sind, was entscheidend für die Interpretation der LEHRJAHRE ist. Als der Knabe im Märchen am Pfingstsonntag ausgeht, findet er wundersam den Eingang zu einem Märchengarten, in dem er die drei Frauen und Alerte wiederfindet. Doch auf dem Weg zu diesen ruft ihm ein Star ‚Paris, Paris' und ein anderer: ‚Narciß, Narciß' zu. Goethe wird nicht zum neuen Paris, da er auch ein Narziss ist, damit sagen ihm die Stare seine Zukunft voraus. Paris entführte die schöne Helena und gab dadurch den Anlass zum Trojanischen Krieg und letztlich zum Untergang Trojas. Goethe wäre beinahe mit seiner „Helena“ Anna Amalia nach Amerika geflohen und hätte damit wohl den Untergang des Herzogtums Sachsen-Weimar-Eisenach bewirkt. Durch die Prophezeiung, der neue Paris zu sein, vergleicht Goethe im Märchen Weimar auch mit Troja, wie er es auch mit Bethlehem und Rom verglich. Ist er der neue Paris, dann ist Anna Amalia seine Helena, ein bedeutsamer Hinweis auf die FAUST-Dichtung (um 1772–1831), die jedoch einer ausführlichen Ausarbeitung vorbehalten bleibt. Narziss, der schöne Sohn des Flussgottes Kephisos, verschmähte die Liebe der Bergnymphe Echo und wurde von der Göttin Aphrodite derart bestraft, dass er, über eine Quelle gebeugt, sich in sein eigenes Spiegelbild verliebte. Hier weist Goethe auf sein allzu selbstsüchtiges, „narzisstisches“ Beharren hin, sein Liebesverhältnis zu Anna Amalia bekannt machen zu wollen, da er es nicht aushielt, seine Prinzessin nur im Geheimen lieben zu dürfen. Wie in TASSO dargestellt, zerstört der Dichter damit selbst sein Glück und es bleibt nur die Entsagung.

Der junge Knabe Goethe stößt nun im Wundergarten auf die Frauen, „in drei verschiedenen Farben gekleidet, die eine rot, die andre gelb, die dritte grün“, sowie Alerte, das kleine „artige Mädchen“, bei der ihm in der Nacht zuvor ein Schlag versetzt wurde, als er nach ihr greifen wollte. Die Frau im roten Gewand (Phantasie) ist „ansehnlich von Gestalt, groß von Gesichtszügen, und in ihrem Betragen majestätisch“. Die Frau im gelben Gewand (Vernunft) ist „ein leicht anmutiges, heitres Wesen“. Jene im grünen Gewand (Sinnlichkeit) „war diejenige, die am meisten auf mich Acht zu geben und ihr Spiel an mich zu richten schien; nur konnte ich aus ihr nicht klug werden: denn sie kam mir bald zärtlich, bald wunderlich, bald offen, bald eigensinnig vor, je nachdem sie die Mienen und ihr Spiel veränderte. Bald schien sie mich rühren, bald mich necken zu wollen. Doch mochte sie sich stellen wie sie wollte, so gewann sie mir wenig ab“. Eingenommen ist der Knabe Goethe für Alerte: „Die artige Kleine hätte ich lieber angepackt, wenn mir nur nicht der Schlag, den sie mir im Traume versetzt hatte, gar zu erinnerlich gewesen wäre.“ Alerte führt Goethe in ihr Zimmer und setzt ihm Orangen, Feigen, Pfirsiche und Trauben vor, Früchte, die in dieser Anordnung als Sexualsymbole gebraucht werden.[798] Der Knabe und Alerte spielen sodann mit Spielzeugsoldaten. Das Spiel wird immer verbissener und scheint auf seltsame Weise reale Folgen zu haben, bis – eine bei Goethe immer wiederkehrende Szene – ein Kuss den Zauber auflöst: „Mein ergrimmter Wunsch war, ihr ganzes Heer zu vernichten; sie dagegen nicht faul, sprang auf mich los und gab mir eine Ohrfeige, daß mir der Kopf summte. Ich, der ich immer gehört hatte, auf die Ohrfeige eines Mädchens gehöre ein derber Kuß, faßte sie bei den Ohren und küßte sie zu wiederholten Malen. Sie aber tat einen solchen durchdringenden Schrei, der mich selbst erschreckte; ich ließ sie fahren, und das war mein Glück“. Am Ende des Abenteuers steht für den Knaben Goethe fest, dass Alerte die seinige werden muss. Alerte ist damit ein Name für Anna Amalia, er bedeutet „die Muntere“ sowie, in einer gefährlichen Situation, „Alarm“.[799]

Vor dem Hintergrund des Märchens DER NEUE PARIS können drei zentrale Frauengestalten der LEHRJAHRE als Personifizierungen der Phantasie, der Sinnlichkeit und der Vernunft gedeutet werden. Wegen der vielen Frauen um den Helden Wilhelm (Goethe) war der Erziehungs- und Bildungsroman heftiger Kritik ausgesetzt, er wurde sogar demonstrativ verbrannt. Herder schrieb darüber: „... die Marianen und Philinen, diese ganze Wirtschaft ist mir verhaßt". Goethes Schwager Schlosser sah in den LEHRJAHREN die Darstellung eines Bordells.[800] Doch als Personifizierungen haben viele Frauen im Roman keinen biographischen Hintergrund. Die erste Frau, die der Held des Romans liebt, heißt Mariane, sie steht für die Phantasie (Rot). Wilhelm hat sie als Schauspielerin im Theater kennen gelernt (LEHRJAHRE I, 3): „... nach einem kurzen Umgange hatte er ihre Neigung gewonnen, er fand sich im Besitz einer Person, die er so sehr liebte, ja verehrte: denn sie war ihm zuerst in dem günstigen Lichte theatralischer Vorstellung erschienen, und seine Leidenschaft zur Bühne verband sich mit der ersten Liebe zu einem weiblichen Geschöpfe." Goethe, der schon früh Dichter werden wollte, beschreibt das Gefühl, das ihn ergriff, als er verstand, dass er zu jenen Auserlesenen gehört, die mit der Phantasie einen Bund eingehen dürfen (LEHRJAHRE I, 10): „Als er aus dem ersten Taumel der Freude erwachte, und auf sein Leben und seine Verhältnisse zurückblickte, erschien ihm alles neu, seine Pflichten heiliger, seine Liebhabereien lebhafter, seine Kenntnisse deutlicher, seine Talente kräftiger, seine Vorsätze entschiedener." Nur dank der Phantasie kann Goethe aus der für ihn vorgezeichneten Laufbahn ausbrechen: „Er [Wilhelm] glaubte den hellen Wink des Schicksals zu verstehen, das ihm durch Marianen die Hand reichte, sich aus dem stockenden, schleppenden bürgerlichen Leben heraus zu reißen, aus dem er schon so lange sich zu retten gewünscht hatte". Im Gedicht MEINE GÖTTIN, das Goethe am 15. September 1780 an Anna Amalia („Frau v. Stein") sandte, besingt der Dichter die Phantasie. Er bedankt sich als Sterblicher „eine schöne,/Unverwelkliche Gattin" zugesellt bekommen zu haben, die treu ist, und er weist ihr auch Farben zu: „Sie mag rosenbekränzt/Mit dem Lilienstengel/Blumentäler betreten". Lilie und Rose stehen für Weiß und Rot, es sind die Liebesfarben. Weiß steht bei Goethe etwa für die Abstraktion und die Reinheit,[801] Rot vor allem für die Phantasie. Mariane wird mit der Farbe Rot-weiß eingeleitet (LEHRJAHRE I, 2): „Mit welcher Lebhaftigkeit flog sie ihm [Wilhelm] entgegen! mit welchem Entzücken umschlang er die rote Uniform! drückte er das weiße Atlaswestchen an seine Brust!"

Goethe setzt nicht zwingend die Kenntnis des Märchens DER NEUE PARIS voraus, um viele Gestalten der LEHRJAHRE als Sinnbilder erkennen zu können. Bei Mariane erklärt Goethe im Text fast ohne Verstellung ihre Funktion als Personifizierung der Phantasie, was er später auch bei anderen Figuren machen wird. Mariane tritt von Anfang an mit einer gewissen Barbara auf, ihre „alte Dienerin, Vertraute, Ratgeberin, Unterhändlerin und Haushälterin" (LEHRJAHRE I, 1). Dass beide nur Personifizierungen sind, folgt aus einer Erzählung Wilhelms (LEHR-

JAHRE I, 8). Wilhelm erzählt Mariane eines Abends aus seinem Leben, während Barbara mit am Tisch sitzt. Mitten in der Erzählung heißt es: „Ich erinnere mich noch eines Gedichtes, das sich unter meinen Papieren finden muß, in welchem die Muse der tragischen Dichtkunst [Melpomene] und eine andere Frauengestalt, in der ich das Gewerbe personifiziert hatte, sich um meine werte Person recht wacker zanken. Die Erfindung ist gemein, und ich erinnere mich nicht, ob die Verse etwas taugen; aber Ihr sollt es sehen, um der Furcht, des Abscheues, der Liebe und der Leidenschaft willen, die darin herrschen." Goethe lässt Wilhelm also sagen: „Ihr sollt es sehen". Nur anscheinend kommt er später nicht dazu. Das Gedicht ist also nicht anderes als der Roman, den der Leser gerade liest, die Muse ist Mariane und die Frauengestalt, die das Gewerbe personifiziert, Barbara. Entsprechend fährt die Erzählung mit der Charakterisierung fort, die sich auf Goethes Romanausführungen bezieht: „Wie ängstlich hatte ich die alte Hausmutter geschildert mit dem Rocken im Gürtel, mit Schlüsseln an der Seite, Brillen auf der Nase, immer fleißig, immer in Unruhe, zänkisch und haushälterisch, kleinlich und beschwerlich! … Wie anders trat jene dagegen auf! Welche Erscheinung war sie dem bekümmerten Herzen! Herrlich gebildet, in ihrem Wesen und Betragen als eine Tochter der Freiheit anzusehen. Das Gefühl ihrer selbst gab ihr Würde ohne Stolz … Welch ein Kontrast! … Der Wettstreit war heftig, die Reden beider Personen kontrastierten gehörig … Die Alte redete, wie es einer Person geziemt, die eine Stecknadel aufhebt, und jene, wie eine, die Königreiche verschenkt. Die warnenden Drohungen der Alten wurden verschmäht; ich sah die mir versprochenen Reichtümer schon mit dem Rücken an: enterbt und nackt übergab ich mich der Muse, die mir ihren goldenen Schleier zuwarf und meine Blöße bedeckte. – Hätte ich denken können, o meine Geliebte! rief er aus, indem er Marianen fest an sich drückte, daß eine ganz andere, eine lieblichere Gottheit kommen, mich in meinem Vorsatz stärken, mich auf meinem Wege begleiten würde; welch eine schönere Wendung würde mein Gedicht genommen haben, wie interessant würde nicht der Schluß desselben geworden sein! Doch es ist kein Gedicht, es ist Wahrheit und Leben, was ich in deinen Armen finde; laß uns das süße Glück mit Bewußtsein genießen!" Die Ebene eines angeblichen Gedichtes verschmilzt Goethe also mit der Romanebene, die für den Dichter Wahrheit und Leben ist. „Er muss sich über alles was ihn bedrängt in Freud und im Leid, Luft machen indem er es [in seinen Dichtungen] ausspricht", trägt Boisserée am 6. Oktober 1815 in sein Tagebuch ein.[802] Goethe bezeichnet Mariane als Melpomene, die Muse der Tragödie – jene Gattung des Dramas, bei der die Helden unvermeidlich untergehen müssen –, denn Mariane muss aus dramaturgischen Gründen früh sterben. Sie hat aber in Wilhelm die Sehnsucht nach dem Theater geweckt und ihm ein Kind geboren: Felix, „der Glückliche".

Die nächste Frauengestalt, die als Personifizierung interpretiert werden kann, ist Philine, sie steht für die Sinnlichkeit (Grün). Ständig ist von den Reizen Philines die Rede, die sie gut anzubringen weiß, was ihre Eroberungen bezeugen. Nach einem Räuberüberfall auf die Theatergruppe, der sich Wilhelm angeschlossen hat, schauen die um ihr Hab und Gut Beraubten missgünstig auf Philine, denn man (LEHRJAHRE IV, 7) „wollte ihr die Art und Weise, wie sie ihren Koffer gerettet, zum Verbrechen machen. Aus allerlei Anzüglichkeiten und Stichelreden hätte man schließen sollen, sie habe sich während der Plünderung und Niederlage um die Gunst des Anführers der Bande bemüht, und habe ihn, wer weiß durch welche Künste und Gefälligkeiten, vermocht, ihren Koffer frei zu geben. Man wollte sie eine ganze Weile vermißt haben." Als Philine eine Herzogin in einer Komödie spielen soll, freut sie sich außerordentlich (LEHRJAHRE V, 5): „Das will ich so natürlich machen, rief sie aus, wie man in der Geschwindigkeit einen zweiten heuratet, nachdem man den ersten ganz außerordentlich geliebt hat. Ich hoffe mir den größten Beifall zu erwerben, und jeder Mann soll wünschen der dritte zu werden." Schon für Friedrich Schlegel (1772–1829) war sie das „verführerische Symbol der leichtesten Sinnlichkeit",[803] sie ist aber auch nicht mehr als die Personifizierung der Sinnlichkeit und hat keinen anderen biographischen Hintergrund.

Theresa schließlich ist die Personifizierung der Vernunft (Gelb). Sie erzählt Wilhelm über ihre Jugend und wie sie kein Verständnis dafür hatte (LEHRJAHRE VII, 6), „wenn die Menschen, die ich alle recht gut kannte, sich verkleidet hatten, da droben [auf der Bühne] standen, und für etwas anders als sie waren gehalten sein wollten. ... Deswegen blieb ich auch sehr selten unter den Zuschauern, ich putzte ihnen immer die Lichter, damit ich nur etwas zu tun hatte, besorgte das Abendessen, und hatte des andern Morgens, wenn sie noch lange schliefen, schon ihre Garderobe in Ordnung gebracht, die sie des Abends gewöhnlich übereinander geworfen zurückließen." Unordnung ist Theresa unerträglich, denn: „Was ist das höchste Glück des Menschen, als daß wir das ausführen, was wir als recht und gut einsehen? daß wir wirklich Herren über die Mittel zu unsern Zwecken sind. Und wo sollen, wo können unsere nächsten Zwecke liegen, als innerhalb des Hauses? alle immer wiederkehrenden, unentbehrlichen Bedürfnisse, wo erwarten wir, wo fordern wir sie, als da, wo wir aufstehn und uns niederlegen, wo Küche und Keller und jede Art von Vorrat für uns und die unsrigen immer bereit sein soll?" Ihr Häuschen wird entsprechend beschrieben, so kann sich Wilhelm in ihrem Garten kaum herumdrehen, denn „so eng waren die Wege, und so reichlich war alles bepflanzt. Er mußte lächeln, als er über den Hof zurückkehrte, denn da lag das Brennholz so akkurat gesägt, gespalten und geschränkt, als wenn es ein Teil des Gebäudes wäre, und immer so liegen bleiben sollte. Rein standen alle Gefäße an ihren Plätzen". Bis zur Karikatur der Vernunft geht es fort mit der Beschreibung Theresen, etwa wenn sie über sich sagt: „Ich hatte nie geliebt und liebte auch jetzt nicht" (LEHRJAHRE VII, 5). Therese wird schließlich bekennen (LEHRJAHRE VIII, 4): „Einsicht, Ordnung, Zucht, Befehl, das ist meine Sache."

Die Personifizierungen der Phantasie, Sinnlichkeit und Vernunft bilden den Rahmen, in dem Goethe seine Biographie mit vielen weiteren sinnbildhaften

Figuren entfaltet. Von „vorgeschobenen Personen“ spricht Goethe in einem Gespräch mit Kanzler v. Müller vom 22. Januar 1821 und dass der „ganze Roman durchaus symbolisch sei“. Gegenüber demselben wiederholte Goethe am 8. Juni 1821: „Es sei ja alles nur symbolisch zu nehmen, und stecke überall noch etwas anderes dahinter.“[804] Die nächste Romanfigur, die als eine Personifizierung gedeutet werden kann, ist Felix, das Kind von Wilhelm und Mariane (Phantasie). Wilhelm wird in den LEHRJAHREN alles, was ihm lieb ist, verlieren, um der Entsagende der WANDERJAHRE zu werden, allein Felix wird ihm bleiben (LEHRJAHRE VIII, 7): „Komm, lieber Knabe! ... Beschäftige meinen Geist mit deiner Schönheit, deiner Liebenswürdigkeit, deiner Wißbegierde und deinen Fähigkeiten!“ Als Wilhelm am Ende der LEHRJAHRE von Mitgliedern der Turmgesellschaft seinen Lehrbrief erhält, eine Sammlung von Sinnsprüchen in der Tradition der Antike, hat er eine Frage (VII, 9): „Gut denn, ihr sonderbaren und weisen Menschen, deren Blick in so viele Geheimnisse dringt, könnt Ihr mir sagen, ob Felix wirklich mein Sohn sei?“ Man bestätigt ihm dies, Felix taucht auf einmal auf, Wilhelm nimmt ihn in die Arme „und drückte ihn an sein Herz. Ja ich fühl's, rief er aus, Du bist mein! welche Gabe des Himmels habe ich meinen Freunden zu verdanken!“ Felix, eine Gabe des Himmels, die Frucht aus der Verbindung mit der Phantasie, steht für Goethes poetische Gabe, für sein künstlerisches Genie.

Zu Beginn der WANDERJAHRE geraten Wilhelm und Felix durch den verschlagenen Knaben Fitz gelockt – dieser steht für Fritz v. Stein – in eine Falle. In einem unterirdischen Gang fällt „auf einmal ... ein Schuß ... zu gleicher Zeit [schlossen] sich zwei verborgene Eisengitter“ und Wilhelm und Felix sind gefangen, während Fitz lachend abhaut (I, 4). Es handelt sich aber nur um einen Schreckschuss, wie auch Fritz' anonymem Bekenntnis, Goethes und Anna Amalias Geheimnis zu kennen, keine öffentliche Entdeckung folgte. Das Ende des ersten Weimarer Jahrzehnts ist für Goethe Anknüpfungspunkt, um über dessen Anfang zu berichten, wie er (Wilhelm) und seine poetische Gabe (Felix) in das Blendwerk geraten sind. Aus ihrer Falle werden Wilhelm und Felix von bewaffneten Männern befreit und sogleich in eine Herberge geschafft. Dort sind sie noch kurz der Freiheit beraubt, bis sich die Sache aufklärt und beide in ein Schloss gebeten werden. In diesen Rahmen eingebettet kann Goethe schildern, wie seine poetische Gabe angesichts der Notwendigkeit zu täuschen reagierte: „Wilhelm hatte sich bei seinem Eintritt sogleich niedergesetzt und überdachte den Zustand; Felix hingegen, nachdem er sich von dem ersten Erstaunen erholt hatte, brach in eine unglaubliche Wut aus. Diese steilen Wände, diese hohen Fenster, diese festen Türen, diese Abgeschlossenheit, diese Einschränkung war ihm ganz neu. Er sah sich um, er rannte hin und her, stampfte mit den Füßen, weinte, rüttelte an den Türen, schlug mit den Fäusten dagegen, ja er war im Begriff, mit dem Schädel dawider zu rennen, hätte nicht Wilhelm ihn gefaßt und mit Kraft festgehalten. ‚Besieh dir das nur ganz gelassen, mein Sohn,' fing der Vater an: ‚denn Ungeduld und Gewalt helfen uns nicht aus dieser Lage.“

Felix schläft nun tief ein und merkt nicht, dass ein Beamter hereintritt, mit Wilhelm die Situation aufklärt und sodann beide aus dem Zimmer führen will. „Felix war nicht zu erwecken, die Untergebenen trugen ihn daher auf der tüchtigen Matratze, wie ehemals den unbewußten Ulyß, in die frei Luft." In Homers ODYSSEE findet der Held Ulysses (Odysseus) nach langen Irrfahrten endlich in sein Königreich Ithaka zurück (Odyssee XIII., 115 ff.): „Ruderer .../ ... stiegen an Land aus dem wohlgezimmerten Schiffe,/Hoben zuerst heraus aus dem hohlen Schiff den Odysseus,/Ihn mitsamt dem Linnentuch und der schimmernden Decke,/Setzten ihn dann im Sande ab, den vom Schlafe Bezwungnen".[805] Als Goethe in Anna Amalia die Frau seines Lebens fand, musste er ein Blendwerk inszenieren. Entscheidend war für ihn, seine Dichtungen dennoch im Zeichen der Wahrheit hervorzubringen. Hierfür griff er zur Verschlüsselung. Daher das Bild des schlafenden Felix, der nach höchster Not sich auf einmal in schöner Umgebung wiederfindet, aber am Blendwerk, das dies ermöglicht, unschuldig ist. In seinem Gedicht ZUEIGNUNG (1784), das nach Goethes Willen seinem Gesamtwerk voranzustellen war, heißt es: „Aus Morgenduft gewebt und Sonnenklarheit,/Der Dichtung Schleier aus der Hand der Wahrheit." Ohne Wahrheit gibt es für Goethe keine Poesie. „Die Wahrheit sei der Körper", so Goethes Mitarbeiter Riemer, „die Dichtung nur das Kleid, der Rahmen, der ein wirkliches Bild abgrenzend umschloß".[806]

Zwei weitere Frauen, die um die Liebe Wilhelms ringen, können nun, nachdem Mariane, Philine und Therese als Personifizierungen der Phantasie, der Sinnlichkeit und der Vernunft erkannt sind, als die offizielle (schöne Gräfin) und die inoffizielle (die Amazone, Natalie) Anna Amalia erkannt werden. Bei der schönen Gräfin gibt es direkte Bezüge zur Fürstin, etwa ihr in Weimar viel gerühmter schöner Fuß. Im Alter erinnerte sich ein ehemaliger Page Anna Amalias an den bestaunten Fuß seiner Fürstin: „Allgemein wurde ihr kleiner Fuß bewundert, und da sie täglich ein Paar neue Schuhe anlegte, die sie dann den Kammerfrauen überließ, so kamen solche häufig zum Verkauf, und jede Dame war stolz darauf, ihren Fuß in die Schuhe der Herzogin zu zwängen. Die Hof- und anderen Kavaliere trugen aus Galanterie kleine goldene Schuhe als Urketten-Berlocke [-Schmuck]".[807] Auch in TASSO wird der schöne Fuß erwähnt, als es von dem verliebten Dichter heißt (Vers 190 f.): „Entfernt sich die Verehrte, heiligt er/Den Pfad, den leis ihr schöner Fuß betrat." In den LEHRJAHREN (V, 5) heißt es nun über ein Paar zierliche Halbschuhe: „Sie waren Pariser Arbeit; Philine hatte sie von der Gräfin zum Geschenk erhalten, einer Dame, deren schöner Fuß berühmt war." Philine ist es auch, die bei Ankunft der Gräfin „mit einem gar frommen Gesichte und demütigen Gebärden sich neigte und der Dame den Rock küßte" (LEHRJAHRE III, 1). Der Rockkuss ist wiederum das Zeichen der Ehrbezeugung gegenüber einer Fürstin. Ganze Schlüsselszenen der LEHRJAHRE sind nur verständlich, wenn die Personifizierungen als solche erkannt werden. Philine als Personifizierung der Sinnlichkeit ist daher diejenige, die in der Nähe ist, wenn Wilhelm zur schönen Gräfin geladen wird (LEHRJAHRE III,

12): „Philine ergriff die rechte Hand der Gräfin, und küßte sie mit Lebhaftigkeit. Wilhelm stürzte auf seine Knie, faßte die linke, und drückte sie an seine Lippen. Die Gräfin schien verlegen, aber ohne Widerwillen. … Doch sollte wohl niemals, fuhr sie [Philine] fort, indem sie die Hand auf das Herz der Gräfin legte, in diese verborgene Kapsel sich ein ander Bild [als jenes ihres Ehemannes] eingeschlichen haben?“ Nachdem sich Philine entfernt hat, hielt Wilhelm „die schönste Hand noch in seinen Händen. … Er küßte ihre Hand, und wollte aufstehn; aber wie im Traum das Seltsamste aus dem Seltsamsten sich entwickelnd uns überrascht; so hielt er, ohne zu wissen wie es geschah, die Gräfin in seinen Armen, ihre Lippen ruhten auf den seinigen, und ihre wechselseitigen lebhaften Küsse gewährten ihnen eine Seligkeit, die wir nur aus dem ersten aufbrausenden Schaum des frisch eingeschenkten Bechers der Liebe schlürfen. … Wie erschrak Wilhelm, wie betäubt fuhr er aus einem glücklichen Traume auf, als die Gräfin sich auf einmal mit einem Schrei von ihm losriß, und mit der Hand nach ihrem Herzen fuhr. … Verlassen Sie mich, rief sie, und indem sie die Hand von den Augen nahm, und ihn mit einem unbeschreiblichen Blicke ansah, setzte sie mit der lieblichsten Stimme hinzu: fliehen Sie mich, wenn Sie mich lieben. … Die Unglücklichen! welche sonderbare Warnung des Zufalls oder der Schickung riß sie aus einander?“

Als Wilhelm nach einem Raubüberfall verwundet im Schoße von Philine (Sinnlichkeit) liegt, taucht eine Dame auf, die als schöne Amazone bezeichnet wird (LEHRJAHRE IV, 6); später erfährt man, dass sie Natalie heißt. Dieser Name konnte leicht auf die am 25. Dezember geborene Frau v. Stein bezogen werden, denn Natalie bedeutet „die an Weihnachten Geborene“. Doch Goethe hat mit diesen beiden Namen, Amazone und Natalie, den Namen seiner Geliebten verschlüsselt: AMA(zone Nata)LIE. Die Begegnung mit der Amazone ist für Wilhelm ein Schlüsselerlebnis und lässt ihn nicht mehr los (LEHRJAHRE IV, 10): „Alle seine Jugendträume knüpften sich an dieses Bild. Er glaubte nunmehr die edle heldenmütige Chlorinde mit eigenen Augen gesehen zu haben; ihm fiel der kranke Königssohn wieder ein, an dessen Lager die schöne teilnehmende Prinzessin … herantritt.“ Hier wie auch mit dem Bild der Amazone knüpft Goethe an Vorbilder aus Tassos Kreuzzugsepos DAS BEFREITE JERUSALEM (1581) an und weist auch damit auf die Prinzessin in TASSO hin, auf Anna Amalia.

Natalie, die schöne Amazone, ist die Schwester der schönen Gräfin. Es besteht eine starke Ähnlichkeit zwischen ihnen bis zu ihren Handschriften (LEHRJAHRE IV, 11): „Sie glichen sich, wie sich Schwestern gleichen mögen, deren keine die jüngere noch die ältere genannt werden darf, denn sie scheinen Zwillinge zu sein.“ Als Wilhelm Natalie wiedersieht, heißt es (LEHRJAHRE VIII, 2): „Die Amazone war's! er konnte sich nicht halten, stürzte auf seine Knie, und rief aus: sie ist's! er faßte ihre Hand, und küßte sie mit unendlichem Entzücken. Das Kind [Felix] lag zwischen ihnen beiden auf dem Teppich und schlief sanft.“ Die Gräfin bringt symbolisch zum Ausdruck, dass sie, die Fürstin Anna Amalia, und ihre Schwester Natalie, die inoffizielle Anna Amalia, mit Wilhelm (Goethe) einen Bund eingehen (LEHRJAHRE VIII, 10): „... beim Abschied faßte die schöne Gräfin Wilhelms Hand, ehe sie noch die Hand der Schwester los ließ, drückte alle vier Hände zusammen, kehrte sich schnell um, und stieg in den Wagen.“ Nachdem Wilhelm am Ende der LEHRJAHRE endlich in Natalie die Frau seines Lebens gefunden hat und alle Hindernisse für eine Verbindung aus dem Weg geräumt sind, ist er „genötigt zu fliehen! Ach! warum muß sich zu diesen Empfindungen, zu diesen Erkenntnissen das unüberwindliche Verlangen des Besitzes gesellen? und warum richten, ohne Besitz, eben diese Empfindungen, diese Überzeugungen jede andere Art von Glückseligkeit völlig zu Grunde? Werde ich künftig der Sonne und der Welt, der Gesellschaft oder irgend eines Glücksgutes genießen? wirst du nicht immer zu dir sagen: Natalie ist nicht da! und doch wird leider Natalie dir immer gegenwärtig sein.“ In einem Brief aus Italien vom 21. Februar 1787 an Anna Amalia („Frau v. Stein“) ist für Goethe die Unmöglichkeit, sich öffentlich zu seiner Geliebten bekennen zu können, der Grund für die Entsagung: „Ach liebe Lotte du weist nicht welche Gewalt ich mir angethan habe und anthue und daß der Gedanke dich nicht zu besitzen mich doch im Grunde, ich mags nehmen und stellen und legen wie ich will aufreibt und aufzehrt.“

Vor diesem Hintergrund erweisen sich die Romanfiguren Mignon und ihr Vater, der Harfenspieler Augustinus, ebenfalls als Personifizierungen. Wilhelm lernt Mignon als kleines Mädchen in Knabenkleidung als Mitglied einer Seiltänzergesellschaft kennen (LEHRJAHRE II, 4): „Entsetzt erblickte er, als er sich durch's Volk drängte, den Herrn der Seiltänzergesellschaft, der das interessante Kind bei den Haaren aus dem Hause zu schleppen bemüht war, und mit einem Peitschenstiel unbarmherzig auf den kleinen Körper losschlug.“ Wilhelm kauft sie los und behält sie bei sich. In seinem Notizbuch von 1793 bezeichnet Goethe Mignon als „Wahnsin des Mißverhältnisses“.[808] Auffällig ist die Parallele zu seiner Charakterisierung Tassos: „Es ist die Disproportion des Talents mit dem Leben.“[809] Anhand der Handlung wird nicht verständlich, warum Wilhelm, der Mignon freigekauft hat, in ihrer Schuld stehen soll (LEHRJAHRE III, 11): „Er schloß Mignon, die ihm eben entgegen kam, in die Arme, und rief aus: nein, uns soll nichts trennen, du gutes kleines Geschöpf! Die scheinbare Klugheit der Welt soll mich nicht vermögen, dich zu verlassen, noch zu vergessen, was ich dir schuldig bin.“ Verständlich wird dies nur, wenn Mignon als Personifizierung von Goethes und Anna Amalias sinnliche Liebe, als ihr Herz verstanden wird. So gesehen ergeben alle ihre Äußerungen sowie ihr Tod einen Sinn. Deswegen bekennt Goethe in einem Gespräch mit Kanzler v. Müller und Riemer am 29. Mai 1814, dass „das ganze Werk [WILHELM MEISTER] dieses Charakters [Mignon] wegen geschrieben“ wurde.

Wilhelm muss sich im Verlauf der Romanhandlung doch von Mignon, der Personifizierung seiner sinnlichen Liebe zu Anna Amalia, trennen. Sie soll aufs Land zu Therese (Vernunft), da sie sich dort womöglich kurieren könnte (LEHRJAHRE VII, 8). „Er [Wilhelm] dachte an Mignon und Felix, wie glücklich die

Kinder unter einer solchen Aufsicht [Thereses] werden könnten, dann dachte er an sich selbst, und fühlte, welche Wonne es sein müsse, in der Nähe eines so ganz klaren menschlichen Wesens zu leben" (LEHRJAHRE VII, 6). Mignon ist bei dieser Vorstellung erschüttert: „Du willst mich nicht bei Dir? sagte sie, vielleicht ist es besser, schicke mich zum alten Harfenspieler, der arme Mann ist so allein." Wilhelm erwidert, dass er diese Neigung bisher nicht bemerkt hatte, als der Harfenspieler mit ihnen zusammen lebte, worauf Mignon sagt: „Ich fürchtete mich vor ihm, wenn er wachte, ich konnte nur seine Augen nicht sehen, aber wenn er schlief, setzte ich mich gern zu ihm ... O! er hat mir in schrecklichen Augenblicken beigestanden, es weiß niemand, was ich ihm schuldig bin." Als Wilhelm auf seinem Plan beharrt, sagt Mignon (LEHRJAHRE VII, 8): „Die Vernunft [Therese] ist grausam, versetzte sie, das Herz [Mignon] ist besser, ich will hingehen, wohin Du willst, aber laß mir Deinen Felix [dichterische Gabe]." Für Felix ist Mignon „Amme, Mutter, Schwester und Freundin".[810] Als Mignon dem Sterben nahe ist, erscheint sie bereits wie ein Engel, Kinder stehen um sie, sie ist mit einem weißen Gewand bekleidet (LEHRJAHRE VIII, 2): „Bist Du ein Engel? fragte das eine Kind. Ich wollte ich wär' es, versetzte Mignon. Warum trägst Du eine Lilie? So rein und offen sollte mein Herz sein, dann wär' ich glücklich." Goethes und Anna Amalias Herz, Mignon, die Gnomin, muss alles Irdische ablegen, während Felix, die poetische Gabe, weiterleben kann (LEHRJAHRE VIII, 3): „Mignon im langen weißen Frauengewande, teils mit lockigen, teils aufgebundenen, reichen, braunen Haaren, saß, hatte Felix auf dem Schoße und drückte ihn an ihr Herz, sie sah völlig aus wie ein abgeschiedner Geist, und der Knabe wie das Leben selbst, es schien als wenn Himmel und Erde sich umarmten." Als sie mit Felix um die Wette läuft, um einem Gast die Tür zu öffnen, ist sie ganz erschöpft (LEHRJAHRE VIII, 5): „Mignon lag in Nataliens Armen, ihr Herz pochte gewaltsam. Böses Kind! sagte Natalie, ist dir nicht alle heftige Bewegung untersagt? sieh, wie Dein Herz schlägt? Laß es brechen! sagte Mignon, mit einem tiefen Seufzer, es schlägt schon zu lange." Therese (Vernunft) tritt herein und sagt zu Wilhelm, da er ihr, noch bevor er seine Natalie wiedersah, einen Heiratsantrag gemacht hatte: „Mein Freund! mein Geliebter! mein Gatte! ja auf ewig die Deine, rief sie unter den lebhaftesten Küssen. ... Mignon fuhr auf einmal mit der linken Hand nach dem Herzen, und indem sie den rechten Arm heftig ausstreckte, fiel sie mit einem Schrei zu Nataliens Füßen für tot nieder." Mignon, die Personifizierung von Goethes und Anna Amalias sinnlicher Liebe, stirbt zwar wegen Therese (Vernunft), aus ihr wird aber ein Engel, sie wird in einen übersinnlichen Bereich entrückt, wie Goethes Liebe zu Anna Amalia.

Über die Figur Mignon schildert Goethe auch, wie er in seinem ersten Weimarer Jahrzehnt gelitten hat, indem er seine Liebe zu Anna Amalia verleugnen musste, um für die Öffentlichkeit ein undefinierbares Verhältnis zur verheirateten Frau v. Stein zu unterhalten: „Stellt sich kein edler Mann mir vor die Augen,/Der mehr gelitten, als ich jemals litt" (Vers 3423 f.) hieß es bereits im

Tasso. Mignons Eiertanz steht für die täglich nötigen Verstellungen im ersten Weimarer Jahrzehnt. Diese nahmen mit dem Treffen in Ilmenau 1776, wo Goethe und Frau v. Stein für Carl August und seinen Hof vorgaben, dass sie etwas besonderes für einander empfinden würden, ihren Anfang. Interessanterweise wird das Amtshaus in Ilmenau als Ort identifiziert, an dem Goethe die Szene spielen lässt, in der Wilhelm den Eiertanz Mignons beobachtet[811] (Lehrjahre II, 8): „Sie trug einen Teppich unter dem Arme, den sie auf der Erde ausbreitete. ... Sie brachte darauf vier Lichter, stellte eins in jeden Winkel des Teppichs. Ein Körbchen mit Eiern, das sie darauf holte, machte die Absicht deutlicher. Künstlich abgemessen schritt sie nunmehr auf dem Teppich hin und her, und legte in gewissen Maßen die Eier auseinander, dann rief sie einen Menschen herein, der im Hause aufwartete und die Violine spielte. Er trat mit seinem Instrumente in die Ecke, sie verband sich die Augen, gab das Zeichen, und fing zugleich mit der Musik, wie ein aufgezogenes Räderwerk, ihre Bewegungen an, indem sie Takt und Melodie mit dem Schlage der Kastagnetten begleitete. Behende, leicht, rasch, genau führte sie den Tanz. Sie trat so scharf und so sicher zwischen die Eier hinein, bei den Eiern nieder, daß man jeden Augenblick dachte, sie müsse eins zertreten, oder bei schnellen Wendungen das andre fortschleudern. Mit nichten! Sie berührte keines, ob sie gleich mit allen Arten von Schritten, engen und weiten, ja sogar mit Sprüngen, und zuletzt halb kniend sich durch die Reihen durchwand. Unaufhaltsam, wie ein Uhrwerk, lief sie ihren Weg, und die sonderbare Musik gab dem immer wieder von vorne anfangenden und losrauschenden Tanze bei jeder Wiederholung einen neuen Stoß. ... Streng, scharf, trocken, heftig, und in sanften Stellungen mehr feierlich als angenehm, zeigte sie sich.“

Mit diesem Eiertanz findet Goethe einen Vergleich für den Vorgang des Täuschens, für die Aneinanderreihung von unglaublichen Kunststücken von 1776 bis zur Flucht nach Italien 1786, um die verbotene Nachtliebe zu ermöglichen. Aus Liebe zu Anna Amalia führte Goethe mit ihr unter Mitwirkung von Frau v. Stein in Weimar einen Eiertanz auf. Im November 1776 berichtete etwa die Gräfin Görtz über „die hingerissene Bewunderung der Frau von Stein für das Spiel ihres Freundes [Goethe]“[812] bei einer Aufführung von Goethes Die Geschwister in Anna Amalias Liebhabertheater. Richtige Kunststücke der Täuschung mussten Goethe und Anna Amalia zustande bringen, wenn sie zusammen bleiben wollten. Die baltische Schriftstellerin Sophie Becker notiert in ihr Tagebuch am 30. Dezember 1784: „Ich muß nicht vergessen, daß wir gestern zum Diner bei der Frau von Stein waren und zu Ende desselben den Geheimen Rat Goethe hineintreten sahen. Er ist in dem Hause des Herrn von Stein sehr bekannt. Er hat etwas entsetzlich Steifes in seinem ganzen Betragen und spricht gar wenig.“[813] An solchen Schilderungen wird deutlich, dass Goethe zuletzt von seinen Verstellungen nur noch angewidert war, er musste aber ständig den Eiertanz aufführen. Immer wieder suchte Goethe vergeblich einen Ausweg in einer gemeinsamen Flucht mit Anna Amalia nach Amerika. Als der Herr der

Seilertänzergesellschaft Mignon „bei den Haaren aus dem Hause zu schleppen bemüht war, und mit einem Peitschenstiel unbarmherzig auf den kleinen Körper losschlug“, gibt er unter gräßlichem Drohen und Fluchen als Grund an: „... die faule unnütze Kreatur wolle ihre Schuldigkeit nicht tun; sie verweigere den Eiertanz zu tanzen, den er dem Publiko versprochen habe; er wolle sie totschlagen, und es solle ihn niemand daran hindern.“

Neben Mignon ist auch der Harfenspieler Augustinus ein Begleiter von Wilhelm. Er verbreitet Traurigkeit um sich und lebt in der Angst, bald sterben zu müssen. „Sein größter Wahn ist, daß er überall Unglück bringe, und daß ihm der Tod durch einen unschuldigen Knaben bevorstehe“ (Lehrjahre VII, 4). Als Wilhelm ihn besuchen will, hört er den Harfner ein Lied singen (Lehrjahre II, 13):

Wer nie sein Brot mit Tränen aß,
Wer nie die kummervollen Nächte
Auf seinem Bette weinend saß,
Der kennt euch nicht, ihr himmlischen Mächte.

Ihr führt ins Leben uns hinein,
Ihr laßt den Armen schuldig werden,
Dann überlaßt ihr ihn der Pein:
Denn alle Schuld rächt sich auf Erden.

Er wird weiter traurige Lieder, die von Pein, Qual und Schuld handeln, singen. „Seit vielen Jahren hat er an nichts, was außer ihm war, den mindesten Anteil genommen, ja fast auf nichts gemerkt, bloß in sich gekehrt, betrachtete er sein hohles leeres Ich, das ihm als ein unermeßlicher Abgrund erschien. Wie rührend war es, wenn er von diesem traurigen Zustande sprach! ich sehe nichts vor mir, nichts hinter mir, rief er aus, als eine unendliche Nacht, in der ich mich in der schrecklichsten Einsamkeit befinde, kein Gefühl bleibt mir als das Gefühl einer Schuld, die doch auch nur wie ein entferntes unförmliches Gespenst sich rückwärts sehen läßt. Doch da ist keine Höhe, keine Tiefe, kein Vor noch Zurück, kein Wort drückt diesen immer gleichen Zustand aus, manchmal ruf ich in der Not dieser Gleichgültigkeit: Ewig! ewig! mit Heftigkeit aus, und dieses seltsame unbegreifliche Wort ist hell und klar gegen die Finsternis meines Zustandes. Kein Strahl einer Gottheit erscheint mir in dieser Nacht, ich weine meine Tränen alle mir selbst und um mich selbst. Nichts ist mir grausamer als Freundschaft und Liebe, denn sie allein locken mir den Wunsch ab, daß die Erscheinungen, die mich umgeben, wirklich sein möchten“ (Lehrjahre VII, 4). In seiner Jugend war Augustinus Mönch geworden, später hat er eine ungeheuere Sünde begangen. Seine Sünde bestand darin, ohne es zu wissen seine Schwester Sperata, „die Hoffende“, geliebt zu haben. Aus dieser Beziehung ging Mignon hervor (Lehrjahre VIII, 9). Nachdem Mignon von Seiltänzern entführt worden war, hält Sperata ihre Tochter für tot, später ist sie eine hochverehrte

Frau, die nach ihrem Tod für heilig gehalten wird. Der Harfenspieler als Vater von Mignon, also der Personifizierung von Goethes und Anna Amalias sinnlicher Liebe, kann selbst nur eine Personifizierung sein: Er steht für die Täuschung. Goethe wählt den Namen Augustinus, um auf Anna Amalias Sohn Carl August hinzuweisen, denn um dessen Herrschaft nicht zu gefährden, musste das Blendwerk in Szene gesetzt werden. Mignon ist als Tochter der Hoffnung und der Täuschung geboren worden, denn diese haben Goethes Liebe zu Anna Amalia erst ermöglicht. Der unschuldige Knabe, der dem Harfner den Tod bringt, ist Fritz v. Stein, der „Verräter", der Goethes und Anna Amalias Geheimnis entdeckte und die Flucht nach Italien auslöste.

Als Augustinus erfahren hatte, dass seine Geliebte Sperata seine Schwester ist, rechtfertigte er sich damit, dass die Natur selbst nichts am Leben ließe, worauf ein Fluch ruhe. Man hielt ihm aber vor: „Er solle sich überlegen, daß er nicht in der freien Welt seiner Gedanken und Vorstellungen, sondern in einer Verfassung lebe, deren Gesetze und Verhältnisse die Unbezwinglichkeit eines Naturgesetzes angenommen haben." Für Goethe und Anna Amalia waren die Standesschranken genauso unüberwindbar wie Naturgesetze. Als Wilhelm den Harfenspieler davon zurückhalten will, ihn zu verlassen, sagt dieser (LEHRJAHRE IV, 1): „Mein Herr, lassen Sie mir mein schaudervolles Geheimnis, und geben Sie mich los. Die Rache, die mich verfolgt, ist nicht des irdischen Richters; ich gehöre einem unerbittlichen Schicksale … Meine Gegenwart verscheucht das Glück, und die gute Tat wird ohnmächtig, wenn ich dazu trete."

Ihm färbt der Morgensonne Licht
Den reinen Horizont mit Flammen,
Und über seinem schuldigen Haupte bricht
Das schöne Bild der ganzen Welt zusammen.

Was das schauervolle Geheimnis ist, teilt Augustinus mit (LEHRJAHRE II, 13):

Ja! laßt mich meiner Qual!
Und kann ich nur einmal
Recht einsam sein,
Dann bin ich nicht allein.

Es schleicht ein Liebender lauschend sacht,
Ob seine Freundin allein?
So überschleicht bei Tag und Nacht
Mich Einsamen die Pein,
Mich Einsamen die Qual.
Ach werd' ich erst einmal
Einsam im Grabe sein,
Da läßt sie mich allein!

Der liebende Goethe schleicht sich jeden Abend heimlich zu seiner Freundin Anna Amalia, wodurch die Pein und Qual des Täuschungszwangs entsteht. Lange Zeit bilden Mignon und der Harfenspieler die Reisegesellschaft von Wilhelm (LEHRJAHRE IV, 12). Später versucht der Harfenspieler Felix, Goethes poetische Gabe, zu töten: „Darauf [auf brennendem Stroh] habe er den Felix niedergesetzt, mit wunderlichen Gebärden die Hände auf des Kindes Kopf gelegt und ein Messer gezogen, als wenn er ihn opfern wolle." Mignon verhindert es. Das ständige Täuschen hätte fast Goethes poetisches Genie untergraben, die Kraft, die ihm seine Liebe zu Anna Amalia verleiht, verhindert aber das Schlimmste. Dem von Todesfurcht gepeinigten Harfner gelingt es, seinen zerrütteten moralischen und physischen Zustand durch den Besitz eines Glases flüssigen Opiums, „das sonderbarste Gegengift", zu ertragen. Das Bewusstsein, seiner Existenz jederzeit ein Ende setzen zu können, hilft ihm weiter zu leben (LEHRJAHRE VIII, 10): „Das Gefühl, daß es wünschenswert sei, die Leiden dieser Erde durch den Tod geendigt zu sehen, brachte mich [Augustinus] zuerst auf den Weg der Genesung; ... die Möglichkeit, sogleich die großen Schmerzen auf ewig aufzuheben, gab mir die Kraft die Schmerzen zu ertragen, und so habe ich, seitdem ich den Talisman besitze, mich durch die Nähe des Todes wieder in das Leben zurückgedrängt".

Durch das Bewusstsein, jederzeit das Blendwerk beenden zu können, ertrug es Goethe, dieses mit Anna Amalia zu inszenieren und seine Mitwelt zum Narren zu halten. Doch die Pläne zu einer Auswanderung nach Amerika scheiterten. Statt dessen musste Goethe durch eine unglückliche Verkettung verschiedener Umstände überstürzt nach Italien fliehen. Mit dem „sonderbarsten Gegengift", dem Glas Opium, erklärt Goethe, warum das Nebeneinander von Dichtung und Täuschung nicht verheerende Auswirkungen hatte. Felix, Goethes poetisches Ich, gerät in Gefahr (LEHRJAHRE VIII, 10): „Eines Tages waren sie [Wilhelm und Natalie] bei einem solchen Scherze heiterer als gewöhnlich, als Augustin auf einmal zur Türe, die er aufriß, mit gräßlicher Gebärde herein stürzte; sein Angesichts war blaß, sein Auge wild, er schien reden zu wollen, die Sprache versagte ihm. ... Stotternd und dumpf, dann heftig und gewaltsam sprach und rief er: nicht mich haltet, eilt! helft! rettet das Kind! Felix ist vergiftet!" Augustin glaubt, dass Felix aus dem Glas trank, in das er zuvor das flüssige Opium geleert hatte, und Felix gibt dies zu: „Lieber Vater! rief Felix, ich habe nicht aus der Flasche, ich habe aus dem Glase getrunken, ich war so durstig. Augustin schlug die Hände zusammen, rief: er ist verloren ... Sie fanden ein Glas Mandelmilch auf dem Tische stehen, und eine Karaffine darneben, die über die Hälfte leer war, der Arzt kam, er erfuhr, was man wußte, und sah mit Entsetzen das wohlbekannte Fläschchen, worin sich das flüssige Opium befunden hatte, leer auf dem Tische liegen, er ließ Essig herbei schaffen, und rief alle Mittel seiner Kunst zu Hülfe." Alle Hebel werden in Bewegung gesetzt, um Felix zu helfen: „... das Kind lag auf dem Ruhebette und schien sehr krank, es bat den Vater, daß man ihm nur nichts mehr einschütten, daß man es nur nicht mehr quälen möchte. … Natalie saß bei dem Kinde, es flüchtete auf ihren Schoß, und bat sie flehentlich um Schutz, flehentlich um ein Stückchen Zucker, der Essig sei gar zu sauer! … Wilhelm, der trostlos in einem Sessel lag, sprang auf, warf einen Blick voll Verzweiflung auf Natalien und ging zur Türe hinaus." Inzwischen hat der Harfenspieler, der zufällig die Zusammenfassung seiner Lebensgeschichte zu lesen bekommen hatte, und mit dem Opium seinem Leben ein Ende setzten wollte, eine andere Möglichkeit gefunden: „… er wurde auf dem Oberboden in seinem Blute gefunden …, ein Schermesser habe neben ihm gelegen, wahrscheinlich … [hat] er sich die Kehle abgeschnitten" (LEHRJAHRE VIII, 10). Goethes Geheimnis ist also entdeckt, Augustinus, die Personifizierung des verhassten Blendwerks, kann endlich eines grausamen Todes sterben. Nachdem er noch lebend aufgefunden und gerettet wird, löst er nachts seinen Verband: „Dem andern Morgen fand man Augustinen todt in seinem Bette; er hatte die Aufmerksamkeit seiner Wärter durch eine scheinbare Ruhe betrogen, den Verband still aufgelöst, und sich verblutet." Zuvor fasste Augustinus „Wilhelmen krampfhaft bei der Hand; ach! sagte er, warum habe ich dich nicht längst verlassen, ich wußte wohl, daß ich den Knaben töten würde, und er mich."

Felix, die Personifizierung von Goethes poetischer Gabe, zeigt aber noch keine Vergiftungserscheinungen: „Ich begreife nicht, sagte der Arzt nach einiger Pause, daß sich auch nicht die geringste Spur eines gefährlichen Zustandes am Kinde zeigt. Auch nur mit einem Schluck muß es eine ungeheure Dose Opium zu sich genommen haben … Die Nacht ging allen schlaflos und sorgenvoll vorüber. Das Kind wollte sich nicht von Natalien trennen lassen. Wilhelm saß vor ihr auf einem Schemel; er hatte die Füße des Knaben auf seinem Schoße, Kopf und Brust lagen auf dem ihrigen, so teilten sie die angenehme Last und die schmerzlichen Sorgen". Der Arzt kann sich dies nur daher erklären, dass Felix „durch den glücklichsten Zufall … aus der Flasche getrunken [hat]! Ein guter Genius hat seine Hand geführt, daß es nicht nach den Tode griff, der so nahe zubereitet stand! Nein! Nein! rief Wilhelm mit einem Schrei, indem er die Hände vor die Augen hielt, wie fürchterlich ist diese Aussage! ausdrücklich sagte das Kind: das es nicht aus der Flasche, sondern aus dem Glase getrunken habe. Seine Gesundheit ist nur ein Schein, es wird uns unter den Händen wegsterben. … Natalie ging mit dem Kind spazieren, es war munter wie in seinen glücklichsten Tagen. Du bist doch gut, sagte Felix zu ihr, du zankst nicht, du schlägst mich nicht, ich will dirs nur sagen, ich habe aus der Flasche getrunken". Obwohl Felix gerettet wäre, wenn er aus der Flasche getrunken hätte, lässt Goethe Wilhelm dennoch aufschreien, „indem er die Hände vor die Augen hielt, wie fürchterlich ist diese Aussage!" Mit subtiler Ironie spottet Goethe mit diesem scheinbaren Widerspruch über graue Theoretiker wie Kant, die in Sonnenferne vom praktischen Leben kategorische Lügenverbote aufstellen. Wäre Goethe dem Lügenverbot gefolgt, so hätte er aufgrund eines menschenverachtenden Adelssystems sich der großen Liebe seines Lebens nicht nähern dürfen und damit der Menschheit nicht seine unvergleichlichen Dichtungen schenken können. In einer seiner MAXIMEN UND REFLEXIONEN resümiert Goethe: „Wäre es Gott darum zu tun gewesen, daß die Menschen in Wahrheit leben und handeln sollten, so hätte er seine Einrichtung anders machen müssen." Goethes poetische Gabe (Felix) konnte nur deswegen überleben, weil sie vorgab, aus dem Giftglas, das ihm die Täuschung eingeschenkt hatte (Augustinus) auch getrunken zu haben. In Wirklichkeit verbirgt Goethe in seinen Dichtungen hinter einer raffinierten Verschlüsselung seine Biographie. Einen Höhepunkt stellen dabei die WANDERJAHRE dar, die nur scheinbar jeden romantheoretischen Rahmen sprengen, um auf einer höheren Ebene eine Erzähleinheit zu bilden. Gegenüber Kanzler v. Müller bekannte Goethe am 18. Februar 1830: „Das Buch [DIE WANDERJAHRE] gebe sich nur für ein Aggregat aus."[814] „Aggregat" bedeutet ein mehrgliedriges Ganze, eine Summe, ursprünglich etwas zu einer Herde hinzufügen.[815] In den WANDERJAHREN berichten Rahmenhandlung und Novellen wie zuvor schon die LEHRJAHRE von Goethes verbotener Liebe zu Anna Amalia im ersten Weimarer Jahrzehnt unter verschiedenen Blickwinkeln. Für den Dichter liegt daher eine Anhäufung von Erzählungen vor, die immer wieder denselben Gegenstand zum Inhalt haben.

Die LEHRJAHRE schließen mit den Worten: „Ich kenne den Wert eines Königreichs nicht, versetzte Wilhelm, aber ich weiß, daß ich ein Glück erlangt habe [Natalie], das ich nicht verdiene, und das ich mit nichts in der Welt vertauschen möchte." Doch von diesem Glück, seiner AMA(zone Nata)LIE, wird Wilhelm getrennt. Briefe an sie bilden den großen Rahmen, in dem die autobiographische Fortsetzung, die WANDERJAHRE, spielt, Natalie erscheint aber nicht mehr direkt. Wilhelm schreibt zu Beginn an Natalie (I, 1): „Nun ist endlich die Höhe erreicht, die Höhe des Gebirgs, das eine mächtigere Trennung zwischen uns setzen wird ... Was könnte mich von Dir scheiden! von dir, der ich auf ewig geeignet bin, wenn gleich ein wundersames Geschick mich von dir trennt und mir den Himmel, dem ich so nahe stand, unerwartet zuschließt. Ich hatte Zeit mich zu fassen, und doch hätte keine Zeit hingereicht, mir diese Fassung zu geben, hätte ich sie nicht aus deinem Munde gewonnen, von deinen Lippen in jenem entscheidenden Moment. Wie hätte ich mich losreißen können, wenn der dauerhafte Faden nicht gesponnen wäre, der uns für die Zeit und für die Ewigkeit verbinden soll. Doch ich darf ja von allem dem nicht reden. Deine zarte Gebote will ich nicht übertreten; auf diesem Gipfel sei es das letztemal, daß ich das Wort Trennung vor dir ausspreche." Das Gebirge steht sowohl für Anna Amalias Tod 1807 – unmittelbar danach begann Goethe DIE WANDERJAHRE zu diktieren – als auch für die Alpen, die nach seiner Flucht 1786 ihn von Anna Amalia trennten.

Die WANDERJAHRE behandeln für Goethe „das Problem meines Lebens".[816] Durch die Figur Hersilie erzählt Goethe die verbotene Liebe aus der Sicht von Felix, seiner poetischen Gabe, und Anna Amalia als deren Muse. Hersilie hat nur wenige und kurze Auftritte, sie stellt aber zusammenfassende Bezüge zum ganzen Roman her. Felix ist unsterblich in Hersilie verliebt, obwohl er viel jünger als Hersilie ist. Hersilie nimmt „die Feder abermals zur Hand, meine Bekenntnisse fortzusetzen“ (WANDERJAHRE II, 3) und gesteht die Liebe einer älteren Frau zu einem jüngeren Mann, denn der Altersunterschied zwischen Goethe (geb. 1749) und Anna Amalia (geb. 1739) betrug zehn Jahre: „Die entschiedene fortdauernde Neigung eines zum Jüngling heranreifenden Knaben wollte mir schmeicheln; da aber fiel mir ein, daß es nichts Seltenes sei, in diesem Alter nach älteren Frauen sich umzusehen. Fürwahr, es gibt eine geheimnisvolle Neigung jüngerer Männer zu älteren Frauen.“ Hersilie sagte von sich (WANDERJAHRE I, 7): „... mit meinen zeitbürtigen Verehrern hat es mir niemals recht glücken wollen, es scheint, daß die folgende Generation mich nächstens entschädigen will.“ Doch Hersilies Gunst schwankt zwischen Wilhelm und Felix. In Gedanken führt Hersilie „Vater und Sohn, bald zusammen, bald wechselweise, hin und wieder vor die Augen ... Ich komme mir vor wie eine unschuldige Alkmene, die von zwei Wesen die einander vorstellen unablässig heimgesucht wird.“ Hersilie vergleicht sich mit Alkmene, in der griechischen Mythologie die Frau des Feldherrn Amphitryon. Ihr näherte sich der höchste Gott Zeus in Gestalt ihres abwesenden Mannes. Durch diese List wurde Alkmene zur Geliebten des Zeus und aus diesem unschuldig-schuldigen Ehebruch geht Herakles (lateinisch Herkules) hervor, der tapferste aller Helden. „Ein Pferd sprengt in den Hof und weckt mich aus meiner Ruhe“, berichtet Hersilie in einem Brief an Wilhelm (WANDERJAHRE III, 17), „die Türe springt auf und Felix tritt herein im jugendlichsten Glanze wie ein kleiner Abgott.“ Wenn Goethe [Wilhelm] Anna Amalia [Hersilie] seine unsterblichen Dichtungen überreicht, erscheint er ihr wie ein Gott. Diese Dichtungen, die Goethe Anna Amalia widmet, vergleicht der Dichter mit den Heldentaten des Herakles.

Gleich nach dem Alkmene-Vergleich sagt Hersilie (WANDERJAHRE II, 10): „Ich ... mache so eben ein Brieftäschchen fertig, ein sehr zierliches, ohne deutlichst zu wissen, wer es haben soll, Vater oder Sohn, aber gewiß einer von beiden“. Damit drückt Goethe die Identität Hersiliens mit der schönen Witwe aus der Novelle DER MANN VON FÜNFZIG JAHREN (WANDERJAHRE II, 3) aus, die an einer prächtigen und geschmackvollen Brieftasche mit großen Format arbeitet, dem Sinnbild für Anna Amalias Verwandlung des ziellosen Stürmers und Drängers Goethe (Flavio) in den klassischen Dichter und Staatsmann (Major). Goethe erzählt durch die Figuren Wilhelm und Felix seine Biographie nur aus einem anderen Winkel als mit Flavio und dem Major, auch diese stehen wie viele andere Figuren für ihn selbst. Die letzte der WEISSAGUNGEN DES BAKIS (ab 1798) ist der Schlüssel zum Verständnis der mannigfaltigen Personifizierungen Goethes in den Figuren von WILHELM MEISTER:

> Ewig wird er euch sein der Eine, der sich in Viele
> Theilt, und Einer jedoch, ewig der Einzige bleibt.
> Findet in Einem die Vielen, empfindet die Viele, wie Einen;
> Und ihr habt den Beginn, habet das Ende der Kunst.

Dies gilt zugleich für seine Frau Anna Amalia, die unzählige Namen wie etwa Hersilie, schöne Witwe, AMA(zone Nata)LIE und Hilarie bekommt. Bereits im Anschluss an die Novelle DER MANN VON FÜNFZIG JAHREN (WANDERJAHRE II, 7) stellte Goethe einen Bezug zwischen den Frauengestalten schöne Witwe, Hilarie, Hersilie und Natalie und dem Romanhelden Wilhelm (Goethe) her: „Die schöne Witwe ging indes mit Wilhelm, unter Zypressen und Pinien, bald an Trauben- bald an Orangengeländern der Terrassen hin und konnte sich zuletzt nicht enthalten den leise angedeuteten Wunsch des neuen Freundes zu erfüllen; sie mußte ihm die wundersame Verschränkung offenbaren, wodurch die Freundinnen [schöne Witwe und Hilarie] von ihren frühern Verhältnissen getrennt [Novelle DER MANN VON FÜNFZIG JAHREN], unter sich innig verbunden, in die Welt hinausgeschickt worden. Wilhelm, der die Gabe nicht vermißte sich alles genau zu merken, schrieb die trauliche Erzählung später auf, und wir gedenken sie, wie er solche verfaßt und durch Hersilien an Natalien gesendet, künftig unsern Lesern mitzuteilen." Diese Erzählung wird nicht ausdrücklich mitgeteilt, sie besteht aber in den vielfältigen Bezügen, die Goethe herstellt, um die einzelnen Figuren miteinander zu verbinden.

Ein solcher Bezug ist ein Bild gleich zu Beginn der WANDERJAHRE (I, 5), womit Goethe zum Ausdruck bringt, dass das Paar Felix und Hersilie und das Paar Wilhelm und Natalie in einem „höheren inneren Sinne" ein und das gleiche sind: „Indessen war die Richtung der feurigen Blicke des schönen Felix Hersilien keineswegs entgangen, sie fühlte sich überrascht und geschmeichelt, und sendete ihm die vorzüglichsten Bissen, die er freudig und dankbar empfing. Nun aber, als er beim Nachtisch über einen Teller Äpfel zu ihr hinsah, glaubte sie in den reizenden Früchten eben so viel Rivale zu erblicken. Gedacht, getan, sie faßte einen Apfel und reichte ihn dem heranwachsenden Abenteurer über den Tisch hinüber; dieser, hastig zugreifend, fing sogleich zu schälen an; unverwandt aber nach der reizenden Nachbarin hinblickend schnitt er sich tief in den Daumen. Das Blut floß lebhaft; Hersilie sprang auf, bemühte sich um ihn, und als sie das Blut gestillt, schloß sie die Wunde mit englischem Pflaster aus ihrem Besteck. Indessen hatte der Knabe sie angefaßt und wollte sie nicht loslassen ...". Damit stellt Goethe einen Zusammenhang mit der ersten Begegnung Wilhelms mit AMA(zone Nata)LIE aus den LEHRJAHREN her.[817] Wilhelm wurde bei einem Raubüberfall verletzt, AMA(zone Nata)LIE findet ihn schwer verwundet (LEHRJAHRE IV, 6): „... [Wilhelm] hatte seine Augen auf die sanften, hohen, stillen, teilnehmenden Gesichtszüge der Ankommenden geheftet; er glaubte nie etwas edleres noch liebenswürdigeres gesehen zu haben." AMA(zone Nata)LIE sorgt sogleich für eine Verarztung durch einen Wundarzt. Mit dem Bild des Felix, der sich tief in den Daumen schneidet, stellt Goethe weitere Bezüge her. Er knüpft damit zugleich an eine Szene in den LEHRJAHREN, in der Wilhelm sein Treuegelübde ablegt (IV, 20): „Nehmen Sie ein Gelübde von mir, das meinem Herzen ganz angemessen ist ... jeder flüchtigen Neigung will ich widerstehen, und selbst die ernstlichsten in meinem Busen bewahren; kein weibliches Geschöpf soll ein Bekenntnis der Liebe von meinen Lippen vernehmen, dem ich nicht mein ganzes Leben widmen kann!" Die unglücklich in Lothario verliebte Aurelie nimmt Wilhelm dieses Gelübde auf besondere Weise ab: „Wissen Sie auch was Sie versprechen? Ich weiß es, versetzte Wilhelm lächelnd, und hielt seine Hand hin. Ich nehm' es an, versetzte sie, und machte eine Bewegung mit ihrer Rechten, so daß er glaubte, sie würde die seine fassen; aber schnell fuhr sie in die Tasche, riß den Dolch wie den Blitz heraus, und fuhr mit Spitze und Schneide ihm rasch über die Hand weg. Er zog sie schnell zurück, aber schon lief das Blut herunter. ... Der Schnitt ging durch den Ballen gerade unter dem Daumen, teilte die Lebenslinie, und lief gegen den kleinen Finger aus. Sie verband ihn still, und mit einer nachdenklichen Bedeutsamkeit in sich gekehrt." Auch Goethes poetische Gabe ist nur einer einzigen treu ergeben: Anna Amalia. Dass dies mit einer Täuschung erkämpft werden musste, bringt Goethe, der sich selbst als „der ewige Gleichnißmacher" bezeichnete,[818] zugleich mit dem Bild des Apfels zum Ausdruck, das auf den Sündenfall von Adam und Eva im Paradies hinweist[819] (Moses I, 3): „Und sie nahm von der Frucht und aß und gab ihrem Mann, der bei ihr war, auch davon, und er aß." Die Täuschung, die ihre Liebe möglich macht, verdunkelt zugleich Goethes Dichtungen. In seinem Gedicht Zueignung (1784), das Goethe seinem Gesamtwerk voranstellte, spricht der Dichter die Verse:

> Soll ich umsonst die Augen offen haben?
> Ein froher Wille lebt in meinem Blut,
> Ich kenne ganz den Wert von deinen Gaben!
> Für andre wächst in mir das edle Gut,
> Ich kann und will das Pfund nicht mehr vergraben!
> Warum sucht ich den Weg so sehnsuchtsvoll,
> Wenn ich ihn nicht den Brüdern zeigen soll?
> ...
> Aus Morgenduft gewebt und Sonnenklarheit,
> Der Dichtung Schleier aus der Hand der Wahrheit.

Goethe will seine Liebe zu Anna Amalia nicht mehr leugnen, in seinen Dichtungen muss er sie aber mit einem Schleier aus „tausend Falten" verhüllen. Kanzler v. Müller bat Goethe in einem Gespräch vom 13. Juni 1825, „doch noch etwas über die Zustände Tiefurter Lebens zur Zeit der Herzogin-Mutter zu entwerfen. ‚Es wäre nicht allzu schwer', erwiderte er [Goethe], ‚man dürfte nur die Zustände ganz treu so schildern, wie sie sich dem poetischen Auge damals darstellten; Dichtung und Wahrheit, ohne daß Erdichtung dabei wäre.'"[820]

Von der verhassten Täuschung um seine wahre Geliebte sah Goethe einen Ausweg: Amerika. Amerika spielt für Goethe und Anna Amalia im ersten Weimarer Jahrzehnt eine zentrale Rolle. Zunächst war Amerika das Vorbild, wonach die Organisation des kleinen Herzogtums ausgerichtet werden sollte, um ein Musterbeispiel für Deutschland zu werden. Als Goethe klar wurde, dass dies unmöglich war, plante er, als Unternehmer mit Anna Amalia nach Amerika auszuwandern. Über diese zwei Phasen im ersten Weimarer Jahrzehnt berichtet Goethe in den LEHR- und WANDERJAHRE.

„... hier oder nirgends ist Amerika!", heißt es in den LEHRJAHREN (VII, 3). In einem Brief an Knebel vom 21. November 1782 sprach Goethe davon, er habe sein „politisches und gesellschaftliches Leben ganz von meinem moralischen und poetischen getrennt (äußerlich versteht sich) ... getrennt laß ich iezt den Geheimderath und mein anderes selbst, ohne das ein Geh. R. sehr gut bestehen kann." Mit der Figur des Lothario wird er sich als den Geheimrat Goethe zeichnen, während Wilhelm das andere Selbst, der Mensch Goethe ist. Von einem *Salto mortale*, also von einem dreifachen Salto in großer Höhe, spricht Goethe in Bezug auf die begonnene Arbeit an seinem autobiographischen Roman WILHELM MEISTER, so in einem Brief an Anna Amalia („Frau v. Stein") vom 31. Oktober 1777: „Gestern Abend hab ich einen Salto mortale über drey fatale Capitel meines Romans gemacht". Das Paar Lothario und Aurelie stehen spiegelbildlich dem Paar Wilhelm und Mariane (Phantasie) gegenüber. Wie die Schauspielerin Mariane an gebrochenem Herzen starb, weil Wilhelm sie verlassen hatte, wird die Schauspielerin Aurelie sterben, weil Lothario (Goethe als Minister) sie verlässt. Aurelie ist damit das, was die Phantasie Goethe als Minister sein kann. Bei Aurelia taucht Wilhelms und Marianes Sohn Felix auf, samt Barbara, die Personifizierung des Gewerbes, die Marianes „alte Dienerin, Vertraute, Ratgeberin, Unterhändlerin und Haushälterin" war (LEHRJAHRE I, 1). Von seinem mit Mariane (Phantasie) gezeugten Sohn Felix (poetische Gabe) weiß Wilhelm zunächst noch nichts, er gilt als Sohn Aureliens und bei ihr sieht er ihn zum ersten Mal. Felix wird mit der Sonne verglichen (LEHRJAHRE IV, 15): „Denn um die offenen braunen Augen und das volle Gesicht kräuselten sich die schönsten goldnen Locken, an einer blendend weißen Stirne zeigten sich zarte dunkle sanftgebogene Augenbraunen, und die lebhafte Farbe der Gesundheit glänzte auf seinen Wangen." Als Wilhelm auf die alte Barbara trifft, fragt er (LEHRJAHRE VII, 8): „Bist Du es? ... [sie] wendete ihr Gesicht zu ihm, er sah sie in vollem Lichte, erschrak, trat einige Schritte zurück, es war die alte Barbara. Wo ist Mariane? rief er aus ... Die Alte kam, und überreichte ihm einen Brief. Hier sind Marianens letzte Worte, sagte sie. Sie ist tot! rief er aus. Tot! sagte die Alte ... Wenn dieses Blatt jemals zu Dir kommt, so bedaure Deine unglückliche Geliebte, Deine Liebe hat ihr den Tod gegeben, der Knabe, dessen Geburt ich nur wenige Tage überlebe, ist Dein, ich sterbe Dir treu ... mit Dir verlor ich alles, was mich an das Leben fesselte." Auch Aurelie wird kurz vor ihrem Tod Wilhelm einen Brief für Lothario geben, womit im Roman der Kontakt zwischen beiden hergestellt wird (LEHRJAHRE V, 16): „Sie ließ Wilhelm rufen und übergab ihm einen Brief. Dieses Blatt, sagte sie, wartet schon lange auf diesen Augenblick. Ich fühle daß das Ende meines Lebens bald heran naht; versprechen Sie mir, daß Sie es selbst abgeben".

Vorgestellt wurde Lothario als jemand, der „eben aus Amerika zurück gekommen, wo er in Gesellschaft einiger Franzosen mit vieler Distinktion unter den Fahnen der vereinigten Staaten gedient hatte" (LEHRJAHRE IV, 16). Dies ist ein Hinweis auf die Amerikanische Revolution, die 1776 begann und in deren Folge die Französische Revolution (1789) erst möglich wurde. Endlich ging man in Amerika daran, Grundrechte und Gewaltenteilung umzusetzen und das Gemeinwohl als oberstes Staatsziel festzusetzen, während in Europa die Privatinteressen der Monarchen sich in einem unlösbaren Gegensatz zum Gemeinwohl befanden. Goethe glaubte diesen Gegensatz dennoch aufheben zu können. Entsprechend vertritt Lothario den fortschrittlichen Adel, sein Name hat die Bedeutung „ruhmvoller Held".[821] Goethe ist als Minister, ab 1782 in den Adelsstand erhoben, unablässig an tiefgreifenden Reformen interessiert. Aurelie berichtet über Lothario (LEHRJAHRE IV, 16): „So jung er war, hatte er ein Auge auf die hervorkommende hoffnungsvolle Jugend seines Vaterlandes, auf die stillen Arbeiten in so vielen Fächern beschäftigter und tätiger Männer." Agrar- und Sozialreformen will Lothario verwirklichen, der Bauer soll von der Leibeigenschaft befreit werden (LEHRJAHRE VII, 3): „Ich fühle heute so lebhaft ... wie töricht der Mensch seine Zeit verstreichen läßt! Wie manches habe ich mir vorgenommen, wie manches habe ich durchgedacht, und wie zaudert man nicht bei seinen besten Vorsätzen!" Freies Eigentum als Grundlage der Wirtschaftsordnung soll verwirklicht werden, dabei können die Standesschranken gleich mit überwunden werden, wenn, so Lothario, „uns der Staat gegen eine billige regelmäßige Abgabe das Lehns-Hokus-Pokus erlassen, und uns mit unsern Gütern nach belieben zu schalten erlauben wollte, daß wir sie nicht in so großen Massen zusammenhalten müßten ... Wie viel glücklicher wären Männer und Frauen, wenn sie mit freien Augen umher sehen, und bald ein würdiges Mädchen, bald einen trefflichen Jüngling, ohne andere Rücksichten, durch ihre Wahl erheben könnten" (LEHRJAHRE VIII, 2). Der Weg in eine bessere Zukunft führt für Lothario über vernünftige Reformen. Die Staatseinnahmen sollen verringert werden (LEHRJAHRE VII, 3): „... wir könnten manches vom Kapital entbehren, wenn wir mit den Interessen weniger willkürlich umgingen."

Doch der Superminister Goethe wird allmählich gewahr, dass er gar keine tiefgreifenden Reformen durchführen kann. Allenfalls Faulheit, Schlendrian und Korruption im Beamtenapparat kann er eindämmen. Der Herzog Carl August verschwendet ohne Bedenken unentbehrliche Finanzmittel. In einem Brief an Knebel vom 17. April 1782 beklagt sich der 32-jährige Minister Goethe darüber: „So steig ich durch alle Stände aufwärts, sehe den Bauersman der Erde das Nothdürftige abfordern, das doch auch ein behaglich auskommen wäre, wenn er nur für sich schwizte. Du weißt aber wenn die Blattläuse auf den Rosenzweig sitzen und sich hübsch dick und grün gesogen haben, dann kommen die Ameisen und saugen ihnen den filtrierten Safft aus den Leibern. Und so gehts weiter, und wir habens so weit gebracht, daß oben immer in einem Tage mehr verzehrt wird, als unten in einem beygebracht werden kann." Unter dem Namen Odoardo wird Goethe in den WANDERJAHREN sagen (III, 12): „Schon mehrere Jahre steh' ich im Namen meines Fürsten einer Provinz vor, die, von seinen Staaten getrennt, lange nicht so wie es möglich wäre benutzt wird. ... Mit unumschränkter Vollmacht gebot ich in diesem Lande. Manches Gute war zu tun, aber doch immer nur ein beschränktes; dem Bessern waren überall Riegel vorgeschoben, und das Wünschenwerteste schien in einer anderen Welt zu liegen."

Nachdem Goethe erkennt, dass der Ausspruch „... hier oder nirgends ist Amerika!" eine Utopie war (LEHRJAHRE VII, 3), greift er den Plan der Auswanderung nach Amerika auf und treibt ihn energisch voran. Wilhelm und die meisten Romanfiguren in den WANDERJAHREN bereiten ihre Auswanderung vor. Ein Kolonisationsprojekt wird geschmiedet und ein Auswandererbund rüstet sich zum baldigen Aufbruch nach Amerika. In DICHTUNG UND WAHRHEIT (1811–1831) berichtet Goethe, vor 1775 mit dem Gedanken der Auswanderung nach Amerika beschäftigt gewesen zu sein: „Wohlwollende hatten mir vertraut, Lili [Goethes Frankfurter Verlobte] habe geäußert, indem alle die Hindernisse unsrer Verbindung ihr vorgetragen worden: sie unternehme wohl aus Neigung zu mir alle dermaligen Zustände und Verhältnisse aufzugeben und mit nach Amerika zu gehen. Amerika war damals vielleicht noch mehr als jetzt das Eldorado derjenigen die in ihrer augenblicklichen Lage sich bedrängt fanden" (19. Buch). Goethes Wortwahl „mit nach Amerika zu gehen" legt einen Gruppenplan der Stürmer und Dränger zur Auswanderung nach Amerika nahe, dem sich Lili anschließen wollte.[822] Klingers Drama STURM UND DRANG (1776) spielt in Amerika. Der Held sagt gleich zu Beginn: „Ha laßt michs nur recht fühlen auf Amerikanischen Boden zu stehen, wo alles neu, alles bedeutend ist." In DICHTUNG UND WAHRHEIT (1811–1831) berichtet Goethe, als Jüngling in Frankfurt mit großem Interesse die Entwicklung in Amerika beobachtet zu haben, „man wünschte den Amerikanern alles Glück und die Namen Franklin und Washington fingen an am politischen und kriegerischen Himmel zu glänzen und zu funkeln." Der Wunsch auszuwandern war damals weit verbreitet. Für Friedrich Schiller war die Auswanderung nach Amerika im Falle einer Unabhängigkeit von der englischen Krone beschlossene Sache, an Henriette v. Wolzogen schreibt er am 8. Januar 1783: „Wenn Nordamerika frei wird, so ist es ausgemacht, daß ich hingehe."[823] Dann hätte Schiller zwei Jahre später den Weimarer Minister und Dichter v. Goethe in Amerika begrüßen können, denn dieser bekannte mit „merklichen Unterton des Bedauerns"[824] gegenüber Boisserée in einem Gespräch am 2. August 1815: „Was möchte daraus geworden sein, wenn ich mit wenigen Freunden vor dreißig Jahren [1785] nach Amerika gegangen wäre und von Kant u.s.w. nichts gehört hätte?"[825] Später im Gespräch mit Boisserée stellt Goethe einen Zusammenhang zwischen dem Scheitern des Auswanderungsplans und der Entfaltung seiner Begabungen her, es ist eine Art Entschuldigung, warum er letztlich nicht ausgewandert ist: „... wie viele Talente und Genies bleiben durch Verhältnisse unentwickelt und zurück gehalten; wie viel Dummköpfe dagegen werden durch Verhältnisse, Erziehung und Künstelei in die Höhe auf Catheder [Lehrerpult in den Universitäten] u.s.w. gehoben." Für Goethe war durch den einmaligen Glücksfall, dass Anna Amalia eine Fürstin war, möglich geworden, sein Genie nach seinen Wünschen weiterzuentwickeln. Bei einer Auswanderung nach Amerika hätte der deutschsprachige Dichter diese einzigartigen Arbeitsbedingungen zugunsten großer Ungewissheiten aufgeben müssen. Dies dürfte wohl das Hauptargument Anna Amalias gewesen sein, doch nicht nach Amerika auszuwandern.

Der mit Auswanderungsplänen beschäftigte Weimarer Minister Goethe heißt in den WANDERJAHREN Lenardo, was „kühn wie ein Löwe" bedeutet.[826] Lenardo bekennt Wilhelm gegenüber, dass er „unwiderstehlich nach uranfänglichen Zuständen hingezogen werde, daß meine Reisen durch alle hochgebildeten Länder und Völker diese Gefühle nicht abstumpfen können, daß meine Einbildungskraft sich über dem Meer ein Behagen sucht, und daß ein bisher vernachlässigter Familienbesitz in jenen frischen Gegenden mich hoffen läßt, ein im stillen gefaßter, meinen Wünschen gemäß nach und nach heranreifender Plan werde sich endlich ausführen lassen" (I, 11). Lenardos Handelsmaxime ist: „Tun ohne Reden muß jetzt unsere Losung sein", seine „Hauptneigung [ist], ganz von vorne anzufangen" (II, 7). Die von Lenardo begehrte Frau ist eine junge Witwe, von der man sagt, dass sie „den Faktor [Geschäftsführer[827]] heiraten, ihr Besitztum verkaufen und mit schönem Geld über's Meer ziehen" wird (III, 5). Die junge Witwe treibt Baumwollhandel und ist eine tüchtige Geschäftsfrau. Der Leser wird nun in die Kunst des Spinnens und Webens sowie in ökonomische Bedingungen von Produktion und Absatz vor dem Hintergrund der Industriellen Revolution (ab 1785), die die Handarbeit durch Maschinen verdrängte, eingeführt. Diese Ausführungen dokumentieren Goethes und Anna Amalias Plan, als Textilfabrikanten nach Amerika auswandern zu wollen. Deswegen war Goethe im ersten Weimarer Jahrzehnt besonders an den Strumpffabrikanten und Tuchmachern in Apolda bei Weimar interessiert, wo auf Heimarbeit basierend etwa 780 Webstühle im Einsatz waren, eine der größten Konzentrationen im Deutschen Reich.[828] Sein Bediensteter Seidel versuchte sich schon 1778 mit einer Leinwandspinnerei und einem Strumpfverlag, Goethe beteiligte sich an dessen Spinnbüchlein für die Weimarer Spinnschule. Als Kriegsminister verfolgte Goethe eine Zeit lang den Plan einer Spinn- und Strickschule für arme Soldatenkinder.[829] Als Goethe im Mai 1778 kurz Berlin besuchte, stand eine Besichtigung von Wegelins Wollmanufaktur auf dem gedrängten Programm. Mit großem Interesse studierte er einen Betrieb, in dem rund 400 Webstühle arbeiteten, der eine für damalige Verhältnisse außerordentliche Produktionskraft besaß und seine Produkte in ganz Europa vertrieb.[830] Nicht nur Goethe, auch Anna Amalia als Fürstin beschäftigte sich mit der Spinnerei. In einem Brief von Goethes Mutter an Anna Amalia vom 30. November 1778 heißt es: „Daß Ihro Durchlaucht spinnen, freut mich sehr".[831] Hierfür hatte Goethe ein zweispuliges Spinnrad nach eigenen Angaben für Anna Amalia anfertigen lassen.[832] Die junge

Witwe, die Lenardo begehrt, wird bekennen (WANDERJAHRE III, 13): „Mein Bräutigam war mit mir entschlossen zum Auswandern; er besprach sich oft über Mittel und Wege sich hier loszuwinden. Er sah sich nach den Besseren um, die man um sich versammeln, mit denen man gemeine Sache machen, die man an sich heranziehen, mit sich fortziehen könnte; wir sehnten uns, mit vielleicht allzu jugendlicher Hoffnung, in solche Gegenden, wo dasjenige für Pflicht und Recht gelten könnte, was hier ein Verbrechen wäre." Pflicht und Recht wäre es für Goethe in Amerika gewesen, die Frau, die er liebt, auch zu heiraten. Im Heiligen Römischen Reich Deutscher Nation hingegen war es ein Verbrechen, die Fürstin Anna Amalia zu lieben. Die erworbenen Kenntnisse Goethes um die Textilbranche waren umfassend. Sogar in die Details der technischen Abläufe beim Spinnen und Weben führt Goethe seine Leser ein. Seinen Freund und Mitarbeiter Meyer bat er 1810, eine entsprechende Studie anzufertigen, die er leicht verändert in die WANDERJAHRE übernahm (III, 5).[833] Über die Garnwinde (Haspel) heißt es etwa: „Der Haspel hat Rad und Zeiger, so daß sich bei jedesmaligem Umdrehen eine Feder hebt, welche niederschlägt so oft hundert Umgänge auf der Haspel gekommen sind. Man nennt nun die Zahl von tausend Umgängen einen Schneller, nach deren Gewicht die verschiedene Feine des Garns gerechnet wird." Über den Übergang vom Spinnen zum Weben heißt es: „Die erste Arbeit, das Garn zu leimen, war gestern verrichtet. Man siedet solches in einem dünnen Leimwasser, welches aus Stärkemehl und etwas Tischlerleim besteht, wodurch die Faden mehr halt bekommen. Früh waren die Garnstränge schon trocken und man bereitete sich zu spulen, nämlich das Garn am Rade auf Rohrspulen zu winden. ..."

Neben seinen eigenen Auswanderungsplänen berichtet Goethe über die Entwicklung der Auswanderung nach Amerika an sich mit ihren Höhe- und Tiefpunkten (WANDERJAHRE I, 7): „Der lebhafte Trieb nach Amerika im Anfange des achtzehnten Jahrhunderts war groß, indem ein jeder, der sich diesseits einigermaßen unbequem fand, sich drüben in Freiheit zu setzen hoffte; dieser Trieb ward genährt durch wünschenswerte Besitzungen, die man erlangen konnte". Dagegen wird Europa charakterisiert, „diese unschätzbare Kultur seit mehreren tausend Jahren entsprungen, gewachsen, ausgebreitet, gedämpft, gedrückt, nie ganz verdrückt, wieder aufatmend, sich neu belebend und nach wie vor in unendlichen Tätigkeiten hervortretend". Einem zurückgekehrten Spross von Auswanderern legt Goethe die Worte in den Mund (WANDERJAHRE I, 7): „Überall bedarf der Mensch Geduld, überall muß er Rücksicht nehmen, und ich will mich doch lieber mit meinem Könige abfinden, daß er mir diese oder jene Gerechtsame zugestehe ... als daß ich mich mit den Irokesen [Indianerstamm] herumschlage um sie zu vertreiben, oder sie durch Kontrakte betriege, um sie zu verdrängen, aus ihren Sümpfen, wo man von Mosquitos zu Tode gepeinigt wird." Goethe entgingen nicht die tragischen Aspekte einer unvorbereiteten Massenauswanderung. Als Goethe Ludwig Galls (1790–1863) Bericht AUSWANDERUNG NACH DEN VEREINIGTEN STAATEN (1822) rezensierte, worin das entsetzliche Elend der Überfahrt und der Ankunft mittelloser Auswanderer geschildert wird,[834] zeichnet er mit wenigen Worte die Geschichte Amerikas nach. Damit Dichterkollegen den in Galls Buch enthaltenen Stoff bearbeiten könnten, müssten sie „die klarste Einsicht in jene überseeischen Gegenstände zu gewinnen suchen. Von der frühsten Colonisation an, von der Zeit des Kampfes an, den die Europäer erst mit den Urbewohnern, dann unter sich selbst führten, von den Vollbesitz an des großen Reiches, das die Engländer sich gewonnen, bis zum Abfall der nachher vereinigten Staaten, bis zu dem Freiheitskriege, dessen Resultat und Folgen".[835] Goethe war ein Kenner der amerikanischen Geschichte, besaß eine erhebliche Anzahl von Büchern über Amerika und interessierte sich lebhaft für amerikanische Autoren.[836] Während in den 1790er Jahren die Angst vor einer Inflation im Zuge der Französischen Revolution um sich griff, beriet Goethe Carl August dahingehend, amerikanische Dollar zu kaufen und sich an Bertuchs Plan, Abbaurechte für mexikanische Silberminen zu erwerben, zu beteiligen.[837] Goethe hielt sich über die vielfältigen Entwicklungen in der neuen Welt auf dem Laufenden, vor allem durch Amerikaner, die den berühmten Dichter besuchten.[838] Freunde unterhielt Goethe spannend über Amerika, so berichtet Kanzler v. Müller am 13. Juli 1818, die Töchter von Henriette v. Egloffstein beim Dichter angetroffen zu haben: „Goethe schilderte sehr launig Amerika und die dortigen Kolonisierungen. Julies Lust des Auswanderns dahin war Linen ein Greuel."[839] Amerikaner, die Goethe in Weimar besuchten, waren über dessen umfassende Kenntnisse über ihr Land verblüfft, „als wäre unser Land eines der ihn in seinen hohen Jahren am meisten interessierenden Themen".[840] Um den 18. Juni 1827 dichtete Goethe das Gedicht Den Vereinigten Staaten mit den Anfangszeilen „Amerika, du hast es besser/Als unser Continent, das alte,/ Hast keine verfallene Schlösser ...".[841] Am 18. Juni 1788 war Goethe von seiner Italienreise zurückgekehrt, am 18. Juni 1790 Anna Amalia von ihrer Italienreise. Am 18. Juni 1798 widmete Goethe Anna Amalia das Lehrgedicht Die Metamorphose der Pflanze, nun 20 Jahre nach dem Ableben Anna Amalias (1807) gedenkt der Dichter nun wehmütig ihrer mit dem Gedicht Den Vereinigten Staaten. Mit „verfallene Schlösser" meint Goethe die dem Untergang geweihte Staatsform der Monarchie.

Alle in den Wanderjahren mannigfachen Auswanderungsvorbereitungen sollen ihren Höhepunkt in einer Rede finden, die Lenardo halten wird (III, 9): „Der höchst bedeutende Tag war angebrochen, heute sollten die erste Schritte zur allgemeinen Fortwanderung eingeleitet werden, heut' sollte sich's entscheiden wer denn wirklich in die Welt hinaus gehen, oder wer lieber diesseits, auf dem zusammenhängenden Boden der alten Erde, verweilen und sein Glück versuchen wolle. Ein munteres Lied erscholl in allen Straßen des heitern Fleckens; Massen taten sich zusammen, die einzelnen Glieder eines jeden Handwerks schlossen sich an einander an, und so zogen sie, unter einstimmigem Gesang, nach einer durch das Los entschiedenen Ordnung in den Saal." Nun setzt Lenardo zu seiner Rede an, er spricht aber gar nicht mehr vom Auswandern, sondern nur noch vom Wandern, ein Motiv, das von Anfang an in die Rahmenhandlung eingeflochten war. „Mein Leben soll eine Wanderschaft werden“, bekannte Wilhelm schon im ersten Brief an Natalie (WANDERJAHRE I, 1), „Pflichten des Wanderers habe ich auszuüben und ganz eigene Prüfungen zu bestehen. ... Nicht über drei Tage soll ich unter Einem Dache bleiben. Keine Herberge soll ich verlassen, ohne daß ich mich wenigstens eine Meile von ihr entferne. Diese Gebote sind wahrhaft geeignet, meine Jahre zu Wanderjahre zu machen und zu verhindern, daß auch nicht die geringste Versuchung des Ansiedelns bei mir sich finde.“ Jetzt erklärt Lenardo in seiner Rede die Bedeutung des Wanderns, mit Bezug auf Künstler heißt es (WANDERJAHRE III, 9): „Wandert nicht der Maler, mit Staffelei und Palette, von Gesicht zu Gesicht“; Naturforscher würden „jeder Beschwerlichkeit, jeder Gefahr wissentlich entgegen gehen, um der Welt die Welt zu eröffnen und durch das Unwegsamste hindurch Pfad und Bahn zu bereiten.“ Der Wanderer erkennt den Ausspruch des Lebens an: „... wo ich nütze ist mein Vaterland! ... trachte jeder überall sich und andern zu nutzen“. Dies gälte auch für den Staatsmann, der Aussicht auf bessere Zustände zu eröffnen hat, wobei der „Fähigste sich als den Beweglichsten denken muß“. Goethe wird nicht auswandern, er bleibt diesseits auf der alten Erde, deswegen „bleibt die amerikanische Utopie merkwürdig unbestimmt“.[842] Goethe wird aber als Anna Amalia entsagender Dichter noch ernsthafter, als er es bisher getan hat, wandern und zwar von Dichtung zu Dichtung, um darin die Botschaft der Liebe und seine durch sorgfältige Studien und Eingebungen gewonnene Weisheit für die Menschheit einzubetten: „Für andre wächst in mir das edle Gut“, wie er in ZUEIGNUNG (1784) bekennt.

Mitten in den Überlegungen und Vorbereitungen für die Auswanderung 1786 ereignete sich Fritz v. Steins „Verrat“ und der preußische Thronwechsel. Wie Fritz sich dem heimlichen Liebespaar zu erkennen gab, teilt Hersilie mit. Ein Tabulettkrämer, ein listiger Knabe, der einen Schubfächerkasten (Tabulett) an einem Riemen um den Hals trägt, überbringt Hersilie eine Botschaft (WANDERJAHRE II, 10): „... er zieht das kleinste Schiefertäfelchen hervor, in ein weißes Rähmchen gefaßt, wie man sie im Gebirg für die kindischen Anfänge des Schreibens zubereitet; ich [Hersilie] nehm’ es an, sehe es beschrieben und lese die mit scharfen Griffel sauber eingegrabene Schrift:

> Felix [Goethe]
> liebt
> Hersilien [Amalien].
> Der Stallmeister
> kommt bald.

Ich bin betroffen, ich gerate in Verwunderung über das was ich in der Hand halte, mit Augen sehe, am meisten darüber, daß das Schicksal sich fast noch wunderlicher beweisen will als ich selbst bin. – Was soll das!“ Diese wenigen anonymen Zeilen sorgten bei Goethe und Anna Amalia Anfang 1786 für höchste Verwirrung. Bei Goethe hatte Fritz in verschiedenen Schrifttypen zu schreiben gelernt.[843] Um einen Kontakt zu dem anonymen Bekenner herzustellen, der scheinbar keine Forderungen stellte, antworten ihm Goethe und Anna Amalia, indem sie am gleichen Ort, vielleicht die Tür zu einem geheimen unterirdischen Zugang, folgende Antwort anbringen:

> Hersiliens [Amaliens]
> Gruß
> an Felix [Goethe].
> Der Stallmeister
> halte sich gut.

Diese Antwort steckt Hersilie in die von ihr gearbeitete Brieftasche, die den Zusammenhang zur Brieftasche, die in der Novelle DER MANN VON FÜNFZIG JAHREN (WANDERJAHRE II, 3) die schöne Witwe anfertigte, herstellt. Die Brieftasche der schönen Witwe war das Sinnbild für Anna Amalias Arbeit an der Wandlung Goethes von Flavio zum Major, von einem ziel- und planlosen Stürmer und Dränger in einen Klassiker, der nach den Sternen greift. Hier ist der gleiche Vorgang aus Sicht von Goethes poetischer Gabe wiedergegeben. Der „Verrat" von Fritz v. Stein und alles, was sich daran anknüpfte, kam der Befreiung Felix' von schweren Fesseln gleich. Der anonyme Schreiber gab sich aber nicht zu erkennen und schwieg. Die Liebenden glaubten, der in Berlin bevorstehende Thronwechsel würde von Graf Görtz ausgenutzt werden, um seinen einstigen Widersachern in Weimar übel mitzuspielen und das winzige Herzogtum zu gefährden. Daraufhin gestand Goethe in Karlsbad dem Herzog Carl August sein geheimes Liebesverhältnis zu seiner Mutter Anna Amalia. Carl August verbat sich jede weitere Kontaktaufnahme und Goethe floh Hals über Kopf nach Italien. In den WANDERJAHREN (II, 7) heißt es über Lothario (Geheimrat Goethe): „Eine Reise zu den Pädagogen hat er unternommen um sich tüchtige Künstler, nur sehr wenige, zu erbitten. Die Künste sind das Salz der Erde". Ab der Italienflucht (1786) wird Goethe in erster Linie als Dichter und Wissenschaftler arbeiten. Da die heimlich Liebenden sich weder zur Auswanderung noch zur Trennung entschließen konnten, war Fritz' „Verrat" letztlich entscheidend für die Wandlung Goethes, auf die Anna Amalia von Anfang an hinarbeitete.

Der „Verrat" von Fritz v. Stein erfolgt für Goethe durch eine göttliche Fügung. Deswegen sagt Hersilie beim Lesen des Schiefertäfelchens, „daß das Schicksal sich fast noch wunderlicher beweisen will". Goethe lässt seine poetische Gabe Felix selbst das Schiefertäfelchen schreiben, das der listige Knabe, der Tabulettkrämer (Fritz v. Stein) Hersilie (Anna Amalia) überbrachte, denn auf einem Pferdemarkt in der Pädagogischen Provinz sieht Wilhelm Felix „zwischen den Lücken der Menge durch, mit einem jungen Tabulettkrämer über Kleinigkeiten eifrig handeln und feilschen" (WANDERJAHRE II, 8). Goethes poetische Gabe (Felix) hat der Familie des unter Anna Amalias Regentschaft zum Stallmeister beförderten und unter Carl August zum Oberstallmeister avancierten Josias v. Stein zu verdanken, dass er Anna Amalia heimlich lieben konnte. Josias v. Stein war für die Pferde im Herzogtum verantwortlich und auf Pferdemärkten hatte er gute Rassetiere auszumachen, jedes Jahr wurden etwa ein Dutzend Fohlen hinzuerworben.[844] Das Blendwerk hätte ohne Frau v. Stein und ihren Mann nicht inszeniert werden können. Schließlich fand das heimliche Liebespaar nur dank des „Verrats" von Fritz den ersehnten Ausweg aus dem unwürdigen, nervenaufreibenden Zustand einer Nachtliebe in der Entsagung. Erst mit der Entsagung wird Goethes Dichtung geradezu entfesselt, es entsteht ab 1787 ein Meisterwerk nach dem anderen. Viele forderten Goethe auf, nach den WANDERJAHREN, die auf die LEHRJAHRE aufbauten, endlich doch die MEISTERJAHRE folgen zu lassen. Ironisch schließt der greise Goethe die zweite Fassung der WANDERJAHRE von 1829 mit den Worten „(Ist fortzusetzen.)" In einem Gespräch vom 8. Juni 1821 mit Kanzler v. Müller merkte dieser Goethes Ironie gar nicht als er dessen Ausspruch überliefert: „... die Meisterjahre seien ohnehin noch schwieriger [als die LEHR- und WANDERJAHRE] und das Schlimmste in der Trilogie."[845] Da Goethes Roman WILHELM MEISTER Goethes Autobiographie im ersten Weimarer Jahrzehnt behandelt, sind die WANDERJAHRE auch wirklich ab seiner Flucht nach Italien 1786 mit „MEISTERJAHREN" fortgesetzt worden, nämlich mit IPHIGENIE, TASSO, den RÖMISCHEN ELEGIEN, der FARBENLEHRE und vielen kleinen und großen Meisterwerken bis hin zum Abschluss der überragenden FAUST-Tragödie im Jahre 1831. Hersilie steckt daher den „Verrat" in ihre Brieftasche, die genauso wie jene Brieftasche der schönen Witwe ein Sinnbild für Goethes Verwandlung zum klassischen Dichter ist.

Aus der besonderen Perspektive, die Goethe über Hersilie und Felix eröffnet, wird das Motiv eines geheimnisvollen Prachtkästchens entwickelt. Details zu dem Kästchen und zu dem dazu gehörigen Schlüssel werden durch die ganzen WANDERJAHRE hindurch eingestreut. Felix findet das Kästchen in einer Höhle unter einem Schloss, es ist „von prächtigem altem Ansehn, es schien von Gold zu sein, mit Schmelz geziert. ‚Stecke es zu dir, Vater [Wilhelm], und laß es niemand sehn!'" (WANDERJAHRE I, 4). Am gleichen Tag, an dem Felix das Kästchen findet, entflammt seine Liebe zu Hersilie. Nach vielen Irrungen nimmt Hersilie den Schlüssel zu dem Kästchen aus Fitz' Kleidung, als dieser bei einer Behörde in Untersuchung geraten war. Gemeint ist hier die kriminalistische Untersuchung durch Carl August und Anna Amalia, die zur Demaskierung des „Verräters" Fritz v. Stein führte. Als Hersilie den Schlüssel an sich nimmt, denkt sie (WANDERJAHRE III, 3): „Wundersam bin ich beunruhigt, zwischen Schuld und Neugier; ich mache mir hundert Grillen und Märchen was alles daraus erfolgen könnte: mit Recht und Gericht ist nicht zu spaßen. Hersilie, das unbefangene, gelegentlich übermütige Wesen, in einen Kriminalprozeß verwickelt, denn darauf geht's doch hinaus, und was bleibt mir da übrig als an den Freund zu denken, um dessentwillen ich das alles leide!" Goethe und Anna Amalia entdeckten mit Hilfe von Carl August den letztlich harmlosen „Verräter“ Fritz v. Stein, zu dem befürchteten „Kriminalprozeß“ kam es daher nicht.

Hersilie kommt schließlich auch in Besitz des Kästchens, sie verhindert, dass es bei Gericht niedergelegt wird (WANDERJAHRE III, 8): „Mir widerte, das herrliche, dem holden Felix vom Schicksal zugedachte Schatzkästlein in dem alteisernen, verrosteten Depositienkasten der Gerichtsstube zu wissen.“ Jetzt, da Kästchen und Schlüssel neben Hersilie liegen, wünscht sie sich (WANDERJAHRE III, 7), „daß es ein Ende werde, wenigstens daß eine Deutung vorgehe, was damit gemeint sei mit diesem wunderbaren Finden, Wiederfinden, Trennen und Vereinigen; und sollte ich auch nicht aus aller Verlegenheit gerettet werden, so wünsche ich wenigstens sehnlichst, daß diese sich aufkläre, sich endige, wenn mir auch, wie ich fürchte, etwas Schlimmeres begegnen sollte.“ Hersilie will endlich erfahren, was der Inhalt des Kästchens ist, doch fürchtet sie, dass ihr etwas Schlimmeres begegnen wird. Die Offenbarung Anna Amalias als Goethes heimliche Frau widerstreitet mit den dynastischen Interessen von Anna Amalias Nachkommen, zeigt doch die Entstellung von Goethes und Anna Amalias Biographie aufs Eindringlichste, dass die Privatinteressen der Monarchen immer dem Gemeinwohl vorgingen. Goethes Dichtungen konnten aber nicht unterdrückt werden, ihnen vertraute der unvergleichliche Dichter seine verbotene Liebe zu Anna Amalia an. Zu Wilhelm sagt Hersilie (WANDERJAHRE III, 2): „Für welchen Richterstuhl eigentlich das Geheimnis gehöre, das wollen wir unter uns ausmachen …

Hier aber, mein Freund, nun schließlich zu dieser Abbildung des Rätsels was sagen Sie? Erinnert es nicht an Pfeile mit Widerhaken? Gott sei uns gnädig! Aber das Kästchen muß zwischen mir und Ihnen erst uneröffnet stehen, und dann eröffnet das Weitere selbst befehlen.“ Bisher ist umstritten, ob die Abbildung – die einzige, die Goethe je einer Dichtung beigab[846] – der Schlüssel zum ganzen Roman sei.[847] Pfeile mit Widerhaken stehen für die Liebespfeile, mit deren Abschuss der römische Liebesgott Amor zwei Menschen sich ineinander verlieben lässt.[848] In TASSO erscheint dieses Sinnbild gleich nachdem die Prinzessin Tasso, der ihr vor allen Augen in die Arme gefallen war und sie fest an sich drückte, von sich wegstieß und hinwegeilte. Der Staatsmann Antonio ist ob des Anblickes des Bekenntnisses einer verbotenen Liebe des Dichters zur Prinzessin erschüttert (Vers 3289 ff.):

> Unglücklicher, noch kaum erhol ich mich!
> Wenn ganz was Unerwartetes begegnet,
> Wenn unser Blick was Ungeheures sieht,
> Steht unser Geist auf eine Weile still,
> Wir haben nichts, womit wir das vergleichen.
>
> TASSO *(nach einer langen Pause).*
>
> Vollende nur dein Amt, ich seh, du bist's!
> Ja du verdienst das fürstliche Vertraun;
> Vollende nur dein Amt und martre mich,
> Da mir der Stab gebrochen ist, noch langsam
> Zu Tode! Ziehe! Zieh am Pfeile nur,
> Daß ich den Widerhaken grimmig fühle,
> Der mich zerfleischt!

Der Schlüssel mit den Widerhaken bricht ab, als Felix ihn im Schloss umdreht, „die äußere Hälfte fiel auf den Tisch" (WANDERJAHRE III, 17). Als ein Goldschmied und Juwelenhändler den Bruch untersucht, „betrachtet er den abgebrochenen Schlüssel und zeigt, was man bisher übersehen hatte, daß der Bruch nicht rauh, sondern glatt sei. Durch Berührung fassen die beiden Enden einander an, er zieht den Schlüssel ergänzt heraus, sie sind magnetisch verbunden, halten einander fest aber schließen nur dem Eingeweihten. Der Mann tritt in einige Entfernung, das Kästchen springt auf, das er gleich wieder zudrückt: an solche Geheimnisse sei nicht gut rühren, meinte er" (WANDERJAHRE III, 17). Derjenige, der um Anna Amalias Bedeutung für Goethes Leben weiß, kann WILHELM MEISTER als mannigfache Darstellung von Goethes verbotener Liebe zu Anna Amalia lesen. Daher ergeben die Widerhaken, in eine äußere und eine innere Hälfte bei glattem Bruch getrennt, zwei Mal den Buchstaben „A", die Initialen für Anna Amalia.

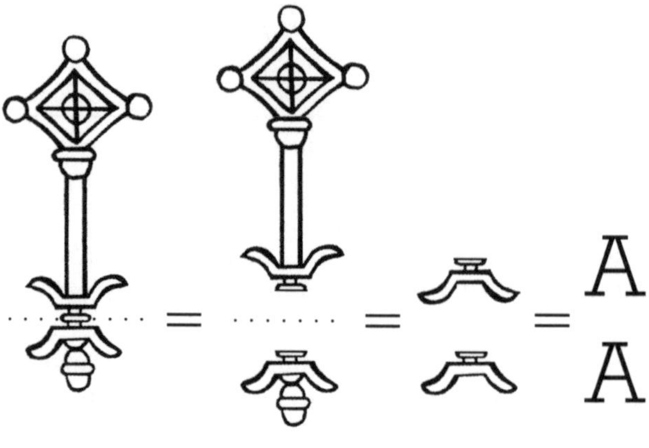

Der Schlüssel steht für Anna Amalia, diese ist in der Figur Hersilie der Schlüssel zu WILHELM MEISTER, denn über sie stellt Goethe entscheidende romanübergreifende Vergleiche und Anspielungen her. Die Wiederholung des Brieftaschenmotivs aus der Novelle DER MANN VON FÜNFZIG JAHREN stellt den Bezug zur schönen Witwe und Hilarie, zu Flavio und zum Major her. Das Bild mit dem Apfel und dem tiefen Schnitt in Felix' Daumen verweist auf das Gelübde ewiger Treue Wilhelms sowie auf den Sündenfall als Versuchung, von der Wahrheit abzufallen. Hersilie stellt den Bezug zur Familie v. Stein aus der Sicht von Felix, Goethes poetischer Gabe, her. Sie gesteht ihre Liebe als ältere Frau zu einem jüngeren Mann. Anna Amalia ist aber zugleich der Schlüssel zur Interpretation von Goethes Dichtungen über WILHELM MEISTER hinaus. Den Bezug zu Goethes Gesamtwerk stellt eine Abwandlung der Umarmung der Geliebten mit anschließender jäher Trennung her. „Ich war verwirrter als man sein kann und sein sollte", berichtet Hersilie (WANDERJAHRE III, 17), „Er [Felix] benützt meine Unaufmerksamkeit ... fährt auf mich los und faßt mich in die Arme. Ich rang vergebens, seine Augen näherten sich den meinigen und es ist was Schönes, sein eigenes Bild im liebenden Auge zu erblicken. Ich sah's zum erstenmal, als er seinen Mund lebhaft auf den meinigen drückte. Ich will's gestehen, ich gab ihm seine Küsse zurück, es ist doch sehr schön einen Glücklichen zu machen. Ich riß mich los, die Kluft die uns trennt erschien mir nur zu deutlich; statt mich zu fassen überschritt ich das Maß, ich stieß ihn zürnend weg, meine Verwirrung gab mir Mut und Verstand; ich bedrohte, ich schalt ihn, befahl ihm nie wieder vor mir zu erscheinen; er glaubte meinem wahrhaften Ausdruck. ‚Gut!' sagte er, ‚so reit' ich in die Welt, bis ich umkomme.'" Felix kommt nicht um, denn Wilhelm wird ihn retten. Wilhelm und Felix sind am Ende „fest umschlungen, wie Kastor und Pollux, Brüder die sich auf dem Wechselwege vom Orkus [Unterwelt] zum Licht begegnen." Kastor und Pollux sind in der griechischen Mythologie die unzertrennlichen Zwillingsbrüder, die Götter der Freundschaft, der erste sterblich (Wilhelm, der Mensch Goethe), der zweite unsterblich (Felix, seine poetische Gabe). Pollux erwirkt bei seinem Vater Zeus, dass sie abwechselnd zusammen einen Tag im Olymp bei den Göttern und einen in der Unterwelt verweilen dürfen. Mit Bezug auf Felix heißt es weiter: „‚Wirst du doch immer auf's neue hervorgebracht, herrlich Ebenbild Gottes! rief er [Wilhelm] aus, ‚und wirst sogleich wieder beschädigt, verletzt von innen oder von außen.'"

Die Liebesszene zwischen Felix und Hersilie wandelt jene bei TASSO, DER GROẞKOPHTA, DIE LEHRJAHRE, DER MANN VON FÜNFZIG JAHREN und DER NEUE PARIS ab. Das Kästchen ist somit ein Sinnbild für Goethes Dichtungen. Gleich zu Beginn wird das Kästchen als „Prachtbüchlein" bezeichnet (WANDERJAHRE I, 4). Der Schlüssel zu WILHELM MEISTER und zu den anderen „goldenen Äpfeln" des Dichters Goethe, die Prinzessin „AA", ist zugleich der Inhalt seiner Dichtungen: Indem er seine Geliebte verherrlicht, erhebt er sie zu den Sternen. Nur, wenn Anna Amalia als Goethes Frau erkannt wird, ist ein rationaler Zugang zu seinen Dichtungen, sinnbildlich ein „harter Fels“, möglich. Dies ist Mignons Vermächtnis (LEHRJAHRE V, 16):

Zur rechten Zeit vertreibt der Sonne Lauf
Die finstre Nacht, und sie muß sich erhellen;
Der harte Fels schließt seinen Busen auf,
Mißgönnt der Erde nicht die tiefverborgnen Quellen.

Epilog: „Alles um Liebe"

Wäre es Gott darum zu tun gewesen, daß die Menschen in Wahrheit leben und handeln sollten, so hätte er seine Einrichtung anders machen müssen.

Maximen und Reflexionen, Aus dem Nachlass

Wer lange in bedeutenden Verhältnissen lebt, dem begegnet freilich nicht alles was dem Menschen begegnen kann; aber doch das Analoge, und vielleicht einiges was ohne Beispiel war.

Aus Makariens Archiv,
Wilhelm Meisters Wanderjahre (1829)

Goethe und Anna Amalia konnten nur gemeinsam den ehrgeizigen Plan, Troja, Rom und Bethlehem in Weimar zu beerben, verwirklichen. Ihr Leitgedanke war die unablässige Arbeit des Menschen an seiner Veredelung durch Wissenschaft und Kunst, um das Göttliche in sich zu verwirklichen. „Der edle Mensch/Sei hülfreich und gut!/Unermüdet schaff' er/Das Nützliche, Rechte", heißt es am Ende des Gedichts Das Göttliche, das Goethe Anna Amalia widmete, indem er es Ende 1783 in ihrem Tiefurter Journal abdrucken ließ. Goethe hat sich in seinem dichterischen Werk, wenn auch verschlüsselt, immer an die Wahrheit gehalten; deshalb gab er viele Hinweise, mit deren Hilfe das Blendwerk, das mit Frau v. Stein in Szene gesetzt worden war, erkannt werden konnte. Goethe erwies sich in einem höheren Sinne immer als würdig, mit der Gabe der Dichtkunst als „das, was die Natur allein verleiht,/Was jeglicher Bemühung, jedem Streben/Stets unerreichbar bleibt, was weder Gold,/Noch Schwert, noch Klugheit, noch Beharrlichkeit/Erzwingen kann" (Tasso, Vers 2324 ff.), beschenkt worden zu sein.

An einem Fürstenhof an höchster Stelle eingebunden, hatte Goethe die Wahl zwischen der Inszenierung einer undefinierbaren Liebe zu der verheirateten Frau v. Stein oder dem Verzicht auf sein Lebensglück. Nur unter dem Deckmantel einer Täuschung war es ihm möglich, die Fürstin Anna Amalia zu lieben. Wenn die Liebenden ihre Briefe unter das Motto ALLES UM LIEBE (Umschlagrückseite) stellten, indem sie einen Schriftsiegel mit dieser Inschrift verwendeten, so weisen sie auf das erhabenste Motiv hin, um ihr Blendwerk zu rechtfertigen. Zugleich war es aber eben diese Welt, die Goethe alles gab, dessen er bedurfte, und die ihm im Rahmen seines Standes alle nur denkbare Ehrung und Förderung angedeihen ließ. Ziel- und planlos war er nach Weimar gekommen und dank Anna Amalia, die seine Leistung zu würdigen wusste, durfte er sich „erst entwickeln, dann vollenden/Zu nie geseh'ner Herrlichkeit." Riemer charakterisierte Goethe, bei dem er drei Jahrzehnte gearbeitet hatte, wie folgt (1841): „Es zirkulieren in ihm des Geistes großartigste und fruchtbarste Ideen, des Herzens edelste und zarteste Gefühle, der Sinne feinste und mannigfaltigste Empfindungen, des Lebens weiseste Vorschriften und Maximen, um zu Tugend und Glückseligkeit zu gelangen."[849] Was die stolze bürgerliche Reichsstadt Frankfurt zu bieten gehabt hätte, war dem jungen Goethe bald klar: Der Verfasser des GÖTZ (1771/73), des WERTHER (1774) oder von unsterblichen Gedichten, die ein einzigartiges Genie offenbarten, hätte als Dichter in der bürgerlichen Gesellschaft keinen Platz gehabt. Der Vater beharrte darauf, dass er den Beruf des Anwalts ausüben solle, sein Genie sollte in ein Korsett gezwängt werden. In den LEHRJAHREN bekannte Goethe: „... enterbt und nackt übergab ich mich der Muse, die mir ihren goldenen Schleier zuwarf und meine Blöße bedeckte" (I, 8). An Johanna Fahlmer schrieb Goethe am 6. März 1776 nach Frankfurt: „... der Vater mag kochen was er will ... Ich bleibe hier ... aber der Vater ist mir Ausstattung und Mitgift schuldig das mag die Mutter nach ihrer Art einleiten, sie soll nur kein Kind seyn, da ich Bruder und alles eines Fürsten bin."

Auch in Weimar hatte Goethe gegen Widerstände zu kämpfen. Als er auf Wunsch des Herzogs in den Staatsrat berufen werden sollte, erklärte etwa der Minister v. Fritsch am 24. April 1776, „daß ich in einem Collegio dessen Mitglied gedachter Dr. Goethe anjetzt werden soll, länger nicht sitzen kann". Carl August verteidigte in einem Brief vom 10. Mai 1776 die Berufung: „... nicht alleine ich sondern einsichtsvolle Männer wünschen mir Glück diesen Mann zu besitzen. Sein Kopf, und Genie ist bekant. Sie werden selbst einsehen, daß ein Mann wie dieser nicht würde die langweilige und mechanische Arbeit, in einem Landes Collegio von untenauf zu dienen außhalten. Einem Mann von Genie, nicht an den Ort gebrauchen, wo er seine außerordentl. Talente nicht gebrauchen kann, heißt denselben mißbrauchen".[850] Es blieb Goethe damals gar nichts anderes übrig, als ein Aristokrat zu werden und damit eine mächtige Stütze des ganzen Adelssystems, denn nur in dieser Gesellschaftsschicht wurde er gefördert. Gegenüber der Prinzessin und dem Herzog Alfons sagt Tasso (Vers 402 ff.): „Doch seh ich näher an, was dieser Dichtung/Den innern Wert und ihre Würde gibt:/Erkenn ich wohl, ich hab es nur von euch."

Goethe ist dennoch gegenüber der Monarchie kritisch, was dadurch zum Ausdruck kommt, dass er für ein Gespräch mit Eckermann über den am 14. Juni 1828 verstorbenen Herzog Carl August den 23. Oktober 1828 wählt, den

Tag vor Anna Amalias Geburtstag. An diesem Tag schickte er bereits Marianne v. Willemer das Gedicht Dem Aufgehenden Vollmonde, den dritten Teil der Dornburger Trilogie, den er am 25. August 1828 geschrieben hatte und worin es um ein poetisches Wiedersehen mit Anna Amalia geht. Dieser Bezug zu Anna Amalia durch die Wahl des Datums, an dem Goethe über den vier Monate zuvor verstorbenen Carl August erst- und letztmals ausführlich spricht,[851] besagt, dass dessen angebliche Verdienste um Kunst und Wissenschaft Anna Amalia zuzuschreiben sind. Der entscheidende Satz über Carl August ist eine unverhohlene Kritik an der Geburt als ausschließliches Kriterium für die Herrschaft, denn mit der Geburt allein ist noch gar nichts getan: „Der Großherzog war freilich ein geborener großer Mensch, womit alles gesagt und alles getan ist." Im Gespräch belehrt Goethe Eckermann weiter über die wichtigste Eigenschaft eines Fürsten: „Und das ist's eben, worauf es ankommt, daß, wenn auch der Purpur abgelegt worden, noch sehr viel Großes, ja eigentlich noch das Beste übrigbleibe." Anna Amalia hatte, nachdem 1775 Carl August sie als Regent ablöste, unablässig an der Idee eines Musenhofes gearbeitet, worin das Programm einer modernen Klassik vorgelebt wurde: die unablässige Selbstveredelung durch Wissenschaft und Kunst. Seit Napoleons Sieg bei Jena und Auerstedt am 14. Oktober 1806 nannte Goethe in „gutem Humor … alles vor dieser Epoche liegende antediluvianisch",[852] also vorsintflutlich. Als Goethe 1807 an der Novelle Die neue Melusine weiter schrieb, verglich er die Adeligen mit dem Geschlecht der Zwerge, die immer kleiner werden, den nachgeborenen Bruder der Prinzessin – Carl August war Anna Amalias Nachfolger in der Regierung – haben „die Wärterinnen sogar aus den Windeln verloren". Dies ist ein Bild für Carl August, der letztlich den Sinn des Lebens vergeblich in sexuellen Ausschweifungen, der Jagd und dem Militär suchte. Im April 1817 entließ Carl August den Theaterdirektor Goethe nach einem Vierteljahrhundert Tätigkeit und der Aufführung von rund 650 Stücken, nur weil der Dichter in Widerstreit mit seiner Nebenfrau Karoline Jagemann geraten war; der Fürst nahm ohne Bedenken in Kauf, dass „das Weimarer Theater rasch wieder auf die Stufe provinzieller Mediokrität zurück[sank]".[853]

Mit Napoleon schien es für einen Augenblick in Deutschland möglich, die Monarchie, die allumfassende Macht einem einzigen nur aufgrund der Geburt verlieh, durch ein System abzulösen, dass auch die tatsächlich vorhandenen Fähigkeiten berücksichtigte. Vor allem die Gesetzbücher Napoleons räumten mit jahrtausendealtem Rechtsmissbrauch eines undurchdringlichen Rechts auf. Den Code Napoléon, das bürgerliche Gesetzbuch Frankreichs, empfahl Goethe seinem Sohn dringend zum Studium. Seit der Gesetzgebungsarbeit von Friedrich II. von Sizilien war eine derartige klare Gesetzeslage nicht mehr erwünscht gewesen. Mit Napoleon waren Stände-, Feudal- und Korporativrechte sowie sonstige Privilegien mit einem Federstrich erloschen. Heutige Prinzipien wie Freiheit der Person, Trennung von Kirche und Staat, Gleichheit vor dem Gesetz, Freiheit des Eigentums und Vertragsfreiheit waren geltendes Recht.[854]

Doch Goethe geht einen Schritt weiter. Anna Amalia ist für ihn das Ideal einer Fürstin, denn sie trachtete nach der Förderung von Kultur und Wissenschaft. Daher stellt sie Goethe sogar dem von ihm bewunderten Napoleon als Ideal gegenüber, für ihn sonst „die höchste Erscheinung, die in der Geschichte möglich war".[855] Dabei war Anna Amalia nur stellvertretend für ihren unmündigen Sohn und nicht aus eigenem Recht regierende Herzogin gewesen. In seiner UNTERREDUNG MIT NAPOLEON 1808, einer Skizze von 1824, die erst nach Goethes Tod veröffentlicht wurde, berichtet er von einer Audienz in Erfurt beim Kaiser. Darin erwähnt Goethe zwei Mal Anna Amalia. Das erste Mal erwähnt er sie, als Napoleon die Unterredung unterbrochen hatte und Goethe sich im Saal der Statthalterei umschauen kann: „Hier hatte das Bild der Herzogin Amalia gehangen, im Redoutenanzug [Maskenkostüm], eine schwarze Halbmaske in der Hand". Das zweite Mal spricht Goethe von Anna Amalia, weil Napoleon ihm nach seinem „Verhältnisse zu dem fürstlichen Hause, nach Herzogin Amalia" gefragt haben soll. Dies ist aber unwahrscheinlich, denn Anna Amalia war schon über ein Jahr tot; der in den Rheinbund (1806-13) aufgenommene Carl August hatte Napoleon den Tod seiner Mutter mitgeteilt, der daraufhin seine Anteilnahme aussprach.[856] Kaiser Napoleon I. hatte 34 Fürsten nach Erfurt berufen, um vor dem glänzenden Hintergrund seiner Vasallen mit Zar Alexander I. (1777–1825) über eine Allianz zu verhandeln. Ein „Parterre von Königen", befand sarkastisch Napoleons Außenminister Talleyrand (1754–1838) im Theater.[857] Nur mit Mühe bekam Goethe im streng nach dynastisch-militärischen Kriterien besetzten Theater einen Platz.[858] Von allen Herrschern, die Goethe kennen gelernt und vor Augen hatte, erwähnt er in seiner Unterredungsskizze neben Napoleon aber nur Anna Amalia namentlich und dies zwei Mal. Für Goethe hat gute Politik, wie sie sich in Napoleons bahnbrechender Gesetzgebungsarbeit widerspiegelte, für gute soziale Verhältnisse zu sorgen als Grundlage für Kunst und Wissenschaft, die der Veredelung des Menschen dienen sollen. „Die Bestimmung der Kultur ist zur Veredelung der Menschen", so Anna Amalia in ihren BETRACHTUNGEN ÜBER KULTUR, „alles, was nicht dahinzielt, ist nichts".[859] Goethes Mutter äußerte einmal über Anna Amalia: „... eine Fürstin, die wirklich Fürstin ist, die der Welt gezeigt hat, daß sie regieren kann, die die große Kunst versteht, alle Herzen anzuziehen, die Liebe und Freude um sich her verbreitet, die, mit Einem Worte, zum Segen für die Menschen geboren wurde."[860]

Dass der aufgeklärte Absolutismus nur eine Phase des Überganges darstellen würde, weil kein Mächtiger selbst seine Machtausübung kontrollieren kann, war für den Staatsmann Goethe klar. Die Hauptforderung der Amerikanischen (ab 1776) und der Französischen Revolution (1789) war eine echte Gewaltenteilung auf der Grundlage von Menschenrechten gewesen. Dass der „Fürstenknecht" Goethe seinen Kritikern, die nach Napoleons Sturz (1814/15) die Nation forderten, in seinem Staatsdenken weit überlegen war, zeigt er mit seiner Dichtung WEST-ÖSTLICHER DIVAN (ab 1814). Diese wird durch das Gedicht HEGIRE eröffnet, ein Begriff, der bei Goethe im Sinne von Flucht verwendet wird, so in einem Brief vom 14. Oktober 1786 aus Venedig, in dem er gegenüber Carl August seine Flucht nach Italien eine „Hegire" nannte. Goethe flüchtet mit dem WEST-ÖSTLICHEN DIVAN vor den Bestrebungen, allein in einer deutschtümelnden Nation eine Alternative zum bisherigen politischen System zu sehen. Am 8. Februar 1815 schreibt Goethe an Knebel: „Ich segne mein Entschluß zu dieser Hegire, denn ich bin dadurch der Zeit und dem lieben Mittel-Europa entrückt". Franz Grillparzer prophezeite eine Entwicklung, die „Von Humanität/Durch Nationalität/Zur Bestialität" führen würde. Mit dem WEST-ÖSTLICHEN DIVAN hat Goethe den Zustand jenseits des Wahns der Nation beschrieben, doch damit sah er weit in die Zukunft. Zu Beginn des Ersten Weltkrieges (1914) hatten die Buchhändler die meisten Exemplare der Ausgabe des DIVAN von 1819 noch nicht verkauft.[861]

Goethes unehelicher Sohn August Vulpius wurde für die Entsagenden zu einem gravierenden Problem. Unehelichkeit war damals ein Grund für Verachtung durch die Gesellschaft, Goethes Mutter spricht dieses Problem anlässlich der Geburt von Karl Vulpius (geb. und gest. 1795) vorsichtig gegenüber ihrem Sohn an: „Nur ärgert mich, daß ich mein Enkelein nicht darf ins Anzeigenblättgen setzen laßen – und ein öffentliches Freudenfest anstellen – doch da unter diesem Mond nichts Vollkommenes anzutreffen ist, so tröste ich mich damit, daß mein Hätschelhans vergnügt und glücklicher als in einer fatalen Ehe ist – Küße mir deinen Bettschatz und den kleinen Augst" (24. September 1795). Ein Zeitgenosse urteilte: „Mit G[oethes] Verbindung mit der Donna Vulpia ist sie [Goethes Mutter] zufrieden, weil sie es seyn muß."[862] In seinen Testamenten von 1797 und 1800 setzte Goethe seinen Sohn als Erben ein, Christiane sollte nur als dessen Mutter zu versorgen sein. Viele fragten sich, warum Goethe Christiane Vulpius nicht ehelichte, um damit seinen Sohn, der als Bastard galt, zu legitimieren, denn es gab keinen ersichtlichen Hinderungsgrund, auch nicht die Gesellschaftskonvention.[863] Wie die meisten dachte auch Friedrich Schiller, dass Goethe Christiane bald heiraten würde, in einem Brief vom 1. November 1790 schreibt er an Körner: „Es ist sehr wahrscheinlich, daß er sie in wenigen Jahren heiratet. Sein Kind soll er sehr lieb haben, und er wird sich bereden, daß, wenn er das Mädchen heiratet, es dem Kinde zuliebe geschehe, und daß dieses wenigstens das Lächerliche dabei vermindern könnte." Auch für heutige Biographen „bleibt es doch schwer zu verstehen, daß er [Goethe] fast zwei Jahrzehnte lang Geliebte und Kind in gesellschaftlicher Diskriminierung leben ließ ... Niemand kennt die Beweggründe für sein Verhalten ... Warum Goethe das bei den damals herrschenden Verhältnissen geduldet und ihr [Christiane] angetan hat, bleibt für immer rätselhaft".[864] Als Goethe eine dritte Reise nach Italien plante, die wegen der Kriegswirren am Ende scheiterte, vertraute Wieland Böttiger in einem Gespräch vom 26. März 1797 an: „Goethe sollte die Vulpia als Pagen mit nach Italien nehmen, damit die Italiener auch einmal etwas zu sehn bekämen. Sie sei eine Sau mit dem Perlenhalsband."[865]

August Vulpius ließ man von Kindesbeinen seine uneheliche Herkunft spüren. Henriette v. Egloffstein berichtet, ihn als Kind liebkost zu haben, als die Herzogin Luise hinzutrat: „Mit der Lorgnette [Stielbrille] vor den Augen blieb die Herzogin stehen und fragte mich, während sie das Kind betrachtete: ‚Wissen Sie auch, wer der Kleine ist?' Da ich es verneinen mußte, setzte sie sonderbar lächelnd hinzu: ‚Es ist Goethens Sohn.' Unverzüglich entließ ich den Knaben aus meiner Umarmung, als könne seine Nähe mich verunreinigen, denn ich wußte, daß Goethe gleich nach seiner Rückkehr aus Italien ein Mädchen von sehr zweideutigem Ruf (Mamsell Vulpius) zu seiner Geliebten erkoren und diese, ohne Scheu vor dem Urteil der Welt, in seinem Hause aufgenommen hatte."[866] Wie feindlich man der Familie Vulpius gegenüber stand, zeigt etwa ein Brief von Charlotte v. Schiller an Fritz v. Stein: „Die Schwester der Vulpius ist gestorben [Ernestine, 1779–1806]; der arme Mann [Goethe] hat so geweint! Dies schmerzt mich, daß seine Tränen um solche Gegenstände fließen müssen."[867] Als französische Plünderer im Oktober 1806 die Ehefrau von Christianes Bruder Christian August Vulpius vergewaltigten, konnte der gefeierte Autor des Räuberromans Rinaldo Rinaldini (1797) über sein Unglück in einer der angesehensten Zeitungen Deutschlands lesen: „Unserem famösen Romanfabrikaten V...s ist es auch scharf ans Leben, und seiner Frau ans Nothzüchtigen gegangen; aber wenn es traurig ist, dergleichen zu erleben, so ist es eine Wonne, ihn die Szene erzählen zu hören. In jenen Momenten ist die Gebärmutter seines Geistes, aus der schon so viele Räuber und Ungeheuer hervorgingen, gewiß aufs neue zu einem Dutzend ähnlicher Schöpfungen geschwängert worden, die in den nächsten Messen wie junge Ferkel herumgrunzen werden." Goethe protestierte gegen das „Ungeziefer", das so etwas, weil es um seinen Schwager ging, schrieb.[868]

1801 besorgte Goethe bei Carl August ein „Legitimations-Diplom" für seinen Sohn August, damit dieser rechtmäßig den Namen Goethe tragen konnte. Dieser Rechtsakt hatte aber außerhalb des kleinen Herzogtums keine Rechtswirkung, und selbst für das Inland wurde der Satz für erforderlich gehalten: „... daß selbigen (August Goethe) seine außereheliche Geburt von niemand zu einiger Verkleinerung und Nachtheil oder sonstiger Behinderung vorgerückt werden solle bey Vermeidung ernsten Einsehens und unnachbleiblicher schwerer Strafe."[869] Die Ausstellung eines „Legitimations-Diplom" durch den Herzog Carl August kraft landesherrlicher Macht war also kein wirklicher Ersatz für einer kirchlichen Heirat des Herrn Geheimrats v. Goethe mit Christiane Vulpius. Als August im Frühjahr 1806 eine Reise zu Goethes Freund Zelter nach Berlin plante, gab man ihm zu verstehen, dass er dort unmöglich unter den Namen Goethe verkehren könne. Die bereits vorbereitete Reise wurde unterlassen.[870]

Obwohl Goethe mehrmals lebensgefährlich erkrankt war – 1801 etwa hatten ihn die Ärzte schon aufgegeben –, ehelichte er Christiane lange nicht. Goethe berichtet, bei seiner Erkrankung 1801 besinnungslos gewesen zu sein. Als er sich langsam erholte war sein rechtes Auge geschwollen. An dem Tag, an dem „sich das Auge wieder geöffnet, ... durfte [ich] hoffen, frei und vollständig abermals in die Welt zu schauen. Auch konnte ich zunächst mit genesendem Blick die Gegenwart der durchlauchtigsten Herzogin Amalia und ihrer freundlich-geistreichen Umgebung bei mir verehren“ (TAG- UND JAHRESHEFTE, Eintrag 1801). In einem der ganz wenigen erhaltenen Briefe Anna Amalias an Goethe vom 27. Januar 1801 drückt die Fürstin ihre Freude über die Genesung aus: „... so wünschte ich nichts mehr als daß ich Ihnen meine Freude darüber selbst beweisen könnte. Wenn es Ihnen gelegen ist so wollte ich heute um halb sechs also zu Ihnen kommen“.[871]

Goethe wollte Christiane deshalb lange Zeit nicht ehelichen, weil er sich bereits als mit Anna Amalia verheiratet fühlte. Das letzte, von 1806 stammende Ölgemälde,[872] das Anna Amalia von sich malen ließ, stellt sie als Braut dar und könnte daher ANNA AMALIA ALS BRAUT betitelt werden (ABB. 32). Wahrscheinlich ergänzte Anna Amalia das Gemälde eigenhändig um Details wie etwa den Zeichenstift. Die Fürstin hatte es in der Malerei weit gebracht, „unter der Leitung Oeser's [gelangen] der geübten Hand der Herzogin Oelbilder von besonderer Ähnlichkeit“, heißt es bei einem frühen Biographen.[873] Anna Amalia trägt auf dem Gemälde einen weißen Schleier und ein weißes Kleid, das aber fast vollständig von einem rotbraunen Gewand verdeckt wird. In ihrer linken Hand hält sie einen weißen Handschuh, an ihrer Halskette hängt ein Medaillon mit dem Bild ihres Sohnes Carl August. Der linke Arm stützt sich auf einen Tisch, auf dem drei Bücher stehen, jeweils eines von Goethe, Herder und Wieland. Unter diesen sind Zeichnungen eingeklemmt, die oberste stellt Homer dar. Daneben liegt ein Lorbeerzweig, der das oberste Buch von Goethe kranzartig umschließt, sowie ein Zeichenstift; in der Mitte der Tischvorderseite ist das Profil der Göttin Athene zu erkennen. Gewisse Bezüge des Gemäldes sind leicht zu deuten, darüber hinaus verschlüsselt Anna Amalia ihr wirkliches Verhältnis zu Goethe. Das Medaillon weist sie als Fürstin aus, die Bücher stehen für den Musenhof, den sie in Weimar begründet hat, so dass aus der kleinen Stadt eines der führenden geistigen Zentren Europas wurde. Daher sieht sie sich in der Tradition der Göttin Athene, im griechischen Mythos unter anderem die Schutzherrin der Helden, der Wissenschaft und der Künste. Anna Amalia galt bei den Zeitgenossen als die „Gründerin Weimars, die Wohltäterin des ganzen Landes, die Beschützerin aller Künste und Wissenschaften“.[874] Im Scherzgedicht AN LUISE VON GÖCHHAUSEN, das um 1778 entstand, vergleicht Goethe Anna Amalias Hofdame mit einem Kauz auf dem Schild der Göttin Minerva, das römische Äquivalent der Athene, die damit für Anna Amalia steht:

> Der Kauz, der auf Minervens Schilde sitzt,
> Kann Götter wohl und Menschen nützen;
> Die Musen haben dich so treu beschützt,
> Nun magst du ihnen wieder nützen.

Die Bücher beschweren den vorderen Teil einer Zeichnung mit dem Profil Homers, diese fließt sozusagen aus den drei Büchern. Auffällig ist, dass Anna Amalia Schiller nicht aufnimmt. Während bei dem Dramatiker Schiller 1806 noch ein Streit vorstellbar gewesen wäre, ist trotz der Verdienste Wielands und Herders nur Goethe derjenige, der auf einer Stufe mit Homer steht. Goethe ist hervorgehoben, denn sein Buch steht ganz oben und berührt den ihm geltenden kranzartig gewundenen Lorbeerzweig. Dieser ist das Symbol des Sieges und des Ruhmes, als Lorbeerkranz traditionell die höchste Auszeichnung für einen Dichter. Die Verbindung zwischen Anna Amalia und Goethe wird mit Hilfe des Zeichenstifts hergestellt. Dieser liegt zum Teil auf der Zeichnung Homers als Sinnbild für den größten Dichter, hier also Goethe, während die Spitze des Stifts auf das linke Handgelenk von Anna Amalia weist. In dieser Hand hält sie einen weißen Handschuh, was Auskunft darüber gibt, wem Goethe am 23. Juli 1780 nach Aufnahme in die Freimaurerloge Anna Amalia wirklich die weißen Handschuhe gab, die ein Freimaurer „derjenigen zu übergeben [hat], mit welcher der Aufgenommene ehelich verbunden ist, oder mit der er sich zu verbinden gedenkt.“[875] In seinem Brief vom 24. Juni 1780 an Anna Amalia („Frau v. Stein“) hatte er geschrieben: „Ein geringes Geschenk, dem Ansehen nach, wartet auf Sie wenn Sie wiederkommen. Es hat aber das merckwürdige dass ich's nur Einem Frauenzimmer, ein einzigsmal in meinem Leben schenken kan.“ Anna Amalia trägt diesen weißen Handschuh in der linken Hand, was auf eine „Ehe zur linken Hand“ hinweist, beim Hochadel die Bezeichnung für eine standesungleiche Ehe. Weiter trägt Anna Amalia einen weißen Schleier sowie ein weißes Kleid, was seit dem 19. Jahrhundert zur traditionellen Brautkleidung geworden ist, allerdings ist diese durch einen rotbraunen Mantel fast ganz verdeckt. Goethe war also in einem höheren Sinne bereits mit Anna Amalia verheiratet, und darauf weist das Gemälde Anna Amalia als Braut hin. Bereits am 16. September 1776 trug Goethe im Tagebuch ein: „Abends Comödie die heimliche Heurath!“ Ein Ausrufezeichen nach einem Stück ist in Goethes Tagebüchern aus dem ersten Weimarer Jahrzehnt (bis 1782) sonst nur noch ein Mal zu finden.[876] Als diese beliebte englische Komödie von Cimarosa zur komischen Oper Die Heimliche Heirat ausgearbeitet wurde (1792), wurde sie zu einer Lieblingsoper von Goethe. Er verbesserte die Texte, einzelne Verse daraus zitierte er zu passenden Gelegenheiten immer wieder, etwa den Satz: „... ja, so sind die Herrn von Stande, ich bin auch zuweilen so“.[877] Es ist vorstellbar, dass Goethe Die Heimliche Heirat deswegen erstmals am 3. Dezember 1796 zur Aufführung brachte, weil am 3. Dezember 1775 seine Liebe zu Anna Amalia entbrannt war, knapp einen Monat nach seiner Ankunft in Weimar am 7. November 1775.

Am 14. Oktober 1806, dem Tag, an dem unweit von Weimar die Doppelschlacht von Jena und Auerstedt tobte, bei der die preußische Armee unterlag, flüchtete Anna Amalia im letzten Moment mit „blutendem Herzen“[878] aus Weimar. Sie sollte ihre Enkelin Caroline in Sicherheit bringen. Fünf Tage später, am Sonntagmorgen, dem 19. Oktober 1806, ehelichte Goethe Christiane und legitimierte damit seinen 17-jährigen Sohn August, der mit Riemer Trauzeuge war.[879] Dem Pfarrer erklärte Goethe zuvor: „Dieser Tage und Nächte ist ein alter Vorsatz bei mir zur Reife gekommen; ich will meine kleine Freundin, die so viel an mir getan und auch diese Stunden der Prüfung mit mir durchlebte, völlig und bürgerlich anerkennen als die Meine". An Carl August schrieb Goethe am 25. Dezember 1806: „Da man der bösen Tage sich oft erinnert; so ist es eine Erheiterung auch der guten zu gedenken ... so fiel mir auf daß heute vor siebzehn Jahren mein August mich mit seiner Ankunft erfreute. Er läßt sich noch immer gut an und ich konnte mir Ew.[Euer] Durchl.[aucht] Einwilligung aus der Ferne versprechen als ich, in den unsichersten Augenblicken, durch ein gesetzliches Band, ihm Vater und Mutter gab, wie er es lange verdient hatte." An Knebel schrieb Goethe am 21. Oktober: „Daß ich mit meiner guten Kleinen seit vorgestern verehlicht bin wird euch freuen. Unsere Trauringe werden vom 14. Octbr. datiert". Der 14. Oktober war der Tag, an dem Anna Amalia abgereist war; nur in Anna Amalias Abwesenheit fand Goethe die Kraft, Christiane zu ehelichen. Am 30. Oktober kehrte Anna Amalia zurück und Goethes „kleine Freundin" war nunmehr dessen Ehefrau.

Das von Goethe erwartete Verständnis für diesen Schritt brachte Anna Amalia nicht auf und erstmals scheint sie sogar einige Kritik an ihm geäußert zu haben, indem sie sein angeblich gleichgültiges Verhalten während der Kriegshandlungen tadelte.[880] Von Anna Amalias Rückkehr bis Ende November verzeichnet Goethe in seinem Tagebuch allein 13 Besuche bei ihr. Im Dezember 1806 folgen weitere acht Besuche, die im Entschluss des Dichters münden, Tasso auf die Bühne zu bringen. Am 13. Februar 1807 diktiert Goethe für sein Tagebuch: „Abends Probe von Tasso im Theater. Darauf bey der Herzogin Mutter." Nach außen gab sich Anna Amalia gefasst, sie nahm die ihr von Goethe im September 1806 angebotene Mitpräsidentschaft in der Naturforschenden Gesellschaft in Jena (ab 1793) an.[881] In Wirklichkeit war Anna Amalia aber von der „völligen und bürgerlichen Anerkennung" Christianes als Goethes Ehefrau erschüttert. Als Fürstin von frühster Jugend an mit Staatsakten und Zeremonien vertraut, maß sie dem Band der Ehe größtes Gewicht bei. Dies ist der Grund, warum im Gemälde Anna Amalia als Braut die Fürstin nur einen Freimaurerhandschuh in Händen hält, denn es ist ihre Antwort auf Goethes Vermählung. Goethe wird im Roman Die Wahlverwandtschaften (1808/09) sich leidenschaftlich zur Ehe bekennen, ihm war diese aber auf Erden nicht mit jener Frau vergönnt, die er wollte, weil sie eine Fürstin war. Als der Ästhetiker Carl Ernst Schubarth (1796–1861) seine Braut heiraten wollte, schrieb er Goethe im Oktober 1821: „Es ist ... für uns Nordländer Pflicht die Maximen einer höhern Sittlichkeit zu befolgen, die uns auf das Gesetzmässige verweist. – Nur als Ausnahme mag es der begünstigten Natur des Nordens einmal vergönnt seyn, um abzuweichen, und doch eigentlich das Gesetzliche Rechte in seinem höchsten Sinne durchzuführen. Das Beyspiel, das Ew. [Euer] Exzellenz gegeben, darf man erstaunen, bewundern, aber man darf es nicht nachahmen wollen – weil wir nicht Sie sind. Für mich sind die Römischen Elegien in demselben zarten reinen, wahren, sittlichen Geiste abgefasst als es der Charakter einer Ottilie [in DIE WAHLVERWANDTSCHAFTEN] ist."[882] Goethe antwortet am 7. November 1821, dem 46. Jahrestag seiner Ankunft in Weimar: „Alles, was Sie darüber sagen, unterschreibe Wort für Wort, denn ich darf wohl aussprechen, daß jedes Schlimme, Schlimmste, was uns innerhalb des Gesetzes begegnet, es sey natürlich oder bürgerlich, körperlich oder ökonomisch, immer noch nicht den tausendsten Theil der Unbilden aufwiegt, die wir durchkämpfen müssen, wenn wir außer oder neben dem Gesetz, oder vielleicht gar Gesetz und Herkommen durchkreuzend und doch zugleich mit uns selbst, mit andern und der moralischen Weltordnung im Gleichgewicht zu bleiben die Nothwendigkeit empfinden."

Goethe hatte durch seine Heirat, mit der er seinen Sohn legitimierte, Anna Amalia tief verwundet, daher ist er in dieser Zeit gegenüber seinem Sohn, nunmehr August v. Goethe, gereizt und streng. Johanna Schopenhauer berichtet von einer Begebenheit am 10. November 1806: „... ich [war] mit Adelen zu Mittag bey Göthe, die Gesellschaft war klein, ich, Bertuchs, Major Knebel mit seiner Frau aus Jena, ein höchst interessanter Mann, der auch als Dichter bekannt ist, und einige Fremde. Ich kann Göthen nicht genug sehen, alles an ihm weicht so vom Gewöhnlichen ab, und doch ist er unendlich liebenswürdig; diesmal habe ich ihn einmahl böse gesehen, sein Sohn, eine Art Tapps, der aber im äußern viel vom Vater hat, zerbrach mit großem Geräusch ein Glas. Göthe erzählte eben etwas und erschrak über den Lärm so, daß er aufschrie, ärgerlich darüber sah er den August nur einmahl an, aber so, daß ich mich wunderte, daß er nicht untern Tisch fiel".[883]

Das Herzogtum Braunschweig, aus dem Anna Amalia stammte, wurde von Napoleon mit den Worten ausgelöscht: „Das Haus Braunschweig hat aufgehört zu existieren."[884] Am 14. Oktober 1806 war ihr Bruder Carl Wilhelm Ferdinand v. Braunschweig, der preußische Heerführer, gleich zu Beginn der Schlacht gegen die Franzosen in Auerstedt durch einen Kopfschuss tödlich verwundet worden. Das Herzogtum Weimar entging nur deswegen dem gleichen Schicksal, weil die Frau des Erbprinzen, Maria Paulowna (1786–1859), die Schwester des russischen Zaren Alexander I. war, den Napoleon für eine Allianz mit Frankreich gewinnen wollte.[885] Bis zum Friedensschluss von Posen Ende 1806 behielt sich Napoleon vor, das Herzogtum Sachsen-Weimar-Eisenach aufzulösen. In Posen entschied er, Carl August – vor kurzem noch Befehlshaber der preußischen Avantgarde-Division – in den wenige Monate zuvor gegründeten Rheinbund (1806-13) aufzunehmen, mit dem das Heilige Römische Reich Deutscher Nation (seit etwa 962) abgelöst wurde. Goethe war von Napoleon begeistert, er hoffte auf ein besseres Zeitalter, in dem die Herrschaft nach Verdienst und nicht nach Geburt verteilt werden würde. Offiziere von herausragender Tapferkeit waren im Haus des Dichters einquartiert, so der Marschall Jean Lannes (1769–1809), der Sohn eines Stallknechts, oder der Marschall Pierre François Charles

Augereau (1757–1816), der Sohn eines Obsthändlers, beide von Napoleon in den Fürstenstand erhoben.[886] Auf Seiten der Preußen waren die höchsten Befehlshaber zwar Fürsten, also „geborene große Menschen“, eine militärische Begabung aber war oft nicht vorhanden. Dies galt etwa für Carl August, den höhere Offiziere für unfähig hielten.[887] Während der vernichtenden Doppelschlacht von Jena und Auerstedt führte Carl August eine militärisch sinnlose Seitenaktion in Franken durch. Ebenso unfähig war der preußische Oberbefehlshaber, Anna Amalias Bruder Carl Wilhelm Ferdinand v. Braunschweig. Dieser hatte bereits 1792 den katastrophalen ersten Koalitionskrieg gegen Frankreich zu verantworten gehabt, zuvor war ihm zu Ehren für überschätzte militärische Leistungen in Holland (1787) das BRANDENBURGER TOR (1788–91) erbaut worden.[888]

Anna Amalia wurde durch Napoleons Sieg eindrücklich vor Augen geführt, wie relativ die Fürstentümer von Gottes Gnaden waren. Sie muss sich wohl gefragt haben, ob die Rücksichtnahme auf die Monarchie, die zum Verzicht auf eine gemeinsame Zukunft mit Goethe in Amerika geführt hatte, nicht ein nutzloses Opfer gewesen war. Privilegienmissbrauch und Korruption einer parasitären adligen Führungsschicht kennzeichneten die Monarchie. Auch in Weimar herrschte eine rigide Trennung der Stände, obwohl ihre berühmtesten Einwohner aus dem bürgerlichen Stand hervorgegangen waren, etwa Wieland, Herder, Schiller und Goethe. Wieland vertraute Böttiger in einem Gespräch vom 22. April 1804 an: „Der Herzogin Mutter [Anna Amalia] sei er immer gut genug, eine Lücke auszufüllen. Sonst müsse man auf die süssen Honigreden der Fürsten gegen Bürgerliche nie trauen.“[889] Im Weimarer Theater waren Adel und Bürgerschaft streng getrennt, die Ersteren auf dem rechten, die Letzteren auf dem linken Balkon sitzend.[890] Erst im europäischen Revolutionsjahr 1848 hob man diese Regelung auf, als für einen Augenblick in Deutschland die Beseitigung der Monarchie möglich schien. Die Herzogin Luise war tief gekränkt über die Liaison des geadelten Goethe mit Christiane Vulpius 1788.[891] Sie war bitter enttäuscht, dass die adlige Charlotte v. Lengefeld 1790 den bürgerlichen Dichter Friedrich Schiller heiratete[892] und quittierte die Heirat des adligen Knebel mit Luise Rudorf 1798 mit verbissener Feindseligkeit.[893] Als ihr Sohn 1828 Großherzog wurde, verbat er Adligen bei geselligen Anlässen, Bürgerliche einzuladen, was etwa für Johanna Schopenhauer, die Mutter des Philosophen Arthur Schopenhauer (1788–1860), entsprechende Folgen hatte: „Sie [Johanna] pflegte sonst an allen geselligen Zusammenkünften des Adels Theil zu nehmen. Nun hat der jetzige G[roß]h[erzog] die Gewohnheit angenommen, sich häufig bei diesen einzufinden, u. da sein eingefleischter Haß gegen die bürgerliche Canaille bekannt ist, wagt man nicht mehr, solche einzuladen. Daher sieht die arme Frau sich jetzt aus vielen Gesellschaften verbannt, wo man sie ehemals mit Freunden aufnahm“.[894] Johanna Schopenhauer, Goethes Freundin – über 20 Jahre war sie in Weimar der Mittelpunkt eines berühmten Teesalons gewesen – verließ daraufhin Weimar; einem Freund schrieb sie: „Ich verlasse im nächsten

Sommer Weimar – wahrscheinlich auf immer! … Ich ziehe an den Rhein, nach Bonn, wo ich alles beinahe wiederfinde, was ich hier verlasse – nur gottlob das Hofwesen nicht".[895] Auch die Ehefrau von Carl Augusts Nachfolger, Maria Paulowna, besaß einen „eingefleischten Haß gegen die bürgerliche Canaille". Als ihre Hofdame Henriette v. Stein-Nordheim (1807–1869) sich entschlossen zeigte, den Bürgerlichen Ludwig Schorn (1793–1842) zu heiraten, versuchte sie diese gewaltsam davon abzubringen und noch 30 Jahre später verursachte ihr diese Auseinandersetzung Albträume. Als dem Großherzog die Verlobung der Hofdame mitgeteilt wurde, fuhr sich dieser „vor Entsetzen mit beiden Händen in die Haare".[896] Der neue Großherzog war es, der an Goethes Todestag die Bestattung des Dichterfürsten neben seinem Vater Carl August in der Fürstengruft verfügte und nicht, wie es sich Goethe im Gedicht DER BRÄUTIGAM (1828) gewünscht hatte, neben Anna Amalia: „Um Mitternacht, der Sterne Glanz geleitet/Im holden Traum zur Schwelle, wo sie ruht./O sei auch mir dort auszuruhn bereitet!" Der neue Großherzog, der Bürgerliche als Kanaille, also als Gesindel[897] beschimpfte, begann ohne Bedenken die Vereinnahmung und Instrumentalisierung Goethes für die Monarchie. Da Dokumente unterdrückt wurden, die Goethes verbotene Liebe zu Anna Amalia dokumentierten, sah es aus, als wäre der junge Goethe in Weimar geblieben, weil er von der Monarchie überzeugt war. In Wirklichkeit war er ein Opfer der Monarchie, die er nur in Kauf nahm, um als wahrhaft Liebender in Anna Amalias Nähe bleiben zu können, und später, als sie starb, um seine ganze Kraft als alter Mann dazu zu verwenden, sie im Land der Dichtung in den höchsten Tönen zu besingen.

Für nicht Eingeweihte blickte Goethe, wie die ihn tief verehrende Johanna Schopenhauer urteilte, auf „ein gewissermaßen selbst verpfuschtes Leben" zurück.[898] Als Goethe 1788 Christiane zu sich genommen hatte, um unbehelligt als Entsagender in Anna Amalias Nähe bleiben zu können, ahnte er noch nicht, was mit diesem Schritt alles verbunden sein würde. An seiner Liebe zur Fürstin in „höherem inneren Sinne" bestand für den Dichter nie ein Zweifel, beide weißen Freimaurerhandschuhe gehörten nur Anna Amalia. Im Dezember 1806 malte Goethe für Anna Amalia ein Aquädukt, das aus den Buchstaben AMALIE gebildet wird (ABB. 28), sowie einen See in gebirgiger Landschaft, vor dem ein riesiges A steht (ABB. 29). Gleichzeitig malte er vor eine italienische Küstenlandschaft ein großes C, das für die Prinzessin Caroline steht, Anna Amalias Enkelin, für Goethe das „holde Prinzeßchen".[899] Mit dem Hinweis auf ihre Enkeltochter suchte Goethe Anna Amalia seine Heirat begreiflich zu machen, denn wie sie Freude an ihrer legitimen Enkelin hat und, um diese zu schützen, am 14. Oktober flüchtete, will auch er seinen Sohn August vor weiteren gesellschaftlichen Nachteilen bewahren und ihm deshalb seinen Namen geben. In dieser für beide schweren Situation entschloss sich Goethe zu der Erstaufführung des TASSO, seinem Liebesdenkmal für Anna Amalia. Im Februar 1807 wurde er angeblich von seinem Lieblingsschüler zu einer Inszenierung umgestimmt,[900] wobei das Stück lange Zeit vorher einstudiert worden war. Er wandte sich mit der

Aufführung an Anna Amalia; die Inszenierung sollte sie als eine Versicherung seiner ewigen Liebe auffassen, ein Flehen, ihn zu verstehen, denn die Heirat mit Christiane war aus Verantwortung für seinen Sohn längst unumgänglich gewesen – doch vergebens. Im Eintrag 1807 der TAG- UND JAHRESHEFTE heißt es: „Gar bald nach Aufführung des ‚Tasso', einer so reinen Darstellung zarter, geist- und liebevoller Hof- und Weltscenen, verließ Herzogin Amalie den für sie im tiefsten Grund erschütterten, ja zerstörten Vaterlandsboden." Für sein Tagebuch diktierte der erschütterte Goethe am 10. April: „Starb Durchlaucht die Herzogin Mutter." Anna Amalia schied ohne äußere Anzeichen einer Krankheit, ihre treue Hofdame Charlotte v. Stein war bis zum letzten Augenblick bei ihr.[901] Im Park ihres Waldschlosses Ettersburg ließ die Fürstin zu Beginn von Goethes erstem Weimarer Jahrzehnt die Verse des Anakreontikers Johann Georg Jacobi (1740–1814) einmeißeln: „O laßt beim klange süßer Lieder/Uns lächelnd durch dies Leben gehn,/Und, sinkt der letzte Tag hernieder,/Mit diesem Lächeln stille stehn."[902] Goethe hielt in seinem offiziellen Nachruf fest: „Ihr Tod, ihr Verlust sollte nur schmerzen als nothwendig, unvermeidlich, nicht durch zufällige, bängliche, angstvolle Nebenumstände." Ihr „Tod war schön, sanft und edel, sie starb mit vollem Bewußtsein", schrieb Caroline v. Egloffstein am 23. April 1807.[903] Goethe verfasste die offizielle Gedenkrede und entwarf eine Grabinschrift: [904]

Anna Amalia
zu Sachsen
Gebohrne zu Braunschweig
erhabenes verehrend
Schönes geniesend
Gutes wirkend
Förderte sie alles
was Menschheit
ehrt ziert und bestätigt
Sterblich

1739–1807
unsterblich nun
fortwirkend
fürs
Ewige.

Johanna Schopenhauer berichtet in einem Brief vom 13. April 1807 nachmittags im Wittumspalais der Aufbahrung Anna Amalias beigewohnt zu haben: „... ich habe gesehen und nicht gesehen, das schwarz behängte Vorhaus, die Treppen mit Tuch schwarz bedeckt, die künstliche durch tausend Kerzen erhellte Nacht, die lange schwarze Gallerie an deren Wänden die Lichter wie Sterne aussahen und kaum leuchteten weil das Schwarz rings umher jeden Lichtstrahl beynahe einsaugte, alles das stimmte mich wunderbar feyerlich … Nun trat ich in den Saal, er war voll Menschen, und kein Laut war zu hören, ich wurde vorgeschoben bis an das Geländer das die Menge von dem Trauergerüste trennte, da lag sie im Sarge mit ihrem Fürsten Mantel, ich konnte in der grauenhaften Beleuchtung ihr Gesicht nicht unterscheiden, neben ihr lag der Fürsten Hut und der Scepter, die Juweelen dran blizten wunderbar in dem Helldunkel, am Haupte standen zwey in Krep gehülte Damen, von beyden Seiten viele Männer in Trauermänteln mit großen an beyden Seiten aufgekrämpten Hüten von denen lange Flöre herab hingen, sie standen starr und stumm wie Geister …".[905]

Mit Anna Amalias Tod lebt Goethe nur noch, um der Geliebten weitere unsterbliche Werke der Liebe zu schenken. Eine Schilderung des neapolitanischen Nachthimmels von Anna Amalia könnte zugleich Goethes enormes Lebenswerk meinen, es ist „die funkelnde Milchstraße mit ihren Millionen Sternen, die wie der Gürtel der Venus den ganzen Erdenkreis mit Liebe zu umgeben scheint".[906] Die unerschöpfliche Inspirationsquelle für Goethes Dichtung war sein erstes Weimarer Jahrzehnt, in dem er in leidenschaftlicher Liebe zu Anna Amalia entbrannt war. Diese Zeit waren sie „glücklich eingeschifft" gewesen, wenn auch unter dem Schutzmantel einer Täuschung. In TASSO spricht die Prinzessin angesichts des Aufbruchs des Dichters nach Rom die Worte aus (Vers 1875 ff.):

Die Sorge schwieg, die Ahnung selbst verstummte,
Und glücklich eingeschifft, trug uns der Strom
Auf leichten Wellen ohne Ruder hin:
Nun überfällt in trüber Gegenwart
Der Zukunft Schrecken heimlich meine Brust.

Die Entsagung von Anna Amalia bedeutete die Entrückung der verbotenen Liebe auf eine höhere Ebene, zugleich aber für beide unsägliche Schmerzen. Erst bei Kenntnis von Goethes Liebestragödie im ersten Weimarer Jahrzehnt offenbart ein 1797 veröffentlichtes Gedicht seinen erschütternden Sinn. Die klaffende Herzenswunde kann sich nicht schließen, weil Goethes Schiff nicht im „Hafen" ankommen darf, denn Goethe darf Anna Amalia nicht zur Frau nehmen:

AN MIGNON

Über Tal und Fluß getragen,
Ziehet rein der Sonne Wagen.
Ach, sie regt in ihrem Lauf,
So wie deine, meine Schmerzen,
Tief im Herzen,
Immer morgens wieder auf.

Kaum will mir die Nacht noch frommen,
Denn die Träume selber kommen
Nun in trauriger Gestalt,
Und ich fühle dieser Schmerzen,
Still im Herzen
Heimlich bildende Gewalt.

Schon seit manchen schönen Jahren
Seh ich unten Schiffe fahren,
Jedes kommt an seinen Ort;
Aber ach, die steten Schmerzen,
Fest im Herzen,
Schwimmen nicht im Strome fort.

Schön in Kleidern muß ich kommen,
Aus dem Schrank sind sie genommen,
Weil es heute Festtag ist;
Niemand ahnet, daß von Schmerzen
Herz in Herzen
Grimmig mir zerrissen ist.

Heimlich muß ich immer weinen,
Aber freundlich kann ich scheinen
Und sogar gesund und rot;
Wären tödlich diese Schmerzen
Meinem Herzen,
Ach, schon lange wär ich tot.

Wie bei einer Muschel, die eine Verwundung durch konzentrische Perlmutterschichten ummantelt, so dass eine Perle entsteht, wird Goethe als Entsagender unentwegt seinen Liebesschmerz mit unsterblichen Werken der Liebe ummanteln. Wie eine Fackel in der Finsternis sollten Goethes Liebesdichtungen Licht spenden, das tausendfach reiner und heller leuchtet, wenn Anna Amalia als die Frau, der diese galten, erkannt wird. Ohne die Bedeutung der „seltenen Frau, und noch seltneren Fürstin“[907] Anna Amalia für Goethes Leben zu erkennen, kann sein dichterisches Werk nicht interpretiert werden: „Fühlst du nicht an meinen Liedern,/Daß ich eins und doppelt bin?“, dichtete Goethe in GINGO BILOBA.

Im Rahmen eines nicht datierten Märchens, das nur drei Seiten umfasst,[908] beschreibt Anna Amalia die Entdeckung ihres Geheimnisses. Das Märchen handelt von zwei „außerordentlich schönen Brillianten“ in einer Stadt in Nubien, wo die Leute besonders stolz auf ihren Verstand sind – eine ironische Umschreibung für Weimar. Der größere Brillant, „so groß wie ein halbes Ei", wird von seinem Eigentümer für wertvoller gehalten. Ein weiser Mann lässt sich beide Brillanten zeigen und stellt bezüglich des größeren fest: „Der Stein ist nicht echt." Bis an die Grenze des Durchsichtigen wagt sich hier Anna Amalia, denn man braucht statt des männlichen Artikels nur den weiblichen einzufügen und es ergibt sich der Satz: „*Die* Stein ist nicht echt." Der weise Mann lässt eine Kohlenpfanne kommen, um seine Behauptung zu beweisen: „Er nahm die beiden Steine und warf sie beide in das Feuer, der große ging sogleich in Rauch auf, der echte aber blieb, was er war. Eine stumme Stille der Dumpfheit überfiel die ganze Gesellschaft. Der weise Mann erhob seine Stimme, und sprach: ‚Mit Erlaubnis, meine Herren und Damen, Sie können samt und sonders den Lauf der Welt daraus sehen, das Falsche wird oft für Wahrheit gehalten und vorgezogen, der Narr läßt sich durch glänzende Farben hinreißen, der Weise aber schätzet die Sache nach ihrem innern Werte.' Alle schrieen ihn für einen weisen Mann aus, einen Namen, den er bis ans Ende seines Lebens beibehielt."

Anhang

Übersicht zur Beweislage

Goethe und Anna Amalia verschlüsselten das Geheimnis ihrer Liebe in „stummer Sprache", in Dichtungen, Gemälden, Skulpturen, Briefen sowie Andeutungen und in Handlungen zu bestimmten Jahrestagen. Um das Weimarer Staatsgeheimnis zu lüften, war daher eine fächerübergreifende Auswertung der Quellen notwendig. Eine allgemein anerkannte Beweislehre für die Geisteswissenschaften gibt es nicht, am weitesten entwickelt ist die juristische, mit deren Hilfe in der gerichtlichen Praxis täglich Sachverhalte rekonstruiert werden. Mit Hilfe dieser Beweislehre ist zu fragen, ob bei dem hier vorgelegten Beweismaterial noch vernünftige Zweifel bleiben, dass Goethe tatsächlich die Fürstin Anna Amalia geliebt hat. Wenn ein Zugang zu Goethes und Anna Amalias „stummer Sprache" gefunden ist, können auf einmal bisher nicht interpretierbare Kunstwerke und vor allem viele ungelöste Fragen zu Goethes Leben und Dichtungen plausibel erklärt werden. Hinzu kommen zeitgenössische Aussagen, die die verbotene Liebe bestätigen.
Im folgenden wird eine Auswahl des im Buch dargelegten Beweismaterials wiedergegeben.

Goethes erstes Weimarer Jahrzehnt
November 1775 - September 1786

1776

13. Mai Goethe hat seine Anstellung in Weimar im Rang eines Ministers einem Brief Anna Amalias zu verdanken, die entschieden für ihn Partei ergriff.

24. Mai Aufführung von Goethes Erwin und Elmire im Liebhabertheater in der Vertonung von Anna Amalia.

8. August Goethe in einem Brief an Anna Amalia („Charlotte v. Stein"):

… dein Verhältnis zu mir ist so heilig sonderbar … Menschen könnens nicht sehen.

August Niederschrift Der Falke (Fragment), Grundkonstellation: Der Held liebt heimlich eine junge, verwitwete Fürstin.

16. September Goethe trägt im Tagebuch ein:

Abends Comödie die heimliche Heurath!

Ein Ausrufezeichen nach einer Aufführung ist in Goethes Tagebüchern aus dem ersten Weimarer Jahrzehnt (bis 1782) sonst nur noch ein Mal zu finden.

Oktober Niederschrift von DIE GESCHWISTER, Grundkonstellation: Der Held liebt insgeheim seine angebliche Schwester. Als der Irrtum aufgeklärt wird, werden sie ein Paar. Goethe kann das aus dem Gesellschaftssystem erwachsende Verbot, die verwitwete Fürstin Anna Amalia zu heiraten, mit nichts anderem vergleichen, als mit dem Inzestverbot. Später verarbeitet Goethe das Motiv der verbotenen Geschwisterliebe in IPHIGENIE AUF TAURIS und in seinem autobiographischen Roman WILHELM MEISTER.

April-Nov. Goethes Freund, der Dichter Jakob Michael Reinhold Lenz (1751–1792), kommt nach Weimar und verliebt sich ebenfalls in Anna Amalia. Dadurch steht Lenz, ohne es zu wissen, in Konkurrenz zu Goethe und wird für die Liebenden eine Gefahr. Dies ist der Grund, warum er des Landes verwiesen wurde.

Frau v. Stein legt in RINO Anna Amalia in der Figur Adelhaite die Worte in den Mund:

Heut kommt der Freund [Goethe] zu mir,
Und ich laß ihn weder dir, dir, noch dir.
Will mich ganz allein an ihn laben
Und ihr sollt nur das Zusehen haben.

1777

24. Oktober Goethes Geburtstagsgeschenk für Anna Amalia ist eine Nachbildung eines Monuments des Schriftstellers Gellert (1715-1769) mit dem Gedicht ALS GELLERT, DER GELIEBTE, SCHIED.

1778

14. März Gräfin Görtz an ihren Mann:

... *Maman* [Anna Amalia] ist mit dem Genie *par excellence* [Goethe] ein Herz und eine Seele und böse Zungen sprechen davon, dass, trotz ihrer kühlen Haltung ihm gegenüber in der Öffentlichkeit, er fast jedem Abendessen fernbleibt … die Liaison zwischen *Maman* und Goethe …

Sommer Anna Amalia besucht Goethes Mutter in Frankfurt, steht mit ihr von da an in regem freundschaftlichen Briefverkehr und tituliert sie mit „liebe Mutter". Sie versucht, sie zu einem Umzug nach Weimar zu bewegen. Frau v. Stein hingegen richtete nur zwei Briefe an Goethes Mutter (1785/1787) und besuchte sie erst 1789.

August Anna Amalia schenkt Goethe kolorierte Kupferstiche, die die Geschichte von Amor und Psyche darstellen. Wie im Märchen AMOR UND PSYCHE der Gott Amor und die Prinzessin Psyche dürfen auch Goethe und Anna Amalia sich nur nachts sehen, ihre Liebe ist eine verborgene. Später schenkt Goethe Anna Amalia („Frau v. Stein") einen Siegelring mit der Darstellung von Psyche, Anna Amalia hingegen übersetzt das Märchen. In der Dichtung TASSO (1780-1790) werden die Protagonisten als Amor und Psyche bezeichnet, ebenso in einer Novelle in WILHELM MEISTER.

1779

4. Juli Goethe schreibt in einem Brief an Anna Amalia („Charlotte v. Stein"), der Name Charlotte sei ihm ominös, also unheilvoll, anrüchig:

> Ich kan diesen mir so ominosen Nahmenstag nicht vorbeygehn lassen ohne Ihnen anders als alle Tage zu sagen dass ich sie liebe.

8. Oktober Goethe in einem Brief an Lavater:

> Mein Gott dem ich immer treu geblieben bin hat mich reichlich geseegnet im Geheimen, denn mein Schicksaal ist den Menschen ganz verborgen, sie können nichts davon sehen noch hören.

24. Oktober An Anna Amalias 40. Geburtstag schildert Goethe einen erhabenen Sonnenuntergang bei gleichzeitigem Mondaufgang in den Schweizer Alpen. Sonne und Mond stehen bei Goethe für die Frau seines Lebens.

1780

1. Januar Goethe schreibt an Anna Amalia („Charlotte v. Stein"), dass ihm der Name Charlotte verwünscht sei:

… der verwünschte Nahme verfolgt mich überall …

13. Mai Goethe trägt in sein Tagebuch ein:

Was ich trage an mir und andern sieht kein Mensch. Das beste ist die tiefe Stille in der ich gegen die Welt lebe und wachse, und gewinne was sie mir mit Feuer und Schwert nicht nehmen können.

11. Juni Gräfin Görtz an ihren Mann:

Goethe drechselt immer noch an der vollkommenen Liebe und die arme Frau v. Stein, dümmer als es je eine gegeben hat, erträgt geduldig das Geschwätz der Öffentlichkeit und von Goethe und die üblen Launen seiner Frau [Anna Amalia]. Sie können daraus ersehen, dass alles beim Alten geblieben ist.

Sept./Oktober Goethe hat einen Eifersuchtsanfall. Dieser kann sich aber unmöglich auf Frau v. Stein beziehen, die in Kochberg weilt und dort von Goethe auch besucht wird. Anna Amalia hingegen unternimmt mit dem Künstler Adam Friedrich Oeser ab dem 21. September eine einmonatige Reise nach Mannheim, um dort den berühmten Antikensaal zu studieren. Auszüge aus Goethes Briefen an Anna Amalia („Frau v. Stein"):

20. September Meine Natur schliesst sich wie eine Blume wenn die Sonne sich wegwendet.

21. September Ich sehne mich nach Hause wie ein kranker nach dem Bette. Wenn die Wolken über der Erde liegen sehnt man sich nicht hinaus.

21. September [ich dachte an] die Gefahr sich mit einemmal [vom Berg] herabzustürzen … Hiermit nehm ich von Ihnen Abschied

10. Oktober … Ich werde mich nicht zufrieden geben biss Sie mir eine wörtliche Rechnung des Vergangnen mir vorgelegt haben

13. Oktober und doch ists so, dass ich eifersüchtig und dummsinnig bin wie ein kleiner Junge wenn Sie andern freundlich begegnen.

29. Oktober Ich weis nicht warum, aber mir scheint Sie haben mir noch nicht verziehen.

24. Dezember Gräfin Görtz an ihren Mann:

Frau v. Stein stellt sich mehr denn je mit ihrem Freund [Goethe] öffentlich zur Schau, letztlich ist das meiste so geblieben, wie wir es verlassen haben.

8. Juli Ein Brief Goethes an Anna Amalia („Frau v. Stein") zeigt, das er die Liebesbotschaften verabredungsgemäß mit Nachrichten ergänzte, die auf Frau v. Steins familiäres Umfeld Bezug nehmen:

> Wir sind wohl verheurathet, das heist: durch ein Band verbunden wovon der Zettel aus Liebe und Freude, der Eintrag aus Kreuz Kummer und Elend besteht. Adieu grüse Steinen. Hilf mir glauben und hoffen.

Die abrupte Erwähnung von Josias v. Stein, nachdem sich Goethe angeblich mit dessen Ehefrau als „wohl verheurathet" bezeichnet, konnten Biographen bisher nicht überzeugend erklären. Der Brief zeigt, dass die Bezüge auf Frau v. Steins Familie und Aufenthaltsort nur verabredete Anhängsel waren. Frau v. Stein konnte diese Briefe im Bekanntenkreis zeigen, außerdem waren Briefe, die verloren gingen, ungefährlich. Der Briefwechsel ist so gehalten, dass er den Beweis erbringen konnte, dass zwischen Goethe und Frau v. Stein ein Liebesverhältnis bestehe.
Ähnlich erlaubt ein Brief Goethes an Anna Amalia („Frau v. Stein") vom 12. Juli 1786 einen Blick hinter das Blendwerk. Goethe nimmt darin Bezug auf den Geburtshelfer der Herzogin Luise, Georg Wilhelm Stein aus Kassel:

> So weit sind wir und noch alles stille; es ist eine gute Geduldsprobe für uns alle. Stein hat die besten Hoffnungen und für Mutter und Kind sind wir ruhig.

Goethe verwendet den Namen Stein ohne Vornamen. Die Empfängerin verwirrt er damit nicht, sie bezieht ihn selbstverständlich auf den berühmten Geburtshelfer ihrer Schwiegertochter.

14. Nov. Goethe an Merck:

> Ich richte mich ein in dieser Welt, ohne ein Haar breit von dem Wesen nachzugeben was mich innerlich erhält und glücklich macht.

31. November Anna Amalia wählt für Goethe die Ausstattung für sein herrschaftliches Haus am Frauenplan aus und bezahlt sie. An Goethes Mutter schreibt sie:

Auch habe ich ihm versprochen, einige Möbeln anzuschaffen, weil er so hübsch fein und gut ist. Sie werden also die Güte haben, liebe Mutter, und mir einige Proben von Zitzen zu schicken für Stühle und Kanapee und zugleich die Preise dabei.

Goethe bedankt sich bei Anna Amalia („Frau v. Stein") am 9. Mai 1782: „Wie freu ich mich auf meine neue Einrichtung! Auf alles was mir deine Liebe wird ordnen und erhalten helfen."

12. Dezember Goethes Liebesbriefe sind an eine Empfängerin gerichtet, die Latein und Italienisch beherrscht. Anna Amalia beherrschte diese Sprachen perfekt, Frau v. Stein überhaupt nicht. Mehrmals finden sich in Goethes Briefen entsprechende Widersprüche, besonders deutlich ist ein Brief vom 12. Dezember: Goethe hatte eine italienische Übersetzung seines Briefromans WERTHER von Michele Salom aus Padua erhalten, mit deren Qualität er nicht zufrieden war, er schreibt an Anna Amalia („Frau v. Stein"):

Du sollst es sehen und selbst urtheilen. (ABB. 23)

Gerade um die Zeit, in der Goethe seinen Brief schreibt, übersetzt Anna Amalia das Märchen AMOR UND PSYCHE vom Italienischen ins Deutsche.

1782

12. April Aus einem Vierzeiler, den Goethe dem Brief vom 12. April 1782 an Anna Amalia („Frau v. Stein") beilegt, geht unmissverständlich hervor, dass die Empfängerin eine Fürstin ist:

Königen sagt man hat die Natur vor andern Gebohrnen,
Zu des Reiches Heil längere Arme verliehn.
Doch auch mir geringen gab sie das fürstliche Vorrecht,
Denn ich fasse von fern und halte dich Psyche mir fest.

3. Juni Goethe wird auf Fürsprache Anna Amalias in den Adelsstand erhoben.

Sommer Anna Amalia reduzierte für ihre Sommeraufenthalte in Tiefurt ihren Hofstaat von über 30 auf drei Bedienstete. Indirekt besagt ein Eintrag in Knebels Tagebuch vom 22. Juli 1784, dass Goethe nachts bei Anna Amalia in Tiefurt blieb:

Mittags fuhr ich [Knebel] mit Einsiedel [Anna Amalias Kammerherr] nach Tiefurt ... Wir brachten den Nachmittag so zu, ich las etwas vor, und gegen Abend kam Goethe. Wir soupierten, und ich ging zu Fuß mit Einsiedel zurück.

12. August Gräfin Giannini an Gräfin Görtz:

Die Liebschaften von letzterem [Goethe] mit seiner alten Schindmähre [Anna Amalia] sind immer noch ganz aktuell ...

12. Oktober Gräfin Görtz an ihren Mann:

Was den Herrn Baron v. Goethe anbelangt, ist er sehr artig und gesprächig geworden und er hat ein wenig den Stil eines Kavaliers angenommen, er hat immer noch den gleichen starken Einfluss, sei es über den Mann [Carl August] als auch über die Frau [Luise] sowie über Frau v. Stein, die nach wie vor die ihr zugewiesene Rolle so gut sie nur kann spielt, indem sie fast jeden Abend in ihrem Haus Kartoffeln mit Goethe und der Herzogin [Anna Amalia] isst. Der Ehemann Stein sieht über all dies gänzlich hinweg, ist wieder dick und fett geworden, wie er auch abgeschmackt und falsch wie immer bleibt.

24. Oktober Goethe schenkt Anna Amalia alle seine ungedruckten Dichtungen zum Geburtstag.
Zum Vergleich: Frau v. Steins Geburtstag, den 25. Dezember, erwähnt Goethe in über 50 Jahren (1775-1826) insgesamt nur fünf Mal, in seinem ersten Weimarer Jahrzehnt, der Zeit ihrer angeblichen Liebe, zwei Mal (1780 und 1781). Als Goethe Anna Amalia („Frau v. Stein") am 25. Dezember 1782 schreibt, erwähnt er den Geburtstag der angeblichen Empfängerin nicht. 1811 und 1813 feierte Goethe den Geburtstag der Frau v. Stein mit, ein Mal mit seinem Sohn August, der ebenfalls am 25. Dezember geboren ist. Am 25. Dezember 1815 widmet Goethe ihr das zehn Verse umfassende Geburtstagsgedicht AN EIN WEIHNACHTS-KIND, das mit den Zeilen endet:

Der ich, wie sonst, in Sonnenferne
Im Stillen liebe, leide, lerne.

1783

4. Mai 1783 Goethe an Anna Amalia („Frau v. Stein“):

> … ich weis nicht warum, seit einiger Zeit bin ich in Sorgen. Wie wundersam wenn des Menschen ganzes schweeres Glück an so einem einzigen Faden hängt.

In Bezug auf Frau v. Stein ergibt diese Äußerung keinen Sinn. Anders, wenn sie auf Anna Amalia bezogen wird: Die Entdeckung ihrer Liebe würde nämlich ihre Trennung bedeuten.

1784

23. Juni Goethe gibt in einem Vierzeiler für Anna Amalia („Frau v. Stein“) zu, seine Liebe leugnend zu gestehen und offenbarend zu verbergen:

> Was ich leugnend gestehe und offenbarend verberge,
> Ist mir das einzige Wohl, bleibt mir ein reichlicher Schatz.
> Ich vertrau es dem Felsen, damit der Einsame rate,
> Was in der Einsamkeit mich, was in der Welt mich beglückt.

24. Oktober Goethe schreibt an Anna Amalia („Frau v. Stein“), es würde nur auf sie ankommen, wo er den Tag verbringen werde. Frau v. Stein war an diesem Tag gar nicht in Weimar, sondern auf ihrem Landgut Kochberg. Goethe feierte in Tiefurt Anna Amalias Geburtstag.

1786

25. Juni Goethe schreibt kurz vor seiner Italienflucht an Anna Amalia („Frau v. Stein“):

> Ich korrigiere am Werther und finde immer daß der Verfasser [Goethe] übel gethan hat sich nicht nach geendigter Schrifft zu erschiesen.

Ein „Verräter“ hat um diese Zeit anonym zu erkennen gegeben, dass er um die verbotene Liebe weiß.

23. August Goethe spricht eine geplante Flucht nach Amerika an, er schreibt an Anna Amalia („Frau v. Stein“):

Und dann [in einer Woche] werde ich in der freyen Welt mit dir leben, und in glücklicher Einsamkeit, ohne Nahmen und Stand, der Erde näher kommen aus der wir genommen sind.

Knapp 30 Jahre später, am 2. August 1815, bekannte Goethe seine Auswanderungspläne gegenüber dem Kunstsammler Sulpiz Boisserée (1783–1854):

Was möchte daraus geworden sein, wenn ich mit wenigen Freunden vor dreißig Jahren nach Amerika gegangen wäre und von Kant u.s.w. nichts gehört hätte?

Eine Grundkonstellation in Wilhelm Meisters Wanderjahre: Viele zentrale Romanfiguren bereiten ihre Auswanderung nach Amerika vor. Eine Protagonistin ist eine junge Witwe, die ihren Geschäftsführer heiraten, ihr Besitztum verkaufen und mit dem Geld nach Amerika ziehen will. Der Grund ist, dass in Amerika „dasjenige für Pflicht und Recht gelten könnte, was hier ein Verbrechen wäre“: Eine Ehe zwischen der Fürstin und dem Dichter.

Italienflucht

Ende August Goethe weiht den Herzog Carl August in Karlsbad in sein Liebesverhältnis zu Anna Amalia ein. Dieser fordert ihre sofortige Trennung, er flieht am 3. September nach Italien. In einem Brief aus Italien vom 14. Oktober an Carl August nimmt Goethe auf dieses Gespräch Bezug:

Wie sonderbar unser Zusammenseyn in Carlsbad mir vorschwebt, kann ich nicht sagen. Daß ich in Ihrer Gegenwart gleichsam Rechenschafft von einem großen Theil meines vergangenen Lebens ablegen mußte, und was sich alles anknüpfte.

Da Goethe gegenüber Carl August bis dahin nur bedingt aufrichtig gewesen war, verspricht er ihm später, am 17. März 1788, für die Rückkehr nach Weimar:

ich komme! ... mein erster und nächster Dank soll eine unbedingte Aufrichtigkeit seyn.

18. September Goethe schreibt an den Herzog aus Italien:

Die Zeitungen lehren mich etwas spät wie es in der Welt bunt zugeht. Görtz im Haag, der Statthalter und die Patrioten in Waffen, der neue König für Oranien erklärt! Was wird das werden?

Goethe, der seine überstürzte Reise nach Italien als einen Sturz (23. Dezember 1786), als eine Flucht (20. Januar 1787) bezeichnet, von der niemand wissen soll, nennt in diesem Brief den Namen seines und Anna Amalias größten Feindes: Der preußische Diplomat Graf Görtz, der ehemalige Prinzenerzieher in Weimar, der gegen Anna Amalia intrigiert hatte, um erster Minister zu werden. Durch Goethes Aufstieg zum Vertrauten Carl Augusts wurde Görtz der große Verlierer. Vom „Urheber unserer Qualen" spricht Görtz über Goethe in einem Brief an seine Frau vom 2. April 1776. Am 12. Oktober 1775 schreibt Görtz an seine Frau, dass ihn die Herzogin Anna Amalia 1771 „bereits genauso hasste wie jetzt." Goethe und Anna Amalia dachten, Görtz wolle sich an ihnen rächen, indem er ihre verbotene Liebe beim preußischen Thronwechsel instrumentalisiere. Bald erkennt Goethe aber, überreagiert zu haben. Er legt in Italien einen Studien- und Arbeitsaufenthalt ein, um sein künftiges Verhältnis zu Anna Amalia zu klären und den „Verräter" zu finden.

25. Oktober Mit Rückblick auf den 24. Oktober, Anna Amalias Geburtstag, schreibt Goethe über die Frage eines Reisegefährten, ob ein Protestant „mit einem hübschen Mädchen auf einem guten Fuß leben [könne], ohne mit ihr gerade verheiratet zu sein", was Goethe bejaht. Dies ist der Grund seiner Flucht.

1787

21. Februar Goethe legt in einem Brief an Anna Amalia („Frau v. Stein") dar, nicht mehr zur Täuschung bereit zu sein, da sie auf diese Weise nie seine Ehefrau werden könne:

> … du weist nicht welche Gewalt ich mir angethan habe und anthue und daß der Gedanke dich nicht zu besitzen mich doch im Grunde, ich mags nehmen und stellen und legen wie ich will aufreibt und aufzehrt. Ich mag meiner Liebe zu dir Formen geben welche ich will, immer immer – Verzeih mir daß ich dir wieder einmal sage was so lange stockt und verstummt.

Kurz danach findet Goethe auf seiner Sizilienreise die Lösung aus dem Dilemma, dass er einerseits die Liebe seines Lebens gefunden hat, andererseits nicht weiter täuschen will: die Entsagung einer sinnlichen Liebe zu Anna Amalia. Goethe bezeichnet seinen Sizilienaufenthalt als den Wendepunkt seines Lebens und malte dazu eine Zeichnung, die verschlüsselt die Initialen Anna Amalias darstellt (Abb. 15). Diese Zeichnung wurde 1998 anonym über den Hamburger Kunsthändler le Claire ohne Auktion dem Goethe- Nationalmuseum verkauft. Mit ihr ist erstmals ein Dokument aus den umfangreichen Papieren Goethes und Anna Amalias aufgetaucht, die nach ihrem Tod unterdrückt wurden.

Sommer Anna Amalia will Goethe nach Italien nachreisen. Sie lässt ihren Bibliothekar eine Wochenzeitung in italienischer Sprache in Weimar herauszugeben, La Gazzetta di Weimar.

23. Oktober Brief an Carl August, in dem Goethe einen Tag vor Anna Amalias Geburtstag von einem ausgelöschten Vulkan schreibt, eine Umschreibung dafür, dass seine Leidenschaft zu Anna Amalia angeblich erkaltet sei.

1788

19. Januar Goethe schreibt an Anna Amalia („Frau v. Stein"):

> Grüse Fritzen. Seine Augen machen mir Sorge.

Von einem Augenleiden war bei Fritz nie die Rede gewesen, gemeint ist also, dass Fritz Goethe ausspioniert hatte. Anna Amalia und Carl August haben inzwischen den Verräter identifiziert: Fritz v. Stein, den Goethe in sein Haus aufgenommen hatte, um die vorgetäuschte Liebe zu dessen Mutter plausibler erscheinen zu lassen.

25. Januar Goethe, dem die Identität des „Verräters" mitgeteilt worden war, schreibt an Carl August:

> Meine größte Sorge, die ich zu Hause habe ist Fritz. Er tritt in die Zeit wo die Natur sich zu regen anfängt und so leicht sein übriges Leben verdorben werden kann. Sehen Sie doch ein wenig auf ihn.

16. Februar Goethe schreibt an Fritz v. Stein, sein eigenes Grab in Rom gezeichnet zu haben. Goethes Verhältnis zu Fritz wird künftig kühl und distanziert sein. Fritz wird Weimar verlassen, ein späterer Anstellungswunsch in Weimar wird abgelehnt werden.

Zeit der Entsagung

18. Juni Goethe kehrt nach Weimar zurück. Carl August verlangt, dass er eine Frau nimmt. Henriette Gräfin v. Egloffstein und Amalie Friederike v. Voß sind als mögliche Ehefrauen im Gespräch, doch Goethe wählte eine Frau aus dem Volk: Christiane Vulpius. Die Grundkonstellation in seinem Trauerspiel EGMONT (1788) ist: Der Held wählt für sich eine Frau aus dem Volk, die er nicht liebt, weil er die Monarchin, die er liebt, nicht haben kann. Goethe über seinen EGMONT:

> [Egmont genießt] die stille Neigung einer Fürstin, [und] die ausgesprochene eines Naturmädchens.

15. August Anna Amalia reist alleine nach Italien.

24. Oktober Knebel schenkt Goethe, wohl in Anna Amalias Auftrag, einen Gedichtband von Properz, auf den die klassische Form der Elegie zurückgeht. Goethe beginnt daraufhin die Ausarbeitung seiner RÖMISCHEN ELEGIEN, in denen er eine göttliche Witwe „A“ besingt.

1789

17. April Goethe spricht Anna Amalia in einem Brief an sie als die Prinzessin in der Dichtung TASSO an:

> Herder wird Ew.[Euer] Durchl.[aucht] einige Scenen von Tasso vorgelegt haben, es kommt hauptsächlich darauf an wie sie sich in Rom lesen lassen.

Grundkonstellation des TORQUATO TASSO: Ein Dichter liebt eine Prinzessin, die Liebe ist aber verboten. Als Schutz wird eine Hofdame als Geliebte des Dichters vorgeschoben.
Am 19. April 1781 hatte Goethe an Anna Amalia („Frau v. Stein“) geschrieben:

> Da Sie sich alles zu eignen wollen was Tasso sagt, so hab ich heut schon soviel an Sie geschrieben daß ich nicht weiter und nicht drüber kann.

Und am nächsten Tag:

Ich habe gleich am Tasso schreibend dich angebetet. Meine ganze Seele ist bei dir.

Ab Mai Anna Amalia akzeptiert die Entsagung, was sie in zwei Bildern von 1789 verschlüsselt darstellt.
Aquarell BESUCH DER VILLA D'ESTE (ABB. 14): Eine unschuldige Liebe wird der Monarchie geopfert, die eine Verbindung verbietet. Das Opfer wird von den Liebenden um der Dichtung willen erbracht.
Gemälde ANNA AMALIA IN POMPEJI AM GRABMAL DER PRIESTERIN MAMMIA (ABB. 17): Anna Amalia will künftig als Priesterin Goethes poetisches Genie schützen. Die abgebildete halbrunde Steinbank lässt sie in Weimar gegenüber dem Haus der Frau v. Stein nachbilden, das Gemälde schenkt sie Goethe.

Sommer Nachdem über zehn Jahre die Identitätstäuschung aufrechterhalten wurde, ist sie nicht mehr nötig. Die Entsagenden werden, wie aus Goethes Tagebüchern hervorgeht, bis zu Anna Amalias Tod oft zusammen sein, ihre leidenschaftliche Liebe verwandelte sich aber in eine besondere Art der Freundschaft. Mit vier Briefen im Jahre 1789 beendet Goethe für die Öffentlichkeit sein „Verhältnis" zu der Hofdame v. Stein. Nicht ein einziges Mal verwendete Goethe in seinen Dichtungen den Namen Charlotte v. Stein. Die angebliche Liebesgeschichte mit Frau v. Stein ist bis heute für viele nicht überzeugend:

„... eine der mysteriösesten Liebesgeschichten der Weltliteratur" (1999).

„Faßt man alles Sichtbare [über Frau v. Stein] zusammen, so erhält man eine Art von Doppelwesen" (1923).

Henriette Gräfin v. Egloffstein (1773–1864) schreibt in ihren ERINNERUNGEN, dass Frau v. Stein nur vorgeschoben wurde, in Wirklichkeit also nie Goethes Geliebte gewesen war:

Indessen muß man die Geschicklichkeit bewundern, womit diese Frau [Charlotte v. Stein] ihr künstliches Spiel durchzuführen wußte, so daß sie noch in späterer Zeit für Goethes Geliebte galt.

1790

18. Juni Anna Amalia kehrte von ihrer 22-monatigen Italienreise am 18. Juni 1790 um 23 Uhr nach Weimar zurück, also exakt zwei Jahre nach Goethes Rückkehr von dessen 22-monatigen Italienreise am 18. Juni 1788 um 23 Uhr.

April Abschluss der RÖMISCHEN ELEGIEN, Grundkonstellation: Dichter liebt eine Witwe „A". Dies ist ein tiefes Geheimnis, das aber die Lieder des Dichters ausplaudern sollen:

> Und ihr … geliebte Lieder
> … entdeckt …
> Eines glücklichen Paars schönes Geheimnis zuletzt.

24. Oktober Goethe widmet die VENEZIANISCHEN EPIGRAMME Anna Amalia zum Geburtstag.

1791

Im September In Anna Amalias Wittumspalais wird eine monatlich tagende Gesellschaft als Forum für Wissenschaftler und Künstler gegründet. Goethe ist der Präsident und hält die Eröffnungsrede.

Sommer Lustspiel DER GROßKOPHTA, Grundkonstellation: Vergebliches Ringen um den Erhalt der Tugend. Verbotene Liebe zu einer Fürstin. Fortgesetzte Täuschung.

24. Oktober Goethe inszeniert die Oper DIE THEATRALISCHEN ABENTHEUER in eigener Textfassung als Geburtstagsgeschenk für Anna Amalia.

1792

24. Oktober Goethe widmet Anna Amalia zu ihrem Geburtstag seine zutreffende Interpretation des antiken Grabmals IGELER SÄULE bei Trier (ABB. 21) und setzt gedanklich auch ihrer sinnlichen Liebe ein Grabmal.

1793

24. Oktober Aufwendige Inszenierung der Oper DIE HOCHZEIT DES FIGARO zum Geburtstag Anna Amalias. Zuvor war es Goethe, der Anna Amalia über den Tod ihres zweiten Sohnes tröstete.

1794

24. Oktober	Goethe inszeniert die Oper DIE VEREITELTEN RÄNKE in eigener Textfassung als Geburtstagsgeschenk für Anna Amalia.
Winter	Mit ihrem Trauerspiel DIDO gibt Frau v. Stein den Rechtfertigungsgrund an, warum sie sich als Goethes Geliebte ausgeben ließ: unbedingte Treue zu ihrer Fürstin Anna Amalia.

1796

Juni	Abschluss von WILHELM MEISTERS LEHRJAHRE, Grundkonstellation: Der Held findet nach vielen Kämpfen und Irrungen endlich zu seiner Geliebten, die im Roman mit zwei Namen auftritt: Amazone und Natalie = AMA(zone Nata)LIE.
3. Dezember	Erstaufführung der Oper DIE HEIMLICHE HEIRAT in Weimar. Goethe verbesserte die Texte selbst, es wird seine Lieblingsoper.

1997

um Mai

Gedicht AN MIGNON, Grundkonstellation: Der Held hat eine klaffende Herzenswunde, die sich nicht schließen kann:

Schon seit manchen schönen Jahren
Seh ich unten Schiffe fahren,
Jedes kommt an seinen Ort

Sein Schiff indes kommt nicht im „Hafen“ an, denn Goethe durfte Anna Amalia nicht zur Frau nehmen.

1798

18. Juni

Goethe widmet Anna Amalia das Lehrgedicht DIE METAMORPHOSE DER PFLANZE. Acht Jahre zuvor kehrte Anna Amalia von ihrer 22-monatigen Italienreise um 23 Uhr nach Weimar zurück, exakt zwei Jahre nach Goethes Rückkehr von dessen 22-monatiger Italienreise am 18. Juni 1788 um 23 Uhr. Über das Gedicht, das gemeinhin auf Christiane Vulpius bezogen wurde, schreibt Goethe in einem Kommentar:

> Höchst willkommen war dieses Gedicht, der eigentlich Geliebten, welche das Recht hatte die lieblichen Bilder auf sich zu beziehen; und auch

ich fühlte mich sehr glücklich als das lebendige Gleichniß unsere schöne vollkommene Neigung steigerte und vollendete.

Am 20. Juni 1798 bat Goethe Christiane, dass, wenn ein Brief von Fräulein v. Göchhausen, Anna Amalias Hofdame, einlaufen würde, dieser unbedingt per Bote ihm nach Jena nachgesendet werden soll. Er war also gespannt, was die „eigentlich Geliebte" ihm auf das schöne Geschenk antworten würde.

In NEUES FREIHEITSSYSTEM ODER DIE VERSCHWÖRUNG GEGEN DIE LIEBE gibt Frau v. Stein verschlüsselt als Grund für die Trennung Goethes von Anna Amalia die Staatsräson an, eine Heirat hätte für das Liebespaar ein grausames Ende bedeutet.

1800

24. Oktober Goethe kündigt Anna Amalia mit dem Gedicht „Der Du der Musen reinste Kost gesogen" ein verspätetes Geburtstagsgeschenk an. Anna Amalia unablässig zu dienen sei seine „schönste Lust", auch wenn er sich hierzu der „stummen Sprache" bedienen müsse. Das kurze Zeit später nachgelieferte Geburtstagsgeschenk ist das Maskenspiel PALÄOPHRON UND NEOTERPE.

1803

In Frau v. Steins Roman DIE ZWEY EMILIEN geht es um die Verwechslung und Verkleidung von Personen, bei denen zwischen der Wahrheit auf dem Papier und der inneren Wahrheit, der Liebe zur wirklich gemeinten Frau zu unterscheiden ist.

1806

14. Oktober Anna Amalia flieht in letzter Minute vor den heranrückenden französischen Truppen.

19. Oktober Nachdem Goethe zum großen Erstaunen seiner Mitwelt Christiane Vulpius fast zwei Jahrzehnte nicht ehelichte, mit der Folge, dass sein Sohn als Bastard aufwuchs, heiratet er sie nun, um seinen 17-jährigen Sohn endlich zu legitimieren. Durch ein Legitimationsdiplom von 1801 führte August zwar den Namen Goethe, außerhalb von Weimar wurde dieses jedoch nicht anerkannt.

In einem um diese Zeit entstandenen Gemälde lässt sich Anna Amalia als Braut darstellen (Abb. 32), damit drückt sie ihre Erschütterung angesichts der Ehe mit Christiane aus.

Winter Goethe malt ein Aquädukt aus den Buchstaben Amalie (Abb. 28) sowie einen See in gebirgiger Landschaft, vor dem ein riesiges A steht (Abb. 29), ein Symbol für seine Verwandlung vom Stürmer und Dränger zum Klassiker.

1807

16. Februar Uraufführung von Tasso in Weimar. Damit versucht Goethe, Anna Amalia zu versichern, dass sie die einzige Frau seines Lebens bleibt, die Heirat mit Christiane aber aus Verantwortung für seinen Sohn unumgänglich war.

10. April Anna Amalia stirbt. Goethe verfasst den offiziellen Nachruf Zum feyerlichen Andenken der Durchlauchtigsten Fürstin und Frau Anna Amalia.

ab 18. April Nachdem Goethe seit 1796 mit Frau v. Stein kurze Mitteilungen wechselte, schreibt er nun nach Anna Amalias Tod seitenlange Briefe, die einen Halt Suchenden zeigen.

16. Mai Bei Goethe taucht der „sonderbare aber ungeheure Spruch" (Goethe) auf:

Nichts gegen Gott außer Gott selbst.

Ende Mai Fertigstellung der Novelle Die neue Melusine für Wilhelm Meisters Wanderjahre, Grundkonstellation: Der Held kann nur bei seiner Prinzessin bleiben, wenn er ihr in ihr Zwergenreich folgt und sich entsprechend verkleinern lässt - eine ironische Umschreibung für die adlige Hofgesellschaft.

ab Juni Beginn der Niederschrift Der Mann von fünfzig Jahren, Novelle für Wilhelm Meisters Wanderjahre, Grundkonstellation: Verbotene sinnliche Liebe zu einer schönen Frau, Unmöglichkeit der Heirat mit einer schönen, reichen Witwe. Wandlung vom Stürmer und Dränger zum Klassiker. Darbringung goldener Äpfel einer Fürstin-Witwe als Umschreibung für die Anna Amalia gewidmeten Dichtungen.

27. Juli Goethe möchte sich

> ins Heilige zurückziehn. Da möchte ich nun alle Woche einmal bei mir mehrstimmige geistliche Gesänge aufführen lassen.

Er gründet hierfür eine eigene Hauskapelle.

19. und 24. Okt. Goethe lässt das erste und zugleich letzte Mal eine Gesichtsmaske von sich anfertigen (Abb. 35) als Pendant zu Anna Amalias Totenmaske (Abb. 34). Es ist sein erster Hochzeitstag und der erste Geburtstag Anna Amalias nach ihrem Tod.

ab November Niederschrift von Pandora, Grundkonstellation: Ungeheuerer Abschiedsschmerz eines Witwers:

> Wer von der Schönen zu scheiden verdammt ist,
> Fliehe mit abgewendetem Blick!

um Dezember Sonettenkranz, Grundkonstellation: Rückblick auf eine große Liebe, Trennung, Tod und Hoffnung auf eine Wiedervereinigung.

1815

Oktober West-östlicher Divan nahezu abgeschlossen, Grundkonstellation: Der Dichter beschwört seine verstorbene Geliebte, um im Land der Poesie eine Liebesnacht mit ihr zu verbringen.

24. Oktober Entstehung des Gedichts Vollmondnacht, des Schlüsselgedichts der Gedichtsammlung West-östlicher Divan. An Anna Amalias Geburtstag wird die verstorbene Geliebte vom Dichter beschworen, sie erscheint und es kommt zu einer poetischen Liebesnacht. Vollmond war es schon am 18. Oktober gewesen.

27. Oktober Goethe bezeichnet sich in dem Gedicht Abglanz als Witwer. Seine Ehefrau Christiane lebt noch.

1816

21. Februar Frau v. Stein beschwert sich in einem Brief an Knebel, von Goethe wie ein Kind behandelt worden zu sein:

> Auf das geringste, was man nicht ganz in seiner [Goethes] Vorstellung sagt, hat man einen Hieb weg. Ich frug ihn, ob diese Gedichte von einem

oder verschiedenen orientalischen Dichter wären. … [darauf] erwiderte er: ‚Liebes Kind, das wird mir niemand erforschen.' Als wenn ich ein Mädchen von zehn Jahren wäre!

30. Oktober Als Goethes Italienische Reise erscheint, die auf Briefen basiert, die er angeblich an Frau v. Stein schrieb, bekommt diese nicht einmal ein Geschenkexemplar. Dieses anscheinend unhöfliche Verhalten rief bei Biographen seitdem immer wieder Erstaunen hervor.

1817

Johanna Schopenhauer musste den Plan einer Biographie Anna Amalias aufgeben, wohl weil ihr der Zugang zu Anna Amalias Papieren nicht gewährt wurde. Als Kanzler v. Müller die Papiere zur Sortierung anvertraut bekam, urteilte er am 19. Mai 1828:

Welche Schätze und ein wie herrliches Licht werfen sie auf Goethes und der Herzogin [Annas Amalia] Charakter!

Kanzler v. Müller überlieferte den Ausspruch des greisen Goethe:

Die wahre Geschichte der ersten zehn Jahre meines Weimarischen Lebens könnte ich nur im Gewande der Fabel oder eines Mährchens darstellen; als wirkliche Thatsache würde die Welt es nimmermehr glauben. … Ich würde Vielen weh, vielleicht nur Wenigen wohl, mir selbst niemals Genüge thun … was ich geworden und geleistet, mag die Welt wissen; wie es im Einzelnen zugegangen, bleibe mein eigenstes Geheimnis.

Mit dem Hinweis auf ein Geheimnis während seines ersten Weimarer Jahrzehnts fordert Goethe geradezu heraus, dass man weiter forscht und in seinen Dichtungen seine wahre Geschichte erkennt.

1820

24. Oktober Zu Anna Amalias Geburtstag entsteht das Gedicht Gegentoast der Schwestern. Zum 24. Oktober 1820, dem Stiftungs- und Amalienfeste, in dem am Ende die Frage gestellt wird, was ein Mann ohne seine Frau sei.

im Oktober	Gedicht ZWISCHEN BEIDEN WELTEN, Goethe bekennt „einer einzigen“ anzugehören: Lida, der er „seines Wertes Vollgewinn“ verdanke. Der Name Lida stammt aus dem ersten Weimarer Jahrzehnt, ab Juni 1781 bezeichnete Goethe mit diesem Namen Anna Amalia („Frau v. Stein“).

1823

September

Marienbader ELEGIE, Grundkonstellation: Dem Dichter erscheint seine verstorbene Geliebte als Lichtgestalt. Er legt ein Zeugnis seiner unbedingten Treue zu Anna Amalia ab. Ulrike v. Levetzow, der die ELEGIE angeblich gelten soll, ist für Goethe nur ein „ein Luftgebild“:

Doch nur Momente darfst dich unterwinden,
Ein Luftgebild statt ihrer festzuhalten;
Ins Herz zurück! dort wirst du's besser finden,
Dort regt sie sich in wechselnden Gestalten:
Zu Vielen bildet Eine sich hinüber,
So tausendfach, und immer, immer lieber.

24. Oktober

Die Pianistin Marie Gräfin Szymanowska trifft auf Einladung Goethes genau zu Anna Amalias Geburtstag in Weimar ein und spielt abends Klavier. Goethe versenkt sich ganz in ihr Klavierspiel, das ihn an Anna Amalia erinnerte, die dieses Instrument perfekt beherrschte. Um diesen Tag schreibt Goethe eigenhändig seine Marienbader ELEGIE ab, die er am 27. Oktober seinem Assistenten Eckermann zeigt.

1826

24. Oktober

Goethe sendet an Anna Amalias Geburtstag Frau v. Willemer ein buntbesticktes Kissen mit einem Vierzeiler. Mit der Wahl dieses Datums bringt er zum Ausdruck, dass die im WEST- ÖSTLICHEN DIVAN besungene Suleika Anna Amalia ist, und nicht Frau v. Willemer, die damit kokettierte.

24. Oktober

Goethe trägt im Tagebuch ein:

Das Schema zum Mann von fünfzig Jahren.

Die Novelle behandelt in großer Dichte seine verbotene Liebe zu Anna Amalia.

1828

22. Oktober Ironisches Gespräch Goethes mit seinem Assistenten Eckermann:

> Meine Idee von den Frauen ist nicht von den Erscheinungen der Wirklichkeit abstrahiert, sondern sie ist mir angeboren, oder in mir entstanden, Gott weiß wie.

23. Oktober Goethe äußert sich das einzige Mal ausführlich über den am 14. Juli verstorbenen Herzog Carl August und bringt darin zum Ausdruck, das dessen angebliche Verdienste um Kunst und Wissenschaft Anna Amalia zuzuschreiben sind.

23. Oktober Goethe sendet Frau v. Willemer das Gedicht DEM AUFGEHENDEN VOLLMONDE, das am 25. August entstanden war. Es ist der dritte Teil der Anna Amalia geltenden DORNBURGER TRILOGIE. Auch hier bedeutet die Wahl des Datums, dass er in Wirklichkeit Anna Amalia meint, Frau v. Willemer soll hingegen vor allzu eifrigen Untersuchungen ablenken, wem denn seine Liebeslyrik gelte.

1821/1829

Frühjahr WILHELM MEISTERS WANDERJAHRE: Schlüssel zu einem Prachtkästchen, das Symbol für Goethes Dichtung, sind die Buchstaben AA = Anna Amalia.

Goethes Verständnis von Dichtung

Goethe betont immer wieder, in seinen Dichtungen nichts zu erdichten, sondern nur das, was ihm wirklich begegnet ist, darzustellen. Ein Leben lang konnte der Dichter nicht von dem Grundsatz abweichen,

> dasjenige was mich erfreute oder quälte, oder sonst beschäftigte, in ein Bild, ein Gedicht zu verwandeln und darüber mit mir selbst abzuschließen … Alles was daher von mir bekannt geworden, sind nur Bruchstücke einer großen Konfession.

Goethe schreibt am 27. September 1827 an den Kollegen Iken:

> Da sich manches unserer Erfahrungen nicht rund aussprechen und direkt mitteilen läßt, so habe ich seit langem das Mittel gewählt, durch einander

> gegenübergestellte und sich gleichsam ineinander abspiegelnde Gebilde den geheimeren Sinn dem Aufmerkenden zu offenbaren. Da alles, was von mir mitgeteilt worden, auf Lebenserfahrung beruht, so darf ich wohl andeuten und hoffen, daß man meine Dichtungen auch wieder erleben wolle und werde.

Goethes Mitarbeiter Riemer führt über Goethes Verständnis von Dichtung und Wahrheit aus:

> Die Wahrheit sei der Körper, die Dichtung nur das Kleid, der Rahmen, der ein wirkliches Bild abgrenzend umschloß.

Boisserée schreibt in sein Tagebuch am 6. Oktober 1815:

> Er muss sich über alles was ihn bedrängt in Freud und im Leid, Luft machen indem er es [in seinen Dichtungen] ausspricht.

Goethe antwortet im Alter auf die Frage von Kanzler v. Müller, ob er nicht über die Zeit mit Anna Amalia etwas schreiben wolle:

> ‚Es wäre nicht allzu schwer', erwiderte er [Goethe], ‚man dürfte nur die Zustände ganz treu so schildern, wie sie sich dem poetischen Auge damals darstellten; Dichtung und Wahrheit, ohne daß Erdichtung dabei wäre.'

Der greise Goethe sagt auf die Aufforderung von Kräuter, über die Glanzzeit der Herzogin Anna Amalia in seinem ersten Weimarer Jahrzehnt etwas zu schreiben:

> … ich wüßte nicht, wie ich diese Zeit beschreiben sollte, ich müßte es denn in der Form eines Märchens thun, in dem die Amalie als allmächtige Fee Alles belebt und schafft.

Personenregister

Ortsregister

Werke Goethes

Übrige Werke

Literaturnachweise

Im folgenden sind Ausgaben von Goethes Schriften sowie Sekundärliteratur mit grundlegendem Charakter wiedergegeben. Die übrige Literatur ist in den Anmerkungen jeweils vollständig zitiert.

Andreas, Willy: Carl August von Weimar, Ein Leben mit Goethe 1757 – 1783, Stuttgart 1953.

Anna Amalia: Briefe über Italien, Hollmer, Heide (Hrsg.), St. Ingbert 1999.

dies.: Meine Gedanken, abgedruckt in: Volker Wahl (Hrsg.), in: Wolfenbütteler Beiträge, Band IX, Wiesbaden 1994, S. 102 ff.

dies.: Märchen, abgedruckt in: Goethe-Museum Frankfurt (Hrsg.), Goethe-Kalender auf das Jahr 1932, Leipzig 1931, S. 101 ff.

Beaulieu-Marconnay, Carl F. v.: Anna Amalia, Carl August und der Minister von Fritsch, Weimar 1874.

Berger, Joachim: Anna Amalia von Sachsen-Weimar-Eisenach (1739–1807), Denk- und Handlungsräume einer ‚aufgeklärten' Herzogin, Jena 2002 (Manuskript); Heidelberg 2003.

Biedermann Flodoard F. v./ Herwig, Wolfgang (Hrsg.): Goethes Gespräche, Eine Sammlung zeitgenössischer Berichte aus seinem Umgang, Band I, 1749–1805, München 1998.

Biedrzynski, Effi: Goethes Weimar – Das Lexikon der Personen und Schauplätze, Zürich ²1993.

Bode, Wilhelm: Amalie Herzogin von Weimar, Band I: Das vorgoethische Weimar; Band II: Der Musenhof der Herzogin Amalie; Band III: Ein Lebensabend im Künstlerkreise, Berlin 1908.

ders.: Charlotte von Stein, Berlin ⁵1920.

Böttiger, Karl August: Literarische Zustände und Zeitgenossen. Begegnungen und Gespräche im klassischen Weimar, 1838 (unvollständig), K. Gerlach/R. Sternke (Hrsg.), Berlin ²1998.

Bornhak, F.: Anna Amalia, Herzogin von Sachsen-Weimar-Eisenach, Berlin 1892.

Boyle, Nicholas: Goethe – Der Dichter in seiner Zeit, Band I, 1749–1790, übersetzt von Holger Fliessbach, München 1995; Band II, 1791–1803, übersetzt von Holger Fliessbach, München 1999.

Bürgin, Hans: Der Minister Goethe vor der römischen Reise. Seine Tätigkeit in der Wegebau- und Kriegskommission, Weimar 1933.

Carl August, Herzog v. Sachsen-Weimar-Eisenach: Briefe des Herzogs Carl August von Sachsen-Weimar an seine Mutter, die Herzogin Anna Amalia, Bergmann, Alfred (Hrsg.), Jena 1938.

Conrady, Karl Otto: Goethe – Leben und Werk, München/Zürich 1994.

Damm, Sigrid: Christiane und Goethe – Eine Recherche, Frankfurt am Main/Leipzig 1998.

Eckermann, Johann Peter: Goethes Gespräche mit Eckermann. Zugleich Friedrich Sorets Gespräche mit Goethe in Eckermanns Bearbeitung, mit einem Vorwort von Edith Zenker, Berlin 1955.

Esenwein, Jürgen v./Gerlach, Harald (Hrsg.): Johann Wolfgang von Goethe: Zeit – Leben – Werk, CD-ROM, Berlin u. a. 1999.

Friedenthal, Richard: Goethe. Sein Leben und seine Zeit, 1963, München 1999.

Göchhausen, Luise v.: Die Göchhausen – Briefe einer Hofdame aus dem klassischen Weimar, Deetjen, Werner (Hrsg.), Berlin 1923.

Goethe, Catharina Elisabeth: Die Briefe von Goethes Mutter, nach der Ausgabe von Köster, Albert, Leis, M./Riha, K./Zelle, C. (Hrsg.), Frankfurt am Main/Leipzig 1996.

Goethe, Johann Wolfgang v.: Goethes Werke, Weimarer Ausgabe, Weimar 1887–1919, fotomechanischer Nachdruck, München 1987.

ders.: Torquato Tasso – Ein Schauspiel, Stuttgart ([1]1969) 1999, der Text folgt der Ausgabe: Goethes Werke, Festausgabe, Robert Petsch (Hrsg.), Band VII, Dramen III, Leipzig 1926.

ders.: Poetische Werke, Berliner Ausgabe, Band XIV, Italienische Reise, Berlin [3]1978; Band XV, Briefe aus der Schweiz 1779 u. a., Berlin [2]1972; Band XVI, Tag- und Jahreshefte – Als Ergänzung meiner sonstigen Bekenntnisse, Berlin [2]1973.

ders.: West-östlicher Divan, Ernst Beutler (Hrsg.), Leipzig 1943.

ders.: Sämtliche Werke, Frankfurter Ausgabe, Abteilung I, Band IX, Wilhelm Voßkamp/ Herbert Jaumann (Hrsg.), Wilhelm Meisters Theatralische Sendung, Wilhelm Meisters Lehrjahre, Unterhaltungen deutscher Ausgewanderten, Frankfurt 1992; Band X, Gerhard Neumann/Hans-Georg Dewitz (Hrsg.), Wilhelm Meisters Wanderjahre, Frankfurt 1989; Abteilung II, Band II, Hartmut Reinhardt (Hrsg.), Das erste Weimarer Jahrzehnt, Briefe, Tagebücher und Gespräche vom 7. November 1775 bis zum 2. September 1786, Frankfurt 1997; Band VI, Rose Unterberger (Hrsg.), Napoleonische Zeit, Briefe, Tagebücher und Gespräche vom 10. Mai 1805 bis 6. Juni 1816, Frankfurt 1993.

ders.: Dichtung und Wahrheit, Walter Hettche (Hrsg.), Stuttgart 1998.

ders.: Briefe an Charlotte von Stein, Petersen, Julius (Hrsg.), Band I, II/1, II/2, Leipzig 1923.

ders.: Gedichte in zeitlicher Folge, Nicolai, Heinz (Hrsg.), Frankfurt am Main/Leipzig [11]1999.

ders.: Römische Elegien, Jost, Dominik (Hrsg.), Deutsche Klassik, München u. a. [2]1978.

Grumach, Ernst/Grumach, Renate (Hrsg.): Goethe. Begegnungen und Gespräche, Band I, 1749-1776, Berlin 1965; Band II, 1777-1785, Berlin 1966.

Grumach, Renate (Hrsg.): Goethe. Begegnungen und Gespräche, Band III, 1786-1792, Berlin u.a. 1977.

Harnack, Otto: Zur Nachgeschichte der italienischen Reise – Goethes Briefwechsel mit Freunden und Kunstgenossen in Italien 1788–1790, Weimar 1890.

Herwig, Henriette: „Wilhelm Meisters Wanderjahre": Geschlechterdifferenz, sozialer Wandel, historische Anthropologie, Tübingen/Basel [2]2002.

Heuschele, Otto: Herzogin Anna Amalia. Die Begründerin des Weimarischen Musenhofes, München 1947.

Houben, H.H. (Hrsg.): Damals in Weimar, Erinnerungen und Briefe von und an Johanna Schopenhauer, Berlin [2]1929.

Keil, Robert: Vor hundert Jahren, Mitteilungen über Weimar, Goethe und Corona Schröter aus den Tagen der Genie-Periode, Band II, Leipzig 1875.

Kleßmann, Eckart (Hrsg.): Goethe aus der Nähe, Berichte von Zeitgenossen, München/ Zürich 1994.

Knebel, Carl Ludwig v.: K. L. von Knebel's Literarischer Nachlaß und Briefwechsel, K. A. Varnhagen v. Ense/Th. Mundt (Hrsg.), Leipzig [2]1840.

Lyncker, Karl v.: Am Weimarischen Hofe unter Amalien und Karl August, Berlin 1912.

Merck, Johann Heinrich: Johann Heinrich Mercks Briefe an die Herzogin-Mutter Anna Amalia und an den Herzog Carl August von Sachsen-Weimar, Gräf, Hans Gerhard (Hrsg.), Leipzig 1911.

Müller, Friedrich v.: Unterhaltungen mit Goethe, Ernst Grumach (Hrsg.), 1870, Weimar

1956, [2]1982.
Pleticha, H. (Hrsg.): Das Klassische Weimar, München 1983.
Riemer, Friedrich Wilhelm: Mitteilungen über Goethe, 1841, A. Pollmer (Hrsg.), Leipzig 1921.
Schmidt, Peter: Goethes Farbensymbolik, Berlin 1965.
Schwanke, Martina: Name und Namengebung bei Goethe, Computergestützte Studien zu epischen Werken, Heidelberg 1992.
Sengle, Friedrich: Das Genie und sein Fürst, Die Geschichte der Lebensgemeinschaft Goethes mit dem Herzog Carl August, Stuttgart/Weimar 1993.
Steiger, Robert: Goethes Leben von Tag zu Tag, Band I, 1749–1775, München 1982.
Stein, Charlotte v.: Dramen (Gesamtausgabe), Susanne Kord (Hrsg.), Hildesheim u. a. 1998.
Tümmler, Hans: Politischer Briefwechsel des Herzogs und Großherzogs Carl August von Weimar, Band I, 1778-1790, Stuttgart 1954.
Wahl, Hans (Hrsg.): Briefwechsel des Herzogs-Großherzogs Carl August mit Goethe, Band I, 1775–1806, Band II, 1807–1820, (1915), Nachdruck Bern 1971.
Werner, Charlotte Marlo: Goethes Herzogin Anna Amalia, Düsseldorf 1996.
Wilpert, Gero v.: Goethe-Lexikon, Stuttgart 1998.
Zeitler, Julius (Hrsg.): Goethe-Handbuch, Stuttgart, Band I/1916, Band II/1917, Band III/1918.

Abbildungsnachweise

Bildarchiv Preußischer Kulturbesitz, Berlin: Abb. 21
Freies Deutsches Hochstift, Frankfurt am Main: Abb. 2 (Foto: Ursula Edelmann)
Goethe-Museum, Düsseldorf: Umschlagbild vorne, Abb. 34 (Foto: Walter Klein), Abb. 38
Gleim Haus, Halberstadt: Abb. 27
Goethe- und Schiller-Archiv, Weimar: Abb. 23
Stiftung Weimarer Klassik und Kunstsammlungen, Weimar: Abb. 1, 4, 5, 6, 7, 8, 9, 10, 11 (Foto: Thoma Babovic), 12, 14, 15, 17, 18, 19, 20, 24, 25, 26, 28, 29, 30, 31, 32, 33, 35, 37, 39, 40, Umschlagbild hinten (Fotos: Sigrid Geske und Angelika Kittel)
Walhalla, Donaustauf: 36 (Foto: Robert Raith)
Abb. 13: Verbleib unbekannt, Vorlage aus: Werner Deetjen, Schloß Belvedere, Leipzig 1926, S. 31.
Abb. 16 aus: Jörn Göres, Goethes Leben in Bilddokumenten, Augsburg 1999, S. 123. Standort: Städelsches Kunstinstitut, Frankfurt am Main.
Abb. 3 aus: Stiftung Weimarer Klassik (Hrsg.), Verlassenschaften. Der Nachlaß Vulpius, Weimar 1995, S. 23.
Abb. 22 aus: Rupprecht Matthaei, Goethes Farbenlehre, Ravensburg [2]1988, S. 188.
Schlüsselabbildung auf S. 265 f. aus: J. W. Goethe, Goethes Werke, Weimarer Ausgabe, Weimar 1887–1919, fotomechanischer Nachdruck, München 1987, I. Abteilung, 25. Band, Abt. 1., S. 80. Das Original ist nach Auskunft des Goethe- und Schiller-Archivs verschollen.

Anmerkungen

Zum Geleit

1 *Marlis Helene Mehra*, Die Bedeutung der Formel „offenbares Geheimnis" in Goethes Spätwerk, Austin 1976, S. iv (Zitat), S. 231 f.

2 Auf der Leipziger Buchmesse im März 2003 wurde der Verfasser auf eine Faustinterpretation aufmerksam gemacht, die in einem Exkurs die These einer geheimen Liaison zwischen Goethe und Anna Amalia aufstellt: „Anna Amalia und Goethe waren, meiner Meinung nach ein Paar", so *Manfred Dimde*, Goethes geheimes Vermächtnis. Die Botschaften im „Faust" entschlüsselt, Essen u.a. 1995, S. 44 f., S. 52 ff.; der Autor stützt seine These auf allgemeine Erfahrungssätze: „Es ist kaum anzunehmen, daß Anna Amalia mit neunzehn Jahren zur Nonne wurde", S. 63; „Ein Dichter ohne Vermögen, ohne Einfluß hätte dieses Werk [Faust] in seiner Perfektion niemals verwirklichen können. Goethe aber genoß das Wohlwollen der Familie des Fürsten von 1775 bis 1832, also fast sechzig Jahre lang! Das ist ungewöhnlich und meiner Ansicht nach in der Geschichte einmalig", S. 68 f. Dimde streift wirklich Goethes geheimes Vermächtnis, nämlich seine verbotene Liebe zu Anna Amalia als Schlüssel zum Verständnis seines Werks, um sich dann aber mittels einer rational nicht mehr nachvollziehbaren Methode der Enträtselung eines anderen angeblichen Vermächtnisses zuzuwenden. Dass die Annahme einer Liebe Goethes zur Herzogin gesehen wurde, zeigt das Beispiel einer Dame, die nach einem Vortrag des Autors im Haus der Frau v. Stein in Weimar im Mai 2003 meinte, schon als Weimarer Schulkind geahnt zu haben, dass in Wirklichkeit Anna Amalia Goethes Geliebte war.

3 Zitiert nach Bernd Tilp (Hrsg.), Karl August Varnhagen von Ense/Heinrich Düntzer: „durch Neigung und Eifer dem Goethe'schen Lebenskreis angehören", Briefwechsel 1842–1858, Teil I, Frankfurt am Main u.a., 2002, S. 118.

4 Zitiert nach Bernd Tilp (Hrsg.), Karl August Varnhagen von Ense/Heinrich Düntzer: „durch Neigung und Eifer dem Goethe'schen Lebenskreis angehören", Briefwechsel 1842–1858, Teil I, Frankfurt am Main u.a., 2002, S. 152.

5 Siehe *Regine Otto/Christa Rudnik*, Karl Ludwig von Knebel – Goethes „alter Weimarischer Urfreund", in: J. Golz (Hrsg.), Das Goethe- und Schiller-Archiv 1896–1996, Weimar u. a. 1996, S. 311.

6 Hermann F. v. Egloffstein (Hrsg.), Alt-Weimars Abend, Briefe und Aufzeichnungen aus dem Nachlasse der Gräfinnen Egloffstein, München 1923, S. 261.

7 Vgl. *Joachim Berger*, Anna Amalia von Sachsen-Weimar-Eisenach (1739–1807), Denk- und Handlungsräume einer ‚aufgeklärten' Herzogin, Heidelberg 2003, S. 39.

8 *Wolfgang Vulpius*, Walther Wolfgang von Goethe und der Nachlass seines Großvaters, Weimar 1963, S. 196.

9 *Carl Alexander*, zitiert nach Wolfgang Vulpius, Walther Wolfgang von Goethe und der Nachlass seines Großvaters, Weimar 1963, S. 205.

10 So *Jutta Hecker* (1904–2002), die Tochter des Archivars am Goethe- und Schiller-Archiv Max Hecker, in: Rudolf Steiner in Weimar, Dornach [2]1999, S. 24.

11 *Edmund Höfer*, Goethe und Charlotte v. Stein, 1878, Berlin/Leipzig [8]1923, S. 7.

12 So etwa Hans Wahl, der das Verzeichnis ausdrücklich erwähnt, vgl. *ders.* (Hrsg.), Anmerkung zu: Anna Amalia, Herzogin zu Sachsen. Briefe über Ischia und Apulien, in: Goethe. Viermonatsschrift der Goethe-Gesellschaft 1939, S. 127.

13 Als ein Biograph des Herzogs Carl August den Briefwechsel auswertete, erwähnte er zwar, von einer Liaison zwischen Goethe und Anna Amalia gelesen zu haben, maß dem aber keine weitere Bedeutung bei, vgl. *Willy Andreas*, Sturm und Drang im Spiegel der Weimarer Hofkreise, in: Goethe, Viermonatsschrift der Goethe-Gesellschaft, Neue Folge des Jahrbuchs, Band VIII (1943), S. 243. Ein Biograph Anna Amalias zitiert 2003 eine Briefpassage der Gräfin Görtz, worin es um „die Liebschaft von Anna Amalia und Goethe" gehe, folgt diesem Hinweis aber nicht, *Joachim Berger*, Anna Amalia von Sachsen-Weimar-Eisenach (1739–1807), Denk- und Handlungsräume einer ‚aufgeklärten' Herzogin, Heidelberg 2003, S. 285 f., S. 157, Fn. 250, S. 38 ff.

14 So die Formel in der juristischen Beweislehre, siehe Theodor Kleinknecht/*Lutz Meyer-Goßner*, Kommentar zur Strafprozessordnung, München [44]1999, S. 905, Rn. 2.

Prolog: Das Staatsgeheimnis

15 Zitiert aus Friedrich v. Müller, Unterhaltungen mit Goethe, E. Grumach (Hrsg.), 1870, Weimar 1956, S. 281.

16 Ihre Vornamen werden nicht einheitlich wiedergegeben, vgl. *Wilhelm Bode*, Charlotte von Stein, Berlin [5]1920, S. 7.

17 Vgl. *Friedrich Wilhelm Riemer*, Mitteilungen über Goethe, 1841, A. Pollmer (Hrsg.), Leipzig 1921, S. 396, Stichwort: Liebe.

18 Siehe nur *Wilhelm Bode*, Charlotte von Stein, Berlin [5]1920, S. V; *Bodenstedt* zitiert nach K. Heinemann, Goethes Briefe an Frau von Stein, Band I, Stuttgart u. a. 1894, S. 3.

19 Vgl. nur *Robert Keil*, Vor hundert Jahren, Mitteilungen über Weimar, Goethe und Corona Schröter aus den Tagen der Genie-Periode, Band II, Leipzig 1875, S. 78 ff.

20 Ein Drehbuchautor könne diese Liebesbeziehung gar nicht erfinden, so sinngemäß *Jochen Klauß*, Charlotte von Stein. Die Frau in Goethes Nähe, Zürich 1995, S. 136.

21 *Fritz Liebeskind*, Der große Hermannstein bei Ilmenau, Ilmenau [2]1928, S. 37.

22 *Angelika Fischer/Bernd Erhard Fischer*, Schloss Kochberg – Goethe bei Frau von Stein, Berlin-Brandenburg 1999, S. 76, S. 30, S. 14.

23 *Nicholas Boyle*, Goethe – Der Dichter in seiner Zeit, Band I, 1749–1790, H. Fliessbach (Übersetzung), München 1995, S. 304.

24 *Susanne Kord* (Hrsg.), Einleitung zu Charlotte von Stein, Dramen (Gesamtausgabe), Hildesheim u. a. 1998, S. V.

25 *Ingelore M. Winter*, Goethes Charlotte von Stein. Die Geschichte einer Liebe, 1992, Nachdruck Düsseldorf 2003, S. 157.

26 *Helmut Koopmann*, Goethe und Frau von Stein, München 2002, S. 278.

27 *Edmund Höfer*, Goethe und Charlotte v. Stein, 1878, Berlin/Leipzig [8]1923, S. 71.

28 So *Wilhelm Bode*, Charlotte von Stein, Berlin [5]1920, S. 267.

29 Zitiert nach Doris Maurer, Charlotte von Stein, Frankfurt a. M. u. a. 1997, S. 290.

30 Brief an Carl v. Holtei vom 26. September 1828, zitiert nach Frauen der Goethezeit in ihren Briefen, G. Jäckel (Hrsg.), Berlin [2]1969, S. 392.

31 *Wilhelm Bode*, Lotte Kestner in Weimar, in: ders. (Hrsg.), Stunden mit Goethe, Für die Freunde seiner Kunst und Weisheit, Band IX, Berlin 1913, S. 314.

32 *Richard Friedenthal*, Goethe. Sein Leben und seine Zeit, 1963, München 1999, S. 223.

33 So *Adolf Stahr*, zitiert nach Robert Keil, Vor hundert Jahren, Mitteilungen über Weimar, Goethe und Corona Schröter aus den Tagen der Genie-Periode, Band II, Leipzig 1875, S. 74.

34 *Edmund Höfer*, Goethe und Charlotte v. Stein, 1878, Berlin/Leipzig [8]1923, S. 9.

35 Dichtung und Wahrheit, 7. Buch.

36 *Friedrich Wilhelm Riemer*, Mitteilungen über Goethe, 1841, A. Pollmer (Hrsg.), Leipzig 1921, S. 47.

37 Zitiert nach Robert Keil, Vor hundert Jahren, Mitteilungen über Weimar, Goethe und Corona Schröter aus den Tagen der Genie-Periode, Band II, Leipzig 1875, S. 64.

Anna Amalia und Charlotte v. Stein

38 Zitiert nach Ursula Salentin, Anna Amalia. Wegbereiterin der Weimarer Klassik, Köln u.a. [3]2001, S. 121.

39 So *Christian Graf zu Stolberg*, zitiert nach Wilhelm Bode, Charlotte von Stein, Berlin [5]1920, S. 87.

40 Vgl. nur *Karl Otto Conrady*, Goethe – Leben und Werk, München u.a. 1994, S. 280 f., S. 287.

41 Hermann F. v. Egloffstein (Hrsg.), Ein Kind des achtzehnten Jahrhunderts – Jugenderinnerungen der Gräfin Henriette Egloffstein, in: Deutsche Rundschau, Dezember 1919, S. 350.

42 So die Kammerfrau *Spormann*, zitiert nach E. Scheidemantel (Hrsg.), Erinnerungen von Charlotte Krackow, Weimar 1917, S. 1.

43 E. Scheidemantel (Hrsg.), Erinnerungen von Charlotte Krackow, Weimar 1917, S. 1.

44 Vgl. eingehend *Carl F. v. Beaulieu-Marconnay*, Anna Amalia, Carl August und der Minister von Fritsch, Weimar 1874, S. 18 f.

45 Vgl. *Wilhelm Bode*, Amalie Herzogin von Weimar – Das vorgoethische Weimar, Band I, Berlin

1908, S. 53, S. 94 f.
[46] *Robert Keil*, Vor hundert Jahren, Mitteilungen über Weimar, Goethe und Corona Schröter aus den Tagen der Genie-Periode, Band II, Leipzig 1875, S. 69.
[47] So *Voigt-Ludecus*, zitiert nach Gisela Sichardt, Das Weimarer Liebhabertheater unter Goethes Leitung, Weimar 1957, S.124.
[48] Zitiert nach Hellmuth F. v. Maltzahn, Karl Ludwig von Knebel, Jena 1929, S. 39.
[49] Zitiert nach Karl August Böttiger, Literarische Zustände und Zeitgenossen. Begegnungen und Gespräche im klassischen Weimar, 1838 (unvollständig), K. Gerlach/R. Sternke (Hrsg.), Berlin [2]1998, S. 240.
[50] Zitiert nach Wilhelm Bode, Amalie Herzogin von Weimar – Das vorgoethische Weimar, Band I, Berlin 1908, S. 125, siehe auch S. 124 ff.
[51] *Wilhelm Bode*, Karl August von Weimar, Jugendjahre, Berlin 1913, S. 127.
[52] *Willy Andreas*, Aus der Kindheit Carl Augusts von Weimar, Tagebuchaufzeichnungen und Berichte seines Erziehers, in: Archiv für Kulturgeschichte 1941, S. 282 f.
[53] Vgl. *A. Schöll*, Carl August Büchlein, Weimar 1857, S. 28 ff.
[54] *J. W. Goethe*, Weimarer Ausgabe (1887-1919), I., 36, S. 311 ff.: Zu brüderlichem Andenken Wielands, 1813.
[55] Vgl. *Robert Keil*, Vor hundert Jahren, Mitteilungen über Weimar, Goethe und Corona Schröter aus den Tagen der Genie-Periode, Band II, Leipzig 1875, S. 68; siehe auch *Willy Andreas*, Carl August von Weimar, Ein Leben mit Goethe 1757–1783, Stuttgart 1953, S. 56 ff.
[56] Thüringisches Hauptstaatsarchiv Weimar, HA AXVIII, Nr. 110, Original in Französisch: *„Une princesse, qui par les grandes qualités de Son esprit et de Son coeur fait le bonheur de Son peuple, l'admiration des étrangers et l'ornament de son siécle."*
[57] Vgl. *Gerhart v. Westerman/Karl Schumann*, Knaurs Opernführer, München 1969, S. 57.
[58] *Robert Keil*, Vor hundert Jahren, Mitteilungen über Weimar, Goethe und Corona Schröter aus den Tagen der Genie-Periode, Band II, Leipzig 1875, S. 69.
[59] Sowie entsprechendes Fachpersonal, vgl. *Gisela Sichardt*, Das Weimarer Liebhabertheater unter Goethes Leitung, Weimar 1957, S. 69 ff.
[60] *Michael Wenzel*, Adam Friedrich Oeser und Weimar, Heidelberg 1994, S. 48 ff.
[61] Vgl. ausführlich *Wilhelm Bode*, Charlotte von Stein, Berlin [5]1920, S. 13 ff.
[62] *Sigmund v. Seckendorff*, Weimarische Briefe, Leipzig 1865, S. 6; siehe auch *Wilhelm Bode*, Charlotte von Stein, Berlin [5]1920, S. 108.
[63] Hierzu ausführlich *Wilhelm Bode*, Charlotte von Stein, Berlin [5]1920, S. 21 f., S. 26 ff.
[64] *Jochen Klauß*, Charlotte von Stein. Die Frau in Goethes Nähe, Zürich 1995, S. 203.
[65] *Wilhelm Bode*, Charlotte von Stein, Berlin [5]1920, S. 28.
[66] *Jochen Klauß*, Charlotte von Stein. Die Frau in Goethes Nähe, Zürich 1995, S. 203; sie wurde auch als solche angesehen, vgl. den Brief von *Johanna Schopenhauer* an ihren Sohn vom 22. Dezember 1806, abgedruckt in H.H. Houben (Hrsg.), Damals in Weimar, Erinnerungen und Briefe von und an Johanna Schopenhauer, Berlin [2]1929, S. 62.
[67] Vgl. den Gesamtkatalog-Auszug des Goethe-Nationalmuseums in Weimar, Nr. 330.713.
[68] Eine Kreidezeichnung von Goethe aus dem Jahr 1777, die eine Frau im Profil zeigt, wurde ursprünglich für das Abbild der Herzogin Luise oder Goethes Schwester Cornelia gehalten. Inzwischen wird sie wenig überzeugend zum Abbild der Charlotte v. Stein erklärt, so *Helmut Koopmann*, Goethe und Frau von Stein, München 2002, S. 101; für *Ludwig Münz*, Goethes Zeichnungen und Radierungen, Wien 1949, Bild Nr. 63 ist es „wahrscheinlich Charlotte von Stein"; für *Friedrich August Hohenstein*, Weimar und Goethe – Ereignisse und Erlebnisse, Berlin 1931, neben S. 112 ist es die Herzogin Luise, ebenso für *Wilhelm Bode*, Amalie Herzogin von Weimar – Der Musenhof der Herzogin Amalie, Band II, Berlin 1908, neben S. 4; die Identifikation der Dargestellten als Frau v. Stein begann 1932, als Hans Wahl „zweifellos" Luise als die Dargestellte ablehnte, u. a. mit Bezug auf Goethes Tagebucheintrag vom 15. März 1777, wonach er „Frau v. Stein" gemalt hätte; vgl. *Gerhard Femmel* (Hrsg.), Corpus der Goethezeichnungen, Band I, Von den Anfängen bis zur italienischen Reise 1786, Leipzig [3]1983, S. 102; für die Einschätzung, es handele sich um Goethes Schwester Cornelia, vgl. Gerhard Schuster/ Caroline Gille (Hrsg.), Wiederholte Spiegelungen, Weimarer Klassik, München/Wien 1999, S. 249; vgl. auch *Jochen Klauß*, Charlotte von Stein. Die Frau in Goethes Nähe, Zürich 1995, S. 53, „mit hoher Wahrscheinlichkeit" Frau v. Stein.
[69] *Jochen Klauß*, Charlotte von Stein. Die Frau in Goethes Nähe, Zürich 1995, S. 59.

[70] Zitiert nach Eleonore v. Bojanowski, Louise Großherzogin von Sachsen-Weimar und ihre Beziehungen zu den Zeitgenossen, Stuttgart u.a. 1903, S. 238.
[71] Siehe *Walter Geese*, Gottlieb Martin Klauer – Der Bildhauer Goethes, Leipzig 1935, Abbildung Nr. 30.
[72] Vgl. *Gabriele Oswald*, Personen des Geschehens, Nr. 5, in: C. Juranek, Abenteuer Natur Spekulation, Goethe und der Harz, Halle an der Saale 1999, S. 16 f.
[73] Zitiert nach H. Guenther Nerjes, Ein Unbekannter Schiller – Kritiker des Weimarer Musenhofes, Berlin 1965, S. 79.
[74] Vgl. *Willy Andreas*, Carl August von Weimar, Ein Leben mit Goethe 1757–1783, Stuttgart 1953, S. 337; *Jochen Klauß*, Charlotte von Stein. Die Frau in Goethes Nähe, Zürich 1995, S. 92 f.
[75] *Carola Sedlacek*, Hochzeitskniekissen von Charlotte von Stein, in: Bestandhalten, Sechzig Neuerwerbungen des Goethe-Nationalmuseums Weimar, München u.a. 1996, S. 19.
[76] Vgl. *Ingelore M. Winter*, Goethes Charlotte von Stein. Die Geschichte einer Liebe, 1992, Nachdruck Düsseldorf 2003, S. 22.
[77] Zitiert nach Flodoard F. v. Biedermann/Wolfgang Herwig (Hrsg.), Goethes Gespräche, Eine Sammlung zeitgenössischer Berichte aus seinem Umgang, Band I, 1749–1805, München 1998, S. 361, Brief Nr. 727; vgl. auch *Jochen Klauß*, Charlotte von Stein. Die Frau in Goethes Nähe, Zürich 1995, S. 32.
[78] *Wilhelm Bode*, Charlotte von Stein, Berlin ^{5}1920, S. 240 ff., S. 245 (Zitat).
[79] Zitiert nach Georg Mentz, Aus den Papieren des Grafen Görtz, des Erziehers Karl Augusts, in: Festschrift für Otto Dobenecker, Jena 1929, S. 414, Original in Französisch: *„... la Stein devient de jour en jour plus grande favorite ... dans peu elle aura effacé toutes les autres“.*
[80] Zitiert nach Georg Mentz, Aus den Papieren des Grafen Görtz, des Erziehers Karl Augusts, in: Festschrift für Otto Dobenecker, Jena 1929, S. 415, Original in Französisch: *„La Stein continue à être fort bien avec la D.[uchesse] ... elle devient poète, on m'a dit qu'elle fait de très jolis vers.“*
[81] So *Olga G. Taxis-Bordogna*, Frauen von Weimar, München 1948, S. 51.
[82] *Heinrich Düntzer*, Charlotte v. Stein, Goethes Freundin, Erster Band, 1742–1793, Stuttgart 1874, S. 36.

Erste Zugänge

[83] *Julius Zeitler* in: ders. (Hrsg.), Goethe-Handbuch, Band II, Stuttgart 1917, Stichwort: Die Halsbandgeschichte, S. 115.
[84] *Friedrich Wilhelm Riemer*, Mitteilungen über Goethe, 1841, A. Pollmer (Hrsg.), Leipzig 1921, S. 234.
[85] *Helmut Mathy*, Die Halsbandaffäre, Mainz 1989, S. 106.
[86] Vgl. die Zahlenangaben bei *Jochen Klauß*, Charlotte von Stein. Die Frau in Goethes Nähe, Zürich 1995, S. 206.
[87] Vgl. nur *K. Heinemann*, Goethes Briefe an Frau von Stein, Band I, Stuttgart u. a. 1894, S. 8 f.
[88] *Karl v. Lyncker*, Am Weimarischen Hofe unter Amalien und Karl August, Berlin 1912, S. 23; *F. Bornhak*, Anna Amalia, Herzogin von Sachsen-Weimar-Eisenach, Berlin 1892, S. 104.
[89] Vgl. die Münze aus dem Bestand des Goethe-Nationalmuseums Weimar, NE-Nr. 375/1959.
[90] Zitiert nach Karl Otto Conrady, Goethe – Leben und Werk, München u.a. 1994, S. 290.
[91] Zitiert nach Weimarische Wöchentliche Anzeigen, Nr. 65 vom 12. August 1772, S. 257.
[92] Siehe *Fritz Liebeskind*, Der große Hermannstein bei Ilmenau, Ilmenau ^{2}1928, S. 40 f., der die Geschichte der Einmeißelungen in der Höhle wiedergibt.Vgl. für ein Verzeichnis der von Goethe eingesetzten astronomischen Symbole J. W. Goethe, Weimarer Ausgabe (1887-1919), III., 1, S. 346; Johann Wolfgang Goethe, Sämtliche Werke, Frankfurter Ausgabe, Abteilung II, Band II, Hartmut Reinhardt (Hrsg.), Das erste Weimarer Jahrzehnt, Frankfurt 1997, S. 1268.
[93] *Wilhelm Bode*, Amalie Herzogin von Weimar – Das vorgoethische Weimar, Band I, Berlin 1908, S. 137.
[94] *F. Arndt*, Mütter berühmter Männer, Anna Amalia, Herzogin von Sachsen-Weimar, die Mutter Carl August's, Berlin 1872, S. 60 f.
[95] ITALIENISCHE REISE, 22. September 1787; vgl. auch *Hellmuth F. v. Maltzahn*, Karl Ludwig von Knebel, Jena 1929, S. 140.
[96] Zitiert nach Wilhelm Bode, Amalie Herzogin von Weimar – Der Musenhof der Herzogin Amalie, Band II, Berlin 1908, S. 207.

[97] *F. Bornhak*, Anna Amalia, Herzogin von Sachsen-Weimar-Eisenach, Berlin 1892, S. 168.
[98] *Nicholas Boyle*, Goethe – Der Dichter in seiner Zeit, Band I, 1749–1790, H. Fliessbach (Übersetzung), München 1995, S. 354.
[99] *Karl August Böttiger*, Literarische Zustände und Zeitgenossen. Begegnungen und Gespräche im klassischen Weimar, 1838 (unvollständig), K. Gerlach/R. Sternke (Hrsg.), Berlin ²1998, S. 289 f.
[100] Vgl. für die drei Beispiele *Wilhelm Bode/Valerian Tornius*, Goethes Leben 1790–1794, Berlin 1926, S. 122.

Aufstieg und Fall des Staatsministers

[101] *Nicholas Boyle*, Goethe – Der Dichter in seiner Zeit, Band I, 1749–1790, H. Fliessbach (Übersetzung), München 1995, S. 280.
[102] Vgl. *Karl-Heinz Hahn*, Die Regentin und ihr Minister. Herzogin Anna Amalia von Sachsen-Weimar und Eisenach und der Minister Jakob Friedrich Freiherr von Fritsch, in: Wolfenbütteler Beiträge, Band IX, Wiesbaden 1994, S. 76 ff. (Zitat S. 77); grundlegend *Carl F. v. Beaulieu-Marconnay*, Anna Amalia, Carl August und der Minister von Fritsch, Weimar 1874, S. 55 ff.
[103] *Wilhelm Bode*, Amalie Herzogin von Weimar – Der Musenhof der Herzogin Amalie, Band II, Berlin 1908, S. 21.
[104] *Willy Andreas*, Aus der Kindheit Carl Augusts von Weimar, Tagebuchaufzeichnungen und Berichte seines Erziehers, in: Archiv für Kulturgeschichte 1941, S. 295.
[105] Siehe eingehend *Willy Andreas*, Kämpfe und Intrigen um den Regierungsantritt Carl Augusts von Weimar, in: Historische Zeitschrift, München 1949, S. 514 ff.
[106] Zitiert nach Willy Andreas, Kämpfe und Intrigen um den Regierungsantritt Carl Augusts von Weimar, in: Historische Zeitschrift, München 1949, S. 551.
[107] Zitiert nach Georg Mentz, Aus den Papieren des Grafen Görtz, des Erziehers Karl Augusts, in: Festschrift für Otto Dobenecker, Jena 1929, S. 417, Original in Französisch: *„... et alors [1771] déjà la D.[uchesse] me haïssoit autant qu'à présent."*
[108] Vgl. *Willy Andreas*, Aus der Kindheit Carl Augusts von Weimar, Tagebuchaufzeichnungen und Berichte seines Erziehers, in: Archiv für Kulturgeschichte 1941, S. 287.
[109] Vgl. *Willy Andreas*, Kämpfe und Intrigen um den Regierungsantritt Carl Augusts von Weimar, in: Historische Zeitschrift, München 1949, S. 554 ff.; siehe auch *ders.*, Die Kavaliersreise Carl Augusts von Weimar nach Paris, in: Archiv für Kulturgeschichte 1952, S. 180 ff.
[110] *Karl Otto Conrady*, Goethe – Leben und Werk, München u.a. 1994, S. 291.
[111] *Willy Andreas*, Carl August von Weimar, Ein Leben mit Goethe 1757–1783, Stuttgart 1953, S. 299.
[112] Vgl. nur *Felix Freiherr v. Stein-Kochberg*, In Kochberg, dem Reiche von Charlotte von Stein, Leipzig 1936, S. 46.
[113] Zitiert nach Willy Andreas, Kämpfe und Intrigen um den Regierungsantritt Carl Augusts von Weimar, in: Historische Zeitschrift, München 1949, S. 555.
[114] Zitiert nach E. Kleßmann (Hrsg.), Goethe aus der Nähe, Berichte von Zeitgenossen, München/Zürich 1994, S. 33.
[115] *H. Guenther Nerjes*, Ein Unbekannter Schiller – Kritiker des Weimarer Musenhofes, Berlin 1965, S. 84.
[116] Zitiert nach Hellmuth F. v. Maltzahn, Karl Ludwig von Knebel, Jena 1929, S. 122.
[117] *Eleonore v. Bojanowski*, Louise Großherzogin von Sachsen-Weimar und ihre Beziehungen zu den Zeitgenossen, Stuttgart u.a. 1903, S. 132, S. 217
[118] *J. W. Goethe*, Weimarer Ausgabe (1887-1919), I., 36, S. 233.
[119] *Karl August Böttiger*, Literarische Zustände und Zeitgenossen. Begegnungen und Gespräche im klassischen Weimar, 1838 (unvollständig), K. Gerlach/R. Sternke (Hrsg.), Berlin ²1998, S. 217.
[120] Zitiert nach Julius Petersen (Hrsg.), Goethes Briefe an Charlotte von Stein, Band I, Leipzig 1923, S. 530.
[121] *Sigmund v. Seckendorff*, Weimarische Briefe, Leipzig 1865, S. 5; vgl. auch *Joachim Berger*, Anna Amalia von Sachsen-Weimar-Eisenach (1739–1807) – Denk- und Handlungsräume einer ‚aufgeklärten' Herzogin, Heidelberg 2003, S. 470.
[122] Vgl. Wilhelm Bode (Hrsg.), Goethe in Vertraulichen Briefen seiner Zeitgenossen 1749–1793, Band I, Berlin 1999, S. 191.
[123] Zitiert aus Friedrich v. Müller, Unterhaltungen mit Goethe, E. Grumach (Hrsg.), 1870, Weimar

1956, S. 283.
[124] Vgl. etwa die ausgewogene Schilderung von *Wilhelm Bode*, Amalie Herzogin von Weimar – Der Musenhof der Herzogin Amalie, Band II, Berlin 1908, S. 6 ff., S. 82.
[125] *Edmund Höfer*, Goethe und Charlotte v. Stein, 1878, Berlin/Leipzig [8]1923, S. 42.
[126] Eingehend *Wilhelm Bode*, Karl August von Weimar, Jugendjahre, Berlin 1913, S. 343.
[127] Zitiert nach Wilhelm Bode, Amalie Herzogin von Weimar – Der Musenhof der Herzogin Amalie, Band II, Berlin 1908, S. 197 f.
[128] Vgl. *Renate Müller-Krumbach*, Nachlaß Johann Wolfgang von Goethe, in: Stiftung Weimarer Klassik, Verlassenschaften – Der Nachlaß Vulpius, Weimar 1995, S. 22 ff.
[129] Gelegentlich wird Frau v. Stein vermutet, vgl. *Hermann Rollet*, Die Goethe-Bildnisse, (1883), Faksimile-Ausgabe Wiesbaden 1978, S. 54.
[130] *F. Bornhak*, Anna Amalia, Herzogin von Sachsen-Weimar-Eisenach, Berlin 1892, S. 117.
[131] *Karl Otto Conrady*, Goethe – Leben und Werk, München u.a. 1994, S. 291.
[132] *Alfred Bergmann* (Hrsg.), Briefe des Herzogs Carl August von Sachsen-Weimar an seine Mutter die Herzogin Anna Amalia, Jena 1938, S. VIII.
[133] Zitiert nach Alfred Bergmann (Hrsg.), Briefe des Herzogs Carl August von Sachsen-Weimar an seine Mutter die Herzogin Anna Amalia, Jena 1938, S. 137.
[134] Zitiert nach Flodoard F. v. Biedermann/Wolfgang Herwig (Hrsg.), Goethes Gespräche, Eine Sammlung zeitgenössischer Berichte aus seinem Umgang, Band I, 1749–1805, München 1998, S. 214, Brief Nr. 398.
[135] *Karl Otto Conrady*, Goethe – Leben und Werk, München u.a. 1994, S. 305.
[136] Art. 131 der PEINLICHEN GERICHTSORDNUNG.
[137] Vgl. ausführlich *Sigrid Damm*, Christiane und Goethe – Eine Recherche, Frankfurt am Main/Leipzig 1998, S. 81 ff.
[138] Zitiert nach Ernst Grumach/Renate Grumach (Hrsg.), Goethe. Begegnungen und Gespräche, Band II 1777-1785, Berlin 1966, S. 311.
[139] Zitiert nach Wilhelm Bode, Amalie Herzogin von Weimar – Der Musenhof der Herzogin Amalie, Band II, Berlin 1908, S. 219.
[140] Vgl. hierzu die Darstellung von *Kurt Steenbuck*, Silber und Kupfer aus Ilmenau. Ein Bergwerk unter Goethes Leitung, Hintergründe, Erwartungen, Enttäuschungen, Weimar 1995, S. 19 ff.
[141] Vgl. auch *Kurt Steenbuck*, Silber und Kupfer aus Ilmenau. Ein Bergwerk unter Goethes Leitung, Hintergründe, Erwartungen, Enttäuschungen, Weimar 1995, S. 333.
[142] Vgl. eingehend *Hans Bürgin*, Der Minister Goethe vor der römischen Reise. Seine Tätigkeit in der Wegebau- und Kriegskommission, Weimar 1933, S. 1 ff.
[143] Vgl. eingehend *Hans Bürgin*, Der Minister Goethe vor der römischen Reise. Seine Tätigkeit in der Wegebau- und Kriegskommission, Weimar 1933, S. 32 ff.
[144] *Hans Bürgin*, Der Minister Goethe vor der römischen Reise. Seine Tätigkeit in der Wegebau- und Kriegskommission, Weimar 1933, S. 76.
[145] Hierzu *Hans Bürgin*, Der Minister Goethe vor der römischen Reise. Seine Tätigkeit in der Wegebau- und Kriegskommission, Weimar 1933, S. 60, S. 107 ff.
[146] *Hans Bürgin*, Der Minister Goethe vor der römischen Reise. Seine Tätigkeit in der Wegebau- und Kriegskommission, Weimar 1933, S. 175.
[147] *Hans Bürgin*, Der Minister Goethe vor der römischen Reise. Seine Tätigkeit in der Wegebau- und Kriegskommission, Weimar 1933, S. 147 f.
[148] Vgl. zu Hauptmann etwa *Denis Loch*, Die Jagd in Goethes Leben, Gehren 2002, S. 123 f.
[149] *Gisela Sichardt*, Das Weimarer Liebhabertheater unter Goethes Leitung, Weimar 1957, S. 13 ff. *Willy Andreas*, Carl August von Weimar, Ein Leben mit Goethe 1757–1783, Stuttgart 1953, S. 346.
[150] *J. W. Goethe*, Weimarer Ausgabe (1887-1919), I., 38, S. 496, Nr. 39.
[151] *Klaus Seehafer*, Johann Wolfgang Goethe. Mein Leben ein einzig Abenteuer, Berlin [2]2002, S. 178.
[152] *Gero v. Wilpert*, Goethe-Lexikon, Stuttgart 1998, S. 1062; siehe auch *Hans Knudsen*, Goethes Welt des Theaters, Ein Vierteljahrhundert Weimarer Bühnenleitung, Berlin 1949, S. 90.
[153] Vgl. *Gisela Sichardt*, Das Weimarer Liebhabertheater unter Goethes Leitung, Weimar 1957, S. 30 ff., S. 1, S. 116 und öfters.
[154] *Gisela Sichardt*, Das Weimarer Liebhabertheater unter Goethes Leitung, Weimar 1957, S. 87.
[155] *Karl August Böttiger*, Literarische Zustände und Zeitgenossen. Begegnungen und Gespräche im klassischen Weimar, 1838 (unvollständig), K. Gerlach/R. Sternke (Hrsg.), Berlin [2]1998, S. 42.

[156] *Werner Deetjen*, Auf Höhen Ettersburgs, 1924, hier Nachdruck Weimar 1993, S. 24.
[157] *Christian Friedrich Koch*, zitiert nach Werner Deetjen, Auf Höhen Ettersburgs, 1924, hier Nachdruck Weimar 1993, S. 22 ff.
[158] Zitiert nach Willy Andreas, Sturm und Drang im Spiegel der Weimarer Hofkreise, in: Goethe, Viermonatsschrift der Goethe-Gesellschaft, Neue Folge des Jahrbuchs, Band VIII (1943), S. 243.
[159] Zitiert nach Ernst Grumach/Renate Grumach (Hrsg.), Goethe. Begegnungen und Gespräche, Band II 1777-1785, Berlin 1966, S. 73, Original in Französisch: *„Les nouvelles de la journée d'hier, sont une partie de plaisir à Jena, pour voir une comedie d'étudians, Mad. la D.[uchesse] M[ère] y est allé avec son cher ami Goethe"*.
[160] *F. Arndt*, Mütter berühmter Männer, Anna Amalia, Herzogin von Sachsen-Weimar, die Mutter Carl August's, Berlin 1872, S. 30.
[161] Zitiert nach Ernst Grumach/Renate Grumach (Hrsg.), Goethe. Begegnungen und Gespräche, Band II 1777-1785, Berlin 1966, S. 93.
[162] Zitiert nach Flodoard F. v. Biedermann/Wolfgang Herwig (Hrsg.), Goethes Gespräche, Eine Sammlung zeitgenössischer Berichte aus seinem Umgang, Band I, 1749–1805, München 1998, S. 304, Brief Nr. 588.
[163] Vgl. *Willi Ehrlich*, Das Wittumspalais in Weimar, Weimar 1984, S. 11 f., S. 36.
[164] Zitiert nach Flodoard F. v. Biedermann/Wolfgang Herwig (Hrsg.), Goethes Gespräche, Eine Sammlung zeitgenössischer Berichte aus seinem Umgang, Band I, 1749–1805, München 1998, S. 298 f., Brief Nr. 568.
[165] *Caroline Herder*, zitiert nach Flodoard F. v. Biedermann/Wolfgang Herwig (Hrsg.), Goethes Gespräche, Eine Sammlung zeitgenössischer Berichte aus seinem Umgang, Band I, 1749–1805, München 1998, S. 324, Brief Nr. 638.
[166] *Heinrich Düntzer*, Charlotte v. Stein, Goethes Freundin, Erster Band, 1742–1793, Stuttgart 1874, S. 33.
[167] *Effi Biedrzynski*, Goethes Weimar – Das Lexikon der Personen und Schauplätze, Eintrag: Die Egloffsteins, Zürich ^{2}1993, S. 354.
[168] Zum Verlauf von Goethes Karriere als Maurer vgl. *Joachim Bauer/Gerhard Müller*, „Des Maurers Wandeln, es gleicht dem Leben" – Tempelmaurerei, Aufklärung und Politik im klassischen Weimar, Rudolstadt/Jena 2000, S. 107 ff.
[169] Vgl. nur *Hermann Schüttler*, Freimaurerei in Weimar zum 200. Todestag von Johann Joachim Christoph Bode, in: Ettersburger Hefte 3, Weimar 1995, S. 10 ff.
[170] Vgl. zur „Strikten Observanz" *Joachim Bauer/Gerhard Müller*, „Des Maurers Wandeln, es gleicht dem Leben" – Tempelmaurerei, Aufklärung und Politik im klassischen Weimar, Rudolstadt/Jena 2000, S. 24 ff., S. 50 ff.; zur Schließung der Loge 1782 vgl. ebd., S. 117 ff.; *Hermann Schüttler*, Freimaurerei in Weimar zum 200. Todestag von Johann Joachim Christoph Bode, in: Ettersburger Hefte 3, Weimar 1995, S. 12 ff.
[171] Vgl. *Hermann Schüttler*, Freimaurerei in Weimar zum 200. Todestag von Johann Joachim Christoph Bode, in: Ettersburger Hefte 3, Weimar 1995, S. 17 f., 29; *Hartwig Kloevekorn*, Anna Amalia zu den Drei Rosen, in: Zeitschrift für Gesellschaft, Kultur und Geistesleben 1999, Band 25, Heft 5, S. 20.
[172] Ähnlich *Eberhard Schmitt*, Elemente einer Theorie der politischen Konspiration im 18. Jahrhundert, in: Peter Christian Ludz (Hrsg.), Geheime Gesellschaften, Heidelberg 1979, S. 65 ff.
[173] Zitiert nach Flodoard F. v. Biedermann/Wolfgang Herwig (Hrsg.), Goethes Gespräche, Eine Sammlung zeitgenössischer Berichte aus seinem Umgang, Band I, 1749–1805, München 1998, S. 238, Brief Nr. 446.
[174] Zitiert nach Flodoard F. v. Biedermann/Wolfgang Herwig (Hrsg.), Goethes Gespräche, Eine Sammlung zeitgenössischer Berichte aus seinem Umgang, Band I, 1749–1805, München 1998, S. 344, Brief Nr. 685.
[175] Zitiert nach Woldemar F. v. Biedermann, Goethes Gespräche, Eine Sammlung zeitgenössischer Berichte aus seinem Umgang, III. Band: 1811–1818, Leipzig 1889, S. 185.

Italienflucht: „O welch ein Irrtum"

[176] *Nicholas Boyle*, Goethe – Der Dichter in seiner Zeit, Band I, 1749–1790, H. Fliessbach (Übersetzung), München 1995, S. 350.
[177] Gespräch vom 7. Oktober 1815 mit Sulpiz Boisserée, Tagebücher 1808–1854, H.-J. Weitz (Hrsg.),

Darmstadt 1978, S. 283.

[178] *Hellmuth F. v. Maltzahn*, Karl Ludwig von Knebel, Jena 1929, S. 16.

[179] Vgl. *Konrad Scheurmann*, Goethes Schatten in Rom, in: animo italo-tedesco 2000, S. 162.

[180] Zitiert nach Jochen Klauß, Charlotte von Stein. Die Frau in Goethes Nähe, Zürich 1995, S. 113.

[181] Vgl. *Johann Eustachius G. v. Görtz*, Historische und politische Denkwürdigkeiten, Band II, Stuttgart/Tübingen 1828, S. 43 ff.; siehe auch *Hans Wahl* (Hrsg.), Briefwechsel des Herzogs-Großherzogs Carl August mit Goethe, Band I, 1775–1806, (1915), Nachdruck Bern 1971, S. 378 f., Rn. 53.

[182] Hierzu *Willy Andreas*, Kämpfe und Intrigen um den Regierungsantritt Carl Augusts von Weimar, in: Historische Zeitschrift, München 1949, S. 514 ff.

[183] Zitiert nach Carl F. v. Beaulieu-Marconnay, Anna Amalia, Carl August und der Minister von Fritsch, Weimar 1874, S. 103.

[184] Thüringisches Hauptstaatsarchiv Weimar, HA AXVIII, Nr. 23, Blatt 10, Original in Französisch: *„... il a tord de conseiller à Monseigneur le Duc de commencer par faire des changements".*

[185] Zitiert nach Georg Mentz, Aus den Papieren des Grafen Görtz, des Erziehers Karl Augusts, in: Festschrift für Otto Dobenecker, Jena 1929, S. 416, Original in Französisch: *„A quoi bon faire des changements subits; deja partout le bruit se répand que C. A. n'est pas bien avec sa mère et plus d'une fois j'ai entendu de mes oreilles ...: Il a bien tord, car sa mère a bien administré. Quel mal y a til après tous que C. A. ne fasse aucun changement dans le premiers mois ? Il ne m'a jamais paru, je l'avoue, que le conseil privé de la Duchesse fut mauvais ou ridicule au point d'exiger une réforme subite qui serait réellement un outrage pour la mère ... Je vous en prie, tranquilisez vous: tout ira bien."*

[186] Zitiert nach Carl F. v. Beaulieu-Marconnay, Anna Amalia, Carl August und der Minister von Fritsch, Weimar 1874, S. 98, S. 250.

[187] Zitiert nach Georg Mentz, Aus den Papieren des Grafen Görtz, des Erziehers Karl Augusts, in: Festschrift für Otto Dobenecker, Jena 1929, S. 416, Original in Französisch: *„Si Wieland a dit au Duc que je l'avois chargé de parler contre Frankenberg il en a menti. Si c'est lui qui a trahi à la Duchesse le plan de Ch.[ales] Au.[guste], qui lui avoit été confié, si vous en êtes bien sur, je le méprise à jamais."*

[188] Zitiert nach Georg Mentz, Aus den Papieren des Grafen Görtz, des Erziehers Karl Augusts, in: Festschrift für Otto Dobenecker, Jena 1929, S. 417, Original in Französisch: *„Le* Stadthalter *m'a dit l'avoir reçu froidement, j'ai cru que Wieland voudroit se justifier, mais il l'évite. ... La D.[uchesse] a assuré au* Stadthalter *que le coup qu'elle vous a porté, partoit uniquement de sa tête."*

[189] *Karl August Böttiger*, Literarische Zustände und Zeitgenossen. Begegnungen und Gespräche im klassischen Weimar, 1838 (unvollständig), K. Gerlach/R. Sternke (Hrsg.), Berlin ²1998, S. 217.

[190] Zitiert nach Georg Mentz, Aus den Papieren des Grafen Görtz, des Erziehers Karl Augusts, in: Festschrift für Otto Dobenecker, Jena 1929, S. 417, Original in Französisch: *„Je suis sûre que le* Stadthalter *fera tout pour vous raccommoder avec la D.[uchesse], mais cela ne se fera, je crains, jamais. Mon ami, vous êtes trop confiant, on vous a trahi. ... je désire de ne pas rester ici."*

[191] Zitiert nach Georg Mentz, Aus den Papieren des Grafen Görtz, des Erziehers Karl Augusts, in: Festschrift für Otto Dobenecker, Jena 1929, S. 421, Original in Französisch: *„... l'auteur de nos peines".*

[192] Zitiert nach Flodoard F. v. Biedermann/Wolfgang Herwig (Hrsg.), Goethes Gespräche, Eine Sammlung zeitgenössischer Berichte aus seinem Umgang, Band I, 1749–1805, München 1998, S. 217, Brief Nr. 403.

[193] Zitiert nach Flodoard F. v. Biedermann/Wolfgang Herwig (Hrsg.), Goethes Gespräche, Eine Sammlung zeitgenössischer Berichte aus seinem Umgang, Band I, 1749–1805, München 1998, S. 218, Brief Nr. 405.

[194] Vgl. *Hans Tümmler*, Zum Weggange des Grafen Görtz aus Weimar, in: Zeitschrift des Vereins für Thüringische Geschichte und Altertumskunde, Jena 1941, S. 185.

[195] *Graf Görtz*, Mémoire historique de la négociation en 1778 pour la succession de la Baviere. Confieé par le Roi de Prusse Fréderic le Grand au Comte Eustache de Goertz, Frankfurt 1812, S. 9.

[196] Brief an „Frau v. Stein" vom 5. Mai 1780.

[197] *Graf Görtz*, Mémoire historique de la négociation en 1778 pour la succession de la Baviere. Confieé par le Roi de Prusse Fréderic le Grand au Comte Eustache de Goertz, Frankfurt 1812, S. 8 ; vgl. auch *Willy Andreas*, Aus der Kindheit Carl Augusts von Weimar, Tagebuchaufzeichnungen und Berichte seines Erziehers, in: Archiv für Kulturgeschichte 1941, S. 299.

[198] Vgl. zum ganzen die Darstellung von *G. P. Gooch*, Friedrich der Große. Herrscher – Schriftsteller – Mensch, München ⁶1984, S. 95 ff.

[199] Zitiert nach G. P. Gooch, Friedrich der Große. Herrscher – Schriftsteller – Mensch, München ⁶1984,

S. 98.
[200] Zitiert nach Hans Tümmler, Zum Weggange des Grafen Görtz aus Weimar, in: Zeitschrift des Vereins für Thüringische Geschichte und Altertumskunde, Jena 1941, S. 188.
[201] Zitiert nach Hans Tümmler, Zum Weggange des Grafen Görtz aus Weimar, in: Zeitschrift des Vereins für Thüringische Geschichte und Altertumskunde, Jena 1941, S. 189.
[202] *„W.[eimar] le 14 de Mars 1778 – ... Maman est mieux que jamais avec le genie par Excellence, et malgré ses froideurs en publie la médisance en parle, il est des presque tous les soupers fuis[t], ... mon ami, notre train de vie devient plus insoutenable de jour en jour. ... il faut que je vous avertise d'une chose. Klinck.[owström] est venu ches moi ce matin me faire part d'une confidence que Fr.[itsch] lui a fait ... Le D[uc] lui a dit qu'il lui feroit part en conseil d'une lettre qu'il avoit eu de vous. On à trové moyen de le rendre furieux de ce que vous etes parti sans lui en faire la confidence, c'est sans doute la liaison de maman et G.[oethe] qui se sont reunis pour vous jouer un tour. Fr.[itsch] pretend avoir pris votre parti, mais le D.[uc] à assuré qu'il vous écriroit pour vous en faire des reproches. Je né'espere pas que jamais il aura le courage de le faire, mais je vous supplie que si cela arrive vous le tractés comme un fou, ou un enfant, et que vous ne vous fassiés point emporter par un mouvement de vivacité. Je vois fort bien ou tout cela méne, on en veut à votre pension mais le Roi [Friedrich II], soutiendra vos droit, et je voudrois qu'on pousser jusqué là l'ingratitude. Il a été décide dans ce conseil qu'on ne pouvoit donner la place de Ratisbonne a un Homme qui avoit rendu de si muovais services à l'Emp[ereur], et j'espere que votre refus arrivera d'ailleurs au premier jour. La Maman n'a pas la consience nette, je le vois a la façon d'être avec moi. Je me mocque de tout cela et me trouve fort heureuse de pouvoir m'en mocquer, mais au fond je donnerais tout au monde pour être loin de ses hames, de ces indignités, et de ces coquinèries ... Huffland [Arzt] vient de me quitter, il ne peut rien me dire de positif sur mon état, mais il est sure qu'il me reste bien peu d'espoir. Mes coliques continuent ... Je suis dans le plus grand embaras. Tous vos arrangemens sont pour une longue absence, et je reçois encore dans ce moment une lettre de M. votre frere [preußischer General] qui ne me parle que de votre très prochain voyage à Berlin, et de toutes les honetetes possibles qu'on y aura pour vous. Que faire dans cet embarras? ... Mon ami pourvu que je ne fasse rien qui vous déplaise. Les embaras en tout genre s'accumul j'avois écrit á M. votre frere au nom des plusieurs officier d'ici, pour le Bataileon de Stein. Il me repond dans ce moment qu'il les voudroit tous pour un régiment de dragons qu'il doit ériger. Mon dieu que faire? on trouvera fort mal si je les enleve, nouvelle raison pour se gendarm contre vous, pour vouloir vous prendre ce que vous aves. D'un autre coté dois-je empêcher la fortune de ces pauvres gens. Je tacherai de tirer mon épingle du jeu, affin que cela ne retombe n'y sur vous, n'y sur moi. Ah si j'etois hors de cette galere! ... Weimar est pour moi l'enfer. ... Adieu meilleur des Maris, recevés les assurances de ma plus vive tendresse et de celle de vos enfants."* Für die Durchsicht der Übersetzung ist Dr. Adolf Baumann zu danken.
[203] Die Bezeichnung „Maman" gilt Anna Amalia, vgl. auch *Willy Andreas*, Sturm und Drang im Spiegel der Weimarer Hofkreise, in: Goethe, Viermonatsschrift der Goethe-Gesellschaft, Neue Folge des Jahrbuchs, Band VIII (1943), S. 243, der den Briefwechsel der Gräfin Görtz gesichtet und etwas kommentiert hat; siehe seine Bemerkung, die Gräfin Görtz würde berichten, „daß sich ‚die Medisance' [üble Nachrede, böse Zungen] mit diesen Beziehungen Goethes und Anna Amalias trotz der nach außen hin gezeigten Kälte beschäftige, fast als handle es sich um eine kleine Liaison der beiden."
[204] Brief vom 17. März 1778, zitiert nach Ernst Grumach/Renate Grumach (Hrsg.), Goethe. Begegnungen und Gespräche, Band II, 1777-1785, Berlin 1966, S. 68, Original in Französisch: *„La seule chose que je crains, c'est une missive de Mr. G. signée par le D[uc]."*
[205] Zitiert nach G. P. Gooch, Friedrich der Große. Herrscher – Schriftsteller – Mensch, München [6]1984, S. 101.
[206] Zitiert nach Hans Tümmler, Zum Weggange des Grafen Görtz aus Weimar, in: Zeitschrift des Vereins für Thüringische Geschichte und Altertumskunde, Jena 1941, S. 190.
[207] Zitiert nach Flodoard F. v. Biedermann/Wolfgang Herwig (Hrsg.), Goethes Gespräche, Eine Sammlung zeitgenössischer Berichte aus seinem Umgang, Band I, 1749–1805, München 1998, S. 253, Brief Nr. 475.
[208] Zitiert nach Ernst Grumach/Renate Grumach (Hrsg.), Goethe. Begegnungen und Gespräche, Band II, 1777-1785, Berlin 1966, S. 242, Original in Französisch: *„Goethe file toujours le parfait amour, et la pauvre Stein plus bête qu'il n'a été reçoit en patience les mauvais propos du public, et de Mr. Goethe, et les humeurs de sa femme. Vous voyés que tout cela reste sur l'ancien pied."*
[209] Zitiert nach Flodoard F. v. Biedermann/Wolfgang Herwig (Hrsg.), Goethes Gespräche, Eine Samm-

lung zeitgenössischer Berichte aus seinem Umgang, Band I, 1749–1805, München 1998, S. 305, Brief Nr. 589, Original in Französisch: „*Madame de Stein s'affiche plus que jamais avec son ami, enfin la plupart des choses sont telles que nous les avons laissées.*"

[210] Zitiert nach Ernst Grumach/Renate Grumach (Hrsg.), Goethe. Begegnungen und Gespräche, Band II, 1777-1785, Berlin 1966, S. 317, Original in Französisch: „*Cette derniere [Anna Amalia] vient de faire encore une jolie folie, Elle a célébrée hier à Diefurth le jour de Naissance de Göthe par une Comedie d'Hombres chinoisés, et un pétit feu d'artifice, comment cela vous plait il?*"

[211] Zitiert nach Flodoard F. v. Biedermann/Wolfgang Herwig (Hrsg.), Goethes Gespräche, Eine Sammlung zeitgenössischer Berichte aus seinem Umgang, Band I, 1749–1805, München 1998, S. 324, Brief Nr. 640, Original in Französisch: „*Nos nouvelles d'ici ne vous le seront pas tant, et attendant, le renvoi de Kalb vous aura pourtant étonnée davantage au moins que la nouvelle noblesse de Goethe, les amours de ce dernier avec sa vieille haridelle vont toujours grand train, et le pouvoir de cette clique auprès du Duc et de la Duchesse est plus grande que jamais. Ma maladie et mon absence leur a fait gagner du terrain, de façon qu'il y en a pour dégobiller, mais j'en suis fort tranquille, s'ils en font trop, je sais où aller et être reçue à bras ouverts.*"

[212] Vgl. *Effi Biedrzynski*, Goethes Weimar – Das Lexikon der Personen und Schauplätze, Eintrag: Kalb auf Kalbsrieth, Zürich [2]1993, S. 222 ff.; dass Goethe den Titel „Kammerpräsident" nicht führte, was etwa Herder, der von Kalbs Unschuld überzeugt war, in einem Brief erwähnt (Flodoard F. v. Biedermann/Wolfgang Herwig (Hrsg.), Goethes Gespräche, Eine Sammlung zeitgenössischer Berichte aus seinem Umgang, Band I, 1749–1805, München 1998, S. 321, Brief Nr. 633), hing damit zusammen, dass Goethe als Minister der untergeordneten Titulierung nicht bedurfte, so *Alfons Pausch/Jutta Pausch*, Goethe im Finanzdienst, Berlin 2003, S. 94.

[213] Abgedruckt in Flodoard F. v. Biedermann/Wolfgang Herwig (Hrsg.), Goethes Gespräche, Eine Sammlung zeitgenössischer Berichte aus seinem Umgang, Band I, 1749–1805, München 1998, S. 326, Brief Nr. 646; zugleich abgedruckt in Ernst Grumach/Renate Grumach (Hrsg.), Goethe. Begegnungen und Gespräche, Band II, 1777-1785, Berlin 1966, S. 387; Original in Französisch: „*J'ai passe hier ma journée à la cour ... Le Baron Goethe est venu à moi très cordialment me demandant avec beaucoup d'intérêt des nouvelles de votre santé et continuant la conversation jusqu'au moment qu'on me rappela pour le jeu. Madame de Stein m'a étouffée de tendresse. 12. Oktober] Pour le Sieur Baron de Goethe, il est devenu très gentil et parlant et a un peu adopté les façons de gentilhomme, il conserve toujours le même empire et sur mari et sur femme [Carl August und Luise], ainsi que madame de Stein qui joue toujours son rôle le mieux qu'elle peut, mangeant des pommes de terre presque tous les soirs dans sa maison avec G.[oethe] et la D[uche]sse. Le mari Stein, s'étant mis audessus de tout plus que jamais, est redevenu gros et gras, est aussi insipide et faux que jamais.*"

[214] Vgl. *Willy Andreas*, Carl August von Weimar, Ein Leben mit Goethe 1757–1783, Stuttgart 1953, S. 348 f.

[215] Zitiert nach Helene Matthies, Lottine – Lebensbild der Philippine Charlotte, Schwester Friedrichs des Großen, Gemahlin Karls I. von Braunschweig, Braunschweig 1958, S. 90, weitere Angaben auf S. 89 ff., S. 104, S. 175 und öfters.

[216] Siehe nur *Charlotte Marlo Werner*, Goethes Herzogin Anna Amalia, Düsseldorf 1996, S. 96.

[217] Vgl. *F. Bornhak*, Anna Amalia, Herzogin von Sachsen-Weimar-Eisenach, Berlin 1892, S. 220 ff; siehe auch Anna Amalias Briefe an Friedrich II. in: Thüringisches Hauptstaatsarchiv Weimar, Sammlung F 1532 III, Blatt 182 ff.

[218] Zitiert nach Helmut Probst, Prinz Louis Ferdinand von Preußen. Seine Beziehungen zu Goethe und Carl August, in: Weimarbrief 2/2000, S. 99.

[219] Zitiert nach Hans Tümmler, Politischer Briefwechsel des Herzogs und Großherzogs Carl August von Weimar, Band I, 1778-1790, Stuttgart 1954, S. 253.

[220] Zitiert nach Hans Tümmler, Politischer Briefwechsel des Herzogs und Großherzogs Carl August von Weimar, Band I, 1778-1790, Stuttgart 1954, S. 256.

[221] Zitiert nach Hans Tümmler, Politischer Briefwechsel des Herzogs und Großherzogs Carl August von Weimar, Band I, 1778-1790, Stuttgart 1954, S. 258.

[222] Zitiert nach Hans Tümmler, Politischer Briefwechsel des Herzogs und Großherzogs Carl August von Weimar, Band I, 1778-1790, Stuttgart 1954, S. 259.

[223] Zitiert nach Hans Tümmler, Politischer Briefwechsel des Herzogs und Großherzogs Carl August von Weimar, Band I, 1778-1790, Stuttgart 1954, S. 277 f.

[224] Vgl. *Hans Tümmler*, Politischer Briefwechsel des Herzogs und Großherzogs Carl August von Wei-

mar, Band I, 1778-1790, Stuttgart 1954, S. 486 ff., S. 493.

[225] Zitiert nach Wilhelm Bode, Amalie Herzogin von Weimar – Der Musenhof der Herzogin Amalie, Band II, Berlin 1908, S. 223.

[226] *J. W. Goethe*, Weimarer Ausgabe (1887-1919), II., 6, S. 131.

[227] Vgl. hierzu *Hans Wahl* (Hrsg.), Briefwechsel des Herzogs-Großherzogs Carl August mit Goethe, Band I, 1775–1806, (1915), Nachdruck Bern 1971, S. 387, Rn. 97 und S. 388, Rn. 101.

[228] Vgl. aber *Hans Wahl* (Hrsg.), Briefwechsel des Herzogs-Großherzogs Carl August mit Goethe, Band I, 1775–1806, (1915), Nachdruck Bern 1971, S. 399, Rn. 109, mit genauen Angaben über die österreichische Überwachung.

[229] Zitiert nach Hans Tümmler, Politischer Briefwechsel des Herzogs und Großherzogs Carl August von Weimar, Band I, 1778-1790, Stuttgart 1954, S. 303 f.

[230] Zurückhaltend *Konrad Scheurmann*, Goethes Schatten in Rom, in: animo italo-tedesco 2000, S. 174.

[231] Für Tischbeins rührende Bittbriefe, die von Goethes Freund Merck nach Weimar geschickt wurden, um seine Förderung als Kunstmaler zu erreichen, siehe etwa *Hans Gerhard Gräf* (Hrsg.), Johann Heinrich Mercks Briefe, Leipzig 1911, S. 142 ff., mit Wendungen wie: „... sehe ich aber mein jetziges Geschmier an, so fällt mir immer mein Vater ein, und ich sehe seinen Geist, der mir drohet und sagt: ‚Schäme dich, unnüzer Bube, so wenig glaubte ich nicht von dir'" (S. 145).

[232] *Jochen Klauß*, Charlotte von Stein. Die Frau in Goethes Nähe, Zürich 1995, S. 108.

[233] Vgl. nur *Wilhelm Bode*, Charlotte von Stein, Berlin [5]1920, S. 249 ff.

[234] Siehe hierzu *J. W. Goethe*, Corpus der Goethezeichnungen, Band III, Gerhard Femmel (Hrsg.), Italienische Reise 1786 bis 1788, Leipzig 1965, Nr. 14, Nr. 49; *ders.*, Corpus der Goethezeichnungen, Band II, Gerhard Femmel (Hrsg.), Italienische Reise 1786 bis 1788, Leipzig 1960, Nr. 321, Nr. 331 f.

[235] Zitiert nach Robert Steiger, Goethes Leben von Tag zu Tag, Band I, 1749–1775, München 1982, S. 671.

[236] *Martina Schwanke*, Name und Namengebung bei Goethe, Computergestützte Studien zu epischen Werken, Heidelberg 1992, S. 426.

[237] Vgl. nur *Wilhelm Bode*, Charlotte von Stein, Berlin [5]1920, S. 590, S. 660.

[238] Vgl. *Wilhelm Bode*, Charlotte von Stein, Berlin [5]1920, S. 362 ff., S. 392 ff., S. 436 ff. und öfters; *Jochen Klauß*, Charlotte von Stein. Die Frau in Goethes Nähe, Zürich 1995, S. 113 ff.

[239] Vgl. ausführlich *Wilhelm Bode*, Charlotte von Stein, Berlin [5]1920, S. 520 ff.

Italien: „auf dem Wendepuncte"

[240] Vgl. den Kommentar zu J. W. Goethe, Weimarer Ausgabe (1887-1919), III., 1, S. 143 ff., S. 363; I., 30, S. 284.

[241] Vgl. nur den Kommentar von *Wilhelm Bode*, der den Brief erstmals abdruckte in: ders. (Hrsg.), Stunden mit Goethe, Für die Freunde seiner Kunst und Weisheit, Band IX, Berlin 1913, S. 307: „... so mußte es sie [Frau v. Stein] seltsam berühren, daß er [Goethe] ihr nicht den ersten Abdruck brachte."

[242] So *Paul Kühn*, Die Frauen um Goethe, eingeleitet und bearbeitet von G. Biermann, Salzburg 1949, S. 348.

[243] *Wilhelm Bode*, Amalie Herzogin von Weimar – Das vorgoethische Weimar, Band I, Berlin 1908, S. 137; für das Jahr 1772 vgl. etwa Weimarische Wöchentliche Anzeigen, Nr. 89 vom 4. November 1772, S. 373.

[244] Vgl. *Wilhelm Bode*, Amalie Herzogin von Weimar – Der Musenhof der Herzogin Amalie, Band II, Berlin 1908, S. 54 f.

[245] Vgl. eingehend zu den italienischen Sprachkenntnissen *Joachim Berger*, Anna Amalia von Sachsen-Weimar-Eisenach (1739–1807) – Denk- und Handlungsräume einer ‚aufgeklärten' Herzogin, Jena 2002, S. 260 ff.

[246] Zitiert nach Joachim Berger, Herzogin Anna Amalia als Vermittlerin italienischer Kultur, in: J. Rees u.a. (Hrsg.), Europareisen politisch-sozialer Eliten im 18. Jahrhundert, Berlin 2002, S. 278, Fn. 11.

[247] Thüringisches Hauptstaatsarchiv Weimar, HA AXVIII, Nr. 62, Blatt 1: *„Se la vostra filosofia vi ha fatto prendere la risoluzione di menare una vita solitaria, ne sono contenta, e avete ragione che il mondo non è più fatto per un uomo che pensa e che è pieno di meriti come voi ... Per tutto l'amicizia mia vi seguirà financo nell'inferno!"*

[248] *Karl August Böttiger*, Literarische Zustände und Zeitgenossen. Begegnungen und Gespräche im

klassischen Weimar, 1838 (unvollständig), K. Gerlach/R. Sternke (Hrsg.), Berlin [2]1998, S. 47.
[249] *Bärbel Raschke*, Anna Amalia von Sachsen-Weimar-Eisenach – Buchbesitz, Lektüre und Geselligkeit, in: J. Berger (Hrsg.), Der Musenhof Anna Amalias, Köln u. a. 2001, S. 87.
[250] Zitiert nach Gertrud Bäumer, Goethes Freundinnen, Briefe zu ihrer Charakteristik, Leipzig/Berlin 1909, S. 146.
[251] Abgedruckt in: Wilhelm Bode (Hrsg.), Stunden mit Goethe, Für die Freunde seiner Kunst und Weisheit, Band VI, Berlin 1910, S. 189.
[252] Vgl. *J. M. R. Lenz*, Briefe und Gedichte, Werke und Briefe III, Sigrid Damm (Hrsg.), Frankfurt am Main u.a. 1992, S. 507.
[253] So *Wilhelm Bode*, Charlotte von Stein, Berlin [5]1920, S. 155.
[254] Zitiert nach Flodoard F. v. Biedermann/Wolfgang Herwig (Hrsg.), Goethes Gespräche, Eine Sammlung zeitgenössischer Berichte aus seinem Umgang, Band I, 1749–1805, München 1998, S. 305, Brief Nr. 589, Original in Französisch: *„Madame de Stein s'affiche plus que jamais avec son ami, enfin la plupart des choses sont telles que nous les avons laissées.“*
[255] Abgedruckt in Flodoard F. v. Biedermann/Wolfgang Herwig (Hrsg.), Goethes Gespräche, Eine Sammlung zeitgenössischer Berichte aus seinem Umgang, Band I, 1749–1805, München 1998, S. 326, Brief Nr. 646; zugleich abgedruckt in Ernst Grumach/Renate Grumach (Hrsg.), Goethe. Begegnungen und Gespräche, Band II, 1777-1785, Berlin 1966, S. 387; Original in Französisch: *„... madame de Stein qui joue toujours son rôle le mieux qu'elle peut, mangeant des pommes de terre presque tous les soirs dans sa maison avec G.[oethe] et la D[uche]sse.“*
[256] Briefwechsel zwischen Goethe und Zelter 1799–1832, Band I, 1799–1818, M. Hecker (Hrsg.), Frankfurt am Main 1987, S. 633. Vgl. auch *Edmund Höfer*, Goethe und Charlotte v. Stein, 1878, Berlin/Leipzig [8]1923, S. 142.
[257] Für die Datierungsversuche vgl. *Heide Hollmer* (Hrsg.), Nachwort, Anna Amalia von Sachsen-Weimar-Eisenach, Briefe über Italien, St. Ingbert 1999, S. 92.
[258] Brief vom 19. Februar 1787.
[259] Italienische Reise II, 29. März 1787.
[260] Vgl. *Jochen Klauß*, Johann Wolfgang von Goethe, Italienische Landschaft mit Grotte, „hier ist der Schlüssel zu allem“, in: Aus dem Goethe Nationalmuseum, Faltblatt Nr. 15/1999.
[261] Vgl. die Münze aus dem Bestand des Goethe-Nationalmuseums Weimar, NE-Nr. 331/1959.
[262] Brief vom 13. Mai 1779, vgl. den Kommentar zu J. W. Goethe, Weimarer Ausgabe (1887-1919), IV., 4, S. 384, Nr. 815.
[263] Zitiert nach Werner Deetjen, Auf Höhen Ettersburgs, 1924, hier Nachdruck Weimar 1993, S. 40.
[264] Zitiert nach Wilhelm Bode, Amalie Herzogin von Weimar – Der Musenhof der Herzogin Amalie, Band II, Berlin 1908, S. 224.
[265] Vgl. nur *Paul Weizsäcker*, Anna Amalia, Herzogin von Sachsen-Weimar-Eisenach, die Begründerin des Weimarischen Musenhofes, in: Sammlung gemeinverständlicher wissenschaftlicher Vorträge, Heft 161, Hamburg 1892, S. 45.
[266] Vgl. *Christian Lenz*, Tischbein – Goethe in der Campagna di Roma, Frankfurt am Main 1979, S. 41 f.
[267] *Sigrid Damm*, Christiane und Goethe – Eine Recherche, Frankfurt am Main/Leipzig 1998, S. 114.
[268] *Jochen Klauß*, Charlotte von Stein. Die Frau in Goethes Nähe, Zürich 1995, S. 171.
[269] *Nicholas Boyle*, Goethe – Der Dichter in seiner Zeit, Band I, 1749–1790, H. Fliessbach (Übersetzung), München 1995, S. 618 f.
[270] Zitiert nach Joachim Berger, Anna Amalia von Sachsen-Weimar-Eisenach (1739–1807) – Denk- und Handlungsräume einer ‚aufgeklärten' Herzogin, Jena 2002, S. 527.
[271] Zitiert nach Flodoard F. v. Biedermann/Wolfgang Herwig (Hrsg.), Goethes Gespräche, Eine Sammlung zeitgenössischer Berichte aus seinem Umgang, Band I, 1749–1805, München 1998, S. 431, Brief Nr. 861.
[272] Zitiert nach Flodoard F. v. Biedermann/Wolfgang Herwig (Hrsg.), Goethes Gespräche, Eine Sammlung zeitgenössischer Berichte aus seinem Umgang, Band I, 1749–1805, München 1998, S. 432, Brief Nr. 864.
[273] Zitiert nach Hans Tümmler, Politischer Briefwechsel des Herzogs und Großherzogs Carl August von Weimar, Band I, 1778-1790, Stuttgart 1954, S. 287 f.
[274] *Nicholas Boyle*, Goethe – Der Dichter in seiner Zeit, Band I, 1749–1790, H. Fliessbach (Übersetzung), München 1995, S. 621.

[275] *Nicholas Boyle*, Goethe – Der Dichter in seiner Zeit, Band I, 1749–1790, H. Fliessbach (Übersetzung), München 1995, S. 658.
[276] Vgl. nur *Effi Biedrzynski*, Goethes Weimar – Das Lexikon der Personen und Schauplätze, Eintrag: Die Egloffsteins, Zürich [2]1993, S. 68 ff.
[277] Hermann F. v. Egloffstein (Hrsg.), Ein Kind des achtzehnten Jahrhunderts – Jugenderinnerungen der Gräfin Henriette Egloffstein, in: Deutsche Rundschau, Dezember 1919, S. 357.
[278] Hermann F. v. Egloffstein (Hrsg.), Ein Kind des achtzehnten Jahrhunderts – Jugenderinnerungen der Gräfin Henriette Egloffstein, in: Deutsche Rundschau, Dezember 1919, S. 358 (1. Zitat), ders. (Hrsg.), ebd., Januar 1920, S. 82 (2. Zitat).
[279] Hermann F. v. Egloffstein (Hrsg.), Ein Kind des achtzehnten Jahrhunderts – Jugenderinnerungen der Gräfin Henriette Egloffstein, in: Deutsche Rundschau, Dezember 1919, S. 358 f.
[280] *Hermann F. v. Egloffstein* (Hrsg.), Ein Kind des achtzehnten Jahrhunderts – Jugenderinnerungen der Gräfin Henriette Egloffstein, in: Deutsche Rundschau, Dezember 1919, S. 357.
[281] Hermann F. v. Egloffstein (Hrsg.), Ein Kind des achtzehnten Jahrhunderts – Jugenderinnerungen der Gräfin Henriette Egloffstein, in: Deutsche Rundschau, Dezember 1919, S. 354 f.
[282] *Friedrich Wilhelm Riemer*, Mitteilungen über Goethe, 1841, A. Pollmer (Hrsg.), Leipzig 1921, S. 164.
[283] *Sigrid Damm*, Christiane und Goethe – Eine Recherche, Frankfurt am Main/Leipzig 1998, S. 101, derzufolge Christianes Vater am 29. März 1786 gestorben war.
[284] *René Sternke* (Hrsg.), Vorwort zu Karl August Böttiger, Literarische Zustände und Zeitgenossen. Begegnungen und Gespräche im klassischen Weimar, 1838 (unvollständig), Berlin [2]1998, S. 6.
[285] *Karl August Böttiger*, Literarische Zustände und Zeitgenossen. Begegnungen und Gespräche im klassischen Weimar, 1838 (unvollständig), K. Gerlach/R. Sternke (Hrsg.), Berlin [2]1998, S. 77.
[286] Vgl. *Ernst Grumach/Renate Grumach (Hrsg.)*, Goethe. Begegnungen und Gespräche, Band II, 1777-1785, Berlin 1966, S. 342, S. 475.
[287] Zitiert nach Renate Grumach, Goethe. Begegnungen und Gespräche, Band III, 1786-1792, Berlin u.a. 1977, S. 40
[288] Vgl. J. W. Goethe, Weimarer Ausgabe (1887-1919), I., 55, Register, S. 384.
[289] Zitiert nach Renate Grumach (Hrsg.), Goethe. Begegnungen und Gespräche, Band III, 1786-1792, Berlin u.a. 1977, S. 218.
[290] Zitiert nach Renate Grumach (Hrsg.), Goethe. Begegnungen und Gespräche, Band III, 1786-1792, Berlin u.a. 1977, S. 60.
[291] Vgl. nur *Volkmar Braunbehrens*, Goethes „Egmont", Text – Geschichte – Interpretation, Freiburg/Br. 1982, S. 75 ff.
[292] *Nicholas Boyle*, Goethe – Der Dichter in seiner Zeit, Band I, 1749–1790, H. Fliessbach (Übersetzung), München 1995, S. 662.
[293] Abgedruckt in der ITALIENISCHEN REISE, Zweiter Römischer Aufenthalt, 3. November 1787, *J. W. Goethe*, Weimarer Ausgabe (1887-1919), I., 32, S. 136 f.
[294] *Friedrich Kluge*, Etymologisches Wörterbuch der deutschen Sprache, Berlin/New York [23]1999, Stichwort: Nuance, S. 593.
[295] *Jochen Klauß*, Charlotte von Stein. Die Frau in Goethes Nähe, Zürich 1995, S. 266.
[296] *Karl Otto Conrady*, Goethe – Leben und Werk, München u.a. 1994, S. 282.
[297] In diesem Sinne mit Bezug auf Amelie v. Seebach, die Braut von Carl v. Stein, *Wilhelm Bode*, Charlotte von Stein, Berlin [5]1920, S. 445.
[298] *Richard Friedenthal*, Goethe. Sein Leben und seine Zeit, 1963, München 1999, S. 184.
[299] Vgl. *Willy Andreas*, Die Kavaliersreise Carl Augusts von Weimar nach Paris, in: Archiv für Kulturgeschichte 1952, S. 185; *Wolfgang Huschke*, Unebenbürtige Sprosse Carl Augusts von Weimar, in: Familie und Volk, Jg. 6 (1957), S. 258.
[300] Zitiert nach Georg Mentz, Aus den Papieren des Grafen Görtz, des Erziehers Karl Augusts, in: Festschrift für Otto Dobenecker, Jena 1929, S. 419, Original in Französisch: *„Hier il a été jusqu'à une heure chez la Werther boire du Punch, chanter et baiser avec la Bechtolsheim et la Kauffberg; c'étoit à qui baiseroit le mieux."*
[301] Zitiert nach Alfred Bergmann (Hrsg.), Briefe des Herzogs Carl August von Sachsen-Weimar an seine Mutter die Herzogin Anna Amalia, Jena 1938, S. 179, Anmerkung zu S. 73: *„Cherchez ... une demoiselle nommée Enkchen, qui m'a donnée la chaude pisse, dites-lui que je suis guéri, et que je souhaite qu'elle le soit aussi, l'assurant de mon attachement".*

[302] Vgl. *Eleonore v. Bojanowski*, Louise Großherzogin von Sachsen-Weimar und ihre Beziehungen zu den Zeitgenossen, Stuttgart u.a. 1903, S. 233.
[303] *Nicholas Boyle*, Goethe – Der Dichter in seiner Zeit, Band I, 1749–1790, H. Fliessbach (Übersetzung), München 1995, S. 622.
[304] Vgl. nur *Effi Biedrzynski*, Goethes Weimar – Das Lexikon der Personen und Schauplätze, Eintrag: Die Egloffsteins, Zürich [2]1993, S. 124.
[305] Zitiert nach Julius Petersen (Hrsg.), Goethes Briefe an Charlotte von Stein, Band II/2, Leipzig 1923, S. 715, Anmerkung 1653.
[306] *Nicholas Boyle*, Goethe – Der Dichter in seiner Zeit, Band I, 1749–1790, H. Fliessbach (Übersetzung), München 1995, S. 413.
[307] So aber *Nicholas Boyle*, Goethe – Der Dichter in seiner Zeit, Band I, 1749–1790, H. Fliessbach (Übersetzung), München 1995, S. 674; vgl. auch *Gero v. Wilpert*, Goethe-Lexikon, Stuttgart 1998, S. 401.
[308] Vgl. auch *Sigrid Damm*, Christiane und Goethe – Eine Recherche, Frankfurt am Main/Leipzig 1998, S. 134 (Zitat) ff., S. 158 f.
[309] *Karl Otto Conrady*, Goethe – Leben und Werk, München u.a. 1994, S. 547.
[310] *Karoline Jagemann*, zitiert aus: Das Klassische Weimar, H. Pleticha (Hrsg.), München 1983, S. 287.
[311] *Christine Reinhard* in einem Brief an ihre Mutter vom 5. Juli 1807, abgedruckt in: Johann Wolfgang Goethe, Sämtliche Werke, Frankfurter Ausgabe, Abteilung II, Band VI, Rose Unterberger (Hrsg.), Napoleonische Zeit, Frankfurt 1993, S. 200.
[312] *Karoline Jagemann*, zitiert aus: Das Klassische Weimar, H. Pleticha (Hrsg.), München 1983, S. 287.
[313] Zitiert nach Otto Heuschele, Herzogin Anna Amalia. Die Begründerin des Weimarischen Musenhofes, München 1947, S. 245.
[314] So *Johanna Schopenhauer*, zitiert nach Sigrid Damm, Christiane und Goethe – Eine Recherche, Frankfurt am Main/Leipzig 1998, S. 351.
[315] Vgl. nur *Sigrid Damm*, Christiane und Goethe – Eine Recherche, Frankfurt am Main/Leipzig 1998, S. 196 und öfters.
[316] Briefe an Carl August Böttiger, B. Maurach (Hrsg.), Bern 1987, S. 96.
[317] Zitiert nach Flodoard F. v. Biedermann/Wolfgang Herwig (Hrsg.), Goethes Gespräche, Eine Sammlung zeitgenössischer Berichte aus seinem Umgang, Band I, 1749–1805, München 1998, S. 700, Brief Nr. 1449.
[318] So Frau *Augusti*, zitiert aus: Das Klassische Weimar, H. Pleticha (Hrsg.), München 1983, S. 289.
[319] *Sigrid Damm*, Christiane und Goethe – Eine Recherche, Frankfurt am Main/Leipzig 1998, S. 310 f.
[320] Siehe nur *Sigrid Damm*, Christiane und Goethe – Eine Recherche, Frankfurt am Main/Leipzig 1998, S. 512 f
[321] Zitiert nach Friedrich v. Müller, Unterhaltungen mit Goethe, R. Grumach (Hrsg.), 1870, Weimar [2]1982, S. 60.
[322] So *Knebel* zitiert nach Wilhelm Bode, Charlotte von Stein, Berlin [5]1920, S. 70.
[323] *Wilhelm Bode*, Amalie Herzogin von Weimar – Ein Lebensabend im Künstlerkreise, Band III, Berlin 1908, S. 115 f.
[324] Zitiert nach Flodoard F. v. Biedermann/Wolfgang Herwig (Hrsg.), Goethes Gespräche, Eine Sammlung zeitgenössischer Berichte aus seinem Umgang, Band I, 1749–1805, München 1998, S. 502, Brief Nr. 1034.
[325] *Hermann Rollet*, Die Goethe-Bildnisse, (1883), Faksimile-Ausgabe Wiesbaden 1978, S. 100 ff.
[326] Zitiert nach Effi Biedrzynski, Goethes Weimar – Das Lexikon der Personen und Schauplätze, Zürich [2]1993, S. 70.
[327] Zitiert nach E. Kleßmann (Hrsg.), Goethe aus der Nähe, Berichte von Zeitgenossen, München/Zürich 1994, S. 55.
[328] *Karoline Jagemann*, zitiert aus: Das Klassische Weimar, H. Pleticha (Hrsg.), München 1983, S. 43.
[329] *C. v. Kalb*, Gedenkblätter von Charlotte v. Kalb, Emil Palleske (Hrsg.), Stuttgart 1879, S. 193 f.
[330] Einleitung zu Johann Gottfried v. Herder, Ausgewählte Werke in einem Bande, Stuttgart/Tübingen 1844, S. 27.
[331] Vgl. für das Folgende *Karl August Böttiger*, Literarische Zustände und Zeitgenossen. Begegnungen und Gespräche im klassischen Weimar, 1838 (unvollständig), K. Gerlach/R. Sternke (Hrsg.), Berlin

[2]1998, S. 47 ff.

[332] Vgl. *Karl Otto Conrady*, Goethe – Leben und Werk, München u.a. 1994, S. 729 ff.

[333] *Wilhelm Bode*, Amalie Herzogin von Weimar – Ein Lebensabend im Künstlerkreise, Band III, Berlin 1908, S. 58.

[334] Zitiert nach Flodoard F. v. Biedermann/Wolfgang Herwig (Hrsg.), Goethes Gespräche, Eine Sammlung zeitgenössischer Berichte aus seinem Umgang, Band I, 1749–1805, München 1998, S. 319, Brief Nr. 630.

[335] Zitiert nach H.H. Houben (Hrsg.), Damals in Weimar, Erinnerungen und Briefe von und an Johanna Schopenhauer, Berlin [2]1929, S. 58.

[336] Zitiert nach Otto Heuschele, Herzogin Anna Amalia. Die Begründerin des Weimarischen Musenhofes, München 1947, S. 289.

[337] Vgl. *Nicholas Boyle*, Goethe – Der Dichter in seiner Zeit, Band II, 1791–1803, H. Fliessbach (Übersetzung), München 1999, S. 175, S. 154 ff., S. 167.

[338] *Eberhard Zahn*, Die Igeler Säule bei Trier, Neuß 1968, S. 6.

[339] *Eberhard Zahn*, Die Igeler Säule bei Trier, Neuß 1968, S. 36.

[340] So auch der Kommentar zu Johann Wolfgang Goethe, Poetische Werke, Berliner Ausgabe, Band X, Berlin [2]1972, S. 705, Rn. 170: „'ihr Leben… zurückzurufen' ist 1792 ein Anachronismus".

[341] Vgl. etwa *Joachim Berger*, Anna Amalia von Sachsen-Weimar-Eisenach (1739–1807) – Denk- und Handlungsräume einer ‚aufgeklärten' Herzogin, Jena 2002, S. 324 f.

[342] Siehe Anna Amalias Brief an Goethes Mutter vom 4. November 1778: „Das Gemälde vom Bänkelsänger hat Wolf [Goethe], Kraus und ich gemalt", zitiert nach Wilhelm Bode, Amalie Herzogin von Weimar – Der Musenhof der Herzogin Amalie, Band II, Berlin 1908, S. 201.

[343] Ähnlich *Angela Borchert*, Die Entstehung der Musenhofvorstellung aus den Angedenken an Anna Amalia von Sachsen-Weimar-Eisenach, in: J. Berger (Hrsg.), Der Musenhof Anna Amalias, Köln u. a. 2001, S. 166, Fn. 3.

[344] Zitiert nach Wilhelm Bode, Amalie Herzogin von Weimar – Der Musenhof der Herzogin Amalie, Band II, Berlin 1908, S. 203.

[345] *Karl August Böttiger*, Literarische Zustände und Zeitgenossen. Begegnungen und Gespräche im klassischen Weimar, 1838 (unvollständig), K. Gerlach/R. Sternke (Hrsg.), Berlin [2]1998, S. 96; *Eleonore v. Bojanowski*, Louise Großherzogin von Sachsen-Weimar und ihre Beziehungen zu den Zeitgenossen, Stuttgart u.a. 1903, S. 217 ff.; *John Hennig*, A note on Goethe and Charles Gore, in: Monatshefte, Madison, Wisconsin 1951, S. 28 f.; vgl. auch *Effi Biedrzynski*, Goethes Weimar – Das Lexikon der Personen und Schauplätze, Eintrag: Die Egloffsteins, Zürich [2]1993, S. 170 f.

Tasso: Eine „gefährliche Unternehmung"

[346] In diesem Sinne etwa *Karlheinz Schulz*, Goethes und Goldonis Torquato Tasso, Frankfurt a. M. u. a. 1986, S. 120 ff.

[347] So *W. Gaede* (1929) zitiert nach Karlheinz Schulz, Goethes und Goldonis Torquato Tasso, Frankfurt a. M. u. a. 1986, S. 7.

[348] *Karl Otto Conrady*, Goethe – Leben und Werk, München u.a. 1994, S. 484.

[349] Vgl. *Christian Grawe*, Johann Wolfgang Goethe, Torquato Tasso, Erläuterungen und Dokumente, Stuttgart 1981, S. 124 f.

[350] Hermann F. v. Egloffstein (Hrsg.), Ein Kind des achtzehnten Jahrhunderts – Jugenderinnerungen der Gräfin Henriette Egloffstein, in: Deutsche Rundschau, Dezember 1919, S. 352 f.

[351] *Hermann F. v. Egloffstein* (Hrsg.), Ein Kind des achtzehnten Jahrhunderts – Jugenderinnerungen der Gräfin Henriette Egloffstein, in: Deutsche Rundschau, Dezember 1919, S. 353, Fn. 1.

[352] Vom 20. März 1789, abgedruckt in Wilhelm Bode (Hrsg.), Goethe in Vertraulichen Briefen seiner Zeitgenossen 1749–1793, Band I, Berlin 1999, S. 393; siehe auch *Nicholas Boyle*, Goethe – Der Dichter in seiner Zeit, Band I, 1749–1790, H. Fliessbach (Übersetzung), München 1995, S. 642, S. 710.

[353] E. Scheidemantel (Hrsg.), Erinnerungen von Charlotte Krackow, Weimar 1917, S. 12.

[354] *Friedrich v. Müller*, Unterhaltungen mit Goethe, R. Grumach (Hrsg.), 1870, Weimar [2]1982, S. 183.

[355] Zitiert nach Eleonore v. Bojanowski, Louise Großherzogin von Sachsen-Weimar und ihre Beziehungen zu den Zeitgenossen, Stuttgart u.a. 1903, S. 303, Original in Französisch: *„C'est un beau morçeau et on voit avec étonnement, qu'elle jouit encore après sa mort du privilège, dont elle jouissait pendant sa vie, c'est à dire de celuici d'une grande réputation."*

[356] *Eleonore v. Bojanowski*, Louise Großherzogin von Sachsen-Weimar und ihre Beziehungen zu den Zeitgenossen, Stuttgart u.a. 1903, S. 303.
[357] So *Herman Grimm*, Goethe-Vorlesungen, 1877, zitiert nach Christian Grawe, Johann Wolfgang Goethe, Torquato Tasso, Erläuterungen und Dokumente, Stuttgart 1981, S. 223.
[358] Zitiert nach Christian Grawe, Johann Wolfgang Goethe, Torquato Tasso, Erläuterungen und Dokumente, Stuttgart 1981, S. 201 f.
[359] Vgl. *Charlotte Marlo Werner*, Goethes Herzogin Anna Amalia, Düsseldorf 1996, S. 134; siehe auch *Joachim Berger*, Anna Amalias Rückzug auf ihren ‚Musensitz', in: ders. (Hrsg.), Der Musenhof Anna Amalias, Köln u. a. 2001, S. 153.
[360] Zitiert nach Gerhard Bott, Herzogin Anna Amalia von Sachsen-Weimar und ihre Freunde im Park der Villa D'Este in Tivoli, München 1961, S. 490.
[361] Zitiert nach Wilhelm Bode, Amalie Herzogin von Weimar – Ein Lebensabend im Künstlerkreise, Band III, Berlin 1908, S. 183.
[362] Vgl. etwa auch *Paul Kühn*, Die Frauen um Goethe, eingeleitet und bearbeitet von G. Biermann, Salzburg 1949, S. 12; *F. Bornhak*, Anna Amalia, Herzogin von Sachsen-Weimar-Eisenach, Berlin 1892, S. 6.
[363] Für *Wilhelm Bode*, Amalie Herzogin von Weimar – Ein Lebensabend im Künstlerkreise, Band III, Berlin 1908, neben S. 24 ist etwa die dritte Person von links Angelica Kauffmann; für *Gerhard Bott*, Herzogin Anna Amalia von Sachsen-Weimar und ihre Freunde im Park der Villa D'Este in Tivoli, München 1961, S. 491 ist diese die Herzogin Anna Amalia.
[364] *Gerhard Bott*, Herzogin Anna Amalia von Sachsen-Weimar und ihre Freunde im Park der Villa D'Este in Tivoli, München 1961, S. 491 f.
[365] Vgl. nur *Karlheinz Schulz*, Goethes und Goldonis Torquato Tasso, Frankfurt a. M. u. a. 1986, S. 145.
[366] *Gerhard Bott*, Herzogin Anna Amalia von Sachsen-Weimar und ihre Freunde im Park der Villa D'Este in Tivoli, München 1961, S. 492.
[367] Vgl. *Winder McConnell*, Mythos Greif, in: U. Müller/W. Wunderlich (Hrsg.), Dämonen, Monster, Fabelwesen, St. Gallen 1999, S. 283 f., eingehend zur Bedeutung des Greifs S. 268 ff.
[368] *Gerhard Bott*, Herzogin Anna Amalia von Sachsen-Weimar und ihre Freunde im Park der Villa D'Este in Tivoli, München 1961, S. 494 (1. Zitat) und S. 495 (2. Zitat).
[369] *Christian Grawe*, Johann Wolfgang Goethe, Torquato Tasso, Erläuterungen und Dokumente, Stuttgart 1981, S. 5 f.
[370] *Christian Grawe*, Johann Wolfgang Goethe, Torquato Tasso, Erläuterungen und Dokumente, Stuttgart 1981, S. 54.
[371] Hierzu etwa *Karlheinz Schulz*, Goethes und Goldonis Torquato Tasso, Frankfurt a. M. u. a. 1986, S. 34.
[372] Hierzu *Christian Grawe*, Johann Wolfgang Goethe, Torquato Tasso, Erläuterungen und Dokumente, Stuttgart 1981, S. 49 ff.
[373] Brief an Knebel vom 7. Juli 1783.
[374] So auch *Karlheinz Schulz*, Goethes und Goldonis Torquato Tasso, Frankfurt a. M. u. a. 1986, S. 110 f.
[375] Zitiert aus: Das Klassische Weimar, H. Pleticha (Hrsg.), München 1983, S. 44.
[376] Vgl. *Paul Kühn*, Die Frauen um Goethe, eingeleitet und bearbeitet von G. Biermann, Salzburg 1949, S. 347 f.
[377] *Paul Weizsäcker*, Anna Amalia, Herzogin von Sachsen-Weimar-Eisenach, die Begründerin des Weimarischen Musenhofes, in: Sammlung gemeinverständlicher wissenschaftlicher Vorträge, Heft 161, Hamburg 1892, S. 9.
[378] Vgl. auch *Charlotte Marlo Werner*, Goethes Herzogin Anna Amalia, Düsseldorf 1996, S. 69.
[379] Zitiert nach Volker Wahl, Anna Amalia und die Wissenschaft in Weimar und Jena, in: Wolfenbütteler Beiträge, Band IX, Wiesbaden 1994, S. 95.
[380] E. Scheidemantel (Hrsg.), Erinnerungen von Charlotte Krackow, Weimar 1917, S. 10.
[381] *Nicholas Boyle*, Goethe – Der Dichter in seiner Zeit, Band I, 1749–1790, H. Fliessbach (Übersetzung), München 1995, S. 589.

[382] Zitiert nach Gotthard Frühsorge, Der Abt Jerusalem als Erzieher und Berater Anna Amalias, in: Wolfenbütteler Beiträge, Band IX, Wiesbaden 1994, S. 63.
[383] Zitiert nach Wilhelm Bode, Amalie Herzogin von Weimar – Der Musenhof der Herzogin Amalie, Band II, Berlin 1908, S. 29.
[384] *Karl v. Lyncker*, Am Weimarischen Hofe unter Amalien und Karl August, Berlin 1912, S. 21.
[385] E. Scheidemantel (Hrsg.), Erinnerungen von Charlotte Krackow, Weimar 1917, S. 9.
[386] Hermann F. v. Egloffstein (Hrsg.), Ein Kind des achtzehnten Jahrhunderts – Jugenderinnerungen der Gräfin Henriette Egloffstein, in: Deutsche Rundschau, Dezember 1919, S. 354.
[387] *Johanna Schopenhauer*, Im Wechsel der Zeiten, im Gedränge der Welt. Jugenderinnerungen, Tagebücher, Briefe, München 1986, S. 371; H.H. Houben (Hrsg.), Damals in Weimar, Erinnerungen und Briefe von und an Johanna Schopenhauer, Berlin ^{2}1929, S. 92 f.
[388] *Karl v. Lyncker*, Am Weimarischen Hofe unter Amalien und Karl August, zitiert nach Renate Grumach (Hrsg.), Goethe. Begegnungen und Gespräche, Band III, 1786-1792, Berlin u.a. 1977, S. 397.
[389] *Paul Weizsäcker*, Anna Amalia, Herzogin von Sachsen-Weimar-Eisenach, die Begründerin des Weimarischen Musenhofes, in: Sammlung gemeinverständlicher wissenschaftlicher Vorträge, Heft 161, Hamburg 1892, S. 3.
[390] *Otto Heuschele*, Herzogin Anna Amalia. Die Begründerin des Weimarischen Musenhofes, München 1947, S. 324.
[391] Brief an H. A. O. Reichard vom 13. Dezember 1808, in: *Johanna Schopenhauer*, Im Wechsel der Zeiten, im Gedränge der Welt. Jugenderinnerungen, Tagebücher, Briefe, München 1986, S. 384.
[392] Vgl. ihren Brief an F. A. Brockhaus vom 24. Februar 1817, abgedruckt in: *Johanna Schopenhauer*, Im Wechsel der Zeiten, im Gedränge der Welt. Jugenderinnerungen, Tagebücher, Briefe, München 1986, S. 398 ff., S. 402.
[393] Hermann F. v. Egloffstein (Hrsg.), Alt-Weimars Abend, Briefe und Aufzeichnungen aus dem Nachlasse der Gräfinnen Egloffstein, München 1923, S. 261.
[394] Zitiert nach Friedrich v. Müller, Unterhaltungen mit Goethe, R. Grumach (Hrsg.), 1870, Weimar ^{2}1982, S. 177.
[395] *Henriette v. Egloffstein*, verheiratet v. Beaulieu-Marconnay, zitiert aus Wilhelm Bode, Amalie Herzogin von Weimar – Ein Lebensabend im Künstlerkreise, Band III, Berlin 1908, S. 73.
[396] *Karoline Jagemann*, zitiert aus: Das Klassische Weimar, H. Pleticha (Hrsg.), München 1983, S. 44; E. Scheidemantel (Hrsg.), Erinnerungen von Charlotte Krackow, Weimar ^{2}1918, S. 4; vgl. auch *Hans Wahl*, Tiefurt, Leipzig 1929, S. 83.
[397] Zitiert nach Wilhelm Bode, Amalie Herzogin von Weimar – Der Musenhof der Herzogin Amalie, Band II, Berlin 1908, S. 214.
[398] Zitiert nach Flodoard F. v. Biedermann/Wolfgang Herwig (Hrsg.), Goethes Gespräche, Eine Sammlung zeitgenössischer Berichte aus seinem Umgang, Band I, 1749–1805, München 1998, S. 320 f., Brief Nr. 632.
[399] Zitiert nach Ernst Grumach/Renate Grumach (Hrsg.), Goethe. Begegnungen und Gespräche, Band II, 1777-1785, Berlin 1966, S. 366.
[400] Zitiert nach Ernst Grumach/Renate Grumach (Hrsg.), Goethe. Begegnungen und Gespräche, Band II, 1777-1785, Berlin 1966, S. 390.
[401] Zitiert nach Flodoard F. v. Biedermann/Wolfgang Herwig (Hrsg.), Goethes Gespräche, Eine Sammlung zeitgenössischer Berichte aus seinem Umgang, Band I, 1749–1805, München 1998, S. 327, Brief Nr. 650.
[402] Thüringisches Hauptstaatsarchiv Weimar, Rechnungsbuch 1782, A 949 Blatt 1058.
[403] Zitiert nach Flodoard F. v. Biedermann/Wolfgang Herwig (Hrsg.), Goethes Gespräche, Eine Sammlung zeitgenössischer Berichte aus seinem Umgang, Band I, 1749–1805, München 1998, S. 351, Brief Nr. 702.
[404] So *Gertrud Bäumer*, Goethes Freundinnen, Briefe zu ihrer Charakteristik, Leipzig/Berlin 1909, S. 166.
[405] *F. Arndt*, Mütter berühmter Männer, Anna Amalia, Herzogin von Sachsen-Weimar, die Mutter Carl August's, Berlin 1872, S. 63.
[406] Zitiert nach F. Arndt, Mütter berühmter Männer, Anna Amalia, Herzogin von Sachsen-Weimar, die

Mutter Carl August's, Berlin 1872, S. 60.

407 Vgl. *Karl August Böttiger*, Literarische Zustände und Zeitgenossen. Begegnungen und Gespräche im klassischen Weimar, 1838 (unvollständig), K. Gerlach/R. Sternke (Hrsg.), Berlin ²1998, S. 36, S. 73 f.

408 Vgl. eingehend *Willy Andreas*, Carl August von Weimar, Ein Leben mit Goethe 1757–1783, Stuttgart 1953, S. 332 ff.

409 *Karl August Böttiger*, Literarische Zustände und Zeitgenossen. Begegnungen und Gespräche im klassischen Weimar, 1838 (unvollständig), Berlin ²1998, S. 73 f.

410 Vgl. *Wilhelm Bode*, Amalie Herzogin von Weimar – Der Musenhof der Herzogin Amalie, Band II, Berlin 1908, S. 85 f., S. 138.

411 Zitiert nach Wilhelm Bode, Amalie Herzogin von Weimar – Der Musenhof der Herzogin Amalie, Band II, Berlin 1908, S. 201.

412 *Jakob Michael Reinhold Lenz*, Werke, München 1992, Nachwort von G. Sauder, S. 590.

413 Zitiert nach Wilhelm Bode, Charlotte von Stein, Berlin ⁵1920, S. 127.

414 Zitiert nach Julius Petersen (Hrsg.), Goethes Briefe an Charlotte von Stein, Band I, Leipzig 1923, S. 533.

415 Vgl. *Willy Andreas*, Carl August von Weimar, Ein Leben mit Goethe 1757–1783, Stuttgart 1953, S. 327.

416 *J. M. R. Lenz*, Briefe und Gedichte, Werke und Briefe III, Sigrid Damm (Hrsg.), Frankfurt am Main u.a. 1992, S. 478.

417 *Richard Friedenthal*, Goethe. Sein Leben und seine Zeit, 1963, München 1999, S. 192.

418 *Willy Andreas*, Carl August von Weimar, Ein Leben mit Goethe 1757–1783, Stuttgart 1953, S. 591.

419 *J. M. R. Lenz*, Briefe und Gedichte, Werke und Briefe III, Sigrid Damm (Hrsg.), Frankfurt am Main u.a. 1992, S. 439.

420 *J. M. R. Lenz*, Briefe und Gedichte, Werke und Briefe III, Sigrid Damm (Hrsg.), Frankfurt am Main u.a. 1992, S. 188 f.

421 *J. M. R. Lenz*, Briefe und Gedichte, Werke und Briefe III, Sigrid Damm (Hrsg.), Frankfurt am Main u.a. 1992, S. 189 f.

422 *Christoph Weiss*, Zu den Vorbereitungen einer Lenz-Gesamtausgabe: Wiederentdeckte und unbekannte Handschriften, in: I. Stephan/H.-G. Winter (Hrsg.), „Die Wunde Lenz", I. M. R. Lenz Leben, Werk und Rezeption, Bern u.a. 2003, S. 20.

423 *J. M. R. Lenz*, Gesammelte Schriften, Ludwig Tieck (Hrsg.), Band III, Berlin 1828, S. 285 (1. Zitat), S. 286 (2./3. Zitat), S. 290 (4. Zitat).

424 *J. M. R. Lenz*, Briefe und Gedichte, Werke und Briefe III, Sigrid Damm (Hrsg.), Frankfurt am Main u.a. 1992, S. 463.

425 *J. M. R. Lenz*, Briefe und Gedichte, Werke und Briefe III, Sigrid Damm (Hrsg.), Frankfurt am Main u.a. 1992, S. 507.

426 *J. M. R. Lenz*, Briefe und Gedichte, Werke und Briefe III, Sigrid Damm (Hrsg.), Frankfurt am Main u.a. 1992, S. 507.

427 Vgl. *M. Rieger*, Klinger in der Sturm- und Drangperiode, Darmstadt 1880, S. 144 f., 25 ff.; *Willy Andreas*, Carl August von Weimar, Ein Leben mit Goethe 1757–1783, Stuttgart 1953, S. 330 f.

428 Zitiert nach Sigrid Damm, Vögel, die verkünden Land, Das Leben des Jakob Michael Reinhold Lenz, Frankfurt am Main u.a. 1992, S. 274.

429 Zitiert nach Flodoard F. v. Biedermann/Wolfgang Herwig (Hrsg.), Goethes Gespräche, Eine Sammlung Zeitgenössischer Berichte aus seinem Umgang, Band I, 1749–1805, München 1998, S. 217, Brief Nr. 403.

430 Vgl. *Willy Andreas*, Carl August von Weimar, Ein Leben mit Goethe 1757–1783, Stuttgart 1953, S. 333.

431 *Wilhelm Bode*, Charlotte von Stein, Berlin ⁵1920, S. 137; kritisch zu den bisherigen Erklärungsversuchen der Kommentar zu Johann Wolfgang Goethe, Sämtliche Werke, Frankfurter Ausgabe, Abteilung II, Band II, *Hartmut Reinhardt* (Hrsg.), Das erste Weimarer Jahrzehnt, Frankfurt 1997, S. 770 f.

432 *Karl August Böttiger*, Literarische Zustände und Zeitgenossen. Begegnungen und Gespräche im klassischen Weimar, 1838 (unvollständig), K. Gerlach/R. Sternke (Hrsg.), Berlin ²1998, S. 73.

433 *J. M. R. Lenz*, Briefe und Gedichte, Werke und Briefe III, Sigrid Damm (Hrsg.), Frankfurt am Main u.a. 1992, S. 517.

434 Zitiert nach Sigrid Damm, Vögel, die verkünden Land, Das Leben des Jakob Michael Reinhold

Lenz, Frankfurt am Main u.a. 1992, S. 288.
[435] *Sigrid Damm*, Vögel, die verkünden Land, Das Leben des Jakob Michael Reinhold Lenz, Frankfurt am Main u.a. 1992, S. 325.
[436] Vgl. eingehend *Sigrid Damm*, Vögel, die verkünden Land, Das Leben des Jakob Michael Reinhold Lenz, Frankfurt am Main u.a. 1992, S. 324 ff.
[437] Zitiert nach Sigrid Damm, Vögel, die verkünden Land, Das Leben des Jakob Michael Reinhold Lenz, Frankfurt am Main u.a. 1992, S. 325.
[438] Zitiert nach Wilhelm Bode, Amalie Herzogin von Weimar – Der Musenhof der Herzogin Amalie, Band II, Berlin 1908, S. 208.
[439] Zitiert nach Sigrid Damm, Vögel, die verkünden Land, Das Leben des Jakob Michael Reinhold Lenz, Frankfurt am Main u.a. 1992, S. 337 f.
[440] *M. Rieger*, Klinger in der Sturm- und Drangperiode, Darmstadt 1880, S. 154.
[441] Zitiert nach M. Rieger, Klinger in der Sturm- und Drangperiode, Darmstadt 1880, S. 396 f.
[442] Vgl. *M. Rieger*, Klinger in der Sturm- und Drangperiode, Darmstadt 1880, S. 155; *Jörg-Ulrich Fechner*, Nachwort zu: Friedrich Maximilian Klinger, Sturm und Drang, 1776, Stuttgart 1998, S. 152 f.
[443] Zitiert nach M. Rieger, Klinger in der Sturm- und Drangperiode, Darmstadt 1880, S. 398.
[444] *Karl August Böttiger*, Literarische Zustände und Zeitgenossen. Begegnungen und Gespräche im klassischen Weimar, 1838 (unvollständig), K. Gerlach/R. Sternke (Hrsg.), Berlin ^{2}1998, S. 46.
[445] Zitiert nach Ernst Grumach/Renate Grumach (Hrsg.), Goethe. Begegnungen und Gespräche, Band I, 1749-1776, Berlin 1965, S. 458.
[446] *Sigrid Damm*, Vögel, die verkünden Land, Das Leben des Jakob Michael Reinhold Lenz, Frankfurt am Main u.a. 1992, S. 292 f.; dass Goethe Kaufmann in der Schweiz besuchte, nehmen wohl an Ernst Grumach/Renate Grumach (Hrsg.), Goethe. Begegnungen und Gespräche, Band II, 1777-1785, Berlin 1966, S. 204; nach anderer Ansicht traf dies nicht zu, so etwa *Gero v. Wilpert*, Goethe-Lexikon, Stuttgart 1998, S. 555; Carl August schreibt seiner Frau am 3. Dezember 1779: „... getroffen haben wir ihn nicht".
[447] Zitiert nach M. Rieger, Klinger in der Sturm- und Drangperiode, Darmstadt 1880, S. 401.
[448] Zitiert nach M. Rieger, Klinger in der Sturm- und Drangperiode, Darmstadt 1880, S. 177.
[449] Zitiert nach Ernst Grumach/Renate Grumach (Hrsg.), Goethe. Begegnungen und Gespräche, Band I, 1749-1776, Berlin 1965, S. 458.
[450] *Wilhelm Bode*, Amalie Herzogin von Weimar – Der Musenhof der Herzogin Amalie, Band II, Berlin 1908, S. 56.
[451] Vgl. etwa die Angaben von *Olga G. Taxis-Bordogna*, Frauen von Weimar, München 1948, S. 19.
[452] Zitiert nach Wilhelm Bode, Amalie Herzogin von Weimar – Der Musenhof der Herzogin Amalie, Band II, Berlin 1908, S. 210.
[453] Zitiert nach Wilhelm Bode, Amalie Herzogin von Weimar – Der Musenhof der Herzogin Amalie, Band II, Berlin 1908, S. 220.
[454] *J. W. Goethe*, Weimarer Ausgabe (1887-1919), I., 16, S. 440.
[455] Zitiert nach Wilhelm Bode, Amalie Herzogin von Weimar – Der Musenhof der Herzogin Amalie, Band II, Berlin 1908, S. 150.
[456] Vgl. etwa *Willy Andreas*, Carl August von Weimar, Ein Leben mit Goethe 1757–1783, Stuttgart 1953, S. 55 ff.
[457] Für den Versuch einer ausgewogenen Wertung vgl. *Wolfram Huschke*, Anna Amalia und die Musik ihrer Zeit, in: Wolfenbütteler Beiträge, Band IX, Wiesbaden 1994, S. 143 f.; vgl. auch *Sandra Dreise-Beckmann*, Anna Amalia und das Musikleben am Weimarer Hof, in: J. Berger (Hrsg.), Der Musenhof Anna Amalias, Köln u. a. 2001, S. 63, S. 66 ff.; *Heide Hollmer*, Herzogin Anna Amalias Kunstwahrnehmung und Kunstförderung, in: ebenda, S. 117.
[458] Vgl. unter Berücksichtigung der Sängerin und Gelegenheitskomponistin Corona Schröter *Sandra Dreise-Beckmann*, Anna Amalia und das Musikleben am Weimarer Hof, in: J. Berger (Hrsg.), Der Musenhof Anna Amalias, Köln u. a. 2001, S. 69 f.; vgl. allgemein *Joachim Berger*, Anna Amalia von Sachsen-Weimar-Eisenach (1739–1807) – Denk- und Handlungsräume einer ‚aufgeklärten' Herzogin, Jena 2002, S. 281 ff.
[459] Zitiert nach K. A. Varnhagen von Ense/Th. Mundt, K. L. von Knebel's Literarischer Nachlaß und Briefwechsel, Leipzig ^{2}1840, S. 190; siehe auch *Carl Georg Jacob*, Erinnerungen aus dem Leben der Herzogin Amalia von Weimar, Jena 1838, S. 45; *Joachim Berger*, Anna Amalia von Sachsen-Weimar-Eisenach (1739–1807) – Denk- und Handlungsräume einer ‚aufgeklärten' Herzogin, Heidelberg 2003,

S. 316, Fn. 112.

[460] Zitiert nach Ernst Lieberkühn, Die Herzogin Anna Amalia von Sachsen-Weimar und ihr Einfluß auf Deutschlands Literaturzustände, Eine Vorlesung, Weimar 1847, S. 464 f.

[461] Zitiert nach Wilhelm Bode, Amalie Herzogin von Weimar – Der Musenhof der Herzogin Amalie, Band II, Berlin 1908, S. 224.

[462] Gespräch mit Eckermann vom 3. Mai 1827.

[463] Zitiert nach Otto Heuschele, Herzogin Anna Amalia. Die Begründerin des Weimarischen Musenhofes, München 1947, S. 223.

[464] Zitiert nach Otto Heuschele, Herzogin Anna Amalia. Die Begründerin des Weimarischen Musenhofes, München 1947, S. 290.

[465] Zitiert nach K. A. Varnhagen von Ense/Th. Mundt, K. L. von Knebel's Literarischer Nachlaß und Briefwechsel, Leipzig [2]1840, S. 198 f.

[466] Zitiert nach Gertrud Bäumer, Goethes Freundinnen, Briefe zu ihrer Charakteristik, Leipzig/Berlin 1909, S. 196 f.

[467] Goethe- und Schiller-Archiv Weimar, Bestand: Göchhausen, Signatur 24/II, 1; *Robert Steiger*, Goethes Leben von Tag zu Tag, Band II, 1776–1788, Zürich/München 1983, S. 671; siehe auch *Charlotte Marlo Werner*, Goethes Herzogin Anna Amalia, Düsseldorf 1996, S. 229.

[468] Vgl. nur *Sigrid Damm*, Christiane und Goethe – Eine Recherche, Frankfurt am Main/Leipzig 1998, S. 514.

[469] *J. W. Goethe*, Weimarer Ausgabe (1887-1919), II., 6, S. 132.

[470] *J. W. Goethe*, Weimarer Ausgabe (1887-1919), II., 6, S. 143.

[471] Goethe- und Schiller-Archiv Weimar, Bestand: Anna Amalia, Signatur 28/767, Blatt V.

[472] Vgl. die einleitende Anmerkung zu den Lesarten und Paralipomena der Morphologie in: J. W. Goethe, Weimarer Ausgabe (1887-1919), II., 6, S.367 ff.; siehe ausführlich *Rudolf Steiner*, Goethes Weltanschauung, Weimar 1897.

[473] Goethe- und Schiller-Archiv Weimar, Bestand: Anna Amalia, Signatur 28/767, Blatt X.

[474] *J. W. Goethe*, Weimarer Ausgabe (1887-1919), I., 13.1, S. 167 f., vgl. zu den Datierungen ebd., 13.2, S. 230.

[475] Um 1800 datiert ihn *Erich Trunz* (Hrsg.), Goethe – Faust, Der Tragödie erster und zweiter Teil, Urfaust, München [14]1989 S. 507.

[476] Vgl. nur *Wilhelm Bode*, Amalie Herzogin von Weimar – Das vorgoethische Weimar, Band I, Berlin 1908, S. 145; für den Text nebst einer Abbildung des Originals siehe *Anna Amalia*, Meine Gedanken, Volker Wahl (Hrsg.), in: Wolfenbütteler Beiträge, Band IX, Wiesbaden 1994, S. 102 ff.; für eine Datierung auf 1774 ohne Angabe von Gründen siehe *Joachim Berger*, Anna Amalia von Sachsen-Weimar-Eisenach (1739–1807) – Denk- und Handlungsräume einer ‚aufgeklärten' Herzogin, Jena 2002, S. 107, S. 111 und öfters.

[477] Vgl. *Gero v. Wilpert*, Goethe-Lexikon, Stuttgart 1998, S. 66.

[478] Hierzu *Hans Wahl* (Hrsg.), Briefwechsel des Herzogs-Großherzogs Carl August mit Goethe, Band I, 1775–1806, (1915), Vorwort, Nachdruck Bern 1971, S. XIII.

[479] *Hans Gerhard Gräf* (Hrsg.), Johann Heinrich Mercks Briefe, Leipzig 1911, S. VII.

[480] Vgl. *Susanne Kord* (Hrsg.), Einleitung, Charlotte von Stein, Dramen (Gesamtausgabe), Hildesheim u. a. 1998, S. VI.

[481] *Hermann Rollet*, Die Goethe-Bildnisse, (1883), Faksimile-Ausgabe Wiesbaden 1978, S. 3 f.; ähnlich *Edmund Hoefer*, Goethe's Stellung zu Weimar's Fürstenhause, Stuttgart 1872, S. 5.

[482] Für die Datierung siehe *Robert Steiger*, Goethes Leben von Tag zu Tag, Band I, 1749–1775, München 1982, S. 544.

[483] *Charlotte Marlo Werner*, Goethes Herzogin Anna Amalia, Düsseldorf 1996, S. 93; *Joachim Berger*, Anna Amalia von Sachsen-Weimar-Eisenach (1739–1807) – Denk- und Handlungsräume einer ‚aufgeklärten' Herzogin, Jena 2002, S. 127 f.

[484] Thüringisches Hauptstaatsarchiv Weimar, Fourier-Buch für das Jahr 1772, S. 246 ff.

[485] *Robert Keil*, Vor hundert Jahren, Mitteilungen über Weimar, Goethe und Corona Schröter aus den Tagen der Genie-Periode, Band II, Leipzig 1875, S. 74.

[486] Vgl. den Brief der Gräfin Görtz an ihren Mann vom 28. März 1775, abgedruckt in Georg Mentz, Aus den Papieren des Grafen Görtz, des Erziehers Karl Augusts, in: Festschrift für Otto Dobenecker, Jena 1929, S. 415.

[487] DICHTUNG UND WAHRHEIT, 15. Buch.

[488] Abgedruckt in: Wilhelm Bode (Hrsg.), Stunden mit Goethe, Für die Freunde seiner Kunst und Weisheit, Band IX, Berlin 1913, S. 303.
[489] Zitiert nach Jochen Klauß, Charlotte von Stein. Die Frau in Goethes Nähe, Zürich 1995, S. 263.
[490] Vgl. *Karl August Böttiger*, Literarische Zustände und Zeitgenossen. Begegnungen und Gespräche im klassischen Weimar, 1838 (unvollständig), K. Gerlach/R. Sternke (Hrsg.), Berlin ^{2}1998, S. 241 f.; siehe auch *Sandra Dreise-Beckmann*, Anna Amalia und das Musikleben am Weimarer Hof, in: J. Berger (Hrsg.), Der Musenhof Anna Amalias, Köln u. a. 2001, S. 60 f.
[491] Hierzu *Wolfram Huschke*, Anna Amalia und die Musik ihrer Zeit, in: Wolfenbütteler Beiträge, Band IX, Wiesbaden 1994, S. 128 f.; siehe auch *Wilhelm Bode*, Amalie Herzogin von Weimar – Der Musenhof der Herzogin Amalie, Band II, Berlin 1908, S. 171 f.; *Friedrich August Hohenstein*, Weimar und Goethe – Ereignisse und Erlebnisse, Berlin 1931, S. 102 ff.
[492] Vgl. *Karl August Böttiger*, Literarische Zustände und Zeitgenossen. Begegnungen und Gespräche im klassischen Weimar, 1838 (unvollständig), K. Gerlach/R. Sternke (Hrsg.), Berlin ^{2}1998, S. 424.
[493] *Antje Vanhoefen*, Zum Oßmannstädter Porträt der Herzogin Anna Amalia von Georg Melchior Kraus, in: Die Pforte 6/2002, S. 34.
[494] Vgl. *Hans Gerhard Gräf* (Hrsg.), Johann Heinrich Mercks Briefe, Leipzig 1911, S. X f.
[495] *Hermann Rollet*, Die Goethe-Bildnisse, (1883), Faksimile-Ausgabe Wiesbaden 1978, S. 3 f.; ähnlich *Edmund Hoefer*, Goethe's Stellung zu Weimar's Fürstenhause, Stuttgart 1872, S. 5.
[496] *Jochen Klauß*, Charlotte von Stein. Die Frau in Goethes Nähe, Zürich 1995, S. 261.
[497] Zitiert nach Carl F. v. Beaulieu-Marconnay, Anna Amalia, Carl August und der Minister von Fritsch, Weimar 1874, S. 133, S. 252; vgl. auch *F. Bornhak*, Anna Amalia, Herzogin von Sachsen-Weimar-Eisenach, Berlin 1892, S. 89 f.
[498] Zitiert nach Ernst Hallbauer, Graf Görtz und Goethe, in: Wilhelm Bode (Hrsg.), Stunden mit Goethe, Für die Freunde seiner Kunst und Weisheit, Band VIII, Berlin 1912, S. 86 f.
[499] Zitiert nach Ernst Hallbauer, Graf Görtz und Goethe, in: Wilhelm Bode (Hrsg.), Stunden mit Goethe, Für die Freunde seiner Kunst und Weisheit, Band VIII, Berlin 1912, S. 87 (1. Zitat), S. 88 (2. Zitat).
[500] *Willy Andreas*, Die Kavaliersreise Carl Augusts von Weimar nach Paris, in: Archiv für Kulturgeschichte 1952, S. 185.
[501] *Wilhelm Bode*, Karl August von Weimar, Jugendjahre, Berlin 1913, S. 212.
[502] Zitiert nach Ernst Hallbauer, Graf Görtz und Goethe, in: Wilhelm Bode (Hrsg.), Stunden mit Goethe, Für die Freunde seiner Kunst und Weisheit, Band VIII, Berlin 1912, S. 88.
[503] *Gero v. Wilpert*, Goethe-Lexikon, Stuttgart 1998, S. 164.
[504] *Karl August Böttiger*, Literarische Zustände und Zeitgenossen. Begegnungen und Gespräche im klassischen Weimar, 1838 (unvollständig), K. Gerlach/R. Sternke (Hrsg.), Berlin ^{2}1998, S. 214; vgl. auch *Wilhelm Bode*, Amalie Herzogin von Weimar – Der Musenhof der Herzogin Amalie, Band II, Berlin 1908, S. 85.
[505] *Karl August Böttiger*, Literarische Zustände und Zeitgenossen. Begegnungen und Gespräche im klassischen Weimar, 1838 (unvollständig), K. Gerlach/R. Sternke (Hrsg.), Berlin ^{2}1998, S. 213.
[506] *Karl August Böttiger*, Literarische Zustände und Zeitgenossen. Begegnungen und Gespräche im klassischen Weimar, 1838 (unvollständig), K. Gerlach/R. Sternke (Hrsg.), Berlin ^{2}1998, S. 217.
[507] *Gero v. Wilpert*, Goethe-Lexikon, Stuttgart 1998, S. 1025.
[508] Zitiert aus: Das Klassische Weimar, H. Pleticha (Hrsg.), München 1983, S. 44 f.

Grave: Eine menschliche Katastrophe

[509] Zitiert nach Eduard v. Bamberg (Hrsg.), Die Erinnerungen der Karoline Jagemann, Band I, Dresden 1926, S. 174.
[510] Hermann F. v. Egloffstein (Hrsg.), Ein Kind des achtzehnten Jahrhunderts – Jugenderinnerungen der Gräfin Henriette Egloffstein, in: Deutsche Rundschau, Dezember 1919, S. 354.
[511] Zitiert nach Wilhelm Bode, Amalie Herzogin von Weimar – Der Musenhof der Herzogin Amalie, Band II, Berlin 1908, S. 32.
[512] Zitiert nach Eduard v. Bamberg (Hrsg.), Die Erinnerungen der Karoline Jagemann, Band I, Dresden 1926, S. 42.
[513] Eduard v. Bamberg (Hrsg.), Die Erinnerungen der Karoline Jagemann, Band I, Dresden 1926, S. 174.
[514] Vgl. etwa die Nr. 14, 15 und 18 vom Jahre 1789.

[515] Zitiert nach Johann Gottfried Herder, Italienische Reise, Briefe und Tagebuchaufzeichnungen 1788–1789, A. Meier/H. Hollmer (Hrsg.), München 1988, S. 173.
[516] *Johann Gottfried Herder*, Italienische Reise, Briefe und Tagebuchaufzeichnungen 1788–1789, A. Meier/H. Hollmer (Hrsg.), München 1988, S. 225.
[517] *Johann Gottfried Herder*, Italienische Reise, Briefe und Tagebuchaufzeichnungen 1788–1789, A. Meier/H. Hollmer (Hrsg.), München 1988, S. 420.
[518] *Johann Gottfried Herder*, Italienische Reise, Briefe und Tagebuchaufzeichnungen 1788–1789, A. Meier/H. Hollmer (Hrsg.), München 1988, S. 482.
[519] Zitiert nach Eduard v. Bamberg (Hrsg.), Die Erinnerungen der Karoline Jagemann, Band I, Dresden 1926, S. 180.
[520] Vgl. Eduard v. Bamberg (Hrsg.), Die Erinnerungen der Karoline Jagemann, Band I, Dresden 1926, S. 42; Anna Amalia sorgte für das Kind, das jedoch bereits 1791 starb, vgl. den Brief von Graves Ehefrau Louise an Einsiedel, Goethe- und Schiller-Archiv Weimar, Bestand: F. H. v. Einsiedel, Signatur 14/76; *Joachim Berger*, Anna Amalia von Sachsen-Weimar-Eisenach (1739–1807) – Denk- und Handlungsräume einer ‚aufgeklärten' Herzogin, Jena 2002, S. 412.
[521] *Richard Friedenthal*, Goethe. Sein Leben und seine Zeit, 1963, München 1999, S. 194.
[522] *C. v. Kalb*, Gedenkblätter von Charlotte v. Kalb, Emil Palleske (Hrsg.), Stuttgart 1879, S. 180 f.
[523] *Olga G. Taxis-Bordogna*, Frauen von Weimar, München 1948, S. 26, S. 90 f.
[524] Goethe- und Schiller-Archiv Weimar, Bestand: F. H. v. Einsiedel, Signatur 14/76, Blatt 2 und 6; für die Übertragung der Frakturschrift ist Prof. Dr. Detlev Forst und Hans Zürn zu danken.
[525] *Wilhelm Bode*, Amalie Herzogin von Weimar – Ein Lebensabend im Künstlerkreise, Band III, Berlin 1908, S. 34.
[526] Zitiert nach Eduard v. Bamberg (Hrsg.), Die Erinnerungen der Karoline Jagemann, Band I, Dresden 1926, S. 39, S. 42.
[527] Zitiert nach Heide Hollmer, Herzogin Anna Amalias Kunstwahrnehmung und Kunstförderung, in: J. Berger (Hrsg.), Der Musenhof Anna Amalias, Köln u. a. 2001, S. 113, Fn. 22.
[528] Zitiert nach Eduard v. Bamberg (Hrsg.), Die Erinnerungen der Karoline Jagemann, Band I, Dresden 1926, S. 181.
[529] Zitiert nach Otto Harnack, Zur Nachgeschichte der italienischen Reise, Weimar 1890, S. 203 f.
[530] Vgl. den Brief von Goethe an Carl August vom 28. Februar 1790.
[531] So *Horst Rüdiger*, Goethe und Europa, Berlin u. a. 1990, S. 62.
[532] Zitiert nach Charlotte Marlo Werner, Goethes Herzogin Anna Amalia, Düsseldorf 1996, S. 227.
[533] *Nicholas Boyle*, Goethe – Der Dichter in seiner Zeit, Band I, 1749–1790, H. Fliessbach (Übersetzung), München 1995, S. 768.

Ein Blendwerk: Briefe an „Frau v. Stein"

[534] Etwa ein Drittel sind undatiert, vgl. für die Editionsgeschichte *Jonas Fränkel*, Marginalien zu Goethes Briefen an Charlotte von Stein, Jena 1909, S. 2 ff.
[535] Man nimmt an, dass die „Empfängerin" sie vernichtet habe und zwar aufgrund von drei Briefen Goethes, in denen es etwa heißt (8. Dezember 1786): „Die Kasten auf dem Archive gehören dein, liebst du mich noch ein wenig; so eröffne sie nicht eher als biß du Nachricht von meinem Todte hast, so lang ich lebe laß mir die Hoffnung sie in deiner Gegenwart zu eröffnen"; der Inhalt von zwei Kästen ist auf einem erhaltenen Foliobogen verzeichnet, danach enthielt Kasten I unter anderem „Briefe von ⊙", wobei vor *Briefe* ein hakenförmiges Zeichen steht, vgl. den Kommentar zu J. W. Goethe, Weimarer Ausgabe (1887-1919), IV., 7, S. 335. In Goethes Tagebüchern ist das Sonnensymbol (⊙) offiziell das Zeichen für „Frau v. Stein". Von Vernichtung ist aber nicht die Rede, vielmehr von Rückgabe, daher zu Recht kritisch *Susanne Kord* (Hrsg.), Einleitung zu Charlotte von Stein, Dramen (Gesamtausgabe), Hildesheim u. a. 1998, S. VI und Fn. 35.
[536] Goethe- und Schiller-Archiv Weimar, Bestand: Luise v. Göchhausen, Signatur 54/274,2 Blatt 3b.
[537] Zitiert nach Doris Maurer, Charlotte von Stein, Frankfurt a. M. u. a. 1997, S. 77.
[538] Zitiert nach Wilhelm Bode, Charlotte von Stein, Berlin [5]1920, S. 154.
[539] Vgl. nur den Kommentar zu J. W. Goethe, Weimarer Ausgabe (1887-1919), IV., 3, S. 276.
[540] *Henriette v. Egloffstein*, verheiratet v. Beaulieu-Marconnay, zitiert aus Wilhelm Bode, Amalie Herzogin von Weimar – Ein Lebensabend im Künstlerkreise, Band III, Berlin 1908, S. 73.

[541] *Willmar Hager*, Brieftauben, ihre Geschichte und ihre Leistungen, Berlin 1938, S. 10.
[542] Vgl. nur http://www.brieftaubenring.de/geschichte.htm
[543] *Willmar Hager*, Brieftauben, ihre Geschichte und ihre Leistungen, Berlin 1938, S. 13.
[544] Vgl. den Kommentar zu J. W. Goethe, Weimarer Ausgabe (1887-1919), IV., 3, S. 311, IV., 5, S. 382, Briefnr. 1393 und öfters.
[545] Vgl. etwa den Brief vom 12. Dezember 1781.
[546] Vgl. etwa *Wilhelm Bode*, Charlotte von Stein, Berlin [5]1920, S. 86 f.
[547] Vgl. ausführlich *Eleonore v. Bojanowski*, Louise Großherzogin von Sachsen-Weimar und ihre Beziehungen zu den Zeitgenossen, Stuttgart u.a. 1903, S. 121 ff. und öfters.
[548] Einleitung zu Johann Gottfried v. Herder, Ausgewählte Werke in einem Bande, Stuttgart/Tübingen 1844, S. 27.
[549] Ähnlich *Eleonore v. Bojanowski*, Louise Großherzogin von Sachsen-Weimar und ihre Beziehungen zu den Zeitgenossen, Stuttgart u.a. 1903, S. 132, S. 136 und öfters.
[550] Zitiert nach Wilhelm Bode, Charlotte von Stein, Berlin [5]1920, S. 146; vgl. auch Eleonore v. Bojanowski, Louise Großherzogin von Sachsen-Weimar und ihre Beziehungen zu den Zeitgenossen, Stuttgart u.a. 1903, S. 105
[551] Zitiert nach Wilhelm Bode, Charlotte von Stein, Berlin [5]1920, S. 146.
[552] Zitiert nach Eleonore v. Bojanowski, Louise Großherzogin von Sachsen-Weimar und ihre Beziehungen zu den Zeitgenossen, Stuttgart u.a. 1903, S. 151.
[553] Brief vom 22. Juli 1782 an den Herzog Carl August, in: Hans Gerhard Gräf (Hrsg.), Johann Heinrich Mercks Briefe, Leipzig 1911, S. 151 f.
[554] Zitiert nach Wilhelm Bode, Amalie Herzogin von Weimar – Der Musenhof der Herzogin Amalie, Band II, Berlin 1908, S. 200.
[555] *F. Bornhak*, Anna Amalia, Herzogin von Sachsen-Weimar-Eisenach, Berlin 1892, S. 187.
[556] Zitiert nach Wilhelm Bode, Amalie Herzogin von Weimar – Der Musenhof der Herzogin Amalie, Band II, Berlin 1908, S. 215.
[557] Zitiert nach Wilhelm Bode, Amalie Herzogin von Weimar – Der Musenhof der Herzogin Amalie, Band II, Berlin 1908, S. 217.
[558] *Michael Wenzel*, Adam Friedrich Oeser und Weimar, Heidelberg 1994, S. 51.
[559] Für eine Abbildung und Beschreibung siehe *Wilhelm Bode*, Charlotte von Stein, Berlin [5]1920, S. 179.
[560] Zitiert nach Ernst Grumach/Renate Grumach (Hrsg.), Goethe. Begegnungen und Gespräche, Band II, 1777-1785, Berlin 1966, S. 242, Original in Französisch: *„Goethe file toujours le parfait amour, et la pauvre Stein plus bête qu'il n'a été reçoit en patience les mauvais propos du public, et de Mr. Goethe, et les humeurs de sa femme.“*
[561] So *Wilhelm Bode*, Charlotte von Stein, Berlin [5]1920, S. 191, S. 267.
[562] So *Julius Petersen* (Hrsg.), Goethes Briefe an Charlotte von Stein, Band I, Leipzig 1923, S. 593, Anmerkung Nr. 335.
[563] *Friedrich Kluge*, Etymologisches Wörterbuch der deutschen Sprache, Berlin/New York [23]1999, Stichwort: Omen, S. 601.
[564] Vgl. seine Büste aus dem Sommer 1780, abgebildet in Walter Geese, Gottlieb Martin Klauer – Der Bildhauer Goethes, Leipzig 1935, Abbildung Nr. 49 f.
[565] Vgl. eingehend den Kommentar in: Johann Wolfgang Goethe, Poetische Werke, Berliner Ausgabe, Band XIX, Berlin, S. 777 ff., zitiert nach Jürgen von Esenwein/Harald Gerlach (Hrsg.): Johann Wolfgang von Goethe: Zeit – Leben – Werk, CD-ROM, Berlin u. a. 1999
[566] *J. W. Goethe*, Weimarer Ausgabe (1887-1919), I., 47, S. 107.
[567] Zitiert nach Walter Geese, Gottlieb Martin Klauer – Der Bildhauer Goethes, Leipzig 1935, S. 27.
[568] Zitiert nach Wilhelm Bode, Amalie Herzogin von Weimar – Der Musenhof der Herzogin Amalie, Band II, Berlin 1908, S. 214.
[569] Vgl. eingehend *Walter Geese*, Gottlieb Martin Klauer – Der Bildhauer Goethes, Leipzig 1935, S. 25 ff.
[570] Siehe für eine Auflistung *Walter Geese*, Gottlieb Martin Klauer – Der Bildhauer Goethes, Leipzig 1935, S. 218, S. 212 ff.
[571] Vgl. *Hans Wahl*, Tiefurt, Leipzig 1929, S. 144.
[572] So der Gesamtkatalog-Auszug des Goethe-Nationalmuseum in Weimar, Nr. 20.663 und öfters: „Eventuell Geschenk d. Herzogin Anna Amalia an Goethe im August 1778. Diese besaß die Serie selbst.“

573 Siehe auch *Charlotte Marlo Werner*, Goethes Herzogin Anna Amalia, Düsseldorf 1996, S. 137.
574 So der Kommentar zu Johann Wolfgang Goethe, Poetische Werke, Berliner Ausgabe, Band II, Berlin, S. 708, zitiert nach Jürgen von Esenwein/Harald Gerlach (Hrsg.): Johann Wolfgang von Goethe: Zeit – Leben – Werk, CD-ROM, Berlin u. a. 1999.
575 Vgl. für die Auflistung des Hofstaats Anna Amalias im Jahre 1777 *Charlotte Marlo Werner*, Goethes Herzogin Anna Amalia, Düsseldorf 1996, S. 140 f.
576 *Max Hecker*, Anna Amalia, Herzogin von Sachsen-Weimar und Eisenach, in: Deutsches Mädchenbuch 1892, S. 236.
577 *Karl v. Lyncker*, Am Weimarischen Hofe unter Amalien und Karl August, Berlin 1912, S. 86.
578 Abgedruckt in Wilhelm Bode (Hrsg.), Goethe in Vertraulichen Briefen seiner Zeitgenossen 1749–1793, Band I, Berlin 1999, S. 287.
579 Vgl. etwa *Nicholas Boyle*, Goethe – Der Dichter in seiner Zeit, Band I, 1749–1790, H. Fliessbach (Übersetzung), München 1995, S. 278.
580 Sowie 1811 und 1813, vgl. *Robert Steiger*, Goethes Leben von Tag zu Tag.
581 Vgl. nur *Karl Otto Conrady*, Goethe – Leben und Werk, München u.a. 1994, S. 319.
582 J. W. Goethe, Weimarer Ausgabe (1887-1919), IV., 7, S. 334, Anmerkung Nr. 2341.
583 Zitiert nach H. Bräuning-Oktavio, in: Julius Zeitler (Hrsg.), Goethe-Handbuch, Band II, Stuttgart 1917, Stichwort: Lavater, S. 424.
584 Vgl. *Gero v. Wilpert*, Goethe-Lexikon, Stuttgart 1998, S. 2, S. 610 f.
585 *Johann Kaspar Lavater*, Pontius Pilatus oder die Bibel im Kleinen und der Mensch im Großen, Band I, 1782, Nachdruck Zürich 2001, S. 3.
586 *J. W. Goethe*, Weimarer Ausgabe (1887-1919), IV., 8, S. 415.
587 Zitiert nach Paul Kühn, Die Frauen um Goethe, eingeleitet und bearbeitet von G. Biermann, Salzburg 1949, S. 103.
588 Abgedruckt in Johann Wolfgang Goethe, Sämtliche Werke, Frankfurter Ausgabe, Abteilung II, Band II, Hartmut Reinhardt (Hrsg.), Das erste Weimarer Jahrzehnt, Frankfurt 1997, S. 349.
589 *Julius Petersen* (Hrsg.), Goethes Briefe an Charlotte von Stein, Band I, Leipzig 1923, S. 630, Anmerkung Nr. 726.
590 Zitiert nach Robert Steiger, Goethes Leben von Tag zu Tag, Band I, 1749–1775, München 1982, S. 540.
591 Der Junge war Karl v. Lyncker, vgl. *ders.*, Am Weimarischen Hofe unter Amalien und Karl August, Berlin 1912, S. 48.
592 *Nicholas Boyle*, Goethe – Der Dichter in seiner Zeit, Band I, 1749–1790, H. Fliessbach (Übersetzung), München 1995, S. 391.
593 Vgl. für die Zeitangaben den Brief Anna Amalias an Merck vom 3. März 1783, abgedruckt in: Wilhelm Bode, Amalie Herzogin von Weimar – Der Musenhof der Herzogin Amalie, Band II, Berlin 1908, S. 217 f.
594 *Wilhelm Bode*, Karl August von Weimar, Jugendjahre, Berlin 1913, S. 222.
595 *Willy Andreas*, Die Kavaliersreise Carl Augusts von Weimar nach Paris, in: Archiv für Kulturgeschichte 1952, S. 188.
596 *Karl v. Lyncker*, Am Weimarischen Hofe unter Amalien und Karl August, Berlin 1912, S. 96 f.
597 *Karl August Böttiger*, Literarische Zustände und Zeitgenossen. Begegnungen und Gespräche im klassischen Weimar, 1838 (unvollständig), K. Gerlach/R. Sternke (Hrsg.), Berlin ²1998, S. 38.
598 Abgedruckt in Flodoard F. v. Biedermann/Wolfgang Herwig (Hrsg.), Goethes Gespräche, Eine Sammlung zeitgenössischer Berichte aus seinem Umgang, Band I, 1749–1805, München 1998, S. 326, Brief Nr. 646; zugleich abgedruckt in: Ernst Grumach/Renate Grumach (Hrsg.), Goethe. Begegnungen und Gespräche, Band II, 1777-1785, Berlin 1966, S. 387; Original in Französisch: *„... madame de Stein qui joue toujours son rôle le mieux qu'elle peut, mangeant des pommes de terre presque tous les soirs dans sa maison avec G.[oethe] et la D[uche]sse. Le mari Stein, s'étant mis audessus de tout plus que jamais ...“*
599 Brief vom 2. April 1776, zitiert nach Georg Mentz, Aus den Papieren des Grafen Görtz, des Erziehers Karl Augusts, in: Festschrift für Otto Dobenecker, Jena 1929, S. 421, Original in Französisch: *„... l'auteur de nos peines“.*
600 Original in Französisch : *„Nous faison si bien notre devoir ma chere Lotte qu'a la fin on pourroit douter de notre amour.“*
601 Hier aus dem Französischen nach der Übersetzung in Johann Wolfgang Goethe, Sämtliche Werke,

Frankfurter Ausgabe, Abteilung II, Band II, Hartmut Reinhardt (Hrsg.), Das erste Weimarer Jahrzehnt, Frankfurt 1997, S. 1059 f.

602 Vgl. *Heinz Nicolai*, Nachwort zu Friedrich H. Jacobi, Woldemar, 1779, Nachdruck Stuttgart 1969, S. 6 f.

603 Vgl. *Regine Otto/Christa Rudnik*, Karl Ludwig von Knebel – Goethes „alter Weimarischer Urfreund", in: J. Golz (Hrsg.), Das Goethe- und Schiller-Archiv 1896–1996, Weimar u. a. 1996, S. 299; für Anna Amalias Beteiligung vgl. etwa ihren Brief vom 1. Januar 1780 an Knebel, abgedruckt in K. A. Varnhagen von Ense/Th. Mundt, K. L. von Knebel's Literarischer Nachlaß und Briefwechsel, Leipzig ²1840, S. 185; siehe auch *Charlotte Marlo Werner*, Goethes Herzogin Anna Amalia, Düsseldorf 1996, S. 147, S. 161 f.; Brief *Jacobis* an Heinse vom 20.-24. Oktober 1780, abgedruckt in Wilhelm Bode (Hrsg.), Goethe in Vertraulichen Briefen seiner Zeitgenossen 1749–1793, Band I, Berlin 1999, S. 262.

604 Vgl. *Gero v. Wilpert*, Goethe-Lexikon, Stuttgart 1998, S. 528.

605 Kommentar zu J. W. Goethe, Weimarer Ausgabe (1887-1919), IV., 7, S. 313 f, Brief Nr. 2180.

606 Vgl. auch *Robert Steiger*, Goethes Leben von Tag zu Tag, Band II, 1776–1788, Zürich/München 1983, S. 456.

607 Zitiert nach Julius Petersen (Hrsg.), Goethes Briefe an Charlotte von Stein, Band I, Leipzig 1923, S. 541 f.

608 *Charlotte Marlo Werner*, Goethes Herzogin Anna Amalia, Düsseldorf 1996, S. 202.

609 Vgl. zur Geschichte *Wilhelm Bode*, Charlotte von Stein, Berlin ⁵1920, S. 232 ff.

610 Brief an Charlotte Schiller, zitiert nach Charlotte Marlo Werner, Goethes Herzogin Anna Amalia, Düsseldorf 1996, S. 263; vgl. auch *Alfons Nobel*, Charlotte von Stein, München 1985, S. 98.

611 Zitiert nach Woldemar F. v. Biedermann, Goethes Gespräche, Eine Sammlung zeitgenössischer Berichte aus seinem Umgang, III. Band: 1811–1818, Leipzig 1889, S. 185.

612 *Alfons Nobel*, Charlotte von Stein, München 1985, S. 168.

613 Brief der Frau v. Stein an Zimmermann vom 10. Mai 1776.

614 Vgl. *Sigrid Damm*, Christiane und Goethe – Eine Recherche, Frankfurt am Main/Leipzig 1998, S. 126.

615 *Jochen Klauß*, Charlotte von Stein. Die Frau in Goethes Nähe, Zürich 1995, S. 174.

616 *Nicholas Boyle*, Goethe – Der Dichter in seiner Zeit, Band I, 1749–1790, H. Fliessbach (Übersetzung), München 1995, S. 625.

617 Zitiert nach Flodoard F. v. Biedermann/Wolfgang Herwig (Hrsg.), Goethes Gespräche, Eine Sammlung zeitgenössischer Berichte aus seinem Umgang, Band I, 1749–1805, München 1998, S. 492, Brief Nr. 1010.

618 Zitiert nach Doris Maurer, Charlotte von Stein, Frankfurt a. M. u. a. 1997, S. 261.

619 *C. v. Kalb*, Gedenkblätter von Charlotte v. Kalb, Emil Palleske (Hrsg.), Stuttgart 1879, S. 164; vgl. auch *Charlotte Marlo Werner*, Goethes Herzogin Anna Amalia, Düsseldorf 1996, S. 204.

620 *C. v. Kalb*, Gedenkblätter von Charlotte v. Kalb, Emil Palleske (Hrsg.), Stuttgart 1879, S. 164; siehe das Konzept eines Briefes von Goethe an Wieland vom 10. April 1776.

621 Siehe *Nicholas Boyle*, Goethe – Der Dichter in seiner Zeit, Band I, 1749–1790, H. Fliessbach (Übersetzung), München 1995, S. 642, S. 710.

622 Hermann F. v. Egloffstein (Hrsg.), Ein Kind des achtzehnten Jahrhunderts – Jugenderinnerungen der Gräfin Henriette Egloffstein, in: Deutsche Rundschau, Dezember 1919, S. 353 (beide Zitate).

623 Zitiert nach E. Kleßmann (Hrsg.), Goethe aus der Nähe, Berichte von Zeitgenossen, München/Zürich 1994, S. 45 f.

624 Abgedruckt in Wilhelm Bode (Hrsg.), Goethe in Vertraulichen Briefen seiner Zeitgenossen 1794–1816, Band II, Berlin 1999, S. 550 ff.

625 Abgedruckt in Wilhelm Bode (Hrsg.), Goethe in Vertraulichen Briefen seiner Zeitgenossen 1794–1816, Band II, Berlin 1999, S. 355.

626 Goethe- und Schiller-Archiv Weimar, Bestand: Anna Amalia, Signatur 28/767, Blatt I.

627 Goethe- und Schiller-Archiv Weimar, Bestand: Anna Amalia, Signatur 28/767, Blatt IX.

628 Goethe- und Schiller-Archiv Weimar, Bestand: Anna Amalia, Signatur 28/767, Blatt XIII.

629 Goethe- und Schiller-Archiv Weimar, Bestand: Anna Amalia, Signatur 28/767, Blatt VII.

630 Vgl. nur *Olga G. Taxis-Bordogna*, Frauen von Weimar, München 1948, S. 209.

631 Vgl. auch *Wilhelm Bode*, Charlotte von Stein, Berlin ⁵1920, S. 672.

632 Zitiert nach Friedrich v. Müller, Unterhaltungen mit Goethe, R. Grumach (Hrsg.), 1870, Weimar ²1982, S. 177; vgl. auch Renate Seydel, Charlotte von Stein und Johann Wolfgang von Goethe, Die

Geschichte einer großen Liebe, München 1993, S. 14.

Frau v. Steins literarische Arbeiten

633 Zitiert nach Flodoard F. v. Biedermann/Wolfgang Herwig (Hrsg.), Goethes Gespräche, Eine Sammlung zeitgenössischer Berichte aus seinem Umgang, Band I, 1749–1805, München 1998, S. 307, Brief Nr. 598.

634 Siehe im Vergleich mit Virgils Fassung *Susanne Kord* (Hrsg.), Einleitung zu Charlotte von Stein, Dramen (Gesamtausgabe), Hildesheim u. a. 1998, S. VIII f.

635 Vgl. *Susanne Kord* (Hrsg.), Einleitung zu Charlotte von Stein, Dramen (Gesamtausgabe), Hildesheim u. a. 1998, S. VIII.

636 *Charlotte v. Stein*, Dramen (Gesamtausgabe), Susanne Kord (Hrsg.), Hildesheim u. a. 1998, S. 508.

637 Zitiert nach K. A. Varnhagen von Ense/Th. Mundt, K. L. von Knebel's Literarischer Nachlaß und Briefwechsel, Leipzig ^{2}1840, S. 198.

638 *Charlotte v. Stein*, Dramen (Gesamtausgabe), Susanne Kord (Hrsg.), Hildesheim u. a. 1998, S. 501, S. 511.

639 *Walter Steiner/Uta Kühn-Stillmark*, Friedrich Justin Bertuch, Ein Leben im klassischen Weimar zwischen Kultur und Kommerz, Köln u.a., 2001, S. 84.

640 Vgl. *Karl Otto Conrady*, Goethe – Leben und Werk, München u.a. 1994, S. 734.

641 Siehe *Wolfgang Huschke*, Unebenbürtige Sprosse Carl Augusts von Weimar, in: Familie und Volk, Jg. 6 (1957), S. 257 ff. Bei einer neuerlich entdeckten Tochter Carl Augusts sollte die Vaterschaft unbedingt Goethe zugeschrieben werden, so von *Walter E. Ehrhardt*, Goethes Clausthaler Tochter? – Auguste Böhmer starb vor 200 Jahren, in: Unser Harz 2000, S. 183 ff. Zwar traf am 10. August 1784 Goethe in Clausthal-Zellerfeld ein, mit ihm aber auch der Wüstling Carl August. In einem Brief an seine Mutter Anna Amalia vom 17. August 1784 aus Braunschweig schreibt Carl August: „… teils aber konnte ich mich von Harz nicht so geschwinde scheiden, ich musste noch zwei Tage zulegen.“ Diese Tochter hieß Auguste (1785–1800), obwohl ihre Mutter, Caroline Böhmer (1763–1809), später v. Schlegel und v. Schelling, keine Untertanin des Herzogs Carl August war. Der Verfasser des Aufsatzes weist nach (S. 187), dass Auguste fürstlicher Geburt gewesen sein muss, denn das für ihr Grab bestimmte Monument weist zwei Schlangen auf, was mythologisch verschlüsselt auf eine fürstliche Geburt hinweist. Da Goethe zwar ein Dichter-„Fürst“, ansonsten nur ein durch Adelsdiplom (1782) zu den untersten Rängen der Adelsgesellschaft aufgerückter Bürgerlicher war, trifft auf ihn der mythologische Bezug nicht zu.

642 Vgl. E. Scheidemantel (Hrsg.), Erinnerungen von Charlotte Krackow, Weimar 1917, S. 6 f.

643 *J. M. R. Lenz*, Gesammelte Schriften, Ludwig Tieck (Hrsg.), Band III, Berlin 1828, S. 288 (1. Zitat), S. 289 (2. Zitat); für die Aufschlüsselung der Figur Pandolfo mit Knebel siehe *Christoph Weiss*, Zu den Vorbereitungen einer Lenz-Gesamtausgabe: Wiederentdeckte und unbekannte Handschriften, in: I. Stephan/H.-G. Winter (Hrsg.), „Die Wunde Lenz“, I. M. R. Lenz Leben, Werk und Rezeption, Bern u.a. 2003, S. 20.

644 *Nicholas Boyle*, Goethe – Der Dichter in seiner Zeit, Band II, 1791–1803, H. Fliessbach (Übersetzung), München 1999, S. 253.

645 *Nicholas Boyle*, Goethe – Der Dichter in seiner Zeit, Band II, 1791–1803, H. Fliessbach (Übersetzung), München 1999, S. 739.

646 Vgl. *Hellmuth F. v. Maltzahn*, Karl Ludwig von Knebel, Jena 1929, S. 171 ff.; *Jochen Klauß*, Charlotte von Stein. Die Frau in Goethes Nähe, Zürich 1995, S. 267.

647 Vgl. hierzu etwa *Olga G. Taxis-Bordogna*, Frauen von Weimar, München 1948, S. 283 ff.; *Wilhelm Bode*, Amalie Herzogin von Weimar – Ein Lebensabend im Künstlerkreise, Band III, Berlin 1908, S. 140.

648 Vgl. eingehend *Eduard v. Bamberg*, Die Erinnerungen der Karoline Jagemann, Band II, Dresden 1926, S. 283 ff.

649 Abgedruckt in: Ludwig Rohmann, Briefe an Fritz von Stein, Leipzig 1907, S. 195.

650 *Charlotte v. Stein*, Dramen (Gesamtausgabe), Susanne Kord (Hrsg.), Hildesheim u. a. 1998, S. 49 (beide Zitate).

651 *Charlotte v. Stein*, Dramen (Gesamtausgabe), Susanne Kord (Hrsg.), Hildesheim u. a. 1998, S. 50.

652 *Charlotte v. Stein*, Dramen (Gesamtausgabe), Susanne Kord (Hrsg.), Hildesheim u. a. 1998, S. 46 f.

653 *Charlotte v. Stein*, Dramen (Gesamtausgabe), Susanne Kord (Hrsg.), Hildesheim u. a. 1998, S. 59.

[654] Vgl. nur *Werner Schäfer/Erwin Böhm*, Agnes Bernauer, Geschichte, Dichtung, Bild, Straubing 1995.
[655] Vgl. *Helene Matthies*, Lottine – Lebensbild der Philippine Charlotte, Schwester Friedrichs des Großen, Gemahlin Karls I. von Braunschweig, Braunschweig 1958, S. 114 f.
[656] *August Wilhelm Heffter*, Beiträge zum deutschen Staats- und Fürstenrecht, I., Ueber Ebenbürtigkeit, Standesgleichheit und Standesungleichheit in den deutschen souveränen und ersten standesherrlichen Häusern, Berlin 1829, S. 26 f.
[657] Vgl. für die folgenden Angaben *Rudolf Reiser*, Adliges Stadtleben im Barockzeitalter – Internationales Gesandtenleben auf dem Immerwährenden Reichstag zu Regensburg, München 1969, S. 127 ff.
[658] Vgl. *Rudolf Reiser*, Adliges Stadtleben im Barockzeitalter – Internationales Gesandtenleben auf dem Immerwährenden Reichstag zu Regensburg, München 1969, S. 132 f.; zu den Ausschweifungen S. 120 ff.
[659] Zitiert nach Rudolf Reiser, Adliges Stadtleben im Barockzeitalter – Internationales Gesandtenleben auf dem Immerwährenden Reichstag zu Regensburg, München 1969, S. 157.
[660] *Olga G. Taxis-Bordogna*, Frauen von Weimar, München 1948, S. 296.
[661] Vgl. mit Bezug auf die Universität von Utha (USA) *Susanne Kord* (Hrsg.), Einleitung zu Charlotte von Stein, Dramen (Gesamtausgabe), Hildesheim u. a. 1998, S. III, Fn. 20; als Autor wird auch Carl v. Stein genannt, vgl. ebd., S. III.
[662] *Wilhelm Bode*, Charlotte von Stein, Berlin [5]1920, S. 368; siehe auch *H. Guenther Nerjes*, Ein Unbekannter Schiller – Kritiker des Weimarer Musenhofes, Berlin 1965, S. 80; vgl. auch *Jochen Klauß*, Charlotte von Stein. Die Frau in Goethes Nähe, Zürich 1995, S. 69 f.
[663] Brief von Frau v. Stein an ihre Schwester vom 22. August 1785, abgedruckt in: Wilhelm Bode (Hrsg.), Stunden mit Goethe, Für die Freunde seiner Kunst und Weisheit, Band VI, Berlin 1910, S. 184 f.; siehe auch *Alfons Nobel*, Charlotte von Stein, München 1985, S. 127, S. 77; *Nicholas Boyle*, Goethe – Der Dichter in seiner Zeit, Band I, 1749–1790, H. Fliessbach (Übersetzung), München 1995, S. 277.
[664] Abgedruckt in: Wilhelm Bode (Hrsg.), Stunden mit Goethe, Für die Freunde seiner Kunst und Weisheit, Band VI, Berlin 1910, S. 254.
[665] Hierzu etwa *Wilhelm Bode*, Charlotte von Stein, Berlin [5]1920, S. 215 f., S. 360.
[666] Vgl. *Wilhelm Bode*, Charlotte von Stein, Berlin [5]1920, S. 265.
[667] Zitiert nach Wilhelm Bode, Charlotte von Stein, Berlin [5]1920, S. 564.
[668] *Wilhelm Bode*, Amalie Herzogin von Weimar – Das vorgoethische Weimar, Band I, Berlin 1908, S. 108.
[669] *Charlotte Marlo Werner*, Goethes Herzogin Anna Amalia, Düsseldorf 1996, S. 16.
[670] *Nicholas Boyle*, Goethe – Der Dichter in seiner Zeit, Band II, 1791–1803, H. Fliessbach (Übersetzung), München 1999, S. 119.
[671] *Wilhelm Bode*, Charlotte von Stein, Berlin [5]1920, S. 260.
[672] *Wilhelm Bode*, Charlotte von Stein, Berlin [5]1920, S. 449.
[673] Zitiert nach Paul Kühn, Die Frauen um Goethe, eingeleitet und bearbeitet von G. Biermann, Salzburg 1949, S. 360.
[674] *Felix Freiherr v. Stein-Kochberg*, In Kochberg, dem Reiche von Charlotte von Stein, Leipzig 1936, S. 50.
[675] *Wilhelm Bode*, Charlotte von Stein, Berlin [5]1920, S. 560.
[676] Zitiert nach Jochen Klauß, Charlotte von Stein. Die Frau in Goethes Nähe, Zürich 1995, S. 126.
[677] *Charlotte v. Stein*, Dramen (Gesamtausgabe), Susanne Kord (Hrsg.), Hildesheim u. a. 1998, S. 57.
[678] *Charlotte v. Stein*, Dramen (Gesamtausgabe), Susanne Kord (Hrsg.), Hildesheim u. a. 1998, S. 142.
[679] So *Susanne Kord* (Hrsg.), Einleitung zu Charlotte von Stein, Dramen (Gesamtausgabe), Hildesheim u. a. 1998, S. XVIII f.
[680] *Charlotte v. Stein*, Dramen (Gesamtausgabe), Susanne Kord (Hrsg.), Hildesheim u. a. 1998, S. 46 f.
[681] *Charlotte v. Stein*, Dramen (Gesamtausgabe), Susanne Kord (Hrsg.), Hildesheim u. a. 1998, S. 13.
[682] Siehe *J. W. Goethe*, Tag- und Jahreshefte (1817–1830), Eintrag 1789; siehe auch *Friedrich Wilhelm Riemer*, Mitteilungen über Goethe, 1841, A. Pollmer (Hrsg.), Leipzig 1921, S. 234; *Julius Zeitler* in: ders. (Hrsg.), Goethe-Handbuch, Band II, Stuttgart 1917, Stichwort: Die Halsbandgeschichte, S. 115.
[683] Vgl. *Winfried Schröder*, Goethes „Groß-Cophta" – Cagliostro und die Vorgeschichte der Französischen Revolution, in: Goethe Jahrbuch 1988, S. 200, S. 202, S. 204 ff., S. 208.
[684] Vgl. etwa *Liselotte Blumenthal*, Goethes Großkophta, in: Weimarer Beiträge 1961, S. 25.

685 *Horst Rüdiger*, Nachwort, Goethes Römische Elegien, Frankfurt am Main ^{4}1993, S. 125.
686 *Karl Otto Conrady*, Goethe – Leben und Werk, München u.a. 1994, S. 496 f.
687 Siehe etwa die Akten in: Thüringisches Hauptstaatsarchiv Weimar, HA AXVIII, Nr. 142a, Nr. 141 (Reinschrift); vgl. auch *Wilhelm Bode*, Amalie Herzogin von Weimar – Der Musenhof der Herzogin Amalie, Band II, Berlin 1908, S. 54; *F. Bornhak*, Anna Amalia, Herzogin von Sachsen-Weimar-Eisenach, Berlin 1892, S. 121.
688 *Wilhelm Bode*, Charlotte von Stein, Berlin ^{5}1920, S. 421.
689 Brief von *Karl A. Böttiger* an Friedrich Schulz vom 27. Juli 1795, zitiert nach Dominik Jost, Deutsche Klassik: Goethes „Römische Elegien“, München u. a. ^{2}1978, S. 86.
690 Brief an Charlotte Schiller vom 7. November 1794, zitiert nach Dominik Jost, Deutsche Klassik: Goethes „Römische Elegien“, München u. a. ^{2}1978, S. 85.
691 Nach dem Bericht von Falk, abgedruckt in: Heinz Amelung, Goethe als Persönlichkeit, Berichte und Briefe von Zeitgenossen, Band I: 1749–1797, Berlin 1925, S. 189 f.
692 *F. Bornhak*, Anna Amalia, Herzogin von Sachsen-Weimar-Eisenach, Berlin 1892, S. 163.
693 *Christoph Martin Wieland*, Briefwechsel, Band 7.1, W. Hagen (Hrsg.), Berlin 1992, S. 113 f.
694 Zitiert nach Wilhelm Bode, Amalie Herzogin von Weimar – Der Musenhof der Herzogin Amalie, Band II, Berlin 1908, S. 200.
695 Zitiert nach Dominik Jost, Deutsche Klassik: Goethes „Römische Elegien“, München u. a. ^{2}1978, S. 86.
696 So der Dichter *Domenico Gnoli*, Gli amori di Volfango Goethe, Livorno 1875, S. 205, Fn. 1.
697 So aber *Dominik Jost*, Deutsche Klassik: Goethes „Römische Elegien“, München u. a. ^{2}1978, S. 168 f.
698 Siehe *Sandra Dreise-Beckmann*, Anna Amalia's musikalische Reise. Eine deutsche Fürstin in Italien 1788–1790, in: S. Düll/W. Pass, Frau und Musik im Zeitalter der Aufklärung, Sankt Augustin 1998, S. 164, S. 165 (Zitat), S. 167, S. 162, S. 157.
699 Vgl. den Kommentar zu J. W. Goethe, Weimarer Ausgabe (1887-1919), I., 53, S. 468 ff.
700 *Nihil contra Deum, nisi Deus ipse*, vgl. *Friedrich Wilhelm Riemer*, Mitteilungen über Goethe, 1841, A. Pollmer (Hrsg.), Leipzig 1921, S. 272, S. 315; *Johann Wolfgang Goethe*, Sämtliche Werke, Frankfurter Ausgabe, Abteilung II, Band VI, Rose Unterberger (Hrsg.), Napoleonische Zeit, Frankfurt 1993, S. 183, S. 886.
701 Sowie Napoleon, Paganini, Byron, Zar Peter der Große und Christus; siehe den Kommentar zu J. W. Goethe: Dichtung und Wahrheit, *Walter Hettche* (Hrsg.), Stuttgart 1998, S. 1189.
702 Es kommt nur Weißers Werkstatt in Betracht, denn nachdem Klauer 1801 gestorben war, führten zwei Söhne den Betrieb nur bis 1806 fort, vgl. *Walter Steiner/Uta Kühn-Stillmark*, Friedrich Justin Bertuch, Ein Leben im klassischen Weimar zwischen Kultur und Kommerz, Köln u.a., 2001, S. 68; siehe auch *Charlotte Marlo Werner*, Goethes Herzogin Anna Amalia, Düsseldorf 1996, S. 321.
703 Vgl. *Michael Hertl*, Gedenken in Totenmasken, Anmerkung[82], Goethe-Museum Düsseldorf 2000/2001, Faltblattseite 2; eine zweite Maske (1816) von Schadow basiert auf einem Abguss von Weißers Gesichtsmaske von 1807, siehe hierzu *Effi Biedrzynski*, Goethes Weimar – Das Lexikon der Personen und Schauplätze, Eintrag: Die Egloffsteins, Zürich ^{2}1993, S. 473; *Gero v. Wilpert*, Goethe-Lexikon, Stuttgart 1998, S.929; ansonsten modellierten Bildhauer Goethe nur nach dem Leben, vgl. *Walter Geese*, Gottlieb Martin Klauer – Der Bildhauer Goethes, Leipzig 1935, S. 53 ff.
704 Vgl. auch *Robert Steiger*, Goethes Leben von Tag zu Tag, Band V, 1807–1813, Zürich/München 1988, S. 130 f.
705 Vgl. die Ausführungen von Adolf Stahr (1805–1876), abgedruckt in: E. Kleßmann (Hrsg.), Goethe aus der Nähe, Berichte von Zeitgenossen, München/Zürich 1994, S. 207.
706 Weißer war Tiecks Gehilfe bei umfangreichen Plastiken für das neue Schloss in Weimar gewesen und besorgte später den Verkauf seiner Abgüsse in Deutschland, sie waren in ständigem Kontakt, vgl. *Bernhard Maaz*, Friedrich Tieck, Briefwechsel mit Goethe, Berlin 1997, S. 112, Fn. 67, 69, S. 11, Fn. 51, S. 132, Fn. 543, S. 94, S. 87.
707 Diese Büste wird nach hier vertretener Ansicht bisher zu Unrecht Weißer zugeschrieben. Die womöglich einzige Expertin von Weißers Werk schreibt sie auch Tieck zu, siehe *Gabriele Oswald*, Die

Plastiksammlung der Herzogin Anna Amalia Bibliothek in Weimar, Diplomarbeit, Weimar 1995, S. 42, vgl. auch S. 37 ff.; siehe auch den Gesamtkatalog-Auszug des Goethe-Nationalmuseum in Weimar, Nr. 1.719, in dem Weißer „oder Tieck“ als Künstler angegeben ist. Bekannt ist, dass teilweise Tiecks Modelle von Weißer nur ausgeführt wurden, siehe *Bernhard Maaz*, Friedrich Tieck, Briefwechsel mit Goethe, Berlin 1997, S. 129 f., Fn. 456, S. 132, Fn. 543.

708 *Effi Biedrzynski*, Goethes Weimar – Das Lexikon der Personen und Schauplätze, Eintrag: Die Egloffsteins, Zürich ²1993, S. 473.

709 Hierzu etwa *Angela Borchert*, Die Entstehung der Musenhofvorstellung aus den Angedenken an Anna Amalia von Sachsen-Weimar-Eisenach, in: J. Berger (Hrsg.), Der Musenhof Anna Amalias, Köln u. a. 2001, S. 165 ff.

710 *Richard Friedenthal*, Goethe. Sein Leben und seine Zeit, 1963, München 1999, S. 422.

711 Vgl. *Ilse-Marie Barton*, Auf den Spuren von Goethes Minchen, Oldenburg 1995, S. 42.

712 Zitiert nach Ilse-Marie Barton, Auf den Spuren von Goethes Minchen, Oldenburg 1995, S. 12 f.

713 Vgl. *Ilse-Marie Barton*, Auf den Spuren von Goethes Minchen, Oldenburg 1995, S. 16.

714 *Ilse-Marie Barton*, Auf den Spuren von Goethes Minchen, Oldenburg 1995, S. 25, S. 13, S. 31 (Zitat).

715 So *Ernst Beutler*, Vorwort zu Johann Wolfgang Goethe, West-östlicher Divan, Leipzig 1943, S. X f.

716 *Theodor Creizenach*, zitiert nach Dagmar von Gersdorff, Marianne von Willemer und Goethe. Geschichte einer Liebe, Frankfurt a.M./Leipzig 2003, S. 59.

717 Gespräch vom 3. Oktober 1815, zitiert nach Sulpiz Boisserée, Tagebücher 1808–1854, H.-J. Weitz (Hrsg.), Darmstadt 1978, S. 276.

718 Herman Grimm, Goethe und Suleika. Zur Erinnerung an Marianne von Willemer, 1869, Nachdruck Berlin u.a. 1999/2000, S. 5 ff.

719 Für die Zeit zuvor vgl. *Hans-J. Weitz* (Hrsg.), Goethe. Sollst mir ewig Suleika heißen, Goethes Briefwechsel mit Marianne und Johann Jakob Willemer, Frankfurt am Main 1995, S. XI; *Heinrich Düntzer*, Goethe und Marianne von Willemer, in: Illustrierte Deutsche Monatshefte 1870, S. 639.

720 Zitiert nach Hans-J. Weitz (Hrsg.), Marianne und Johann Jakob Willemer, Briefwechsel mit Goethe, Dokumente, Lebens-Chronik, Erläuterungen, Frankfurt a.M. 1965, S. 214.

721 *Sulpiz Boisserée*, Tagebücher 1808–1854, H.-J. Weitz (Hrsg.), Darmstadt 1978, S. 271.

722 Vgl. *Hans-J. Weitz* (Hrsg.), Goethe. Sollst mir ewig Suleika heißen, Goethes Briefwechsel mit Marianne und Johann Jakob Willemer, Frankfurt am Main 1995, S. 319.

723 *Hans-J. Weitz* (Hrsg.), Goethe. Sollst mir ewig Suleika heißen, Goethes Briefwechsel mit Marianne und Johann Jakob Willemer, Frankfurt am Main 1995, S. IX.

724 Zitiert nach Paul Kühn, Die Frauen um Goethe, eingeleitet und bearbeitet von G. Biermann, Salzburg 1949, S. 505.

725 *Friedrich Wilhelm Riemer*, Mitteilungen über Goethe, 1841, A. Pollmer (Hrsg.), Leipzig 1921, S. 47.

726 Zitiert nach Dagmar von Gersdorff, Marianne von Willemer und Goethe. Geschichte einer Liebe, Frankfurt a.M./Leipzig 2003, S. 220.

727 *Friedrich Wilhelm Riemer*, Mitteilungen über Goethe, 1841, A. Pollmer (Hrsg.), Leipzig 1921, S. 49.

728 Zitiert nach Hermann F. v. Egloffstein (Hrsg.), Alt Weimars Abend. Briefe und Aufzeichnungen aus dem Nachlasse der Gräfinnen Egloffstein, München 1923, S. 150.

729 Vgl. *Hans-J. Weitz* (Hrsg.), Marianne und Johann Jakob Willemer, Briefwechsel mit Goethe, Dokumente, Lebens-Chronik, Erläuterungen, Frankfurt a.M. 1965, S. 882; *Herman Grimm*, Goethe und Suleika. Zur Erinnerung an Marianne von Willemer, 1869, Nachdruck Berlin u.a. 1999/2000, S. 20 ff.

730 *Hans-J. Weitz* (Hrsg.), Marianne und Johann Jakob Willemer, Briefwechsel mit Goethe, Dokumente, Lebens-Chronik, Erläuterungen, Frankfurt a.M. 1965, S. 877 ff.

731 *Herman Grimm*, Goethe und Suleika. Zur Erinnerung an Marianne von Willemer, 1869, Nachdruck o.J. Darmstadt, S. 13.

732 Brief vom 23. Februar 1832 an das Ehepaar v. Willemer.

733 *Herman Grimm*, Goethe und Suleika. Zur Erinnerung an Marianne von Willemer, 1869, Nachdruck o.J. Darmstadt, S. 15 f.; vgl. auch *Heinrich Düntzer*, Goethe und Marianne von Willemer, in: Illustrierte Deutsche Monatshefte 1870, S. 650; Kommentar zu J. W. Goethe, Weimarer Ausgabe (1887-1919), I., 6, S. 425.

734 Vgl. *Dagmar von Gersdorff*, Marianne von Willemer und Goethe. Geschichte einer Liebe, Frank-

furt a.M./Leipzig 2003, S. 65 f.; *Hans-J. Weitz* (Hrsg.), Marianne und Johann Jakob Willemer, Briefwechsel mit Goethe, Dokumente, Lebens-Chronik, Erläuterungen, Frankfurt a.M. 1965, S. 551 f.

735 Vgl. *Dagmar von Gersdorff*, Marianne von Willemer und Goethe. Geschichte einer Liebe, Frankfurt a.M./Leipzig 2003, S. 10, S. 185 ff.; *Hans-J. Weitz* (Hrsg.), Goethe. Sollst mir ewig Suleika heißen, Goethes Briefwechsel mit Marianne und Johann Jakob Willemer, Frankfurt am Main 1995, S. XXIII.

736 Vgl. *Dagmar von Gersdorff*, Marianne von Willemer und Goethe. Geschichte einer Liebe, Frankfurt a.M./Leipzig 2003, S. 174 ff

737 *Herman Grimm*, Goethe und Suleika. Zur Erinnerung an Marianne von Willemer, 1869, Nachdruck o.J. Darmstadt, S. 20.

738 *Herman Grimm*, Goethe und Suleika. Zur Erinnerung an Marianne von Willemer, 1869, Nachdruck o.J. Darmstadt, S. 12.

739 *Friedrich Wilhelm Riemer*, Mitteilungen über Goethe, 1841, A. Pollmer (Hrsg.), Leipzig 1921, S. 49.

740 *Richard Friedenthal*, Goethe. Sein Leben und seine Zeit, 1963, München 1999, S. 512.

741 *Hans-J. Weitz* (Hrsg.), Goethe. Sollst mir ewig Suleika heißen, Goethes Briefwechsel mit Marianne und Johann Jakob Willemer, Frankfurt am Main 1995, S. XXIII f.

742 Vgl. *Ernst Beutler*, Erläuterungen zu Johann Wolfgang Goethe, West-östlicher Divan, Leipzig 1943, S. 580, S. 590.

743 *J. W. Goethe*, Weimarer Ausgabe (1887-1919), I., 41.1, S. 88.

744 Buch Suleika, 43. Gedicht, siehe J. W. Goethe, Weimarer Ausgabe (1887-1919), I., 6, S. 429, S. 343 f.; vgl. aber *Hans-J. Weitz* (Hrsg.), Marianne und Johann Jakob Willemer, Briefwechsel mit Goethe, Dokumente, Lebens-Chronik, Erläuterungen, Frankfurt a.M. 1965, S. 32 f. und S. 349.

745 Ein neuerlicher Versuch, die Begegnung von Goethe und Marianne als Liebespaar darzustellen, lässt Anna Amalia (1749–1807) Anfang 1816 Goethes Vortrag aus dem Divan zulauschen, *Dagmar v. Gersdorff*, Marianne von Willemer und Goethe. Geschichte einer Liebe, Frankfurt a.M./Leipzig 2003, S. 153, für weitere Unachtsamkeiten mit Jahreszahlen vgl. etwa S. 115, S. 134 f., S. 157, S. 253.

746 *Gert Ueding*, Verborgen glühende Bedeutung, in: J. W. Goethe – Verweile doch, 111 Gedichte mit Interpretationen, M. Reich-Ranicki (Hrsg.), Frankfurt am Main u.a., [2]1992, S. 355.

747 Vgl. nur *Julius Petersen* (Hrsg.), Einleitung zu Goethes Briefe an Charlotte von Stein, Band I, Leipzig 1923, S. XLI.

748 Zitiert nach Wilhelm Bode (Hrsg.), Goethe in Vertraulichen Briefen seiner Zeitgenossen 1794–1816, Band II, Berlin 1999, S. 645.

749 Ähnlich *Friedrich Sengle*, Das Genie und sein Fürst, Die Geschichte der Lebensgemeinschaft Goethes mit dem Herzog Carl August, Stuttgart/Weimar 1993, S. 469.

750 Vgl. ihre Erinnerungen, abgedruckt bei Jochen Klauss, „... keine Liebschaft war es nicht“: eine Textsammlung. Johann Wolfgang v. Goethe/Ulrike von Levetzow, Zürich 1997, S. 16-18 (Zitat S. 17).

751 *Karl Otto Conrady*, Goethe – Leben und Werk, München u.a. 1994, S. 547.

752 Zitiert nach Jochen Klauss, „... keine Liebschaft war es nicht“: eine Textsammlung. Johann Wolfgang v. Goethe/Ulrike von Levetzow, Zürich 1997, S. 34.

753 Der Heiratsantrag kann daher nicht um Ende August datiert werden, so aber *Jochen Klauss*, „... keine Liebschaft war es nicht“: eine Textsammlung. Johann Wolfgang v. Goethe/Ulrike von Levetzow, Zürich 1997, S. 108, denn der Großherzog reiste am 9. August nach beendeter Kur nach Berlin ab, vgl. Goethes Brief an seine Schwiegertochter Ottilie vom 14. August 1823 sowie an Schultz vom 9. August 1823.

754 Zitiert nach E. Kleßmann (Hrsg.), Goethe aus der Nähe, Berichte von Zeitgenossen, München/Zürich 1994, S. 250.

755 *Sandra Dreise-Beckmann*, Anna Amalia und das Musikleben am Weimarer Hof, in: J. Berger (Hrsg.), Der Musenhof Anna Amalias, Köln u. a. 2001, S. 63.

756 *Richard Friedenthal*, Goethe. Sein Leben und seine Zeit, 1963, München 1999, S. 547.

757 Vgl. die Schilderung von *W. v. Humboldt*, abgedruckt in: E. Kleßmann (Hrsg.), Goethe aus der Nähe, Berichte von Zeitgenossen, München/Zürich 1994, S. 252 ff.

758 Gespräch vom 1. Dezember 1831.

759 Vgl. *Regine Ziller*, Goethes Beziehung zur Musik, Goethe Museum Düsseldorf 1992, Anmerkung[68], letzte Faltblattseite.

760 Siehe *Karl Eberwein*, Goethes Hausmusik, in: Wilhelm Bode (Hrsg.), Stunden mit Goethe, Für die Freunde seiner Kunst und Weisheit, Band. VII., Berlin 1911, S. 270 ff.; *ders.*, in: Das Klassische Wei-

mar, H. Pleticha (Hrsg.), München 1983, S. 303 f. und in: E. Kleßmann (Hrsg.), Goethe aus der Nähe, Berichte von Zeitgenossen, München/Zürich 1994, S. 89 ff., S. 111. Vgl. auch *Ulrike Müller-Harang*, Geselligkeit, in: K.-H. Hahn, Goethe in Weimar, Leipzig 1986, S. 246 f.

[761] Zitiert nach den Kommentar zu J. W. Goethe, Weimarer Ausgabe (1887-1919), III., 9, S. 384.

[762] Zitiert nach Hermann F. v. Egloffstein (Hrsg.), Alt-Weimars Abend, Briefe und Aufzeichnungen aus dem Nachlasse der Gräfinnen Egloffstein, München 1923, S. 198 f.

[763] Zitiert nach Walter Geese, Gottlieb Martin Klauer – Der Bildhauer Goethes, Leipzig 1935, S. 130; vgl. auch *Joachim Berger*, Anna Amalia von Sachsen-Weimar-Eisenach (1739–1807) – Denk- und Handlungsräume einer ‚aufgeklärten' Herzogin, Jena 2002, S. 295, Fn. 274.

[764] Zitiert nach Otto Heuschele, Herzogin Anna Amalia. Die Begründerin des Weimarischen Musenhofes, München 1947, S. 290.

[765] *„... le paradis est pour les âmes tendres, et condamnés sonst ceux qui n'aiment rien."* Zitiert nach Flodoard F. v. Biedermann/Wolfgang Herwig (Hrsg.), Goethes Gespräche, Eine Sammlung zeitgenössischer Berichte aus seinem Umgang, Band I, 1749–1805, München 1998, S. 378, Brief Nr. 766.

[766] Gespräch mit Eckermann vom 1. Dezember 1831.

[767] Zitiert nach Woldemar F. v. Biedermann, Goethes Gespräche, Eine Sammlung zeitgenössischer Berichte aus seinem Umgang, Band X, Nachträge 1755–1832, Leipzig 1896, S. 196 f.

Wilhelm Meister: „Da ist Leben drin!"

[768] *Friedrich Kluge*, Etymologisches Wörterbuch der deutschen Sprache, Berlin/New York [23]1999, Stichwort: pseudo-, S. 653.

[769] Vgl. Johann Wolfgang Goethe, Sämtliche Werke, Frankfurter Ausgabe, Abteilung I, Band X, Gerhard Neumann/Hans-Georg Dewitz (Hrsg.), Wilhelm Meisters Wanderjahre, Frankfurt 1989, S. 778 f.

[770] *Henriette Herwig*, „Wilhelm Meisters Wanderjahre": Geschlechterdifferenz, sozialer Wandel, historische Anthropologie, Tübingen/Basel [2]2002, S. 11.

[771] So mit Bezug auf die WANDERJAHRE *Wilhelm Emrich*, Das Problem der Symbolinterpretation im Hinblick auf Goethes „Wanderjahre", in: Protest und Verheißung, Bonn u.a. [3]1968, S. 57.

[772] Zitiert nach Wilhelm Bode, Amalie Herzogin von Weimar – Der Musenhof der Herzogin Amalie, Band II, Berlin 1908, S. 219.

[773] Zitiert nach Johann Wolfgang Goethe, Sämtliche Werke, Frankfurter Ausgabe, Abteilung I, Band X, Gerhard Neumann/Hans-Georg Dewitz (Hrsg.), Wilhelm Meisters Wanderjahre, Frankfurt 1989, S. 894.

[774] *Henriette Herwig*, „Wilhelm Meisters Wanderjahre": Geschlechterdifferenz, sozialer Wandel, historische Anthropologie, Tübingen/Basel [2]2002, S. 6.

[775] Abgedruckt in: *Johann Wolfgang Goethe*, Sämtliche Werke, Frankfurter Ausgabe, Abteilung I, Band X, Gerhard Neumann/Hans-Georg Dewitz (Hrsg.), Wilhelm Meisters Wanderjahre, Äußerungen Goethes, Frankfurt 1989, S. 855.

[776] *Friedrich Wilhelm Riemer*, Mitteilungen über Goethe, 1841, A. Pollmer (Hrsg.), Leipzig 1921, S. 130.

[777] *Johann Wolfgang Goethe*, Sämtliche Werke, Frankfurter Ausgabe, Abteilung I, Band IX, Wilhelm Voßkamp/Herbert Jaumann (Hrsg.), Wilhelm Meisters Theatralische Sendung, Wilhelm Meisters Lehrjahre, Unterhaltungen deutscher Ausgewanderten, Frankfurt 1992, S. 1058.

[778] Zitiert nach Robert Keil, Vor hundert Jahren, Mitteilungen über Weimar, Goethe und Corona Schröter aus den Tagen der Genie-Periode, Band II, Leipzig 1875, S. 64.

[779] Vgl. auch *Martina Schwanke*, Name und Namengebung bei Goethe, Computergestützte Studien zu epischen Werken, Heidelberg 1992, S. 352.

[780] So der Stellenkommentar in: Johann Wolfgang Goethe, Sämtliche Werke, Frankfurter Ausgabe, Abteilung I, Band X, *Gerhard Neumann/Hans-Georg Dewitz* (Hrsg.), Wilhelm Meisters Wanderjahre, Frankfurt 1989, S. 1117.

[781] Zitiert nach H.H. Houben (Hrsg.), Damals in Weimar, Erinnerungen und Briefe von und an Johanna Schopenhauer, Berlin [2]1929, S. 53.

[782] Zitiert nach Wilhelm Bode, Amalie Herzogin von Weimar – Der Musenhof der Herzogin Amalie, Band II, Berlin 1908, S. 203.

[783] Zitiert nach Flodoard F. v. Biedermann/Wolfgang Herwig (Hrsg.), Goethes Gespräche, Eine Sammlung zeitgenössischer Berichte aus seinem Umgang, Band I, 1749–1805, München 1998, S. 217, Brief

Nr. 403.

[784] *Homer*, Odysse, zitiert nach der Übersetzung von Roland Hampe, Stuttgart 1988, S. 317.

[785] Vgl. den Brief vom 27. November 1781 an Anna Amalia („Frau v. Stein").

[786] *Dante Alighieri*, Die Göttliche Komödie, zitiert nach der Übersetzung von Wilhelm G. Hertz, München ^{7}1994, S. 28 f.

[787] So der Stellenkommentar in: Johann Wolfgang Goethe, Sämtliche Werke, Frankfurter Ausgabe, Abteilung I, Band X, *Gerhard Neumann/Hans-Georg Dewitz* (Hrsg.), Wilhelm Meisters Wanderjahre, Frankfurt 1989, S. 1120.

[788] Zitiert nach Flodoard F. v. Biedermann/Wolfgang Herwig (Hrsg.), Goethes Gespräche, Eine Sammlung zeitgenössischer Berichte aus seinem Umgang, Band I, 1749–1805, München 1998, S. 177, Brief Nr. 344; vgl. auch *Carl Diem*, Goethe und der Eislauf, in: Olympische Rundschau, Berlin 1943, S. 12 ff.

[789] Zitiert nach Flodoard F. v. Biedermann/Wolfgang Herwig (Hrsg.), Goethes Gespräche, Eine Sammlung zeitgenössischer Berichte aus seinem Umgang, Band I, 1749–1805, München 1998, S. 252, Brief Nr. 472.

[790] Vgl. hierzu *Claus Sommerhage*, Familie Tantalos, Über Mythos und Psychologie in Goethes Novelle Der Mann von fünfzig Jahren, in: Beihefte zur Zeitschrift für deutsche Philologie 1984, S. 95 ff.

[791] Johann Wolfgang Goethe, Sämtliche Werke, Frankfurter Ausgabe, Abteilung I, Band X, Gerhard Neumann/Hans-Georg Dewitz (Hrsg.), Wilhelm Meisters Wanderjahre, Frankfurt 1989, S. 1121.

[792] Maximen und Reflexionen, Aus dem Nachlass.

[793] Vgl. *Claus Sommerhage*, Familie Tantalos, Über Mythos und Psychologie in Goethes Novelle Der Mann von fünfzig Jahren, in: Beihefte zur Zeitschrift für deutsche Philologie 1984, S. 100.

[794] Vgl. Johann Wolfgang Goethe, Sämtliche Werke, Frankfurter Ausgabe, Abteilung I, Band X, *Gerhard Neumann/Hans-Georg Dewitz* (Hrsg.), Wilhelm Meisters Wanderjahre, Frankfurt 1989, S. 1204 ff.; *Monika Schmitz-Emans*, Vom Spiel mit dem Mythos, Zu Goethes Märchen „Die neue Melusine", in: Goethe Jahrbuch 1988, S. 317 f.

[795] Vgl. *Gero v. Wilpert*, Goethe-Lexikon, Stuttgart 1998, S. 760 f.

[796] *J. W. Goethe*, Weimarer Ausgabe (1887-1919), II., 1, S. IX, Vorwort zur Farbenlehre.

[797] Siehe *Rupprecht Matthaei*, Die Farbenlehre im Goethe-Nationalmuseum, Jena 1941, S. 69, S. 135; vgl. auch *Peter Schmidt*, Goethes Farbensymbolik, Berlin 1965, S. 7 ff.

[798] Siehe den Kommentar zu J. W. Goethe: Dichtung und Wahrheit, *Walter Hettche* (Hrsg.), Stuttgart 1998, S. 886.

[799] Vgl. den Kommentar zu J. W. Goethe: Dichtung und Wahrheit, *Walter Hettche* (Hrsg.), Stuttgart 1998, S. 886.

[800] So der Kommentar zu Johann Wolfgang Goethe, Poetische Werke, Berliner Ausgabe, Band X, Berlin, S. 662, zitiert nach *Jürgen von Esenwein/Harald Gerlach* (Hrsg.): Johann Wolfgang von Goethe: Zeit – Leben – Werk, CD-ROM, Berlin u. a. 1999.

[801] Vgl. *Peter Schmidt*, Goethes Farbensymbolik, Berlin 1965, S. 143 f., S. 213 ff.

[802] *Sulpiz Boisserée*, Tagebücher 1808–1854, H.-J. Weitz (Hrsg.), Darmstadt 1978, S. 237 f.

[803] Zitiert nach Johann Wolfgang Goethe, Sämtliche Werke, Frankfurter Ausgabe, Abteilung I, Band IX, Wilhelm Voßkamp/Herbert Jaumann (Hrsg.), Wilhelm Meisters Theatralische Sendung, Wilhelm Meisters Lehrjahre, Unterhaltungen deutscher Ausgewanderten, Frankfurt 1992, S. 1403.

[804] *Friedrich v. Müller*, Unterhaltungen mit Goethe, R. Grumach (Hrsg.), 1870, Weimar ^{2}1982, S. 61.

[805] *Homer*, Odysse, zitiert nach der Übersetzung von Roland Hampe, Stuttgart 1988, S. 212.

[806] *Friedrich Wilhelm Riemer*, Mitteilungen über Goethe, 1841, A. Pollmer (Hrsg.), Leipzig 1921, S. 47.

[807] *Karl v. Lyncker*, Am Weimarischen Hofe unter Amalien und Karl August, Berlin 1912, S. 21.

[808] *Johann Wolfgang Goethe*, Sämtliche Werke, Frankfurter Ausgabe, Abteilung I, Band IX, Wilhelm Voßkamp/Herbert Jaumann (Hrsg.), Wilhelm Meisters Theatralische Sendung, Wilhelm Meisters Lehrjahre, Unterhaltungen deutscher Ausgewanderten, Frankfurt 1992, S. 1402.

[809] Zitiert nach Christian Grawe, Johann Wolfgang Goethe, Torquato Tasso, Erläuterungen und Dokumente, Stuttgart 1981, S. 91.

[810] *Henriette Herwig*, „Wilhelm Meisters Wanderjahre": Geschlechterdifferenz, sozialer Wandel, historische Anthropologie, Tübingen/Basel ^{2}2002, S. 356.

[811] So *Paul Pasing*, Goethe und Ilmenau, Weimar 1902, S. 11.

[812] Zitiert nach Willy Andreas, Sturm und Drang im Spiegel der Weimarer Hofkreise, in: Goethe, Vier-

monatsschrift der Goethe-Gesellschaft, Neue Folge des Jahrbuchs, Band VIII (1943), S. 239.

813 Zitiert nach Flodoard F. v. Biedermann/Wolfgang Herwig (Hrsg.), Goethes Gespräche, Eine Sammlung zeitgenössischer Berichte aus seinem Umgang, Band I, 1749–1805, München 1998, S. 358, Brief Nr. 722.

814 Zitiert nach Friedrich v. Müller, Unterhaltungen mit Goethe, R. Grumach (Hrsg.), 1870, Weimar ²1982, S. 184.

815 Vgl. *Friedrich Kluge*, Etymologisches Wörterbuch der deutschen Sprache, Berlin/New York ²³1999, Stichwort: Aggregat, S. 18.

816 Zitiert nach *Johann Wolfgang Goethe*, Sämtliche Werke, Frankfurter Ausgabe, Abteilung I, Band X, Gerhard Neumann/Hans-Georg Dewitz (Hrsg.), Wilhelm Meisters Wanderjahre, Äußerungen Goethes, Frankfurt 1989, S. 855.

817 So auch *Henriette Herwig*, „Wilhelm Meisters Wanderjahre“: Geschlechterdifferenz, sozialer Wandel, historische Anthropologie, Tübingen/Basel ²2002, S. 352.

818 Brief an Anna Amalia („Frau v. Stein“) vom 8. März 1781.

819 Goethe wandelt hierbei ein im Abendland kaum bekanntes Motiv der XII. Sura des KORANS ab, der abendländische Leser wird daher in aller Regel an den Sündenfall denken, vgl. aber *Henriette Herwig*, „Wilhelm Meisters Wanderjahre“: Geschlechterdifferenz, sozialer Wandel, historische Anthropologie, Tübingen/Basel ²2002, S. 354 f.

820 *Friedrich v. Müller*, Unterhaltungen mit Goethe, R. Grumach (Hrsg.), 1870, Weimar ²1982, S. 148 f.

821 *Martina Schwanke*, Name und Namengebung bei Goethe, Computergestützte Studien zu epischen Werken, Heidelberg 1992, S. 368 f.

822 *Johannes Urzidil*, Das Glück der Gegenwart, Goethes Amerikabild, Stuttgart 1958, S. 11.

823 *Friedrich Schiller*, Werke, Band XXIII, W. Müller-Seidel (Hrsg.), Weimar 1956, S. 60.

824 *Johannes Urzidil*, Das Glück der Gegenwart, Goethes Amerikabild, Stuttgart 1958, S. 12.

825 Zitiert nach Woldemar F. v. Biedermann, Goethes Gespräche, Eine Sammlung zeitgenössischer Berichte aus seinem Umgang, III. Band: 1811–1818, Leipzig 1889, S. 185.

826 *Martina Schwanke*, Name und Namengebung bei Goethe, Computergestützte Studien zu epischen Werken, Heidelberg 1992, S. 433.

827 Vgl. zum Faktor Daniel die Ausführungen bei *Martina Schwanke*, Name und Namengebung bei Goethe, Computergestützte Studien zu epischen Werken, Heidelberg 1992, S. 467 ff.

828 *Klaus Seehafer*, Johann Wolfgang Goethe. Mein Leben ein einzig Abenteuer, Berlin ²2002, S. 154.

829 *Karl Otto Conrady*, Goethe – Leben und Werk, München u.a. 1994, S. 368.

830 *Hans-Hellmut Allers*, Goethe und Berlin, Berlin 1999, S. 52.

831 Zitiert nach Flodoard F. v. Biedermann/Wolfgang Herwig (Hrsg.), Goethes Gespräche, Eine Sammlung zeitgenössischer Berichte aus seinem Umgang, Band I, 1749–1805, München 1998, S. 262, Brief Nr. 490.

832 Kommentar in: Johann Wolfgang Goethe, Sämtliche Werke, Frankfurter Ausgabe, Abteilung I, Band X, *Gerhard Neumann/Hans-Georg Dewitz* (Hrsg.), Wilhelm Meisters Wanderjahre, Frankfurt 1989, S. 1202.

833 Vgl. für Meyers technische Beschreibung J. W. Goethe, Weimarer Ausgabe (1887-1919), I., 25.2, S. 262 ff.

834 Vgl. hierzu *Henriette Herwig*, „Wilhelm Meisters Wanderjahre“: Geschlechterdifferenz, sozialer Wandel, historische Anthropologie, Tübingen/Basel ²2002, S. 173 ff.

835 *J. W. Goethe*, Weimarer Ausgabe (1887-1919), I., 41.2, S. 296.

836 *Johannes Urzidil*, Das Glück der Gegenwart, Goethes Amerikabild, Stuttgart 1958, S. 16.

837 *Johannes Urzidil*, Das Glück der Gegenwart, Goethes Amerikabild, Stuttgart 1958, S. 47, S. 20; *Walter Steiner/Uta Kühn-Stillmark*, Friedrich Justin Bertuch, Ein Leben im klassischen Weimar zwischen Kultur und Kommerz, Köln u.a., 2001, S. 138 f.

838 Vgl. mit weiteren Nachweise *Henriette Herwig*, „Wilhelm Meisters Wanderjahre“: Geschlechterdifferenz, sozialer Wandel, historische Anthropologie, Tübingen/Basel ²2002, S. 164, Fn. 1.

839 *Friedrich v. Müller*, Unterhaltungen mit Goethe, R. Grumach (Hrsg.), 1870, Weimar ²1982, S. 35.

840 *George Bancroft* (1800–1891), zitiert nach Johannes Urzidil, Das Glück der Gegenwart, Goethes Amerikabild, Stuttgart 1958, S. 27.

841 Am 21. Juni 1827 schrieb Goethe: „Vor einigen Tagen erging ich mich in folgenden Zeilen: Amerika, du …“, Weimarer Ausgabe (1887-1919), IV., 42, S. 378.

[842] *Henriette Herwig*, „Wilhelm Meisters Wanderjahre“: Geschlechterdifferenz, sozialer Wandel, historische Anthropologie, Tübingen/Basel ²2002, S. 192.
[843] *Wilhelm Bode*, Charlotte von Stein, Berlin ⁵1920, S. 249 ff.
[844] Vgl. *Willy Andreas*, Carl August von Weimar, Ein Leben mit Goethe 1757–1783, Stuttgart 1953, S. 337; *Jochen Klauß*, Charlotte von Stein. Die Frau in Goethes Nähe, Zürich 1995, S. 92 f.
[845] Zitiert nach Friedrich v. Müller, Unterhaltungen mit Goethe, R. Grumach (Hrsg.), 1870, Weimar ²1982, S. 61.
[846] So auch der Kommentar in: Johann Wolfgang Goethe, Sämtliche Werke, Frankfurter Ausgabe, Abteilung I, Band X, *Gerhard Neumann/Hans-Georg Dewitz* (Hrsg.), Wilhelm Meisters Wanderjahre, Frankfurt 1989, S. 599.
[847] Vgl. Frage *Henriette Herwig*, „Wilhelm Meisters Wanderjahre“: Geschlechterdifferenz, sozialer Wandel, historische Anthropologie, Tübingen/Basel ²2002, S. 369 f.
[848] Vgl. nur *Henriette Herwig*, „Wilhelm Meisters Wanderjahre“: Geschlechterdifferenz, sozialer Wandel, historische Anthropologie, Tübingen/Basel ²2002, S. 362; Stellenkommentar in: Johann Wolfgang Goethe, Sämtliche Werke, Frankfurter Ausgabe, Abteilung I, Band X, *Gerhard Neumann/Hans-Georg Dewitz* (Hrsg.), Wilhelm Meisters Wanderjahre, Frankfurt 1989, S. 1189.

Epilog: „Alles um Liebe“

[849] *Friedrich Wilhelm Riemer*, Mitteilungen über Goethe, 1841, A. Pollmer (Hrsg.), Leipzig 1921, S. 36.
[850] Zitate nach Carl F. v. Beaulieu-Marconnay, Anna Amalia, Carl August und der Minister von Fritsch, Weimar 1874, S. 155 ff., S. 160; vgl. auch *Wilhelm Bode*, Karl August von Weimar, Jugendjahre, Berlin 1913, S. 338 ff.
[851] Vgl. auch Goethes Brief an Friedrich August v. Beulwitz vom 18. Juli 1828, worin Goethe nicht ohne Sarkasmus einen Brief von Carl Augusts Nachfolger erwidert.
[852] *Friedrich Wilhelm Riemer*, Mitteilungen über Goethe, 1841, A. Pollmer (Hrsg.), Leipzig 1921, S. 174.
[853] *Gero v. Wilpert*, Goethe-Lexikon, Stuttgart 1998, S. 1062, S. 526.
[854] Hierzu eingehend *Franco Zizzo*, Die Unikative: Vereinfachung als Motor für die Vereinheitlichung von Rechtsnormensystemen, Weimar 2003, S. 26 ff. und öfters.
[855] Brief an Knebel vom 3. Januar 1807.
[856] *Friedrich Sengle*, Das Genie und sein Fürst, Die Geschichte der Lebensgemeinschaft Goethes mit dem Herzog Carl August, Stuttgart/Weimar 1993, S. 235.
[857] Zitiert nach Gonthier-Louis Fink, Goethe und Napoleon, in: Goethe Jahrbuch 1990, S. 83.
[858] *Richard Friedenthal*, Goethe. Sein Leben und seine Zeit, 1963, München 1999, S. 450.
[859] Zitiert nach Otto Heuschele, Herzogin Anna Amalia. Die Begründerin des Weimarischen Musenhofes, München 1947, S. 288.
[860] Zitiert nach Robert Keil, Vor hundert Jahren, Mitteilungen über Weimar, Goethe und Corona Schröter aus den Tagen der Genie-Periode, Band II, Leipzig 1875, S. 65.
[861] So *Ernst Beutler*, Vorwort zu Johann Wolfgang Goethe, West-östlicher Divan, Leipzig 1943, S. XII.
[862] *Karl August Böttiger*, Literarische Zustände und Zeitgenossen. Begegnungen und Gespräche im klassischen Weimar, 1838 (unvollständig), K. Gerlach/R. Sternke (Hrsg.), Berlin ²1998, S. 92.
[863] Vgl. nur *Alfons Nobel*, Charlotte von Stein, München 1985, S. 222, S. 208.
[864] *Karl Otto Conrady*, Goethe – Leben und Werk, München u.a. 1994, S. 467 und S. 807 f.
[865] *Karl August Böttiger*, Literarische Zustände und Zeitgenossen. Begegnungen und Gespräche im klassischen Weimar, 1838 (unvollständig), K. Gerlach/R. Sternke (Hrsg.), Berlin ²1998, S. 221.
[866] Zitiert nach Hermann F. v. Egloffstein (Hrsg.), Ein Kind des achtzehnten Jahrhunderts – Jugenderinnerungen der Gräfin Henriette Egloffstein, in: Deutsche Rundschau, Januar 1920, S. 82.
[867] Zitiert nach E. Kleßmann (Hrsg.), Goethe aus der Nähe, Berichte von Zeitgenossen, München/Zürich 1994, S. 77.
[868] Zitiert nach Richard Friedenthal, Goethe. Sein Leben und seine Zeit, 1963, München 1999, S. 438.
[869] Zitiert nach Sigrid Damm, Christiane und Goethe – Eine Recherche, Frankfurt am Main/Leipzig 1998, S. 268, die ausführlich über den Vorgang berichtet, S. 267 ff.
[870] Vgl. *Karl Otto Conrady*, Goethe – Leben und Werk, München u.a. 1994, S. 808.
[871] Goethe- und Schiller-Archiv Weimar, Bestand: Anna Amalia, Signatur 28/767, Blatt VI.

[872] Die Unterschrift des Künstlers ist auf einer im Gemälde dargestellten Homerzeichnung angebracht, daneben steht die Jahresangabe 1806; eine andere Datierung versucht, ohne das im Bild wiedergegebene Datum zu berücksichtigen *Antje Vanhoefen*, Zum Oßmannstädter Porträt der Herzogin Anna Amalia von Georg Melchior Kraus, in: Die Pforte 6/2002, S. 43.
[873] *Ernst Lieberkühn*, Die Herzogin Anna Amalia von Sachsen-Weimar und ihr Einfluß auf Deutschlands Literaturzustände, Eine Vorlesung, Weimar 1847, S. 463.
[874] Vgl. Hermann F. v. Egloffstein (Hrsg.), Ein Kind des achtzehnten Jahrhunderts – Jugenderinnerungen der Gräfin Henriette Egloffstein, in: Deutsche Rundschau, Dezember 1919, S. 352.
[875] So *Johann C. Gädicke* (Hrsg.), Freimaurer-Lexicon, Berlin 1818, Eintrag Handschuh.
[876] Vgl. die Einträge 5./7. Februar 1777.
[877] *Friedrich Wilhelm Riemer*, Mitteilungen über Goethe, 1841, A. Pollmer (Hrsg.), Leipzig 1921, S. 365, S. 343.
[878] So ihre Hofdame *v. Göchhausen* in einem Brief an eine Freundin, zitiert nach Gabriele Henkel/Wulf Otte, Herzogin Anna Amalia – Braunschweig und Weimar, Braunschweig 1995, S. 107.
[879] *Friedrich Wilhelm Riemer*, Mitteilungen über Goethe, 1841, A. Pollmer (Hrsg.), Leipzig 1921, S. 177.
[880] Vgl. *Wilhelm Bode*, Amalie Herzogin von Weimar – Ein Lebensabend im Künstlerkreise, Band III, Berlin 1908, S. 166; *Frances Gerard*, A Grand Duchess, The life of Anna Amalia, Band II, London 1902, S. 559.
[881] *Frances Gerard*, A Grand Duchess, The life of Anna Amalia, Band II, London 1902, S. 549.
[882] Zitiert nach den Kommentar zu J. W. Goethe, Weimarer Ausgabe (1887-1919), IV., 35, S. 357.
[883] Zitiert nach H.H. Houben (Hrsg.), Damals in Weimar, Erinnerungen und Briefe von und an Johanna Schopenhauer, Berlin [2]1929, S. 50.
[884] Zitiert nach Wilhelm Bode, Amalie Herzogin von Weimar – Ein Lebensabend im Künstlerkreise, Band III, Berlin 1908, S. 163.
[885] Vgl. auch *Eleonore v. Bojanowski*, Louise Großherzogin von Sachsen-Weimar und ihre Beziehungen zu den Zeitgenossen, Stuttgart u.a. 1903, S. 296 ff.
[886] Vgl. *Richard Friedenthal*, Goethe. Sein Leben und seine Zeit, 1963, München 1999, S. 436.
[887] Vgl. *Richard Friedenthal*, Goethe. Sein Leben und seine Zeit, 1963, München 1999, S. 346.
[888] Vgl. zum ganzen *Richard Friedenthal*, Goethe. Sein Leben und seine Zeit, 1963, München 1999, S. 436 ff.; *Karl Otto Conrady*, Goethe – Leben und Werk, München u.a. 1994, S. 809 f.
[889] *Karl August Böttiger*, Literarische Zustände und Zeitgenossen. Begegnungen und Gespräche im klassischen Weimar, 1838 (unvollständig), K. Gerlach/R. Sternke (Hrsg.), Berlin [2]1998, S. 283.
[890] *Adelheid v. Schorn* (Hrsg.), Zwei Menschenalter, Erinnerungen und Briefe,Berlin 1901, S. 12.
[891] *Nicholas Boyle*, Goethe – Der Dichter in seiner Zeit, Band I, 1749–1790, H. Fliessbach (Übersetzung), München 1995, S. 118.
[892] *Effi Biedrzynski*, Goethes Weimar – Das Lexikon der Personen und Schauplätze, Eintrag: Die Egloffsteins, Zürich [2]1993, S. 354.
[893] Vgl. *Nicholas Boyle*, Goethe – Der Dichter in seiner Zeit, Band II, 1791–1803, H. Fliessbach (Übersetzung), München 1999, S. 739.
[894] So ihr Freund, der Dichter und Übersetzer *Johann Diederich Gries* in einem Brief an Heinrich Abeken vom 12. Juni 1829, zitiert nach H. H. Houben (Hrsg.), Damals in Weimar, Erinnerungen und Briefe von und an Johanna Schopenhauer, Berlin [2]1929, S. 408.
[895] *Johanna Schopenhauer*, Im Wechsel der Zeiten, im Gedränge der Welt. Jugenderinnerungen, Tagebücher, Briefe, München 1986, S. 441.
[896] Vgl. den Bericht der Tochter *Adelheid v. Schorn* (Hrsg.), Zwei Menschenalter, Erinnerungen und Briefe,Berlin 1901, S. 11 f. (Zitat).
[897] *Friedrich Kluge*, Etymologisches Wörterbuch der deutschen Sprache, Berlin/New York [23]1999, Stichwort: Kanaille, S. 421.
[898] Brief an Carl v. Holtei vom 26. September 1828, zitiert nach Frauen der Goethezeit in ihren Briefen, G. Jäckel (Hrsg.), Berlin [2]1969, S. 392.
[899] Für eine Abbildung siehe Gerhard Femmel (Hrsg.), Corpus der Goethezeichnungen, Band IVa, Leipzig 1966, Nr. 77.
[900] *Lieselotte Blumenthal*, Goethes Bühnenbearbeitung des Tasso, in: E. Grumach (Hrsg.), Beiträge zur Goetheforschung, Berlin 1959, S. 184.
[901] Hermann F. v. Egloffstein (Hrsg.), Alt-Weimars Abend, Briefe und Aufzeichnungen aus dem Nach-

lasse der Gräfinnen Egloffstein, München 1923, S. 14.

902 Zitiert nach Werner Deetjen, Auf Höhen Ettersburgs, 1924, hier Nachdruck Weimar 1993, S. 14.

903 Hermann F. v. Egloffstein (Hrsg.), Alt-Weimars Abend, Briefe und Aufzeichnungen aus dem Nachlasse der Gräfinnen Egloffstein, München 1923, S. 14.

904 *J. W. Goethe*, Weimarer Ausgabe (1887-1919), I., 36, S. 449.

905 Zitiert nach H.H. Houben (Hrsg.), Damals in Weimar, Erinnerungen und Briefe von und an Johanna Schopenhauer, Berlin ²1929, S. 93 f.

906 Brief an Knebel vom 13. September 1789, zitiert nach Otto Heuschele, Herzogin Anna Amalia. Die Begründerin des Weimarischen Musenhofes, München 1947, S. 223.

907 *J. Schopenhauer*, zitiert nach H.H. Houben (Hrsg.), Damals in Weimar, Erinnerungen und Briefe von und an Johanna Schopenhauer, Berlin ²1929, S. 92.

908 *Anna Amalia*, Goethe-Museum Frankfurt (Hrsg.), Goethe-Kalender auf das Jahr 1932, Leipzig 1931, S. 101 ff.

Demnächst in unserem Verlag
ISBN 3-936177-05-8

Ettore Ghibellino

Die Unikative
Eine vierte Staatsgewalt

Für Bürger in allen Demokratien ist es heute fast unmöglich Gesetze einzusehen und zu verstehen. Ghibellino nimmt diesen weithin bekannten Befund zum Anlass, der Frage nach dem Zugang zum Recht von der Antike bis heute nachzugehen. Abgesehen von wenigen Ausnahmen war ein allgemeiner Zugang zum Recht nie gewollt. Anfang des 19. Jahrhunderts stellte eine vernunftwidrige „Volksgeistlehre“ sicher, dass der Zugang zum geltenden Recht trotz geschriebener Gesetze verunmöglicht wurde. Monarchien und Diktaturen machten aus dieser „Volksgeistlehre“ die tragende Säule ihrer „Rechtssysteme“, zuletzt der Nationalsozialismus. Eine konsequente Aufarbeitung fehlt bis heute, entsprechend wirkt dieses historische Erbe fort.

Ghibellino zeigt am Beispiel der Europäischen Union, Italiens, Deutschlands und Großbritanniens weitere Gründe auf, die dazu geführt haben, dass heute das Recht völlig unzugänglich ist. Um einen Zustand umfassender Rechtsklarheit herzustellen, entwickelt Ghibellino eine vierte Staatsgewalt, die die bisherigen ideal ergänzt: Die Unikative. Ghibellino führt den Lesern spannend und unterhaltsam eine höhere Entwicklungsstufe des Staates vor.

XV.

È l'aër cheto; il ciel d'un nuvolato
Leggier coperto, spira una gentile
Melanconia pe' campi; e ad ora ad ora
S'ode lo scoppio di lontan, che viene
Dalla valle ove fruga il cacciatore.
Ecco s'inoltra autunno pampinoso.
O donna mia, vien meco alla campagna;
Su la verzura tenera seduti,
Tutta vedrem nella vendemmia allegra
La villereccia turba affaticarsi;
Le dolci uve ne' candidi canestri
Ti recheran le gaie forosette:
N'andrem di poi pe' languidi giardini;
De' pochi fior sbocciati alla fresc'alba
Ti vestirò la chioma delicata;
Ti farò ricco di gesmini il seno
Giovinetto, la fronte bacerotti;
Tu mi dirai novellamente, – io t'amo; –
E se improvviso alcun senso t'assalga
Di soave tristezza, sul mio petto
Languidamente chinerai la testa.

XV.

Die Luft steht still; der mit leichten Wolken
Bedeckte Himmel verbreitet sanfte, friedvolle
Melancholie über das Land; von Zeit zu Zeit
Vernimmt man vom Tale her, wo der Jäger
Pirscht, einen fernen Schuß.
Fühlst du, wie der weinblättrige Herbst naht.
O, meine Auserwählte, komm mit mir aufs Land.
Auf weichem Laub lagernd
Schauen wir dem fröhlichen Weinlesen zu,
Wie Gruppen von Winzern sich mühen.
Fröhliche Mägde werden dir süße Trauben
In geflochtenen Körben darreichen:
Danach ergehen wir uns in schummrigen Gärten;
Ich werde dein feines Haar mit den wenigen Blüten,
Die sich in der ersten Frühe öffneten, schmücken;
Deinen jugendlichen Busen werde ich mit
Jasminblüten bedecken, deine Stirn küssend;
Du wirst mir aufs neue sagen, – ich liebe dich –;
Und wenn dich dennoch ein Gefühl von sanfter
Wehmut überkommt, wirst du dein
Haupt ermattet an meine Brust legen.

XXXIV.
La risurrezione.

È risorto; l'annunzia ogni campana,
A me l'annunzia il core; una potente
Vita il petto mi gonfia; egli è risorto.
Ad ucciderlo corse ogni vagante
Demone, ed una gocciola di sangue
Non gli lasciaro; il guardo sospettoso
Appuntâr su la pietra ch'il copriva.
Ma come impetuosa si disserra
La saetta, dai lacci della morte
S'è disciolta la vita del Signore.

Voi, cui respinge la natura, voi
Sepolti nella tomba della carne,
Non mi dite bugiardo; ecco, ho veduto
A me d'intorno aprirsi molte rose,
Levar le chiome gli alberi, nell'erba
Una speranza fremere di vita.

XXXIV.
Die Auferstehung.

Er ist auferstanden; jede Glocke verkündet es,
Mir gibt das Herz die Kunde; eine mächtige
Lebenslust schwellt mir die Brust; er ist auferstanden.
Jeder vagabundierende Dämon beeilte sich
Ihn zu töten, nicht einen Tropfen Blut
Ließen sie ihm; den argwöhnischen Blick
Auf den Stein, der ihn verdeckte, gerichtet.
Aber genauso gewaltig, wie der Blitz heftig
Hervorbricht, hat das Leben des Herrn
Sich von den Schlingen des Todes gelöst.

Ihr, die euch die Natur zurückweist, ihr,
Die ihr begraben seid im Sarg des Fleisches,
Heißt mich nicht einen Lügner; seht, ich sah
Viele Rosen um mich herum aufblühen,
Die Bäume ihr Laub ausstrecken, im Grase
Eine Hoffnung beben, voller Leben.

Ettore Ghibellino

Jahrgang 1969, aufgewachsen in Italien und Deutschland. Nach der Ausbildung zum Kochgesellen Abitur im zweiten Bildungsweg. Studium der Rechtswissenschaft, Befähigung zum Richteramt (Deutschland) und Magister Juris (Oxford). Promotion im Bereich der Staatstheorie mit der Grundlegung einer vierten Staatsgewalt (Die Unikative). Seit 2001 lebt Ghibellino als Schriftsteller und Drehbuchautor in Weimar. Mit einem Film über Goethe und Anna Amalia plant er sein Debüt als Regisseur im Bereich der Poetischen Filmkunst.